史记精讲

韩兆琦 著

中国青年出版社

目 录

- 概说 ··· 001
- 五帝本纪 ··· 001
  - 尧舜禅让 ·· 001
- 夏本纪 ·· 004
  - 大禹治水 ·· 004
- 殷本纪 ·· 007
  - 汤伐夏桀 ·· 007
- 周本纪 ·· 011
  - 武王伐纣 ·· 011
- 秦始皇本纪 ·· 015
  - 始皇统一称帝 ··· 015
  - 始皇之死 ·· 022
- 项羽本纪 ··· 025
  - 会稽起兵 ·· 025
  - 鸿门宴 ··· 028
  - 乌江自刎 ·· 034
- 高祖本纪 ··· 040
  - 斩蛇起义 ·· 040
  - 入关破秦 ·· 045
  - 灭楚称帝 ·· 049
- 吕太后本纪 ·· 055
  - 杀刘邦诸子 ··· 055
  - 封王诸吕 ·· 059
  - 诸吕被灭 ·· 063
- 吴太伯世家 ·· 070
  - 阖庐破楚入郢 ··· 070
- 齐太公世家 ·· 075
  - 太公封齐 ·· 075

桓公霸业 ……………………………… 080
- **鲁周公世家** …………………………… 087
　　周公治国 ……………………………… 087
- **晋世家** ………………………………… 092
　　骊姬谗杀申生 ………………………… 092
- **楚世家** ………………………………… 096
　　庄王问鼎 ……………………………… 096
- **越王勾践世家** ………………………… 100
　　勾践灭吴 ……………………………… 100
　　范蠡经商 ……………………………… 108
- **赵世家** ………………………………… 113
　　赵氏孤儿 ……………………………… 113
　　襄子兴赵 ……………………………… 117
　　武灵王胡服骑射 ……………………… 120
- **陈涉世家** ……………………………… 126
　　大泽乡起义 …………………………… 126
　　陈涉败亡 ……………………………… 130
- **外戚世家** ……………………………… 132
　　窦女为皇后 …………………………… 132
　　武帝杀钩弋夫人 ……………………… 134
- **萧相国世家** …………………………… 136
　　萧何相业 ……………………………… 136
- **留侯世家** ……………………………… 141
　　佐刘灭秦 ……………………………… 141
　　佐汉灭楚 ……………………………… 146
　　明哲保身 ……………………………… 149
- **绛侯周勃世家** ………………………… 155
　　周亚夫军细柳 ………………………… 155
　　周亚夫平吴楚之乱 …………………… 158
　　周亚夫之死 …………………………… 160
- **伯夷列传** ……………………………… 163
　　首阳采薇 ……………………………… 163
- **管晏列传** ……………………………… 166
　　管仲佐桓公称霸 ……………………… 166
　　晏婴荐贤 ……………………………… 169

- ●司马穰苴列传 …………………………………… 171
  - 穰苴治兵 ……………………………………… 171
- ●孙子吴起列传 …………………………………… 175
  - 孙武练女兵 …………………………………… 175
  - 孙膑破杀庞涓 ………………………………… 177
  - 吴起变法 ……………………………………… 180
- ●伍子胥列传 ……………………………………… 185
  - 破楚复仇 ……………………………………… 185
  - 忠谏夫差 ……………………………………… 191
- ●商君列传 ………………………………………… 195
  - 商君变法强秦 ………………………………… 195
- ●苏秦列传 ………………………………………… 201
  - 苏秦佩六国相印 ……………………………… 201
  - 苏秦之死 ……………………………………… 203
- ●樗里子甘茂列传 ………………………………… 207
  - 甘茂取宜阳 …………………………………… 207
  - 甘罗为上卿 …………………………………… 210
- ●白起王翦列传 …………………………………… 213
  - 白起坑赵卒 …………………………………… 213
  - 王翦灭楚 ……………………………………… 217
- ●孟尝君列传 ……………………………………… 221
  - 鸡鸣狗盗 ……………………………………… 221
  - 冯驩客孟尝君 ………………………………… 224
- ●平原君虞卿列传 ………………………………… 230
  - 毛遂自荐 ……………………………………… 230
  - 李同战死 ……………………………………… 234
- ●魏公子列传 ……………………………………… 236
  - 谦请侯嬴 ……………………………………… 236
  - 窃符救赵 ……………………………………… 238
- ●范雎蔡泽列传 …………………………………… 243
  - 范雎入秦为相 ………………………………… 243
  - 范雎得意报仇 ………………………………… 248
- ●乐毅列传 ………………………………………… 253
  - 乐毅破齐 ……………………………………… 253
- ●廉颇蔺相如列传 ………………………………… 258
  - 廉蔺将相和 …………………………………… 258

赵奢破秦阏与 …………………………… 264
　　李牧破匈奴 ……………………………… 266
● 田单列传 …………………………………… 270
　　火牛阵破燕 ……………………………… 270
● 鲁仲连邹阳列传 …………………………… 274
　　鲁仲连义不帝秦 ………………………… 274
● 屈原贾生列传 ……………………………… 281
　　屈子沉江 ………………………………… 281
● 刺客列传 …………………………………… 287
　　豫让刺赵襄子 …………………………… 287
　　荆轲刺秦王 ……………………………… 290
● 李斯列传 …………………………………… 302
　　佐秦一统 ………………………………… 302
　　卖身投靠 ………………………………… 305
　　临死悲鸣 ………………………………… 309
● 张耳陈馀列传 ……………………………… 313
　　贯高谋刺刘邦 …………………………… 313
● 淮阴侯列传 ………………………………… 317
　　韩信拜将 ………………………………… 317
　　破魏破代灭赵平齐 ……………………… 322
　　吕后杀韩信 ……………………………… 328
● 郦生陆贾列传 ……………………………… 333
　　陆贾说赵他归汉 ………………………… 333
　　陆贾说刘邦重《诗》《书》 …………… 336
● 刘敬叔孙通列传 …………………………… 338
　　叔孙通定朝仪 …………………………… 338
● 袁盎晁错列传 ……………………………… 343
　　晁错削藩 ………………………………… 343
● 张释之冯唐列传 …………………………… 347
　　张廷尉执法 ……………………………… 347
　　冯唐论将 ………………………………… 353
● 扁鹊仓公列传 ……………………………… 356
　　神医扁鹊 ………………………………… 356
● 魏其武安侯列传 …………………………… 362
　　灌夫骂座 ………………………………… 362
　　田蚡杀窦婴、灌夫 ……………………… 366

- ●李将军列传 373
  - 飞将军李广 373
- ●匈奴列传 381
  - 冒顿壮大匈奴 381
- ●卫将军骠骑列传 384
  - 卫青大破匈奴 384
  - 霍去病筑冢象祁连 389
- ●南越列传 394
  - 赵佗王南越 394
- ●司马相如列传 398
  - 鼓琴娶卓文君 398
- ●循吏列传 404
  - 公仪休不受鱼 404
  - 李离过判自杀 405
- ●酷吏列传 407
  - 郅都不避权贵 407
  - 杜周枉法徇上 409
- ●大宛列传 412
  - 张骞通西域 412
- ●游侠列传 419
  - 郭解无辜被族 419
- ●滑稽列传 423
  - 淳于髡巧谏齐威王 423
  - 西门豹治邺 426
- ●货殖列传 429
  - 司马迁言利 429
  - 白圭经商 431
- ●太史公自序 433
  - 司马迁小传 433

概说

从公元前206年刘邦建国到公元220年汉献帝被曹操的儿子曹丕所取代,前后共427年,这就是历史上所说的"汉代"。汉帝国政权的统一与强大是夏、商、周以来前所未有的,它与当时欧洲的古罗马东西并立,创建了令后世叹为观止的物质文明与精神文明,并对整个世界历史的发展起了巨大的推动作用。汉帝国之所以能形成这种局面,关键在于西汉武帝时代的大力经营。武帝是在他父亲平定吴楚七国之乱的基础上,进一步打击、削弱国内的割据势力,同时反击北方匈奴族的入侵,并着手经营东南、南方、西南、西北、东北各方的边境,大大扩展了旧日华夏的版图,真正建立了以汉族为中心的多民族友好相处的统一国家。这是一个宏阔豪迈、人才辈出、大有作为的时代,生活在这个时代的人们似乎谁都想为国家一试身手,而且充满自豪地相信一定能获得成功。我们先看汉武帝的一篇《求贤诏》吧,他说:"盖有非常之功,必待非常之人,故马或奔踶而致千里,士或有负俗之累而立功名。夫泛驾之马,跅弛之士,亦在御之而已,其令州郡察吏民有茂才异等可为将相及使绝国者。"这是何等的气度!班固在《汉书·公孙弘传》里表述这个时代的人才之盛时说:"儒雅则公孙弘、董仲舒、兒宽,笃行则石建、石庆,质直则汲黯、卜式,推贤则韩安国、郑当时,定令则赵禹、张汤,文章则司马迁、相如,滑稽则东方朔、枚皋,应对则严助、朱买臣,历数则唐都、落下闳,协律则李延年,运筹则桑弘羊,奉使则张骞、苏武,将率则卫青、霍去病,受遗则霍光、金日䃅,其余不可胜记。是以兴造功业,制度遗文,后世莫及。"为了与更远的其他国家进行交流,他多次派人通使西域,从而使中国文化变得更为绚丽多姿。鲁迅在《看镜有感》中说:"遥想汉人多少闳放,新来的动植物,即毫不拘忌,来充装饰的花纹。""汉人的墓前石兽,多是羊,虎,天禄,辟邪。""凡取用外来事物的时候,就如将彼俘来一样,自由驱遣,毫不介怀。"汉武帝总结秦朝失败的教训,重视思想教化,他大力兴办以儒术为中心,实则兼容并包各家各派思想理论的学术事业；他喜爱辞赋，搜采歌诗，加强中原理性文化与荆楚浪漫文化的融合，从而为汉代文学的蓬勃发展提供了主客观的良好条件，汉代两位最杰出的文学家司马相如与司马迁同时出现在武帝时代，绝不是偶然的。

司马迁，字子长，左冯翊夏阳（今陕西省韩城市）人，生于景帝中元五年（前145）。青少年时代曾在家乡耕过田、放过牛，因为他从十岁就开始读古文，所以到二十岁时就是一个很有才情的青年学者了。从二十岁开始他到各地游学考察，前后十几年间，向南到过湖南、浙江，向东到过今山东曲阜和安徽、河南的许多地方。这是一次饱览祖国河山，寻访文化遗迹，收集历史资料，向社会向劳动人民进行调查和深入学习的过程。回到长安后不久，便入仕做了郎中。郎中是皇帝的侍从人员。由于当时正是西汉王朝的鼎盛时期，又正值武帝盛年，所以巡狩、祭祀一类的活动很多，因此司马迁又扈从汉武帝去过许多地方。元鼎六年（前111），汉武帝平定了西南夷，在今云南、贵州一带设立了五个郡，司马迁又受命到这一带地区考察。这次他到过邛、笮、昆明等地，这是他的第二次大游历。

司马迁从西南地区回来的时候，其父司马谈病在垂危。司马谈临死前再三嘱咐司马迁一定要继承自己的遗愿写好《史记》，司马迁含着眼泪接受了父亲的嘱托。司马谈去世三年后，司马迁接替其父做了太史令。太初元年（前104），撰写《史记》的浩繁工作正式开始。至天汉二年（前99），已经埋头写《史记》六年的司马迁，忽然大祸临头了。原因是这年五月贰师将军李广利北伐匈奴，与匈奴右贤王战于天山。武帝让李广的孙子李陵为李广利管理军需物资，李陵不肯，自请率兵独当一面。经再三请求，武帝让李陵率步兵五千从居延出发北行，以分匈奴兵势。结果这支小部队遇上了匈奴大军。李陵与部下虽经英勇战斗，但终因没有后援，寡不敌众而失败。李陵也放下武器被匈奴人俘去。消息传来，满朝文武一变平时称道李陵的故态，纷纷落井下石，说李陵的坏话。司马迁深感不平。当武帝问司马迁对此有何看法时，司马迁便陈述了李陵的平常为人。又说一支小部队与如此强大的敌人相遇，打得如此卓绝，尽管失败了也不宜深责。这使武帝大为震怒，他认为司马迁这是转弯抹角地攻击李广利，而且有对皇帝的不满，于是一怒之下将司马迁判了死刑。司马迁因为《史记》还没有写完，于是根据当时的规定，忍辱请求改为了宫刑。

受宫刑对司马迁是一种极大耻辱，是肉体上、精神上的一种极大摧残。司马迁是靠着一种使命感，靠着一种非凡的人生观、生死观硬挺着生存下来的，这些在他的《报任安书》中有非常明确的表白，在《史记》中也不断地流露出来。他说："人固有一死，或重于泰山，或轻于鸿毛，用之所趋异也"；他又说："勇者不必死节，怯夫慕义何所不勉焉"；他说："诚已著此书，藏之名山，传之其人，通邑大都，则仆已偿前辱之责，虽万被戮，岂有悔哉！"这就是人们通常所说的"忍辱发愤著书"，但这些在当时是很少有人能够理解的。

司马迁受刑后，由于条件适合，被汉武帝任命为中书令。中书令是个为皇帝掌管文书的小官，司马迁之所以接受这个职务，是因为这个职务可以更有机会接近皇家的图书馆和档案，而这些是他写作《史记》所不能缺少的。就这样，他又忍辱奋斗了八年，到征和二年（前91），他的朋友任安因戾太子事件下了狱，任安从狱中给司马迁写信时，司马迁便写了有名的《报任安书》。从这篇作品可以看出，这时候《史记》已经写完了。关于司马迁的卒因与卒年，历史上没有记载，人们的看法也不一致。我认为大约就是卒于征和三年（前90），也就是他写完《报任安书》后不久。司马迁的著作，除了《史记》与《报任安书》外，还有一篇不长的《悲士不遇赋》。

《史记》共一百三十篇，五十二多万字，包括"本纪""世家""列传""书""表"五个部分，记事上起轩辕黄帝，中经唐、虞、夏、商、周、秦，下迄武帝太初年间（前104—前101），共写了两千多年的历史。《史记》首先令我们感到惊奇而为之赞叹的是它的包罗之广泛，体大而思精：它不仅写了远古、近古，也写了现代、当代；不仅写了中原、华夏，也写了边疆、外国；不仅写了政治、军事，也写了经济、文化；不仅写了帝王将相、英雄豪杰，也写了广大下层的各色人等。这种囊括古今各类知识、各家各派文化于一炉而加以融会贯通的气魄，是前无古人的；司马迁自述其写作此书的目的是"究天人之际，通古今之变，成一家之言"，这种打通一切领域，自立学术章程，总结一切规律以求为现实政治服务的宏伟目标，也是前无古人的。

《史记》中最激动人心的思想在今天看来有四点：其一是它所表现的进步的民族观。司马迁吸收了战国以来有关中国境内各民族以及周边国家发展来源的说法，在《史记》中把春秋、战国时代的中原、荆楚、吴越、秦陇、两广、云贵、塞北、东北各地区的国家与民族都写成是黄帝的子孙，这对于两千年来我国这个多民族的友好大家庭的形成与稳定，起了难以估量的作用。不仅如此，司马迁在写到汉王朝对周边国家、周边民族用兵的时候，又总是站在反对穷兵黩武，反对扩张、掠夺的立场，他所追求的是各民族间平等友好地和睦相处。正是从这个意义上，我们说司马迁是当时汉族被压迫人民与周边各少数民族的共同的朋友。

其二是它所表现的进步的经济思想。这包括强调发展经济，认为经济是国家强大的基础；反对单打一的"重本抑末"，而提倡"工""农""商""虞"四者并重；反对从政治上对工商业者的歧视，而歌颂他们的本领、才干，并专门为他们树碑立传；等等。

其三是它所表现的强烈的民主性与批判性。《史记》是先秦文化的集大成，司马迁是先秦士大夫优秀思想人格的继承者与发扬者。他之所以写《史记》不是单纯地为了记载历史陈迹，而是明确地为了成一家之言，因而《史记》中突出地显示了一种作者所追求的理想政治、理想社会的光芒，和对现实政治、现实社会的种种批判。其中有些是相当深刻，相当准确，甚至是两千年来常读常新的。

其四是贯彻全书的那种豪迈的人生观、生死观、价值观。司马迁在《史记》中所歌颂的几乎都是一些勇于进取、勇于建功立业的英雄。他们有理想、有抱负、有追求；他们为了某种信念、某种原则可以不惜牺牲自己的生命；他们都有一种百折不挠、不达目的誓不罢休的精神。他视为榜样的是"盖文王拘而演《周易》，仲尼厄而作《春秋》，屈原放逐，乃赋《离骚》；左丘失明，厥有《国语》；孙子膑脚，《兵法》修列；不韦迁蜀，世传《吕览》；韩非囚秦，《说难》《孤愤》；《诗》三百篇，大抵圣贤发愤之所为作也。此人皆意有所郁结，不得通其道，故述往事，思来者"。毛泽东主席曾经说过："中国有两部大书，一曰《史记》，一曰《资治通鉴》，都是有才气的人在政治上不得意的境遇中编写的。看来人受点打击，遇点困难，未尝不是好事。当然这是指那些有才气，又有志向的人说的。没有这两条，打击一来，不是消沉，便是胡来，甚至去自杀，那便是另当别论。"（《毛泽东的晚年生活》）司马迁的奋斗经历与《史记》中所歌颂的这些艰苦奋斗的思想，是他留给后人的一份宝贵财富，它永远给我们以激励，给我们以启迪，当我们灰心丧气、濒临绝望的时候，给我们以无比的力量、信心与勇气。

《史记》是我国第一部以人物为中心的伟大的历史著作，也是我国古代第一部以人物为中心的伟大的文学著作。从历史的角度讲，它开创我国古代两千多年历朝"正史"的先河；从文学的角度讲，它第一次运用丰富多彩的艺术手法，给人们展现了一道栩栩如生的人物画廊。《史记》人物与先秦文学人物的显著差异在于他们鲜明的个性化。由于作者十分注意设身处地揣摩每个情节、每个场面的具体情景，并力求逼真地表达出每个人物的心理特征，因此《史记》的描写语言和他为作品人物所设计的对话都是异常精彩的。试回想其中的刘邦、项羽、张良、韩信，以及毛遂、蔺相如等，哪一个不生动得令人为之赞叹呢？《史记》这种超前成熟的写人艺术，对我国后代传记文学以及小说、戏剧的创作产生了巨大影响，《史记》中的诸多主题，《史记》人物的诸多范型，以及《史记》故事的许多情节场面，都为后世的小说、戏剧开出了无数法门。当代的美国汉学家浦安迪（Andrew H.Plaks）把《史记》称作中国古代的"史诗"，说它对中国后代文学的影响就如古代希腊的《伊利亚特》《奥德塞》之影响后代的欧洲文化一样。

《史记》作为第一部传记文学的确立，是具有世界意义的。过去欧洲人以欧洲为中心，他们称古希腊的普鲁塔克为"世界传记之王"。普鲁塔克大约生于公元46年，死于公元120年，著有《列传》（今本译作《希腊罗马名人传》）50篇，是欧洲传记文学的开端。如果比较一下，可以发现，普鲁塔克比班固（32—92）还要晚生十四年，若和司马迁相比，则晚生一百九十一年。司马迁的《史记》要比普鲁塔克的《列传》早产生将近两个世纪。司马迁才真正是中国与世界的传记文学之祖呢！

为了让我国与世界各国的青年能够比较全面地了解《史记》，我们编写了这本书。自《史记》问世以来，《史记》的各种选本可以说是浩如烟海。单是20世纪，单是在中国大陆，前后就出过不下十几种；单是我自己在大陆与台湾出版的《史记》选本，也已经有五种了。而这次所出的选本，其所涉及的《史记》篇目之多，是前所未有的，总共有六十篇，可以说是照顾到了《史记》人物传记的所有精华。

由于选入的篇章多，而本书的篇幅又不能太大，于是我们就注意选择《史记》各个篇章中的精彩部分，共从六十篇作品中选择了一百段，这样就减少了原文里的一些不重要的头绪，和一些散漫、枝蔓的过程，以期让历史知识不太多的读者们不至于读着枯燥无聊。

所选《史记》六十篇的原来篇目，我们照旧使用，这样可以使读者一目了然，可以清楚地知道我们已经涉及了《史记》的哪些篇章。在原来的篇题下，对于我们所编选的一百个段落，我们重新命名，如《高祖本纪》下有：《斩蛇起义》《入关破秦》《灭楚称帝》；《赵世家》下有：《赵氏孤儿》《襄子兴赵》《武灵王胡服骑射》等。我们觉得这样给一百个段落命名，便于诱发读者的阅读兴趣，也便于记忆、便于查找。

为了保证每个篇题之下的各个段落故事的相对集中，我们将该篇的原文次序做了某些前后的调整，如在《吕太后本纪》的篇题下，有"杀刘邦诸子"、"封王诸吕"、"诸吕被灭"；在《卫将军骠骑列传》的篇题下，有"卫青大破匈奴"、"霍去病筑冢象祁连"。原文却是情节事穿插着写的，现在我们分着标题，只好调动原文，将事件摘开。这样的篇章不多，而且我们确保不使作品的原意受任何损伤。

为了帮助某些读者解决阅读古汉语的困难，我们在各篇、各段的原文后，有简明的注释，也附有流畅的口语译文。这些口语译文，我们力求既要忠实于原意，又要生动地表达出原文的感情。

参加过本书部分译文和注释写作的有孙海洋、于东新、龚立文、肖晓阳等同志。

此外，本书还参考和借用了我十年前主编的《史记文白评精选》中的部分白话译文。在此，向当时参加写作的龙德寿、俞樟华、吕伯涛等同志表示感谢。

欢迎大家提出意见。

北京师范大学　韩兆琦

五帝本纪
尧舜禅（shàn）让

帝尧者，放勋①。其仁如天，其知如神。就之如日，望之如云。富而不骄，贵而不舒。黄收纯（zī）衣②，彤车乘白马。能明驯德，以亲九族③。九族既睦，便章百姓④。百姓昭明⑤，合和万国。

尧立七十年得舜，二十年而老，令舜摄行天子之政，荐之於天⑥。尧辟位凡二十八年而崩。百姓悲哀，如丧父母。三年，四方莫举乐以思尧。尧知子丹朱之不肖，不足授天下，於是乃权授舜⑦。授舜，则天下得其利而丹朱病；授丹朱，则天下病而丹朱得其利。尧曰："终不以天下之病而利一人。"而卒授舜以天下。

尧崩，三年之丧毕，舜让辟丹朱於南河之南⑧。诸侯朝觐（jìn）者不之丹朱而之舜，狱讼者不之丹朱而之舜⑨，讴歌者不讴歌丹朱而讴歌舜。舜曰："天也。"夫而後之中国践天子位焉，是为帝舜。

舜，冀州之人也⑩。舜耕历山，渔雷泽，陶河滨，作什器於寿丘，就时於负夏⑪。舜父瞽叟顽，母嚚（yín）⑫，弟象傲，皆欲杀舜。舜顺适不失子道，兄弟孝慈。欲杀，不可得；即求，尝在侧。

舜年二十以孝闻。三十而帝尧问可用者，四岳咸荐虞舜⑬，曰"可"。於是尧乃以二女妻舜以观其内，使九男与处以观其外。舜居妫汭（guī ruì）⑭，内行弥谨。尧二女不敢以贵骄事舜亲戚，甚有妇道。尧九男皆益笃（dǔ）。舜耕历山，历山之人皆让畔；渔雷泽，雷泽上人皆让居；陶河滨，河滨器皆不苦窳（yǔ）⑮。一年而所居成聚，二年成邑，三年成都。於是尧乃试舜五典百官⑯，皆治。

舜年二十以孝闻，年三十尧举之，年五十摄行天子事，年五十八尧崩⑰，年六十一代尧践帝位。践帝位三十九年，南巡狩，崩於苍梧之野。葬於江南九疑，是为零陵⑱。

①帝尧者，放勋：帝号曰"尧"，名"放勋"，国号曰"陶唐"。②黄收纯衣：收，冕名，其色黄，故曰"黄收"。纯，读曰"缁"。缁衣，即黑衣。③驯德：顺天应人的美德。驯，同"顺"。九族：有说指父之三族，己之三族，子之三族；也有人以为指上至高祖下至玄孙的九代人，其他不录。④便章百姓：便章，也作"辨章"、平

001

章，即治理的意思。百姓，这里指百官。⑤昭明：指各自的权利、职责、义务分明。⑥老：退休，这里指退居二线。摄行：代理。⑦不肖：不类其父，即今之所谓"不成材""没出息"。权擬舜．权，变通。⑧南河：尧都以南之河，有人以为尧都平阳（今山西临汾西南），则其"南河"即今河南省三门峡、洛阳一线之黄河；也有人以为尧都"鄄城"（今山东鄄城县北），则所谓"南河"应指济水。⑨朝觐：指诸侯进京朝见天子。春见曰"朝"，秋见曰"觐"。狱讼：打官司，告状。⑩冀州：古九州之一，约当今之河北、山西和与之邻近的河南北部地区。⑪历山：有说即今山西省之中条山，亦名首阳山。也有说在今河南濮阳县者，其他不录。雷泽：有说在今山东鄄城县东南。河滨：有说即今山东定陶县一带的古黄河之滨。寿丘：有说离今山西省蒲州不远。就时於负夏：就时，掌握时机、行情，即做买卖。负夏，有说在今河南淇县附近。⑫嚚：暴虐，愚顽。⑬四岳：四方部落首领。⑭妫汭：妫水与其他河流的汇合之处。传说中的妫水有说在今山西永济县，有说在今河南虞城县。⑮苦窳：粗劣，易坏。⑯五典：五种礼节规范。⑰年五十八尧崩：按：前文说尧"辟位凡二十八年而崩"，现又说舜"年五十摄行天子事，年五十八尧崩"，则尧的"辟位"只有八年，前后矛盾。⑱苍梧：汉郡名，约当今之广东、广西、湖南三省交界地区。九疑：山名，在今湖南省宁远县南，因山有九峰皆相似，故称"九疑"。零陵：汉郡名，郡治在今广西兴安县北，九疑山正处于汉代苍梧郡与零陵郡之交界。

　　帝尧就是放勋，他的仁德像天一样广大，他的智慧像神一样渊深。人们趋附他就像趋附太阳，期盼他就如期盼祥云。他富而不骄，贵而不傲。他头戴黄色的帽子，身穿黑色衣服。乘坐着红色的车子，驾着白色的马。他首先提高个人的德操，把自己的宗族团结起来，宗族团结之后，遂进一步明确百官的职责。待至百官的政绩卓著后，天下万邦就无不融洽和睦了。

　　帝尧在位七十年而得到了舜。再过二十年，帝尧退居二线，让舜代行天子的职务，把舜举荐给上天。尧帝退居二线二十八年后去世，百姓非常悲哀，就像死了父母亲。尧死后的三年里，人们停止奏乐娱乐，以表示对尧的哀思。尧知道自己的儿子丹朱不成器，不能把天下交给他，于是把帝位传给了舜。把帝位传给舜，天下人都将得到好处，只有丹朱一个人不乐意；如果把帝位传给丹朱，则天下人都将吃苦，只有丹朱一个人将得利。尧说："无论如何，不能让天下人受苦，而让丹朱一个人得利！"于是毅然把帝位传给了舜。

尧去世，舜为尧服丧三年期满后，把帝位让给丹朱，自己躲到南河以南。可是朝见天子的诸侯不找丹朱而找舜，争讼告状的人不找丹朱而找到舜，唱歌的不赞美丹朱而赞美舜。舜说："看来这是天意。"这以后，舜才回到都城登上天子之位。这就是虞舜。

虞舜是冀州人，曾在历山种过田，在雷泽打过鱼，在黄河边上烧制过陶器，在寿丘制造过各种工具，在负夏做过生意。舜的父亲瞽叟愚顽，母亲泼悍，弟弟象骄纵，他们都想杀害舜。舜很恭顺，不失为子之道，对弟弟很慈爱。即使他们想杀他，也无从下手；如果有事找他，他又常常在身边。

舜二十岁就以孝顺闻名于世。到三十岁时，尧询问可以重用的人，四方诸侯都推荐舜，说他可以重用。于是尧把两个女儿嫁给他，以考查他如何治家。又让九个儿子与他相处，以考查他的待人接物。舜住在妫水与黄河的汇合处，在家里的表现愈益谨慎。尧的两个女儿也不敢因出身的高贵而傲视舜的亲戚，都很懂得做媳妇的规矩，尧的九个儿子也越来越诚实厚道。舜在历山种地，历山的种田人因受感化都能互相谦让，在田界处让对方多占有土地；舜到雷泽打鱼，雷泽的渔人受感化都能互相推让居住的地方；舜在黄河之滨烧制陶器，黄河边出产的陶器从此不再粗制滥造。他住的地方，一年就成了村落，两年就成了市镇，三年就成了都城。于是帝尧便试着让舜主管礼教，担任各种职务，舜都做得很好。

舜二十岁以孝顺闻名，三十岁尧委以重任，五十岁代尧行天子职权。五十八岁时尧去世，六十一岁登上帝位。舜在位的第三十九年到南方视察，死在了苍梧的郊野。葬在长江以南的九嶷山，地处于零陵郡。

《五帝本纪》记述了我国古代神话传说中的五个圣明的帝王，即黄帝、颛顼、帝喾、尧、舜。有关黄帝的传说，在春秋、战国以至西汉大概是不少的，但因为"荒诞离奇"，与真正的人类历史距离太大，所以孔子、孟子都不怎么讲。司马迁力排众议，从光怪陆离的许多神话人物中把黄帝选出来，又择取了一些比较"可信"的材料，将之作为《史记》的开端。随后他将颛顼、帝喾、尧、舜、禹、汤、文武、春秋战国时期的中原诸国、秦、楚、吴、越以及周边的匈奴、东越、南越等都说成是黄帝的子孙。这就一方面为中国人确定了"始祖",同时又确定了华夏与周边诸族都是黄帝的子孙,都是同胞兄弟。这是司马迁经过认真考据,又集中了长期流传的、大家公认的说法而写下来的。这对于我国这个多民族友好大家庭的形成与巩固,对于我国各族人民这种心理定势的形成起到了无法比拟的作用。

尧、舜是儒家学派所倾心歌颂的最伟大、最高尚的远古帝王,他们大公无私,只讲为民除害,为社会造福,而从不考虑个人与自己小家庭的利害得失。在他们无法称说的浩大无边的功德中,最让人敬佩的就是"禅让"。如果一个人能将管理天下的无限权力"禅让"给真正能为人民谋福利的贤才,这得具有多么锐敏的眼光,而自己又得有多么无私的胸襟与度量呢!司马迁歌颂这种局面,一方面是表达自己的愿望,同时也是用以对比、批判现实政治的黑暗。他把尧、舜的"禅让"放在"本纪"的第一篇,把吴太伯的"让"放在"世家"的第一篇,把伯夷的"让"放在"列传"的第一篇,这种安排不是偶然的。我们这里就选取了《五帝本纪》中的《尧舜禅让》一节。

夏本纪
大禹治水

夏禹,名曰文命。禹之父曰鲧(gǔn),鲧之父曰帝颛顼(zhuān xū),颛顼之父曰昌意,昌意之父曰黄帝。禹者,黄帝之玄孙而帝颛顼之孙也。禹之曾大父昌意及父鲧皆不得在帝位①,为人臣。

当帝尧之时,鸿水滔天,浩浩怀山襄陵,下民其忧。尧求能治水者,群臣四岳皆曰鲧可②。尧曰:"鲧为人负命毁族,不可。"四岳曰:"等之未有贤于鲧者,愿帝试之。"于是尧听四岳,用鲧治水。九年而水不息,功用不成。于是帝尧乃求人,更得舜。舜登用,摄行天子之政,巡狩。行视鲧之治水无状,乃殛(jí)鲧于羽山以死③。天下皆以舜之诛为是。于是舜举鲧子禹,而使续鲧之业。

尧崩,帝舜问四岳曰:"有能成美尧之事者使居官?"皆曰:"伯禹为司空④,可成美尧之功。"舜曰:"嗟,然!"命禹:"女平水土,维是勉之。"禹拜稽首,让于契(xiè)、后稷、皋陶(gāo yáo)⑤。

舜曰："女其往视尔事矣。"

禹为人敏给克勤；其德不违，其仁可亲，其言可信；声为律，身为度，称以出；亹亹（wěi）穆穆，为纲为纪。

禹乃遂与益、后稷奉帝命⑥，命诸侯百姓兴人徒以傅土，行山表木，定高山大川。禹伤先人父鲧功之不成受诛，乃劳身焦思，居外十三年，过家门不敢入。薄衣食，致孝于鬼神。卑宫室，致费于沟淢（xù）。陆行乘车，水行乘船，泥行乘橇（qiāo），山行乘檋（jú）⑦。左准绳，右规矩，载四时，以开九州⑧，通九道，陂九泽，度九山⑨。令益予众庶稻，可种卑湿。命后稷予众庶难得之食。食少，调有馀相给，以均诸侯。禹乃行相地宜所有以贡，及山川之便利。

帝舜荐禹于天，为嗣。十七年而帝舜崩。三年丧毕，禹辞辟舜之子商均于阳城⑩。天下诸侯皆去商均而朝禹⑪。禹于是遂即天子位，南面朝天下。国号曰夏后，姓姒氏。

①曾大父：曾祖父。大父，祖父。②四岳：四方部落首领。③殛：杀。羽山：传说中的山名，约在今江苏省赣榆县东南。④司空：古官名，主管土木建筑。⑤契：舜时主管教化的官，为殷人之始祖。后稷：舜时主管农业的官，为周人之始祖。皋陶：舜时主管司法的官。⑥益：舜时主管山林池苑的官。⑦橇：犹今之所谓爬犁。檋：登山鞋，底有齿，上山前齿短，下山后齿短。⑧四时：春、夏、秋、冬。九州：传说中的上古中国行政区划。此指《禹贡》之所谓"九州"，即冀州、青州、兖州、徐州、扬州、豫州、雍州、荆州、梁州。⑨九道、九泽、九山：九州之路、九州之泽、九州之山。⑩阳城：古邑名，约在今河南省登封市境内。⑪商均：舜的儿子，为人不肖，故舜未传位于他。

夏禹名叫文命。禹的父亲名鲧，鲧的父亲叫颛顼，颛顼的父亲叫昌意，昌意的父亲就是黄帝。禹是黄帝的玄孙、颛顼的孙子。禹的曾祖父昌意和父亲鲧都不在帝位，而为人臣子。

帝尧时，洪水滔天，浩浩荡荡地包围着大山，吞裹着丘陵，百姓们陷入困境。帝尧下令寻找能治水的人，群臣与四方部落的首领都说鲧可以。帝尧说:"鲧是个违背上命、毁坏家族的人,不能任用。"部落首领们说:"在同列的人员中没有比鲧更能干的了,还望您让他试一试。"于是尧听从了他们的意见,任用鲧来治水。但治了九年,洪水也未能平息,治水没有功效。于是尧又寻找人才,得到虞舜。舜被提拔重用,后又代行天子的职权,巡视天下。他在视察中看到鲧治理洪水不像样子,就将其正法于羽山。天下人都认为舜杀鲧应该。于是舜又提拔了鲧的儿子禹,叫他继续完成鲧所没能完成的事业。

　　帝尧去世后,舜询问四方部落首领说:"谁能很好地完成尧的事业、可以担任各种官职呢?"部落首领们都说:"让大禹当司空,一定能很好地完成尧的事业。"舜说:"嗯,可以这样。"命令禹:"你去平定水土,要努力干好!"禹下拜叩头,想推让给契、后稷、皋陶等人。舜说:"你就赶紧上任干这件事吧。"

　　禹为人敏捷,做事勤奋,他的品德不违正道,仁慈可亲,说话可信;发出的声音可以校定音律,躯干四肢的长短可以作为丈量的长度,各种度量衡的标准都从他身上得出;他恭敬勤勉,一举一动都可以作为人们仿效的准则。

　　禹与伯益、后稷奉舜之命,命令诸侯百官征集人夫,平治水土,顺着山势竖立标志,根据高山大川的原有走向疏导洪水。禹痛心父亲鲧的无功被杀,因而苦心劳思,在外一直干了十三年,几次经过自己的家门口都没有工夫进去。他自己吃穿简朴,但祭祀祖先神明却丰厚虔诚。他自己居住的条件很简陋,但在修渠挖沟方面却舍得花钱。他旱路坐车,水路乘船,在沼泽地上坐橇,走山路则穿一种底下有齿的鞋子。他左边挂着水准仪和墨斗,右边背着圆规和方矩,随着一年四季的变化而到处奔走,划定九州的疆域,开辟九州的道路,修筑各地的湖堤,测量各地的大山。他命令伯益向民众发放稻种,让他们栽种在低洼有水的地方。又命令后稷在民众食物缺乏时发放食物。哪里缺粮食,便从粮食有余的地方向哪里调集,务使各诸侯地区的生活平均。禹根据他所巡视的各地的生产,确定各地向天子的贡赋,并确定了对各地山川开发利用的问题。

　　舜向上天举荐禹,让禹继承天子之位。过了十七年,舜去世。禹为舜服丧三年期满后,让天子之位给舜的儿子商均,自己躲到了阳城。但四方的诸侯们都不愿跟着商均而去投奔禹,于是禹只好登上了天子之位,面向南方以接受各地诸侯之朝拜,禹所建立的国叫"夏后",姓姒。

> **评**
>
> 　　《夏本纪》应该是以夏朝帝王为纲领的整个夏王朝的编年史，但因为年代久远，资料缺乏，所以本篇除了其开国帝王大禹有较多的传说外，其他都语焉不详，以至于四百多年的历史竟只有寥寥的几行字。我们这里只选了作品开头的《大禹治水》一节。
>
> 　　大禹是中国古代传说中最伟大而又最亲切感人的帝王形象，他所生活的时代洪水泛滥，为了给黎民百姓排除水患，大禹历尽千辛万苦，乃至"三过家门而不入"。因此，与其说大禹是一位"帝王"，还不如说大禹是一个"劳动英雄"、一位"水利工程师"更为恰当。类似这样的帝王，古往今来能有几个人愿意去当呢？大禹为此受了舜的禅让，是理所当然的。关于古代洪水的传说，许多国家都有，大概是在很久很久以前确实有过这样一种全球性的洪水灾害，所以在不同的国家民族才都有这种大同小异的传说。

殷本纪
汤伐夏桀

　　汤征诸侯。葛伯不祀①，汤始伐之。汤曰："予有言：人视水见形，视民知治不。"伊尹曰："明哉！言能听，道乃进。君国子民为善者皆在王官。勉哉，勉哉！"汤曰："汝不能敬命，予大罚殛（jí）之，无有攸赦。"作《汤征》②。

　　伊尹名阿衡③。阿衡欲奸汤而无由，乃为有莘（shēn）氏媵（yìng）臣，负鼎俎④，以滋味说汤，致于王道。或曰，伊尹处士，汤使人聘迎之，五反然后肯往从汤，言素王及九主之事⑤。汤举任以国政。伊尹去汤适夏。既丑有夏，复归于亳⑥。入自北门，遇女鸠、女房，作《女鸠》《女房》⑦。

　　汤出，见野张网四面，祝曰："自天下四方皆入吾网。"汤曰："嘻，尽之矣！"乃去其三面，祝曰："欲左，左。欲右，右。不用命，乃入吾网。"诸侯闻之，曰："汤德至矣，及禽兽。"

　　当是时，夏桀为虐政淫荒，而诸侯昆吾氏为乱⑧。汤乃兴师，率诸侯，伊尹从汤，汤自把钺（yuè）以伐昆吾。遂伐桀。汤曰："格女众庶，来，女悉听朕言。匪台（yí）小子敢行举乱⑨，有夏多罪，予维闻女众言夏氏有罪。予畏上帝，不敢不正。今夏多罪，天命殛之。今女有众，女曰'我君不恤我众，舍我啬事而割政'⑩。女其曰'有罪，其奈何'？夏王率止众力，率夺夏国。有众率怠不和，曰'是日何时丧？予与女皆亡⑪'！夏德若兹，今朕必往。尔尚及予一人致天之罚，予其大理女⑫。女毋不信，朕不食言。女不从誓言，予则帑僇（nú lù）女⑬，无有攸赦。"以告令师，作《汤誓》⑭。于是汤曰"吾甚武"，号曰武王。

桀败于有娀（sōng）之虚，桀奔于鸣条⑮，夏师败绩。汤遂伐三㚇（zōng），俘厥宝玉，义伯、仲伯作《典宝》⑯。汤既胜夏，欲迁其社，不可，作《夏社》⑰。伊尹报。于是诸侯毕服，汤乃践天子位，平定海内。

①葛伯：葛国的诸侯。当时的葛国在今河南宁陵县北。②《汤征》：《尚书》篇名，原文已佚。③伊尹名阿衡：按："伊"是姓，其名曰"挚"，"尹"与"阿衡"皆是官名。④奸：同"干"，求见。有莘（shēn）氏：当时的诸侯名，汤妃的母家，其地在今山东曹县西北。媵（yìng）臣：陪嫁的奴隶。鼎俎：做饭的锅与案板。⑤素王：传说中远古帝王，其道质素，故称"素王"。九主：有谓"三皇""五帝"及夏禹；也有谓指"法君、专君、授君、劳君、等君、寄君、破君、国君、三岁社君"九种类型的人主。⑥去汤适夏：当时夏朝的帝王是夏桀，国都在今河南登封东南。亳（bó）：也作"薄"，汤的都城，在今山东之曹县东南、河南之商丘市北。⑦女鸠、女房：汤的二臣名。《女鸠》《女房》：《尚书》中的篇名，原文已佚。⑧昆吾氏：当时的诸侯名，其地约在今河南许昌市东。此外还有其他说法，此不录。⑨格：来。女：通"汝"。台（yí）小子：谦称自己。台，我。⑩啬事：农业活动。割政：妨害正常活动。割，害。政，正常。⑪是日：这个太阳，比喻夏桀。皆：同"偕"，一道。⑫予一人：帝王用以称自己，意同"孤""寡人"。理：通"厘"。赉（lài），意即赏赐。⑬帑僇女：僇，通"戮"，杀；帑，同"孥"，没为奴隶。⑭《汤誓》：《尚书》篇名。上文"汤曰：'格女众庶'"以下即该篇文字，史公有所改动删节。⑮有娀之虚：有娀氏居住过的地方，在今山西省永济市西。

虚,同"墟"。桀奔于鸣条:夏朝从此灭亡,相传夏朝先后历四百余年,约在前2000年—前1600年。鸣条,古邑名,在今河南省封丘县东。也有说在今山西运城市安邑镇北者。⑯三嵕(zōng):当时的诸侯国名,其地约当今之山东定陶县东北。义伯、仲伯:汤之二臣名。《典宝》:《尚书》篇名,原文已佚。按:"汤遂伐三嵕"以下数句亦见《尚书·汤誓》。⑰社:土地之神。按:此所谓"社"即后代王朝的所谓"社稷"。《夏社》:《尚书》篇名,原文已佚。"欲迁其社"数句亦见《尚书·汤誓》。

关于汤讨伐其他诸侯的事情。葛国的诸侯不祭祀祖先,于是汤讨伐他。汤说:"我曾经说过:人对着水面就能看到自己的身影,看看百姓的状况,就能知道自己的政治如何。"伊尹说:"英明!能听得进劝告,自身的道德才能提高。治国育民的关键,就在于让那些优秀人才都来你这里为官任职。好自为之!好自为之!"汤说:"你们如果不严格奉行我的命令,我将严加惩办,决不宽饶。"于是作了《汤征》。

伊尹名叫"阿衡"。伊尹当初想求见汤而找不到机会,于是就以汤妃陪嫁奴隶的身份来到汤的身边,他背着炊具以讲述做菜的道理向汤讲述治国之道,从而协助汤实现了王道政治。也有人说,伊尹原是隐士,汤派人去请他,先后去了五次,才把伊尹请来。伊尹向汤讲了远古的"素王"政治与现实社会中的九种不同国君,于是汤选拔了他任之以国政。后来伊尹还曾一度离开汤到当时的帝王夏桀那里任职,由于夏桀实在太坏了,于是又回到了汤的都城。伊尹是从北门而入,正好遇到了女鸠、女房两位大臣,于是作了《女鸠》《女房》两篇文章。

汤有一天外出,见一个捕禽兽的人四面张网,口里祷告说:"上下四方的禽兽通通进入我的网中来!"汤说:"嘻,未免太绝啦!"他让捕禽兽的人去掉三面,只留一面,并让他这样说:"想往左的往左跑,想往右的往右跑,只让那些不听招呼的进到我的网里来!"各国诸侯听到汤的这种事情,都说:"汤的品德可算是高到家啦,连禽兽都蒙受恩惠。"

当时,夏桀的政治残暴荒淫,昆吾国的诸侯举兵叛乱。于是汤遂起兵,率领各国诸侯,伊尹跟在身边,汤手执黄钺以讨昆吾。昆吾被灭后,汤遂移师讨伐夏桀。汤说:"你们大家都过来,注意听我说。并不是小子我敢于兴兵作乱，实在是因为夏桀的罪恶太多了，我也听你们都说夏桀有罪。我是怕上帝怪罪，不得不起兵讨伐他。夏桀罪孽深重，上帝命我杀掉他。你们大家不是也在说'我们的帝王不体怜我们，总妨碍农时，不让我们进行正常的农业生产'。你们说'这个人有罪啊，我们该对他怎么办呢'？夏朝的君臣相率妨碍生产，相率掠夺国人。夏国的民众都不再尊重、亲附夏王，都说'这个"太阳"何时完蛋哪，我们宁可陪着你一块死'！夏桀的德行坏到了这种地步，所以我今天一定要讨伐他。你们如果能和我一道进行这种神圣的讨伐，我定将厚厚地赏赐你们。你们不必怀疑，我是说话算话的。如果你们不听从我的誓言，我定将严厉地惩处你们，绝不宽饶。"汤把这段话宣告于全军，这就是《汤誓》。汤说："我很英武。"于是人们就称汤为"武王"。

桀在有娀国的旧墟被汤打败，孤身逃到了鸣条，夏朝的军队整个崩溃。汤一直追击到三嵏国，获得了夏朝的全部珍宝，于是汤的大臣义伯、仲伯遂作了《典宝》一文。汤灭夏后，想更换夏朝供奉的社稷之神，但更换不了，于是作了《夏社》一文。伊尹向汤报告了各方面的情况，这时各国诸侯都已归附于汤，于是汤遂即帝位，四海一家。

《殷本纪》是以殷朝帝王为纲领的有关殷王朝的编年史，但也是由于资料缺乏，故而四百多年的蓄积、六百来年的王朝统治总共也才只有简简单单的一小篇。殷朝人物被人们讲得最多的是其开国的帝王成汤与其末代的帝王殷纣。汤不仅自身有很高的道德，为此受到本国民众与其他诸侯的拥戴；而且能任用伊尹、中累、咎单等一批贤能之臣。汤正是在这种内外协力、天下归心的情况下，推翻了夏朝的末代帝王桀，建立了殷朝政权，并使这个政权在中原地区统治了六百年。汤也是儒家学派心目中的大圣人。我们这里选取了《汤伐夏桀》中的一段故事。

周本纪
武王伐纣

　　武王即位，太公望为师，周公旦为辅，召（shào）公、毕公之徒左右王，师修文王绪业①。

　　九年，武王上祭于毕②。东观兵，至于盟津③。为文王木主，载以车，中军。武王自称太子发，言奉文王以伐，不敢自专。乃告司马、司徒、司空、诸节④："齐栗，信哉！予无知，以先祖有德臣，小子受先功，毕立赏罚，以定其功。"遂兴师。师尚父号曰⑤："总尔众庶，与尔舟楫，后至者斩。"武王渡河，中流，白鱼跃入王舟中，武王俯取以祭。既渡，有火自上复于下，至于王屋，流为乌，其色赤，其声魄（bó）云⑥。是时，诸侯不期而会盟津者八百诸侯。诸侯皆曰："纣可伐矣⑦。"武王曰："女未知天命⑧，未可也。"乃还师归。

　　居二年，闻纣昏乱暴虐滋甚，杀王子比干，囚箕（jī）子⑨。太师疵、少师彊抱其乐器而奔周⑩。于是武王遍告诸侯曰："殷有重罪，不可以不毕伐。"乃遵文王，遂率戎车三百乘（shèng），虎贲（bēn）三千人⑪，甲士四万五千人，以东伐纣。十一年十二月戊午⑫，师毕渡盟津，诸侯咸会。曰："孳孳（zī zī）无怠⑬！"武王乃作《太誓》⑭，告于众庶："今殷王纣乃用其妇人之言⑮，自绝于天，毁坏其三正，离逷（tì）其王父母弟⑯，乃断弃其先祖之乐，乃为淫声，用变乱正声，怡说妇人。故今予发维共（gōng）行天罚。勉哉夫子，不可再，不可三！"

　　二月甲子昧爽，武王朝至于商郊牧野，乃誓⑰。武王左杖黄钺（yuè），右秉白旄⑱，以麾。曰："远矣西土之人！"武王曰："嗟！我有国家君，司徒、司马、司空、亚旅、师氏、千夫长、百夫长⑲，及庸、蜀、羌、髳（máo）、微、纑、彭、濮人⑳，称尔戈，比尔干，立尔矛，予其誓。"王曰："古人有言'牝（pìn）鸡无晨。牝鸡之晨，惟家之索'。今殷王纣维妇人言是用，自弃其先祖肆祀不答，昏弃其家国，遗其王父母弟不用，乃维四方之多罪逋（bū）逃是崇是长，是信是使，俾暴虐于百姓，以奸轨于商国㉑。今予发维共行天之罚。今日之事，不过六步七步，乃止齐焉，夫子勉哉！不过于四伐五伐六伐七伐㉒，乃止齐焉，勉哉夫子！尚桓桓，如虎如罴（pí），如豺如离（chī）㉓，于商郊。不御克奔，以役西土，勉哉夫子！尔所不勉，

011

其于尔身有戮。"誓已，诸侯兵会者车四千乘，陈师牧野。

帝纣闻武王来，亦发兵七十万人距武王。武王使师尚父与百夫致师，以大卒驰帝纣师㉒。纣师虽众，皆无战之心，心欲武王亟（jí）入。纣师皆倒兵以战，以开武王。武王驰之，纣兵皆崩，畔纣。纣走，反入登于鹿台之上，蒙衣其珠玉，自燔（fán）于火而死。武王持大白旗以麾诸侯，诸侯毕拜武王，武王乃揖诸侯，诸侯毕从。

①武王：文王之子，姓姬名发。太公望：姓姜名尚，也称"吕望"，"太公"是人们对他的敬称。参见《齐世家》。周公：名旦，武王之弟，事迹参见《鲁世家》。召公：名奭，武王之弟。毕公：名高，武王之弟。文王：名昌，商朝末年为西方诸侯之霸主，为周国的灭商奠定了基础。②上祭于毕：意即祭祀文王墓。毕，地名，在今陕西咸阳市东，文王之墓在此。③观兵：出兵向人示威。盟津：也作"孟津"，黄河渡口名，在今河南孟津县东北。④司马：主管军事的官员。司徒：主管土地与徒役的官员。司空：主管建筑的官员。诸节：各个接受任命的人士。节，帝王使者所持的信物。⑤师尚父：即太公望。⑥其声魄云：魄，象声词。⑦纣：商朝的末代帝王，名"受"，也称"帝辛"。⑧女未知天命：女，通"汝"。⑨王子比干：纣王的庶兄。箕子：纣王之庶兄。⑩太师疵、少师彊："太师""少师"都是乐官名；"疵""彊"是人名。⑪三百乘：古称一车四马曰"一乘"。虎贲：勇士的称号，这里指武王的禁卫军。⑫戊午：与下文的"甲子"都是确指某一天，古以天干地支相配纪年，因年代过于久远，今已难以推算出为公元前的某年某月某日。⑬孳孳：同"孜孜"，勤奋努力的样子。⑭《太誓》：也作《泰誓》，今古文《尚书》中有《泰誓》上、中、下三篇，本文下面所引与古文《尚书》不同。⑮用其妇人之言：指宠爱其妃子妲己事。⑯三正：有说指三种历法；有说指天、地、人三种正道；有说是三位贤臣。王父母弟：同一祖父母的兄弟。王父母，祖父祖母。⑰牧野：地名，在商都朝歌（今河南淇县）南七十里。乃誓：以下的誓词即今《尚书》中的《牧誓》。⑱黄钺：黄色大斧。白旄：以牦牛尾为装饰的白旗。黄钺、白旄都是一种权力的象征。⑲有国冢君：有国，通"友国"。冢君，大君。亚旅、师氏：皆高级军官名。千夫长、百夫长：中下级军官名。⑳庸、蜀、羌、髳、微、垆、彭、濮：皆当时西方和西南方的少数民族名。㉑奸宄：也作"奸宄"，外来之贼曰"奸"，内

部之贼曰"宄",这里用如动词。㉒止齐:左右相顾,使队列整齐。四伐五伐六伐七伐:指与敌人击刺。㉓离:通"螭",传说中的一种无角龙。㉔致师:挑战。大卒:武王的主力部队。

武王即位后,太公望为军师,周公旦为辅佐,召公、毕公等人协助武王,继续奉行文王的遗业。

九年,武王到毕原祭祀文王之墓,然后往东方炫耀武力,一直到达盟津。他做了个文王的灵牌拉在车上,随时置于中军。武王自称"太子发",意思是奉文王的命令进行征战,不敢自己专行。于是向司马、司徒、司空以及各个接受委任的官员宣告说:"要严肃谨慎、言行一致!我无知,全靠先辈留下的贤德之臣,我只是承继了先祖的遗业,我们要明确赏罚,以完成先辈的使命。"于是遂起兵。师尚父发布号令说:"集合你们的队伍,准备好你们的船只,迟到的要斩首!"武王北渡黄河,船到中流,有条白鱼跳到了武王的船上。武王弯腰捡起,用以祭祀。渡河后,见一团火光从天盖下来,等落到武王的屋顶时,忽然又变成了乌鸦,颜色是红的,发出了"叭"的一声响。这时候,各国诸侯不约而来到盟津的有八百多个。诸侯们都说:"纣可以讨伐了。"武王说:"你们不知道天命,现在还不行。"于是又把军队撤了回来。

过了二年,听说纣王更加昏庸暴虐,杀了王子比干,囚禁了箕子。乐官太师疵、少师彊抱着他们的乐器逃奔到了周。于是武王遍告诸侯说:"殷有重大罪恶,这回不能不合力讨伐了。"于是遵奉文王遗命,率兵车三百辆,号称"虎贲"的近卫军三千人,披甲的战士四万五千人,东出讨伐殷纣。十一年十二月戊午这一天,军队全部渡过盟津,诸侯都会合在一起。武王说:"大家都要勤勤恳恳,不可有丝毫的懈怠。"于是武王作《太誓》,向众人宣告说:"如今的殷纣专门听信女人的话,自绝于天,毁弃天地人的正道,疏远同祖兄弟,舍弃先祖的古乐,用淫乱的音乐去替代典雅的音乐,以讨好女人。因此现在我要恭谨地对他进行上天的讨伐。努力啊,将士们。不要让我们再来第二回、第三回。"

二月甲子日的清早,武王来到商都朝歌郊外的牧野,在那里誓师。武王左手持黄色大斧,右手秉持白色旄牛尾装饰的旗。他挥动了一下旗子,说:"辛苦了,远远来自西方的人们。"武王又说:"喂!我们友好邻邦的君主,司徒、司马、司空、亚旅、师氏,千夫长、百夫长，以及庸、蜀、羌、髳、微、纑、彭、濮各国的人士，举起你们的戈，排好你们的盾，竖起你们的矛，听我宣誓。"武王说："古人说过：母鸡不能打鸣儿，谁家的母鸡打鸣儿，这个家就要败落。现在殷纣专门听女人的话，抛弃先祖不去祭祀，抛弃家国，抛弃他的同祖兄弟不睬，而专门对其他国家逃来的罪人加以优待、加以厚爱、加以信任、加以使用。让他们来暴虐百姓，在殷国为非作歹。现在我姬发要恭敬地对他进行上天的讨伐。今天的战斗，我们要每前进六步七步就停下来整齐一下，大家要努力！对敌人攻击要在四下、五下、六下、七下之后就停下来整齐一下，一定要努力，将士们！大家要勇猛，我们在这商都之郊要表现得像虎、像罴、像豺、像螭。不要迎击那些前来投降的人，让他们到西方为我们服役。努力呀，各位，谁不努力，谁就将被杀头。"誓师完毕，这时各路诸侯来会的战车共有四千辆，都在牧野摆开阵势。

殷纣听说武王来攻，派出了七十万人前来迎敌。武王派师尚父率领一百人出去挑战，而后以主力部队冲杀纣王军。纣王的军队虽多，但却不愿作战，都盼望着武王迅速攻入京城。纣王的军队都掉转矛头，为武王开路。武王军队飞驰而来，纣王军队全部崩溃，背叛纣王。纣王回身逃走，逃到鹿台之上，用宝玉蔽身，自焚而死。武王执大白旗向各路诸侯挥动，诸侯们都来拜见武王，武王也拱手回礼，诸侯全部服从。

《周本纪》是以周朝帝王为纲领的整个周民族与周王朝的编年史。周民族的发展史经历夏朝、殷朝共千余年，至商末强大起来，雄踞西方。至周文王吞并四周小国，为日后武王的灭商奠定了基础。武王即位后，在姜太公、周公、召公等一大批同姓异姓贤才的帮助下，东出伐纣。纣是殷朝的末代帝王，据《尚书》中的有关材料讲，纣王是个荒淫酒色之徒，为人残暴，不听劝谏，杀了好多贤良之臣。周武王正是在这种情势下，于公元前1046年率领着许多同盟的力量共同伐纣；而殷朝的许多士兵则纷纷倒戈，欢迎武王。殷纣王见大势已去，逃上鹿台，自焚而死。于是殷朝灭亡，武王称帝，开始了周朝的天下。我们这里选取的就是"武王伐纣"这段故事。在儒家学派的心目中，文王、武王都是"应天顺世"的大圣人。

由于周朝的时代近，在《诗经》《尚书》《国语》《左传》《国策》等书中保存的周朝的史料丰富，所以《周本纪》的具体详尽也就远非《夏本纪》《殷本纪》可比拟。但与周朝王室存在的同时还并存着许多诸侯国，如齐国、鲁国、晋国、楚国等。在这段历史里有许多发生在诸侯国的事件往往更引人注目，而这些则要到后面相应的"世家"去看，故而我们对尽管详细的《周本纪》也仍是只选了一段。

秦始皇本纪
始皇统一称帝

秦始皇帝者，秦庄襄王子也①。庄襄王为秦质子于赵，见吕不韦姬②，悦而取之，生始皇。以秦昭王四十八年正月生于邯郸③。及生，名为政，姓赵氏。年十三岁，庄襄王死，政代立为秦王。当是之时，秦地已并巴、蜀、汉中，越宛有郢，置南郡矣④；北收上郡以东，有河东、太原、上党郡⑤；东至荥阳，灭二周，置三川郡⑥。吕不韦为相，封十万户，号曰文信侯。招致宾客游士，欲以并天下。李斯为舍人⑦。蒙骜（ào）、王齕（hé）、麃（biāo）公等为将军。

十七年，内史腾攻韩，得韩王安，尽纳其地，以其地为郡，命曰颍川⑧。十八年，大兴兵攻赵，王翦将上地，下井陉，端和将河内，羌瘣（huì）伐赵，端和围邯郸城⑨。十九年，王翦、羌瘣尽定取赵地东阳，得赵王⑩。二十一年，王贲攻荆⑪。乃益发卒诣（yì）王翦军，遂破燕太子军，取燕蓟城，得太子丹之首⑫。二十二年，王贲攻魏，引河沟灌大梁，大梁城坏，其王请降⑬，尽取其地。二十三年，秦王复召王翦，强起之，使将击荆⑭。取陈以南至平舆，虏荆王⑮。二十五年，大兴兵，使王贲将，攻燕辽东，得燕王喜⑯。还攻代，虏代王嘉⑰。王翦遂定荆江南地；降越君，置会稽郡⑱。二十六年，秦使将军王贲从燕南攻齐，得齐王建⑲。

秦初并天下，丞相绾、御史大夫劫、廷尉斯等皆曰⑳："昔者五帝地方千里，其外侯服夷服㉑，诸侯或朝或否，天子不能制。今陛下兴义兵，诛残贼，平定天下，海内为郡县，法令由一统，自上古以来未尝有，五帝所不及，臣等谨与博士议曰：'古有天皇，有地皇，有泰皇，泰皇最贵。'臣等昧死上尊号，王为'泰皇'，命为'制'，令为'诏',天子自称曰'朕'。"王曰:"去'泰',著'皇',采上古'帝'位号,号曰'皇帝'。他如议。"制曰:"可。"

三十四年,始皇置酒咸阳宫,博士七十人前为寿㉒。仆射(yè)周青臣进颂曰㉓:"他时秦地不过千里,赖陛下神灵明圣,平定海内,放逐蛮夷,日月所照,莫不宾服。以诸侯为郡县,人人自安乐,无战争之患,传之万世,自上古不及陛下威德。"始皇悦。博士齐人淳于越进曰:"臣闻殷、周之王千馀岁,封子弟功臣,自为枝辅。今陛下有海内,而子弟为匹夫,卒有田常、六卿之臣,无辅拂(bì)㉔,何以相救哉?事不师古而能长久者,非所闻也。今青臣又面谀以重陛下之过,非忠臣。"始皇下其议。丞相李斯曰:"五帝不相复,三代不相袭,各以治,非其相反,时变异也。今陛下创大业,建万世之功,固非愚儒所知。且越言乃三代之事,何足法也?异时诸侯并争,厚招游学。今天下已定,法令出一,百姓当家则力农工,士则学习法令辟禁。今诸生不师今而学古,以非当世,惑乱黔首。臣请史官非秦记皆烧之,非博士官所职,天下敢有藏《诗》、《书》、百家语者,悉诣守、尉杂烧之。有敢偶语《诗》、《书》者弃市,以古非今者族,吏见知不举者与同罪。令下三十日不烧,黥(qíng)为城旦㉕。所不去者,医药、卜筮、种树之书。若欲有学法令,以吏为师。"制曰:"可。"

三十五年,除道,道九原抵云阳㉖,堑山堙谷,直通之。于是始皇以为咸阳人多,先王之宫廷小,吾闻周文王都丰,武王都镐㉗,丰、镐之间,帝王之都也。乃营作朝宫渭南上林苑中㉘。先作前殿阿房㉙,东西五百步,南北五十丈,上可以坐万人,下可以建五丈旗,周驰为阁道,自殿下直抵南山。表南山之颠以为阙。为复道,自阿房渡渭,属之咸阳,以象天极阁道绝汉抵营室也㉚。阿房宫未成;成,欲更择令名名之。作宫阿房,故天下谓之阿房宫。隐宫徒刑者七十馀万人,乃分作阿房宫,或作丽山㉛。发北山石椁(guǒ),乃写蜀、荆地材皆至㉜。关中计宫三百,关外四百馀。于是立石东海上朐(qú)界中㉝,以为秦东门。因徙三万家丽邑,五万家云阳,皆复不事十岁㉞。

侯生、卢生相与谋曰:"始皇为人,天性刚戾自用,起诸侯,并天下,意得欲从,以为自古莫及己。专任狱吏,狱吏得亲幸。博士虽七十人,特备员弗用。丞相诸大臣皆受成事,倚办于上。上乐以刑杀为威,天下畏罪持禄,莫敢尽忠。上不闻过而日骄,下慑伏谩欺以取容。秦法,不得兼方,不验,辄死。然候星气者至三百人,皆良士,畏忌讳谀,不敢端言其过。天下之事无小大皆决于上,上至以衡石量书㊟，日夜有呈，不中呈不得休息。贪于权势至如此，未可为求仙药。"于是乃亡去。始皇闻亡，乃大怒曰："吾前收天下书不中用者尽去之，悉召文学方术士甚众，欲以兴太平，方士欲练以求奇药。今闻韩众去不报，徐市（fú）等费以巨万计㊟，终不得药，徒奸利相告日闻。卢生等吾尊赐之甚厚，今乃诽谤我，以重吾不德也。诸生在咸阳者，吾使人廉问，或为妖言以乱黔首。"于是使御史悉案问诸生，诸生传相告引，乃自除犯禁者四百六十馀人㊟，皆坑之咸阳，使天下知之，以惩后。

①庄襄王：名子楚，孝文王之子，前249—前247年在位。②吕不韦：战国末期的阳翟巨商，由于靠着他的活动使在赵为质的秦国公子子楚得以成为秦王之嗣；又由于他将自己之妾给子楚为妻，故子楚为秦王后，被任为相国。③秦昭王四十八年：前259年。秦昭王，秦始皇的曾祖父，前306—前251年在位。邯郸：战国时期的赵国都城，即今河北邯郸市。④巴、蜀：秦国的二郡名，巴郡郡治在今重庆市北；蜀郡郡治即今成都市。汉中：秦郡名，郡治即今陕西汉中市。宛：秦县名，县治即今河南省南阳市。郢：战国中期以前的楚国都城，即今湖北荆州江陵西北的纪南城。南郡：秦郡名，郡治即当初楚国之郢都。⑤上郡：郡治肤施（在今陕西榆林东南），原属魏，后为秦有。河东：郡名，郡治安邑（今山西夏县西北），原属魏，后为秦有。太原：郡名，郡治晋阳（今太原市西南），原属赵，后为秦有。上党：郡名，郡治壶关（今山西长治市北），原属韩，后为秦有。⑥荥阳：县名，县治在今河南荥阳市东北，原属秦，后为秦有。二周：东周、西周，战国中期以后由周国分裂成的两个小国，东周居巩县，西周居王城，至战国末期相继为秦所灭。三川郡：秦郡名，郡治洛阳（今洛阳市东北）。⑦李斯：协助秦始皇统一六国的重要人物，后为丞相，参见《李斯列传》。舍人：战国时期，国君或高级官吏的亲近左右称舍人。⑧十七年：前230年。内史腾：名腾，史失其姓。内史，首都的行政长官，即日后之京兆尹。韩王安：韩国的末代国君，前238—前230年在位，国都即今河南新郑市。颍川：秦郡名，郡治即今河南禹州市。⑨十八年：前229年。王翦：秦国名将，事迹参见《白起王翦列传》。上地：上郡之地。井陉：山口名，在今河北石家庄市西的太行山上，是河北与山西之间的咽喉要道。羌瘣：秦将名。端和：姓杨，秦将名。⑩十九年：前228年。东阳

具体方位不详，大约在太行山以东。赵王：名迁，前235—前228年在位。⑪二十一年：前226年。王贲：王翦之子，亦为秦将。荆：楚国的别称，此时的楚国都城已经东迁到寿春（今安徽寿县）。⑫燕太子：燕王喜之子，曾派荆轲入秦行刺，未成，荆轲被杀，参见《刺客列传》。⑬二十二年：前225年。大梁：魏国的都城，即今河南开封市。其王：魏王假，前227—前225年在位。⑭二十三年：前224年。荆：即楚，此时的楚国都城已东迁到寿春（今安徽寿县）。在此之前秦曾派李信率兵击楚，被楚将项燕击败。⑮陈：楚县名，即今河南淮阳县，楚国之郢都被秦攻占后，楚国先迁陈，后又东迁寿春。平舆：楚县名，在今河南平舆县北。荆王：名负刍，前227—前223年在位。⑯二十五年：前222年。辽东：燕郡名，郡治即今辽阳市。燕王喜：燕国的末代国君，前254—前222年在位。⑰代：赵郡名，郡治即今河北蔚县。代王嘉：赵王迁被秦国俘去后，赵王迁之兄公子嘉逃到代地，称为代王，前227—前222年在位。⑱越君：越王勾践的后代。勾践的事情见《越世家》。会稽郡：秦郡名，郡治即今浙江绍兴市。⑲二十六年：前221年。齐王建：齐国的末代国君，前264—前221年在位。国都即今山东淄博市之临淄区。⑳丞相绾：王绾。御史大夫劫：冯劫。御史大夫，当时的"三公"之一，执掌监察纠弹。廷尉斯：李斯。廷尉，国家的最高司法官。㉑五帝：指传说中的黄帝、颛顼、帝喾、尧、舜。侯服、夷服：相传古代帝王国都周围的方圆千里之内为京畿（郊区）。千里之外再由近及远一直划出去，五百里为一服，共九服。最近的一圈为"侯服"，第七圈为"夷服"。㉒三十四年：前213年。博士：官名，在帝王身边以备顾问。㉓仆射：此指博士仆射，博士官的头领。㉔田常、六卿：皆指臣僚之势大作乱者。田常是春秋末期齐国的权臣，弑齐简公，为其后代篡夺姜氏政权做好了准备；六卿是春秋末期晋国的六个大权臣，六家又相互火并，最后剩下韩、赵、魏三家，遂瓜分晋国而自立。辅拂：拂，通"弼"。㉕黥为城旦：黥，给犯人在脸上刺字。城旦，发配修筑长城的苦役犯，白天修城，夜间巡逻。㉖三十五年：前212年。九原：秦郡名，郡治在今内蒙古包头市西。云阳：秦县名，在今陕西淳化县西北。㉗丰：古都名，在今西安市西南。镐：古都名，在今西安市西，当时丰都的东北。㉘上林苑：秦代的皇家猎场，约当今之西安市及户县、周至等数县的辽阔地区。㉙阿房：地名，秦建宫于此，暂以地名称之，故曰"阿房宫"。㉚阁道：星名，属奎宿，有星六颗。营室：星名，包括室宿、壁宿，古人以之对应人间的帝王之宫。㉛隐宫：应作"隐官"，收容刑赦犯人的场所。丽山：也作"骊山"，在今陕西临潼县东南，此指尚在修筑中的地处丽山的秦始皇的陵墓工程。㉜北山石椁：据上下文意，此"椁"字似衍，应削。写：移，输送。㉝朐：秦县名，在今江苏连云港市西南。㉞丽邑：秦县名，在今临潼县东北，汉代改称新丰。复：免除租税。㉟衡石：这里即指秤。衡，秤杆；石，秤锤。㊱韩众：也作"韩终"，当时的方士。徐市：也作"徐福"，当时的方士，曾运载着五百对童男女下海求仙，一去不返。巨万：也称"大万"，即今所谓"亿"。㊲自除：自己圈定。除，挑出。

　　秦始皇是秦庄襄王的儿子。庄襄王当初在赵国当人质时，见到吕不韦的小妾，很喜欢，就娶了她，生了始皇。始皇于秦昭王四十八年正月生在邯郸。出生后取名曰"政"，姓赵氏。十三岁时，庄襄王去世，政继位为王。这时候秦国已经向南吞并了巴、蜀、汉中，向东南越过宛城占有了郢都，并在那里设置了南郡。往北夺取了上郡以东，并占据河东、太原、上党三郡。往东抵达荥阳，灭掉了西周、东周，并在那里设置了三川郡。这时吕不韦为相国，享有封邑十万户，号称文信侯，他大力招揽宾客游士，为吞并天下做准备。李斯为吕不韦舍人，蒙骜、王龁、麃公等为将军。

　　秦王政十七年，内史腾进攻韩国，俘虏了韩王安，夺得韩国全部的土地，并在那里设郡，名曰颍川郡。十八年，大规模出兵攻赵，王翦统帅上郡地区的士卒攻下井陉，杨端和率领河内地区的士兵，与羌瘣北上伐赵，杨端和围困了邯郸城。十九年，王翦、羌瘣等全部平定了赵地，并在东阳抓到了赵王。二十一年，王贲率兵攻楚，又给进攻燕国的王翦增派了大量的士兵，于是王翦遂击破了燕国太子丹的军队，夺取了燕都蓟城，不久又得到了太子丹的人头。二十二年，王贲率军攻魏，引黄河水经鸿沟以灌大梁，大梁城坏，魏王请降。秦国遂又获取了魏国的全部领土。二十三年，秦王重又恳请王翦，命他率兵攻楚。王翦攻取了陈县以南直至平舆的土地，俘虏了楚王。二十五年，又举大兵，派王贲率士卒攻打燕国的辽东郡，俘获了燕王喜。又回军攻代，俘获了代王嘉。这时南线的王翦也平定了楚国的江南地区，降服了越君，遂在那里设置了会稽郡。二十六年，命将军王贲从燕地向南攻齐，俘虏了齐王建。

　　秦国刚刚统一天下，丞相王绾、御史大夫冯劫、廷尉李斯等一起上言说："过去五帝直接管辖的地区方圆有千里之遥，千里之外是侯服夷服的地区。那时的诸侯有的朝贡，有的不朝贡，天子无法控制。现在陛下起义兵，讨残暴，平定天下，整个国家实行郡县制，一切命令都由朝廷发出，这是自古以来从未有过的，连传说中的五帝也无法企及。我们与博士商量，共同认为：'古代有天皇、地皇、泰皇，三者之中泰皇最尊贵。'我们大胆建议，大王您应当称为'泰皇'，您的命令称为'制'和'诏'，您得自称为'朕'。"秦王说："去掉'泰'字，留下'皇'字，再加上古所称的'帝'字，合称为'皇帝'。其他就按你们商量的意见办。"于是正式签署命令说："可。"

三十四年，始皇在咸阳宫设酒宴，七十名博士向前祝寿。仆射周青臣颂扬始皇说："过去秦国的疆域方圆过千里。仰仗着陛下的神灵，如今已平定四海，赶走蛮夷，凡是日月所照临的地方没有不臣服的。过去诸侯割据的地方现在都成了郡县，人人安居乐业，不再有战争之忧，这种局面将传之万世而无穷，您的这种威德是自古以来任何人所无法比拟的。"始皇听了很高兴。这时另一个博士齐人淳于越进言说："听说商朝和周朝都统治天下一千多年，其所以如此是因为他们都分封子弟功臣以作为自己的屏障。如今陛下据有整个国家，而兄弟子弟都是平民百姓。这样日后万一出现个像田常、六卿那样的叛臣，而陛下孤立无援，谁来相救呢？做事不以古为师而能维持的，从未听说过。现在周青臣又来当面奉承陛下，想让您错上加错，这样的人绝不是忠臣。"始皇把他们的意见交下去讨论。丞相李斯说："五帝的制度相互之间各不相同，夏、商、周三代也不是一律照般，但他们都治好了自己的国家，并不是后代一定要改变前代的章程，而是由于时代已经发生了变化。现在陛下创建了宏伟的大业，建立了万世之功，这本来就不是一般书呆子所能理解的。再说淳于越所说的那个'三代'，有什么可效法的？那时诸侯相争，各自极力招揽游学之士。如今天下已定，法令统一，百姓们在家里就要努力地务农做工，士人们则应该学好法律禁令。可是现在这些书呆子们不研究现实而一味地崇古，他们诽谤现实，蛊惑百姓。我请求史官凡不是秦国的史书全部烧掉，凡不是博士官所主管、私人藏有《诗》《书》、诸子百家著作的，通通送到郡守、郡尉那里集中烧毁。有敢两个人以上聚集一起讲论《诗》《书》的，处死街头，敢颂古非今的灭族，官吏知情不报的与之同罪。命令下达三十天还敢持书不烧的处以黥刑并发配去修长城。留下来不烧的只有医药、卜筮、种树等一类的书。如果有人想学法令，可以拜官吏为师。"始皇签署命令说："可以。"

三十五年，开辟道路，从九原郡直抵云阳县，开山填谷，直线通达。当时，始皇认为咸阳人多，而先王的宫廷窄小，又听说当初周文王建都于丰，武王建都于镐，看来丰镐之间是帝王建都的地方。于是秦始皇着手在渭水南岸的上林苑中兴建接受朝拜的宫殿。首先在"阿房"这个地方建造宫廷的前殿，此殿东西长五百步，南北宽五十丈，殿上可以坐上万人，殿下可以竖起五丈高的大旗。环殿建有空中通道，该道从殿下直达终南山，让终南山的峰顶作为新建宫廷的双阙。又修建空中通道从阿房北渡渭水，一直与咸阳连接，从此象征天上的"阁道"星越过天河直抵"营室"宿。阿房宫尚未修完，故暂以"阿房"称之，想等完工后再另起一个好名字称呼它。因为这座宫殿建筑在阿房，所以天下后世遂称之为"阿房宫"。当时调集了隐官所属的刑徒七十多万人，一部分建造阿房宫，一部分建造骊山陵墓。将北山开采的石头和蜀地、楚地出产的木材都集中调运到这里以供使用。当时全国的离宫关中有三百多座，关外有四百多座。于是在东海之滨的朐县竖起石碣，以之作为秦国的东门。搬迁三万户到骊邑以繁荣始皇陵地区，搬迁五万户到云阳的甘泉宫附近，凡搬迁者免除十年的赋税徭役。

　　侯生、卢生两个方士私议说："始皇帝为人，生性刚猛暴戾，自以为是，由一个列国诸侯而吞并天下，心满意足，以为自古以来谁也比不了自己。专门信用狱吏，凡是狱吏都受到宠信。虽然也设有博士官七十人，但只是充数而已，从不信用。丞相与各位大臣都是照办已经决定的命令，一切都依赖皇帝自己处置。而皇帝则是喜欢以严刑酷法来建立威严的，各级官吏害怕获罪，只想保官保命，没有人敢说真话尽忠心。皇帝由于发现不了自己的过失，越来越骄横，做臣子的则越来越害怕而苟合讨好。秦法规定，一个人不能兼学两种方技，某种方技不灵，则该人即被处死。那些观测星云的多达三百人，都是正直之士，由于心存畏忌而只能说好话，谁也不敢真正指出皇上的过失。国家的事情不论大小都决定于皇帝一人，等待皇帝批阅的文件多得用秤来称，每天都要达到一定的份额，达不到就不能睡觉。一个人贪恋权势到如此程度，是不能为他找到长生不死之药的。"于是偷偷地跑掉了。始皇听说后勃然大怒，说："前者我已经把那些不中用的书都烧掉了，我之所以还招纳不少文学方术之士，是让他们帮着寻求国家太平。方士们说可以烧炼长生不老之药，可是现在韩众一去不返，徐市等已花了上亿的钱，也没有弄到仙药。相反倒是一件件为奸牟利的事情不断向我传来。对卢生等人我赏赐丰厚，可是今天也居然诽谤我，破坏我的名声。我派人调查过咸阳城里的这些儒生，发现有人制造妖言蛊惑百姓。"于是派御史将所有儒生拘捕起来进行审讯，儒生们相互告发，越来越多。最后秦始皇自己圈定了四百六十多个儒生，将其全部活埋于咸阳，目的是想以此昭示全国，警告后人。

秦始皇本纪
始皇之死

三十七年十月癸丑①，始皇出游。左丞相斯从，右丞相去疾守。少子胡亥爱慕请从，上许之。十一月，行至云梦，望祀虞舜于九疑山②。浮江下，观籍柯，渡海渚。过丹阳，至钱唐③。临浙江④，水波恶，乃西百二十里从狭中渡。上会稽，祭大禹⑤，望于南海，而立石刻颂秦德。还，过吴，从江乘（shèng）渡，并海上，北至琅邪⑥。自琅邪北至荣成山⑦，遂并海西。

至平原津而病⑧。始皇恶言死，群臣莫敢言死事。上病益甚，乃为玺书赐公子扶苏曰："与丧会咸阳而葬。"书已封，在中车府令赵高行符玺事所⑨，未授使者。七月丙寅，始皇崩于沙丘平台⑩。丞相斯为上崩在外，恐诸公子及天下有变，乃秘之，不发丧。棺载辒（wēn）凉车中⑪，故幸宦者参乘，所至上食。百官奏事如故，宦者辄从辒凉车中可其奏事。独子胡亥、赵高及所幸宦者五六人知上死。赵高故尝教胡亥书及狱律令法事，胡亥私幸之。高乃与公子胡亥、丞相斯阴谋破去始皇所封书赐公子扶苏者，而更诈为丞相斯受始皇遗诏沙丘，立子胡亥为太子。更为书赐公子扶苏、蒙恬⑫，数以罪，其赐死。语具在《李斯传》中。行，遂从井陉抵九原。会暑，上辒车臭，乃诏从官令车载一石鲍鱼⑬，以乱其臭。

行从直道至咸阳，发丧。

太子胡亥袭位，为二世皇帝。九月，葬始皇郦山。

始皇初即位，穿治郦山。及并天下，天下徒送诣（yì）七十余万人，穿三泉，下铜而致椁（guǒ），宫观百官奇器珍怪徙臧满之。令匠作机弩矢，有所穿近者辄射之。以水银为百川江河大海，机相灌输，上具天文，下具地理。以人鱼膏为烛⑭，度不灭者久之。二世曰："先帝后宫非有子者，出焉不宜。"皆令从死，死者甚众。葬既已下，或言工匠为机，臧皆知之，臧重即泄，大事毕。已臧，闭中羡⑮，下外羡门，尽闭工匠臧者，无复出者。树草木以象山。

①三十七年：前210年。十月癸丑，夏历十月初四。②云梦：古大泽，在今湖北南部和湖南北部的长江两岸。九疑山：在今湖南省宁远县境内。传说为舜帝死葬之处，山上现有舜庙等古迹。③籍柯：义不明。可能是地名。刘盼遂以为应作"藉河"，即瀑布。海渚：疑当为"江渚"，即牛渚山，在今安徽当涂县西北长江边，突入江中，名采石矶。丹阳：秦县名，在今安徽当涂县东北。钱唐：秦县名，在今浙江省杭州市。④浙江：即钱塘江，流往今杭州市南，东北流入海。⑤会稽：山名，在今浙江绍兴市南。山上有禹陵，相传禹死葬此。⑥吴：秦县名，即今苏州市。江乘：秦县名，在今江苏句容市北。⑦荣成山：即成山，在今山东省荣成市东北。⑧平原津：当时的黄河渡口名，在今山东省平原县西南。⑨中车府令：官名，掌管皇帝车马，为太仆属官。⑩七月丙寅：前210年七月无"丙寅"日，史公所书有误。沙丘平台：沙丘宫内的平台。沙丘宫是战国时代赵国的离宫。⑪辒凉车：一种能开能闭可以躺卧的车子。⑫蒙恬：秦始皇的名将，时驻兵于今内蒙古临河一带的黄河边。扶苏为监军，与蒙恬同在一起。⑬石：重量单位，即一百二十斤。鲍鱼：咸干鱼，味腥臭。⑭人鱼：即儒艮，皮肤灰白色，前肢呈鳍状，后肢退化。栖息于河口或浅海湾内，属哺乳科。也有人认为"人鱼"即鲸鱼。⑮中羡：墓道的第二道门。帝王的墓道往往有内、中、外三道门。

三十七年十月初四，始皇出游天下。左丞相李斯随从出行，右丞相冯去疾留守京城。小儿子胡亥受始皇宠爱，请求跟从，始皇同意了。十一月，到达云梦泽，向着南方的九嶷山遥祭虞舜。而后乘船顺长江东下，观览籍柯，又渡过江渚，经丹阳，到达钱唐县。再到浙江岸边一看，见波涛险恶，无法渡过，于是向西绕行了一百二十里从江面狭窄的地方渡了过去。而后登上会稽山，祭祀大禹陵，又遥祭南海神，最后在会稽山刻石立碑以歌颂秦始皇的功德。返回的途中经过吴县，从江乘县渡过长江，沿河边北上，到达琅琊。又从琅琊北行至荣成山，再转过来沿海边西行。

待至平原津，秦始皇患病。由于秦始皇讨厌说死，所以大臣们没人敢说到死的事。秦始皇自己后来感到病情越来越重，于是写了一封诏书盖上玉玺发给长子扶苏说："我估计活不了几天了，现正在回咸阳的路上，你赶紧回咸阳主持我的葬礼。"信封好后，在中车府令兼掌玉玺的赵高手里，还没有派使者送出。七月"丙寅"这一天，始皇便死在沙丘宫的平台。丞相李斯因为皇帝死在外地，怕消息传出，秦始皇的儿子们和其他不逞之徒乘机作乱，于是封锁消息，不向外透露始皇死的事情。将始皇的遗体简单包裹放在辒凉车中，让始皇平日宠爱的宦官待在车上。所经之处照常向车里进呈餐饮。大臣们像平常一样在车前请示报告工作，宦官隔着车帘照准大臣们请示的事情。这时只有胡亥、赵高和始皇身边的五六个亲信宦官知道始皇已经死了。赵高曾教过胡亥认字写字和一些刑法知识，胡亥与他的关系很亲近。于是赵高就与胡亥、李斯暗中谋划，毁掉了始皇给扶苏的信，另外假造了一张给李斯的遗嘱，说是让李斯立胡亥为太子。同时另造一封给扶苏、蒙恬的信，指斥他们的罪状，命令他们自杀。这些事的详情都在《李斯列传》中。车驾继续前行。从井陉北上到九原郡。这时天气炎热，始皇的辒凉车已经发出臭气。于是他们就让随从官员每人都买一石臭咸鱼放在自己车上，以此来混淆尸体的臭味。

到九原后，这一行人改从直道南行返回咸阳，这时才向全国发布了始皇帝死去的消息。

于是，太子胡亥继承皇位，称为二世皇帝。九月，葬始皇于郦山。

始皇为秦王之初，就开始在郦山为自己预造陵墓，等到统一称帝后，更命令全国各地往郦山发派劳改罪犯共约七十万人，他们向下挖地，一直挖过了三个出水层，用铜水将石壁浇灌住，然后再把棺椁放在里面，陪葬的各种假造的宫殿、百官以及各种珍奇宝物，把地宫装得满满的。让工匠们造好了带机关的弩箭，一旦有人发掘与接近地宫时这些箭就自动射出去。里面用水银制造成江河湖海，用机械控制使这些水银永远奔流不息。地宫的上空列有日月星辰，地宫的下面有各种地理景观。其中点着人鱼油做的蜡烛，估计这些烛火能燃烧很久不会熄灭。秦二世说："先帝后宫的嫔妃没有儿子的，也不宜再让她们出去。"于是让她们全都殉葬，死的人很多。等到把始皇埋葬完毕，有人说：地宫里的机关是工匠制造的，地宫藏有什么东西，他们也都知道，如果里面的储藏情况一旦泄露出去，那一切就都完了。于是当地宫封藏已毕，遂将墓道的中门下闸关闭，接着又封闭了墓道的外门，把所有的工匠与向里边搬运殉葬品的人关在了里面，没有一个再活着出来。而后在陵墓上种植草木，装饰得像一座小山。

　　《秦始皇本纪》记载了秦始皇在其历代祖先积蓄力量的基础上并吞六国，统一天下，第一次建立了中央集权强大国家的过程，肯定了秦始皇的丰功伟绩；同时也记载了秦始皇称帝后由于缺少历史经验而采取的种种错误做法；尤其是写了秦始皇死后，秦二世以非法手段篡取政权，倒行逆施，终致在两年多的时间里将秦王朝彻底葬送的悲惨教训。作品的篇幅很长，叙述极其精彩，是《史记》中篇幅最长的作品之一。如果将这篇作品与《李斯列传》彼此参照，就等于是一篇详尽细致的秦王朝的兴亡史，其中所包含的历史教训实在是太深刻了。我们这里选取了《始皇统一称帝》《始皇之死》两段文字。前段表现了秦始皇的雄才大略，以高屋建瓴之势扫荡东方、统一天下的过程，以及统一称帝后所制定、采取的种种措施。后段写始皇死后，赵高、胡亥拉李斯发动政变，致使秦王朝立即陷入危机，农民起义迅速爆发，秦王朝迅即灭亡的过程。秦始皇是一位伟大的悲剧英雄，具有非凡的创造力，又有许多致命的弱点，这些都给日后的汉高祖刘邦与汉武帝刘彻提供了良好的借鉴。

项羽本纪
会稽起兵

　　项籍者，下相人也①，字羽。初起时，年二十四。其季父项梁，梁父即楚将项燕，为秦将王翦所戮者也②。项氏世世为楚将，封于项③，故姓项氏。

　　项籍少时，学书不成，去，学剑，又不成。项梁怒之。籍曰："书足以记名姓而已。剑一人敌，不足学，学万人敌。"于是项梁乃教籍兵法，籍大喜，略知其意，又不肯竟学。项梁尝有栎（yuè）阳逮④，乃请蕲（qí）狱掾（yuàn）曹咎书抵栎阳狱掾司马欣⑤，以故事得已。项梁杀人，与籍避仇于吴中⑥，吴中贤士大夫皆出项梁下。每吴中有大繇役及丧，项梁常为主办，阴以兵法部勒宾客及子弟，以是知其能。秦始皇帝游会稽，渡浙江⑦，梁与籍俱观。籍曰："彼可取而代也。"梁掩其口，曰："毋妄言，族矣！"梁以此奇籍。籍长八尺余，力能扛（gāng）鼎，才气过人，虽吴中子弟皆已惮（dàn）籍矣。

秦二世元年七月陈涉等起大泽中⑧。其九月，会稽守通谓梁曰："江西皆反⑨，此亦天亡秦之时也。吾闻先即制人，后则为人所制。吾欲发兵，使公及桓楚将。"是时桓楚亡在泽中。梁曰："桓楚亡，人莫知其处，独籍知之耳。"梁乃出，诫籍持剑居外待。梁复入，与守坐，曰："请召籍，使受命召桓楚。"守曰："诺。"梁召籍入。须臾，梁眴（shùn）籍曰："可行矣！"于是籍遂拔剑斩守头。项梁持守头，佩其印绶⑩。门下大惊，扰乱，籍所击杀数十百人。一府中皆慴（shè）伏，莫敢起。梁乃召故所知豪吏，谕以所为起大事。遂举吴中兵，使人收下县，得精兵八千人。梁部署吴中豪杰为校尉、候、司马⑪。有一人不得用，自言于梁。梁曰："前时某丧使公主某事，不能办，以此不任用公。"众乃皆伏。于是梁为会稽守，籍为裨（pí）将⑫，徇（xùn）下县。

居人范增⑬，年七十，素居家，好奇计。往说项梁曰："陈胜败固当。夫秦灭六国，楚最无罪。自怀王入秦不反⑭，楚人怜之至今，故楚南公曰'楚虽三户，亡秦必楚'也⑮。今陈胜首事，不立楚后而自立，其势不长。今君起江东，楚蜂午之将皆争附君者⑯，以君世世楚将，为能复立楚之后也。"于是项梁然其言，乃求楚怀王孙心民间——为人牧羊——立以为楚怀王，从民所望也。陈婴为楚上柱国，封五县，与怀王都盱台（xū yí）⑰。项梁自号为武信君。

注

①下相：秦县名，在今江苏省宿迁市西南。②王翦：秦始皇时期的名将，详见《白起王翦列传》。③项：秦县名，在今河南省沈丘县南。④栎阳：秦县名，在今陕西省西安市北渭水北岸。⑤蕲：秦县名，在今安徽省宿州市南。⑥吴中：泛指春秋时吴地，即今江苏及浙江、安徽部分地区。⑦会稽：此指会稽山，在今浙江省绍兴市南。浙江：即今钱塘江。⑧秦二世元年：前209年。秦二世，名胡亥，秦始皇第十八子。大泽：乡名，当时属蕲县。⑨会稽：此指会稽郡，郡治在吴县（即今之苏州市）。江西：长江自九江到南京一段的流向是由西南向东北，因此古人习惯称今皖北一带为江西，而称皖南、苏南一带为江东。⑩印绶：即指印。绶是系在印上的丝绳。

⑪校尉、候、司马：皆军官名。古代军制，将军军营下分部，部设校尉；部下分曲，曲设军候。司马，军中主管司法的官吏。⑫裨将：副将、偏将。⑬居鄛：秦县名，治在今安徽省桐城市南。⑭怀王：楚怀王，名槐，战国中期的楚国国君，前328—前299年在位。被秦昭王骗入秦国，拘囚而死。⑮南公：犹言"南方老人"，姓名不详。楚虽三户，亡秦必楚：表明楚人与秦势不两立的仇恨。"三户"，极言其所剩人口之少。⑯蜂午：犹言"蜂拥而起"。午，纵横交错。⑰陈婴：原东阳县令史，起兵反秦，归属项梁部下。上柱国：战国时楚官名，位同丞相，但后世多为荣誉爵位，无实权。盱台：同"盱眙"，秦县名。在今江苏省盱眙县东北。

项籍是下相人，字羽。最初起事的时候年仅二十四。他的小叔叔叫项梁，项梁的父亲就是被秦将王翦所杀的楚国的名将项燕。项家世世代代都是楚国的大将，因为有功被封于项，于是他家也就姓项了。

项籍小的时候，开始学习认字写字，学了半天不见长进，便放弃了改去学剑，结果还是没有什么长进。项梁为此很生气。项籍说："学了写字不过是用来记个姓名而已，练好了剑术也不过是能对付一个人，这些都不值得学，我要学以一胜万的本事。"项梁见他有这份志向，就教他兵法，项籍很高兴，但也不过是粗知大意罢了，还是不肯下功夫彻底地学。项梁曾因犯罪被栎阳县逮捕，他请蕲县的典狱官曹咎给栎阳县的典狱官司马欣写了一封说情的信，因而案子得以了结。后来项梁又杀了人，和项籍一起躲到了吴地。吴地的贤士大夫们对项梁都很敬佩，每逢有大的徭役或丧事，总是请项梁操办。在办这些事的过程中，项梁常常用兵法来组织他家的宾客和子弟，因此了解这些人，知道他们各自的能力。有一次，秦始皇游会稽山，在渡钱塘江的时候，项梁和项籍都去观看。项籍一见秦始皇的排场，不由得说道："那个皇帝的差事可以让我来替他干！"项梁赶紧捂住他的嘴，说："别胡说，这是要灭族的！"但从此他心里也觉得这个侄子不寻常。项籍身高八尺多，力气超人，双手可以举起大鼎，连当地土生土长的那些豪门子弟也都怕他。

秦二世元年七月，陈涉等人在大泽乡起义。这年的九月，会稽郡守殷通对项梁说："现在长江以西全都造反了，看来老天爷真是要灭掉秦朝啦。俗话说先发制人，后发者被人所制。因此我也想起兵，想请您和桓楚给我当将军。"当时桓楚因为犯罪逃亡到大泽中去了。项梁说："桓楚逃亡在外，没人知道他的下落，只有项籍知道。"说完就出去找到了项籍，让他手提宝剑在外头等着。项梁又进去陪着郡守坐了一会儿，说："请让项籍进来，派他去找桓楚。"郡守说："好。"于是项梁就把项籍叫了进来。又过了一会儿，项梁给项籍使了个眼色，说："可以动手了！"于是项籍拔出剑来就砍下了郡守的人头。而项梁则拎着郡守的人头，把郡守的印绶佩在自己身上。这时郡守的部下都吓坏了，乱作一团。项籍趁势把他们一连杀了近百个，其余的都吓得趴在地上，谁也不敢动。这时项梁就把他平日所了解的那些豪强大吏们找来，告诉他们自己要干的事情，于是就在吴地发兵起义了。接着他派人去接管了会稽郡下属的各县，征集到了精兵八千人。项梁安排吴县这些豪杰们去分别担任军中的校尉、军候、司马等职。有一个人没被任用，他不服气地找到项梁，项梁说："过去办某件丧事的时候，我曾派你去办某件事，你办得不好，说明你没有这个能力，所以现在不能委派你。"大家听了都很心服。于是项梁自己当了会稽郡郡守，让项籍做他的副将，并以会稽郡守的名义派人到下属各县去宣布命令，安抚民众。

这时居鄛人范增已经七十岁，平素隐居在家，善出奇谋。他去给项梁出主意说："陈胜的失败是理所当然的。想当初秦朝灭掉六国的时候，楚国是最无罪的。自从楚怀王被骗到秦国死在那里后，楚国人到今天还非常同情他。楚国南方有位老人曾说：'即使楚国只剩下三户，将来灭秦的也仍然是楚国人。'今天陈胜起事时，不立楚国的后代，而是自立为王，因此他当然长不了。您从江东起兵以来，所以有那么多楚国将领归附您，就因为你们项家世世代代为楚将，大家相信您能够再立楚国的后代。"项梁认为范增的话有理，就派人去找来了楚怀王的一个孙子，他名字叫心，当时正在民间给人放羊。项梁便立他为王，而且仍称他为"楚怀王"，以顺应当时百姓们的心愿。同时封陈婴为上柱国，并给他五个县做封地，让他陪同楚怀王一起驻守国都盱眙。项梁自己则号称武信君。

项羽本纪
鸿门宴

行略定秦地，函谷关有兵守关①，不得入；又闻沛公已破咸阳，项羽大怒,使当阳君等击关。项羽遂入,至于戏西②。沛公军霸上③,未得与项羽相见。沛公左司马曹无伤使人言于项羽曰④:"沛公欲王关中,使子婴为相⑤,珍宝尽有之。"项羽大怒,曰:"旦日飨士卒,为击破沛公军!"当是时,项羽兵四十万,在新丰鸿门⑥;沛公兵十万,在霸上。范增说项羽曰:"沛公居山东时⑦,贪于财货,好美姬;今入关,财物无所取,妇女无所幸,此其志不在小。吾令人望其气,皆为龙虎,成五采,此天子气也。急击勿失。"

　　楚左尹项伯者,项羽季父也,素善留侯张良⑧。张良是时从沛公。项伯乃夜驰之沛公军,私见张良,具告以事,欲呼张良与俱去,曰:"毋从俱死也。"张良曰:"臣为韩王送沛公,沛公今事有急,亡去不义,不可不语。"良乃入,具告沛公。沛公大惊,曰:"为之奈何?"张良曰:"谁为大王为此计者?"曰:"鲰(zōu)生说我曰⑨:'距关,毋内诸侯,秦地可尽王也。'故听之。"良曰:"料大王士卒足以当项王乎?"沛公默然,曰:"固不如也,且为之奈何?"张良曰:"请往谓项伯,言沛公不敢背项王也。"沛公曰:"君安与项伯有故?"张良曰:"秦时与臣游,项伯杀人,臣活之。今事有急,故幸来告良。"沛公曰:"孰与君少长?"良曰:"长于臣。"沛公曰:"君为我呼入,吾得兄事之。"张良出,要(yāo)项伯。项伯即入见沛公。沛公奉卮酒为寿,约为婚姻,曰:"吾入关,秋毫不敢有所近,籍吏民,封府库,而待将军。所以遣将守关者,备他盗之出入与非常也。日夜望将军至,岂敢反乎!愿伯具言臣之不敢倍德也。"项伯许诺,谓沛公曰:"旦日不可不蚤自来谢项王。"沛公曰:"诺。"于是项伯复夜去,至军中,具以沛公言报项王。因言曰:"沛公不先破关中,公岂敢入乎?今人有大功而击之,不义也,不如因善遇之。"项王许诺。

　　沛公旦日从百余骑来见项王,至鸿门,谢曰:"臣与将军戮力而攻秦,将军战河北,臣战河南,然不自意能先入关破秦,得复见将军于此。今者有小人之言,令将军与臣有郤。"项王曰:"此沛公左司马曹无伤言之;不然,籍何以至此。"项王即日因留沛公与饮。项王、项伯东向坐;亚父南向坐——亚父者,范增也;沛公北向坐;张良西向侍⑩。范增数目项王,举所佩玉玦以示之者三⑪,项王默然不应。范增起,出召项庄⑫,谓曰:"君王为人不忍,若入前为寿,寿毕,请以剑舞,因击沛公于坐,杀之。不者,若属皆且为所虏。"庄则入为寿。寿毕,曰:"君王与沛公饮,军中无以为乐,请以剑舞。"项王曰:"诺。"项庄拔剑起舞,项伯亦拔剑起舞,常以身翼蔽沛公,庄不得击。于是张良至军门,见樊哙⑬。樊哙曰:"今日之事何如?"

良曰："甚急。今者项庄拔剑舞，其意常在沛公也。"哙曰："此迫矣，臣请入，与之同命。"哙即带剑拥盾入军门。交戟之卫士欲止不内，樊哙侧其盾以撞，卫士仆地，哙遂入。披帷西向立，瞋目视项王，头发上指，目眦尽裂。项王按剑而跽曰："客何为者？"张良曰："沛公之参乘（shèng）樊哙者也⑭。"项王曰："壮士！赐之卮酒！"则与斗卮酒。哙拜谢，起，立而饮之。项王曰："赐之彘（zhì）肩！"则与一生彘肩。樊哙覆其盾于地，加彘肩上，拔剑切而啖（dàn）之。项王曰："壮士！能复饮乎？"樊哙曰："臣死且不避，卮酒安足辞！夫秦王有虎狼之心，杀人如不能举，刑人如恐不胜，天下皆叛之。怀王与诸将约曰：'先破秦入咸阳者王之。'今沛公先破秦入咸阳，豪毛不敢有所近，封闭宫室，还军霸上，以待大王来。故遣将守关者，备他盗出入与非常也。劳苦而功高如此，未有封侯之赏；而听细说，欲诛有功之人，此亡秦之续耳，窃为大王不取也。"项王未有以应，曰："坐。"樊哙从良坐。坐须臾（yú），沛公起如厕，因招樊哙出。

沛公已出，项王使都尉陈平召沛公⑮。沛公曰："今者出，未辞也，为之奈何？"樊哙曰："大行不顾细谨，大礼不辞小让。如今人方为刀俎，我为鱼肉，何辞为。"于是遂去，乃令张良留谢。良问曰："大王来何操？"曰："我持白璧一双，欲献项王；玉斗一双，欲与亚父。会其怒，不敢献，公为我献之。"张良曰："谨诺。"当是时，项王军在鸿门下，沛公军在霸上，相去四十里。沛公则置车骑，脱身独骑，与樊哙、夏侯婴、靳强、纪信等四人持剑盾步走⑯，从郦山下，道芷阳间行⑰。沛公谓张良曰："从此道至吾军，不过二十里耳。度我至军中，公乃入。"沛公已去，间至军中，张良入谢，曰："沛公不胜杯杓，不能辞。谨使臣良奉白璧一双，再拜献大王足下；玉斗一双，再拜奉大将军足下。"项王曰："沛公安在？"良曰："闻大王有意督过之，脱身独去，已至军矣。"项王则受璧，置之坐上。亚父受玉斗，置之地，拔剑撞而破之，曰："唉！竖子不足与谋！夺项王天下者，必沛公也。吾属今为之虏矣。"沛公至军，立诛杀曹无伤。

注

①函谷关：在今河南省灵宝东北，是东方入秦的关隘，自古为兵家必争之地。②戏西：戏水之西。戏水源出郦山，流经陕西西安市临潼区，注入渭水。③霸上：即霸水之西的白鹿原，在今陕西省

西安市东。④左司马:主管军中法纪的官,当时可能设为左右二人。⑤关中:函谷关以西,即秦国境内。子婴:秦始皇孙,二世兄子。秦二世三年(前207年)八月,赵高迫令二世自杀,立他为秦王。子婴与其二子设计杀赵高。四十六日后,刘邦入关,子婴遂降。旋为项羽所杀。⑥新丰:汉县名,秦时原名骊邑,在今陕西省西安市东北。鸿门:古地名,在今西安市东北,今当地称为项王营。⑦山东:崤山以东,泛指当时的六国之地。⑧左尹:楚国最高长官令尹之副职。张良:韩国的旧贵族,此时为刘邦的谋臣。⑨鲰生:犹言"一个无知的小人"。⑩东向坐:朝东坐,战国秦汉时期除升殿升堂仍南向外,其他场合多以东向为尊,其次南向、北向、西向。亚父:项羽对范增的敬称。⑪玉玦:有缺口的玉环。玦与"决"谐音,范增举玦示项羽,是暗示要他下决心杀刘邦。⑫项庄:项羽的堂兄弟。⑬樊哙:吕后的妹夫,刘邦的心腹将领。⑭参乘:古代在王侯右侧陪乘的官。⑮都尉:军职名,地位略低于将军。陈平:当时为项羽的都尉,后为刘邦谋士。⑯夏侯婴、靳强、纪信:皆刘邦的将军。⑰郦山:在今陕西省西安市临潼区东南。芷阳:在今西安市东北。

项羽西进要去平定秦国的本土了,军队前进到函谷关,发现有兵把守,进不去。这时项羽又听说刘邦已经进入了咸阳,于是大怒,他命令当阳君对函谷关发起攻击。函谷关很快被攻开了,于是项羽长驱直入,到达了戏水西岸。这时刘邦正带领人马驻扎在霸上,还没有和项羽见面。而刘邦的左司马曹无伤派人给项羽送信说:"刘邦打算在关中称王,让秦朝的降王子婴给他当宰相,把秦朝的一切财宝都据为己有。"项羽一听,勃然大怒,说:"明早让士兵们饱餐一顿,让我们打垮刘邦的军队!"这时候,项羽有四十万人,驻扎在新丰县的鸿门。刘邦有十万人,驻扎在霸上。项羽的谋士范增对项羽说:"刘邦在山东的时候,贪财好色。现在进了关,居然财物也不贪了,妇女也不要了,由此可见他的野心不小。我让人观望他上空的云气,一片片都成为龙虎的五彩形象,这是该做皇帝的征兆。必须赶紧消灭他,万万不可错过机会。"

楚国的左尹项伯是项羽的族叔,和张良相好。而张良这时正跟着刘邦。项伯听说项羽明早就要消灭刘邦,于是就偷偷地飞马疾驰到刘邦的军营找张良。他把情况对张良说了一遍,要拉着张良一道逃走。他说:"你不要跟着刘邦送死了。"张良说:"我是为着韩王才跟刘邦到这里来的,现在刘邦有难,我独自逃跑这太不仗义。我不能不告诉他。"说罢进去,把项羽的计划对刘邦讲了一遍。刘邦一听大惊,说:"这可怎么办?"张良说:"谁给您出主意让您把住函谷关不让项羽进来?"刘邦说:"有个姓鲰的小子对我说,'把住函谷关,不让别的诸侯进来,就可以全部占有秦国的地盘而称王。'我就是听了他的话。"张良说:"大王自己估计,我们的军队可以敌得过项羽吗?"刘邦半天不作声,过了好久才说:"当然敌不过了。现在你就说咱该怎么办吧!"张良说:"那就请你出去告诉项伯,说您从来没敢背叛项王。"刘邦一听项伯两个字,立刻问张良:"你怎么跟项伯认识?"张良说:"以前在秦朝的时候,我和项伯是朋友,项伯杀了人,我曾掩护过他,救过他的命。所以现在有了紧急情况,他来给我送信。"刘邦问:"您和他谁的年纪大?"张良说:"他比我大。"刘邦说:"好,您马上请他进来,我要像对待兄长一样对待他。"于是张良出来把项伯请了进去。刘邦一见项伯,立刻端起酒杯向他敬酒,祝他健康长寿,并和他约定做了儿女亲家。刘邦说:"我进关以来,没敢动关中的一草一木,我登记好了吏民的名册,封起了大小仓库,就等着将军的到来。我之所以派兵把守函谷关,是为了防备土匪强盗以及其他的事故。我是日夜地盼望着项将军驾到,怎么敢有别的心呢?!请您回去在项将军面前把我这份不敢背叛的心思替我说说。"项伯答应了,并对刘邦说:"明天一早您要亲自去向项将军赔罪。"刘邦说:"是。"于是项伯又连夜赶回了项羽的大营。回营后,他把刘邦的话一五一十地报告了项羽,并接着说:"如果不是人家刘邦先攻入关中,您今天能够这么容易地进来吗?现在人家有这么大的功劳,我们还要去打人家,这不是太不仗义了吗?不如就此好好地对待他。"项王答应了。

第二天一早,刘邦带了百十来人骑马来见项羽。一到鸿门,他就低声下气地解释说:"这几年来我和将军齐心协力地攻打秦朝,您攻取河北,我攻取河南,我万万没有想到居然能先入关灭了秦朝,今天又能早一步地在这里迎接您。现在有小人在您面前说我的坏话,挑拨您和我的关系。"项羽说:"这都是您的左司马曹无伤说的,不然我怎么会这样呢?"于是项羽就把刘邦留下来,为他举行酒会。项羽和项伯朝东坐,亚父朝南坐——亚父就是范增,刘邦朝北坐,张良朝西陪侍。范增连连地给项羽使眼色,又几次地拨弄他身上所佩的玉玦向项羽示意,但项羽总是默默地不加理睬。范增无法,只好站起来出去找项庄。他对项庄说:"大王为人心肠太软,你现在进去给他们敬酒,敬完酒就请求给他们舞剑助兴,你就趁机把刘邦杀死在他的座位上。要不然，你们日后都得成了他的俘虏。"项庄听罢立刻进帐向刘邦项羽敬酒，敬完酒说："大王和沛公在这里饮酒，军营中也没什么东西可供娱乐，那就让我舞剑来给你们助兴吧。"项羽说："好。"于是项庄就拔剑舞了起来。项伯一看也拔剑起舞，并用自己的身体掩护着刘邦，使项庄没有办法下手。张良赶紧出帐到军门去找樊哙。樊哙一见张良，赶紧迎上前问："里边的事情怎么样了？"张良说："危险极了。现在项庄正在舞剑，他的意思完全是对着沛公的。"樊哙说："这就很紧急了，我要进去和项羽拼命。"说罢樊哙就一手按着剑柄，一手以盾牌护身往军门里闯。守门的卫士们架起双戟，拦住他不让他进去。樊哙侧过盾牌朝卫士们一撞，卫士们被撞倒在地，于是樊哙进了军门，来到帐前。他用手掌打开了门帘，怒气冲冲地对着项羽一站，头发竖起，圆圆的眼圈瞪得都快要裂开了。项羽一看立刻手按剑柄跪了起来，问道："你是什么人？"张良从旁边介绍说："这是沛公的随车警卫樊哙。"项羽一听，说："好汉子！给他来杯酒！"旁边的人赶紧递给了他一大斗酒。樊哙俯身叩谢后，站起来接过这一大斗酒一饮而尽。项羽又说："给他来只猪腿。"这次旁边的人故意地给了他一个生猪腿。樊哙把盾牌扣在地上，接过猪腿放在上面，拔出剑来一边切着一边吃。项羽一见又赞美说："好汉子！还能再喝吗？"樊哙说："我连死都不怕，难道还推辞一杯酒吗？想当初秦王像虎狼一样，杀人没够，用刑唯恐不狠，结果弄得天下都造了他的反。一年前怀王当众和各路诸侯们约定说：'谁最先破秦入咸阳，谁就当关中王。'现在沛公先破秦进了咸阳，进城后，一草一木都没敢动，封好了宫室，驻军到霸上，等着大王的到来。我们之所以派人守函谷关，那是为了防备盗贼出入和其他的变故。沛公劳苦功高到这种地步，不仅没得到您的封赏，您反而听信小人的坏话，要杀害有功之臣。您所走的完全是那个已经灭亡的暴秦的老路。我认为您是万万不该这样的。"项羽听罢无言以对，只好说："请坐。"于是樊哙就挨着张良一齐坐了下来。过了一会儿，刘邦站起来去厕所，也一道把樊哙等叫了出去。

刘邦出去后久久不回，项羽就让都尉陈平出去找。刘邦说："刚才我们出来，没有向项羽告辞，我们该怎么办呢？"樊哙说："要干大事就不要怕被人挑剔细节，要行大礼就不要怕琐碎的指责。如今人家是菜刀、砧板，我们是受人家宰割的鱼肉，还讲究什么告辞！"于是刘邦决定逃走。他把张良留下来，处理善后事宜。张良问道："您来的时候带了什么礼物？"刘邦说："我带了一对白璧，是给项羽的；一对玉斗，是给范增的。刚才正赶上他们发脾气，还没来得及给他们，您替我给他们吧。"张良说："好的。"当时，项羽的大营是在鸿门，刘邦的大营在霸上，中间相隔四十里。于是刘邦就把来时的车马从人都扔下，独自骑着一匹马，让樊哙、夏侯婴、靳强、纪信四人手持剑盾，步行跟着，从骊山下经芷阳抄小路逃走了。刘邦临走时对张良说："我从这条小道回军营，不过二十里路，你估计着等我已经到了驻地的时候，再进帐去对项羽说。"刘邦走后，约摸着已经到了霸上军营，这时张良才进帐对项羽说："刚才沛公已经喝得不能再喝，无法亲自来向您告辞。他来时带的礼物有白璧一对，让我转交给您；有玉斗一对，让我转交给大将军范增。"项羽问："沛公现在哪里？"张良说："他听说您想要惩罚他，所以他吓得回去了。估计现在已经回到了军营。"项羽没有作声，接过了玉璧放在了座位上。范增接过玉斗，气愤地往地上一摔，拔出剑来把它砍得粉碎，说："唉！项庄这个干不成事的小子，简直没法与他合作！将来夺走项王天下的，一定是刘邦！我们这些人很快就全都要成为他的俘虏啦！"刘邦回军营后，立刻处决了左司马曹无伤。

项羽本纪
乌江自刎

是时，汉兵盛食多，项王兵罢（pí）食绝。汉遣陆贾说项王，请太公①，项王弗听。汉王复使侯公往说项王，项王乃与汉约，中分天下，割鸿沟以西者为汉②，鸿沟而东者为楚。项王许之，即归汉王父母妻子。军皆呼万岁。项王已约，乃引兵解而东归。

汉欲西归，张良、陈平说曰："汉有天下太半，而诸侯皆附之。楚兵罢食尽，此天亡楚之时也，不如因其机而遂取之。今释弗击，此所谓'养虎自遗患'也。"汉王听之。汉五年，汉王乃追项王至阳夏（jiǎ）南③，止军，与淮阴侯韩信、建成侯彭越期会而击楚军④。至固陵⑤，而信、越之兵不会。楚击汉军，大破之。汉王复入壁，深堑（qiàn）而自守。谓张子房曰⑥："诸侯不从约，为之奈何？"对曰："楚兵且破，信、越未有分地，其不至固宜。君王能与共分天下，今可立致也；即不能，事未可知也。君王能自陈以东傅海⑦，尽与韩信；睢阳以北至谷城⑧，以与彭越，使各自为战，则楚易败也。"汉王曰："善。"于是乃发使者告韩信、彭越曰："并力击楚，楚破，自陈以东傅海与齐王⑨；睢阳以北至谷城与彭相国。"使者至，韩信、彭越皆报曰:"请今进兵。"韩信乃从齐往,刘贾军从寿春并行,屠城父,至垓下⑩。大司马周殷叛楚,以舒屠六,举九江兵⑪,随刘贾、彭越皆会垓下,诣(yì)项王。

项王军壁垓下,兵少食尽⑫,汉军及诸侯兵围之数重。夜闻汉军四面皆楚歌,项王乃大惊曰:"汉皆已得楚乎?是何楚人之多也!"项王则夜起,饮帐中。有美人名虞,常幸从;骏马名骓(zhuī)⑬,常骑之。于是项王乃悲歌慷慨,自为诗曰:"力拔山兮气盖世,时不利兮骓不逝。骓不逝兮可奈何,虞兮虞兮奈若何!"歌数阕⑭,美人和之。项王泣数行下,左右皆泣,莫能仰视。

于是项王乃上马骑,麾下壮士骑从者八百余人,直夜溃围南出,驰走。平明,汉军乃觉之,令骑将灌婴以五千骑追之⑮。项王渡淮,骑能属者百余人耳。项王至阴陵⑯,迷失道,问一田父,田父绐(dài)曰:"左。"左,乃陷大泽中,以故汉追及之。项王乃复引兵而东,至东城⑰,乃有二十八骑。汉骑追者数千人。项王自度不得脱,谓其骑曰:"吾起兵至今八岁矣,身七十余战,所当者破,所击者服,未尝败北,遂霸有天下。然今卒困于此,此天之亡我,非战之罪也。今日固决死,愿为诸君快战,必三胜之,为诸君溃围、斩将、刈旗,令诸君知天亡我,非战之罪也。"乃分其骑以为四队,四向。汉军围之数重。项王谓其骑曰:"吾为公取彼一将。"令四面骑驰下,期山东为三处。于是项王大呼驰下,汉军皆披靡,遂斩汉一将。是时,赤泉侯为骑将⑱,追项王,项王瞋目而叱之,赤泉侯人马俱惊,辟易数里。与其骑会为三处。汉军不知项王所在,乃分军为三,复围之。项王乃驰,复斩汉一都尉,杀数十百人。复聚其骑,亡其两骑耳。乃谓其骑曰:"何如?"骑皆伏曰:"如大王言。"

于是项王乃欲东渡乌江⑲。乌江亭长舣(yǐ)船待⑳,谓项王曰:"江东虽小,地方千里,众数十万人,亦足王也。愿大王急渡。今独臣有船,汉军至,无以渡。"项王笑曰:"天之亡我,我何渡为!且籍与江东子弟八千人渡江而西,今无一人还,纵江东父兄怜而王我,我何面目见之?纵彼不言,籍独不愧于心乎?"乃谓亭长曰:"吾知公长者。吾骑此马五岁,所当无敌,尝一日行千里,不忍杀之,以赐公。"乃令骑皆下马步行,持短兵接战。独籍所杀汉军数百人,项王身亦被十余创。顾见汉骑司马吕马童㉑,曰:"若非吾故人乎?"马童面之,指王翳曰:"此项王也。"项王乃曰:"吾闻汉购我头千金,邑万户,吾为若德㉒!"乃自刎而死。

项王已死,楚地皆降汉,独鲁不下。汉乃引天下兵欲屠之,为其守礼义,为主死节,乃持项王头视鲁,鲁父兄乃降。

①陆贾：刘邦的谋士，事详见《郦生陆贾列传》。太公：刘邦之父，时与吕后皆在项羽的停虏营中。②侯公：名字不详。鸿沟：战国时魏国开凿的沟通黄河与淮水的运河，北起荥阳，东经中牟、开封，南流至淮阳东南入颍水。③汉五年：前202年。阳夏：秦县名，即今河南省太康县。④淮阴侯韩信：刘邦的将领，事迹详见《淮阴侯列传》。彭越：与刘邦联盟的将军，被刘邦封为建成侯。⑤固陵：古聚（村落）名，在今河南省太康县南。⑥张子房：即张良。⑦自陈以东傅海：大体包括今河南省东部，山东省西南部和安徽、江苏两省的北部地区。傅海，直到海边。⑧睢阳以北至谷城：大体包括今河南省东北部和山东省西部一带。睢阳，秦县名，在今河南省商丘市南。谷城，古城名，故址在今山东省平阴西南。⑨齐王：即韩信。韩信为刘邦灭魏、灭赵、灭齐后被刘邦封为齐王。⑩刘贾：刘邦的将领。寿春：秦县名，即今安徽省寿县。城父：古邑名，在今安徽省亳州市东南。垓下：古地名，在今安徽省灵璧县东南。⑪周殷：原为项羽的大司马，此时已叛归刘邦。舒：即今安徽省舒城县。六：即今安徽省六安县。九江：秦郡名，约当今河南、安徽两省淮河以南地区。⑫项王军壁垓下，兵少食尽：按：汉诸路军到达垓下后，与项羽尚有一次决定性的大战，而后始得云"兵少食尽，汉军及诸侯兵围之数重"。事见《高祖本纪》。⑬骓：毛色黑白相间的马。⑭歌数阕：连续唱了几遍。阕，段，遍。⑮灌婴：刘邦的骑兵将领。⑯阴陵：秦县名，在今安徽省定远西北。⑰东城：秦县名，在今安徽省定远东南。⑱赤泉侯：杨喜，刘邦的部将，因获项羽尸体被封为赤泉侯。⑲乌江：长江上的渡口名，在今安徽省和县东北之长江西岸。⑳亭长：秦汉时十里一亭，亭有亭长。㉑骑司马：骑兵中主管法纪的官。吕马童：原为项王旧部，后叛楚投汉，故下以"故人"称之。㉒若：你。

这时汉军方面人多粮足，而楚军方面则已经兵疲粮尽。刘邦派陆贾去见项羽，请他放回太公，项羽不答应。于是刘邦又派了侯公去向项羽游说，项羽终于同意与刘邦订立条约，二人平分天下：鸿沟以西归刘邦，鸿沟以东属项羽。项羽同意了这个协定后，随即把刘邦的父亲和刘邦的妻子放了回去。汉军一见刘邦的家属回了汉营，全军都欢呼万岁。项羽签订条约后，就带着军队撤离前线，准备回自己东方的领地去了。

刘邦也准备撤军西行。张良、陈平对刘邦说："我们已经占据了整个天下的一多半，诸侯又多倾向于我们。而项羽兵疲粮尽，这是老天爷要灭亡楚国了。我们不如干脆乘机消灭他。如果现在放过项羽不打，那可真成了俗话说的'留着老虎让它日后咬我们'啦。"刘邦采纳了他们的意见。汉王五年，刘邦率军追击项羽，一直追到阳夏城南。他约定好了时间让淮阴侯韩信、建成侯彭越和他一起进击项羽。不料当刘邦前进到固陵的时候，韩信和彭越的军队都没到，于是项羽趁机反攻汉军，汉军大败。刘邦只好退入营盘，深沟高垒，坚守不出。刘邦问张良："诸侯们不按条约办，这可怎么好？"张良说："项羽眼看着就要被消灭了，而韩信、彭越还没有得到增加封地的允诺，因此他们不来是很自然的。您要是能够舍得与他们共分天下，那就马上可以把他们召来；要是舍不得这么做，那对付项羽的事情就很难说了。您要是能把从陈县往东直到海边的地盘全给韩信，把从睢阳往北一直到谷城的地盘全给彭越，让他们都去为了取得自己的地盘而作战，那时项羽就很容易解决了。"刘邦说："好。"于是派使者分头去告诉韩信、彭越说："请你们合力攻楚，打下楚地后，自陈县往东一直到海边都给齐王，睢阳以北一直到谷城都给彭相国。"结果传令的使者一到，韩信和彭越都立刻说："我们现在马上进兵。"于是韩信的军队从齐国开来，刘贾的军队从寿春发兵，沿途夷平了城父而后来到垓下。这时，楚国的大司马周殷也背叛了项羽，他领着舒城的军队屠灭了六安县，又会合九江王黥布的军队，和刘贾、彭越一起先后会师于垓下，直逼项羽的阵地。

项羽失败后的军队驻扎在垓下，这时他兵力少，粮食也没有了。刘邦的军队和各路诸侯合在一起，把他们层层围住。深夜里四面的汉军都唱着楚地的歌谣，项羽听了后吃惊地说："莫非汉军已把楚国全部占领了吗？要不然他们的军中怎么有这么多楚人呢？"于是项羽披衣起来，在帐中饮酒。这时他身边有一个美人名字叫虞，深受项羽宠爱，几年来一直在他身边。还有一匹骏马名字叫骓，是项羽冲锋陷阵一直骑乘的。项羽面对着这凄凉局面，不由得感慨万分，他作歌道："力能拔山啊豪气盖世，时运不利啊骓马不再奔驰。不再奔驰啊又有何方？虞姬虞姬啊我把你如何安放！"他一连唱了好几遍，虞美人也和着唱了一首。这时项羽泪如雨下，左右将士们也涕泣唏嘘，谁都不忍心抬头仰视。

于是项羽上马突围，这时帐下的骑兵还有八百多人跟着他。他们乘夜半时分冲出了包围圈，一直向南疾驰。天快亮的时候，汉军才发觉。刘邦命令骑将灌婴率五千骑兵追赶项羽。等到项羽渡过淮河的时候，跟着他的骑兵就只剩下一百来人了。项羽跑到阴陵时，迷失了方向。他向一个农夫问路，农夫骗他说："往左拐。"项羽不明底里，真的向左一拐，陷在了大泥塘里。因为这一耽误，灌婴的追兵就赶上来了。项羽又带领骑兵向东逃去，跑到东城县时，就只剩下二十八个人了，而刘邦派来的追兵有好几千。项羽估计着这回是无法脱险了，就对随从们说："自我起兵到现在已经八年了，我曾身经七十多场大战，所向披靡，没有失败过一次，从而成了天下的霸主。想不到今天被困在这里，这是老天爷要灭亡我，不是我不会打仗。今天是最后拼命，我要为诸位再痛痛快快地打一仗，一定要连胜它几回，要突破重围，杀死追将，砍倒敌旗，让你们明白是老天爷要灭亡我，不是我不会打仗！"说罢就把这二十八个人分成了四组，各自分别朝着一个方向。这时汉军已经把他们围了好几层。项羽对他的骑兵们说："看我给你们杀他一个将官！"他命令四个小组分别朝四个方向冲出，并约定好大家在山的东面分三处集合。然后项羽大吼一声催马冲了出去，汉军一看吓得纷纷倒退，混乱中汉军被项羽杀掉了一个将官。当时，赤泉侯杨喜是刘邦的骑将，他在后面追赶项羽。项羽回头瞪起眼睛大喝一声，吓得杨喜连人带马向后退出去了好几里地。项羽果然和他的部下们分三个地方集合了。汉军弄不清项羽在哪一处，于是把追兵分成三股，分别包围了项羽的三个集合点。这时项羽忽然又冲出来杀死了汉军的一个都尉，杀死了汉军士兵近百人。而后把自己的人集合起来一清点，发现才只少了两个。项羽问他的部下说："怎么样？"大家都敬佩地说："果然如大王所言！"

这时，项羽带着他的二十几个人到了乌江亭，准备东渡。乌江亭的亭长驾着一只小船靠在岸边，对项羽说："江东虽小，可也还有纵横上千里的地盘，还有民众几十万，也足够您称王的。请您赶紧上船过江。这里只我一个人有船，汉军追到这里，他们也无法渡过江去。"项羽笑道："既然老天爷要灭亡我，我还渡江干什么！想当初我渡江西下时曾带着江东子弟八千人，如今竟没有一个活着回去，即使江东父老可怜我，还拥戴我为王，我自己又有什么脸面去见他们呢？就算人家什么也不说，难道我自己就不问心有愧吗？"转身他又对亭长说："我知道您是好人。我骑这匹马已经五年了，所向无敌，它能一日千里，我不忍心杀它，就把它送给您吧。"说罢命令所有的人都下马步行，手持短兵器与汉军接战。光项羽一个人就杀死了汉兵好几百，而项羽自己身上也有十余处受了伤。最后项羽忽然看见了汉军的骑司马吕马童，项羽向他招呼说："你不是我的老朋友吕马童吗？"吕马童定睛一看，立刻指着项羽回头对王翳说："这人就是项王！"项羽对他们说："我听说刘邦曾悬赏千金买我的人头，还要给他万户的封地，我今天就成全你们吧！"说罢拔剑自刎而死。

项羽死后，楚国的地方都相继投降了刘邦，只有鲁城曲阜不投降。刘邦生气地想要发兵把它夷平，后来考虑到曲阜的军民所以如此，是出于守礼义，忠于其主，便派人拿着项羽的人头去给曲阜的百姓们看，曲阜的父老们这才投降了刘邦。

《项羽本纪》记述了项羽自会稽起兵后用了三年时间，消灭秦军主力，入关分封诸侯，自称西楚霸王，获得巨大成功；而后又在四年多的楚汉战争中，几经拉锯，终被刘邦打败，最后自刎乌江的悲壮历程，塑造了项羽这个感人至深的悲剧英雄形象。《项羽本纪》既是秦末农民战争与楚汉战争的生动的历史画卷，又是带有许多艺术夸张、充满作者浓厚感情的传记文学杰作，是《史记》中最精彩、最动人的篇章之一。我们这里选了《会稽起兵》《鸿门宴》《乌江自刎》三段。

项羽是一个悲剧英雄，其所以能称为"英雄"，关键就是他消灭了秦军的主力，从而导致了秦王朝内部的连续政变，并为刘邦从南路入关灭秦提供了方便。《鸿门宴》描写了刘邦在张良、樊哙等人的帮助下依靠项伯，争取项羽，集中力量挫败范增，从而使刘邦化险为夷的过程，整段文字充满小说性。鸿门宴是秦楚之际的整个历史的转折点，也是项羽壮烈一生的转折点。在此以前，是诸侯联合反秦；在此以后就转为楚汉战争了。如果说在此以前的两年破秦战争中项羽的弱点还暴露得不太充分的话，那么在此以后的三年楚汉战争中项羽的失败就是不可避免的了。大至整个的政治蓝图、军事方略，小至具体的用人用兵、利用矛盾，项羽都无法和刘邦相比，这些从鸿门宴上就已经开始表现出来了。项羽与刘邦的主战场是在今河南省的荥阳一带，而构成楚汉双方形势消长的关键却是韩信北路的灭魏、灭赵、平齐，与彭越、黥布等在其后方和南路所进行的游击战、运动战。于是三年之后，项羽就名副其实地陷于"四面楚歌"之中了。司马迁带着满腔的遗憾与同情描写了项羽的末路，写了他的慷慨悲歌，写了他以一当百、以一当千、有如猫戏老鼠但却毫无希望地冲杀，写了他谈笑声中的从容自刎，这就是项羽。他不是被敌人打倒的，是被自己打倒的。作品给后人留下了许多值得回味、令人惋惜的东西。

高祖本纪
斩蛇起义

　　高祖，沛丰邑中阳里人，姓刘氏，字季①。父曰太公，母曰刘媪。其先，刘媪尝息大泽之陂（bēi），梦与神遇。是时雷电晦冥，太公往视，则见蛟龙于其上。已而有身，遂产高祖。

　　高祖为人，隆准而龙颜，美须髯，左股有七十二黑子。仁而爱人，喜施，意豁如也。常有大度，不事家人生产作业。及壮，试为吏，为泗水亭长②，廷中吏无所不狎侮。好酒及色。常从王媪（ǎo）、武负贳（shì）酒，醉卧，武负、王媪见其上常有龙，怪之。高祖每酤留饮，酒雠数倍。及见怪，岁竟，此两家常折券弃责。

　　高祖常繇咸阳③，纵观，观秦皇帝，喟然太息曰："嗟乎，大丈夫当如此也！"

　　单父（chán fù）人吕公善沛令④，避仇从之客，因家沛焉。沛中豪桀吏闻令有重客，皆往贺。萧何为主吏，主进⑤，令诸大夫曰："进不满千钱，坐之堂下。"高祖为亭长，素易诸吏，乃绐（dài）为谒（yè）曰"贺钱万"⑥，实不持一钱。谒入，吕公大惊，起，迎之门。吕公者，好相人，见高祖状貌，因重敬之，引入坐。萧何曰："刘季固多大言，少成事。"高祖因狎侮诸客，遂坐上坐，无所诎。酒阑，吕公因目固留高祖。高祖竟酒，后。吕公曰："臣少好相人，相人多矣，无如季相，愿季自爱。臣有息女，愿为季箕帚妾。"酒罢，吕媪怒吕公曰："公始常欲奇此女，与贵人。沛令善公，求之不与，何自妄许与刘季？"吕公曰："此非儿女子所知也。"卒与刘季。吕公女乃吕后也，生孝惠帝、鲁元公主。

　　高祖为亭长时，常告归之田。吕后与两子居田中耨（nòu），有一老父过请饮，吕后因铺（bū）之。老父相吕后曰："夫人天下贵人。"令相两子,见孝惠,曰:"夫人所以贵者,乃此男也。"相鲁元,亦皆贵。老父已去,高祖适从旁舍来,吕后具言客有过,相我子母皆大贵。高祖问,曰:"未远。"乃追及,问老父。老父曰:"乡者夫人婴儿皆似君,君相贵不可言。"高祖乃谢曰:"诚如父言,不敢忘德。"及高祖贵,遂不知老父处。

高祖为亭长,乃以竹皮为冠,令求盗之薛治之⑦,时时冠之。及贵常冠,所谓"刘氏冠",乃是也。

高祖以亭长为县送徒郦山⑧,徒多道亡。自度比至皆亡之。到丰西泽中,止饮,夜乃解纵所送徒,曰:"公等皆去,吾亦从此逝矣!"徒中壮士愿从者十余人。高祖被酒,夜径泽中,令一人行前。行前者还报曰:"前有大蛇当径,愿还。"高祖醉,曰:"壮士行,何畏!"乃前,拔剑击斩蛇。蛇遂分为两,径开。行数里,醉,因卧。后人来至蛇所,有一老妪(yù)夜哭。人问何哭,妪曰:"人杀吾子,故哭之。"人曰:"妪子何为见杀?"妪曰:"吾子,白帝子也,化为蛇,当道,今为赤帝子斩之⑨,故哭。"人乃以妪为不诚,欲告之⑩,妪因忽不见。后人至,高祖觉。后人告高祖,高祖乃心独喜,自负。诸从者日益畏之。

秦始皇帝常曰"东南有天子气",于是因东游以厌之⑪。高祖即自疑,亡匿,隐于芒、砀(dàng)山泽岩石之间⑫。吕后与人俱求,常得之。高祖怪问之,吕后曰:"季所居上常有云气,故从往,常得季。"高祖心喜。沛中子弟或闻之,多欲附者矣。

秦二世元年秋,陈胜等起蕲(qí),至陈而王⑬,号为张楚。诸郡县皆多杀其长吏以应陈涉。沛令恐,欲以沛应涉。掾(yuàn)、主吏萧何、曹参乃曰⑭:"君为秦吏,今欲背之,率沛子弟,恐不听。愿君召诸亡在外者,可得数百人,因劫众,众不敢不听。"乃令樊哙(kuài)召刘季。刘季之众已数十百人矣。

于是樊哙从刘季来。沛令后悔,恐其有变,乃闭城城守,欲诛萧、曹。萧、曹恐,逾城保刘季。刘季乃书帛射城上,谓沛父老曰:"天下苦秦久矣。今父老虽为沛令守,诸侯并起,今屠沛。沛今共诛令,择子弟可立者立之,以应诸侯,则家室完。不然,父子俱屠,无为也。"父老乃率子弟共杀沛令,开城门迎刘季,欲以为沛令。刘季曰:"天下方扰,诸侯并起,今置将不善,壹败涂地。吾非敢自爱,恐能薄,不能完父兄子弟。此大事,愿更相推择可者。"萧、曹等皆文吏,自爱,恐事不就,后秦种族其家⑮,尽让刘季。诸父老皆曰:"平生所闻刘季诸珍怪,当贵,且卜筮之,莫如刘季最吉。"于是刘季数让,众莫敢为,乃立季为沛公。祠黄帝,祭蚩尤于沛庭,而衅鼓旗⑯,帜皆赤。由所杀蛇白帝子,杀者赤帝子,故上赤。于是少年豪吏如萧、曹、樊哙等皆为收沛子弟二三千人,攻胡陵、方与⑰,还守丰。

①沛:秦县名,即今江苏沛县。丰:当时是沛县的一个市镇,即今江苏省丰县。中阳里:丰邑的一个里巷名。②泗水:亭名,在当时沛县城东。亭长:古代官名。秦汉时县下设乡,乡下每十里设一亭,亭有亭长,主管该地的治安警卫、民事争讼及征丁征粮等事。③咸阳:秦国都城,在今陕西咸阳市东北。④单父:秦县名,即今山东单县。沛令:沛县县令。⑤萧何:刘邦的开国元勋,详见《萧相国世家》。主吏:即主吏掾,主管人事考核等工作的吏目。主进:替县令主管接收礼品。进,通"赆",礼物、财物。⑥绐:欺骗。谒:名帖,略如今之名片,求见人时,托人送进。⑦求盗:职名。亭长手下的卒吏,主管追捕盗贼。薛:秦县名,在今山东滕县东南。⑧徒:苦役犯。郦山:地名,在今西安市临潼区东南,当时秦二世正在这里继续为秦始皇修造坟墓。⑨白帝:古代神话中的五天帝之一,位于西方,其行(五行)为金。秦朝供祠白帝,自以为是白帝的子孙。赤帝:亦五天帝之一,位于南方,其行为火。汉代帝王自称是赤帝的子孙。⑩欲告之:有本作"欲苦之"。《汉书》亦作"欲苦之"。⑪厌:通"压"。⑫芒、砀:二山名,在今河南省永城县东北。芒山在北,砀山在南,其间相距八里。⑬秦二世元年:前209年。蕲:秦县名,在今安徽省宿县南。陈:秦县名,即今河南省淮阳县。⑭掾、主吏:掾,县令的属员,这里指曹参,曹参时为狱掾;主吏指萧何。⑮种族:此处用为动词,即灭种灭族。⑯黄帝:古代传说中的帝王,因其打败蚩尤,故尊以为战神。蚩尤:古代传说中的部族首领,传说为许多兵器的发明者。衅鼓旗:古代在征战之前杀牲以血祭鼓与旗,以此祈求胜利。⑰胡陵:秦县名,在今山东省鱼台县东南。方与:秦县名,在今山东省鱼台县西。

高祖是沛县丰邑的中阳里人,姓刘,字季。父亲叫刘太公,母亲叫刘太婆。当年刘太婆有一次在大泽旁边休息睡着了,梦见了与天神交合。这时电闪雷鸣,天昏地暗,刘太公前去寻找她时,看见

042

一条龙趴在刘太婆身上。后来刘太婆就怀了孕，生了刘邦。

刘邦的长相，高鼻梁，额角凸出，胡须很美，左腿上有七十二颗黑痣。他待人慈和，喜欢施舍，心胸开阔。从小有大志，不愿干那些平民百姓所干的生涯。长大后试做小吏，任泗水亭长，但对于县衙里的吏目们却没有一个不随意耍笑和戏弄。他好喝酒，爱女色。他常到王老太和武老婆子的酒店里赊酒喝，喝醉了就躺在那里睡。武老婆子和王老太常常看见他头上有龙的影子，她们感到很奇怪。而且每当刘邦来酒店喝酒，这天卖出的酒总要比平常多出几倍。由于这些怪现象，所以每到年终，这两家酒店常常把刘邦欠的账通通勾销。

刘邦到咸阳服役时，有一天正好遇上秦始皇出巡，允许百姓们夹道观看。刘邦看到秦始皇那种排场时，感慨地说："啊，大丈夫就应当有这个谱儿啊！"

单父县的吕公跟沛县县令是朋友，他为了躲避仇人来到沛县县令家做客，后来干脆把家搬到沛县来住了。沛县的豪绅、官吏们听说县令家里来了贵客，都去送礼祝贺。当时萧何在县衙里做功曹，主管收贺礼。他对客人们说："凡是贺礼不满千钱的请坐在堂下。"刘邦当时是亭长，一向看不起县里的这些小官吏，于是便在自己的名片上假意地写了"贺钱一万"，实际上他身上一分钱也没带。他的名片递进去后，吕公看了大惊，起身到大门口来迎接。吕公善于看相，他一见刘邦的相貌，就很敬重他，把他领到了堂上就坐。萧何说："刘季一向好说大话，难见办成什么事。"而刘邦则趁此把满座客人逐个戏弄了一回，而后坐在了上座，没有丝毫谦让。酒宴将要结束时，吕公向刘邦递眼色要他留下，刘邦便一直等到席散还没走。吕公说："我从年轻时就喜欢给人相面，相过的人多了，还没有见过一个像你这样的相貌，希望你自己珍重。我有个女儿，想让她去侍候你，给你做妻子。"酒席散后，吕老太生气地对吕公说："你平常总说要让这个女儿与众不同，要把她嫁给贵人。沛县县令跟你关系这么好，向你请求娶她你都不答应，今天为什么竟胡乱地把她许给了刘季？"吕公说："这不是你们老娘们儿和小孩子们所能理解的。"于是吕公把女儿嫁给了刘邦。这个女人就是后来的吕后，她生了孝惠皇帝和鲁元公主。

刘邦做亭长时，有一次请假回家，当时吕后正带着两个孩子在田间除草，有个过路的老头向他们要水喝，吕后干脆又给了老头一些吃的。老头看了看吕后的相貌说："夫人是天下的贵人。"吕后又请他给两个孩子看相，老头先看了孝惠帝说："夫人所以能够显贵，就是因为有这个男孩。"老头又看了鲁元公主,说也是贵人的相貌。老头刚走,刘邦从邻家蹓了过来,吕后便向刘邦讲了老头给他们母子看相说他们都将是贵人的事。刘邦问老头的去向,吕后说:"还没走多远。"于是刘邦便追了上去,问老头。老头一看,说:"您的夫人和您的孩子们都和您一样,您的相貌贵得没法说了。"刘邦感谢说:"如果日后真像您说的那样,我们决不会忘了您的恩德。"但是等刘邦真的显贵以后,再找老头的下落却怎么也找不到了。

刘邦做亭长时,用竹篾编织了一顶帽子,这是他派巡捕到薛县去专门定做来的,他经常戴着它,直到日后阔起来还是如此,这就是人们通常所说的"刘氏冠"。

刘邦曾以亭长的身份为县里押送民工去郦山,很多民工在路上逃跑了。他估计等不得到达郦山民工们就跑光了,于是当他们走到丰邑西边的沼泽地带时,他让民工们休息喝酒,到了夜里便把他们都放了。他说:"各位都走吧,我也从此远走高飞了!"这时民工中有十多个年轻小伙子愿意跟随他一起干。刘邦带着醉意,趁夜抄小道穿过沼泽地,他让一个人往前面探路。那个人回来报告说:"前面有一条大蛇挡住了去路,我们往回走吧。"刘邦醉醺醺地说:"好汉子走路,有什么可怕的!"说着走上前去,拔剑把大蛇斩作了两段,路让开了。他又往前走了几里,酒性发作,躺在地上睡着了。后面的人来到刘邦斩蛇的地方,见一个老婆婆在那里哭泣。人们问她哭什么,老婆婆说:"有人杀了我的儿子,所以我在这里哭。"人们问她:"你儿子为什么被人家杀了?"老婆婆说:"我的儿子是白帝子,他化为大蛇,挡在道上,结果被赤帝子杀了,所以我哭。"人们都以为这个老妇人说谎,刚想打她,而老婆婆忽然不见了。这几个人来到刘邦睡觉的地方,刘邦已经酒醒。这几个人便把刚才碰到的事情告诉了刘邦,刘邦听了暗暗高兴,觉得自己大概真不是凡人。而跟随他的那些人也从此一天比一天地更加怕他了。

秦始皇常说"东南方有一股天子气",于是便想到那里巡游把它压一压。刘邦怀疑与自己有关,便逃了出去,隐藏在芒山、砀山的岩洞里,吕后带着人去找他,一下子就找到了。刘邦问她怎么能找到这里。吕后说:"你躲藏的地方上空有一股云气,我们奔着那股云气就能找到你。"刘邦心里高兴。沛县的年轻人听说这些话,想去投奔他的人就更多了。

秦二世元年秋天,陈胜等在蕲县起事,占领陈县后陈涉自立为王,号称"张楚"。这时天下各郡县的人都纷纷起来杀死自己郡县的官吏响应陈胜。沛县县令害怕了,想及早率领沛县百姓响应陈胜。

大吏萧何、狱掾曹参对他说:"您是秦朝官吏,今天想背叛秦朝,统领沛县子弟,恐怕大家不听您指挥。您可以把那些逃亡在外的人召回来,这样可以得到几百人,您可以利用这些人去挟持民众,那时大家就不敢不听了。"于是县令便派樊哙去叫刘邦。这时刘邦部下已经聚集起百把人了。

樊哙领着刘邦来到沛县,这时沛县县令又后悔了,他害怕刘邦别有想法,因而闭门守城,并想杀掉萧何、曹参等。萧何、曹参害怕,跳城出去投奔了刘邦。刘邦用绸绢写了一封信射进城内,对沛县的父老们说:"天下人受秦朝暴政的苦已经很久了。今天父老们居然还替沛县县令卖命守城,现在各地诸侯都已经起兵反秦,沛县很快就要被屠灭了。你们应该赶紧杀掉沛县县令,另选一个你们信任的年轻人,以带领沛县响应各路诸侯,这样你们的家室才可以保全。否则全城老少就要都被人家杀光了,那是多么不值啊。"父老们见信便率领青年人杀掉了县令,打开城门迎接刘邦,并推举他为沛县县令。刘邦说:"方今天下大乱,诸侯纷起,如果我们的领头人选得不当,就会一败涂地。我不是顾惜自己,是担心自己的本事有限,不能保全你们大家。这是一件大事,希望大家另推举更合适的人。"萧何、曹参等都是文官,多所顾忌,害怕大事不成,被秦朝灭族,因而一致推举刘邦。父老们都说:"我们早就听说你有许多奇闻逸事,说你一定显贵,而且我们也进行了占卜,没有比你更吉利的人了。"刘邦还再三推让,但是别人再也没有敢出头的,遂拥立刘邦做了沛公。刘邦上任后就在沛县衙门里祭祀黄帝和蚩尤,同时杀牲取血涂祭了战鼓和军旗,军旗都用红色。因为日前他杀的那条蛇是白帝子,而杀它的刘邦是赤帝子,所以刘邦崇尚红色。接着萧何、曹参、樊哙等一群豪吏在沛县聚拢了二三千人,领着他们去攻打胡陵、方与,而后又回到了丰邑。

高祖本纪
入关破秦

秦二世三年①,楚怀王见项梁军破,恐,徙盱台(xū yí),都彭城,并吕臣、项羽军自将之②。以沛公为砀郡长,封为武安侯,将砀郡兵。封项羽为长安侯,号为鲁公③。吕臣为司徒,其父吕青为令尹④。

赵数请救，怀王乃以宋义为上将军，项羽为次将，范增为末将⑤，北救赵。令沛公西略地入关。与诸将约，先入定关中者王之。

当是时，秦兵强，常乘胜逐北⑥，诸将莫利先入关。独项羽怨秦破项梁军，奋，愿与沛公西入关。怀王诸老将皆曰："项羽为人僄悍猾贼。项羽尝攻襄城，襄城无遗类⑦，皆坑之，诸所过无不残灭。且楚数进取，前陈王、项梁皆败。不如更遣长者扶义而西，告谕秦父兄。秦父兄苦其主久矣，今诚得长者往，毋侵暴，宜可下。今项羽僄悍，今不可遣。独沛公素宽大长者，可遣。"卒不许项羽，而遣沛公西略地，收陈王、项梁散卒。乃道砀至成阳，与杠里秦军夹壁⑧，破秦二军。楚军出兵击王离⑨，大破之。

初，项羽与宋义北救赵，及项羽杀宋义，代为上将军，诸将黥布皆属；破秦将王离军，降章邯⑩，诸侯皆附。及赵高已杀二世⑪，使人来，欲约分王关中。沛公以为诈，乃用张良计，使郦生、陆贾往说秦将，啗(dàn)以利，因袭攻武关⑫，破之。又与秦军战于蓝田南⑬，益张疑兵旗帜，诸所过毋得掠卤，秦人憙，秦军解(xiè)，因大破之。又战其北，大破之。乘胜，遂破之。

汉元年十月，沛公兵遂先诸侯至霸上⑭。秦王子婴素车白马，系颈以组，封皇帝玺符节，降轵(zhǐ)道旁⑮。诸将或言诛秦王。沛公曰："始怀王遣我，固以能宽容；且人已服降，又杀之，不祥。"乃以秦王属吏，遂西入咸阳。欲止宫休舍，樊哙、张良谏，乃封秦重宝财物府库，还军霸上。召诸县父老豪桀曰："父老苦秦苛法久矣，诽谤者族，偶语者弃市⑯。吾与诸侯约，先入关者王之，吾当王关中。与父老约，法三章耳：杀人者死，伤人及盗抵罪。余悉除去秦法。诸吏人皆案堵如故⑰。凡吾所以来，为父老除害，非有所侵暴，无恐！且吾所以还军霸上，待诸侯至而定约束耳。"乃使人与秦吏行县乡邑，告谕之。秦人大喜，争持牛羊酒食献飨军士。沛公又让不受，曰："仓粟多，非乏，不欲费人。"人又益喜，唯恐沛公不为秦王。

①秦二世三年：前207年。②楚怀王：指项梁等所立的楚王熊心，为战国时楚怀王熊槐之孙。盱台：秦县名，在今江苏省盱眙县东北。彭城：即今江苏省徐州市。吕臣：原为陈涉侍从，陈涉兵败被杀后，吕臣收合残部归属项梁。③鲁公：封地在鲁县，即今山东曲阜市。④司徒：掌管教化的官。令尹：战国时楚官名，职同丞相。

⑤宋义：战国末期曾在楚国任令尹，后为怀王谋士。上将军：非固定官名，盖令其位居诸将之上，以统领诸将而言。次将、末将：非固定职位，只临时表示其在军中的地位。⑥逐北：追击败兵。北，指败逃者。⑦襄城：秦县名，即今河南襄城县。⑧砀：秦县名，县治在今河南省永城市东北。亦郡名，郡治砀县。成阳：即城阳，秦县名，在今山东省鄄城东南。杠里：秦县名，在当时的城阳之西。⑨王离：秦将，战国末秦国名将王翦之孙。⑩宋义北救赵：事在秦二世二年（前208）九月。黥布：即英布，因曾坐法黥面，故又称黥布，秦末率骊山刑徒起义，后归项氏。楚汉战争中归汉。章邯：秦朝将领。先后曾破杀陈涉、项梁，至此乃被项羽打败，归降项羽。以上诸事皆见《项羽本纪》之《巨鹿之战》。破王离于巨鹿在二世二年十二月。章邯降项羽在二世三年七月。⑪赵高已杀二世：事在秦二世三年（前207年）八月。⑫张良：刘邦的谋士，详见《留侯世家》。郦生：郦食其（yì jī），刘邦的谋士。陆贾：刘邦的谋士，事迹见《郦生陆贾列传》。啗：同"啖"，喂。武关：在今陕西省丹凤县东南，是河南西部通往陕西东南部的交通要道。⑬蓝田：秦县名，在今陕西蓝田县西南。⑭汉元年：前206年。这一年刘邦被封为汉王，所以称这一年为汉元年。秦朝历法以夏历十月为岁首，汉初仍袭秦制，故所谓十月，即该年开头的第一个月。霸上：在今陕西省西安市东，为古代咸阳、长安附近的军事要地，因地处霸水西高原上而得名。⑮子婴：始皇之孙，秦二世之兄子。二世三年八月，赵高迫二世自杀，另立子婴为帝。子婴杀赵高，并自行降号为秦王。系颈以组：用丝带系着脖子，这是古代君主向人投降时表示服罪请罪的意思。组，丝绦，用丝编织的扁平的带子。轵道：古亭名，在今陕西省西安市东北，当时的咸阳市东南。⑯弃市：处死。古时刑人于市以表示"与众共弃之"，故云。⑰案堵如故：犹言"各就各位，一切照常"。案堵也作"安堵"，不迁动，不变更。

秦二世三年，楚怀王见项梁的军队已被打垮，十分恐慌，于是他把都城从盱眙迁到了彭城，他将吕臣和项羽的军队合并一起收归自己统领。而任命刘邦为砀郡长，封之为武安侯，让他统领砀郡的军队。他封项羽为长安侯，号称鲁公。他任命吕臣为司徒，任命吕臣的父亲吕青为令尹。

这时被围的赵国连连向楚军求救，于是怀王就任命宋义为上将军，任命项羽为次将，范增为末将，让他们北上救赵。同时命令刘邦向西攻城略地，直逼关中。楚怀王与各路将领们商量约定说，谁先占领关中谁就做关中王。

这时，秦军的势力还很大，经常打胜仗，因此各路将领都不愿意带头进军关中。唯独项羽因为痛恨秦军打败项梁，所以自告奋勇，要求同刘邦一道入关。而怀王的老将们说："项羽剽悍狠毒。他曾攻过襄城，襄城攻克后，没留下一个人，全部被他活埋了，凡是他所经过的地方，没有一处不被彻底毁灭的。在此以前楚兵几次西征，陈胜、项梁全都失败了。这次不如改派一个宽厚长者以仁义之心率军西进，去向秦国父老讲清道理。秦国父老们吃他们君主的苦头已经很久了，今天如果真有个宽厚长者前去，不要残暴杀掠，关中是会攻下来的。项羽为人凶狠，不能派他。只有沛公是个宽大忠厚的长者，应该派他。"于是怀王没有派项羽，而是派刘邦率兵西进。刘邦一路上收编了陈胜、项梁的许多散兵。刘邦经由砀县直达成阳，与驻扎在杠里的秦军对垒，击败了秦朝的两支军队。这时北上救赵的楚军也已经出击王离，将秦军打垮。

当初，项羽是和宋义一道北上救赵的，待至项羽杀掉宋义，取代他做了上将军后，黥布等各位将领便都归项羽指挥了；待至项羽又打败了秦将王离，招降了章邯之后，这时各地的诸侯便都归附了项羽。这时赵高杀掉了秦二世，派人与刘邦联络，想和刘邦在关中划分地盘共同称王。刘邦怀疑其中有诈，便采取了张良的计策，派郦生、陆贾前去说服秦将，以财宝引诱他们，而后趁他们松懈的时候袭击了武关，把秦军打得大败。接着又在蓝田县南与秦军会战，刘邦多插旗帜，巧布疑阵，又下令全军所到之处不准掳掠，这就使得秦国人非常高兴，而秦朝军队也日益松懈，于是刘邦又一次大破秦军。随后在蓝田北又大破秦军，接着刘邦乘胜追击，秦军遂彻底完蛋。

汉元年十月，刘邦的军队率先来到了咸阳东南的霸上，这时已退去帝位改称秦王的子婴，乘着白马素车，脖子上搭着一条带子，捧着封好的皇帝印信，来到轵道亭的路边向刘邦投降。刘邦的将领中有人提议杀掉他，刘邦说："当初怀王之所以派我来，就是因为我待人宽厚；再说人家已经投降了，我们还杀人家，这太不好啦。"于是就把子婴交给专人看管，而自己带人进入了咸阳。刘邦进宫后就想住在里面，由于樊哙、张良劝说，刘邦才封起了秦宫里的仓库和各种珍宝，带着人马回到了霸上。刘邦把关中各县的父老乡绅们找来，对他们说："你们受秦朝酷法的罪时间不短了，秦法规定，敢说朝廷坏话的灭族,敢相聚议论国事的杀头。我与各路将领在东方出发前已经说好了,谁先打入关内谁当关中王,根据这个规定,我是应该当关中王的。现在我与诸位约定,法律只有三条:杀人者偿命,伤人及偷人东西的各自按情节定罪。其余的条款一概废除。各级官吏都各回各位,照常办公。我们到这里来是为父老们除害的,绝不会损害大家,请大家不要怕。我之所以回军霸上,就是为了等候其他各路诸侯到来,共同商定统一的规章。"随后他又派人跟着各地的官吏到各县各乡各镇去向人们说明他的这番意思。各地的人们听了都很高兴,大家纷纷带着牛羊酒饭来慰劳刘邦的军队。刘邦又推辞不要,说:"仓库里有的是粮食,什么都不缺,不能再让大家破费了。"于是人们更高兴了,唯恐刘邦当不了关中王。

高祖本纪
灭楚称帝

楚汉久相持未决①,丁壮苦军旅,老弱罢(pí)转饷。汉王、项羽相与监广武之间而语②。项羽欲与汉王独身挑战,汉王数项羽曰:"始与项羽俱受命怀王,曰先入定关中者王之,项羽负约,王我于蜀、汉,罪一。项羽矫杀卿子冠军而自尊③,罪二。项羽已救赵,当还报,而擅劫诸侯兵入关,罪三。怀王约入秦无暴掠,项羽烧秦宫室,掘始皇帝冢,私收其财物,罪四。又强杀秦降王子婴,罪五。诈坑秦子弟新安二十万④,王其将,罪六。项羽皆王诸将善地,而徙逐故主⑤,令臣下争叛逆,罪七。项羽出逐义帝彭城⑥,自都之,夺韩王地⑦,并王梁、楚,多自予⑧,罪八。项羽使人阴弑义帝江南⑨,罪九。夫为人臣而弑其主,杀已降,为政不平,主约不信,天下所不容,大逆无道,罪十也。吾以义兵从诸侯诛残贼,使刑余罪人击杀项羽,何苦乃与公挑战⑩!"项羽大怒,伏弩射中汉王。汉王伤匈,乃扪足曰:"虏中吾指!"汉王病创卧,张良强请汉王起行劳军,以安士卒,毋令楚乘胜于汉。汉王出行军,病甚,因驰入成皋⑪。

病愈,西入关,至栎(yuè)阳⑫,存问父老,置酒,枭故塞王欣头栎阳市⑬。留四日,复如军,军广武⑭。关中兵益出。

当此时,彭越将兵居梁地⑮,往来苦楚兵,绝其粮食。田横往从之⑯。项羽数击彭越等,齐王信又进击楚⑰。项羽恐,乃与汉王约,中分天下，割鸿沟而西者为汉⑱，鸿沟而东者为楚。项王归汉王父母妻子，军中皆呼万岁，乃归而别去。

项羽解而东归。汉王欲引而西归，用留侯、陈平计⑲，乃进兵追项羽，至阳夏南止军⑳，与齐王信、建成侯彭越期会而击楚军。至固陵㉑，不会。楚击汉军，大破之。汉王复入壁，深堑而守之。用张良计，于是韩信、彭越皆往。及刘贾入楚地，围寿春㉒。汉王败固陵，乃使使者召大司马周殷举九江兵而迎武王㉓，行屠城父，随刘贾、齐梁诸侯皆大会垓下㉔。立武王布为淮南王。

五年㉕，高祖与诸侯兵共击楚军，与项羽决胜垓下。淮阴侯将三十万自当之，孔将军居左，费将军居右㉖，皇帝在后，绛侯、柴将军在皇帝后㉗。项羽之卒可十万。淮阴先合，不利，却。孔将军、费将军纵，楚兵不利，淮阴侯复乘之，大败垓下。项羽卒闻汉军之楚歌，以为汉尽得楚地，项羽乃败而走，是以兵大败。使骑将灌婴追杀项羽东城㉘，斩首八万，遂略定楚地。鲁为楚坚守不下㉙，汉王引诸侯兵北，示鲁父老项羽头，鲁乃降。遂以鲁公号葬项羽谷城㉚。还至定陶，驰入齐王壁，夺其军。

正月㉛，诸侯及将相相与共请尊汉王为皇帝。汉王曰："吾闻帝贤者有也，空言虚语，非所守也，吾不敢当帝位。"群臣皆曰："大王起微细，诛暴逆，平定四海，有功者辄裂地而封为王侯。大王不尊号，皆疑不信。臣等以死守之。"汉王三让，不得已，曰："诸君必以为便，便国家。"甲午，乃即皇帝位氾（fàn）水之阳㉜。

高祖置酒雒（luò）阳南宫㉝。高祖曰："列侯诸将无敢隐朕，皆言其情。吾所以有天下者何？项氏之所以失天下者何？"高起、王陵对曰㉞："陛下慢而侮人，项羽仁而爱人。然陛下使人攻城略地，所降下者因以予之，与天下同利也。项羽妒贤嫉能，有功者害之，贤者疑之，战胜而不予人功，得地而不予人利，此所以失天下也。"高祖曰："公知其一，未知其二。夫运筹策帷帐之中，决胜于千里之外，吾不如子房㉟；镇国家，扶百姓，给馈饷，不绝粮道，吾不如萧何㊱；连百万之军，战必胜，攻必取，吾不如韩信。此三者，皆人杰也，吾能用之，此吾所以取天下也。项羽有一范增而不能用㊲，此其所以为我擒也。"

①楚汉久相持未决：项羽分封诸侯，大家分散后，不久战乱即起。汉元年八月，刘邦从汉中杀回夺得关中；汉二年四月，刘邦趁

项羽东讨田荣之机，率兵五十六万攻入项羽之首都彭城。项羽回师将刘邦打败后，刘邦西退至荥阳，构筑防线，与项羽对峙，双方拉锯，一直到汉四年（前203）十月，尚未见分晓。②广武之间：即广武涧，在今河南省荥阳市东北广武山上，山上有东西二城，相距约二百余步，中间隔广武涧，即刘项对峙处也。时刘邦据西城，项羽据东城。③卿子冠军：指宋义，受命率项羽等北救赵时称"卿子冠军"。④新安：秦县名，在今河南省渑池东，项羽坑章邯降卒二十万于此。⑤徙逐故主：如项羽封张耳为常山王，王赵地，而徙故赵王于代；封田都为齐王，而徙故齐王于胶东等是。⑥义帝：即项梁所立之楚怀王。项羽分封诸侯时尊怀王为徒有虚名的"义帝"。彭城：即今江苏省徐州市。⑦夺韩王地：韩成曾被项羽封为韩王，后项羽借口其无军功而不令就回，终将其杀害。⑧并王梁、楚：言项羽同时兼有梁楚两国之地。⑨阴弑义帝江南：项羽尊怀王为"义帝"，使之南都于郴县（今湖南郴州市），怀王在南迁途中，项羽又派黥布会同长沙王吴芮将其杀害于长江南。⑩乃与公：应作"与乃公"。乃公，你爸爸，刘邦习用的骂人语。⑪行军：视察军队。成皋：古邑名，春秋时称虎牢，汉置成皋县，在今荥阳市西北。⑫栎阳：秦县名，在今陕西省西安市北渭水北岸，刘邦临时的都城。⑬塞王欣：即司马欣，曾被项羽封为塞王，都栎阳，今被破杀，故将其枭首示众于此。⑭广武：古城名，在当时的荥阳西北。⑮彭越：昌邑人，反秦名将，后归属刘邦，常于今开封一带进行运动战，斩断项羽前后方的联系。⑯田横：齐王田荣之弟，田荣被项羽破杀后，田横拥立荣子田广为王，韩信破齐杀田广，田横逃归彭越。⑰齐王信：即韩信，刘邦将领。汉四年（前203年）二月灭齐后被刘邦封为齐王。⑱鸿沟：指战国时魏国开凿的沟通黄河与淮水的运河，北起荥阳，东经中牟、开封，南流至淮阳东南入颍水。刘邦与项羽划鸿沟为界事，在汉四年八月。⑲留侯：即张良。陈平：刘邦的谋臣。原为项羽部下，后归刘邦。⑳阳夏：秦县名，即今河南省太康县。㉑固陵：古聚（村落）名，在今河南太康县南。㉒刘贾：刘邦的将领。寿春：秦县名，即今安徽省寿县。㉓周殷：项羽的将领，官居大司马，后叛归刘邦。武王：指黥布，黥布曾自称"武王"。㉔城父：古邑名，汉置县，县治在今安徽省亳州市东南。垓下：古地名，在今安徽省灵璧县东南的沱河北岸。㉕五年：前202年。㉖孔将军：名熙。费将军：陈贺，因后封为费侯，故此称"费将军"。孔熙、陈贺皆为韩信部将。㉗绛侯：周勃，刘邦部将。柴将军：柴武，刘邦部将。㉘灌婴：刘邦的骑兵将领。东城：秦县名，在今安徽省定远东南。按：

以上刘邦破项羽于垓下，与项羽自刎乌江，皆在汉五年十二月。㉙鲁：今山东曲阜。因项羽曾被怀王封为"鲁公"，故鲁为之坚守至最后。㉚谷城：古城名，在今山东省平阴西南。㉛正月：汉王五年（前202）的正月，当时仍用秦历，以十月为岁首。㉜甲午：夏历二月初三。汜水之阳：汜水的北岸，这里指山东省定陶县北。汜水：古水名，故道在今山东曹县北，由古济水分出，流经定陶县南，注入古菏泽。㉝雒阳：在今河南洛阳市东北，刘邦当时的都城所在地。雒，同"洛"。㉞高起：其人不详。王陵：刘邦的部将，被封为安国侯。㉟子房：即张良。㊱萧何：沛县人，曾为沛县主吏，秦末佐刘邦起义，是刘邦的得力助手。㊲范增：项羽的军师。

楚汉双方在中路战场已长期相持不下，青壮男人被迫当兵打仗，老弱也都被拉去送运粮草。有一天项羽和刘邦隔着广武涧对话，项羽提出要和刘邦单个决一生死。刘邦指数项羽的罪行说："当初我们一同受命于怀王，说好谁先入关谁当关中王，结果你背叛条约，把我封到了蜀汉，这是你的第一条大罪。你假传命令杀了卿子冠军宋义而自己当上将军，这是你的第二条大罪。你往北方救赵后，应当回去汇报，可你擅自挟持着各路诸侯进关，这是你的第三条大罪。怀王早就告诉我们进关后不许侵掠百姓，而你烧宫室，掘皇陵，把一切财物占为己有，这是你的第四条大罪。你又杀了已经投降的秦王子婴，这是你的第五条大罪。你欺骗活埋秦兵二十余万于新安，而封他们的将领为王，这是你的第六条大罪。你把好地方都封给你手下的将领，而把原来的王侯都赶到别处，以致让臣下们纷纷叛主，这是你的第七条大罪。你还把义帝赶出彭城，自己在那里建都，并且夺了韩王成的旧地，占有梁、楚两国的地盘，只管自己多捞，这是你的第八条大罪。你把义帝暗杀在长江以南，这是你的第九条大罪。作为一个臣子你杀掉君主，残杀已经投降的人，主持政事不公平，主盟约不守信用，这是天下所不容的，你大逆无道，这是你的第十条大罪。我现在带着仁义之兵跟着诸侯们来讨伐你这个残暴的家伙，我会让囚徒们来收拾你，你有什么资格来向你老子挑战！"项羽听罢大怒，他让埋伏的弓弩手一箭射中了刘邦。刘邦原本是胸口中箭，但却机灵地弯腰下去摸着脚说："这个奴才射中我的脚了！"刘邦躺在床上不能动，这时张良过来拉着刘邦出去劳军，目的是让士兵们安心，同时也是向楚军显示刘邦无恙，免得他们乘胜发动进攻。刘邦出来在军前走了一趟,实在坚持不住了,便乘车进入了成皋。

刘邦伤好后,西行入关,到了栎阳,向父老们表示慰问,大摆筵席,并砍下前几年在这里当过塞王的司马欣的人头在栎阳市场悬挂示众。刘邦在栎阳停留四日后,又东出回到军中,驻扎在广武。这时关中派出的后续部队也越来越多了。

由于彭越这时率兵在梁地运动作战,骚扰楚兵,断其粮道,田横又去投奔了他。而项羽已经多次回师与彭越作战,现在韩信又由齐国南下逼近楚境,项羽害怕了,遂与刘邦订立条约,把天下一分为二,划鸿沟以西归刘邦,鸿沟以东归项羽。项羽把刘邦的父亲和刘邦的妻子放了回去,刘邦军中都欢呼万岁,于是楚国军队脱离接触准备东归。

项羽撤兵东走后,刘邦也想撤兵西回,后来采纳了张良、陈平的计谋,遂背约进兵追击项羽,一直追到阳夏南才停下来。刘邦本来是和齐王韩信、建成侯彭越等一起约定好共同进击项羽的,结果等刘邦到达固陵时,韩信、彭越等各路兵马都未到。项羽回头迎击刘邦,刘邦被打得大败。刘邦躲进营盘,深沟高垒坚守不出。后来采用张良的计谋,才把韩信、彭越等都叫了过来。在此以前刘贾已经率军进入楚地,包围了寿春。刘邦在固陵失败后,派人去游说项羽的大司马周殷,让他带着九江的兵力去迎接淮南王黥布。他们中途屠灭了城父县,而后跟着刘贾和齐梁地的诸侯们一起会师于垓下。刘邦封原九江王黥布为淮南王。

汉五年,刘邦与各路诸侯一齐进军,与项羽决战于垓下。韩信率领着三十万人马正面对着项羽,孔将军在左翼,费将军在右翼。刘邦在韩信的后面,周勃、柴武在刘邦的后面。这时项羽的军队大约有十万人。韩信在正面先对项羽开战,做出不敌的样子,向后撤退,而孔将军、费将军在两翼向前进兵,项羽的形势不利了。这时韩信正面的军队又转身杀了回来,大破楚军于垓下。项羽的士兵夜间听着刘邦的军队都唱楚地歌谣,以为楚地都被刘邦占领了,所以项羽才溃败逃走,楚兵才不可收拾。随后刘邦又派骑将灌婴追杀项羽于东城。整个战役杀死楚兵八万人,楚地遂告平定。这时只有曲阜还在为项羽坚守。刘邦带着各路大军北抵曲阜,拿着项羽的人头给曲阜的人们看,人们这才投降了刘邦。因为项羽曾被怀王封为鲁公,所以就以鲁公的名号把项羽葬在了谷城。当刘邦等回到定陶时,突然闯入韩信的兵营,夺了韩信的兵权。

这年的正月,各路诸侯与刘邦的将相们一同请刘邦即位为皇帝。

刘邦说："我听说只有大贤才能称帝，徒有虚名的人是不能享有它的，我不能坐这个位置。"大臣们说："您出身平民，讨伐残暴，平定四海，谁有战功您就划地盘封他为王侯。今天您如果不做皇帝，那人们就都会疑虑不安，因此我们到死也得坚持。"刘邦又推让了好几回，不得已才说："既然你们认为我做皇帝对国家有好处，那就这么办吧。"于是在二月初三，刘邦即位于汜水之北。

刘邦在洛阳南宫大宴群臣，刘邦说："各位诸侯将领不要隐瞒，都说真话，你们说我为什么能取得天下，项羽为什么丢了天下？"高起、王陵回答道："虽然您傲慢爱侮辱人，项羽为人宽厚，但您派人出去攻城占地时，谁获得了什么，您就顺势赏给他，这叫'与人同利'。而项羽则妒贤嫉能，谁有功他就恨谁，谁有本事他怀疑谁，打了胜仗的他不奖励，得了地盘的他不赏赐，这就是他丢失天下的原因。"刘邦说："你们只知其一，不知其二。要讲运筹帷幄，决胜千里，我不如张良。要讲镇守后方，安抚百姓，给前方运粮草，保证供应不断，我不如萧何。要讲统兵百万，战必胜，攻必取，我不如韩信。这三个都是人中的豪杰，我能够重用他们，这才是我所以得天下的原因。而项羽只有一个范增还不能被信用，所以他最后被我收拾。"

《高祖本纪》写了刘邦斩蛇起义、入关破秦、灭楚称帝，草创制度，以及建国初期为稳定局势所采取的诛杀功臣、平定叛乱等，是一篇既突出地表现了刘邦个人，同时也兼顾了全局的具有典范性的传记杰作。我们这里选取了《斩蛇起义》《入关破秦》《灭楚称帝》三个片段，通过这三个故事我们可以看到刘邦其人的一些基本面貌，也可以大体把握《高祖本纪》的基本精神。

刘邦是《史记》中所描写的最生动、最精彩的人物，因为除本篇外还有如《项羽本纪》《萧相国世家》《留侯世家》《淮阴侯列传》等二十多篇作品中描写到刘邦其人，所以刘邦的性格也就表现得最充分、最本质。刘邦具有无与伦比的聪明智慧、雄才大略，又有无与伦比的识拔人才、驾御人才的能力与手段，使许多人忠心耿耿为之效力，直到被杀而后已；刘邦还善于听取意见，能集众人之所长，其随机应变的功夫简直达到了炉火纯青的境地。在刘邦面前，项羽就显得是那样简单、那样幼稚，如同围棋的九段之对付业余的棋手。项羽的失败是注定了的，尽管他是一位令人喜爱的悲剧英雄。

但刘邦身上又明显地带着一股粗俗的流氓气，他大大咧咧，出尔反尔，好酒好色，张嘴骂人，而这一切都和他的那些无比优长水乳交融地统一在一起，这就是最后成为皇帝的刘邦。《史记》中的刘邦是一个有血有肉的、活生生的、令人相信的人物，是司马迁的艺术天才与其"不虚美、不隐恶"的创作思想的光辉展现。

吕太后本纪
杀刘邦诸子

吕太后者，高祖微时妃也，生孝惠帝、女鲁元太后①。及高祖为汉王，得定陶戚姬，爱幸，生赵隐王如意②。孝惠为人仁弱，高祖以为不类我，常欲废太子，立戚姬子如意，如意类我。戚姬幸，常从上之关东③，日夜啼泣，欲立其子代太子。吕后年长，常留守，希见上④，益疏。如意立为赵王后，几代太子者数矣，赖大臣争之，及留侯策⑤，太子得毋废。

高祖十二年四月甲辰⑥，崩长乐宫，太子袭号为帝。是时高祖八子：长男肥，孝惠兄也，异母，肥为齐王⑦；余皆孝惠弟，戚姬子如意为赵王，薄夫人子恒为代王，诸姬子子恢为梁王，子友为淮阳王，子长为淮南王，子建为燕王⑧。高祖弟交为楚王，兄子濞为吴王，非刘氏功臣番君吴芮子臣为长沙王⑨。

吕后最怨戚夫人及其子赵王，乃令永巷囚戚夫人⑩，而召赵王。使者三返，赵相建平侯周昌谓使者曰⑪："高帝属臣赵王，赵王年少。窃闻太后怨戚夫人，欲召赵王并诛之，臣不敢遣王。王且亦病，不能奉诏。"吕后大怒，乃使人召赵相。赵相征至长安，乃使人复召赵王。王来，未到。孝惠帝慈仁，知太后怒，自迎赵王霸上⑫，与入宫，自挟与赵王起居饮食。太后欲杀之，不得间。孝惠元年十二月⑬，帝晨出射。赵王少，不能早起。太后闻其独居，使人持鸩（zhèn）饮之⑭。犁明，孝惠还⑮，赵王已死。于是乃徙淮阳王友为赵王。太后遂断戚夫人手足，去眼，煇耳，饮瘖药，使居厕中，命曰"人彘"。居数日，乃召孝惠帝观人彘。孝惠见，问，乃知其戚夫人，乃大哭，因病，岁余不能起。使人请太后曰："此非人所为。臣为太后子，终不能治天下。"孝惠以此日饮为淫乐，不听政，故有病也。

二年⑯，楚元王、齐悼惠王皆来朝。十月，孝惠与齐王燕饮太后前，孝惠以为齐王兄，置上坐，如家人之礼⑰。太后怒，乃令酌两卮鸩，置前，令齐王起为寿⑱。齐王起，孝惠亦起，取卮欲俱为寿。太后乃恐，自起泛（teng）孝惠卮。齐王怪之，因不敢饮，佯醉去。问，知其鸩，齐王恐，自以为不得脱长安，忧。齐内史士说王曰⑲："太后独有孝惠与鲁元公主。今王有七十余城，而公主乃食数城。王诚以一郡上太后，为公主汤沐邑⑳，太后必喜，王必无忧。"于是齐王乃上城阳之郡，尊公主为王太后㉑。吕后喜，许之。乃置酒齐邸㉒，乐饮，罢，归齐王。

七年正月㉓，太后召赵王友。友以诸吕女为后，弗爱，爱他姬，诸吕女妒，怒去，谗之于太后，诬以罪过，曰"吕氏安得王！太后百岁后，吾必击之"。太后怒，以故召赵王。赵王至，置邸不见，令卫围守之，弗与食。其群臣或窃馈，辄捕论之㉔。赵王饿，乃歌曰："诸吕用事兮刘氏危，迫胁王侯兮强授我妃。我妃既妒兮诬我以恶，谗女乱国兮上曾不悟。我无忠臣兮何故弃国。自决中野兮苍天举直！于嗟不可悔兮宁早自财㉕。为王而饿死兮谁者怜之！吕氏绝理兮托天报仇。"丁丑，赵王幽死，以民礼葬之长安民冢次㉖。二月，徙梁王恢为赵王。

梁王恢之徙王赵，心怀不乐。太后以吕产女为赵王后。王后从官皆诸吕，擅权，微伺赵王，赵王不得自恣。王有所爱姬，王后使人鸩杀之。王乃为歌诗四章，令乐人歌之。王悲，六月即自杀。太后闻之，以为王用妇人弃宗庙礼㉗，废其嗣。

九月，燕灵王建薨，有美人子，太后使人杀之，无后，国除。

①吕太后：名雉，字娥姁。妃：配偶。孝惠帝：名盈。鲁元太后：吕后之女，嫁宣平侯张敖。后其子封为鲁王，谥元，故史称其母曰鲁元太后。②定陶：秦县名，在今山东定陶县西北。赵隐王如意：赵国的都城即今河北省邯郸市。"隐"字是谥。③关东：函谷关以东，指今河南、河北、山东等地，与"关中"相对而言。函谷关在今河南灵宝县东北。④希：通"稀"。⑤留侯策：即张良出主意请来商山四皓事，见《留侯世家》。⑥高祖十二年：前195年。四月甲辰：夏历四月二十五。⑦异母：按：刘肥乃刘邦与他人妇私通所生子。齐王：都临淄，即今山东淄博市之临淄区。⑧代王：刘恒为代王时，国都曰中都，在今山西省平遥县西南。梁王：国都睢阳，在今河南

商丘县西南。淮南王：国都寿春，即今安徽省寿县。淮阳王：国都即今河南淮阳县。燕王：都蓟，即今北京市。⑨楚王：国都即今江苏省徐州市。吴王：国都即今江苏省扬州市。长沙王：国都临湘，即今湖南长沙市。⑩永巷：宫中的监狱。这里应指巷令，主管宫中监狱的官。⑪周昌：高帝时期的直臣。⑫霸上：地名，在今西安市东，当时汉都长安的东南，因其地处霸水西侧之高原上而得名。⑬孝惠元年：前194年。⑭鸩：毒鸟名，相传以此鸟之羽毛浸酒，饮者立死。这里即指毒酒。⑮犁明，孝惠还：王念孙以为此处应作"犁孝惠帝还"，"明"字衍文，应删。犁，及，等到。⑯二年：前193年。⑰燕饮：不拘礼节地和乐宴饮。燕，安也。家人：平民。平民没有爵位高低，只以辈分年龄相区别。⑱为寿：自己饮酒以祝对方健康长寿。⑲内史士：内史，诸侯国官名，管理民政，地位在诸侯国的丞相之下。其人名"士"，史失其姓。⑳汤沐邑：古代诸侯进京朝见天子，天子在京城附近划给他一小块领地为其生活开销之用，谓之汤沐邑。后来即用为皇后、公主等贵族、王公享有的一种特别领地。㉑城阳：汉初所置的郡名，郡治即今山东莒县。尊公主为王太后：按：刘肥尊其妹为"太后"，与刘盈娶其亲外甥女为"皇后"同样离奇，皆吕后子女之间事也。㉒齐邸：齐王在京的官邸。㉓七年：前181年。㉔捕论之：论，判罪，这里即指处死。㉕自财：自杀。财，通"裁"。㉖丁丑：夏历正月十八。民冢次：平民百姓的坟墓旁边。㉗用妇人弃宗庙礼：用，因为。

吕太后是刘邦贫贱时的配偶，生了孝惠帝刘盈和女儿鲁元太后。等到刘邦做了汉王的时候，又得到定陶的戚姬，很是喜爱宠幸，生了赵隐王如意。刘盈为人仁爱软弱，刘邦认为他不像自己，常想废掉太子刘盈，而改立戚姬的儿子如意，他觉得如意更像自己。戚姬受宠，经常跟着刘邦去关东，她白天黑夜哭个不停，磨着刘邦立她的儿子代替太子。吕后当时年纪大了，常留守关中，很少见着皇上，关系越来越疏远。如意被立为赵王以后，好几次差点就代替了太子，全靠大臣们拦阻，特别是后来留侯张良又给吕后出了主意，刘盈才没被废掉。

刘邦在他即位后的十二年四月二十五日驾崩于长乐宫，太子刘盈继位做了皇帝。当时刘邦有八个儿子：长子刘肥，是孝惠帝的哥哥，同父异母，刘肥被封为齐王；其余的都是孝惠帝的弟弟，戚姬的儿子如意被封为赵王,薄夫人的儿子刘恒被封为代王,一般姬妾生的儿子刘恢被封为梁王,刘友被封为淮阳王,刘长被封为淮南王,刘建被封为燕王。刘邦的弟弟刘交被封为楚王,刘邦哥哥的儿子刘濞被封为吴王。非刘姓的功臣原番阳县县令吴芮的儿子吴臣被封为长沙王。

吕后最恨戚夫人和她的儿子赵王如意,因此刘邦一死,她就把戚夫人关进宫中的监狱,并下令叫赵王如意从赵国回来。使者连去了三趟,赵相建平侯周昌对使者说:"先帝把赵王托付给我,赵王年纪还小。我听说太后怨戚夫人,想把赵王叫去一起杀掉,因此我不敢让赵王去。况且赵王也正病着,不能奉命前去。"吕后一听大怒,就派人先去调周昌进京,周昌被调到长安后,再派人去叫赵王如意。赵王动身了还没有到京城,孝惠帝心地仁慈,知道太后发怒,于是便亲自到霸上接迎赵王,陪着他一起进宫,和他一同住宿一同吃饭,使得太后想杀而找不到机会。孝惠帝元年十二月,有一天清早孝惠帝出去打猎了,赵王年小,早晨起不来没有同去。太后听说他正一个人在家,于是就派人拿着毒酒去给他喝了。等孝惠帝回来时,赵王已经死了。于是吕后就调淮阳王刘友当了赵王。吕后把戚夫人斩去手脚,挖去眼睛,烧坏她的耳朵,并给她喝了哑药,把她扔在厕所里,称她是"人彘"。过了些天,吕后还特意叫孝惠帝去看,孝惠帝看后一问才知道是戚夫人,不禁大哭,随即病倒了,从此一年多没有起床。他派人去对吕后说:"这简直不像是人干的事。我身为您的儿子,无论如何再也做不了这个皇帝了。"孝惠帝从此终日饮酒淫乐,不听政事,身体越来越不行。

孝惠帝二年,楚元王刘交、齐悼惠王刘肥都进京朝见。十月,孝惠帝和刘肥一同在吕后跟前饮酒,孝惠帝觉得刘肥是自己的哥哥,就按平民百姓家的礼节,请他坐了上座。吕后一见大怒,就让人斟来毒酒,放在他们面前,她让齐王起来干杯为她祝酒。齐王一站起,孝惠帝也跟着站了起来,想和齐王一起为吕后祝酒。吕后吓坏了,过来夺去孝惠帝手中的酒杯把酒泼在了地上。齐王很奇怪,再也不敢喝了,就假装酒醉退了席。后来问明白了,才知道那两杯都是毒酒,齐王害怕,估计这一回怕是不能活着离开长安了。这时齐王的内史给他出主意说:"太后只有皇上和鲁元公主两个亲生的儿女。现在您的齐国有七十多座城,而公主的食邑才只有几座城。您如果能拿出一个郡来献给太后,作为贴补公主生活日用的私人领地,太后肯定高兴,那时您也就没有可担忧的了。"于是齐王立刻向吕后献上了城阳郡,尊称公主为自己的太后。吕后很高兴,准许了他的要求。随后在齐王居京的官邸里设宴痛饮，而后才放齐王回了国。

吕后七年正月，召赵王刘友进京。刘友当时被迫娶了吕姓人的女儿为后，刘友不喜欢她，而喜欢别的嫔妃，吕家的女儿因为嫉妒，生气地离开了赵国，回到长安在吕后面前说坏话，她诬陷赵王，说他讲过"姓吕的哪能称王！等太后死后，我一定要消灭他们"。吕后大怒，因此调赵王进京。赵王到京后，被关在赵王官邸得不到召见，吕后派卫兵把守着这所房子，不许给赵王吃的。赵王的部下有人偷偷地给送一点，一旦被发现，立刻就被处死。赵王饿得要死时唱道："吕家人掌权呵刘姓人生命危机，强迫刘氏王侯呵娶吕女为妻，我妻嫉妒呵诬我犯罪，坏女人扰乱家国呵上不明晰。没有一个忠于我的人呵我无罪被废，我将抛尸荒野呵求苍天能分别曲直！我后悔当时呵没有及早自杀，身为国王而被饿死呵有谁怜惜！吕家人灭绝天理呵我的报仇只能寄希望于上帝。"夏历的正月十八，赵王刘友被活活饿死了，死后像平民一样被埋在了长安百姓墓地的旁边。

二月，吕后又下令调梁王刘恢为赵王。梁王刘恢被调到赵国后，心里很不高兴。这时吕后又将吕产的女儿嫁给他为妻，跟随王后来的官员都是吕氏一党，他们在赵国专权，对赵王盯梢，赵王没有任何自由。赵王有个心爱的女子，新来的王后立刻派人把她毒死了。为此赵王写了四首诗，让乐工唱。赵王内心痛苦，仅仅六个月就自杀了。吕后听说此事，便说赵王因为一个女人就能不顾宗庙而自杀，于是便废掉了他后人的继位权。

九月，燕灵王刘建死，留下了一个姬妾生的儿子，吕后派人去把这个孩子杀了。燕王没了后人，封国遂被取消。

吕太后本纪
封王诸吕

吕后为人刚毅，佐高祖定天下，所诛大臣多吕后力①。吕后兄二人，皆为将。长兄周吕侯死事②，封其子吕台为郦侯，子产为交侯；次兄吕释之为建成侯。

七年秋八月戊寅③，孝惠帝崩。发丧，太后哭，泣不下。留侯子张辟强为侍中，年十五，谓丞相曰④："太后独有孝惠，今崩，哭不悲，君知其解乎？"丞相曰："何解？"辟强曰："帝毋壮子，太后畏君等。君今请拜吕台、吕产、吕禄为将，将兵居南北军⑤，及诸吕皆入宫，居中用事，如此则太后心安，君等幸得脱祸矣。"丞相乃如辟强计⑥。太后悦，其哭乃哀。吕氏权由此起。乃大赦天下。九月辛丑⑦，葬。太子即位为帝，谒高庙。元年⑧，号令一出太后。

太后称制⑨，议欲立诸吕为王，问右丞相王陵。王陵曰："高帝刑白马盟曰'非刘氏而王，天下共击之'。今王吕氏，非约也。"太后不悦。问左丞相陈平、绛侯周勃⑩，勃等对曰："高帝定天下，王子弟，今太后称制，王昆弟诸吕，无所不可。"太后喜，罢朝。王陵让陈平、绛侯曰："始与高帝啑血盟⑪，诸君不在邪？今高帝崩，太后女主，欲王吕氏，诸君从欲阿意背约，何面目见高帝地下？"陈平、绛侯曰："于今面折廷争，臣不如君；夫全社稷，定刘氏之后，君亦不如臣。"王陵无以应之。十一月，太后欲废王陵，乃拜为帝太傅⑫，夺之相权。王陵遂病免归。乃以左丞相平为右丞相，以辟阳侯审食其为左丞相⑬。左丞相不治事，令监宫中，如郎中令⑭。食其故得幸太后，常用事，公卿皆因而决事。乃追尊郦侯父为悼武王，欲以王诸吕为渐⑮。

太后风大臣，大臣请立郦侯吕台为吕王⑯，太后许之。建成康侯释之卒，嗣子有罪，废，立其弟吕禄为胡陵侯，续康侯后。二年十一月⑰，吕王台薨，谥为肃王，太子嘉代立为王。四年，封吕嬃为临光侯⑱，吕他为俞侯，吕更始为赘其侯，吕忿为吕城侯，及诸侯丞相五人。

六年十月⑲，太后曰"吕王嘉居处骄恣"，废之，以肃王台弟吕产为吕王。

七年二月，吕王产徙为梁王，梁王不之国⑳，为帝太傅。太后女弟吕嬃有女为营陵侯刘泽妻，泽为大将军㉑。太后王诸吕，恐即崩后刘将军为害，乃以刘泽为琅邪王㉒，以慰其心。

太傅产、丞相平等言，武信侯吕禄上侯，位次第一，请立为赵王。太后许之，追尊禄父康侯为赵昭王。

八年十月㉓，立吕肃王子东平侯吕通为燕王，封通弟吕庄为东平侯。

三月中，吕后祓，还过轵道，见物如苍犬，据（jǐ）高后腋㉔，忽弗复见。卜之，云赵王如意为祟。高后遂病腋伤。

七月中，高后病甚，乃令赵王吕禄为上将军，军北军；吕王产居南军。吕太后诫产、禄曰："高帝已定天下，与大臣约曰：'非刘氏王者，天下共击之。'今吕氏王，大臣弗平。我即崩，帝年少，大臣恐为变。必据兵卫宫，慎毋送丧，毋为人所制。"辛巳，高后崩，遗诏赐诸侯王各千金，将、相、列侯、郎、吏皆以秩赐金㉕。大赦天下。以吕王产为相国㉖，以吕禄女为帝后。

①所诛大臣多吕后力：按：谓"所诛大臣多吕后力"是也，可见于《淮阴侯列传》《彭越列传》。谓"佐高祖定天下"，无事实。盖刘邦入关破秦，吕后在家；而整个楚汉战争，吕后则在项羽之俘虏营也。②周吕侯：名泽，吕后之兄。死事：有谓吕泽死于高祖八年讨伐韩王信之役。③七年：孝惠帝七年，前188年。八月戊寅：夏历八月二十二。④侍中：在宫内服务。"侍中"也是官名，汉初时地位不高，后来则地位崇重。丞相：当时的右丞相是王陵，左丞相是陈平。⑤南北军：汉代驻扎于长安的两支国防军，北军保卫京城，南军保卫宫廷。两军的将领常由丞相、太尉兼任。⑥丞相乃如辟强计：按：此丞相应指陈平，视下文可知。⑦九月辛丑：夏历九月初五。⑧元年：此指惠帝子"少帝"之元年，实即吕后直接掌权之元年，前187年。⑨称制：以皇帝的身份发号施令。制，皇帝的命令。⑩周勃：刘邦的开国功臣，此时任太尉，国家的最高军事长官。⑪啑血：同"歃血"，杀牲以血涂口，古人盟誓时常有这种姿态。⑫太傅：帝王的辅导官。⑬审食其：吕后的亲信与男宠，曾伴随吕后一道在项羽营中当了三年俘虏。⑭郎中令：九卿之一，统领皇宫卫士以护卫宫廷内部。⑮渐：开端。⑯吕王：国都东平陵，在今山东章丘市西。⑰二年：前186年。⑱四年：前184年。吕媭：吕后之妹，樊哙之妻。⑲六年：前182年。⑳不之国：不到自己的封地去。㉑刘泽：刘邦的族人，以战功封营陵侯。大将军：只言其在军中的地位之高，此时尚无"大将军"之职。㉒琅邪王：国都在今山东胶南市琅邪台西北。这一带地区原属齐王刘肥，今吕后侵削刘肥之地以封刘泽。㉓八年：前180年。㉔禊：祈求除灾的祭祀。轵道：亭名，在今西安市东北，当时长安的城东。据：撞。㉕辛巳：夏历八月初一。以秩赐金：秩，官爵的级别。㉖相国：职同丞相，但比丞相位尊而权专。吕产任"相国"，意味着陈平的"丞相"被搁在一边，此陈平倒戈的关键所在。

吕后为人刚毅，在帮助刘邦打天下以及后来诛杀大臣的过程中多有她的力量。吕后有两个哥哥，都是刘邦的将领，长兄周吕侯吕泽死于战争，他的儿子吕台被封为郦侯，另一个儿子吕产被封为交侯；吕后的次兄吕释之被封为建成侯。

孝惠帝七年秋季的八月二十一，孝惠帝驾崩。发丧那天，太后大哭，却不见下泪。留侯张良的儿子张辟强当时为侍中，年十五岁，他去对丞相陈平说："太后只有皇上一个儿子，现在死了，她却哭得不伤心，您知道这里的缘故吗？"丞相问："什么缘故？"张辟强说："皇上没有留下成年的儿子，太后怕的是制不了你们这些大臣。您要是能带头请求让吕台、吕产、吕禄为将，统领南北军，再请一些吕家人进入宫廷，在内廷掌权，这样太后就放心了，你们也就不会有危险了。"丞相就按张辟强的主意去做了，太后果然放了心，也才哭得伤心起来。吕氏家族的权势遂由此而起。接着吕后宣布大赦天下。九月初五，孝惠帝下葬。太子即位做了皇帝，拜谒了高祖庙。从少帝元年起，国家所有的命令一律由吕后下达。

吕后行使皇帝的职权后，首先就要封吕氏诸人为王。她问右丞相王陵，王陵说："先帝当年杀白马与群臣誓盟时曾说'日后要是刘姓以外的人称了王，那普天下就要起来讨伐他'。如今您封吕氏为王，这不合先帝的盟约。"吕后不高兴，又问左丞相陈平与绛侯周勃，周勃等人都说："先帝平定了天下，就封他的子弟为王；现在太后行使皇帝职权，也封自己的兄弟族人为王，没有什么不可以。"太后这才高兴地退了朝。王陵下来责怪陈平、周勃说："当初和高皇帝一起歃血为盟时，你们难道不在场吗？如今高帝驾崩了，太后以一个女人当权，想封吕氏为王，而你们就顺着她的心思违背高皇帝的盟约，将来你们有什么面目去见高皇帝于地下呢？"陈平、周勃说："今天在朝廷上当面拦阻，我们是不如您；如果说到真正能保住大汉江山，安定刘姓皇室，那您就不如我们了。"说得王陵无言可对。十一月，吕后想罢掉王陵的相位，就假意地调他为少帝的太傅，夺了他的相权。而王陵也就趁势声称有病回了故乡。于是吕后就让左丞相陈平为右丞相，让辟阳侯审食其为左丞相。左丞相不管日常的宰相事务，而是像个郎中令一样负责宫中的一切事务。审食其由于受吕后宠幸，所以真正掌权的宰相是他，朝臣们有什么事情都去找他商量。这时吕后又追尊郦侯吕台的父亲吕泽为悼武王，想以此作为分封诸吕为王的开端。

不久，吕后又放出口风暗示大臣，于是大臣们就顺她的意思请求封郦侯吕台为吕王，太后准许了。这时刚好建成康侯吕释之死了，而应该继位的儿子又因为犯罪而侯爵被废，于是便改立吕释之的少子吕禄为胡陵侯,以接续吕释之的香烟。少帝(实即吕后)二年十一月,吕王吕台死,追谥为肃王,其子吕嘉继位为吕王。吕后四年,封吕后之妹樊哙之妻吕嬃为临光侯,吕他为俞侯,吕更始为赘其侯,吕忿为吕城侯,此外还封了五个姓吕的去当诸侯国的丞相。

吕后六年十月,吕后以为吕嘉的行为骄横恣纵,将其废掉,改封肃王吕台的弟弟吕产为吕王。

吕后七年二月,调吕产为梁王。梁王不去封国,留在京城做皇帝的太傅。吕后的妹妹吕嬃有个女儿是营陵侯刘泽的妻子,刘泽是国家的大将。吕后担心刘泽对她封吕姓人为王不满,怕他在自己死后作乱,于是就封刘泽为琅邪王,以此来安抚他。

太傅吕产与丞相陈平等人对吕后说:"武信侯吕禄是上等侯爵,官位排在第一,请立他为赵王。"太后准许了,于是追尊吕禄的父亲康侯吕释之为赵昭王。

吕后八年十月,立吕台的儿子东平侯吕通为燕王,封吕通的弟弟吕庄为东平侯。

三月,吕后出外祭祀祈求免灾,回来路过轵道时,看见一个像黑狗似的怪物,朝着吕后的腋下撞了一下,而后就突然不见了。吕后让人占卜,卜者说是赵王如意作怪。吕后从此腋下受了伤。

七月,吕后已经病得很厉害了,她任命赵王吕禄为上将军,统领北军;任命吕王吕产统领南军。吕后嘱咐吕产、吕禄说:"高帝平定天下后曾和大臣们有个约定:'如果有不是刘姓的人称了王,那就天下共讨之。'现在吕姓人称了王,大臣们都气愤不平。现在皇帝年幼,我死之后,恐怕大臣们会起来作乱。因此你们一定要率兵把住宫廷,不要去给我送葬,要提防别被人家收拾。"八月初一,吕后去世,留下遗嘱赏赐诸侯王每人金千镒,将、相、列侯以及各郎官吏役都按等级有赏赐,并宣布大赦天下。任命吕王吕产为相国,将吕禄的女儿嫁与小皇帝为后。

吕太后本纪
诸吕被灭

朱虚侯刘章有气力,东牟侯兴居其弟也,皆齐哀王弟[①],居长安。当是时,诸吕用事擅权,欲为乱,畏高帝故大臣绛、灌等[②],未敢发。朱虚侯妇,吕禄女,阴知其谋。恐见诛,乃阴令人告其兄齐王，欲令发兵西，诛诸吕而立。朱虚侯欲从中与大臣为应。齐王欲发兵，其相弗听。八月丙午，齐王欲使人诛相，相召平乃反，举兵欲围王③，王因杀其相，遂发兵东诈夺琅邪王兵④，并将之而西。

齐王乃遗（wèi）诸侯王书曰："高帝平定天下，王诸子弟，悼惠王王齐⑤。悼惠王薨，孝惠帝使留侯良立臣为齐王⑥。孝惠崩，高后用事，春秋高，听诸吕，擅废帝更立，又比杀三赵王，灭梁、赵、燕以王诸吕，分齐为四⑦。忠臣进谏，上惑乱弗听。今高后崩，而帝春秋富⑧，未能治天下，固恃大臣诸侯；而诸吕又擅自尊官，聚兵严威，劫列侯忠臣，矫制以令天下⑨，宗庙所以危。寡人率兵入诛不当为王者。"汉闻之，相国吕产等乃遣颍阴侯灌婴将兵击之。灌婴至荥阳⑩，乃谋曰："诸吕权兵关中，欲危刘氏而自立。今我破齐还报，此益吕氏之资也。"乃留屯荥阳，使使谕齐王及诸侯，与连和，以待吕氏变，共诛之。齐王闻之，乃还兵西界待约。

吕禄、吕产欲发乱关中，内惮绛侯、朱虚等，外畏齐、楚兵，又恐灌婴叛之，欲待灌婴兵与齐合而发⑪，犹豫未决。当是时，赵王禄、梁王产各将兵居南北军，皆吕氏之人，列侯群臣莫自坚其命。

太尉绛侯勃不得入军中主兵。曲周侯郦商老病，其子寄与吕禄善⑫。绛侯乃与丞相陈平谋，使人劫郦商，令其子寄往绐说吕禄曰："高帝与吕后共定天下，刘氏所立九王，吕氏所立三王⑬，皆大臣之议，事已布告诸侯，诸侯皆以为宜。今太后崩，帝少，而足下佩赵王印，不急之国守藩⑭，乃为上将，将兵留此，为大臣诸侯所疑。足下何不归将印，以兵属太尉？请梁王归相国印，与大臣盟而之国，齐兵必罢，大臣得安，足下高枕而王千里，此万世之利也。"吕禄信然其计，欲归将印，以兵属太尉。使人报吕产及诸吕老人，或以为便，或曰不便，计犹豫未有所决。吕禄信郦寄，时与出游猎。过其姑吕嬃，嬃大怒，曰："若为将而弃军，吕氏今无处矣⑮。"乃悉出珠玉宝器散堂下，曰："毋为他人守也。"

八月庚申，旦，平阳侯窋（zhú）行御史大夫事⑯，见相国产计事。郎中令贾寿使从齐来，因数产曰⑰："王不早之国，今虽欲行，尚可得邪？"具以灌婴与齐、楚合纵，欲诛诸吕告产，乃趣产急入宫⑱。平阳侯颇闻其语，乃驰告丞相、太尉。太尉欲入北军，不得入。襄平侯通尚符节⑲，乃令持节矫纳太尉北军。太尉复令郦寄与典客刘揭先说吕禄曰⑳："帝使太尉守北军，欲足下之国，急归将印辞去，不然，祸且起。"吕禄以为郦兄不欺己，遂解印属典客，而以兵授太尉。太尉将之，入军门，行令军中曰："为吕氏右袒，为刘氏左袒㉑。"

军中皆左袒为刘氏。太尉遂将北军,然尚有南军。

太尉令朱虚侯监军门,令平阳侯告卫尉㉒:"毋入相国产殿门。"吕产不知吕禄已去北军,乃入未央宫㉓,欲为乱,殿门弗得入,裵徊往来。平阳侯恐弗胜,驰语太尉。太尉尚恐不胜诸吕,未敢讼言诛之㉔,乃遣朱虚侯谓曰:"急入宫卫帝。"朱虚侯请卒,太尉予卒千余人。入未央宫门,遂见产廷中。日餔时㉕,遂击产。产走。天风大起,以故其从官乱,莫敢斗。逐产,杀之郎中府吏厕中㉖。

朱虚侯已杀产,帝令谒者持节劳朱虚侯㉗。朱虚侯欲夺节信,谒者不肯,朱虚侯则从与载,因节信驰走,斩长乐卫尉吕更始㉘。还,驰入北军,报太尉。太尉起,拜贺朱虚侯曰:"所患独吕产,今已诛,天下定矣。"遂遣人分部悉捕诸吕男女,无少长皆斩之。辛酉,捕斩吕禄,而笞(chī)杀吕嬃㉙。使人诛燕王吕通,而废鲁王偃。壬戌,以帝太傅食其复为左丞相㉚。戊辰,徙济川王王梁,立赵幽王子遂为赵王㉛。遣朱虚侯章以诛诸吕氏事告齐王,令罢兵。灌婴兵亦罢荥阳而归。

①朱虚侯刘章:刘章是老齐王刘肥之子,现任齐王刘襄之弟。朱虚是汉县名,在今山东临朐县东南。齐哀王:刘襄,刘肥之长子,刘邦之长孙。②绛、灌:绛侯周勃,颍阴侯灌婴,皆刘邦之开国功臣。③八月丙午:夏历八月二十六。召平:汉初有三个"召平",此"召平"为齐国之丞相。当时各诸侯国的丞相皆由朝廷委派,有监督该国之意,故召平阻止齐王起兵。④东诈夺琅邪王兵:琅邪地区本属齐国,吕后割之以封其亲属刘泽,故齐王起兵后首先夺回。⑤悼惠王:刘邦子刘肥的谥号。刘肥死于孝惠帝六年(前189年)。⑥留侯良:张良,刘邦的功臣、谋士,封地留县,事见《留侯世家》。⑦比杀三赵王:比,挨个,一连。三赵王,指刘如意、刘友、刘恢,皆刘邦之子。灭梁、赵、燕:梁原是刘恢的封国,吕后将刘恢移封赵,将梁国封与吕产;赵先后为刘如意、刘友、刘恢的封国,吕后将三人连续杀死,将赵国封与吕禄;燕是刘建的封国,刘建死后,吕后杀其子,将燕国封与吕通。分齐为四:吕后割削齐国之地建立了吕国、琅邪、城阳三国,以封其亲信,使齐国一变为四。⑧春秋富:即年轻,未来的时光尚长。⑨矫制:歪曲、假传皇帝的命令。当时的傀儡刘盈之子所谓"少帝"者依然在位。⑩荥阳:当时的军事重镇,在今河南荥阳市东北。⑪外畏齐、楚兵:齐,指齐王刘襄。

楚，指元王刘交，乃刘邦之弟，都于彭城（今江苏省徐州市）。欲待灌婴兵与齐合而发：合，指交兵，开战。⑫曲周侯郦商：郦商是刘邦谋士郦食其（yì jī）之弟，以军功封曲周侯。其子寄：郦寄，字况。"况"字有时也写作"兄"。⑬绐：骗说。刘氏所立九王：榴应说"所立刘氏九王"，下说吕氏同。刘氏九王指：楚王刘交、吴王刘濞、齐王刘肥、淮南王刘长、代王刘恒、常山王刘朝、淮阳王刘武、济川王刘太、琅邪王刘泽，已被杀害者遂不再提及。吕氏所立三王：指梁王吕产、赵王吕禄、燕王吕通。⑭之国：前往自己的封国。守藩：守好自己的封国，古称诸侯为天子的藩篱。⑮若：你。吕氏今无处矣：今，将。无处，无生存之地。⑯八月庚申：前文已出"八月"，此处应作"九月庚申"，即夏历九月十日。平阳侯窋：曹参之子，袭父爵为平阳侯。曹参是刘邦的开国功臣，又继萧何为相国，死于惠帝六年（前189年）。行御史大夫事：行，代理。按：曹窋原为御史大夫，此时已经免职，但新官尚未任命，故令其仍代理其事。⑰贾寿：此人属吕氏一党。数：责备。⑱趣：通"促"，催促。急入宫：令其入宫控制小皇帝，以便挟天子以令诸侯。⑲襄平侯通：纪通，刘邦功臣纪成之子，纪成死于三秦之役，故封其子为襄平侯。尚符节：为皇帝掌管信印。尚，主管。符节，以竹木或金属制作的用做凭证的器物。⑳典客：官名，主管诸侯及国内少数民族事务，后改称"大鸿胪"。㉑左袒：露出左臂，古人盟誓时常作类似姿态。㉒卫尉：九卿之一，从外面护卫宫廷的军事长官。㉓未央宫：汉代皇帝居住的地方。㉔讼言：明言，公开说。㉕日晡时：申时，即今之下午三时至五时。㉖郎中府：郎中令的官府。郎中令主管皇宫内的警卫，故殿门前有其官舍。㉗谒者：帝王的侍从官员，主管收发传达。劳朱虚侯：劳，慰问，这里实指问其究为何事。㉘长乐卫尉：长乐宫的卫尉，与未央宫卫尉职位相同。长乐宫是太后居住的地方，因其地处未央宫之东，故汉代亦称"东宫"。㉙辛酉：夏历九月十一。笞：用棍棒竹板打人。㉚壬戌：夏历九月十二。食其复为左丞相：审食其是吕氏党，今未被杀，反而又任左丞相，定是与陈平等又有勾结。㉛戊辰：夏历九月十八。徙济川王王梁：济川王刘太是惠帝之子，封地约当今之山东省西北部，亦即上文所说的吕国。这一带原来属齐，齐王起兵讨诸吕，故灭吕氏后立即让刘太迁移，还这一带地区给齐国。赵幽王：即戚夫人之子刘如意，吕后所杀的第一个赵王。谥曰"幽"。

朱虚侯刘章勇武有力，东牟侯刘兴居是他的弟弟，他们都是齐哀王刘襄的弟弟，住在长安。当时，吕姓人专权行事，想篡位作乱，但由于他们害怕刘邦的老臣周勃、灌婴等，所以还没动手。朱虚侯刘章的妻子是吕禄的女儿，刘章暗中知道了他们的阴谋。刘章怕自己被杀，就悄悄地派人去通知哥哥齐王刘襄，让他发兵西进，灭掉吕氏而自己当皇帝，朱虚侯和朝廷中的一些大臣们给他做内应。齐王得到消息后想要起兵，他的丞相不答应。八月二十六日，齐王想派人杀丞相，而丞相召平遂率众造反了。他正要发兵包围齐王的宫廷，齐王则先动手杀了丞相。接着又发兵东征，用计夺取了琅邪王的兵权，而后统领着两国的军队向长安杀来。

齐王当时给各国诸侯下书说："高皇帝平定了天下，封子弟们为王，悼惠王被封在齐国。悼惠王死后，孝惠帝派留侯张良来立我为齐王。孝惠帝死后，吕太后主事，由于她上了年纪，一切都听姓吕的，他们擅自废掉皇帝，另立皇帝，又一连杀了如意、刘友、刘恢三位赵王，灭掉了梁、赵、燕三个刘姓国家而改封姓吕的去那里为王，他们又把齐国分成了四块。为此多少忠臣进行了劝阻，但吕太后不听。现在吕太后驾崩了，皇上又年轻，不能治理天下，在这种情况下只有倚仗大臣和诸侯们；但吕家人又擅自主持封赏，靠着他们手里的兵权，把列侯忠臣都劫持了起来，他们假传圣旨向天下发号施令，现在大汉的江山社稷已处于危险之中。我今天率兵入京，就是要来讨伐那些不该当王的人。"朝廷听了这些消息后，相国吕产等就派颍阴侯灌婴率兵东出迎击。灌婴兵至荥阳，就和人商量说："吕姓人在关中掌权，想推翻刘姓而自立，如今我们要是打败了齐军，那不就给吕家人增添资本了吗？"于是就把军队驻扎在荥阳，派使节去向齐王和各国诸侯说明自己的心意，与他们联合起来，静等着吕姓人发生叛乱，而后合力诛灭他们。齐王听说后，遂率兵回到齐国的西界等候消息。

吕禄、吕产想在关中作乱，但在朝内他们怕周勃、刘章等人，对外又怕齐、楚联兵西进，还怕灌婴叛变，他们是想等着灌婴与齐军开战后再发动叛乱，所以一直犹豫不决。当时，赵王吕禄、梁王吕产分别统帅着南北军，这就使得列侯群臣一个个都感到自身难保。

这时绛侯周勃虽名为太尉，但却无法进兵营统领军队。曲周侯郦商年老多病，他的儿子郦寄和吕禄关系很好。于是绛侯就和丞相陈平合谋，派人去把郦商劫持起来当作人质，以此胁迫他的儿子郦寄去骗吕禄，让他去对吕禄说："高皇帝和吕后共同平定了天下，刘姓人立了几个王，吕姓人立了三个王，这些都是大臣们共同议定的，这些事情都已通告给了各国诸侯，诸侯们也都认为合适。现在太后驾崩了，皇帝还小，您挂着赵王的印，却不去赵国，而以上将军的身分率兵留在京城，惹得大臣诸侯们都产生怀疑。您为什么不交还将印，把兵权交给太尉周勃呢？如果您再请梁王也交出相印，和大臣们订个盟约，也回到自己的梁国去，这样齐国就必定罢兵，朝里的大臣们也就放心了，您也可以高枕无忧地去当您那个大国的国王，这才是有利于万世子孙的事啊。"吕禄相信了这些话，想把将印交回朝廷，想把兵权交给周勃。他派人把这个意思通知了吕产和吕姓的各位老人，有人觉得这么办好，有人觉得不好，主意一直拿不定。吕禄信任郦寄，常和他一起出外游猎。有一次顺路到他姑妈吕嬃家去了，吕嬃骂吕禄说："你身为大将而自动丢弃军权，吕家人不久都要死无葬身之地啦。"说着把屋里的珠玉宝器全拿出来扔到了院子里，说："用不着再为别人守着啦！"

九月初十的早晨，代理御史大夫的平阳侯曹窋去见相国吕产商议事情。正赶上郎中令贾寿从齐国出差回来，他责备吕产说："当初您不及早去您的封国，现在即使想去还去得了吗？"于是他便把灌婴与齐、楚联合，想回兵诛灭吕氏家族的事向吕产说了一遍，催他赶快进宫控制小皇帝。平阳侯在一旁听了贾寿的这些话，立刻飞马报告了陈平和周勃。周勃想进北军，但进不去。这时刚好襄平侯纪通为皇帝掌管兵符信印，他派人手持旌节假传圣旨让周勃进入北军。周勃立刻又派郦寄和典客刘揭去劝吕禄说："皇上已经让太尉周勃掌管北军，让你赶紧交回将印到你自己的封国去，不然很快会有麻烦。"吕禄认为郦寄不会欺骗自己，于是便立即解下将印交给典客刘揭，而把兵权交给了周勃。周勃进入北军的营门后，对全军下令说："凡拥护姓吕的人，请露出右臂；拥护姓刘的人请露出左臂。"全军官兵都一致露出左臂表示拥护姓刘的。早在周勃到北军军门之前，将军吕禄已经交出将印离开了兵营，于是周勃很顺利地统领了北军。但还有南军没掌握。

周勃一方面派刘章替他监守军门，同时派平阳侯曹窋去告诉未央宫卫尉说："不准许相国吕产进入殿门。"这时吕产还不知道吕禄已经交出了北军，便想进入未央宫，挟持皇帝作乱，结果进不了殿门，正在那里徘徊。平阳侯担心自己斗不过吕产，便飞马回报太尉周勃，周勃这时也担心不一定能战胜吕姓势力，不敢公开说要杀他们，便对朱虚侯说："请你赶快进宫保护皇帝。"朱虚侯要求带兵，周勃就拨给了他一千人。朱虚侯一进未央宫门，看见吕产正在院子里。此刻正是午后申时，朱虚侯立刻攻击吕产，吕产逃跑了。这时一阵大风，把吕产的随从吹得乱了套，没人敢抵抗。朱虚侯追赶吕产，最后把他杀死在郎中府的厕所里。

朱虚侯杀死吕产，皇帝派谒者手持旌节出来向他询问。朱虚侯想抢使者的节信，使者不给，朱虚侯就跳上使者的车子，借着他手中的节信四处驰骋，他们到长乐宫杀了长乐宫的卫尉吕更始。而后驰入北军，向周勃作报告。周勃一听大喜，他起来向朱虚侯作了一个揖感激地说："我所担心的就是吕产，现在他被你一杀，这天下的局势就算定啦。"随即派人分头去把吕姓男女全部抓起来，不分男女老少通通杀光了。九月十一日，捕杀了吕禄，用棍子活活地打死了吕嬃，又派人出去杀了燕王吕通，废掉了鲁王张偃。九月十二日，恢复了太傅审食其的左丞相职务。九月十八日，改封济川王刘太为梁王，封原赵王如意的儿子刘遂为赵王。派朱虚侯刘章东去把朝中诛灭吕姓的事情告知齐王，让他罢兵。灌婴的军队也从荥阳撤了回来。

评

《吕太后本纪》名义上是"纪"，其实只是记载了刘邦死后吕后杀害刘邦诸子、封立诸吕为王，以及吕后一死诸吕立即被刘章、周勃等诛灭这样三件事。既没有像其他"本纪"那样照顾全面，也没有写到吕后本人的其他方面。

吕后是刘邦的结发妻子，在刘邦举兵反秦的前二年里，吕后好像是和刘邦的父亲以及刘邦的儿女们一直住在他们的老家。迨至楚汉战争开始，刘邦率军攻入项羽的国都彭城，紧接着又在彭城溃败时，刘邦才派人去接她们。可是这时吕后与刘邦的父亲已经被项羽捉走了，从此在三年多的楚汉战争里，吕后与刘邦的父亲有二年多是住在项羽的俘虏营，直到楚汉双方谈判，以鸿沟为界时吕后等才被项羽放归，这时已经是垓下之战的前夜了。因此倘若说吕后在刘邦打天下的时候有什么贡献，那是不合实际的。吕后的作用是在刘邦建国初期帮着刘邦稳定国内形势，更具体点说就是帮着刘邦杀了韩信、彭越。至于杀得合适不合适，自古以来看法不一。

刘邦晚年宠爱戚夫人与戚夫人所生的儿子如意，讨厌吕后及吕后所生的儿子刘盈，于是形成了妻妾嫡庶之间的尖锐对立。这是涉及国家政权安危的大事情,所以刘邦的元老重臣们大多站在吕后一方。刘邦也明白这一点,所以他最后只好放弃了废嫡立庶的想法,这一来就等于把戚夫人母子放在了日后被吕后宰割的境地。等到刘邦死,不仅戚夫人母子死得极其悲惨,而且连带着刘邦的其他几个儿子和孙子也相继被吕后杀掉或是差点被杀掉。在她的亲生儿子刘盈在世时,吕后是全力维护刘盈的,但她发现刘盈并不赞成她的所作所为;于是在刘盈死后,吕后也就绝望地只有相信、依靠吕氏家族的弟妹子侄了。按理说,刘邦做皇帝可以分封刘氏子弟为王,为什么吕后执掌天下就不可以分封吕氏子弟为王呢?而且吕后的这些兄弟子侄又的确在灭秦灭项的战争中有大功。但出于当时的"正统"观念,许多人硬是把吕后的这种行为看作大逆不道。吕后杀韩信、彭越,引起了元老功臣们对吕后的不满;吕后杀刘邦诸子,又引起了刘氏皇族对吕后的不满。于是两股反吕势力终于联合起来,趁吕后一死,立刻发动政变,将吕氏家族及其亲属"无少长"杀了个一干二净。真正起作用的是朱虚侯刘章与其兄齐王刘襄,再有就是朝廷派出中途倒戈的颍阴侯灌婴,而结果头号大功却落到了周勃、陈平两个投机分子的头上。这两个人在文帝朝战战兢兢,下场不妙,未必与此无关。

司马迁对于统治阶级最高层的这种相互倾轧非常厌恶,但对吕后执政时期所实行的休养生息政策则是非常高兴的,他说当时百姓们的生活情景是"民务稼穑,衣食滋殖"。

吴太伯世家
阖庐破楚入郢

伍子胥之初奔吴①,说吴王僚以伐楚之利②。公子光曰③:"胥之父兄为戮于楚,欲自报其仇耳。未见其利。"于是伍员知光有他志,乃求勇士专诸④,见之光。光喜,乃客伍子胥。子胥退而耕于野,以待专诸之事。

十二年冬,楚平王卒⑤。十三年春,吴欲因楚丧而伐之,使公子盖馀、烛庸以兵围楚之六、潜⑥。使季札于晋⑦,以观诸侯之变。楚发兵绝吴兵后,吴兵不得还,于是吴公子光曰:"此时不可失也。"

告专诸曰:"不索何获!我真王嗣,当立,吾欲求之。季子虽至,不吾废也。"专诸曰:"王僚可杀也。母老子弱,而两公子将兵攻楚,楚绝其路。方今吴外困于楚,而内空无骨鲠之臣,是无奈我何。"光曰:"我身,子之身也。"四月丙子⑧,光伏甲士于窟室,而谒王僚饮。王僚使兵陈于道,自王宫至光之家,门阶户席,皆王僚之亲也,人夹持铍。公子光详为足疾⑨,入于窟室,使专诸置匕首于炙鱼之中以进食。手匕首刺王僚,铍交于匈,遂弑王僚。公子光竟代立为王,是为吴王阖庐。阖庐乃以专诸子为卿⑩。

季子至,曰:"苟先君无废祀,民人无废主,社稷有奉⑪,乃吾君也。吾敢谁怨乎?哀死事生,以待天命。非我生乱,立者从之,先人之道也。"复命,哭僚墓,复位而待。吴公子烛庸、盖馀二人将兵遇围于楚者,闻公子光弑王僚自立,乃以其兵降楚,楚封之于舒⑫。

王阖庐元年,举伍子胥为行人而与谋国事⑬。楚诛伯州犁,其孙伯嚭亡奔吴,吴以为大夫。

三年⑭吴王阖庐与子胥、伯嚭将兵伐楚,拔舒,杀吴亡将二公子。光谋欲入郢,将军孙武曰⑮:"民劳,未可,待之。"四年,伐楚,取六与潜。五年,伐越,败之。六年,楚使子常囊瓦伐吴⑯。迎而击之,大败楚军于豫章,取楚之居巢而还⑰。

九年,吴王阖庐请伍子胥、孙武曰:"始子之言郢未可入,今果如何?"二子对曰:"楚将子常贪,而唐、蔡皆怨之⑱。王必欲大伐,必得唐、蔡乃可。"阖庐从之,悉兴师,与唐、蔡西伐楚,至于汉水。楚亦发兵拒吴,夹水陈。吴王阖庐弟夫概欲战,阖庐弗许。夫概曰:"王已属臣兵,兵以利为上,尚何待焉?"遂以其部五千人袭冒楚,楚兵大败,走。于是吴王遂纵兵追之。比至郢⑲,五战,楚五败。楚昭王亡出郢⑳,奔郧(yún)㉑。郧公弟欲弑昭王,昭王与郧公奔随㉒。而吴兵遂入郢。子胥、伯嚭鞭平王之尸以报父仇。

十年春,越闻吴王之在郢㉓,国空,乃伐吴。吴使别兵击越。楚告急秦㉔,秦遣兵救楚击吴,吴师败。阖庐弟夫概见秦、越交败吴,吴王留楚不去,夫概亡归吴而自立为吴王。阖庐闻之,乃引兵归,攻夫概。夫概败奔楚。楚昭王乃得以九月复入郢,而封夫概于堂溪㉕,为堂溪氏。十一年,吴王使太子夫差伐楚,取番,楚恐而去郢徙鄀(ruò)㉖。

①伍子胥:名员。其父、兄被楚平王所杀,为给父、兄报仇,

伍子胥逃到吴国。②吴王僚：春秋时吴国国君，吴王馀眛之子，前526—前515年在位。③公子光：吴王诸樊之子，吴王僚之堂兄。④专诸：当时有名的刺客，事见《刺客列传》。⑤十二年：即吴王僚十二年，公元前515年。应为十一年，此处有误。楚平王：名居，前528—前516年在位。⑥公子盖馀、烛庸：两人皆吴王僚之弟。六、潜：楚邑名，"六"即今安徽省六安市；"潜"在今安徽霍山县东北。⑦季札：吴王僚之叔，人称延陵季子。⑧四月丙子：此年四月无丙子日，应作"三月丙子"，即夏历三月廿九。⑨详：通"佯"，假装。⑩卿：诸侯国大臣的最高爵位。⑪社稷：社稷坛，国家元首祭祀土谷神的场所，通常用以指国家。⑫舒：楚地名，在今安徽庐江县西南。⑬阖庐元年：前514年。行人：官名，春秋战国时各国都有设置，掌宾客之礼。⑭三年：吴王阖庐三年，前512年。⑮孙武：原齐人，以兵法十三篇见吴王阖庐，被任为将，参见《孙子吴起列传》。⑯子常：即囊瓦，楚大夫子囊之孙，时为楚令尹。⑰豫章：古地名，说法不一，约在今安徽寿县、合肥一带。居巢：古邑名，在今安徽六安市东北。⑱唐：春秋诸侯国名，在今湖北省随州市西北的唐县镇。蔡：诸侯国名，此时已迁都于州来（今安徽凤台县）。⑲郢：楚都名，在今湖北省荆州市江陵区西北。⑳楚昭王：楚平王之子，前515—前489年在位。㉑䢵：古国名，在今湖北安陆市，春秋时为楚所灭。㉒随：古国名，即今湖北随州市，此时已成为楚国的附庸。㉓十年：即阖庐十年，前505年。越：诸侯国名，国都即今浙江绍兴市。㉔楚告急秦：楚国的申包胥告急于秦哀公。秦国当时都雍，在今陕西凤翔县南。㉕堂溪：古地名，在今河南西平县西。㉖番：通"鄱"，古楚国地名，即今江西省波阳县。鄀：古国名，有上鄀、下鄀之分，上鄀在今湖北宜城市东南。楚军被吴太子夫差所败，楚王恐，将都城由郢迁至鄀。

伍子胥刚到吴国的时候，就曾经用伐楚的好处来鼓动过吴王僚。公子光反对说："伍子胥的父亲和哥哥是被楚国杀害的，他是想借着吴兵给他自己报仇，对我们吴国不见得有什么好处。"伍子胥一看明白了公子光是有别的企图，于是他就去找来了一个勇士专诸，把他推荐给了公子光。公子光很高兴，于是想把伍子胥奉为他们家里的座上客。但伍子胥没有接受，他退居到一处山野耕田劳动，暗中观察等待着专诸的活动。

吴王僚十二年冬，楚平王死了。十三年春，吴国想趁着楚国的丧事起兵伐楚，吴王僚派他的两个弟弟盖余和烛庸率军包围了楚国的六邑和潜邑，派季札北访晋国，以观察中原各国的动向。结果楚国出兵切断了吴国军队的退路，吴国的军队回不来了。这时公子光说："这个时机不能丢掉。"他对专诸说："不动手怎么能得到东西！我是真正的王位继承人，我应当为王，现在我也要求得到王位。即使季札回来，他也不会再废掉我。"专诸说："王僚是可以杀掉的，他的母亲年迈，他的儿子还小，他的两个弟弟领兵伐楚，现在正被楚兵切断了后路。目前吴国正处在外被楚军所围，内无强劲忠直的大臣。王僚对我们毫无办法。"公子光说："（你家庭的事情不必担心）你要尽的义务都由我来代替。"于是三月廿九这天，公子光预先把全副武装的勇士们埋伏在地下室里，而后请王僚前来饮酒。王僚也早已派兵警戒，从王宫一直到公子光家的道路两旁，门前阶下，以至于酒席筵前，都是王僚的亲信，每个人的手里都拿着亮晃晃的利剑。这时公子光假装着脚痛离席走进了地下室，他让专诸把一柄匕首放进了一条红烧鱼的肚子里面让他送上席来，当专诸猛然抓出匕首刺杀王僚时，王僚武士的利剑也同时刺进了专诸的胸膛，但王僚还是被杀了。公子光终于当了吴王，这就是吴王阖庐。阖庐封专诸的儿子在吴国为卿。

季札回国后，见事已至此说："只要先王的祭祀不至于断绝，国家的人民不至于没有君主，社稷有人祀奉，那就行了，谁当王谁就是我的君主。我又能去怨谁呢？我只能对死去的君主尽哀，对活着的君主尽职，以尽我的余年。乱子不是我发动的，谁做了国君我就拥护谁，先人们就是这么做的。"于是就到王僚的墓前汇报了出使的经过，而后痛哭了一场，就返回自己的职位等待新的安排了。再说被楚军所围困的王僚的两个弟弟烛庸和盖余，当他们听到王僚被公子光所刺的消息后，便率军投降了楚国，楚国把他们封在舒城。

阖庐元年，阖庐起用伍子胥为行人负责外交事务，并参与国家大事。这时楚国又杀掉了大臣伯州犁，伯州犁的孙子伯嚭也逃到了吴国，吴国封他做大夫。

阖庐三年，阖庐与伍子胥、伯嚭率军伐楚，攻取了舒城，杀掉了烛庸和盖余。阖庐这时就想趁胜攻取楚国的郢都，将军孙武说："现在人们已经很疲惫了，不能继续再打，应该等待时机。"阖庐四年，吴军再次伐楚，夺取了六邑、潜邑。阖庐五年，吴军伐越，越国也被打败了。阖庐六年，楚国派子常囊瓦率军伐吴。吴国起兵迎击，在豫章把楚军打得大败，又夺取了楚国的居巢。

阖庐九年，阖庐问伍子胥、孙武说："前几年你们说进攻郢都的时机不成熟，现在怎么样呢？"两个人回答说："楚国的统帅子常贪得无厌，唐国、蔡国都恨他。您如果想伐楚，就必须联合唐、蔡。"阖庐同意，于是就动员了全国的军队，与唐国、蔡国联合伐楚，一直打到了汉水边上。楚国也发兵抗敌，与吴国隔着汉水两军对峙。阖庐的弟弟夫概请战，阖庐不许。夫概对他的部下说："大王已经把这支军队交给我了，战争以打赢为原则，还有什么好等待的呢？"于是就带领着他的五千人突然冲过河去。楚军无备，大败而逃。阖庐趁机也下令全军追击，从汉水到郢都，沿途打了五仗，楚军五次全败了。楚昭王无法，只好离开郢都，逃向了鄖地。鄖公的弟弟想杀楚昭王，楚昭王只好又和鄖公逃到了随国。这时吴国军队已经进入了郢都。伍子胥和伯嚭为了给父、祖报仇把楚平王的尸体从坟墓里挖出来用鞭子抽。

　　阖庐十年春，越国听说吴王远在郢都，吴国的国内空虚，遂乘机起兵伐吴。吴国赶紧派遣别的部队赶往迎敌。这时楚国到秦国求救，秦国出兵救楚反击吴军，吴军被打败了。这时阖庐的弟弟夫概看到吴国连续地被秦国、越国打败，而吴王还留在楚国不回，于是夫概就偷偷地回到吴国而自立为王。阖庐听说国内闹了政变，才赶紧引兵回国，讨伐夫概。夫概兵败，又去投降了楚国。这样楚昭王才得以在九月回到了郢都。楚王把夫概封在了堂溪，人们称之为堂溪氏。阖庐十一年，吴国又派太子夫差率兵伐楚，夺取了番地。楚国感到对国都的威胁太大，于是把都城从郢迁到了鄀。

　　吴太伯是周文王的大伯父，他为了顺从父亲的愿望，能让周文王日后顺利地成为周国的执政者，而及早地带着二弟离开周国，把未来的周君之位让给了他的三弟，即周文王的父亲。司马迁赞扬吴太伯的这种"让"，于是选吴太伯的事迹，将之写成了三十"世家"的第一篇。吴太伯东逃到当时还是蛮荒地区的今苏州一带建立了吴国，但在整个西周以及春秋中期以前吴国一直默默无闻，直到春秋后期才渐渐强大起来。至吴王阖闾，在伍子胥的协助下竟将强大的楚国打败，而且攻入了郢都。这在春秋时代是一件大事，而阖闾也因此列入了"春秋五霸"的行列，这是吴国全部发展史的巅峰。至夫差上台，先曾打败了越国，强大一时；后因一心北上与齐、晋争霸，放松了对越国的警惕，遂使越国经过长期准备后，乘虚将吴国灭亡了。吴国灭亡的历史教训是极其深刻的，但因我们选取了《越世家》中与此相应的情节，读者可以参看，故我们在这里只选了《阖闾破楚入郢》一节。

齐太公世家
太公封齐

太公望吕尚者，东海上人①。其先祖尝为四岳，佐禹平水土②，甚有功。虞夏之际封于吕，或封于申③，姓姜氏。夏商之时，申、吕或封枝庶子孙，或为庶人，尚其后苗裔也。本姓姜氏，从其封姓，故曰吕尚。

吕尚盖尝穷困，年老矣，以渔钓奸周西伯④。西伯将出猎，卜之，曰"所获非龙非彨（chī），非虎非罴⑤；所获霸王之辅"。于是周西伯猎，果遇太公于渭之阳⑥，与语大悦，曰："自吾先君太公曰'当有圣人适周，周以兴'⑦。子真是邪？吾太公望子久矣。"故号之曰"太公望"，载与俱归，立为师⑧。

或曰，太公博闻，尝事纣⑨；纣无道，去之。游说诸侯，无所遇，而卒西归周西伯。或曰，吕尚处士，隐海滨，周西伯拘羑里，散宜生、闳夭素知而招吕尚⑩。吕尚亦曰"吾闻西伯贤，又善养老，盍往焉"。三人者为西伯求美女奇物，献之于纣，以赎西伯。西伯得以出，反国。言吕尚所以事周虽异，然要之为文、武师。

周西伯昌之脱羑里归，与吕尚阴谋修德以倾商政，其事多兵权与奇计，故后世之言兵及周之阴权皆宗太公为本谋。周西伯政平，及断虞芮之讼，而诗人称西伯受命曰文王⑪。伐崇、密须、犬夷，大作丰邑⑫。天下三分，其二归周者，太公之谋计居多。

文王崩，武王即位。九年，欲修文王业，东伐，以观诸侯集否。师行，师尚父左杖黄钺，右把白旄以誓⑬，曰："苍兕苍兕，总尔众庶，与尔舟楫⑭，后至者斩！"遂至盟津⑮。诸侯不期而会者八百诸侯。诸侯皆曰："纣可伐也。"武王曰："未可。"还师，与太公作此《太誓》⑯。

居二年，纣杀王子比干，囚箕（jī）子⑰。武王将伐纣，卜龟兆，不吉，风雨暴至。群公尽惧，唯太公强之，劝武王，武王于是遂行。

十一年正月甲子，誓于牧野⑱，伐商纣。纣师败绩。纣反走，登鹿台⑲，遂追斩纣。明日，武王立于社，群公奉明水，卫康叔封布采席，师尚父奉牲，史佚策祝⑳，以告神讨纣之罪。散鹿台之钱，发巨桥之粟㉑，以振贫民。封比干墓，释箕子囚。迁九鼎㉒，修周政，与天下更始。师尚父谋居多。

于是武王已平商而王天下，封师尚父于齐营丘㉓。东就国，道宿行迟。逆旅之人曰㉔："吾闻时难得而易失。客寝甚安，殆非就国者也。"太公闻之，夜衣而行，黎明至国。莱侯来伐㉕，与之争营丘。营丘边莱。莱人，夷也，会纣之乱而周初定，未能集远方，是以与太公争国。

太公至国，修政，因其俗，简其礼，通商工之业，便鱼盐之利，而人民多归齐，齐为大国。及周成王少时，管、蔡作乱，淮夷畔周㉖，乃使召康公命太公曰："东至海，西至河，南至穆陵，北至无棣，五侯九伯㉗，实得征之。"齐由此得征伐，为大国，都营丘。

①东海：古代指山东半岛以南的东部近海。②四岳：四方部落首领。此处实指"四岳"之中的"东岳"，即东方部落首领。禹：舜的大臣，因治水有功，受舜禅让，建立了夏王朝。事迹见《夏本纪》。③吕：古国名，其地约在今河南省南阳市西。申：古国名，其地即今南阳市。④奸：通"干"，求见。周西伯：即日后之周文王，姓姬名昌，在商朝时曾为"西伯"。西伯，西方的诸侯之长。周国当时的都城在今陕西岐山县。⑤彲：通"螭"，传说中的一种龙属动物。罴：熊类猛兽。⑥渭之阳：渭水北岸。渭水源于甘肃渭源县，东流入陕西，经今宝鸡、咸阳、渭南诸市东入黄河。⑦太公：指文王之祖父古公亶父，历史上也称其为"太王"。⑧师：太师，帝王的辅导官，位极尊贵。⑨纣：商朝的末代帝王，名受，相传以残暴荒淫闻名，被周武王所灭。事见《周本纪》。⑩处士：犹言隐士，有才德而隐处于草野者。羑里：地名，在今河南省汤阴县北，相传周文王曾被殷纣囚禁于此。散宜生、闳夭：皆周文王的大臣，后又佐武王灭纣建周。⑪断虞芮之讼：虞、芮是当时的两个诸侯国名，虞国在今山西省西南部的黄河拐角地区，芮国在今陕西省大荔县一带，二国相邻。相传两国发生边界纠纷，请周文王予以裁判。待两国诸侯进入周境，看到周人的谦虚礼让，遂大惭而归，从此两国和好。诗人：写作《诗经》作品的人。称西伯受命：《诗经大明》中有

"有命自天，命此文王"之语。⑫崇、密须：皆当时的诸侯国名，崇国约在今陕西省户县一带，密须约在今甘肃省灵台县一带。犬夷：也称犬戎，当时居住在今陕西省西部彬县一带的少数民族名。丰邑：周文王建造的都城，其地在今西安市西南之沣水西侧。⑬师尚父：武王对吕尚的敬称，亦如后世齐桓公之称管仲曰"仲父"然。黄钺：黄色大斧，军事统帅的一种权力象征，意味其拥有征讨、生杀之权。白旄：装饰以牦牛尾的大将指挥旗。⑭苍兕：凶猛的水兽名，这里用以代称勇敢的各部军官。总：集合。与：通"举"，尽，全数调集。⑮盟津：也作"孟津"，古黄河渡口名，在今河南省孟津县东北。⑯《太誓》：《尚书》篇目名，也作《泰誓》，内容记周武王第一次出师时的誓词。⑰居二年：即武王十一年。王子比干：商朝的忠直之臣，纣王的叔辈，因谏纣被剖心而死。箕子：纣王的叔辈，因谏纣王而被囚禁。⑱牧野：地名，在殷都朝歌（今河南省淇县）的西南。⑲鹿台：商朝离宫中的殿台，在当时朝歌的城南，相传殷纣曾将许多珍宝贮藏于此。⑳社：古代帝王祭祀土神的坛台，即后代的社稷坛。明水：净水，清水，祭祀使用的水。卫康叔封：姬封，武王之弟，初封于康，故称"康叔"，后来又改封卫国，遂为卫国的首封之君。史佚：西周初期的史官，其人名佚。策：书写祝文的竹简。㉑巨桥：也作"钜桥"，地名，在今河北省曲周县东北，其地有殷朝的大粮仓。㉒迁九鼎：将九鼎由殷都迁到洛阳。九鼎，相传为大禹所铸，后代帝王相沿视以为传国之宝。禹铸鼎事参见《夏本纪》，周迁九鼎参见《周本纪》。㉓营丘：齐邑名，在今山东淄博市临淄区北。㉔逆旅：迎客，这里即指旅店。㉕莱：古国名，其地约在今潍坊以东的山东半岛东端。㉖周成王：武王之子，名诵，初即位时年龄幼小。管、蔡：管叔鲜、蔡叔度，皆武王之弟。名"鲜"者初封于管，故称"管叔鲜"；名"度"者初封于蔡，故称"蔡叔度"。成王初即位时年幼，周公代为之行使职权，管、蔡二人疑周公篡位，故勾结商朝旧部共同叛乱，后被周公消灭。淮夷：商周之际居住于今安徽蚌埠以东淮河流域的少数民族。畔：通"叛"。㉗召康公：即通常所说的"召公奭"，武王之弟，名奭，封地在召（今陕西岐山县西南）。因其谥曰康，故亦称"召康公"。召公奭是燕国的首封之君，因其需要留在周国辅佐成王，故令其长子赴燕就任，而成王则另以召邑封奭。穆陵：齐地的险塞名，在今山东沂水县北，今其地尚有齐长城遗址。无棣：古邑名，在今山东省无棣县北。五侯：公、侯、伯、子、男五等诸侯，这里即指一切诸侯。九伯：九州的诸侯之长。

太公望吕尚是东海之滨人,其祖先曾为"四岳"之中的东方部落首领,在协助大禹治水的过程中功勋卓著。因此在虞舜、大禹的时代,其子孙有的被封于吕,有的被封于申,都姓姜。这申、吕两支的子孙在夏朝、商朝,有的继续受封,有的则沦为了平民,而吕尚就是这沦为平民者的后代。吕尚本来姓姜,但因为以其祖先的封地为姓,所以也称之为吕尚。

吕尚一辈子穷困潦倒,到年老的时候,由于一个钓鱼的机会见到了周西伯姬昌。这天,周西伯准备外出打猎,出发前他算了一卦。卦上说:"此次捕获的将不是龙、不是螭,不是虎、不是罴,而是将获得一个帮你成为霸王的左膀右臂。"结果周西伯在打猎过程中,真的在渭水河北遇到了吕尚,两人谈话后,西伯大悦,说:"我的祖父太公就曾说过'日后当有圣人到周国来,周国就靠着他兴旺发达'。这圣人就是您吗?我们家老太公盼望您可盼得有了年数啦。"于是就称吕尚为"太公望",西伯遂与吕尚同车而归,封之为太师。

也有人说:太公博学多闻,曾在殷纣驾前任职。殷纣暴虐无道,吕尚遂离之而去。吕尚游说各国诸侯,没有遇到一个赏识者,而最后投归了周西伯。也有人说,吕尚是一个隐士,隐居在东海之滨。当西伯被殷纣扣押在羑里的时候,周国大臣散宜生、闳夭等人早就知道吕尚是大才,于是将他请来。吕尚也说:"我早就听说过西伯的贤德,善养老者,何不去投奔他呢?"三个人见面后就寻找美女珍宝,将其献之于殷纣,以求赎得西伯回国。西伯果然被放出,回到了周国。人们对吕尚归周过程的说法尽管不同,但重要的是都说吕尚是文王、武王的太师。

西伯自羑里归周后,便与吕尚暗中策划如何修"德"收买人心,以及如何颠覆商朝等,内容都是有关用兵与政治权术的,因此后代凡讲究行兵打仗以及玩弄阴谋权术,都以吕尚为祖师。周国的政治廉平,受人赞颂,等到虞、芮二国之君因边境纠纷到周国来请求仲裁后,写《诗》的人就开始称西伯姬昌已经禀承天命而号称为"文王"了。接着文王出兵讨伐了崇国、密须、犬夷,又在丰邑建造了周国的新都。这时,天下已有三分之二的人归服于周国,其所以能达到这样的局面,主要是依靠吕尚的谋略。

文王死后,武王即位。武王九年,想遵循文王的遗志,出兵东伐,以探测各国诸侯是否服从周国。大军出发后,太师吕尚左手秉持黄色大斧，右手持白色指挥旗，向大军宣誓说："像苍兕一样勇猛的各路将领，集合起你们的队伍，调集好你们的船只，迟到者将被处死！"于是周军遂到达黄河的孟津渡口，这时各路诸侯不约而同到达的有八百个。诸侯们都说："可以讨伐殷纣了。"武王说："还不到时候。"于是撤军而回，武王和吕尚在这时作了《太誓》。

又过了两年，这时殷纣杀了忠直的王子比干，囚禁了直言敢谏的箕子。武王准备起兵伐纣，他用龟甲占卜，得到的征兆不吉利，接着又是一阵风雨突然袭来，大臣们都很害怕，唯有吕尚坚决主张出兵，他劝说武王，武王遂决定立即出发。武王十一年的正月甲子日，周军在殷都朝歌的郊区牧野誓师，讨伐殷纣。殷纣的军队惨败。殷纣王回身逃走，奔上鹿台，周军追上鹿台，将殷纣杀死。第二天，武王站在殷王祭祀土神的坛台前，大臣们端着清水，卫康叔铺起席子，吕尚牵着祭祀用的牲畜，史佚高诵祭神的祝文，向天地神灵宣告讨伐殷纣的意思。而后将鹿台上积蓄的钱财、巨桥仓储存的粮食，都拿出来救济贫民。给已死的比干坟上加土，把箕子从监狱里放出来。把商朝的九鼎迁到洛阳，进一步改善周朝的政策、制度，与普天下一道弃旧图新。这一切也仍是吕尚的谋略居多。

周武王灭商统一天下后，将吕尚封在齐国的营丘。吕尚带领部众到东方的领地上去，开始时走路与住宿都慢慢腾腾。这时一位开旅店的老板对吕尚说："时机难得碰到，但却极易丢失。我看客人您睡觉睡得这么踏实，不像是个前去上任的样子。"吕尚一听，立刻穿衣连夜赶路，天亮时到达国都营丘。这时正好莱国的诸侯领兵来伐，和吕尚争夺营丘。营丘靠近莱国，而莱人是东方的少数民族。在商灭周兴战乱初定，还未能安定远方之时，莱人想乘机与吕尚争夺齐国。

吕尚到达齐国后，改革方针政策，顺应当地风俗，简化礼仪程式，发展手工业、商业，开展晒盐与海上捕捞，吸引得各方之人都来到齐地，使齐迅速成为一个泱泱大国。周成王刚即位时年少，管叔蔡叔怀疑周公，举兵作乱，而齐国西南侧的淮夷也起兵反周。这时周成王命召康公向吕尚传达委任说："你的封土东至海边，西至黄河，南至穆陵，北至无棣。整个九州的任何诸侯君长，凡不服从命令的，你都有权进行征讨。"于是齐国从此具有征讨诸侯之权，为西周以来的大国，建都于营丘。

齐太公世家
桓公霸业

初,襄公之醉杀鲁桓公①,通其夫人,杀诛数不当,淫于妇人,数欺大臣,群弟恐祸及,故次弟纠奔鲁②。其母鲁女也。管仲、召(shào)忽傅之。次弟小白奔莒,鲍叔傅之③。小白母,卫女也,有宠于釐公④。小白自少好善大夫高傒⑤。及雍林人杀无知,议立君,高、国先阴召小白于莒⑥。鲁闻无知死,亦发兵送公子纠,而使管仲别将兵遮莒道,射中小白带钩。小白详死⑦,管仲使人驰报鲁。鲁送纠者行益迟,六日至齐,则小白已入,高傒立之,是为桓公。

桓公之中钩,详死以误管仲,已而载温车中驰行,亦有高、国内应,故得先入立,发兵距鲁⑧。秋,与鲁战于乾时⑨,鲁兵败走,齐兵掩绝鲁归道。齐遗鲁书曰:"子纠兄弟,弗忍诛,请鲁自杀之。召忽、管仲仇也,请得而甘心醢(hǎi)之。不然,将围鲁。"鲁人患之,遂杀子纠于笙渎⑩。召忽自杀,管仲请囚。

桓公之立,发兵攻鲁,心欲杀管仲。鲍叔牙曰:"臣幸得从君,君竟以立。君之尊,臣无以增君。君将治齐,即高傒与叔牙足也。君且欲霸王⑪,非管夷吾不可。夷吾所居国国重,不可失也。"于是桓公从之。乃详为召管仲欲甘心,实欲用之。管仲知之,故请往。鲍叔牙迎受管仲,及堂阜而脱桎梏(zhì gù),斋祓(fú)而见桓公⑫。桓公厚礼以为大夫⑬,任政。

桓公既得管仲,与鲍叔、隰(xí)朋、高傒修齐国政,连五家之兵,设轻重鱼盐之利⑭,以赡贫穷,禄贤能,齐人皆说。

二年,伐灭郯⑮,郯子奔莒。初,桓公亡时,过郯,郯无礼,故伐之。

五年⑯,伐鲁,鲁将师败。鲁庄公请献遂邑以平,桓公许,与鲁会柯而盟⑰。鲁将盟,曹沫以匕首劫桓公于坛上⑱,曰:"反鲁之侵地!"桓公许之。已而曹沫去匕首,北面就臣位。桓公后悔,欲无与鲁地而杀曹沫。管仲曰:"夫劫许之而倍信杀之⑲,愈一小快耳,而弃信于诸侯,失天下之援,不可。"于是遂与曹沫三败所亡地于鲁⑳。诸侯闻之,皆信齐而欲附焉。

七年,诸侯会桓公于甄(juàn)㉑,而桓公于是始霸焉。

二十三年,山戎伐燕㉒,燕告急于齐。齐桓公救燕,遂伐山戎,至于孤竹而还㉓。燕庄公遂送桓公入齐境㉔。桓公曰:"非天子,诸侯相送不出境,吾不可以无礼于燕。"于是分沟割燕君所至与燕,命燕君复修召公之政,纳贡于周,如成康之时㉕。诸侯闻之,皆从齐。

二十七年。鲁湣公母曰哀姜,桓公女弟也㉖。哀姜淫于鲁公子庆父,庆父弑湣公,哀姜欲立庆父,鲁人更立釐公㉗。桓公召哀姜,杀之。

二十八年,卫文公有狄乱,告急于齐。齐率诸侯城楚丘而立卫君㉘。

二十九年,桓公与夫人蔡姬戏船中㉙。蔡姬习水,荡公,公惧,止之,不止,出船,怒,归蔡姬,弗绝。蔡亦怒,嫁其女。桓公闻而怒,兴师往伐。

三十年春,齐桓公率诸侯伐蔡,蔡溃,遂伐楚㉚。楚成王兴师问曰㉛:"何故涉吾地?"管仲对曰:"昔召康公命我先君太公曰:'五侯九伯,若实征之,以夹辅周室。'赐我先君履,东至海,西至河,南至穆陵,北至无棣。楚贡包茅不入,王祭不具㉜,是以来责。昭王南征不复㉝,是以来问。"楚王曰:"贡之不入,有之,寡人罪也,敢不共乎!昭王之出不复,君其问之水滨。"齐师进次于陉㉞。夏,楚王使屈完将兵扞齐,齐师退次召陵㉟。桓公矜屈完以其众。屈完曰:"君以道则可;若不,则楚方城以为城,江汉以为沟㊱,君安能进乎?"乃与屈完盟而去。

三十五年夏,会诸侯于葵丘㊲。周襄王使宰孔赐桓公文武胙、彤弓矢、大路㊳,命无拜。桓公欲许之,管仲曰"不可",乃下拜受赐。

是时周室微,唯齐、楚、秦、晋为强。晋初与会,献公死,国内乱㊴。秦穆公辟远㊵,不与中国会盟。楚成王初收荆蛮有之,夷狄自置。唯独齐为中国会盟,而桓公能宣其德,故诸侯宾会。

①襄公之醉杀鲁桓公:事在公元前694年。齐襄公名诸儿,前697—前686年在位。襄公之妹为鲁桓公夫人,桓公与夫人至齐,襄公与其妹私通,桓公发觉,责其夫人,襄公遂派人将桓公杀害。②鲁:西周初期建立的诸侯国名,始封之君为周公之子伯禽,国都即今山东省曲阜市。桓公被杀后,继续为鲁君的是桓公之子庄公。③莒:当时的诸侯国名,国都即今山东省莒县。鲍叔:鲍叔牙的别

称，齐国贵族，管仲之友。④卫女：卫国诸侯之女。卫国的国都为朝歌，即今河南省淇县。釐公：襄公与公子纠、小白等人之父，前730—前698年在位。⑤高傒：齐国的世袭贵族。⑥雍林人杀无知：无知是齐襄公的堂弟，趁襄公倒行逆施之际，发动政变弑齐襄公，自立为齐君。次年，无知游于雍林（齐邑名），被其怨者所杀。高、国：齐国的两家大贵族，"高"即高傒，"国"氏其名不详。⑦管仲：名夷吾，字仲，事迹参见《管晏列传》。详：通"佯"，假装。⑧温车：与《李斯列传》之所谓"辒凉车"相同，有篷窗可开可闭之车。先入立：小白入立为君，事在前685年。距：通"拒"。⑨乾时：齐地名，在今山东淄博市西南。⑩笙渎：鲁地名，在今山东菏泽市北。⑪且：将，假若。霸王：称霸称王。⑫堂阜：齐地名，在今山东蒙阴县西北。桎梏：刑具，在脚者曰"桎"，在手者曰"梏"。斋祓：斋戒祭祀以去除不祥。祓，去除不祥。⑬大夫：春秋前期诸侯国之执政大臣例称"大夫"，即已受命为"卿"者亦以"大夫"称之。⑭五家之兵：齐国的一种兵役制度，平时五家为轨，有轨长；战时每家出一人，合为一伍，设伍长，是最基层的军事单位。轻重：指钱币。⑮二年：前684年。郯：古国名，故地在今山东郯城县一带。⑯五年：前681年。⑰遂邑：鲁邑名，在今山东省肥城市南。柯：齐地名，在今山东省东阿县西南。⑱曹沫：鲁将名，有说即与鲁庄公论述战事的"曹刿"。⑲倍信：倍，通"背"。⑳遂与曹沫三败所亡地于鲁：按：以上曹沫劫齐桓公事，参见《刺客列传》，但事实颇多不合，只可作故事看。㉑七年：前679年。甄：也作"鄄"，卫邑名，在今山东鄄城县西北。㉒二十三年：前663年。山戎：当时居住在今河北省东北部的少数民族。燕：西周初期建立的诸侯国名，国都蓟城，即今北京市。㉓孤竹：古国名，国都在今河北省卢龙县南。㉔燕庄公：前690—前658年在位。㉕分沟：挖沟以为国界。召公：即上文所说的"召康公"，名奭，燕国诸侯的始祖。成康：周成王、周康王，西周初期两代帝王，成王是武王之子，康王是成王之子。成王康王的时代被后人称为"太平盛世"。㉖二十七年：前659年。鲁湣公：庄公之子，前661—前660年在位。㉗公子庆父：庄公之二弟，因此行作乱，被鲁人所杀。釐公：也作"僖公"，名申，庄公之子，湣公之弟。㉘二十八年：前658年。卫文公有狄乱："狄"也作"翟"，太行山一带的少数民族，前661年攻灭卫国，杀死了卫懿公（前668—前661年在位）。卫戴公即位，次年死，卫国动乱不已。齐桓公率诸侯救卫，迁卫人于楚丘（今河南省滑县东），扶立了卫文公，并为之建筑楚丘城。卫文公：名燬，宣公之孙，懿公之堂弟，前659—前635年在位。㉙二十九年：前657年。蔡姬：蔡国诸侯之女。蔡是西周初期以来的诸侯国名，国都在今河南省上蔡县西南。㉚三十年：前656年。楚：南方兴起的诸侯国名，春秋时期的国都郢，即今湖北荆州市江陵区西北之纪南城。㉛楚成王：名恽，前671—前626年在位。㉜包茅：也作"苞茅"，祭祀时用以滤酒的一种特殊茅草，按规定楚国应按时给周天子进贡此物。不具：不足，不齐全。㉝昭王南征不复：昭王是康王之子，在位时曾欲南下伐楚，渡汉水时翻船被淹死。㉞陉：楚地名，在今河南省漯河市东。㉟屈完：楚将名。扞：通"捍"，抵抗。召陵：楚邑名，在今漯河市东北。㊱方城：山名，在今河南省方城县东北，地处楚国之北境，楚国的长城亦修建于此。江汉：长江、汉水。长江流经楚国中部，汉水在楚之北境。沟：护城河。㊲三十五年：前651年。葵丘：宋地名，在今河南省民权县东北。㊳周襄王：名郑，前651—前619年在位。宰孔：周国的太宰姬妃，周公姬旦的后代。文武胙：祭祀文王、武王用过的祭肉，周天子将此肉分赐于人，表示对此人的分外敬重。春秋前期往往赐此肉于诸侯霸主，春秋后期与战国则往往赐此肉与势力强大之诸侯。彤弓矢：红色的弓箭。大路：也作"大辂"，帝王乘坐的车子。按：以上诸物都是帝王封赠特殊大臣，"加九锡"所用的礼物。㊴献公：名诡诸，前677—前651年在位。国内乱：献公因宠骊姬而逼死太子申生，献公死后，骊姬子奚齐、卓子先后即位，皆被里克所杀；惠公即位后，又一度被秦国所俘；直到文公回国杀惠公子怀公自立后，晋国始告安定，前后动乱十四年。㊵秦穆公辟远：秦穆公名任好，前659—前621年在位。当时秦国都城在雍（今陕西省凤翔县东南），远离中原。

当初，齐襄公醉酒后杀了鲁桓公，与鲁桓公的夫人、也就是襄公自己的妹妹私通，多次杀害不该杀的人，淫于妇女，欺骗大臣，几个兄弟知道国家将乱，恐祸及己，纷纷外逃。襄公之二弟公子纠奔鲁，因为公子纠的母亲是鲁国诸侯之女，随行辅佐公子纠的是管仲与召忽。三弟小白奔莒，随行辅佐小白的是鲍叔牙。小白的母亲是卫国诸侯之女，有宠于齐釐公。小白自幼便与齐国的大臣高傒友善。所以当雍林人杀死公子无知，商议另立新君时，高氏、国氏两姓大族便派人到莒国悄悄地迎接小白。而鲁国听说无知被杀后，也发兵送公子纠回国争位，而且派管仲到莒国通往临淄的道路上去劫杀小白。管仲一箭射中了小白的衣带钩，小白趁势躺倒装死，管仲误以为小白已死，向鲁国报告后，鲁国送公子纠的队伍就走得更慢了，六天后到达齐国，这时小白早已进入，高傒立以为君，这就是齐桓公。

当初齐桓公中箭时装死以骗管仲，事后遂躺在篷车里飞马疾行，再加上有高氏、国氏为之做内应，故而得以捷足先登。即位后，发兵拒鲁。这年秋天，齐、鲁两国战于乾时，鲁国大败，齐兵截断了鲁军的归路。齐桓公给鲁庄公写信说："公子纠与我是兄弟，我不忍杀他，请你们代劳；召忽、管仲是我的仇人，请将其送回，我得把他们剁成肉末以解恨。如果你们不照办，我将发兵包围你们的都城。"鲁国人害怕齐国，赶紧将公子纠杀于笙渎。召忽自杀，只有管仲甘心被囚。

桓公即位后发兵攻鲁，起初他也是想杀管仲的。而鲍叔牙却说："我有幸跟上了您，您终于做了国君。您今天的尊贵，我是没有办法再给您增加什么了。您如果只求治理好齐国，有高傒与我就足够了；如果您打算称霸天下，那就非管仲不可。管仲在哪个国家，那个国家就要强大，您不该失掉这个人才。"于是齐桓公同意鲍叔牙的意见，假说把管仲要回来杀掉，实际是想用他。管仲猜到了这一点，故甘心被囚禁回齐。鲍叔牙迎着鲁使接收了管仲，等回到堂阜邑时便给他去掉了枷锁，令其沐浴祭祀，而后拜见齐桓公。桓公优礼相待，封以为大夫，管理齐国政事。

桓公得到管仲后，便与鲍叔牙、隰朋、高傒等改善齐国政治，实行一种以五家为基层单位的兵役制度，铸造货币，发展晒盐与海洋捕捞，并用这样积累起来的钱财赈济贫困，厚养贤能，让齐国人都过得很高兴。

桓公二年，攻灭郯国，郯国诸侯逃到了莒国。当初桓公在外流亡时曾到过郯国，郯国待之无礼，故今伐灭之。

桓公五年，再次伐鲁，鲁军战败，鲁庄公献出遂邑以求和，桓公应许，遂与鲁庄公会于柯以结盟。待至鲁庄公刚要与齐桓公订立盟约时，鲁将曹沫突然跳上坛台以匕首劫持齐桓公，说："请您退还侵夺鲁国的土地！"桓公答应了。曹沫遂扔掉匕首，退回到原来位置。桓公过后想要反悔，不仅不想退回侵地，还要杀死曹沫。管仲说："已经答应退回而反悔杀人，贪图一时的痛快，弃信于诸侯，这将失去天下人的同情与支持，不能这样做。"于是将曹沫三次战败丢失的土地全都退给了鲁国。各国诸侯听说后，都佩服齐桓公说话算话，都愿意亲近齐国。

桓公七年，各国诸侯会齐桓公于甄邑，齐桓公从此开始称霸。

二十三年，北方的山戎进攻燕国，燕国向齐国求救。齐桓公率兵救燕，进而北伐山戎，一直打到孤竹而后撤回。燕庄公给齐桓公送行，不知不觉地已经进入了齐国的国界。齐桓公说："除非周天子，一般诸侯给人送行是不能走出自己国境的，我不能对燕国诸侯无礼。"于是便把燕君所走过的区域都划给了燕国，让燕国诸侯重新实行召公的政策，按时向周天子进贡，就如当年成王、康王时燕国诸侯所做的样子。诸侯们听说这件事，都愿意跟从齐国。

二十七年，鲁湣公的母亲名叫哀姜，是齐桓公之妹。哀姜与公子庆父私通，庆父杀了鲁湣公，哀姜想立庆父为君，鲁人不从，更立了釐公。桓公为稳定鲁国的政局，将哀姜召回齐国杀死。

二十八年，卫文公被狄人所攻，向齐国告急，齐桓公遂率领诸侯给卫国修筑了城墙，扶立了卫君。

二十九年，桓公与夫人蔡氏乘船游戏。蔡氏会水，故意在船上摇摆；桓公害怕，让她不要摇，蔡氏不听；桓公生气地下了船，将蔡氏送回蔡国，但并不想和她真正断绝。蔡国对此也很生气，便迅速地将该女改嫁给了别人。桓公听说后怒不可遏，遂兴兵伐蔡。

三十年春，齐桓公率领诸侯伐蔡，蔡军崩溃，齐桓公遂进而南伐楚国。楚成王起兵迎敌，向齐国责问："为何侵入我国领地？"管仲说："当初召康公曾命令我们先君太公说：'五侯九伯，你都有权征讨，目的是为了辅佐周天子。'又赐给我们先君一双鞋，说你可以东到海边，西到黄河，南到穆陵，北到无棣，这都是你的领土。如今楚国该进包茅而不进，使天子无法进行祭祀，所以我们要来讨要；当年周昭王南行至楚而未能返回，所以我们要来查问。"楚成王说："该进贡而没有进贡，这是事实，罪过在我，今后不敢不进；至于说昭王南行没有返回，请你们去向汉水问罪。"齐军继续前进，到达陉山。夏，楚成王令大将屈完率军抗齐，齐军退扎于召陵。齐桓公会见屈完，向屈完炫耀齐国的武力。屈完说："您要是以道德服人，那是可以的；如果不是，则楚国将要以方城山作城墙，以长江、汉水作护城河，您怎么能进得来呢？"于是齐桓公与屈完结盟而罢兵。

三十五年夏，齐桓公大会诸侯于葵丘，周襄王派太宰姬孔给齐桓公送来了祭祀文王、武王所用的祭肉，还有红色的弓箭以及大车等，并告诉齐桓公不必叩头拜谢。齐桓公想要照办，管仲说："不可以。"于是齐桓公恭敬地下堂叩拜后才接受了赏赐。

这时候，周天子的势力衰微，齐、楚、秦、晋四国强大。晋国是刚开始参加诸侯会盟，晋献公就去世了，国内连续动乱；秦穆公所处的地势偏僻，不参加中原地区的盟会；楚成王正在吞并其周边的蛮夷小国，以不服王化的夷狄自居。因此只有齐国在中原地区主持会盟，而齐桓公也的确能发扬其威德，故诸侯们都能服从。

太公姜尚是周文王、周武王两代的佐命元勋，为周朝的灭殷做出过巨大贡献。周武王灭殷后太公姜尚被周武王封于齐，为齐国的开国之君。《齐太公世家》就是太公姜尚及其后代子孙世代在齐国为诸侯的编年史，其时间是从武王灭纣之后的西周初年开始，到春秋末期齐国政权被田氏家族篡夺，姜氏子孙沦为平民结束。周武王灭殷，实际上只是平定了以淇县为中心的今河南省北部一带，四周远处的广大地区都还是从未开发的蛮荒部落。所谓"姜太公封于齐"，就是让姜太公与其整个家族带着士兵到远离周国的今山东中部一带去建立城堡，武装殖民。他有权征讨当地以及四周不服齐国管辖的"戎""狄"，而对西方的周天子则始终保持着一种进贡称臣的名分，这就是宗主国与诸侯的关系。姜姓齐国在其所存在的五百余年间世代与周天子及其他姬姓诸侯通婚，在各个诸侯国间齐国一直是最强大或比较强大的。我们这里选取了《太公封齐》与《桓公霸业》两段文字。

《太公封齐》写了姜尚年岁已经很老时与周文王的君臣遇合，如鱼得水，这在中国历史上一直被传为佳话。文王死后，太公在其与文王奠定的基础上辅佐武王东征，灭掉殷朝，建立了西周。姜尚作为一位年长有德的军事统帅第一次在我国的文明史上展现了凛凛风姿。在受命建国于齐的问题上，太公深谋远虑与众不同，预示了日后齐国地位之不凡。《桓公霸业》写了春秋前期的齐国诸侯小白在名臣管仲、鲍叔牙的辅佐下壮大齐国，使小白成为春秋时代第一位霸主的种种动人事迹。但桓公的史事已详见于《左传》，故司马迁在这里只是略作剪裁，时见己意而已。此事可以参看《管晏列传》。

鲁周公世家
周公治国

周公旦者，周武王弟也①。自文王在时②，旦为子孝，笃仁，异于群子。及武王即位，旦常辅翼武王，用事居多。武王九年，东伐至盟津③，周公辅行。十一年，伐纣，至牧野，周公佐武王，作《牧誓》④。破殷，入商宫。已杀纣，周公把大钺，召公把小钺，以夹武王，衅社⑤，告纣之罪于天及殷民。释箕（jī）子之囚，封纣子武庚禄父，使管叔、蔡叔傅之⑥，以续殷祀。遍封功臣同姓戚者。封周公旦于少昊之虚曲阜，是为鲁公⑦。周公不就封，留佐武王。

武王克殷二年，天下未集，武王有疾，不豫，群臣惧，太公、召公乃缪卜⑧。周公曰："未可以戚我先王。"周公于是乃自以为质，设三坛，周公北面立，戴璧秉圭，告于太王、王季、文王⑨。史策祝曰："惟尔元孙王发，勤劳阻疾⑩。若尔三王是有负子之责于天⑪，以旦代王发之身。旦巧能，多材多艺，能事鬼神。乃王发不如旦多材多艺，不能事鬼神。乃命于帝庭，敷佑四方，用能定汝子孙于下地，四方之民罔不敬畏。无坠天之降葆命，我先王亦永有所依归。"周公藏其策金縢匮中⑫，诫守者勿敢言。明日，武王有瘳（chōu）。

其后武王既崩，成王少，在强葆之中⑬。周公恐天下闻武王崩而畔，周公乃践阼（zuò）代成王摄行政当国⑭。管叔及其群弟流言于国曰："周公将不利于成王。"周公乃告太公望、召公奭曰："我之所以弗辟而摄行政者，恐天下畔周，无以告我先王太王、王季、文王。三王之忧劳天下久矣，于今而后成。武王早终，成王少，将以成周，我所以为之若此。"于是卒相成王，而使其子伯禽代就封于鲁。周公戒伯禽曰："我文王之子，武王之弟，成王之叔父，我于天下亦不贱矣。然我一沐三捉发，一饭三吐哺⑮，起以待士，犹恐失天下之贤人。子之鲁，慎无以国骄人。"

管、蔡、武庚等果率淮夷而反⑯。周公乃奉成王命，兴师东伐，作《大诰》⑰。遂诛管叔，杀武庚，放蔡叔。收殷余民，以封康叔于卫，封微子于宋⑱，以奉殷祀。宁淮夷东土，二年而毕定。诸侯咸服宗周⑲。

成王长，能听政。于是周公乃还政于成王，成王临朝。周公之代成王治，南面倍依以朝诸侯⑳。及七年后，还政成王，北面就臣位，恂恂（gōng）如畏然㉑。

初，成王少时，病，周公乃自揃其蚤沉之河，以祝于神曰："王少未有识，奸神命者乃旦也㉒。"亦藏其策于府。成王病有瘳。及成王用事，人或谮（zèn）周公，周公奔楚。成王发府，见周公祷书，乃泣，反周公。

周公在丰，病，将没，曰："必葬我成周，以明吾不敢离成王㉓。"周公既卒，成王亦让，葬周公于毕，从文王，以明予小子不敢臣周公也㉔。

周公卒后，秋未获，暴风雷雨，禾尽偃，大木尽拔。周国大恐。成王与大夫朝服以开金縢书，王乃得周公所自以为功代武王之说㉕。二公及王乃问史百执事，史百执事曰："信有，昔周公命我勿敢言。"成王执书以泣，曰："自今后其无缪卜乎！昔周公勤劳王家，惟予幼人弗及知。今天动威以彰周公之德，惟朕小子其迎，我国家礼亦宜之㉖。"王出郊，天乃霁（jì），反风，禾尽起㉗。二公命国人，凡大木所偃，尽起而筑之。岁则大孰㉘。于是成王乃命鲁得郊祭文王㉙。鲁有天子礼乐者㉚，以褒周公之德也。

①周公旦：姓姬名旦，文王之子，以辅佐武王开国有功，封于鲁。因姬旦须留在周国继续辅佐武王、成王，故令其长子伯禽赴鲁就封，而在周天子畿内另封姬旦于周邑（今陕西岐山县北），而称周公。武王：名发，文王之子，周公之兄。②文王：姓姬名昌，殷末时为西方的诸侯之长，史称西伯。③盟津：也称孟津，古黄河渡口名，在今河南省孟津县东。④纣：殷朝的末代帝王，名受，被武王所灭，参见《周本纪》。牧野：地名，在当时殷都朝歌（今河南省淇县）的西南。《牧誓》：武王在牧野战前所发的誓师之辞，见《尚书》。⑤召公：名奭（shì），亦武王之弟，因辅佐武王开国有功被封于燕。因其须继续留佐武王、成王，故令其长子赴燕就封，而在王畿内另封姬奭于召（今岐山县西南），故称召公。衅社：祭祀土神。古代祭祀时杀牲以血涂抹某物曰"衅"，这里即指祭祀。武王灭纣后祭社事，参见《周本纪》《齐太公世家》。⑥箕子：殷纣王的叔辈，因谏说纣王而被囚禁。武庚禄父：殷纣之子，武王杀纣后为不绝殷祀，复封纣子武庚禄父于朝歌，以主殷民。管叔：武王之弟，名鲜，因封于管邑（今河南郑县），故称管叔。蔡叔：武王之弟，名度，因封于蔡邑（今河南省上蔡县西南），故称蔡叔。傅：辅导，这里实指监

视、监督。⑦少昊：传说中的东方帝王名。曲阜：即今山东曲阜市。鲁公：鲁国的诸侯。鲁国的第一任诸侯为周公之长子伯禽。⑧太公：吕尚，武王的开国元勋，以功封于齐，参见《齐太公世家》。缪卜：虔诚地占卜。缪，通"穆"。⑨太王：文王的祖父，《诗经》中称之为古公亶父，对周国的发展有重要贡献。王季：太王之子，文王之父。⑩史：古代主管祭祀与掌管文献资料的官员。策祝：诵读简策上书写的祈祷之文。元孙：长孙。文王的长子伯夷考已死，故姬发是文王诸子中的最年长者。⑪负子之责：指帝王的患病。"负子"谓不能子养万民。⑫藏其策縢匮中：縢匮，加了封条的柜子。按：《尚书》中记述此事的篇章即名《金縢》。⑬强葆：通"襁褓"，"褓"是裹小孩的小被，"襁"是背小孩用的带子。这里用以指孩子的幼小。⑭践阼：意即登基、即位。阼，大殿的东阶，只有帝王、国君可以由此阶行走。摄：代理。⑮沐：洗头。哺：口中含着的食物。⑯淮夷：商周之际居住在今安徽蚌埠一带淮水流域的少数民族。⑰《大诰》：《尚书》中的篇目名，记述周公东征前所发的誓词。⑱康叔：武王之弟，名封，因初封于康，故称"康叔"。周公平定叛乱后，改封康叔于卫（原殷都朝歌），为卫国的始封之君。微子：名启，纣王的庶兄，因早日投归周国，故受信任封之于宋，国都商丘，在今河南商丘市西南。⑲宗周：犹言"中央王朝"。各地诸侯皆周朝所封，周为天下诸侯之总纽，为天下诸侯所宗仰。⑳倍依：通"背扆"，背靠绘有斧形图案的屏风。这种绘有斧形图案的屏风（扆）置于古代帝王的宝座之后。㉑翈翈：恭敬谨慎的样子。㉒揃其蚤：揃，通"剪"。蚤，通"爪"，指甲。奸神命：奸，通"干"，冒犯。㉓丰：文王建筑的都城，在今西安市西南的沣水西侧。成周：武王时即已测量，成王时建筑完毕的都城，在今洛阳市之城东北，为周王朝的东都。㉔毕：毕原，在今陕西咸阳市东南的渭水岸边，文王的坟墓在这里。予小子：古代帝王用以谦称自己。下文"予幼人""朕小子"意同。㉕自以为功：以为是自己的事情，故请以己身相代。功，事。㉖其迎：前往迎神，意即前往祭祀。㉗出郊：到南郊祭天。反风：原来刮南风，现在又刮北风。㉘岁则大孰：岁，农业收成。孰，通"熟"。大孰，大丰收。㉙郊祭文王：在南郊祭天时，以文王配享。古代只有天子才有资格祭天，现在为褒奖周公，故特许鲁国也可以南郊祭天，以文王配享。㉚鲁有天子礼乐：古代天子与诸侯所用的礼乐各有不同规定，为了褒奖周公，特许鲁国可以使用天子的礼乐。

周公姬旦是周武王的弟弟。早在文王在世时,周公作为一个儿子就非常孝顺,其仁爱厚道之突出,与别的儿子不同。待至武王即位,周公在辅佐武王的过程中,做出的贡献最多。武王九年,出兵东伐至盟津,周公就陪着武王一道前往。十一年,武王东出伐纣,进军到牧野,周公帮着武王发表了《牧誓》。随即打败殷朝,攻入了殷朝的宫廷。武王杀掉纣王后,周公捧着大斧,召公捧着小斧,两人陪伴武王祭祀殷朝的社坛,向上帝和殷朝的子民宣布了殷纣王的罪恶。接着把殷朝的贤臣箕子从监狱里释放出来,又封殷纣王的儿子武庚禄父为诸侯,让管叔鲜与蔡叔度在一旁监督他,让他继续为殷朝的后代。接着又大肆分封开国功臣与周王室的亲属,封周公于古代东方帝王少昊的旧址,名曰曲阜,作为鲁国的诸侯。但周公自身并未前去,而是留在周国继续辅佐武王。

武王灭殷后的第二年,天下尚未稳定,武王得了病,不舒服,百官群臣都很紧张,太公吕尚与召公奭虔诚地进行占卜。周公说:"光靠这个还不足以使先王动心。"于是他就用自己的人身为供品,搭起了三个台子,自己面对神台,捧璧持圭,向太王、王季、文王三位先祖进行祈祷。祝史代为高诵祷文说:"你们的长孙姬发,现已辛劳患病。假如这是由于你们有病需要他去侍候,那我请求让我去替代他。我办事灵巧,多才多艺,能敬奉鬼神。而姬发在这些方面不如我,对于鬼神他侍候不好。姬发是禀受天命,下来安定四方的,他既能让你们那些人间的子孙过得好,而四方的黎民百姓也都敬畏他。我们不能让上天的宝贵任命中途毁弃,而你们先王的祭祀也将因姬发的在位而得到永久的保障。"祈祷完毕周公便把策文封藏在柜子里,告诉主管人员不要对任何人讲。第二天,武王的病就好了。

后来武王过世,成王继位时还是个孩子。周公担心天下人听说武王死而发生叛乱,于是便自己登基代替成王行使国家职权。这时管叔与其他弟兄便散布谣言说:"周公将有害于成王。"周公无奈,对太公吕尚与召公奭说:"我之所以不避嫌疑而代成王行使职权,是担心天下叛乱,我们无法向太王、王季、文王交代。三位先王为我们这份基业的开创是操劳已久了,到今天才得成功。武王过世早,成王又年幼,我完全是为了周王朝的稳定,才这样做的。"于是便继续留下来辅佐成王,而派自己的长子伯禽去了鲁国封地。周公告诫伯禽说："我是文王的儿子，武王的弟弟，成王的叔叔，我在国家的地位可以说是够高贵了。但我仍经常在洗一次头发的工夫、吃一顿饭的工夫，被打断好几次，我不得不拧着头发或吐出已经放在嘴里的东西出去接待来访者。即使如此，我仍怕失掉天下的贤人。你到鲁国之后，千万不要因为自己是国君而慢待他人。"

管叔、蔡叔、武庚禄父等果然伙同东南方的淮夷造反了，于是周公奉成王之命发兵东讨，出兵前，发表了《大诰》。东征中杀掉了管叔、武庚，流放了蔡叔。而后将殷朝遗民集中于卫地，封康叔姬封为卫君，以管理他们。封纣王庶兄微子启为宋国诸侯，以继续殷国的祭祀。又用了两年的时间，最后平定了淮夷活动的东南部地区。从此天下诸侯都归服于周。

待至成王长大，能够自己管理政权时，周公便将政权归还了成王，成王独立临朝听政。周公在代替成王行使职权时，面朝南方、背靠绘有斧形图案的屏风接受诸侯朝拜；到七年过去还政于成王时，仍回到臣子的位置北向而立，又完全是一副恭敬、小心、战战兢兢的样子。

当初成王年少时，有一次生病，周公剪下指甲扔在河中，向神祷告说："国王年小不懂事，如果冒犯了神灵那是我的责任。"事后将祷告的策文收在档案馆。成王果然病好了。到成王执政时，有人向成王说周公的坏话，周公逃到了楚国。后来成王在档案馆发现了周公的祷文，感动得哭了，立即请回了周公。

后来周公在丰都患病，将死时，对身边人说："要把我葬到成周去，以表明我永不离开成王。"周公死后，成王谦让地将周公葬在了毕原，意思是让叔叔陪着文王，表明自己小孩子不敢视周公为臣下。

周公死后，时值秋天，庄稼尚未收割，忽然狂风暴雨，庄稼倒伏，大树连根拔起。整个国家的人都吓得莫名其妙。这时成王便和大臣们穿好朝服，恭敬地打开用金丝封缄的装着祭神祷文的盒子，从中发现了当年周公请求以自身代替武王的祷文。太公、召公与成王问祝史与主管此事的人员，他们说："确有此事，但周公不许我们讲。"成王捧着策文掉了眼泪，说："恐怕再没有比这个更虔诚的祷文了。周公对国家如此尽心尽力，我小孩子没有及时了解，现在老天爷施展神威以表彰周公的美德，小子我应该出去祭天，我们国家也应该有这种典礼。"成王于是到南郊祭天，天立即转晴了，接着又是一阵相反方向的风，把倒伏的庄稼重又吹得立了起来。太公、召公让人们把那些吹倒的大树也全数扶起，用土砸实。这一年全国获得了大丰收。由于这件事，成王便允许鲁国可以在南郊祭祀文王。而鲁国之所以又有一套天子使用的礼乐，这也是为了褒奖周公而特意赏赐给他们的。

周公姓姬名旦，是周文王的儿子，周武王的弟弟。周公在辅佐武王灭殷中所起的作用与太公姜尚大体相同；但在周朝开国后的稳定局势、创立制度等方面所做出的贡献，就无与伦比了。周公是我国文明史上第一位记载详明的杰出政治家。武王灭纣时年龄已经很大，灭纣后的第二年即去世，当时接替上台的武王的儿子成王年岁很小，国家的一切事情都靠周公为之处理。当太公姜尚封齐，其他功臣与周室的子弟都接受分封各赴领地的时候，周公被封于鲁（今山东曲阜市）。可是由于特殊需要，周公不能到鲁国上任，他被留在天子身边任丞相之职；在周都镐京附近另封给他一块领地，使姬旦与其次子世称周公，在周辅政。而鲁国的封地则由周公的长子伯禽前去上任，并世世代代为鲁国的诸侯。

《鲁周公世家》开头用了很大篇幅描写周公任劳任怨、尽职尽力地辅佐成王的情形，出现在读者面前的是一位忠心耿耿、忍辱负重的感人至深的老臣形象。他在送儿子伯禽到鲁国上任时所叮嘱的那些要谦虚谨慎、礼贤下士的话，也都语重心长，可称为不刊之论。周公是儒家学派心目中的大圣人，也是司马迁心目中的最理想的政治家。我们这里所选的就是《鲁周公世家》中的开头一段。

晋世家
骊姬谗杀申生

献公五年，伐骊戎，得骊姬、骊姬弟①，俱爱幸之。

十二年②，骊姬生奚齐。献公有意废太子，乃曰："曲沃吾先祖宗庙所在，而蒲边秦，屈边翟③，不使诸子居之，我惧焉。"于是使太子申生居曲沃，公子重耳居蒲，公子夷吾居屈，献公与骊姬子奚齐居绛④。晋国以此知太子不立也。太子申生，其母齐桓公⑤女也，曰齐姜，早死。申生同母女弟为秦穆公夫人⑥。重耳母，翟之狐氏女也。夷吾母，重耳母女弟也。献公子八人，而太子申生、重耳、夷吾皆有贤行。及得骊姬，乃远此三子。

献公私谓骊姬曰："吾欲废太子，以奚齐代之。"骊姬泣曰："太子之立，诸侯皆已知之，而数将兵，百姓附之，奈何以贱妾之故废适立庶⑦？君必行之，妾自杀也。"骊姬详誉太子，而阴令人谮恶（zèn wù）太子⑧，而欲立其子。

二十一年，骊姬谓太子曰："君梦见齐姜，太子速祭曲沃，归釐於君⑨。"太子於是祭其母齐姜於曲沃，上其荐胙於献公⑩。献公时出猎，置胙於宫中。骊姬使人置毒药胙中。居二日，献公从猎来还，宰人上胙献公，献公欲飨（xiǎng）之。骊姬从旁止之，曰："胙所从来远，宜试之。"祭地，地坟⑪；与犬，犬死；与小臣，小臣死。骊姬泣曰："太子何忍也！其父而欲弑代之，况他人乎？且君老矣，旦暮之人，曾不能待而欲弑！"谓献公曰："太子所以然者，不过以妾及奚齐之故。妾愿子母辟之他国，若早自杀⑫，毋徒使母子为太子所鱼肉也。始君欲废之，妾犹恨之⑬；至於今，妾殊自失於此。"太子闻之，奔新城⑭。献公怒，乃诛其傅杜原款⑮。或谓太子曰："为此药者乃骊姬也，太子何不自辞明之？"太子曰："吾君老矣，非骊姬，寝不安，食不甘。即辞之，君且怒之⑯。不可。"或谓太子曰："可奔他国。"太子曰："被此恶名以出，人谁内我⑰？我自杀耳。"十二月戊申⑱，申生自杀於新城。

①献公：名诡诸，前676—前651年在位。骊戎：古族名，古戎人的一支，当时活动在今山西与河南交界之王屋山、析城山一带地区。骊姬弟：此指骊姬之妹。弟，通"娣"。②十二年：前665年。③曲沃：晋国的旧都，现时晋国已迁都到绛，今山西翼城县东南。蒲：晋邑名，在今山西隰县西北。屈：晋邑名，在今山西吉县东北。翟：当时居住在今陕西宜川、延长一带的少数民族名。④重耳：即日后的晋文公。夷吾：即日后的晋惠公。⑤齐桓公：名小白，前685—前643年在位，为春秋时期的第一位霸主。⑥秦穆公：名任好，前659—前621年在位。春秋时期秦国最有作为的国君。⑦废适立庶：适，通"嫡"，正妻所生的儿子。庶，姬妾所生的儿子。⑧详：通"佯"，假装。谮恶：以坏话中伤人。⑨二十一年：前656年。速祭曲沃：到曲沃之宗庙祭其母之灵。归釐於君：釐，福。古代祭祀天地

宗庙完毕，将祭肉分赐与人，以为可以得到天地、鬼神的福佑。故而此处的"归胙"实指将祭肉归献于君。⑩荐胙：上供用过的肉。荐，上供。胙，祭肉。⑪祭地：泼在地上。地坟：坟，鼓起。⑫辟之他国：辟，通"避"。若早自杀：若，或者。⑬妾犹恨之：恨，遗憾，惋惜。⑭新城：即指曲沃，因献公新为曲沃筑城不久，故以"新城"相称。⑮傅：官名，即太傅、少傅之类，帝王或太子的辅导官。⑯君且怒之：将要因此而生她的气。⑰人谁内我：内，通"纳"，接纳。⑱十二月戊申：夏历十二月二十七。

晋献公五年，攻打骊戎，从那里得到了骊姬与骊姬之妹，晋献公很宠爱她们两个。

十二年，骊姬生奚齐，于是献公就想废掉原来的太子申生，他说："曲沃是我们祖先宗庙之所在，蒲邑靠近秦国，屈邑靠近翟人，这三个地方不派儿子们把守，我不放心。"于是分派太子申生守曲沃，公子重耳守蒲，公子夷吾守屈。而献公则与骊姬的儿子住在国都绛。晋国人从这种分派中便知道太子申生不会被立为国君了。太子申生的母亲是齐桓公的女儿，叫齐姜，死得早。申生的同母妹妹是秦穆公的夫人。重耳的母亲是翟族的狐姓女子。夷吾的母亲是重耳母亲的妹妹。晋献公有八个儿子，其中太子申生与重耳、夷吾三个人都有较高的才干德行。晋献公自从有了骊姬后，就疏远了这三个儿子。

晋献公私下对骊姬说："我想废掉太子，让奚齐来取代他。"骊姬一听，假意地流泪说："太子的确立，是各国诸侯都已经知道的，而且他多次统率国家军队，深得百姓拥戴，怎么能因为我而废掉嫡子另立庶子呢？如果您一定要这样做，那我宁可自杀。"骊姬表面上假装夸奖太子，暗地里则指使人说太子的坏话，恨不得早点改立她所生的儿子奚齐。

二十一年，骊姬对太子说："国君昨晚梦到了你的母亲齐姜，你赶快到曲沃去祭祀她，回来将祭肉献给国君。"于是太子到曲沃祭母，回来后将祭肉送给献公。当时晋献公正出外打猎未回，申生遂把祭肉留在宫中。这时骊姬就派人在祭肉里下了毒药。两天后，晋献公打猎回来，厨师送上祭肉，献公刚要吃，骊姬在一旁拦阻说："祭肉是远方送来的，应该进行检测。"于是把肉汤泼在地上，地面立刻鼓了起来；再拿肉给狗吃，狗立刻死掉；又拿肉给太监吃，太监也立刻死掉。于是骊姬哭着说:"太子怎么忍心这样做!对于生身父亲都想谋杀而取代,更何况他人?再说国君已经老了,已经是有早晨没晚上的人,居然就不能等一等,而非要杀掉他!"又转身对献公说:"太子所以这样干,就是因我和奚齐的缘故。我们母子愿意逃避到别的国家去,或及早自杀,不要让我们母子日后被太子做鱼肉宰割。当初您说要废掉他,我还觉得遗憾;事到如今,我才知道我错了。"太子听说此事,只身逃往新城。献公大怒,立刻杀了太子的师傅杜原款。有人对太子说:"这分明是骊姬下的药,您为什么不到国君面前去说清呢?"太子说:"我们的国君老了,没有骊姬,他就睡不好觉,吃不下饭。如果我说出真相,君父就会因此生骊姬的气,不能说。"有人对太子说:"那就逃到别国。"太子说:"背着这样的恶名逃亡,哪个国家会收留我呢?我只有自杀了。"十二月戊申,太子申生自杀于新城。

晋国的首封之君为周武王的儿子、周成王的弟弟,名叫叔虞,封地在今山西省的中部与西南部。《晋世家》就是叔虞及其子孙世代在晋为诸侯的编年史。其年代从西周初期开始,至战国初期韩、赵、魏三家贵族分晋,各自独立称侯,晋国子孙降为平民结束,共经历了五百多年。

晋国在西周时代默默无闻。春秋初期,晋国连续内乱。至齐桓公称霸时,晋国的献公即位。晋献公四处征讨,灭虢、灭虞,国家开始强大。接着由于晋献公宠骊姬、杀太子申生,造成了晋国十几年的动荡不安。后来晋文公在秦国援助下回国夺位,又联合北方诸国破楚军于城濮,从而一跃而成为继齐桓公之后的更大霸主,而且使晋国由此把持霸主地位长达一百多年。以描写春秋史事为宗旨的《左传》全书十九万字,而一半以上都是写的晋国。《史记》中的《晋世家》篇幅很长,但基本上就是根据《左传》约括而成,司马迁的独创不多,所以我们没有多选,只选取了献公时代的《骊姬谗杀申生》一节。类似的情节在《左传》中原本也有详尽的描写,但在《史记》中司马迁又有其设身处地的虚构想象,对骊姬性格的塑造分外精彩。骊姬是我国文学史上第一个被古人精心塑造的"坏女人",《骊姬谗杀申生》也是经文学家第一次细致描写的惊心动魄的宫闱斗争。

楚世家

庄王问鼎

　　庄王即位三年①，不出号令，日夜为乐，令国中曰："有敢谏者死无赦！"伍举入谏②。庄王左抱郑姬，右抱越女③，坐钟鼓之间。伍举曰："愿有进隐。"曰："有鸟在於阜，三年不蜚不鸣④，是何鸟也？"庄王曰："三年不蜚，蜚将冲天；三年不鸣，鸣将惊人。举退矣，吾知之矣。"居数月，淫益甚。大夫苏从乃入谏。王曰："若不闻令乎⑤？"对曰："杀身以明君，臣之愿也。"於是乃罢淫乐，听政，所诛者数百人，所进者数百人，任伍举、苏从以政，国人大说。是岁灭庸⑥。六年，伐宋，获五百乘⑦。

　　八年，伐陆浑戎，遂至洛，观兵於周郊⑧。周定王使王孙满劳楚王⑨。楚王问鼎小大轻重⑩，对曰："在德不在鼎。"庄王曰："子无阻九鼎！楚国折钩之喙，足以为九鼎⑪。"王孙满曰："呜呼！君王其忘之乎？昔虞夏之盛，远方皆至，贡金九牧，铸鼎象物，百物而为之备，使民知神奸⑫。桀有乱德，鼎迁於殷，载祀六百⑬。殷纣暴虐⑭，鼎迁於周。德之休明，虽小必重；其奸回昏乱，虽大必轻。昔成王定鼎于郏鄏，卜世三十⑮，卜年七百，天所命也。周德虽衰，天命未改。鼎之轻重，未可问也。"楚王乃归。

　　十六年，伐陈，杀夏徵舒⑯。徵舒弑其君，故诛之也。已破陈，即县之。群臣皆贺，申叔时使齐来⑰，不贺。王问，对曰："鄙语曰，牵牛径人田⑱，田主取其牛。径者则不直矣，取之牛不亦甚乎？且王以陈之乱而率诸侯伐之，以义伐之而贪其县，亦何以复令於天下！"庄王乃复国陈后⑲。

　　十七年春，楚庄王围郑⑳，三月克之。入自皇门，郑伯肉袒牵羊以逆㉑，曰："孤不天，不能事君，君用怀怒，以及敝邑，孤之罪也，敢不惟命是听！宾之南海，若以臣妾赐诸侯㉒，亦惟命是听。若君不忘厉、宣、桓、武，不绝其社稷，使改事君㉓，孤之愿也，非所敢望也。敢布腹心。"楚群臣曰："王勿许。"庄王曰："其君能下人，必能信用其民，庸可绝乎㉔！"庄王自手旗，左右麾军，引兵去三十里而舍，遂许之平㉕。潘尪入盟，子良出质㉖。夏六月，晋救郑，与楚战，大败晋师河上，遂至衡雍而归㉗。

①庄王即位三年：前611年。庄王，名侣，前613—前591年在位，春秋时期有名的霸主之一。②伍举：也称椒举，伍子胥的祖父。③郑姬、越女：皆指容貌佳丽，且又能歌善舞的女子。春秋、战国时代的郑、越、赵，皆以出歌舞倡优闻名。④阜：土丘。蜚：通"飞"。⑤若：你。⑥庸：西周以来的小国名，建都上庸（在今湖北竹山县东南）。⑦六年：前608年。宋：西周初期以来的诸侯国名，始封之君为纣王的庶兄微子启，国都商丘（在今河南省商丘市西南）。五百乘：指兵车五百辆。古代称一车四马曰一乘。⑧八年：前606年。陆浑戎：当时居住在今河南嵩县伊水流域的少数民族名。观兵：炫耀武力，向人示威。周郊：周国都城的郊区。当时周国的都城洛阳，在今河南洛阳市东北。⑨周定王：名瑜，前606—前586年在位。王孙满：周国的王室子孙，以博学多识、有远见闻名。⑩问鼎小大轻重：有藐视周天子，欲取而代之之意。⑪阻：依仗，仗恃。九鼎：相传为大禹所铸，历代传以为镇国之宝。折钩之喙：掰下长戟的钩尖。喙，嘴，这里指尖锐器物的尖儿。⑫虞夏：虞舜、夏禹，这里即指禹，夏朝的开国帝王。贡金九牧：意即九州都向朝廷进贡金属。九牧，九州的诸侯之长。铸鼎象物：各州都用自己的金属铸成一只鼎，而将自己州出产的东西以及自己州所有的奇特之物都铸在鼎上。神奸：指鬼怪超常之物。⑬桀：夏朝的末代帝王，被汤所灭，参见《殷本纪》。载祀六百：享受了六百年的祭祀。载，句首虚词。⑭纣：商朝的末代帝王，被周武王所灭，参见《周本纪》。⑮成王：名诵，武王之子。定鼎于郏鄏：将鼎从殷都朝歌迁到洛阳安置。按：据《周本纪》，武王灭商后，即开始在洛阳筑城；成王时，周公又在洛阳筑城，并将九鼎迁置于洛阳，表明周朝视洛阳为京邑。郏鄏，古地名，即周都王城所在，成王时周公所筑，在今洛阳市王城公园一带，通常即以"郏鄏"指洛阳。卜世三十：三十，指周朝的帝王将传国三十代。⑯十六年：前598年。陈：西周初期建立的诸侯国名，始封之君为舜的后代，国都宛丘（即今河南省淮阳）。夏徵舒：陈国的大夫。陈灵公及其大臣一同与夏徵舒之母通奸，夏徵舒不堪其辱，将陈灵公杀死，楚庄王遂以此为借口出兵伐陈。⑰申叔时：楚国大夫。⑱径：穿过，意即踩了人家的庄稼地。⑲复国陈后：重立陈国子孙以为陈国诸侯。按：此即孔子所张扬的"兴灭国，继绝世"。⑳十七年：前597年。郑：西周后期建立的诸侯国名，始封

之君为周宣王之弟。春秋时期的郑国都城新郑（即今河南省新郑市）。当时郑国从晋，楚庄王欲与晋国争霸，故首先伐郑。㉑皇门：郑国都城的城门之一。郑伯：即郑国诸侯郑襄公，名坚，前604—前587年在位。因为郑国是伯爵，故《左传》常称郑国诸侯曰"郑伯"。肉袒牵羊：表示自己认罪，愿意接受惩罚。自郑伯以一国君如此向人投降后，凡国君向人投降历代都用类似形式，如子婴投降刘邦之"素车白马，系颈以组"是也。㉒宾之南海：宾，通"摈"，扔，流放。若以臣妾赐诸侯：若，或。以臣妾，被当作奴婢。㉓厉、宣、桓、武：指周厉王、周宣王、郑桓公、郑武公。郑桓公是郑国的始封之君，乃周厉王之子，周宣王之弟。郑武公是郑桓公之子，郑国东迁后的第一代国君。改事君：意即脱离晋国，改从楚国。㉔庸可：岂可。㉕平：结约，定盟。㉖潘尪：楚国大夫。子良：郑襄公之弟。㉗大败晋师河上：按：此即有名的晋楚邲之战，详见《左传》宣公十二年。是役楚军大破荀首、先縠等人率领的晋军。衡雍：郑邑名，在今河南省原阳县西。

楚庄王已即位三年，不向国人发布政令，日夜不停地只管寻欢作乐。并警告臣民："有敢劝谏的定斩不饶。"伍举来进谏了，这时庄王正左手抱着郑姬，右手搂着越女，身坐钟鼓之间。伍举说："我想给您讲段隐语。"于是说："有只鸟落在外面的土丘上，三年不飞又不鸣，您知道这是只什么鸟吗？"庄王说："三年不飞，一飞冲天；三年不鸣，一鸣惊人。你下去吧，我知道你的意思了。"几个月后，楚庄王荒淫得更加厉害了。大夫苏从于是又去进谏。楚庄王说："你没有听到我的警告吗？"苏从说："听到了。如果杀了我而使您变得英明，那么我死也愿意。"于是楚庄王立即停止荒淫，听政理事，诛杀了奸邪之臣几百人，升赏了忠贞之臣几百人，让伍举、苏从处理政务，国人皆大欢喜。当年内灭了庸国。庄王六年，讨伐宋国，缴获兵车五百辆。

庄王八年，率兵北伐陆浑戎，到达洛阳附近，在周都郊外故意炫耀自己的武力。周定王派王孙满出城来慰劳楚庄王。当楚庄王向王孙满问起周鼎的大小轻重时，王孙满说："一个王朝的兴衰，在于其德业如何，不在于九鼎的大小轻重。"楚庄王说："你们不必向人夸耀九鼎，我们楚国拿下点长戟的钩嘴儿，就足够铸造九鼎。"王孙满说："您难道忘了吗？当初虞夏隆盛时，远方的诸侯都来朝拜，九州之长各铸鼎一只,将自己地区的出产以及本地区所有的奇特之物都铸在鼎上。因此天地间任何物类鼎上都有,人们从鼎上可以辨识一切神圣的与邪恶的东西。夏桀的道德败坏,九鼎便迁到了殷都,殷朝享国六百多年。商纣王暴虐,九鼎遂又迁到了周。如果这个王朝的政治措施清明美好,那么鼎即使再小,也重而难移;如果这个王朝奸邪昏乱,那么鼎即使再重,也轻而易失。当年周成王把九鼎安放在洛阳时曾经占卜过,算看周朝应该传国三十代,享有七百年,这是上天的安排。周的德业虽已衰败,但天命尚未改变。所以九鼎的轻重您是不能问的。"于是庄王返回楚国。

庄王十六年,楚军伐陈,杀楚大夫夏徵舒。因为夏徵舒杀了国君陈灵公,所以楚王讨伐他。庄王灭陈后,以陈为楚县。群臣都来向庄王致贺,唯有大夫申叔时从齐国回来,不来祝贺。庄王问他为什么,他回答:"俗话说:牵牛踩了别人的庄稼,田主则夺走了那人的牛。牵牛踩别人的庄稼当然理亏,但因此就夺了人家的牛不也太过分了吗?况且大王因为陈国内乱所以才率诸侯来讨伐它,利用仁义的名义讨伐了人家,却又贪恋这片领土将它置为县,那日后怎么向天下诸侯发号施令呢?"于是庄王又重建陈国,立灵公之子以为君。

庄王十七年春,率楚军围郑,三个月后攻克郑都。庄王从皇门入城,郑襄公光着肩膀牵羊以迎,说:"我因为不受上天保佑,不能恭侍大国,惹您生气,劳您远道来攻,这一切都是我的罪过。岂敢不听您的吩咐!您把我流放到南海边,您把我当作奴仆赏给其他诸侯,我都听候您的命令。倘若您能看在厉王、宣王以及我们桓公、武公的面上,不断绝他们的香火,让我改弦更张侍奉您,那便是我最大的愿望,我不敢提这种要求,我只是把我的心思向您说说。"楚国群臣都说:"不能答应他。"庄王说:"郑君既然能屈居人下,则一定能取信于民、使用其民,这样的国家怎能消灭呢?"于是庄王手执大旗,向楚军左右挥动,率之后退三十里扎营,并答应与郑国讲和。楚大夫潘尪入城缔结盟约,郑大夫子良到楚国做人质。夏季六月,晋军来救郑国,与楚军开战,楚军在黄河边大败晋军,楚军遂北进至衡雍而后返回。

评

楚国是南方的少数民族,但据说他们的始祖也是黄帝的后代。西周初年,据说楚国的先祖也曾为文王、武王做过事,因而被成王分封在今河南省的西南角,但具体情节都不详细。至西周末期,楚国的势力发展到了今湖北省的江汉之间。楚国的越发强大是从春秋初期开始的,他们灭邓、侵随、侵蔡,向北进攻,对中原地区构成严重威胁。齐桓公、晋文公之所以成为霸王,重要的一项就是率领北方诸国遏制楚国的北侵。齐桓公曾与楚国订过盟约,未敢与楚国开战;接着晋国长期为盟主,先后与楚国有过三次大战:第一次城濮之战,晋文公打败了楚国;第二次邲之战,楚庄王打败了晋国;第三次鄢陵之战,晋厉公又打败了楚国。直到春秋末期东方的吴国兴起,晋与吴国联盟,吴王阖庐破楚入郢,楚国才受到重创。迨至战国,作为北方霸主的齐、晋两国,内部都已发生变化;而楚国则是由春秋一直延续下来,直到战国末期被秦始皇所灭。

楚国最负盛名的人物是春秋时代的楚庄王,他打败了北方的霸主晋国,并随之北上到达周都洛阳附近,派人向周国"问鼎"。事情虽然被一套辞令敷衍过去了,但由此可以看到当时楚国的势力已经强大到何等程度。我们这里所选的就是这段故事。至于说楚庄王执政初期的沉湎酒色,经伍举劝说始发奋图强云云,则传说而已,不足深信。相似的故事亦见于《滑稽列传》,在那里又说是淳于髡劝说齐威王。

越王勾践世家
勾践灭吴

越王勾践,其先禹之苗裔,而夏后帝少康之庶子也①。封于会稽②,以奉守禹之祀。文身断发,披草莱而邑焉。后二十馀世,至于允常。允常之时,与吴王阖庐战而相怨伐③。允常卒,子勾践立,是为越王。

元年④,吴王阖庐闻允常死,乃兴师伐越。越王勾践使死士挑战,三行,至吴陈,呼而自刭。吴师观之,越因袭击吴师,吴师败于槜(zuì)李⑤,射伤吴王阖庐。阖庐且死,告其子夫差曰:"必毋忘越。"

三年⑥,勾践闻吴王夫差日夜勒兵,且以报越,越欲先吴未发往伐之。范蠡谏曰:"不可。臣闻兵者凶器也⑦,战者逆德也,争者事之末也。阴谋逆德，好用凶器，试身于所末，上帝禁之，行者不利。"越王曰："吾已决之矣。"遂兴师。吴王闻之，悉发精兵击越，败之夫椒⑧。越王乃以余兵五千人保栖于会稽⑨。吴王追而围之。

越王谓范蠡曰："以不听子故至于此，为之奈何？"蠡对曰："持满者与天，定倾者与人，节事者以地。卑辞厚礼以遗（wèi）之，不许，而身与之市。"勾践曰："诺。"乃令大夫种行成于吴⑩，膝行顿首曰："君王亡臣勾践使陪臣种敢告下执事：勾践请为臣，妻为妾。"吴王将许之，子胥言于吴王曰⑪："天以越赐吴，勿许也。"种还，以报勾践。勾践欲杀妻子，燔宝器，触战以死。种止勾践曰："夫吴太宰嚭贪，可诱以利，请间行言之⑫。"于是勾践乃以美女宝器令种间献吴太宰嚭。嚭受，乃见大夫种于吴王。种顿首言曰："愿大王赦勾践之罪，尽入其宝器。不幸不赦，勾践将尽杀其妻子，燔其宝器，悉五千人触战，必有当也。"嚭因说吴王："越以服为臣⑬，若将赦之，此国之利也。"吴王将许之。子胥进谏曰："今不灭越，后必悔之。勾践贤君，种、蠡良臣，若反国，将为乱。"吴王弗听，卒赦越，罢兵而归。

勾践之困会稽也，喟然叹曰："吾终于此乎？"种曰："汤系夏台，文王囚羑里⑭，晋重耳奔翟，齐小白奔莒⑮，其卒王霸。由是观之，何遽（jù）不为福乎？"

吴既赦越，越王勾践反国，乃苦身焦思，置胆于坐，坐卧即仰胆，饮食亦尝胆也。曰："女忘会稽之耻邪？"身自耕作，夫人自织，食不加肉，衣不重采，折节下贤人，厚遇宾客，振贫吊死⑯，与百姓同其劳。欲使范蠡治国政，蠡对曰："兵甲之事，种不如蠡；填抚国家，亲附百姓，蠡不如种。"于是举国政属大夫种，而使范蠡与大夫柘（zhè）稽行成，为质于吴。二岁而吴归蠡。

勾践自会稽归七年，拊循其士民，欲用以报吴。大夫逢同谏曰："国新流亡，今乃复殷给，缮饰备利，吴必惧，惧则难必至。且鸷鸟之击也，必匿其形。今夫吴兵加齐、晋，怨深于楚、越，名高天下，实害周室⑰，德少而功多，必淫自矜。为越计，莫若结齐，亲楚，附晋，以厚吴。吴之志广，必轻战。是我连其权，三国伐之，越承其弊，可克也。"勾践曰："善。"

居二年⑱，吴王将伐齐。子胥谏曰："未可。臣闻勾践食不重味，与百姓同苦乐。此人不死，必为国患。吴有越腹心之疾；齐与吴，疥癣也。愿王释齐，先越。"吴王弗听，遂伐齐，败之艾陵，虏齐高、国以归⑲。让子胥。子胥曰："王毋喜！"王怒，子胥欲自杀，王闻而止之。越大夫种曰："臣观吴王政骄矣，请试尝之贷粟，以卜其事。"请贷，吴王欲与，子胥谏勿与；王遂与之，越乃私喜。子胥言曰："王不听谏，后三年吴其墟乎？"太宰嚭闻之，乃数与子胥争越议，因谗子胥曰："伍员貌忠而实忍人，其父兄不顾，安能顾王？王前欲伐齐，员强谏，已而有功，用是反怨王。王不备伍员，员必为乱。"与逢同共谋，谗之王。王始不从，乃使子胥于齐，闻其托子于鲍氏[20]，王乃大怒，曰："伍员果欺寡人！"役反，使人赐子胥属镂剑以自杀。子胥大笑曰："我令而父霸，我又立若，若初欲分吴国半予我，我不受，已，今若反以谗诛我。嗟乎，嗟乎，一人固不能独立！"报使者曰："必取吾眼置吴东门，以观越兵入也！"于是吴任嚭政。

居三年，勾践召范蠡曰："吴已杀子胥，导谀者众，可乎？"对曰："未可。"

至明年春，吴王北会诸侯于黄池[21]，吴国精兵从王，惟独老弱与太子留守。勾践复问范蠡，蠡曰："可矣。"乃发习流二千人，教士四万人，君子六千人，诸御千人，伐吴。吴师败，遂杀吴太子。吴告急于王，王方会诸侯于黄池，惧天下闻之，乃秘之。吴王已盟黄池，乃使人厚礼以请成越。越自度亦未能灭吴，乃与吴平。

其后四年[22]，越复伐吴，吴士民罢弊，轻锐尽死于齐、晋。而越大破吴，因而留围之三年，吴师败，越遂复栖吴王于姑苏之山[23]。吴王使公孙雄肉袒膝行而前，请成越王曰："孤臣夫差敢布腹心，异日尝得罪于会稽，夫差不敢逆命，得与君王成以归。今君王举玉趾而诛孤臣，孤臣惟命是听，意者亦欲如会稽之赦孤臣之罪乎？"勾践不忍，欲许之。范蠡曰："会稽之事，天以越赐吴，吴不取。今天以吴赐越，越其可逆天乎？且夫君王早朝晏罢，非为吴邪？谋之二十二年，一旦而弃之，可乎？且夫天与弗取，反受其咎。'伐柯者其则不远'[25]，君忘会稽之厄乎？"勾践曰："吾欲听子言，吾不忍其使者。"范蠡乃鼓进兵，曰："王已属政于执事，使者去，不者且得罪。"吴使者泣而去。勾践怜之，乃使人谓吴王曰："吾置王甬东[26]，君百家。"吴王谢曰："吾老矣，不能事君王！"遂自杀。乃蔽其面，曰："吾无面以见子胥也！"越王乃葬吴王而诛太宰嚭。

勾践已平吴，乃以兵北渡淮，与齐、晋诸侯会于徐州[27]，致贡于周。周元王使人赐勾践胙，命为伯[28]。勾践已去，渡淮南，以淮上地与楚，归吴所侵宋地于宋，与鲁泗东方百里。当是时，越兵横行于江、淮东，诸侯毕贺，号称霸王。

注

①少康：夏代中兴之主，帝相之子。庶子：妾所生的儿子。②会稽：古邑名，即今浙江绍兴市。③吴王阖庐：春秋末期吴国国君，前514—前496年在位。④元年：越王勾践元年，前496年。⑤檇李：古地名，在今浙江嘉兴市西南。⑥三年：前494年。⑦兵者凶器：语出《老子》："兵者不祥之器，非君子之器，不得已而用之。"又曰："善战者不怒，善胜敌者不与。"不与争也。⑧夫椒：山名，在今苏州市西南的太湖中。⑨会稽：此指会稽山，在今绍兴市南。⑩大夫种：姓文名种，字子禽，为越国大夫。行成：求和。⑪子胥：伍子胥，原楚人，因父兄被楚平王杀而逃入吴国，佐吴王阖庐破楚称霸，又佐吴王夫差破越。事见《伍子胥列传》。⑫吴太宰：此指太宰伯嚭。太宰，古官名，即后来的宰相。伯嚭，原楚人，其祖父伯州犁被楚平王所杀，伯嚭逃到吴国，先任大夫，后至太宰。间行：化装秘密前往。⑬以服为臣：以，通"已"。⑭汤：即成汤，商朝开国之君。夏台：夏代监狱名，在今河南禹州市，夏桀曾囚商汤于此。羑里：古城名，在今河南省汤阴县北，商纣曾囚文王于此。⑮重耳奔翟：重耳即晋文公，春秋五霸之一，即位前晋国内乱，为逃避迫害，曾奔匿于翟。翟，通"狄"，当时的少数民族名。齐小白奔莒：小白即齐桓公，春秋五霸之一，即位前齐国混乱，小白曾避居于莒。莒，诸侯国名，春秋时都城在莒（即今山东莒县）。⑯振：同"赈"，救济。⑰兵加齐、晋：吴释越之后，遂连年出兵北伐齐、鲁且同晋国争夺霸主地位。怨深于楚、越：吴王阖庐时，曾伐楚入郢；夫差又大破越国，故楚越皆恨吴。实害周室：周天子是各国诸侯的共主，吴国崛起于南方，北侵中原诸国，是有害于周天子之行政。⑱居二年：依本篇文意，即勾践之十二年，吴王夫差十一年，前485年。是年吴伐齐，值齐国政变，吴遂退兵。⑲败之艾陵：事在吴王夫差十二年，前484年。艾陵，春秋时齐地名，在今山东莱芜市东北。高、国：指高无丕、国书，齐国的两家世袭大贵族。⑳鲍氏：指齐国的大贵族鲍牧。㉑明年：越王勾践十五年，前482年。黄池：在今河南封丘西南。在黄池会上吴与晋国争夺霸主地位，几乎动起干戈。㉒其后四年：越王勾践十九年，吴王夫差十八年，前478年。㉓姑苏之山：即今苏州市郊之灵岩山。㉔早朝晏罢：晏，晚。㉕伐柯者其则不远：语出《诗经·伐柯》。柯，斧子柄。则，榜样。㉖甬东：古地名，即今浙江舟山岛。㉗徐州：春秋战国齐邑，也称"舒州"，在

今山东滕州市南。㉘赐勾践胙，命为伯：胙，祭肉。天子将祭肉分赐诸侯，是对霸主的一种礼遇。伯，方伯，即霸主。

越王勾践，他的先祖是夏禹的后代，是夏朝的帝王少康的妃妾所生的儿子。他被封在会稽，要他在那里祭祀和守护夏禹的坟墓。于是他就入乡随俗地在身上刺上花纹，剪断了长发，在那里开荒种地兴建城堡居住下来了。一直传了二十多代，传到了允常，开始和吴王阖庐作战结下了怨仇。允常死后，他的儿子勾践继位当了越王。

勾践元年，吴王阖庐得知允常去世的消息，于是趁机兴兵伐越。越王勾践组织了一支敢死队，让他们排成三行一直走到吴军的阵前，而后大呼一声一齐自刎了。吴国军队被这种异常奇特的行动惊呆了，而越军则乘着吴军的愣神而突然发起了猛攻，结果吴军在槜李遭到惨败，吴王阖庐也被射伤了。阖庐临死前，告诫他的儿子夫差说："一定不要忘了向越国报仇！"

勾践三年，他得知吴王夫差日夜练兵准备复仇的消息，就想抢在吴国没有动手之前主动出击。范蠡劝阻说："不能轻举妄动。俗话说战争是一种不吉祥的东西，发动战争是违背人道的，到战场上去争胜负也是解决矛盾的最下策，暗中策划违反人道的行动，喜好动用杀人凶器，不顾后果地采取最下策，这些都是上天所绝对禁止的，谁做这种事情谁倒霉。"勾践说："我已经决定了。"于是就出了兵。吴王听到消息后，调集了全国的精锐部队迎击越军，在夫椒一战把越军打得大败。勾践领着残兵五千人退到了会稽山上，吴王夫差派兵把会稽山团团围住了。

越王对范蠡说："当初由于没听你的劝告，所以落到这种处境，今天可怎么办呢？"范蠡说："要想保持国家的全盛不衰必须效法天道的不自满，要想扭转国家的危局必须效法做人的谦卑退让，要想节约致富必须效法垦植的因地制宜。我们目前只能用谦恭的话语和丰厚的礼品去向人家求饶，如果他还不答应，那就只有用我们自己的人身去和他周旋，去给他做奴隶。"勾践说："好。"于是就派了大夫文种去向吴国求和。文种跪行到吴王跟前，叩头说："您的败军之臣勾践派他的仆从文种来向您禀告：勾践现在情愿做您的奴隶，他的妻子情愿做您的婢女。"吴王见说得这等可怜，就要答应他们的请求。伍子胥劝阻吴王说："现在是老天爷把越国给了我们，我们不能允许他存留。"文种失望地回去了，把经过报告了勾践。勾践愤怒地准备杀死妻儿，烧毁珍宝，和吴国决一死战。文种劝阻勾践说："吴国的太宰伯嚭很贪婪，我们可以想办法收买他，请让我悄悄地去和他交涉。"于是勾践就让文种把美女宝物偷偷地给伯嚭送了去。伯嚭接受了并很快地领着文种去见了吴王。文种叩头对吴王求情说："希望大王宽赦勾践的罪过，如果能这样，勾践将向您献出越国的全部财宝；如果您不宽赦，那么勾践将杀掉妻儿，烧毁宝器，率领五千人和您决一死战，那时您肯定要付出相应代价的。"这时伯嚭从旁接话劝吴王说："勾践既然愿意降服给我们当臣民，看来还是饶恕他对我们的国家有利。"吴王见此情景，就想答应越国的请求。伍子胥又进前劝阻说："今天如果不把越国灭掉，将来肯定是要后悔的。勾践是一个有才干的国君，文种、范蠡也都是有才干的大臣，如果一朝放他们回了国，必将成为我们的大祸害。"吴王不听，终于宽赦了越国，撤回了包围会稽山的军队。

　　当勾践被困在会稽山的时候，他伤心地叹息说："难道我就在这里完蛋了吗？"文种说："商汤曾被关押在夏台，周文王曾被囚禁在羑里，晋公子重耳曾逃奔到狄人地区，齐公子小白也曾逃难到莒国，但他们后来全都称了王称了霸。由这些人的例子看来，谁能说我们这一次不是一件好事呢？"

　　等到吴国宽赦了越国，勾践回到国都之后，便吃苦耐劳，冥思苦想地准备着报仇雪耻。他把一个苦胆吊在坐席旁，使自己坐着躺着都能看到它，在每次吃饭喝水的时候也都要尝尝它的苦味。他不时地提醒自己说："你忘记在会稽山遭到的凌辱了吗？"他亲身耕地做工，他的夫人也亲自纺纱织布；他们吃的饭里的肉，一点儿也不比别人的多；他们穿的衣服色彩一点儿也不比别人鲜艳；他们放下架子尊重贤人，对宾客优礼相待；他们救济贫困，抚恤死伤，跟普通百姓一样地从事劳动。勾践想把治理国家的大政交给范蠡，范蠡说："练兵作战的事情，文种不如我；安定国家，镇抚百姓的事情，我不如文种。"于是勾践就把国家大政交给了文种，而让范蠡跟大夫柘稽去同吴国谈判，并留在那里当人质。两年后，吴国放心地让范蠡回来了。

　　勾践从会稽回国的第七年，他认为对百姓的安抚教育工作已经差不多了，就准备征兵对吴国作战。这时大夫逢同劝阻道："国家遭受破败现在才刚刚富裕一点，如果马上就整军备战，吴国立刻就会警觉起来，吴国一警觉我们越国就要大祸临头了。一只猛禽在它将袭击小鸟时，一定要把它的身体隐藏好。现在吴国向北对齐国、晋国用兵，在南方又与楚国、越国结怨，他的威名至高无上这就又危害到了周天子的权威，一个人的仁德少而武功多，他就必定要骄傲自大。为越国着想，不如一方面同齐国、楚国、晋国搞好关系，一方面用厚礼去向吴国讨好。随着吴国野心的不断扩大，也就必然愈来愈好战。到那时我们就掌握了主动权，当齐、晋、楚联合起来伐吴时，我们就可以趁着他的几面受敌而一举消灭他了。"勾践说："太好了。"

又过了两年，吴王准备北伐齐国，伍子胥劝阻说："不行。我听说勾践现在吃饭都不吃两样菜，一心同百姓们共甘苦。这个人不死，一定要成为吴国的祸患。越国的存在，对吴国是心腹之疾，至于齐国那只不过是疥癣而已。恳请大王放弃齐国，先收拾越国。"吴王不听，起兵攻齐，败齐军于艾陵，俘获了齐国的高昭子和国惠子两个大贵族。回来后，吴王得意地斥责伍子胥。伍子胥说："大王不要高兴得太早！"吴王很生气，伍子胥想要自杀，吴王听说后制止了他。这时越国的文种对勾践说："我看吴王办事现在已经相当傲慢了，咱们再用向他借粮的办法来试探一下。"于是越国向吴国借粮食，吴王想要借给他们，伍子胥劝说不要给，吴王还是给了，越国人心中暗暗高兴。伍子胥底下对人说："大王总不听我的劝告，恐怕三年之后吴国就要成为一片废墟了！"太宰伯嚭在对待越国的政策上过去就多次与伍子胥争执不下，这回他听到了伍子胥的埋怨就在吴王面前挑拨煽动说："伍子胥貌似忠厚实际上是一个很残忍的人，他连他父兄的生死都不顾，哪还会关心大王呢？大王上次伐齐之前，他就竭力反对，后来您伐齐胜利了，他还因此怨恨您。您要是不好好防备他，他一定会造反的。"接着伯嚭又伙同越国的奸细逢同一起密谋，轮番地在吴王面前说伍子胥的坏话。吴王开始还不听，后来他派伍子胥去齐国，听说伍子胥把他的儿子带到齐国去托付给鲍氏照看了，于是才大怒说："伍子胥果然是在欺骗我！"等伍子胥回来后，吴王就派人给伍子胥送去一把属镂剑让他自杀。伍子胥接过宝剑大笑说："我曾经辅佐你的父亲成为霸主，又立你当了吴王。想当初你曾经要把吴国的一半分给我，我不要，可是到了今天你却听信小人的诬陷来杀我。咳！我看你光杆一个将来依靠谁！"他对吴王派来的使者说："我死后你们要把我的眼睛挖出来放在吴国都城的东门上，让它看着越兵进城吧！"伍子胥死后吴王把国家的一切大政都交给了伯嚭。

又过了三年，勾践问范蠡说："吴国已经把伍子胥杀了，现今吴王周围大都是一些谄媚讨好的人了，可以出兵打他了吗？"范蠡说："不行。"

又到了第二年春天，吴王北上与诸侯在黄池会盟，吴国的精锐部队都跟随吴王走了，在国内跟着太子留守的只有老弱残兵。这时勾践又问范蠡现在的时机如何，范蠡说："可以了。"于是就调集了熟悉水性的二千人，经过专门训练的四万人，有身份享受国家特殊待遇的六千人，近卫侍从一千人，大举袭击吴国。结果吴军溃败，吴国太子被杀。当吴国派人到黄池向夫差告急时，夫差正好与诸侯们开会，他怕消息在会上传出对吴国不利，于是就秘而不宣。直到盟约签订，夫差才派人带着厚礼去向越国求和。越王估量着暂时也还没有消灭吴国的条件，便答应与吴国讲和了。

又过了四年，越国又出兵伐吴。这时吴国的军民已经非常疲惫，因为他的精锐部队都在与齐、晋两国的作战中消耗光了，因而越国这回很轻易地把吴军打得大败，而且包围了吴国的首都，一围三年。后来都城又被攻破，吴王夫差逃上了姑苏山。夫差无法只好派公孙雄裸露着肩膀，跪行到越王跟前，并以吴王的口气向勾践哀求说："你光杆无依的外臣夫差斗胆地向您请求，过去我曾经得罪过您把您弄到会稽山上去了。后来您一向我提出要求，我二话没说立即就同您讲和，让您回了国。今天劳动您来讨伐我们，我们现在一切都听您的。您是不是也能够像过去我们宽恕您那样，今天也把我们饶了呢？"勾践听着于心不忍，也想答应他的要求。这时范蠡拦阻说："过去我们被困在会稽那是老天爷要把越国送给吴国，可是吴国不要。今天老天爷又把吴国送给我们了，我们怎么能违背天命呢？再说大王您每天起早贪黑地奋斗，不就是为了消灭吴国吗？我们花费了二十二年的心血才获得了今天的成功，我们怎能一下子把它扔掉呢？老天爷给你的东西你不要，日后是要倒霉的。《诗经》里曾说拿着斧子去砍取一个新的斧子柄，就按照你手里那个旧柄的样子就行，您难道忘了我们当初在会稽受的罪了吗？"勾践说："你的话是对的，我只是不忍心驳回他们的哀求。"于是范蠡就擂鼓进兵，他高声宣布说："大王已把事情交给我处理了，吴国使者赶快回去，如果再不走，就休怪我们不客气了。"吴国使者见已无法，只好流着眼泪离去了。勾践觉得太可怜于是又派人去对吴王说："我可以把您安置在甬东，让您到那里去当一个百户人家的头领。"吴王谢绝说："我已经老了，不能再侍候您！"于是就自杀了。死前他用衣服遮上了自己的脸说："我没有脸面去见伍子胥！"勾践安葬完了吴王夫差，跟着就把吴国的太宰伯嚭杀掉了。

勾践平定吴国后，接着率军北渡淮河，与齐国、晋国的诸侯会盟于徐州，并给周天子送去了贡品。周元王也派人给勾践送来了祭祀的肉，封他做方伯，也就是诸侯的盟主。勾践离开徐州南渡淮河后,就把淮河上游的地盘分给楚国,又把吴国过去侵占的宋国的领土还给了宋国,把泗水以东的纵横百里地方给了鲁国。这时候,越国的军队在长江、淮河以东强大无敌,各国的诸侯们都向他朝贺,勾践成了一时的霸主。

越王勾践世家
范蠡经商

范蠡事越王勾践,既苦身戮力,与勾践深谋二十余年,竟灭吴,报会稽之耻,北渡兵于淮以临齐、晋,号令中国,以尊周室。勾践以霸,而范蠡称上将军①。还反国,范蠡以为大名之下,难以久居,且勾践为人可与同患,难与处安,为书辞勾践曰:"臣闻主忧臣劳,主辱臣死。昔者君王辱于会稽,所以不死,为此事也。今既以雪耻,臣请从会稽之诛。"勾践曰:"孤将与子分国而有之。不然,将加诛于子。"范蠡曰:"君行令,臣行意。"乃装其轻宝珠玉,自与其私徒属乘舟浮海以行,终不反。于是勾践表会稽山以为范蠡奉邑。

范蠡浮海出齐,变姓名,自谓鸱夷子皮②,耕于海畔。苦身戮力,父子治产,居无几何,致产数千万。齐人闻其贤,以为相。范蠡喟然叹曰:"居家则致千金,居官则至卿相,此布衣之极也。久受尊名,不祥。"乃归相印,尽散其财,以分与知友乡党,而怀其重宝,间行以去,止于陶③。以为此天下之中,交易有无之路通,为生可以致富矣④。于是自谓陶朱公。复约要父子耕畜,废居,候时转物,逐什一之利⑤。居无何,则致赀累巨万⑥,天下称陶朱公。

朱公居陶,生少子。少子及壮,而朱公中男杀人,囚于楚。朱公曰:"杀人而死,职也。然吾闻千金之子不死于市。"告其少子往视之。乃装黄金千溢⑦,置褐器中,载以一牛车,且遣其少子。朱公长男固请欲行,朱公不听。长男曰:"家有长子曰家督,今弟有罪,大人不遣,乃遣少弟,是吾不肖。"欲自杀。其母为言曰:"今遣少子,未必能生中子也,而先空亡长男,奈何?"朱公不得已而遣长子,为一封书遗(wèi)故所善庄生⑧,曰:"至则进千金于庄生所,听其所为,慎无与争事。"长男既行,亦自私赍(jī)数百金。

至楚,庄生家负郭,披藜藿到门,居甚贫。然长男发书进千金,如其父言。庄生曰："可疾去矣,慎毋留!即弟出,勿问所以然。"长男既去,不过庄生而私留,以其私赍献遗楚国贵人用事者。

庄生虽居穷阎,然以廉直闻于国,自楚王以下皆师尊之。及朱公进金,非有意受也,欲以成事后复归之以为信耳。故金至,谓其妇曰:"此朱公之金,有如病不宿诫⑨,后复归,勿动。"而朱公长男不知其意,以为殊无短长也。

庄生间时入见楚王,言"某星宿某,此则害于楚"。楚王素信庄生,曰:"今为奈何?"庄生曰:"独以德为可以除之。"楚王曰:"生休矣,寡人将行之。"王乃使使者封三钱之府⑩。楚贵人惊告朱公长男曰:"王且赦。"曰:"何以也?"曰:"每王且赦,常封三钱之府,昨暮王使使封之。"朱公长男以为赦,弟固当出也,重千金虚弃庄生,无所为也,乃复见庄生。庄生惊曰:"若不去邪⑪?"长男曰:"固未也。初为事弟,弟今议自赦,故辞生去。"庄生知其意欲复得其金,曰:"若自入室取金。"长男即自入室取金持去,独自欢幸。

庄生羞为儿子所卖,乃入见楚王曰:"臣前言某星事,王言欲以修德报之。今臣出,道路皆言陶之富人朱公之子杀人囚楚,其家多持金钱赂王左右,故王非能恤楚国而赦,乃以朱公子故也。"楚王大怒曰:"寡人虽不德耳,奈何以朱公之子故而施惠乎!"令论杀朱公子⑫,明日,遂下赦令。朱公长男竟持其弟丧归。

至,其母及邑人尽哀之,惟朱公独笑,曰:"吾固知必杀其弟也!彼非不爱其弟,顾有所不能忍者也。是少与我俱,见苦,为生难,故重弃财⑬。至如少弟者,生而见我富,乘坚驱良逐狡兔⑭,岂知财所从来,故轻弃之,非所惜吝。前日吾所为欲遣少子,固为其能弃财故也。而长者不能,故卒以杀其弟,事之理也,无足悲者。吾日夜固以望其丧之来也。"

故范蠡三徙,成名于天下,非苟去而已,所止必成名。卒老死于陶,故世传曰陶朱公。

①勾践以霸:以,通"已"。上将军:非固定官名,盖谓其位居诸将之上以统领诸将而言。②鸱夷子皮:鸱夷,皮口袋。以其能胀能瘪,故范蠡取以为号。③陶:齐邑名,在今山东定陶县西北。④为生:做买卖。⑤废居:囤积货物。什一:十分之一。⑥巨万:即今所谓"亿"。⑦溢:通"镒(yī)",重量单位,相当于二十两,

或说二十四两。⑧庄生：生，也称"先"，皆如今之敬称人曰"先生"。⑨病不宿诫：意料不到地得病，比喻范蠡此项财宝的突然而至。⑩三钱之府：即今之银行、国库之类。三钱，虞、夏、商、周金币分三等，为赤、白、黄，黄为上币，铜铁为下币。⑪若：你。⑫论杀：论，定罪。⑬重弃财：重，不轻易，舍不得。⑭乘坚驱良：乘坚车，策良马。

　　范蠡辅助越王勾践，为之出谋划策，千辛万苦竭尽全力地奋斗了二十多年，终于帮着勾践灭掉了吴国，报了当年被吴国打败、困守会稽山的深仇。并出兵淮河以北压倒了齐、晋等国，对中原各地发号施令，又以尊崇周天子为名，成了天下的霸主，范蠡自己也做了越国的上将军。待至胜利回国以后，范蠡深感到自己在这种名声太大的情况下，是很难长久平安无事的，而且他看透了勾践这个人只能与他同患难，而不能同他共安乐，于是写了一封信向勾践告辞说："俗话说主上有忧患，做臣子的就要不辞辛劳；主上受到屈辱，做臣子的就要不惜牺牲。想当初您被困在会稽山，我当时所以不死，就是为了夺取今天的胜利。现在我们的大仇已报，我应该以死来弥补上次的缺陷了。"勾践说："（您不能死，）我都准备把国家分一半给你（和您一道享福了）。如果你执意不听，我将严厉地惩罚你。"范蠡说："您有下命令的权力，我也有按个人意志行动的自由。"于是就带着他那些轻便的金珠玉器，和他的一些亲信仆从乘船渡海一去不复返了。勾践无法，只好把会稽山划出来作为范蠡的封地，聊示纪念而已。

　　范蠡渡海来到了齐国，改名换姓，自称叫作鸱夷子皮，在海边耕田劳动。父子几个辛辛苦苦地创置家业，没过多久，又积起了几十万的家产。齐国人听说他能干，就去请他做了齐国的宰相。过了一段范蠡感慨地叹息说："在家为民就能积起千金，在朝为官就能位至卿相，作为一个平民，这已经达到顶点了。过久地享受这种荣誉，是没有好处的。"于是他交回了相印，把他的家财全部散发给了他的朋友和乡亲，又带着一些贵重的宝物，悄悄地离开了齐国，来到了陶邑。他认为陶邑地处天下的中心，是个贸易往来货物集散的枢纽，如果在这里做买卖肯定可以发财。于是他就自称陶朱公。父子几个重新在这里耕田放牧，买进卖出，准确地把握行情，以追求十分之一的利润。没过多久，又积累起了数以亿计的资产，陶朱公的名声传遍天下。

当范蠡在陶邑居住的时候，又生了一个小儿子。待至小儿子长大时，范蠡的二儿子杀了人，被楚国关押起来了。范蠡说："杀人者偿命，这是理所当然的。但是俗话说富贵人家的儿子不能让他死在刑场上。"于是他准备打发他的小儿子去楚国看看。他让他带着黄金千镒装在一个麻袋里，放在一辆牛车上拉着。当这个小儿子即将出发上路时，范蠡的大儿子坚决请求让他去。范蠡不听。大儿子说："长子应该是一切家务的总管，现在我的弟弟犯了罪，您不让我去打救却让小弟去打救，这说明我是没有出息的。"于是就要自杀。他的母亲这时也帮着说："即使派老三去，也未必能救活老二的命，反而先让老大白白地死了，何苦来呢？"范蠡无法只得派老大去了，他写了一封信让老大带着交给自己的好友庄先生。并嘱咐老大说："你一到楚国就把千金给庄先生送去，听凭他随意打发，不要和他发生任何争执。"长男接受了嘱咐，自己又另外带上了几百两金子，于是出发了。

到了楚国，长男找到了庄先生家，原来庄先生住在一个靠近城墙的地方，房舍四周都长满了荒草，家境非常贫困。但是长男还是按照他父亲的嘱咐给庄先生呈上了书信，送交了千金。庄先生说："你可以赶紧回去了，千万不要在这里停留！一旦你的弟弟被放出来了，你们也不要问他是怎么出来的。"长男离开了庄先生家后，其实他并没有走，他在楚都留了下来，他用他手中所带的那另外几百两金子去贿赂楚国的当权者。

庄先生虽然身居陋巷，但是他那廉洁正直的名声却无人不知，所以上自楚王起全国的人都把他当成师长来尊敬。当范蠡让儿子给他送来黄金，他也并不是真想接受，是想等到事情办完以后再退还他。所以当他一见到黄金时，就嘱咐他的妻子说："这些金子是陶朱公的。没有想到他突然给送了来，我们日后要退给他，你们不要动。"可是范蠡的大儿子不明白庄先生的想法，以为他对于自己弟弟的死活并不关心。

庄先生找了一个机会去见楚王说："现在某颗星星正处在某个位置，这种现象对楚国不利。"楚王一向信任庄先生，就说："那怎么办好呢？"庄先生说："只有施恩于人才能免除灾害。"楚王说："先生去休息吧，我马上就按您说的办。"于是楚王立即派人把钱库封了起来。这时接受了范蠡长男财物的那些楚国权贵们赶紧告诉范蠡的长男说："大王马上就要宣布大赦。"长男问："有什么证据呢？"权贵们说："每回大王宣布大赦前，总要把钱库封起来。昨晚

111

大王又派人封钱库了。"范蠡的长男以为楚王既然要宣布大赦,他的二弟当然就会被释放,因此再把千金的重礼白白地送给庄先生,就没有什么必要。于是他借口辞行又到庄先生家里去了。庄先生一见惊讶地说:"你没有走吗?"长男说:"本来我就没有走。当初找您是为了救二弟来的,现在二弟马上就会被放出来了,因此我特来向先生辞行。"庄先生明白他的用意是想把金子要回去,于是说:"你自己到屋里去拿你的那些金子吧。"长男立刻进入屋内拿了金子高高兴兴地走了。

庄先生羞愧被一个年轻人所耍,于是又进宫去对楚王说:"我前些天说过某星处某地的事,大王也准备用修德的办法来报答上天。可是今天我在外头听见道上的人们都说是陶邑富翁朱公的儿子杀了人被关在楚国,是他们家里用钱贿赂了大王的亲信,所以大王的大赦不是为了体恤楚国人,而只是为了要赦免朱公的儿子。"楚王闻听大怒说:"我的道德水准尽管不高,但我难道竟会为了一个朱公的儿子宣告大赦吗!"于是下令先把朱公的儿子处决,第二日才宣布大赦令。结果朱公的长男只好拉着他弟弟的尸体回家了。

回家后,他的母亲和邻居们都很哀伤,唯独范蠡笑着说:"我早就料到老大去了必定要断送他二弟的性命!他倒不是不爱他的弟弟,就是因为他舍不得丢掉钱财。他从小跟着我一起操劳,受过苦,知道生计的艰难,所以他舍不得钱财。至于老三,他一生下来所看见的就是我的富贵,乘高车,赶大马,行围打猎,他哪里知道钱是怎么来的呢?所以随便挥霍,从不知道吝惜。当初我之所以要让他去,就是因为他舍得花钱。而老大不能,所以最后把他二弟的性命断送了。这也是一种定数,不必再难过了。我早就等着他的尸体回来了。"

范蠡三次搬家,三次都能扬名于天下,所以他不是随随便便地迁移,而是每到一个地方,一定要能够在那里成名。范蠡最后老死在陶邑,因此历来人们都叫他陶朱公。

《越王勾践世家》是以越王勾践为中心的整个越国的兴亡史,由于勾践以前与勾践以后的越国史料缺少,所以虽有世次,皆语焉不详。我们这里只选了《勾践灭吴》与《范蠡经商》两个故事。

越国是春秋后期在今浙江一带兴起的少数民族国家,与他北面相邻的吴国经常发生争斗。而在越王勾践元年的一场争斗里,不仅打败了吴国,而且还射死了不可一世的吴王阖闾。两年以后,吴王夫差兴兵伐越,越国惨败。在这生死存亡的关头,越王勾践接受其大臣范蠡、文种等人劝告,不惜一切地向吴国委屈求和。待至吴国上当,饶过了越国后,越国的君臣上下便齐心协力地一方面假意向吴国讨好,装出一种忠诚驯顺的样子,怂恿吴国北上中原,去和老牌的齐、晋霸主较量高低;而暗中则忍辱发愤,偷偷地发展壮大自己的国家。经过了十年生聚、十年教训,越国正当兵强马壮时,而吴国则已经在北方消耗得疲惫不堪了。于是越国趁着吴王夫差在黄池与晋国争霸之机,一举攻下了吴国的都城。形势急转直下,夫差这时只好转过头来向越国求和了。九年后,越国将吴国彻底消灭。《勾践灭吴》所表现的吴国灭亡、越国胜利的历史教训是非常深刻的,它永远像一面镜子高悬于历代统治者的面前,向他们昭示着深刻的国家兴亡的哲理。

《范蠡经商》是《越王勾践世家》后面所附的一段有关范蠡的历史传说。范蠡是黄老思想的化身,而黄老思想则可以说是一种政治斗争、军事斗争的学问,其根本要义在于"清静寡欲"、"后发制人"、"以柔克刚"、"欲取先予",而一旦时机成熟则如"猛禽鸷鸟之发"。范蠡就是靠着这一套协助勾践打败了吴国,也是靠着这一套规避了勾践的伤害,又是靠着这一套去经商而发了大财。而他的大儿子正是由于不懂这一套遂断送了其二弟的性命。故事是很生动、很有趣的,尽管有些地方明显不合情理。范蠡其人在历史上是有疑点的,在本篇"范蠡"这个艺术人物的身上仿佛有着汉代张良的影子。

赵世家
赵氏孤儿

晋景公之三年,大夫屠岸贾欲诛赵氏①。屠岸贾者,始有宠於灵公,及至於景公而贾为司寇②。将作难,乃治灵公之贼以致赵盾③。遍告诸将曰:"盾虽不知,犹为贼首④。以臣弑君,子孙在朝,何以惩罪?请诛之。"韩厥曰:"灵公遇贼,赵盾在外,吾先君以为无罪⑤,故不诛。今诸君将诛其后,是非先君之意而今妄诛。妄诛谓之乱。臣有大事而君不闻,是无君也。"屠岸贾不听。韩厥告赵朔趣亡⑥。朔不肯,曰:"子必不绝赵祀,朔死不恨。"韩厥许诺,称疾不出。

贾不请而擅与诸将攻赵氏於下宫，杀赵朔、赵同、赵括、赵婴齐⑦，皆灭其族。

赵朔妻成公姊，有遗腹，走公宫匿。赵朔客曰公孙杵臼，杵臼谓朔友人程婴曰："胡不死？"程婴曰："朔之妇有遗腹，若幸而男，吾奉之；即女也，吾徐死耳。"居无何，而朔妇免身⑧，生男。屠岸贾闻之，索於宫中。夫人置儿裤中，祝曰："赵宗灭乎，若号；即不灭，若无声⑨。"及索，儿竟无声。已脱，程婴谓公孙杵臼曰："今一索不得，后必且复索之，奈何？"公孙杵臼曰："立孤与死孰难？"程婴曰："死易，立孤难耳。"公孙杵臼曰："赵氏先君遇子厚，子强为其难者，吾为其易者，请先死。"乃二人谋取他人婴儿负之，衣以文葆，匿山中⑩。程婴出，谬谓诸将军曰："婴不肖⑪，不能立赵孤。谁能与我千金，吾告赵氏孤处。"诸将皆喜，许之，发师随程婴攻公孙杵臼。杵臼谬曰："小人哉程婴！昔下宫之难不能死，与我谋匿赵氏孤儿，今又卖我。纵不能立，而忍卖之乎！"抱儿呼曰："天乎天乎！赵氏孤儿何罪？请活之，独杀杵臼可也。"诸将不许，遂杀杵臼与孤儿。诸将以为赵氏孤儿良已死，皆喜。然赵氏真孤乃反在，程婴卒与俱匿山中。

居十五年，晋景公疾，卜之，大业之後不遂者为祟⑫。景公问韩厥，厥知赵孤在，乃曰："大业之后在晋绝祀者，其赵氏乎？夫自中衍者皆嬴姓也⑬。中衍人面鸟噣（zhòu），降佐殷帝大戊，及周天子⑭，皆有明德。下及幽厉无道，而叔带去周适晋，事先君文侯，至于成公⑮，世有立功，未尝绝祀。今吾君独灭赵宗，国人哀之，故见龟策⑯。唯君图之。"景公问："赵尚有后子孙乎？"韩厥具以实告。於是景公乃与韩厥谋立赵孤儿，召而匿之宫中。诸将入问疾，景公因韩厥之众以胁诸将而见赵孤。赵孤名曰武。诸将不得已，乃曰："昔下宫之难，屠岸贾为之，矫以君命⑰，并命群臣。非然，孰敢作难！微君之疾，群臣固且请立赵後；今君有命，群臣之愿也。"於是召赵武、程婴遍拜诸将，遂反与程婴、赵武攻屠岸贾，灭其族。复与赵武田邑如故。

及赵武冠⑱，为成人，程婴乃辞诸大夫，谓赵武曰："昔下宫之难，皆能死。我非不能死，我思立赵氏之后。今赵武既立，为成人，复故位，我将下报赵宣孟与公孙杵臼⑲。"赵武啼泣顿首固请，曰："武愿苦筋骨以报子至死，而子忍去我死乎！"程婴曰："不可。彼以我为能成事，故先我死；今我不报，是以我事为不成。"遂自杀。赵武服齐衰（cuī）三年⑳，为之祭邑，春秋祠之，世世勿绝。

注

①晋景公之三年：前597年。晋景公，名据，成公之子，前599—前581年在位。屠岸贾：《左传》叙事无此人。赵氏：此时赵氏家族的首领为赵朔。②灵公：名夷皋，襄公之子，前620—前607年在位，被赵氏家族所杀。司寇：官名，主管刑狱。③赵盾：赵朔之父。灵公被杀时赵盾为晋国正卿，而杀灵公者为赵盾之弟赵穿，实际可以认为赵盾是赵穿的后台。④贼首：首恶。⑤韩厥：晋国的世袭贵族，与赵氏长期同列。先君：指晋成公，灵公之叔。灵公被杀后，诸臣迎立成公，前606—前600年在位。⑥趣亡：迅速逃奔他国。趣，通"促"，急，速。⑦下宫：赵氏家族的屋舍名。赵同、赵括、赵婴齐：皆赵盾之弟，赵朔之叔。据《左传》，赵氏"下宫之难"的起因是赵婴齐与赵朔之妻赵庄姬私通，赵同、赵括逐赵婴齐于国外，赵庄姬诬陷赵同、赵括，晋景公逐并杀赵朔、赵同、赵括。⑧免身：免，通"娩"。⑨若号：若，你。号，大声哭。⑩文葆：有花色的小儿被。匿：藏。⑪不肖：不类其父，即没出息，不成材。⑫居十五年：应作"居十七年"，即景公十九年。大业：赵氏家族的远祖，尧、舜时代的人。其后代有曰造父者，为周穆王赶车，被封于赵城，遂姓赵。⑬中衍：亦大业的后代，商朝时人。自其先祖大费时，受姓为嬴，为秦国的祖先。⑭降佐殷帝大戊，及周天子：中衍曾为殷帝"大戊"赶车。"大戊"也作"太戊"，殷朝中期的帝王。中衍的后代有曰"非子"者，在西周后期为周天子养马。⑮幽厉：周幽王、周厉王。周厉王在前，因残暴无道，被国人驱逐，死于彘。周幽王，厉王之孙，宣王之子，被犬戎所杀，西周从此灭亡。叔带：造父的后代，西周后期人，自叔带始赵氏家族迁居于晋。文侯：名仇，前780—前746年在位。⑯见：通"现"，表现。龟策：龟壳、竹签，皆占卜用品。⑰矫：假托。⑱冠：指二十岁，古代男子二十岁行束发加冠之礼。⑲赵宣孟：即赵盾，"宣孟"是谥。⑳齐衰：丧服名，因其边缝缘饰，故称"齐衰"，侄辈为叔伯所服也。

晋景公三年时，大夫屠岸贾想灭掉赵氏。屠岸贾以前受到过灵公的宠幸，到景公时做了司寇。屠岸贾准备作难时，借口惩治杀灵公的凶手而追究赵盾。他对将领们说："赵盾对灵公被杀虽不知情，但他是罪魁祸首。做臣子的弑君犯上，今其子孙却依然在朝中做官，这如何能惩治犯罪？我请求把他们全部杀掉。"韩厥说："灵公遇害时，赵盾正逃奔在外，先君成公认为他无罪，所以未加诛杀。现在你们要杀掉他的后代，这不是先君的意思，是你们肆意杀人。肆意杀人就是作乱。你们办这么大的事情不向国君报告，这就是你们眼中没有国君。"屠岸贾不听。韩厥通知赵朔让他逃走。赵朔不肯，说："你只要能保住我们赵氏的香火不断，我就虽死无憾。"韩厥答应了他，遂称病不出门。屠岸贾没有请示国君，便擅自带领诸将攻打赵氏的下宫，杀掉了赵朔、赵同、赵括、赵婴齐，灭了赵氏家族。

赵朔的妻子是成公的姐姐，赵朔被杀时她正怀有身孕，逃到宫里躲了起来。赵朔有个门客叫公孙杵臼，杵臼对赵朔的朋友程婴说："你怎么还没死？"程婴说："赵朔的妻子怀有身孕，若有幸生个男孩，我把他抚养大；若是个女孩，那时我再死也不迟。"没过多久，赵朔妻分娩，生了个男孩。屠岸贾听说后，便带人到宫中搜查。赵夫人把儿子藏到裤子里，祷告说："姓赵的要是该灭绝，你就哭；要是不该灭绝，你就别出声音。"等到搜索时，孩子竟没有发出一点儿声音。程婴对公孙杵臼说："现在一次没有搜到，以后肯定还会来搜，怎么办呢？"公孙杵臼说："抚养孤儿成人与为主殉死，哪个更难？"程婴说："死容易，抚养孤儿成人难。"公孙杵臼说："赵氏先君待你很好，你应当勉为其难，我就选个容易的，让我先死。"于是二人商议找来一个别人家的婴儿，用一个小花被裹起来，背着藏到山中。程婴出来，骗诸将说："程婴没出息，不能扶立赵家的孤儿。谁能给我千金，我就告诉他赵氏孤儿躲藏的地方。"诸将都很高兴，答应了他，派人跟着程婴去抓公孙杵臼。杵臼假意骂程婴说："程婴，你这个小人！过去下宫之难你不跟着主公一起死，和我商议掩护赵氏孤儿，今天你又来出卖我。你即使不能抚养这个孩子，又怎么忍心出卖他呢？"于是抱着孩子仰天大呼道："苍天啊，赵家的一个孩子又有什么罪？求你们别杀他，要杀就杀我吧！"诸将不答应，于是将公孙杵臼与小孩一起杀死了。诸将认为赵氏孤儿确实已死，大家都很高兴。其实赵氏真正的孤儿还活着，程婴带着他一直藏在深山之中。

十五年后，晋景公得了病，占卜说是大业的后代中那些不顺心的鬼魂在作怪。景公问韩厥，韩厥知道赵氏孤儿还在，便说："大业的后代在晋国断了香火的，大概是指赵家吧？从中衍以来，其后代都姓嬴。中衍长得人面鸟嘴，其后代曾辅佐过殷帝大戊和周天子，功勋都很卓著。等到厉王、幽王无道时，叔带离开周来到晋国，侍奉我们的先君文侯，从此一直到成公，赵家世代立功，从未断过祭祀。后来是您灭了赵的家族，百姓都可怜他们，现在又从龟策上显现出来了。请您认真考虑此事。"景公问："赵家还有子孙在世吗？"韩厥便告诉了他实情。于是景公与韩厥商量重新册立赵氏孤儿，先把他召来，藏在宫中。当诸将前来探病时，景公便借用韩厥的部下胁迫诸将去见赵氏孤儿。赵孤名"武"。诸将不得已，于是说："过去下宫之难，都是屠岸贾所为，他假托君命，强迫我们。不然，谁敢作乱！要不是因为您有病，我们本来也想请立赵氏之后了；现在您的这个命令，正是我们大家所希望的。"于是叫赵武、程婴出来拜见各位将领，这些将领遂反过来与程婴、赵武一起攻袭屠岸贾，而灭其族。景公又把赵氏原有的领地发还给了赵武。

等到赵武二十岁，举行了加冠礼，程婴遂辞别诸位大夫，对赵武说："当年下宫之难，别人都跟着主公一起死了。我不是不能，我活着是为重立赵氏的后代，现在赵武已被立起、长大成人，重新恢复了赵氏的权位，我得到地下去将此事报告给赵宣子和公孙杵臼了。"赵武流泪叩头坚决请他不要这样，说："我将不辞辛苦地侍候您一辈子，以报答您的恩德，您怎么能忍心离我而去呢？"程婴说："不行。他们是因为相信我能办好此事，所以都先死了；现在我不去告诉他们，他们还以为我的事情没有办成呢。"于是自杀了。赵武为程婴服齐衰之丧三年，并为他划出一块领地，专供祭祀之用，春秋两季按时祭祀，永世不绝。

赵世家
襄子兴赵

姑布子卿见简子①，简子遍召诸子相之。子卿曰："无为将军者。"简子曰："赵氏其灭乎？"子卿曰："吾尝见一子於路，殆君之子也。"简子召子毋恤。毋恤至，则子卿起曰："此真将军矣！"简子曰："此其母贱，翟婢也②，奚道贵哉？"子卿曰："天所授，虽贱必贵。"自是之后，简子尽召诸子与语，毋恤最贤。简子乃告诸子曰："吾藏宝符於常山上③，先得者赏。"诸子驰之常山上，求，无所得。毋恤还，曰："已得符矣。"简子曰："奏之。"毋恤曰："从常山上临代④，代可取也。"简子於是知毋恤果贤，乃废太子伯鲁，而以毋恤为太子⑤。

晋出公十七年，简子卒，太子毋恤代立⑥，是为襄子。

襄子姊前为代王夫人⑦。简子既葬，未除服，北登夏屋，请代王⑧。使厨人操铜枓（zhǔ）以食代王及从者，行斟，阴令宰人各以枓击杀代王及从官⑨，遂兴兵平代地。其姊闻之，泣而呼天，摩笄自杀⑩。代人怜之，所死地名之为摩笄之山⑪。遂以代封伯鲁子周为代成君⑫。伯鲁者，襄子兄，故太子。太子蚤死，故封其子。

襄子立四年，知伯与赵、韩、魏尽分其范、中行故地⑬。晋出公怒，告齐、鲁，欲以伐四卿⑭。四卿恐，遂共攻出公。出公奔齐，道死。知伯乃立昭公曾孙骄，是为晋懿公⑮。知伯益骄，请地韩、魏，韩、魏与之。请地赵，赵不与，以其围郑之辱⑯。知伯怒，遂率韩、魏攻赵。赵襄子惧，乃奔保晋阳⑰。

三国攻晋阳，岁馀，引汾水灌其城，城不浸者三版⑱。城中悬釜而炊，易子而食。襄子惧，乃夜使相张孟同私於韩、魏⑲。韩、魏与合谋，以三月丙戌，三国反灭知氏，共分其地⑳。於是赵北有代，南并知氏，强於韩、魏。

注

①姑布子卿：姓姑布，名子卿，当时的相者。简子：即赵鞅，"简"字是谥。春秋末期的晋国的权臣，有名的"六卿"之一。当时晋国的诸侯已经成为傀儡。②翟婢：翟族女子在赵鞅家为婢妾者。③宝符：即符节，帝王传旨令使者持以为证验之物。常山：本名恒山，在今河北省曲阳县西北，汉代为避文帝讳改称"常山"。④临代：下取代国。临，居高视下。代，国名，国都在今河北省蔚县东北。⑤太子：即嫡长子，法定接班人。古代诸侯、封君的嫡子都称"太子"，自汉代景帝以后才限定只有皇帝的嫡子才能称"太子"。⑥晋出公十七年：前458年。晋出公，春秋、战国交替时期的晋国傀儡君主，前474—前452年在位。时韩、赵、魏三家实已各自独立为国。太子毋恤代立：按：太子毋恤代立在晋定公三十七年（前475年），今史公系之于晋出公十七年，误。⑦代王：姓氏与生平履历皆不详。⑧夏屋：古山名，在今山西代县、繁峙县北。请代王：《六国表》作"诱代王"。⑨操铜枓以食代王及从者：盖以铜枓盛热羹，多人分别以进。行斟：谓进上热羹。⑩摩笄：摩，通"磨"；笄，簪子。⑪摩笄之山：相传山在今张家口市东南。⑫代成君："君"是当时诸侯国内的封君之称，如平原君、商君等是也。"成"字是谥。⑬襄子立四年：前472年。知伯与赵、韩、魏尽分其范、中行故地：按：

今战国史家系四家分范氏、中行氏领地于襄子十八年（前458年）。在此以前范氏、中行氏先与赵氏发生争斗，赵氏联合知氏、韩氏、魏氏打败范氏、中行氏，范氏、中行氏逃奔齐国。至此四家将范氏、中行氏的领地瓜分，晋国六卿遂变为四卿。知伯，名瑶。⑭齐：当时的齐国诸侯为齐平公，名骜，但掌齐政的是田常，齐平公是田氏家族的傀儡。鲁：当时鲁国的诸侯是鲁悼公，掌鲁政的是季氏，鲁悼公是季氏家族的傀儡。⑮出公奔齐，道死：事在赵襄子二十四年（前452年），亦有曰"奔楚"而死者。是为晋懿公：亦有曰晋敬公者。⑯围郑之辱：赵襄子尚为太子时，率兵随知伯伐郑，中间知伯曾灌赵襄子酒，回来后又向赵简子进谗言劝其废赵襄子。⑰晋阳：赵氏的大邑，在今山西太原市西南。⑱三国攻晋阳：事在赵襄子二十一年（前455年）。城不浸者三版："浸"字应作"没"。三版，六尺高。胡三省《通鉴法》："高二尺为一版，三版六尺。"按：当时的一尺约合今之23.1厘米，六尺约当今之1.38米。⑲张孟同：《战国策》作"张孟谈"，史公为其父避讳改"谈"作"同"。⑳三月丙戌：夏历三月初八。三国反灭知氏，共分其地：事在赵襄子二十三年（前453年）。

善于相面的姑布子卿来见赵简子，赵简子把儿子一个个叫过来，请他看相。子卿说："这里面没有一个能够当将军。"简子说："那我们赵氏岂不是要灭绝了吗？"子卿说："我曾经在路边见过一个小孩，可能是您的儿子。"赵简子于是把儿子毋恤找来。当毋恤在面前一站，子卿赶紧站起来说："这才是真的将军！"简子说："他母亲很卑贱，是翟族人送来的婢女。她生的孩子怎么说得上尊贵呢？"子卿说："上帝派下来的，纵使出身卑贱，日后也一定得尊贵。"后来简子把儿子们一个个找来谈话，的确觉得毋恤最有才干。简子对他的儿子们说："我在常山顶上藏了一块宝符，谁先找到了有赏。"儿子们飞马加鞭奔上常山，结果什么也没有找到。毋恤回来，说："我找到了宝符了。"简子说："交上来。"毋恤说："从常山上居高临下，代国可以攻取呀！"简子由此知道毋恤确实有才干，就废掉太子伯鲁，改立毋恤为太子。

晋出公十七年，简子死了，太子毋恤继位，这就是赵襄子。

襄子的姐姐原是代王的夫人。襄子安葬简子后，还没有除掉丧服，就北登夏屋山，宴请代王。他让自己的厨师们用长柄铜枓盛热羹以招待代王与其随从，进羹时，暗中命令厨师各用铜料打死了代王和他的随从，接着发兵平定了代国。他姐姐得到消息，痛哭呼天，用磨尖的发笄自刺而死。代国百姓怜悯她，遂称她自杀的地方叫摩笄之山。襄子于是把代国封给伯鲁的儿子周，称之为代成君。伯鲁是襄子的兄长，原来的太子，因为死得早，所以封了他的儿子。

襄子继位四年，知伯和赵、韩、魏四家将原来属于范氏、中行氏两家的领地全部瓜分了。晋出公大怒，通告齐、鲁，请他们出兵讨伐晋国的四卿。四卿害怕，遂联手攻打出公。晋出公逃往齐国，死在路上。知伯于是改立了昭公的曾孙骄，这就是晋懿公。知伯越来越骄横，他向韩、魏两家索取土地，韩、魏两家给了他；接着又向赵氏索取土地，赵襄子不给，因为早在过去随知伯围郑时，赵襄子受过知伯的凌辱。知伯见赵襄子不给他，就率韩、魏军队攻赵。赵襄子害怕，跑到了晋阳固守。

三国攻晋阳一年多，引汾水灌晋阳城，大水浩浩荡荡，城墙只还露着六尺高。城中已到处是水，粮食也没有了，百姓只有架起锅来做饭，交换着杀孩子充饥。赵襄子很害怕，便派他的丞相张孟同夜间出城私下与韩、魏结盟。韩、魏与张孟同合谋后，于三月初八日，三家联合起来灭掉知氏，瓜分了知伯的土地。这时，赵国北边拥有代国，南边吞并了知氏土地，比韩、魏两家都强大。

赵世家
武灵王胡服骑射

武灵王元年，武灵王少，未能听政，博闻师三人，左右司过三人①。及听政，先问先王贵臣肥义，加其秩②；国三老年八十③，月致其礼。

八年，五国相王④，赵独否，曰："无其实，敢处其名乎！"令国人谓己曰"君"。

十九年春正月，大朝信宫⑤。召肥义与议天下，五日而毕。王北略中山之地，至於房子⑥。遂之代，北至无穷，西至河，登黄华之上⑦。召楼缓谋曰⑧："我先王因世之变，以长南藩之地，属阻漳、滏之险，立长城⑨；又取蔺、郭狼，败林人於荏⑩，而功未遂。今中山在我腹心，北有燕，东有胡，西有林胡、楼烦、秦、韩之边⑪，而无强兵之救，是亡社稷，柰何？夫有高世之名，必有遗俗之累⑫。吾欲胡服。"楼缓曰："善。"群臣皆不欲。

肥义曰："臣闻疑事无功，疑行无名。王既定负遗俗之虑，殆无顾天下之议矣。夫论至德者不和於俗，成大功者不谋於众。昔者舜舞有苗，禹袒裸国⑬，非以养欲而乐志也，务以论德而约功也。愚者暗成事，智者睹未形⑭，则王何疑焉。"王曰："吾不疑胡服也，吾恐天下笑我也。狂夫之乐，智者哀焉；愚者所笑，贤者察焉。世有顺我者，胡服之功未可知也。虽驱世以笑我，胡地中山吾必有之。"於是遂胡服矣。

使王𬘡告公子成曰⑮："寡人胡服，将以朝也，亦欲叔服之。家听於亲而国听於君，古今之公行也。子不反亲，臣不逆君，兄弟之通义也⑯。今寡人作教易服而叔不服，吾恐天下议之也。制国有常，利民为本；从政有经，令行为上。明德先论於贱，而行政先信於贵。今胡服之意，非以养欲而乐志也；事有所止而功有所出，事成功立，然后善也。今寡人恐叔之逆从政之经，以辅叔之议⑰。且寡人闻之，事利国者行无邪，因贵戚者名不累，故愿慕公叔之义⑱，以成胡服之功。使𬘡谒之叔，请服焉。"公子成再拜稽首，乃赐胡服。明日，服而朝。於是始出胡服令也。

二十年，王略中山地，至宁葭；西略胡地，至榆中⑲。林胡王献马。归，使楼缓之秦，仇液之韩，王贲之楚，富丁之魏，赵爵之齐。代相赵固主胡，致其兵⑳。

二十一年，攻中山。赵袑（shào）为右军，许钧为左军，公子章为中军，王并将之㉑。牛翦将车骑，赵希并将胡、代。赵与之陉，合军曲阳，攻取丹丘、华阳、鸱之塞㉒。王军取鄗、石邑、封龙、东垣㉓。中山献四邑和，王许之，罢兵。

二十六年，复攻中山，攘地北至燕、代，西至云中、九原㉔。

二十七年五月戊申，大朝於东宫，传国，立王子何以为王，是为惠文王㉕。武灵王自号为主父。

主父欲令子主治国，而身胡服将士大夫西北略胡地，而欲从云中、九原直南袭秦，於是诈自为使者入秦。秦昭王不知，已而怪其状甚伟，非人臣之度，使人逐之，而主父驰已脱关矣㉖。审问之㉗，乃主父也。秦人大惊。主父所以入秦者，欲自略地形，因观秦王之为人也。

惠文王二年，主父行新地，遂出代，西遇楼烦王於西河而致其兵㉘。

三年，灭中山，迁其王於肤施㉙。起灵寿，北地方从，代道大通㉚。

注

①武灵王元年：前325年。武灵王，肃侯之子，赵国第一任称王者，前325—前299年在位。博闻师：类似日后的博士官，以博学多闻备顾问。左右司过：谏官，类似后来的左拾遗、右补阙之类。②秩：官爵的等级。③国三老：国家所崇敬的老人代表。当时除"三老"外，还有所谓"五更"，皆指有道德、有学问而被帝王崇奉的老人。④八年：前318年。按：战国史家考据应作武灵王三年（前323年）。五国相王：战国初期以前各国诸侯例皆称"公"，随着周天子日益成为傀儡，诸侯国日益兼并强大，一些大国遂不愿再继续称"公"，而改称"王"。首先改称的是齐国、魏国（前334年），其次是秦国（前324年），至武灵王三年（前323年），由魏国发起，燕、赵、中山、韩、魏五国会遇，彼此承认为王。⑤十九年：前307年。信宫：也作"信武宫"，赵国的离宫，在今河北省永年县西。⑥中山：战国时期鲜虞人建立的诸侯国名，前期建都于顾（今河北省定州市），于前406年被魏文侯所灭。后又复国，建都于灵寿（今河北省灵寿县西北）。房子：当时的中山邑名，在今河北省高邑县西南。⑦代：赵国封君（赵襄子之兄的后代）的领地，在今河北省蔚县东北。无穷：也称无终，即今天津市蓟县。黄华：山名，方位不详，据文意，应在今山西省西北隅之黄河边上。⑧楼缓：赵国贵族。此时在赵，后入秦。⑨漳、滏：二水名。漳水源于山西和顺县东北，东南流入河北省，经磁县南，东北流入黄河。滏水源于河北省武安市南，东流经今磁县城边入漳水。长城：战国前期赵国的长城西起武安市南，东南行，经磁县南，东北折，至今肥乡县南止，大体与漳水的流向相平行。⑩蔺、郭狼：二邑名，蔺在今山西省离石市西。郭狼也作"皋狼"，在离石市西北。二地皆原属林人。林人：也称林胡，当时居住在今内蒙古东胜一带的少数民族。荏：具体方位不详，据文意应在今山西、陕西、内蒙古三省、区交界一带地区。⑪燕：西周以来的诸侯国名，国都蓟城（即今北京市）。胡：当时活动在今河北省东北部的少数民族。楼烦：当时活动在今山西朔县以北、内蒙古呼和浩特以南地区的少数民族。秦：此时秦国都城咸阳，在今咸阳市东北。韩：此时韩国都城即今河南省新郑市。⑫遗俗：超出世俗，不被世俗所理解。⑬舜舞有苗：相传舜在位时，有苗氏作乱，舜派人对有苗氏执干戚而舞，有苗氏即降服于舜。禹袒裸国：相传禹在位时，到裸国视察，裸人不听禹的教化，禹也就入乡随俗地脱光衣

服进入此国。⑭愚者暗成事，智者睹未形：二语又见于《商君列传》。⑮王绁：武灵王的叔辈。公子成：武灵王之叔。⑯兄弟之通义也：语意不顺，《战国策赵策二》作"先王之通义也"，应据改。⑰以辅叔之议：词语生涩，有曰此处"叔"应作"族"，指反对胡服的赵氏族人。辅，意即附和。⑱故愿慕公叔之义：词语亦生涩，大意谓我希望能仰仗您的威名、义气。⑲二十年：前306年。宁葭：中山国的邑名，在今石家庄市西北。榆中：地区名，约当今内蒙古之东胜市、伊金霍洛旗一带，当时属林胡。⑳代相：代地封君之相。主胡：主管与胡人的联络。致其兵：令其出兵以为赵用。㉑二十一年：前305年。公子章：武灵王的长子。㉒赵与之陉：陉，或曰山名、山口名，或曰地区名，具体方位不详，据文意应在今山西省北部。其地原属赵，今赵为换取胡人为之效力，故暂时将划与胡人。曲阳：邑名，在今河北省曲阳城西。丹丘：中山邑名，在今曲阳县西北。华阳：山名，也称"恒山"，在今河北省曲阳县西北。鸱之塞：也称"鸿上塞"，即华阳山之山口要塞。也有说在今定州市境内者。㉓鄗：中山邑名，在今河北省高邑县东。石邑：中山邑名，在今石家庄市西南。封龙：中山邑名，在今河北省元氏县西北。东垣：中山邑名，在今石家庄市东北。㉔二十六年：前300年。云中：古邑名，在今内蒙古托克托县东北、呼和浩特市西南。九原：古邑名，在今内蒙古包头市西。㉕二十七年：前299年。五月戊申：按：此年五月无"戊申"日，疑月日有错。王子何：武灵王的少子，公子章的异母弟，宠妃所生。惠文王：前298—前266年在位。㉖秦昭王：名则，前306—前251年在位。脱关：出函谷关。函谷关在今河南省灵宝县东北，是秦国东方的门户。㉗审问：仔细查问。㉘惠文王二年：前297年。行：巡视，视察。新地：新扩张的领土。西河：此指山西、陕西、内蒙古三省、区交界地区的黄河，赵国视之在西。㉙三年：前296年。肤施：古县名，在今陕西省榆林市东南。㉚灵寿：武灵王的陵墓，旧注以为在常山。常山即恒山，亦即前文之华阳山，在今曲阳县西北。古代帝王活着即开始为自己营造陵墓，以此见于记载。代道：代地与赵都邯郸的通道。

赵武灵王元年时，年少不能听政，他身边有博闻师三人，左右司过三人辅佐他。待至开始亲政时，先去问候先王的贵臣肥义，晋升他的官阶。国家的三老年过八十的，每月要给他们送去礼物。

八年，魏国发起燕、魏、韩、赵、中山五国相互称王，而武灵王不想称王，他说："没有称王的实力，要个虚名有何用？"他让国人称自己为"君"。

十九年春正月，在信宫大会群臣。召见肥义共商天下大事，一直商量了五天。武灵王向北攻取中山国的地盘，一直打到房子。接着到达代国，又北行到达无穷；往西到达黄河边，登上了黄华山。武灵王召见楼缓议事，说："过去我们先王适应时局的变化，在南藩之地称雄，凭借漳河、滏水的险要，修筑长城，又取得蔺、郭狼二邑，在荏地打败了林胡，但功业尚未告成。现在中山国处于我们的腹心之中，北有燕，东有胡，西接林胡、楼烦、秦、韩的边境，如果我们没有强大的兵力，国家就要灭亡，你说怎么办呢？凡有高出世人的名声，必定会遭到世俗的非议。我想让大家改穿胡服。"楼缓说："好。"但群臣都表示反对。

肥义说："俗话讲，犹豫不决，就什么事也办不成；行止无常，就永不会有好名声。您既然豁出去让他们非议，那就不用管他们怎么说了。追求崇高品行的人，永远不可能与世俗的看法一致；创立宏伟事业的人，没必要与平庸之辈商量。从前有苗作乱，舜对之执干戚而舞；禹到裸国，自己也脱光了身子，这都不是为了自己的舒服痛快，而是为了提高美名、获得成功。愚人对人家已办成的事情还看不懂，而智者在事件发生之前就早已预见到了。大王对此还有什么可疑虑的呢？"武灵王说："我并不怀疑胡服的好处，我是怕天下人讥笑我。疯子所感到快乐的事情，智者将为之悲哀；愚人所讥笑的事情，贤者就会去仔细体察。如果人们能跟我走，则胡服所能达到的功效将难以估量。现在即使让普天下的人反对我，胡地与中山，我也一定要兼并过来。"于是武灵王改穿胡服。

武灵王派王缌去告诉公子成说："我明天将穿着胡服上朝，想请叔叔也穿胡服。在家中应听长辈的，在朝廷要听君主的，这是古今通行的准则。子女不反对父母，臣子不违背君主，这是先王定下的规矩。现在我已下令改穿胡服。如果叔叔不穿，我担心天下人会议论这件事。治理国家有原则，以利民为根本；处理政事有常规，以服从为首要。提高社会道德，先从百姓做起；推行政治法令，先从贵族中实行。改穿胡服不是为了舒服愉快养尊处优，而是为了达到一定目的，取得一定功效。等到事情办成，功效显著，那时就一切都好了。现在我怕叔叔违反从政的规矩、附和其他贵族的反对意见。常听说只要办有利于国家的事那就不会有错，而办事情能得到贵族们的拥护，君主的名声就不会受损。我希望仰仗叔叔的威名来促成胡服的事情。现派王绁求见叔叔,请叔叔改穿胡服。"公子成叩头再拜,于是赐给公子成胡服。第二天,公子成穿胡服上朝,武灵王这才正式颁布了胡服令。

二十年,武灵王攻取中山地,到达宁葭;向西攻取林胡之地,到达榆中,林胡王献马求和。回到国都后,武灵王派楼缓出使秦,派仇液出使韩,派王贲出使楚,派富丁出使魏,派赵爵出使齐。派代国丞相赵固主管联络胡人,征集胡人的军队。

二十一年,攻中山,赵袑统领右军,许钧统领左军,公子章统领中军,赵武灵王总领诸将。牛翦统率战车和骑兵,赵希统率胡、代兵马。为换得胡、代两方的效力,赵国将陉山地区划给了他们。北路诸军在曲阳会合,攻取了丹丘、华阳与鸱之塞。赵王总领的南路军队取得了鄗、石邑、封龙、东垣。中山无奈,割让四邑求和,赵王答应了,暂时撤军而回。

二十六年,再次攻中山,遂将赵国的边界向北推移到与燕、代相邻,向西扩展到云中、九原。

二十七年五月戊申,在东宫举行盛大朝会,将王位传于少子何,这就是赵惠文王。武灵王自称主父。

武灵王让少子何主持国政,而自己身着胡服率领官兵向西北开拓胡地,他准备从云中、九原一带向南方直袭秦国,于是他化装成赵国使者亲自入秦。秦昭王开始不知道,只觉得来人相貌非凡,不是一般的臣子模样,待他派人追问时,主父已经飞马出了函谷关。经过仔细查问,才知道来人是主父,秦人大惊。主父之所以入秦,就是为了亲自观察秦国的地形与秦昭王的为人。

惠文王二年,主父视察新开拓的北部地区,遂从代国西出,与楼烦王相会于黄河边,取得了他的军事援助。

惠文王三年,赵国灭中山,将俘获的中山王迁置于肤施县。武灵王为自己建造陵墓,名曰灵寿。这时北方地区都已归附,由邯郸到代国的道路畅通无阻。

《赵世家》是战国时代赵国诸侯的编年史与兴亡史,但由于赵国是与韩、魏"三家分晋"建立的国家,所以《赵世家》遂由春秋时代赵氏家族在晋国的日益发达开始写起。赵氏家族的第一个显要人物是赵衰,辅佐晋文公夺得晋国政权并进而成为继齐桓公之后的更为强大的霸主;至其子赵盾,遂成为"首相"一样的晋国的执政者,其权势之大甚至指使其族人杀掉了晋国的诸侯晋灵公。十年后晋国公室反击,晋景公灭掉了赵盾之子赵朔与整个赵氏家族,亏得韩厥等救助,才使赵门留下了孤儿赵武一条根。晋景公末年重立赵氏,赵武遂又重掌晋政。至赵武之孙赵简子,晋国诸侯已形同傀儡,政权与土地皆落入"六卿"之手。不久,赵简子与智伯等灭范氏、中行氏,使晋国政权变为四家共掌。至简子之子襄子即位,遂与韩、魏二族灭掉了智氏,并形成了"三家分晋"的局面。这时中国历史已进入了战国时代,而赵襄子则是赵国的第一代国君。此后二百年间赵国最有作为的是赵武灵王,由于他的"胡服骑射",大力改革,使赵国强盛一时,甚至凛凛乎有并吞秦国之志。武灵王之子惠文王时,赵国人才济济,犹能抗拒强秦。至孝成王世,赵军大败于长平,从此一蹶不振,三十多年后遂灭于秦。

我们这里选取了《赵氏孤儿》《襄子兴赵》《武灵王胡服骑射》三段文字。《赵氏孤儿》一段的情节与《左传》出入甚大,这里之所说显然是不可信的;但司马迁通过这个故事表现了一种"士为知己者死"的侠义精神和一种慷慨复仇的强烈信念,这是司马迁所向往、所歌颂的思想品德。该故事被写为元杂剧,并很早就传入欧洲。《襄子兴赵》与《武灵王胡服骑射》写两位奋发有为的君主,赵襄子的隐忍强悍,武灵王高瞻远瞩,性情各异,但都表现得入木三分,且广为后世所传诵。

陈涉世家
大泽乡起义

陈胜者,阳城人也①,字涉。吴广者,阳夏(jiǎ)人也②,字叔。陈涉少时,尝与人佣耕,辍耕之垄上,怅恨久之,曰:"苟富贵,无相忘。"庸者笑而应曰:"若为庸耕③,何富贵也?"陈涉太息曰:"嗟乎,燕雀安知鸿鹄之志哉④!"

二世元年七月,发闾左適戍渔阳九百人,屯大泽乡⑤。陈涉、吴广皆次当行,为屯长⑥。会天大雨,道不通,度已失期。失期,法皆斩。陈胜、吴广乃谋曰:"今亡亦死,举大计亦死,等死,死国可乎?"陈胜曰:"天下苦秦久矣。吾闻二世少子也,不当立,当立者乃公子扶苏⑦。扶苏以数谏故，上使外将兵。今或闻无罪，二世杀之。百姓多闻其贤，未知其死也。项燕为楚将⑧，数有功，爱士卒，楚人怜之。或以为死，或以为亡。今诚以吾众诈自称公子扶苏、项燕，为天下唱，宜多应者。"吴广以为然。乃行卜⑨。卜者知其指意，曰："足下事皆成，有功。然足下卜之鬼乎！"陈胜、吴广喜，念鬼，曰："此教我先威众耳。"乃丹书帛曰："陈胜王"，置人所罾鱼腹中。卒买鱼烹食，得鱼腹中书，固以怪之矣。又间令吴广之次所旁丛祠中，夜篝火，狐鸣呼曰："大楚兴，陈胜王。"卒皆夜惊恐。旦日，卒中往往语，皆指目陈胜。

吴广素爱人，士卒多为用者。将尉醉⑩，广故数言欲亡，忿恚（huì）尉，令辱之，以激怒其众。尉果笞（chī）广⑪。尉剑挺，广起，夺而杀尉。陈胜佐之，并杀两尉。召令徒属曰："公等遇雨，皆已失期，失期当斩。藉弟令毋斩⑫，而戍死者固十六七。且壮士不死即已，死即举大名耳，王侯将相宁有种乎！"徒属皆曰："敬受命。"乃诈称公子扶苏、项燕，从民欲也。袒右⑬，称大楚，为坛而盟，祭以尉首。陈胜自立为将军，吴广为都尉⑭。攻大泽乡，收而攻蕲（qí）⑮。蕲下，乃令符离人葛婴将兵徇蕲以东⑯，攻铚（zhì）、酂（cuó）、苦（hù）、柘（zhè）、谯（qiáo），皆下之⑰。行收兵，比至陈⑱，车六七百乘，骑千余，卒数万人。攻陈，陈守令皆不在，独守丞与战谯门中⑲。弗胜，守丞死，乃入据陈。数日，号令召三老、豪杰与皆来会计事⑳。三老、豪杰皆曰："将军身被坚执锐，伐无道，诛暴秦，复立楚国之社稷，功宜为王。"陈涉乃立为王，号为张楚㉑。

①阳城：秦县名，县治在今河南省方城东。②阳夏：秦县名，县治即今河南省太康。③若：你。④鸿鹄：天鹅。鸿鹄之志，喻远大志向。⑤二世元年：前209年。二世，秦始皇之子，名胡亥。闾左：住在里巷左边的人。极言征调人员之多。下次则征闾右，无所不征也。渔阳：秦县名，在今北京市密云县西南。大泽乡：在今安徽省宿州市东南。⑥屯长：下级军吏，约相当于后世的连排长。⑦二世少子：秦二世是始皇第十八子。扶苏：始皇长子。⑧项燕：战国末期楚国将领，项羽之祖父，被秦将王翦所杀。⑨行卜：请人算卦，卜问吉凶。⑩将尉：统领戍卒的秦朝军尉。⑪忿恚：恼怒，这里是使动用法，激之使怒。笞（chī）：用鞭子或棍棒竹板打人。⑫藉

弟令：即使。"藉""弟"二字重叠使用，意思同"但"，"尽管"。⑬袒右：褪下右肩的衣袖，以示异于凡众。⑭都尉：军官名，级别低于将军，略当于校尉。⑮蕲：秦县名，治在今安徽省宿州市南。⑯符离：秦县名，治在今安徽省宿州市东北。⑰铚：古地名，在今安徽省宿州市西南。酂：秦县名，治在今河南省永城市西。苦：秦地名，故地在今河南省鹿邑县东。柘：秦县名，治在今河南省柘城县西北。谯：秦县名，治在今安徽省亳州市。⑱陈：秦县名，治在今河南省淮阳县。⑲守令：郡守和县令。当时陈县是陈郡，郡治所在，故有守有令。守丞：在郡留守的郡丞。郡丞是郡守的副官。⑳三老：秦代乡官名，主管教育、教化。豪杰：地方上的豪绅。㉑张楚：国号，取张大楚国之意。

陈胜是阳城人，字涉。吴广是阳夏人，字叔。陈涉年轻时，曾经给人家扛长活，有一次干活累了，在田埂上休息时，恨恨不平地说："如果将来我们谁阔了，可不能忘记今天的穷哥们儿！"别的长工都笑话他："你一个扛长活的，还有什么富贵可讲呢？"陈涉长叹一声："唉！小燕雀哪能知道鸿鹄一飞冲天的志向啊！"

秦二世元年七月，遣送住在里巷左边的壮丁到渔阳去守边。同行者九百人，中途驻扎在大泽乡。陈胜、吴广都在这一行人里，还充当小队长。凑巧天降大雨，道路不通，他们计算一下日程，肯定不能按时赶到渔阳了。不能按时到达，按照秦法，都要被杀头的。陈胜、吴广私下商量说："现在我们如果逃跑，被抓回来肯定是死；我们如果造反，即使失败了，无非也就是死。既然二者都是死，干脆豁出命去造反，为自己打天下而死不好吗？"陈胜说："老百姓受秦朝暴政的苦，时间不短了。我听说秦二世是秦始皇的小儿子，不该由他当皇帝，应该当皇帝的是长子扶苏。扶苏由于多次劝说秦始皇，秦始皇讨厌他，派他带兵到外头去守边。我听说他已经无辜被秦二世杀害了。老百姓们都只知道扶苏贤明，很多人还不知道他已经被杀了。还有项燕，他是楚国的名将，曾多次立过战功，而且关心士卒，楚国人都很爱戴他。现在有人认为他死了，有人认为他还活着，只是不知道躲在什么地方。现在我们真要是冒充公子扶苏和项燕，带头造反，我看响应我们的人会很多。"吴广觉得有理。但两人还有些犹豫，便去找人占卜。占卜的猜出了他们的心思，就说："你们的事情都能办成，而且一定会有大功效。但是你们为什么不再去找鬼神算一卦呢?"陈胜、吴广听着心里高兴,又暗自琢磨这"找鬼神"是什么意思,后来他们恍然大悟:"这是教我们用装神弄鬼的办法来提高威信,以便组织群众啊!"于是他们在一条白绸带子上写了"陈胜王"三个红字,偷偷塞进捕鱼人捕上来的一条鱼的肚子里,这条鱼又恰好被戍卒们买回来了,一剖腹,发现了鱼肚子里的这个红字条,人们觉得很奇怪。陈胜又让吴广夜里偷偷地到营房附近林中的破庙里,点起灯笼,学狐狸似的嗥叫:"大楚兴,陈胜王。"戍卒们都被吓得一夜没有睡好觉。第二天早晨,戍卒们三三两两交头接耳地开始议论,同时还指指点点地斜着眼睛看陈胜。

吴广平常爱关心人,因此戍卒们都愿意听他使唤。这一天,押送戍卒的两个尉官喝醉了,吴广就当着他们的面一再扬言要逃跑,故意激怒尉官让他打自己,以便挑起戍卒们的义愤。尉官果然上了圈套,他抄起竹板子打吴广,一用力,腰间的佩剑从剑鞘中甩了出来,吴广一跃而起,抓过宝剑,杀死了打他的那个尉官。陈胜在一旁帮忙,把另一个尉官也杀掉了。紧接着他们把戍卒们召集起来,对大家说:"各位,我们在这里遇上大雨,无论如何也不能按时赶到渔阳了。而不能按时到达,按法是要杀头的。即使不杀头,单说为守边而死的人,十个里头也有六七个。大丈夫如果豁不出命去也就罢了,如果敢于豁出命去那就要干出点大名堂。那些王侯将相的差使,难道只有贵族才能当吗?"戍卒们异口同声地说:"愿意听从您的指挥。"于是他们为了顺从人民的心愿,自己就冒充公子扶苏、项燕。他们一齐退下右臂上的袖子宣誓,自己号称"大楚"。他们又搭起台子,用那两个尉官的头祭天。陈胜自己做将军,吴广做都尉。先攻下了大泽乡,紧接着又带领大泽乡的人去攻蕲县。蕲县的守军投降了。于是陈胜派符离人葛婴带兵去蕲县以东开辟地盘。而他自己和吴广则率军西进攻铚、攻酂、攻苦、攻柘、攻谯,都攻下来了。他们一路上扩充军队,等到了陈郡城郊时,兵车已经有了六七百辆,骑兵有一千多,步兵已有好几万人了。于是他们开始进攻陈郡,当时陈郡的郡守和陈县的县令都不在,只有留守的郡丞在城门下抵抗了一阵子,随即战死了。于是陈胜顺利地占据了陈郡。过了几天,陈胜下令召集郡中各县的三老、豪杰都来开会。这些三老、豪杰们都说:"将军您身披铠甲,手执利刃,为民众讨伐暴秦,重新建立了楚国的政权,这么大的功劳,应当称王。"这些话正合陈胜的心意,于是他就自立为王,国号"张楚"。

陈涉世家
陈涉败亡

陈胜王凡六月。已为王,王陈。其故人尝与庸耕者闻之,之陈,扣宫门曰:"吾欲见涉。"宫门令欲缚之。自辩数,乃置,不肯为通。陈王出,遮道而呼涉①。陈王闻之,乃召见,载与俱归。入宫,见殿屋帷帐,客曰:"夥颐!涉之为王沉沉者②!"楚人谓多为夥,故天下传之,"夥涉为王③"由陈涉始。客出入愈益发舒,言陈王故情。或说陈王曰:"客愚无知,颛(zhuān)妄言④,轻威。"陈王斩之。诸陈王故人皆自引去,由是无亲陈王者。陈王以朱房为中正,胡武为司过,主司群臣⑤。诸将徇地,至,令之不是者,系而罪之,以苛察为忠。其所不善者,弗下吏,辄自治之。陈王信用之。诸将以其故不亲附,此其所以败也。

①遮道:拦路。遮,拦阻。②夥颐:惊叹声。沉沉者:富丽深邃的样子。③夥涉为王:意即"草头王""痞子称王"。夥涉:被人"夥颐"过的陈涉。④颛:通"专",专门。⑤中正:官名,主管考核官吏,确定官吏的升降。司过:似后来的监察御史,掌纠察过失。司,通"伺",窥视,暗中观察。

陈胜称王前后总共六个月。当他刚刚为王建都陈郡的时候,他的一位旧日一道扛活的老伙伴闻讯前来看他。这个人到了陈郡,叩着宫门说:"我要见陈涉!"守门的值勤官见这人如此无礼,就要把他绑起来。这个人费了许多口舌说明自己是陈涉的老朋友,值勤官才饶了他,但不给他向里通报。这时正好陈王出来了,于是这个人就过去拦着车子大声呼叫陈涉。陈王听见叫声,停车叫他过来,一看是老相识,于是叫他上车,一同回到宫里。这个人一看宫里的殿堂陈设,就惊讶地大嚷道:"夥(颐)!陈涉你这个王当得可真阔啊!"楚国方言惊讶地称"多"叫"夥"。后来人们之所以把那些草头王称为"夥涉为王",就是从这个故事开始的。这个人在宫里宫外说话越来越随便,有时还讲一些陈王旧日的不体面的事,于是有人劝陈王说:"您的那位客人愚昧无知,专门胡说八道,降低您的威信。"陈王自己也早就不高兴,于是下令把他杀掉。陈王的其他老熟人们一见如此都悄悄地离去了,从此没有人再来亲近陈王。陈王用朱房做中正官,用胡武为司过官,专管探听臣僚们的过失。将领们出去开辟地盘回来,谁要是不听从朱房、胡武的命令,朱房、胡武就把谁关起来治罪。他们以对别人的吹毛求疵来向陈王表示忠心。凡是他们不喜欢的人,他们根本不通过司法官吏,而是自己随意治他们的罪。陈王偏偏就信用这种人。由于这种缘故,各位将领与陈王越来越疏远。这就是陈王所以失败的原因。

　　《陈涉世家》是司马迁为陈涉所领导的整支农民反秦起义军所立的传记,它系统、全面地描写了这支起义军由发动起义、蓬勃发展、战绩辉煌到最后失败的全过程,是我国第一场伟大农民战争的忠实记录,诸如起义的原因、发动的过程、义军的威力以及早期农民战争的种种弱点与其失败的历史教训无不包含其中。在这里,我们选取了其中的《大泽乡起义》与《陈涉败亡》两段。

　　在《大泽乡起义》一节里,司马迁热情赞颂了陈涉的胸有大志、敢做敢为,而且又有精湛的谋略、细密的安排,说明一个失业的农民能干出如此惊天动地的事业不是偶然的。陈涉的生死观、陈涉的才智,以及陈涉所发动的这场起义的深刻影响,都使司马迁激动、敬佩不已。他在《太史公自序》中说"桀纣失其道而汤武作,周失其道而《春秋》作,秦失其道而陈涉发迹",竟然把陈涉列在了商汤、周武王、孔子这种大圣人的行列,其评价之高也是出众而绝伦的。

　　陈涉失败的教训可以总结许多条,但在《陈涉败亡》一节里,司马迁只具体描写了陈涉的骄奢蜕化与脱离群众两方面。看起来像是不周全,但这两条却在陈涉以后两千多年的历次农民起义中反复出现,说明这两条的确是非常重要的。

外戚世家
窦女为皇后

窦太后，赵之清河观津人也①。吕太后时，窦姬以良家子入宫侍太后②，太后出宫人以赐诸王，各五人，窦姬与在行中。窦姬家在清河，欲如赵近家，请其主遣宦者吏："必置我籍赵之伍中。"宦者忘之，误置其籍代伍中③。籍奏，诏可，当行。窦姬涕泣，怨其宦者，不欲往，相强，乃肯行。至代，代王独幸窦姬，生女嫖（piáo），后生两男。而代王王后生四男，先代王未入立为帝而王后卒。后代王立为帝④，而王后所生四男更病死。孝文帝立数月，公卿请立太子，而窦姬长男最长，立为太子。立窦姬为皇后，女嫖为长公主⑤。其明年，立少子武为代王，已而又徙梁，是为梁孝王。

窦皇后亲早卒，葬观津。于是薄太后乃诏有司，追尊窦后父为安成侯，母曰安成夫人，令清河置园邑二百家，长丞奉守，比灵文园法⑥。

窦皇后兄窦长君，弟曰窦广国，字少君。少君年四五岁时，家贫，为人所略卖⑦，其家不知其处。传十余家，至宜阳⑧，为其主人入山作炭，暮卧岸下百余人，岸崩，尽压杀卧者，少君独得脱，不死。自卜数日当为侯，从其家之长安。闻窦皇后新立，家在观津，姓窦氏。广国去时虽小，识（zhì）其县名及姓，又常与其姊采桑堕，用为符信⑨，上书自陈。窦皇后言之于文帝，召见，问之，具言其故，果是。又复问他何以为验，对曰："姊去我西时，与我决于传（zhuàn）舍中⑩，丐沐沐我，请食饭我，乃去。"于是窦后持之而泣，泣涕交横下。侍御左右皆伏地泣，助皇后悲哀。乃厚赐田宅金钱，封公昆弟家于长安⑪。

①赵：汉初诸侯国名，国都即今河北邯郸市。清河观津：清河郡（郡治在今河北清河县东南）的观津县，县治在今河北武邑县东南。②良家子：清白人家的孩子，以别于因犯罪而被罚没入宫为奴者。③代：汉初诸侯国名，文帝刘恒为代王时，国都曰中都，在今山西平遥县西南。④代王立为帝：事在前179年。大臣诛诸吕后，迎立刘恒为帝，详情见《吕后本纪》。⑤长公主：帝王之女称"公主"，

帝王之姊妹称"长公主",帝王之姑称"大长公主"。此处乃史官以日后对刘嫖之称呼追称之。⑥园邑:为祭祀陵园专设的领地。灵文园:文帝母薄太后之父的陵园。⑦略卖:略:通"掠",劫掠。⑧传:通"转",辗转。宜阳:汉县名,即今河南宜阳县。⑨识:记得。符信:证据。⑩决:通"诀",别。传舍:驿站上的屋舍。驿站是古代为公家过往人员提供饮食、住宿或更换车马的场所。⑪封公昆弟家于长安:"封公"二字衍文,应删。昆弟,兄弟。

窦太后是清河郡的观津县人。吕太后执政时,窦氏以一个良家女子的身份进宫侍候太后。后来吕太后把自己周围的一些宫女赐给各位王子,每人五个,窦氏也在这次被打发之列。因为窦氏的老家是清河郡,所以她想到赵国去以便离家近点。她特意去找那个主管分配的宦官说:"请你一定把我列入派往赵国的名单。"结果那个宦官记错了,把她的名字列入了派往代国的行列。名单上呈给吕后,吕后立即照准,人们马上就要出发了。窦氏伤心流泪,埋怨那个宦官胡涂,不愿去代国,后来被逼无法,才勉强去了。到了代国以后,代王对她特别宠爱,先生了一个女儿叫嫖,后来又生了两个儿子。原来代王的王后生了四个儿子,在代王没有进京做皇帝之前王后就死了。代王做了皇帝不久,王后生的四个儿子也都相继死去。因此到孝文帝即位几个月后,公卿们请求立太子的时候,窦氏的长子刘启就成了年龄最大的了,于是他被立为了皇太子。而窦氏也被立为了皇后,窦氏的大女儿刘嫖被立为公主(即后来所称之"长公主")。第二年,窦皇后的小儿子刘武被封为代王,不久又改封到梁国,这就是历史上所说的梁孝王。

窦皇后的双亲都早死了,埋葬在观津。于是薄太后就命令主管官员,追封窦皇后的父亲为安成侯,母亲为安成夫人。命令清河郡为他们修建陵园并划出二百户的份地作为安成侯陵园的俸邑,让县长、县丞负责祭祀保护陵墓,和对待灵文园的章程相同。

窦皇后的哥哥叫窦长君,弟弟叫窦广国,字少君。窦少君四五岁时,家里贫穷,被人家拐出去卖了。家里人不知道他去了什么地方。窦少君先后被转卖了十来家,最后到了宜阳,为他的主人进山烧炭。晚上一百多人睡在岩坎下,山岩突然崩塌,一百多人全压死了,唯独窦少君得以脱险,没有死。他自己去算了一卦,说是用不了几天就要被封侯,于是他就寻了一个机会跟随着他的主人到了长安。这时他听说新立的皇后是观津人,姓窦。窦广国被拐离家的时候年龄虽小,但还记得自己姓什么和自己老家的县名,还记得曾经跟着姐姐采桑叶由树上掉下来,他就用这些作凭证,给皇后上书说自己是皇后的弟弟。窦皇后把这件事告诉了孝文帝,而后把他叫到宫里,问他的身世,他详细作了回答,看来确实是窦皇后的弟弟。接着皇后又问他还有什么证据,他回答说:"姐姐离开我西去长安时,和我在驿站的屋子里作别,她向人家要来一盆水给我洗头,要来一碗饭喂我吃,而后才上车走了。"这时皇后过去拉着窦广国的手,泪如雨下,周围侍候的人们也都趴在地上低声哭泣,陪着皇后一起悲伤。于是朝廷赏给了窦广国很多土地房屋和金钱,兄弟俩一起在长安住下来。

外戚世家
武帝杀钩弋夫人

卫太子废后①,未复立太子。而燕王旦上书,愿归国入宿卫②。武帝怒,立斩其使者于北阙③。

上居甘泉宫,召画工图画周公负成王也④。于是左右群臣知武帝意欲立少子也。后数日,帝谴责钩弋夫人⑤。夫人脱簪珥叩头。帝曰:"引持去,送掖庭狱⑥!"夫人还顾,帝曰:"趣行,女不得活⑦!"夫人死云阳宫⑧。时暴风扬尘,百姓感伤。使者夜持棺往葬之,封识其处。

其后帝闲居,问左右曰:"人言云何?"左右对曰:"人言且立其子,何去其母乎?"帝曰:"然。是非儿曹愚人所知也。往古国家所以乱也,由主少母壮也。女主独居骄蹇,淫乱自恣,莫能禁也。女不闻吕后邪⑨?"故诸为武帝生子者,无男女,其母无不谴死,岂可谓非贤圣哉!昭然远见,为后世计虑,固非浅闻愚儒之所及也。谥为"武",岂虚哉!

①卫太子:汉武帝首次所立的太子,名据,皇后卫子夫所生,故习称"卫太子"。征和二年(前91年),武帝疑太子以巫蛊谋乱,查抄其家,太子怒,起兵相抗,兵败自杀。卫皇后亦受牵连被迫自

杀。②燕王旦：武帝之子，名旦，诸姬所生，其母不见记载，被封为燕王，都蓟（今北京市）。归国：将自己的封土燕国交回朝廷。入宿卫：入宫为皇帝充当警卫，实际意思是想来当接班人。③北阙：未央宫的北门。因皇宫正门的两边有阙，故称宫门曰阙。④甘泉宫：秦汉时期皇帝的离宫，故址在今陕西淳化县西北的甘泉山上。周公负成王：意即周公辅佐成王为帝。周公是武王之弟，武王死后成王年幼，周公忠心赤胆地辅佐成王治理天下，事见《鲁周公世家》。⑤钩弋夫人：武帝的宠妃。夫人，汉代帝王姬妾的通称。⑥掖庭狱：皇宫内的监狱。掖庭，宫庭，此处即指甘泉宫。⑦趣：通"促"，疾速。女：通"汝"。⑧云阳宫：即甘泉宫，甘泉山在当时的云阳县境内，故亦称云阳宫。⑨吕后：刘邦的皇后，刘邦死后吕后杀了刘邦的许多儿子、孙子，大封诸吕，差点将刘氏的政权毁掉。详见《吕太后本纪》。

　　卫太子刘据被废以后，武帝没有即时再立太子。这时燕王刘旦就给武帝上书，请求交回自己的燕国封土，回朝来给武帝当警卫。武帝一看大怒，立刻将其使者处死于未央宫的北门之外。

　　后来武帝在甘泉宫时，派画匠在墙上画了幅周公背着成王的画。这样一来百官们就明白武帝想立小儿子的心思了。过了几天，武帝无缘无故地谴责钩弋夫人，钩弋夫人摘去首饰叩头请罪。武帝说："拉出去，送交宫廷监狱！"夫人委屈地回头看武帝，武帝说："快走，你死定了！"就这样，钩弋夫人被处死于云阳宫。钩弋夫人死的时候，一阵暴风卷起漫天黄土，百姓们都为之伤心。使者夜间带着棺材去将夫人收殓埋葬，堆起坟头，做了标志。

　　后来武帝闲坐时，问身边的人："外面对此说什么？"身边人说："大家都很奇怪，已经决定要立她的儿子做太子了，为什么要把他的母亲杀掉呢？"武帝说："是的，这不是你们小孩子、蠢家伙所能理解的。以往国家之所以闹乱子，就是因为皇帝年幼太后年轻。年轻的太后寡居权大，就要淫乱妄为，无人敢管。你们没听说当年吕后那些事吗？"于是凡给武帝生过孩子的，不管是男是女，其母亲一律处死。你能说武帝不是圣贤吗？他高瞻远瞩，为后代考虑，的确不是那些浅陋书生所可企及的。武帝之所以被追谥为"武"，难道是偶然的吗？

《外戚世家》实际是一篇汉初诸帝的后妃列传。高祖吕皇后已有《吕太后本纪》专写其事,故在本篇只写了文帝窦皇后、景帝王皇后、武帝卫皇后三人与其所生子女,此外也简略地提到了高帝、景帝、武帝的其他几个妃子。本篇作品的后面附录了褚少孙补写的一段文字,内容涉及了与景帝王皇后、武帝卫皇后有关的一些传闻,也写到了武帝其他几位妃子即尹夫人、邢夫人和钩弋夫人的一些逸事。我们这里选取了《窦女为皇后》与褚少孙所续写的《武帝杀钩弋夫人》两段文字。

文帝窦皇后出身贫寒,她得以成为文帝皇后的机遇之偶然实出乎人们之想象,这就是司马迁无法理解的所谓"命"。窦皇后的小弟弟流落民间,历尽艰辛,听说姐姐当了皇后,进京寻姐,司马迁对窦氏姐弟相认的这段故事的描写实在是太精彩了,既真实合理、丝丝入扣,又满含人世的沧桑,嘘唏感慨,读来十分感人。《武帝杀钩弋夫人》表现了一个铁腕人物在"国家大局"与"男女私情"二者之间的断然抉择。这很令人叹息,但却毫不奇怪。

萧相国世家
萧何相业

萧相国何者,沛丰人也①。以文无害为沛主吏掾②。

高祖为布衣时,何数以吏事护高祖。高祖为亭长③,常左右之。高祖以吏繇咸阳,吏皆送奉钱三④,何独以五。

秦御史监郡者与从事,常辨之。何乃给泗水卒史事⑤,第一。秦御史欲入言征何,何固请,得毋行。

及高祖起为沛公,何常为丞督事⑥。沛公至咸阳⑦,诸将皆争走金帛财物之府分之,何独先入收秦丞相御史律令图书藏之。沛公为汉王⑧,以何为丞相。项王与诸侯屠烧咸阳而去。汉王所以具知天下厄塞,户口多少,强弱之处,民所疾苦者,以何具得秦图书也。何进言韩信,汉王以信为大将军。语在淮阴侯事中。

汉王引兵东定三秦，何以丞相留收巴蜀，填抚谕告⑨，使给军食。汉二年，汉王与诸侯击楚，何守关中，侍太子，治栎阳⑩。为法令约束，立宗庙社稷宫室肥邑，辄奏上，可，许以从事；即不及奏上，辄以便宜施行，上来以闻。关中事计户口转漕给军，汉王数失军遁去，何常兴关中卒，辄补缺。上以此专属任何关中事。

汉三年，汉王与项羽相距京、索之间⑪，上数使使劳苦丞相。鲍生谓丞相曰："王暴衣露盖⑫，数使使劳苦君者，有疑君心也。为君计，莫若遣君子孙昆弟能胜兵者悉诣军所，上必益信君。"于是何从其计，汉王大说。

汉五年，既杀项羽⑬，定天下，论功行封。群臣争功，岁馀功不决。高祖以萧何功最盛，封为酂侯⑭，所食邑多。功臣皆曰："臣等身被坚执锐，多者百馀战，少者数十合，攻城略地，大小各有差。今萧何未尝有汗马之劳，徒持文墨议论，不战，顾反居臣等上，何也？"高帝曰："诸君知猎乎？"曰："知之。""知猎狗乎？"曰："知之。"高帝曰："夫猎，追杀兽兔者狗也，而发踪指示兽处者人也。今诸君徒能得走兽耳，功狗也。至如萧何，发踪指示，功人也。且诸君独以身随我，多者两三人。今萧何举宗数十人皆随我，功不可忘也。"群臣皆莫敢言。

列侯毕已受封，及奏位次，皆曰："平阳侯曹参身被七十创⑮，攻城略地，功最多，宜第一。"上已桡功臣，多封萧何，至位次未有以复难之，然心欲何第一。关内侯鄂君进曰⑯："群臣议皆误。夫曹参虽有野战略地之功，此特一时之事。夫上与楚相距五岁⑰，常失军亡众，逃身遁者数矣。然萧何常从关中遣军补其处，非上所诏令召，而数万众会上之乏绝者数矣。夫汉与楚相守荥阳数年，军无见粮⑱。萧何转漕关中，给食不乏。陛下虽数亡山东⑲，萧何常全关中以待陛下，此万世之功也。今虽亡曹参等百数，何缺于汉？汉得之不必待以全，奈何欲以一旦之功而加万世之功哉！萧何第一，曹参次之。"高祖曰："善。"于是乃令萧何第一，赐带剑履上殿，入朝不趋⑳。

①沛丰：沛，秦县名，即今江苏沛县，当时属泗水郡。丰，原是沛县里的一个乡邑名，刘邦建国后将其升格为县，即今江苏丰县。②文无害：起草各种公文辞章畅达，存心温厚。主吏掾：即功曹掾，主管人事的科长。掾，各科吏目的通称。③亭长：秦时县下设乡，

乡下设亭，亭有亭长，是最基层的小官。刘邦当时为泗水亭长。④送奉钱三：送奉，犹言"奉送"。钱三，三个大钱。据说一个大钱相当一百文小钱。⑤御史监郡：秦朝的郡里除设郡守、郡尉外，朝廷还要派一个御史来做"监郡"，以直接向朝廷报告消息。御史，御史大夫的属官，掌监察。辨之：欣赏萧何办事办得好。辨，通"办"。泗水卒史：泗水郡里的小吏，当时每个郡机关设卒史十人。⑥高祖起为沛公：事在秦二世元年（前209年）九月，详见《高祖本纪》。沛公：沛县县令。丞：此指县丞，县令的助手。⑦沛公至咸阳：事在汉元年（前206年）十月，当时以十月为岁首。⑧沛公为汉王：事在汉元年二月。时项羽分封诸侯，封刘邦为汉王，都南郑，即今陕西省汉中市。⑨东定三秦：事在汉元年八月。刘邦被封为汉王，四月前往南郑，八月即由南郑杀回，夺得关中。三秦，即指关中地区，因项羽分封诸侯时将关中地区一分为三，以封投降他的三员秦将，章邯为雍王、司马欣为塞王、董翳为翟王，故后世遂称关中为"三秦"。巴蜀：原为秦朝的两个郡，巴郡辖今重庆一带，蜀郡辖今成都一带。刘邦为汉王，辖有巴、蜀、汉中三个郡。填抚：同"镇抚"。填，通"镇"。⑩汉二年：前205年。栎阳：秦县名，在今陕西高陵县东北，当时为刘邦的临时都城。⑪汉三年：前204年。京、索：京是秦县名，县治在今河南荥阳市东南；索是当时荥阳县的一个乡亭，其地即今荥阳市。⑫暴衣露盖：盖，车篷。因其形状像伞，故称盖。⑬汉五年：前202年。杀项羽：事在汉五年十二月。⑭酂侯：封地酂县，在今湖北光化县西北。⑮平阳侯：曹参的封号，封地平阳县，治在今山西省临汾市西南。⑯关内侯：只有侯爵而无封地，位在列侯之下，因居于都城，故称关内侯。鄂君：名千秋。⑰相距五岁：楚汉战争自汉二年四月开始，至汉五年十二月结束，前后跨着四个年头，实际只有两年零八个月。若从收复三秦开始，则跨五个年头，实际三年零五个月。⑱荥阳：秦县名，治今荥阳市东北，与上文所谓"京索"含义略同，皆指今荥阳市一带当时楚汉战争的相持地区。军无见粮：见，通"现"。⑲山东：崤山以东，崤山在今河南灵宝县东南。⑳剑履上殿：对大臣极度优宠的一种待遇，通常大臣上殿必须去剑脱鞋。入朝不趋：也是优宠大臣的待遇之一。"趋"是小步疾行，是臣子在君父跟前走路的一种特定姿势。

相国萧何是沛县丰邑人。因为他精通法令条文而不刻毒，当上了沛县的功曹。

当刘邦还是平民时,萧何就曾多次在刘邦与公家打交道的问题上袒护过他。后来刘邦做了亭长,萧何更是经常帮助他。有一次刘邦因公出差去咸阳,县里的诸吏给他凑盘缠,别人都给刘邦三个大钱,唯独萧何给刘邦五个。

秦朝中央派到泗水做监郡的御史在与萧何多次共事中,见萧何办事精明,于是把他提到郡里充当管理文书的卒史,在工作考评中萧何得第一。中央来的御史想把萧何推荐到朝里服务,萧何坚决推辞,没有去。

等到刘邦起兵当了沛公后,萧何担任县丞,帮助刘邦处理各种事务。刘邦进入咸阳后,将领们都争先恐后地跑到府库中瓜分金银布帛,唯独萧何先去把丞相与御史所管的法律规章以及各种档案资料都收藏了起来。后来刘邦当了汉王,就任命萧何为丞相。项羽和其他诸侯们在离开咸阳前,把咸阳烧杀一空。而刘邦后来之所以能具体地知道全国的关卡要塞,户籍多少,哪个地方穷,哪个地区富,以及人民的疾苦等,就是因为萧何获得了秦朝的这些档案资料。萧何还向刘邦推荐了韩信,刘邦任命韩信为大将。这件事的详细经过记述在《淮阴侯列传》中。

当刘邦由汉中回师往取三秦时,萧何以丞相的身份继续留下来镇抚巴、蜀,劝勉百姓发展生产支援前线。汉高祖二年,当刘邦联合各路诸侯又东击项羽时,萧何为刘邦镇守关中,侍候太子,以栎阳为临时首都。萧何制定了各种法律规章,为刘邦建立了象征国家政权的宗庙、社稷、宫殿,划分了行政区域,所有这些他总是先向刘邦请示,刘邦说可以办他才办;有些事情如果来不及事先请示,他就根据实际情况先行办理,等刘邦回关中时再向他报告。他在关中按着户口征粮食,然后通过水旱两路把粮饷运到前方。刘邦曾多次被项羽打得损兵折将,狼狈逃窜,萧何总是及时地把关中的壮丁调了来给他弥补亏缺。因此刘邦就把关中的一切事情全部委托给萧何处理。

汉高祖三年,刘邦同项羽在京县与索亭之间长期相持不下,这时刘邦一连几次派人回关中慰问萧何。萧何的心腹鲍生对萧何说:"汉王自己在战场上露宿风餐,却一连几次地派人来慰问您,这是因为他怀疑您了。为您考虑,不如把您的子孙兄弟凡是能拿起武器的全都送到前方,这样汉王就会更加信任您了。"于是萧何就按着鲍生的主意办了,刘邦很高兴。

汉高祖五年,项羽兵败身死,刘邦平定了全国,他要论功行赏大封群臣了。这时人们互相争功、攀比以至于折腾了一年多还定不下来。刘邦认为萧何的功劳最大，于是封他为酂侯，给他的领地也最多。功臣们都不服，说："我们一个个身披铠甲，手执刀枪，多的经过一百多次战斗，少的也有几十次，功劳尽管有大小的不同，但全都得过城、占过地，而萧何没有一点汗马功劳，就靠着舞文弄墨耍嘴皮子，没有上过一回战场，今天他得到的封赏反而比我们都高，这是为什么？"刘邦说："你们知道打猎吗？"功臣们说："知道。"刘邦又说："你们知道猎狗吗？"功臣们说："知道。"刘邦说："在猎场上，亲自追杀狐狸兔子的是猎狗，发现狐狸兔子，并指挥猎狗往哪里追的却是人。你们也就是能够追野兽，所以你们所做的也就是猎狗的事情；而人家萧何是发现野兽踪迹，是指挥猎狗去追，他做的是猎人的事情。而且你们也多是只有一个人追随我，多的也不过两三个人；人家萧何整个家族几十个人都跟着我，这种功劳是永远也不能忘的。"于是大家才不敢再说什么了。

　　该封侯的都已经受封完毕，等到要评定列侯们位次了，大家都说："平阳侯曹参出生入死，负伤七十多处，攻城略地的勋劳最多，应该排在第一位。"刘邦在前面封赏功臣的时候已经压制过一回人们的意见，对萧何多加封赏了，到了现在排位次，他不好再驳回功臣们的意见，然而心里仍是想把萧何排在第一。这时关内侯鄂千秋上前一步说："他们的议论都是错误的。曹参虽然有南征北战开拓疆土的功劳，这不过是一时之间的事情。皇上同项羽对抗了五年，多次在战斗中损兵折将，只身逃跑，而萧何总是及时地把新兵从关中送上前线，不用皇上下命令，几万人就送到了。这样及时地给皇上弥补亏缺解决燃眉之急已经有很多次。我们与项羽在荥阳相持好几年，军中没有粮草，萧何通过水旱两路把粮食从关中运到前线，使军队给养不乏。皇上虽然几次地丢掉了东方的大片土地，而萧何却牢牢地保住了关中给皇上做根基，这才是万世不朽的功勋。像曹参这样的，即使少他几百个，对于大汉又有什么关系呢？汉朝不是因为有了他们才得以保全的。今天怎么能够让一时的功劳压在万世的功勋之上呢！萧何应该第一，曹参可以排第二。"刘邦说："好。"于是就把萧何排在了第一位，让他上殿时可以穿着鞋子，佩着宝剑，进朝时可以免掉"趋"的礼节。

　　萧何是刘邦的老上级，一向对刘邦多有关照。刘邦起义后，萧何成为刘邦的部下，萧何忠心耿耿，矢志无二。刘邦破秦入关，萧何注意收集相府文件，从此成为刘邦的宰相，一直到死。萧何为刘邦所做的贡献主要是：一、为刘邦推荐了大将韩信，使刘邦在军事上有了得力的依靠；二、为刘邦镇守关中，保证了刘邦前线兵员、财源的永不缺乏；三、为刘邦制定了各种规章制度，使刘邦的政权得以巩固；四，帮着刘邦杀韩信，去掉了刘邦建国后的心腹威胁。综合以上诸项，称萧何为中国古代的第一贤相并不为过。但萧何这一生也是过得非常之累的，他不能放心大胆、全力以赴地去进行工作，他得时时刻刻地留着一个心眼以提防刘邦，他的高参们为他出谋划策教他在刘邦面前如何卖乖、如何装傻，这使他逃过了许多险关，但他还是被刘邦下过狱，可见在帝王跟前当个宰相有多么难。至于在杀韩信上萧何起的作用，似乎也就用不着多加谴责了。

留侯世家
佐刘灭秦

留侯张良者，其先韩人也①。大父开地，相韩昭侯、宣惠王、襄哀王②。父平，相釐（xī）王、悼惠王③。悼惠王二十三年，平卒④。卒二十岁，秦灭韩⑤。良年少，未宦事韩⑥。韩破，良家僮三百人，弟死不葬，悉以家财求客刺秦王，为韩报仇，以大父、父五世相韩故。

良尝学礼淮阳⑦。东见仓海君⑧，得力士，为铁椎（chuí）重百二十斤。秦皇帝东游，良与客狙击秦皇帝博浪沙中⑨，误中副车。秦皇帝大怒，大索天下，求贼甚急，为张良故也。良乃更名姓，亡匿下邳⑩。

良尝闲从容步游下邳圯（yí）上⑪。有一老父，衣褐，至良所，直堕其履圯下，顾谓良曰："孺子，下取履！"良愕然，欲殴之。为其老，强忍，下取履。父曰："履我！"良业为取履，因长跪履之。父以足受，笑而去。良殊大惊，随目之。父去里所，复还，曰："孺子可教矣。后五日平明，与我会此。"良因怪之，跪曰："诺。"五日平明，良往，父已先在，怒曰："与老人期，后，何也？"去，曰："后五日早会。"五日鸡鸣，良往，父又先在，复怒曰："后，何也？"去，曰："后五日复早来。"五日，良夜未半往。有顷，父亦来，喜曰："当如是。"出一编书，曰："读此则为王者师矣。后十年兴，十三年孺子见我济北，谷城山下黄石即我矣⑫。"遂去，无他言，不复见。旦日视其书，乃《太公兵法》也⑬。良因异之，常习诵读之。

后十年，陈涉等起兵⑭，良亦聚少年百余人，景驹自立为楚假王⑮，在留。良欲往从之，道遇沛公⑯。沛公将数千人，略地下邳西，遂属焉。沛公拜良为厩（jiù）将。良数以《太公兵法》说沛公，沛公善之，常用其策。良为他人言，皆不省（xǐng）。良曰："沛公殆（dài）天授⑰。"故遂从之，不去见景驹。

及沛公之薛，见项梁⑱。项梁立楚怀王⑲，良乃说项梁曰："君已立楚后，而韩诸公子横阳君成贤⑳，可立为王，益树党。"项梁使良求韩成，立以为韩王。以良为韩申徒㉑，与韩王将千余人西略韩地，得数城，秦辄复取之，往来为游兵颍川㉒。

沛公之从洛阳南出轘辕，良引兵从沛公，下韩十余城，击破杨熊军㉓。沛公乃令韩王成留守阳翟，与良俱南，攻下宛，西入武关㉔。沛公欲以兵二万人击秦峣下军㉕，良说曰："秦兵尚强，未可轻。臣闻其将屠者子，贾（gǔ）竖易动以利。愿沛公且留壁，使人先行，为五万人具食，益为张旗帜诸山上，为疑兵，令郦食其（yì jī）持重宝啖（dàn）秦将㉖。"秦将果叛，欲连和俱西袭咸阳㉗。沛公欲听之，良曰："此独其将欲叛耳，恐士卒不从。不从必危，不如因其懈击之。"沛公乃引兵击秦军，大破之。逐北至蓝田，再战，秦兵竟败。遂至咸阳，秦王子婴降沛公㉘。

沛公入秦宫，宫室、帷帐、狗马、重宝、妇女以千数，意欲留居之。樊哙谏沛公出舍㉙，沛公不听。良曰："夫秦为无道，故沛公得至此。夫为天下除残贼，宜缟素为资。今始入秦，即安其乐，此所谓'助桀为虐'。且'忠言逆耳利于行，毒药苦口利于病'，愿沛公听樊哙言。"沛公乃还军霸上㉚。

①留侯：张良的封号。留，秦县名，县治在今江苏沛县东南。韩：战国初期三分晋国而建立起来的国家，初建都于阳翟（今河南禹州市），后迁都于新郑（今河南新郑市）。②大父：祖父。韩昭侯：韩国国君，前362—前333年在位。宣惠王：昭侯之子，前332—前312年在位。襄哀王：宣惠王之子，前311—前296年在位。③釐王：

襄哀王之子，前295—前273年在位。悼惠王：一作桓惠王，釐王之子，前272—前239年在位。④悼惠王二十三年：前250年。⑤秦灭韩：事在韩王安九年（前230年）。⑥宦事：为官做事。"宦"一作"尝"。⑦淮阳：今河南省淮阳县及周围一带地区。秦时为陈郡，治陈县（即今淮阳县）。汉高帝置淮阳国，为同姓九国之一，都于陈（今淮阳县）。⑧仓海君：秦时秽貊国的君长。秽貊国后来归汉，为苍海郡，在朝鲜的中部。⑨博浪沙：古地名，在今河南省原阳县境内。⑩下邳：秦县名，县治在今江苏睢宁西北。⑪圯：桥，下邳人称桥为"圯"。⑫济北：秦郡名，郡治博阳，在今山东泰安市东南。谷城山：也称黄山，在今山东平阴县西南，当时属济北郡。⑬《太公兵法》：太公，姜子牙，西周的开国功臣，佐武王灭纣，事见《齐太公世家》。但现存的《太公兵法》是战国人所假托。⑭后十年：秦二世元年（前209年）。⑮景驹：战国时的楚王之后裔。前208年，陈涉被秦将章邯破杀后，义军将领曾拥立景驹为楚王。⑯沛公：即刘邦，刘邦于秦二世元年九月起事，攻下沛县，遂为沛县县长，人称"沛公"。⑰殆：近乎，差不多是。⑱薛：秦县名，县治在今山东滕州市东南。项梁：项羽的叔父。秦二世元年九月，与项羽起兵会稽，次年四月，击杀景驹，占领薛地。⑲楚怀王：战国楚王之后代，名心。项梁起兵后从民间找出立以为王。⑳横阳君成：韩国诸侯的公子，名成，在韩时曾被封横阳君。㉑申徒：即司徒，职同丞相。㉒颍川：秦郡名，郡治在阳翟（今河南禹州市），战国时属韩国。㉓镮辕：山名，在今河南偃师市东南。杨熊，秦朝将领，时驻军于大梁（开封）之西。㉔宛：秦县名，治在今河南省南阳市。武关：在今陕西省丹凤县东南，是陕西西南部地区与河南西南部之间的交通要道。㉕峣下军：峣，峣关，旧址在今陕西省商州市西北，因临峣山得名。㉖郦食其：刘邦的谋士，以口才著称。㉗咸阳：秦朝都城，在今陕西咸阳市东北，西安市之正北。㉘秦王子婴：秦二世兄子。秦二世三年（前207年）八月，赵高迫秦二世胡亥自杀而立子婴为秦王。子婴即位后诛赵高。子婴为秦王四十六日，刘邦入咸阳，时为前206年十月。㉙樊哙：刘邦的开国功臣，吕后的妹夫。㉚霸上：古地名，在今西安市东，因其地处霸水西岸而得名。

留侯张良，他的祖先是韩国人。祖父张开地，曾在韩昭侯、宣惠王、襄哀王三朝当过宰相。父亲张平，又在韩釐王、悼惠王两朝任宰相。悼惠王二十三年，张平逝世。又过了二十年，韩国被秦国所灭。张良年岁小，没有赶上在韩国做官。韩国灭亡后，张良家里还很富，有奴仆三百多人。但当他弟弟死时，在葬礼上他却一切从俭，而省着全部财产，都用来寻求刺客，准备刺死秦始皇，为韩国报仇。因为他的祖父和父亲曾在韩国相继做过五朝的宰相。

张良曾经到淮阳学过礼，又到辽东拜访过仓海君。在辽东物色到了一个大力士，此人手持一个重达一百二十斤的大铁锤。当秦始皇往东方巡游时，张良同这个大力士在博浪沙中对秦始皇进行了突然袭击。结果错打了副车，没伤着秦始皇。秦始皇大怒，下令全国搜查，一定要捉到这个刺客。这就是张良他们干的。于是张良只好改名换姓，逃到了下邳隐藏起来。

这期间，张良闲着无事曾有一次随便在下邳的桥上散步，这时有一个穿着粗麻布短衣的老人走到张良跟前，故意把自己的鞋子甩到了桥下，转头对张良说："小伙子，下去把鞋给我捡上来！"张良猛吃一惊，本想打他。一看他这么大年纪了，就强压着怒火，下去把鞋捡了上来。老人把脚一伸说："给我穿上！"张良心想既然已经给他捡上来了，那就给他穿吧。于是就跪下身去给老人穿好了鞋。老人伸着脚等张良给他穿好鞋后，才满意地笑着走了。张良目送着老人的背影，心里很吃惊。那位老人走出去一里来地，又转身回来了，他对张良说："小伙子，你很有培养前途。五天后的黎明，你我在这儿会面。"张良越发觉得奇怪了，很恭敬地回答说："好的。"到了第五天的蒙蒙亮，张良到桥头去了，结果一看老人早已先在那里等了好久了。老人生气地对张良说："同老人约会，为什么这样迟到？"说完回身就走，并说："再过五天早点来。"这回到了第五天，刚鸡叫，张良就来到了桥头，结果老人又先在那里等着了。老人更生气地说："又迟到了，怎么搞的？"说完回头便走，并说："再过五天，记着要早点来。"这回第五天，还不到半夜，张良就到桥头去了。过了一会儿，老人来了，高兴地说："本来就应当这样！"于是拿出一编竹简交给张良说："好好地通读这部书，就可以成为帝王之师了。再过十年，将有王者兴起。再过十三年，你我将在济北见面，那时你如果在谷城山下见到一块黄石头，那就是我。"说完就走了，没有再说别的话，从此也没有再见过这个人。等到天亮，张良一看这部书，原来是《太公兵法》。于是张良惊奇地把它视为珍宝，经常地研究记诵。

十年过后，陈涉等人果然起兵了。于是张良也趁机纠集起了一百多人，起来反秦。这时，景驹立为代理楚王，驻兵留县，张良想去投奔他，结果半道上遇见了刘邦。这时，刘邦正带着几千人开辟地盘，来到了下邳城西，于是张良就归了刘邦。刘邦让张良给他当厩将，管理战马。这期间，张良常给刘邦讲《太公兵法》。刘邦很高兴，经常采纳他的主张。说来也怪，这些话张良也对别人讲过，但那些人却总是不开窍。张良佩服地说："沛公的智慧，大概是老天爷赐给他的。"因而就跟上了刘邦，不再去找景驹了。

等刘邦到了薛县，见了项梁，这时项梁已经拥立了楚怀王。于是张良就劝项梁说："您已经拥立了楚国的后代为王，而韩国的后代横阳君韩成也很贤明，也可以立他为王，这样楚国也多一个盟友。"于是项梁就派张良去找来了公子韩成，立他为韩王，让张良给他做宰相。张良和韩成率领着一千多人西行开辟韩地。开始攻占了几个城邑，但很快地又被秦军夺回去了。他们只好在颍川一带来回打游击。

等到刘邦从洛阳出轘辕关南下时，张良又引兵与刘邦会合了，他跟着刘邦一连攻下了韩地的十多个城池，又打败了秦朝杨熊的军队。于是刘邦就派韩成留守阳翟，而让张良跟着他一道南进，攻下了宛县，接着向西挺进，攻入了武关。这时刘邦想用两万人强攻镇守峣关的秦朝军队。张良说："目前秦军的战斗力还很强，不能轻敌！但我听说镇守峣关的将领是一个屠户的儿子。商人都唯利是图，我们可以用财宝引诱他。您可以先坚守营地，而派出一部分人先到前边去放出消息，说是要为五万人准备粮食，同时在四周的山头上多树旗帜，虚张声势，迷惑敌人。而后派郦食其带着奇珍异宝去关上贿赂秦国的守将。"几方面的工作一做，秦将果然中计，答应了掉转矛头和刘邦一起袭击咸阳。刘邦正要同意，张良说："这还只是那个受贿赂的将军想造反，他的部下还不一定听他的呢！如果他的部下不听，那就要坏事。不如趁着他们思想松懈，对他们发起突然进攻。"刘邦同意，于是引兵突袭峣关，秦军无备，峣关失守了。接着刘邦乘胜追击到蓝田，与秦军再战，秦军彻底瓦解。刘邦胜利地进入了咸阳，秦王子婴向刘邦投降了。

刘邦进入了秦王宫，宫室里声色犬马、奇珍异宝不计其数，单是美女就有几千人。刘邦一看，就想住在里头不走了。樊哙一再劝他到外面住，刘邦不听。张良说："正因为秦朝荒淫无道，所以您今天才能打到这里。既然我们是为天下除害，那就应该以俭朴为本。现在才刚刚打进了秦京，您就想要过他们昏君的那种享乐日子，这就叫'助桀为虐'。俗话说：'忠言逆耳利于行，良药苦口利于病'，希望您接受樊哙的劝告。"于是刘邦退出皇宫，回军到霸上驻扎。

留侯世家
佐汉灭楚

项羽至鸿门下，欲击沛公，项伯乃夜驰入沛公军①，私见张良，欲与俱去。良曰："臣为韩王送沛公，今事有急，亡去不义。"乃具以语沛公。沛公大惊，曰："为将奈何？"良曰："沛公诚欲背项羽邪？"沛公曰："鲰（zōu）生教我距关无内诸侯②，秦地可尽王，故听之。"良曰："沛公自度能却项羽乎？"沛公默然良久，曰："固不能也。今为奈何？"良乃固要项伯，项伯见沛公。沛公与饮为寿，结宾婚。令项伯具言沛公不敢背项羽，所以拒关者，备他盗也。及见项羽后解，语在《项羽》事中。

汉元年正月，沛公为汉王，王巴、蜀③。汉王赐良金百溢④，珠二斗，良具以献项伯。汉王亦因令良厚遗项伯，使请汉中地⑤。项王乃许之，遂得汉中地。汉王之国，良送至褒中⑥，遣良归韩。良因说汉王曰："王何不烧绝所过栈（zhàn）道，示天下无还心，以固项王意。"乃使良还，行烧绝栈道。

良至韩，韩王成以良从汉王故，项王不遣成之国，从与俱东。良说项王曰："汉王烧绝栈道，无还心矣。"乃以齐王田荣反书告项王⑦。项王以此无西忧汉心，而发兵北击刘。

项王竟不肯遣韩王，乃以为侯，又杀之彭城⑧。良亡，间行归汉王，汉王亦已还定三秦矣⑨。复以良为成信侯，从东击楚⑩。至彭城，汉败而还⑪。至下邑⑫，汉王下马踞鞍而问曰："吾欲捐关以东等弃之⑬，谁可与共功者？"良进曰："九江王黥布⑭，楚枭将，与项王有隙；彭越与齐王田荣反梁地⑮，此两人可急使；而汉王之将独韩信可属大事⑯，当一面。即欲捐之，捐之此三人，则楚可破也。"汉王乃遣随何说九江王布⑰，而使人连彭越。及魏王豹反，使韩信将兵击之，因举燕、代、齐、赵⑱。然卒破楚者，此三人力也。

张良多病，未尝特将也，常为画策臣，时时从汉王。

汉六年正月⑲，封功臣。良未尝有战斗功，高帝曰："运筹策帷帐中，决胜千里外，子房功也。自择齐三万户。"良曰："始臣起下邳，与上会留，此天以臣授陛下。陛下用臣计，幸而时中，臣愿封留足矣，不敢当三万户。"乃封张良为留侯，与萧何等俱封⑳。

①鸿门：古地名，在今陕西西安市东北。项伯：项羽之族叔，旧时张良曾对之有恩。②鲰（zōu）生：骂人语，犹言"竖子""小子"。内：通"纳"。③汉元年：前206年。巴、蜀：二郡名，巴郡治所在今重庆市嘉陵江北岸。蜀郡治所在今成都市。④溢：通"镒"，重量单位，一镒为二十四两；一说一镒为二十两。⑤汉中：秦郡名，郡治南郑，即今陕西省汉中市。⑥褒中：古邑名，古代褒国的都城，在今陕西省勉县东，离南郑已经不远。⑦田荣：战国时齐国诸侯的后裔，陈涉起义后，田荣与其堂兄田儋起兵于齐地。田儋战死后，田荣又立田儋之子田市为齐王。因与项氏有矛盾，未随项羽入关，故项羽恨田荣，遂改封随之入关的田都为齐王，而封田市于胶东。田荣不平，故倡言反项羽。⑧彭城：项羽西楚霸王的都城，即今江苏徐州市。⑨三秦：泛指关中地区。项羽分封时将关中一分为三，封秦朝降将章邯为雍王，都废丘（今陕西兴平市东南）；司马欣为塞王，都栎阳（今陕西西安市北）；董翳为翟王，都高奴（今陕西延安市东北延河北岸）。⑩从东击楚：事在汉二年（前205年）四月。时刘邦夺得三秦，势力大振，各国纷纷归附，于是刘邦率五十六万人乘项羽东伐田荣之机，一举攻入彭城。⑪汉败而还：项羽得知彭城失守，乃星夜从齐地驰还，三万人大破刘邦之五十六万，刘邦狼狈西逃。⑫下邑：秦县名，县治在今安徽砀山县。⑬关以东：指函谷关以东，包括今河南、河北、山东、江苏、湖北等一大片地区。⑭黥布：原名英布，因受过黥刑，故时人称为黥布，项羽手下的猛将，号"当阳君"。项羽封之为九江王；都六（今安徽六安北）。⑮彭越：原为巨野泽中群盗，陈涉起义后，彭越亦率众起事。由于未随项羽入关，故未得封王。田荣倡反项，赐彭越将军印，彭越遂反于梁地。梁地：约当今之河南东北部一带地区，战国时属于魏国，魏都大梁，故也称为梁国。⑯韩信：刘邦的将领，见《淮阴侯列传》。⑰随何：刘邦的谋士，以口辩著称。⑱魏王豹：战国时魏国诸侯的后裔，被项羽封西魏王，都平阳（今山西临汾西南）。刘邦攻彭城时，魏豹亦随之而往；刘邦失败魏豹又归国反汉。韩信将兵击之。韩信攻灭魏豹在汉二年八月。举燕、代、齐、赵：韩信攻取的顺序应为代、赵、燕、齐。代，陈余的封国，都城在今河北省蔚县东北；赵，是陈余拥立的赵王歇的国名，都襄国（今河北省邢台市）；燕，臧荼受项羽分封而建立的诸侯国名，都蓟（今北京市西

南）；齐，是田儋、田荣建立的诸侯国，都临淄（今山东淄博）。韩信灭赵在汉三年（前204年），灭齐在汉四年（前203年）。⑲汉六年：前201年。⑳萧何：刘邦的开国功臣，为刘邦丞相。

  项羽的军队来到鸿门后，想要进击刘邦。项羽的叔叔项伯连夜跑到刘邦兵营去见张良，想要叫着张良一同逃跑。张良说："我是受韩王之托跟着沛公打到这里的，今天沛公有了危险，我一个人逃跑了，这太不仗义。"于是进去把项伯的话一一地告诉了刘邦。刘邦一听，吃惊地说："这可怎么办好呢？"张良说："您当初是真想背叛项羽吗？"刘邦说："有个姓鲰的小子教我把住关口，不让诸侯们进来，他说那样，秦国的地盘就可以全部归我称王。所以我听了他的话。"张良说："您自己估量，您能够打退项羽吗？"刘邦沉默了好一会儿才说："当然不可能啦，现在咱该怎么办呢？"于是张良便把项伯请进来，让他与刘邦相见。刘邦给他敬酒，并与他结成了儿女亲家。刘邦请项伯给项羽带话说他根本没有叛变项羽的意思。至于派人守关，那是为了防备土匪的骚扰。后来刘邦又亲自见到了项羽，问题才得以解决。这些事详细记述在《项羽本纪》中。

  汉高祖元年正月，刘邦被封为汉王，统管巴、蜀地区。刘邦赏给张良黄金百镒、宝珠二斗。张良把这些全部转送给了项伯。刘邦又通过张良厚赠项伯，让项伯帮他向项羽请求汉中地区。项羽答应了，于是刘邦又获得了汉中一带。刘邦要到他的封地去了，张良送他们到褒中，刘邦才让张良回到韩国去。张良临别前对刘邦说："您不如把刚才走的这条栈道烧掉，这可以向人们表示您没有再打回去的想法，可以哄得项羽对您放心。"于是刘邦就让张良在回去的路上边走边烧，整个栈道遂被烧光了。

  张良回到韩国时，韩国已经发生变化。因为韩成当初让张良跟了刘邦，所以项羽怀恨，不派韩成回韩国，而是带着他一道回了彭城。张良到了彭城对项羽说："刘邦自己烧毁了栈道，这说明他没有打回来的意思了。"接着又把齐王田荣起兵倒项的檄文送给了项羽，于是项羽便不再防备刘邦，而专心致志地引兵北上去攻打齐国了。

  项羽最终也没有让韩成去韩国，先是把他降位为侯，后来又在彭城把他杀了。张良闻风逃走，抄小路又西去投奔了刘邦。而刘邦这时已经卷土重来，收复了关中。刘邦封张良为成信侯，让他跟着一道东征项羽。刘邦开始乘虚占领了彭城，后来又被项羽回师打败。当他们西逃到下邑时，刘邦下马坐着马鞍子休息，他问人们："如果我豁着把函谷关以东的地盘都分给他们，谁可以帮我一道破楚立功？"张良进前一步说："九江王黥布，是项羽的猛将，现在正和项羽闹矛盾；彭越和齐王田荣相勾结，正在梁地坚持倒项。这两个人可以迅速利用。在您的部下里还有一个韩信，这个人可以委派重任，让他去独当一面。假如您真能把地盘拿出来分给他们三个，那么项羽就肯定可以被您打败。"于是刘邦就派了随何去劝说九江王黥布，又派了其他人去联合彭越。等到魏王豹反水抗汉时，刘邦又派了韩信前去征讨，接着韩信平定了燕、代、齐、赵等国的大片地区。刘邦最终所以能够打败项羽就是靠着这三个人的力量。

张良体弱多病，没有领兵独当一面，他只是作为一个筹谋划策的人物，经常跟在刘邦身边。

汉高祖六年正月，分封开国功臣。张良没有带兵打仗独当一面的功绩，刘邦说："决策于大帐中，制胜于千里外，这就是张良的功劳。你可以在齐地自己选择三万户作封邑。"张良说："当初我自己在下邳起兵，到留县遇上了您，这是老天爷把我交给您的。您采纳了我的意见，有的也的确让我给蒙上了。现在我只要一个留县就够了，不敢领受这三万户的厚赏。"于是刘邦便封张良为留侯，与萧何等人一起受封。

留侯世家
明哲保身

上欲废太子，立戚夫人子赵王如意①。大臣多谏争，未能得坚决者也。吕后恐，不知所为。人或谓吕后曰："留侯善画计策，上信用之。"吕后乃使建成侯吕泽劫留侯②，曰："君常为上谋臣，今上欲易太子，君安得高枕而卧乎？"留侯曰："始上数在困急之中，幸用臣策。今天下安定，以爱欲易太子，骨肉之间，虽臣等百余人何益！"吕泽强要曰："为我画计。"留侯曰："此难以口舌争也。顾上有不能致者，天下有四人。四人者年老矣，皆以为上慢侮人，故逃匿山中，义不为汉臣。然上高此四人。今公诚能无爱金玉璧帛，令太子为书，卑辞安车，因使辩士固请，宜来。来，以为客，时时从入朝,令上见之,则必异而问之。问之,上知此四人贤,则一助也。"于是吕后令吕泽使人奉太子书,卑辞厚礼,迎此四人。四人至,客建成侯所。

汉十一年,黥布反①,上病,欲使太子将,往击之。四人相谓曰:"凡来者,将以存太子。太子将兵,事危矣。"乃说建成侯曰:"太子将兵,有功则位不益太子;无功还,则从此受祸矣。且太子所与俱诸将,皆尝与上定天下枭将也,今使太子将之,此无异使羊将狼也,皆不肯为尽力,其无功必矣。臣闻'母爱者子抱',今戚夫人日夜侍御,赵王如意常抱居前,上曰'终不使不肖子居爱子之上',明乎其代太子位必矣。君何不急请吕后承间为上泣言:'黥布,天下猛将也,善用兵,今诸将皆陛下故等夷,乃令太子将此属,无异使羊将狼,莫肯为用。且使布闻之,则鼓行而西耳。上虽病,强载辎车④,卧而护之,诸将不敢不尽力。上虽苦,为妻子自强。'"于是吕泽立夜见吕后,吕后承间为上泣涕而言,如四人意。上曰:"吾惟竖子固不足遣,而公自行耳⑤。"于是上自将兵而东,群臣居守,皆送至霸上。留侯病,自强起,至曲邮⑥,见上曰:"臣宜从,病甚。楚人剽(piāo)疾,愿上无与楚人争锋。"因说上曰:"令太子为将军,监关中兵。"上曰:"子房虽病,强卧而傅太子。"是时叔孙通为太傅,留侯行少傅事⑦。

汉十二年⑧,上从击破布军归,疾益甚,愈欲易太子。留侯谏,不听,因疾不视事。叔孙太傅称说引古今,以死争太子。上详许之,犹欲易之。及燕⑨,置酒,太子侍。四人从太子,年皆八十有余,须眉皓白,衣冠甚伟。上怪之,问曰:"彼何为者?"四人前对,各言名姓,曰东园公,甪(lù)里先生,绮里季,夏黄公。上乃大惊,曰:"吾求公数岁,公避逃我,今公何自从吾儿游乎?"四人皆曰:"陛下轻士善骂,臣等义不受辱,故恐而亡匿。窃闻太子为人仁孝,恭敬爱士,天下莫不延颈欲为太子死者,故臣等来耳。"上曰:"烦公幸卒调护太子。"

四人为寿已毕,趋去⑩。上目送之,召戚夫人指示四人者曰:"我欲易之,彼四人辅之,羽翼已成,难动矣。吕后真而主矣。"戚夫人泣,上曰:"为我楚舞,吾为若楚歌⑪。"歌曰:"鸿鹄(hú)高飞,一举千里。羽翮(hé)已就,横绝四海。横绝四海,当可奈何!虽有矰缴(zēng zhuó)⑫,尚安所施!"歌数阕,戚夫人嘘唏流涕,上起去,罢酒。竟不易太子者,留侯本招此四人之力也。

留侯从上击代,出奇计马邑下⑬,及立萧何相国,所与上从容言天下事甚众,非天下所以存亡,故不著。留侯乃称曰:"家世相韩,及韩灭，不爱万金之资，为韩报仇强秦，天下振动。今以三寸舌为帝者师，封万户，位列侯，此布衣之极，于良足矣。愿弃人间事，欲从赤松子游耳⑭。"乃学辟谷，道引轻身⑮。会高帝崩⑯，吕后德留侯，乃强食之，曰："人生一世间，如白驹过隙，何至自苦如此乎！"留侯不得已，强听而食。

后八年卒⑰，谥为文成侯。

子房始所见下邳圯上老父与《太公书》者，后十三年从高帝过济北，果见谷城山下黄石，取而葆祠之。留侯死，并葬黄石。每上冢伏腊⑱，祠黄石。

①太子：指刘盈，即后来的汉惠帝。吕后所生。戚夫人：刘邦的宠妃。赵王如意：名如意，后被封赵王。②建成侯吕泽：应作"建成侯吕释之"。吕泽是"周吕侯"，两人都是吕后之兄。③汉十一年：前196年。黥布反：黥布原属项羽，后归刘邦，被封淮南王，都寿春。刘邦杀韩信彭越后，黥布恐惧而反。④辎车：一种有篷帷的车，可供伤病者坐卧。⑤而公：你老子，刘邦习用的骂人语。有时也用"乃公"。而，尔。⑥曲邮：地名，在今陕西西安市东北。⑦叔孙通：当时有名的儒生，事见《刘敬叔孙通列传》。太傅：指太子太傅。与下文"少傅"都是太子的辅导官。行：代理。⑧汉十二年：前195年。⑨燕：这里通"宴"。⑩趋：小步疾走，这是臣子在君父面前行走的一种礼节姿势。⑪若：你。⑫矰缴：泛指射具。矰，一种射鸟的短箭。缴，系在箭后的丝绳。⑬击代：指讨伐叛汉的代相陈豨。事在高祖十年（前197年）。马邑：汉县名，即今山西朔州市。⑭赤松子：传说中的仙人。⑮辟谷：方士术语，据说人练习运气到一定程度就可以不吃食物。道引轻身：道引，同"导引"，也是一种练气方法，据说人修炼到一定程度就可以飞起来。⑯高帝崩：事在前195年。⑰后八年：当为"九年"。留侯卒于吕后二年（前186年）。⑱伏腊：夏天伏日与冬季腊月的祭祀。

刘邦想废掉太子刘盈，另立戚夫人所生的儿子赵王如意。很多大臣劝阻，但都始终没能彻底改变刘邦的态度。吕后很害怕，不知如何是好。这时有人提醒吕后说："张良善于出谋划策，皇上一贯信任他。"于是吕后就派建成侯吕泽去胁迫张良说:"您经常为皇上出谋划策,现在皇上想要更换太子,您怎么能躺在屋里睡大觉不闻不问?"张良说:"当初皇上曾多次处于危急之中,所以他能采纳我的意见;现在天下已经安定了,他是出于个人的感情,想换太子,这是人家家庭内部的事情,对于这种事情,即便有一百个张良也没有用。"吕泽强逼着说:"无论如何您必须给想个办法。"张良说:"这种事,空口劝说是不行的。皇上有四个一直想请而至今请不到的人,这四个人年纪都大了,他们讨厌皇上的傲慢无礼,宁愿逃到深山里躲起来,也不愿做汉朝的子民。但是皇上还一直对这四个人很崇敬。现在您如果能够不吝惜金银财宝,多多地带着礼物,让太子写上一封信,言词要谦恭,派一个会说话的人,让他赶着一辆舒适的车子去请他们,我估计他们是会来的。如果来了,叫他们充当太子的宾客,经常跟随太子上朝,故意让皇上看到他们。这样皇上感到奇怪,就会问他们。一问是他们,皇上知道他们德高望重。这对太子将是一种很大的帮助。"于是吕后就让吕泽派人带着厚礼和太子的书信,谦恭地去请这四个人。四人请来后,先住在建成侯吕泽的家里。

　　汉高祖十一年,黥布起兵造反,刘邦当时有病,想让太子率兵前去征讨。四个人彼此商量道:"我们之所以到这里来,就是为了保护太子。如果今天让太子领兵出征,那事情就很危险了。"于是四人去找吕泽说:"太子领兵出征,即使有了功劳,也不会给太子带来什么好处。假如无功而回,那就要从此遭殃了。而且太子所统领的那些将领,都是过去同皇上一道打天下的猛将。现在让太子去统领他们,这简直就是让一只羊去统领一群狼,谁也不会替太子尽力,这样去了是绝对不会获得成功的。俗话说:'爱哪个母亲,就抱那个母亲所生的孩子。'现在戚夫人整天围着皇上转,赵王如意常常被抱放在皇帝面前,皇上常说:'我无论如何不会让那不成器的小子坐在我这个心爱的儿子的上头。'很明显赵王如意要取代太子是肯定无疑的。你为什么还不赶快请吕后找机会向皇上哭诉,就说:'黥布是天下有名的将领,很会用兵,而咱们的这些将领,又都和您是同一辈的。如果让太子去统领他们,简直就是让羊去统领狼,没有人会听他使唤。这要叫黥布一知道,那他就会毫无顾忌地向西长驱直入了。您现在虽然有病,但最好还是坚持一下,即使躺在一辆篷车里不动,只要您在,他们就谁也不敢不尽力。您虽然吃些苦,为了老婆孩子,就再硬撑一回吧。'"吕泽听罢,当夜就把四个人的意思告诉了吕后。吕后赶紧找机会按着四个人的意思对刘邦哭诉了一遍。刘邦一听说："我也早就琢磨着这个小子不中用，还是老子自己去吧！"于是刘邦亲自率军东征了。留守京都的大臣们都送行到霸上。张良正有病，但也挣扎着来到曲邮。张良对刘邦说："我本来应随您一道去，但因病重不可能了，楚地人迅猛剽悍，希望您不要同黥布的军队正面硬拼。"并乘机又说："应该任命太子为统帅，让他留守后方，监督节制关中的所有军队。"刘邦答应了，说："您虽有病，也请您勉为其难替我照顾太子吧！"因为当时叔孙通已经是太傅，所以刘邦命张良代理少傅的职务。

汉高祖十二年，刘邦从打败黥布的前线回来后，病情越来越重了，想更换太子的心情也越来越急迫了。张良劝说无效因而推说有病，不问政事。叔孙通在刘邦面前称古道今地引征了许多历史教训，甚至要用最后一死来劝阻刘邦。刘邦假意答应，而心里仍是想要换太子。这时正好宫廷里有宴会，酒席已经排开，太子在一旁侍候，而四位老人便跟随在太子身后。四个人的年纪都在八十开外，须发皆白，衣帽伟丽。刘邦觉得奇怪，便问太子："他们几个是什么人？"于是四个人过去各报自己的姓名，是：东园公、甪里先生、绮里季、夏黄公。刘邦一听大吃一惊，说："我找你们好几年，你们老是避而不见，今天你们为什么来和我儿子混在一起呢？"四人说："您生性傲慢动不动就骂人，我们决不受您的侮辱，所以离您远远的。后来我们听说皇太子忠孝仁慈，礼贤下士，普天下没有一个人不愿意为他效死，所以我们就来了。"刘邦说："那就多劳你们，请你们始终如一地照护他吧。"

于是四个人一齐向刘邦敬酒，而后一齐退去。刘邦望着他们，指着他们退去的身影对戚夫人说："我想废太子，可是那四个人保护他，他的翅膀已经长成，不能再动了。看来吕后真是你的主子！"戚夫人听着不由得泪如雨下。刘邦又说："你为我跳个楚地的风俗舞吧，我来伴你唱楚歌。"说罢刘邦唱道："鸿鹄展翅高飞，一飞横空千里。翅膀已经长硬，任凭东西南北。任凭东西南北，谁能对它奈何！纵有强弓硬弩，也将徒劳无益！"他反复地唱了好几遍。戚夫人抽抽噎噎，涕泪横流。于是刘邦怏怏地离席而去，宴会就此结束。刘邦之所以最终没能废掉太子，就是由于张良出主意，请来了这四个人的结果。

张良曾经跟随刘邦去讨伐代国，在马邑为刘邦出过奇计。后来刘邦任萧何当相国，也是听从张良劝告的结果。此外他与刘邦谈过的事情还有很多，但那些不是关系国家存亡的根本问题，所以这里就不一一记述了。张良自己说："我们家世世代代在韩国当丞相，韩国被灭亡后,我为了给韩国向秦朝报仇曾不吝惜万贯家财,闹得天下震动。现在我靠着三寸不烂之舌,当了帝王的老师,被封为万户侯。作为一个平民来说,这已经到达顶点,我的愿望已经满足了!我愿意抛弃人世间的一切事情,想跟着赤松子去当神仙。"于是他就学着不吃粮食,意想平地飞升。等至刘邦死后,吕后回想从前,感激张良的恩德,就去强迫他吃东西,并劝他说:"人活在世上,就像白马驰过墙缝一样短暂,为什么要这样自讨苦吃呢!"张良不得已,又勉强恢复了吃饭。

又过了八年,张良死了。朝廷谥之为"文成侯"。他的儿子张不疑继承了留侯的爵位。

当初,张良在下邳桥头遇到的送给他《太公兵法》的那位老人,十三年以后,张良跟着刘邦经过济北,果然在谷城山下见到了一块黄石头。张良就把它带回包好供了起来。后来张良死时,人们就把这块黄石头同留侯埋在了一起。每逢夏、冬两季人们给张良扫墓时,同时也祭祀那块黄石头。

《留侯世家》是刘邦开国功臣张良的传记。张良与萧何、韩信是被后人所称的"汉三杰"。这里我们选了《佐刘灭秦》《佐汉灭楚》《明哲保身》三个故事。张良是我国历史上第一个专门以"摇羽毛扇"的"谋士"出现于读者面前的人物,他没有军功,也没有具体的行政职务,只以高级幕僚的身份在刘邦身边出谋划策、拾遗补缺,但他实际所起的作用却是极其重要的。刘邦曾说:"运筹策帷帐之中,决胜于千里之外,吾不如子房。"后代有些敬佩张良的人更说他"其才如管仲","其人品在伊、吕之间","汉以下唯诸葛孔明略相伯仲"。张良是一个熟读"黄老"之书,既能高瞻远瞩总观全局,又能把握时机当机立断的人。他懂得什么时候该隐忍、该韬晦,也知道什么时候该狠心、该出击。他就是靠着这种本领协助刘邦打败了秦朝,又协助刘邦打败了项羽,其功勋的确无与伦比。张良还极其懂得搞人际关系,尤其是他与刘邦的关系。他始终带着一种清高淡泊、与世无争的样子,因而在刘邦建国之后,韩信、彭越、黥布等大将都被杀了;甚至连萧何、樊哙这种刘邦的铁杆亲信也被下狱,几乎难逃魔掌,而只有张良始终深得刘邦之信任。张良是聪明人,难道他不知道所谓"赤松子"、所谓"辟谷"、"道引轻身"都是骗人的把戏吗?他当然知道。但是刘邦建国之初那些刘邦、吕后与功臣的矛盾，刘邦与吕后的矛盾，刘氏家族与吕氏家族的矛盾等，千头万绪，太尖锐、太复杂了，到处都是地雷、旋涡、陷阱，稍不留神就将断送性命。所以聪明的张良才做出了这种装傻、装病，不表态、不建言、能躲就躲的样子。其内心也是很苦的。所以我们与其责怪张良后期的表现，不如责怪张良所处的那种险恶的政治环境。但愿随着历史的发展、社会的进步，这种险恶的政治环境能逐渐消除。

绛侯周勃世家
周亚夫军细柳

条侯亚夫自未侯为河内守时，许负相之①，曰："君后三岁而侯，侯八岁为将相，持国秉②，贵重矣，於人臣无两；其后九岁而君饿死。"亚夫笑曰："臣之兄已代父侯矣，有如卒，子当代，亚夫何说侯乎③？然既已贵如负言，又何说饿死？指示我④。"许负指其口曰："有从理入口，此饿死法也⑤。"居三岁，其兄绛侯胜之有罪，孝文帝择绛侯子贤者，皆推亚夫，乃封亚夫为条侯，续绛侯后⑥。

文帝之后六年，匈奴大入边⑦。乃以宗正刘礼为将军，军霸上⑧；祝兹侯徐厉为将军，军棘门⑨；以河内守亚夫为将军，军细柳；以备胡⑩。上自劳军。至霸上及棘门军，直驰入，将以下骑送迎。已而之细柳军，军士吏被甲，锐兵刃，彀（gòu）弓弩，持满⑫。天子先驱至⑬，不得入。先驱曰："天子且至！"军门都尉曰⑭："将军令曰：'军中闻将军令，不闻天子之诏。'"居无何，上至，又不得入。於是上乃使使持节诏将军⑮："吾欲入劳军。"亚夫乃传言开壁门⑯。壁门士吏谓从属车骑曰："将军约，军中不得驱驰。"於是天子乃按辔（pèi）徐行⑰。至营，将军亚夫持兵揖曰："介胄之士不拜⑱，请以军礼见。"天子为动，改容式车⑲。使人称谢："皇帝敬劳将军。"成礼而去。既出军门，群臣皆惊。文帝曰："嗟乎，此真将军矣！曩（nǎng）者霸上、棘门军⑳，若儿戏耳，其将固可袭而虏也。至於亚夫，可得而犯邪！"称善者久之。月馀，三军皆罢，乃拜亚夫为中尉㉑。

孝文且崩时，诫太子曰："即有缓急㉒，周亚夫真可任将兵。"

文帝崩，拜亚夫为车骑将军㉓。

①条侯亚夫：周亚夫，周勃之次子，被封为条侯（封地条县，在今河北省景县南）。为河内守时：指文帝十五年（前165年）。河内守，河内郡的郡守。河内，汉郡名，郡治怀县（今河南省武陟西南）。许负：秦末汉初时的相面者。②持国秉：秉，同"柄"。③臣之兄：指周勃的长子周胜之，袭其父爵为绛侯。何说：犹言"何因""何由"。④指示我：指着我的面相讲给我听。⑤从理：竖纹。从，通"纵"。饿死法：法，也称"法令"，指口边的纹理。古人相面，说竖纹入口是饿死的征象。⑥居三岁：文帝后元二年，前162年。绛侯胜之有罪：指杀人犯法。孝文帝：刘邦之子，前179—前157年在位。⑦文帝之后六年：前158年。匈奴：古族名，战国及秦、汉时期活动于今内蒙古及蒙古国一带。⑧宗正刘礼：宗正，主管皇族事务的朝官名。刘礼，刘邦弟刘交之少子。霸上：古地名，在当时的长安城东南，今西安市城东，因其地处霸水西岸高原上而得名。⑨祝兹侯徐厉：据《惠景间侯者年表》徐厉为"松兹侯"。棘门：古地名，在当时的长安城西北，今陕西省咸阳市东北。⑩细柳：古地名，在当时的长安城西，今陕西省咸阳市西南的渭河北岸。⑪将以下骑送迎：按：此处应作"将以下，下骑迎送"，始可与下文"其将固可袭而虏也"相应。⑫彀弓弩：即所谓箭上弦。彀，张也。持满，把弓拉圆。⑬先驱：也称"前驱"，帝王车驾前面的开路先锋。⑭军门都尉：把守营门的都尉。都尉的级别相当于校尉。⑮节：皇帝使者外出时所持的信物，有旌节、旄节、符节等多种。⑯壁门：营门。⑰按辔：勒着缰绳，使车马徐行。辔，牲口的笼头。⑱介胄之士：全副披挂的军人。介，铠甲。胄，头盔。⑲式车：把头伏在车前的横木（轼）上，这是古人为向某人某事表示敬意而做出的一种姿态。式，通"轼"。⑳曩：昔，前者。㉑中尉：主管京城治安的武官，后来改称执金吾。㉒太子：即日后的汉景帝，名启。缓急：偏义复词，即指急，紧急。㉓文帝崩：事在文帝后元七年，前157年。车骑将军：将军的名号，仅低于大将军和骠骑将军。

周亚夫在其任河内太守还没有被封侯的时候，当时的有名相者许负曾经给他相面说："您在三年之后将要被封侯,封侯八年之后要做将相,掌握国家大权,那时您的地位将贵重到极点,在人臣中独一无二。但是再过九年您将被饿死。"周亚夫听了一笑说:"我的长兄已接替了父亲的侯爵,日后他死了也将由他的儿子接替,我又怎么轮得上封侯呢?再说日后我真像你所说的被封侯拜相,我又怎么会饿死呢?请你指着我的面相给我说说。"于是许负指着周亚夫的嘴说:"你嘴角上有一条竖纹进入嘴里,这就是一种饿死的面相。"过了三年,周亚夫的哥哥周胜之果然因为杀人犯罪爵位被废。汉文帝要在周勃的儿子中找一个贤明的来接替,大家都推举周亚夫。于是汉文帝就封周亚夫为条侯,让他承继绛侯周勃的香火。

汉文帝后元六年,匈奴人大举入侵汉朝的北部边境。汉文帝派中正刘礼为将军,率军驻防于霸上;派祝兹侯徐厉为将军,率军驻防于棘门;派河内太守周亚夫为将军,率军驻防于细柳,以防备匈奴人突袭京城。有一天,汉文帝亲自去慰劳军队。当他到达霸上和棘门两座军营时,两处都是毫无阻拦地让汉文帝的车驾侍从长驱而入,以将军为首的所有人等都下马俯伏迎送。接着汉文帝又来到了细柳。只见军营门前的士兵一个个都披甲戴盔,刀出鞘,箭上弦。当皇帝的车驾先驱到达军营门时,门前的卫兵拦住了他们。先驱说:"皇帝马上就要到来。"把守营门的都尉说:"将军命令我们:'军营中只能听将军的命令,不能听皇帝的圣旨。'"过了不久,汉文帝的车驾来到军营门前,卫队仍是拦着不准入内。汉文帝只好派使者手执符节进去通知周亚夫说:"皇帝要入营慰劳官兵。"周亚夫接到诏令后,这才传令打开军营大门。守卫又对皇帝的侍从们说:"将军规定,营中不许车马飞跑。"于是汉文帝让侍从们一律勒住缰绳,缓步前进。当文帝到达军营时,将军周亚夫手持兵器迎过来作了一个揖说:"我是一个武士,只能以军礼参见皇上。"汉文帝很受感动,他严肃地俯在车前的横木上向官兵们敬礼,并让人向周亚夫传呼道:"皇帝谨向将军致以亲切的问候。"就这样,直到结束了全部慰劳仪式才起驾离去。汉文帝出了周亚夫的军营,跟随皇帝的群臣和侍卫们都还一个个惊魂未定。汉文帝赞叹地说:"这才是真正的将军!像刚才去过的霸上和棘门,那里简直就是儿戏,那里的主将完全可以被化装的敌人所偷袭、所俘虏;至于像周亚夫,谁能侵犯得了呢!"这件事被汉文帝一直念叨了好几天。一个月后,随着匈奴人的威胁解除,三支驻军也全部撤去。于是汉文帝改拜周亚夫为中尉以维持首都的治安。

汉文帝临死前,告诫太子说:"如果日后国家有了紧急情况,周亚夫是可以信任、可以统兵的。"汉文帝死后,周亚夫被任命为车骑将军。

绛侯周勃世家
周亚夫平吴楚之乱

孝景三年,吴楚反①。亚夫以中尉为太尉②,东击吴楚。因自请上曰:"楚兵剽轻,难与争锋;愿以梁委之③,绝其粮道,乃可制。"上许之。

太尉既会兵荥阳④,吴方攻梁,梁急,请救。太尉引兵东北走昌邑,深壁而守⑤。梁日使使请太尉,太尉守便宜,不肯往。梁上书言景帝,景帝使使诏救梁。太尉不奉诏,坚壁不出,而使轻骑兵弓高侯等绝吴楚兵后食道⑥。吴兵乏粮,饥,数欲挑战,终不出。夜,军中惊,内相攻击扰乱,至於太尉帐下。太尉终卧不起。顷之,复定。后吴奔壁东南陬(zōu)⑦,太尉使备西北;已而其精兵果奔西北,不得入。吴兵既饿,乃引而去。太尉出精兵追击,大破之。吴王濞弃其军,而与壮士数千人亡走,保於江南丹徒⑧。汉兵因乘胜,遂尽虏之,降其兵,购吴王千金。月馀,越人斩吴王头以告。凡相攻守三月,而吴楚破平。於是诸将乃以太尉计谋为是。由此梁孝王与太尉有卻⑨。

注

①孝景三年:前154年。吴楚反:吴、楚等七国发动叛乱。为首者是吴王刘濞(都广陵,今扬州市)与楚王刘戊(都彭城,今徐州市),二人皆刘邦之侄。其馀有胶东王刘雄渠(都即墨,今山东平度市东南)、胶西王刘卬(都高密,今山东高密市西南)、济南王刘辟光(都东平陵,今山东章丘市西)、赵王刘遂(都邯郸,今河北邯郸市)、菑川王刘贤(都剧,今山东昌乐县西北),也都是刘邦子弟的后代,史称"七国之乱"。②太尉:国家的最高军事长官,地位与丞相相同。③梁:景帝之胞弟刘武的封国,国都睢阳(在今河南商丘市南)。吴、楚叛军杀向长安,梁国首当其冲。④荥阳:汉县名,县治在今河南省荥阳市东北。⑤昌邑:汉县名,县治在今山东省金乡西北,处于睢阳东北方的二百里外。深壁而守:深沟高垒地据之

以守。⑥弓高侯：韩颓当，刘邦功臣韩王信之子。⑦陬：角落。⑧丹徒：汉县名，县治在今江苏省镇江市东南。当时随同刘濞造反的少数民族东瓯人驻兵于此，故刘濞逃奔来归。⑨有郤：有矛盾，有过节。郤，通"隙"。

　　景帝三年，吴王刘濞伙同楚王刘戊等一起举兵造反。周亚夫从中尉临时被拜为太尉，受命东出迎击吴楚叛军。出发前他向汉景帝请求说："楚地的军队一向剽悍迅猛，我们不能同他们硬拼。我们可以推出梁国让他们攻击，以消耗叛军的锐气，而我们则抄后路去切断他们的粮道，只有这样才有可能战胜他们。"汉景帝答应了周亚夫的请求。

　　周亚夫把朝廷的各路军队集结在荥阳。这时吴国军队正在进攻梁国，梁国形势危急，梁王请求周亚夫出兵援救。周亚夫置之不理，他把军队带到了睢阳东北的昌邑县，在那里深沟高垒，坚守不出。梁王天天派人向周亚夫求援，周亚夫占据着有利的地形就是按兵不动。梁王上书向景帝告状，景帝下令让周亚夫出兵救梁。周亚夫拒不执行诏令，仍是坚守不出，而暗中派高弓侯韩颓当等率轻骑兵切断了吴楚军队后方的运输线。吴国军队的粮草供应不上，士兵们开始饿肚子。吴军几次向周亚夫挑战，但周亚夫始终坚守阵地不出。一天夜里，周亚夫的营中忽然骚乱，乱兵几乎都闹到了周亚夫的帐下。但周亚夫始终镇静地躺在床上不起来。过了一会儿，营中又平静下来。后来吴兵突然向周亚夫营寨的东南角发起攻击，周亚夫立即命令要注意防备西北角。不一会儿吴国的精锐部队果然开始了对西北角的猛攻，只因周亚夫有备所以吴兵未能攻入。最后因为吴国军队已经绝粮，于是只好撤退。这时周亚夫立即派精兵追击，吴军大败。吴王刘濞无奈只好抛弃了大部队只带着几千名壮士逃到了丹徒县东瓯人的兵营。汉兵乘胜追击，全部俘虏、招降了吴国的军队，同时悬出千金之赏购买吴王刘濞的人头。一个月后，在丹徒驻扎的东瓯人杀了吴王，把人头送来向周亚夫报告了。这次周亚夫与叛军作战，前后共用了三个月，吴、楚几国就被削平了。这时将领们才认识到周亚夫当初的计谋是正确的。但也正是在这次平叛中，梁孝王同周亚夫结下了仇怨。

绛侯周勃世家
周亚夫之死

归，复置太尉官①。五岁，迁为丞相，景帝甚重之。景帝废栗太子②，丞相固争之，不得。景帝由此疏之。而梁孝王每朝，常与太后言条侯之短。

窦太后曰："皇后兄王信可侯也③。"景帝让曰："始南皮、章武侯先帝不侯④，及臣即位乃侯之。信未得封也。"窦太后曰："人主各以时行耳。自窦长君在时，竟不得侯，死后乃其子彭祖顾得侯，吾甚恨之⑤。帝趣侯信也⑥！"景帝曰："请得与丞相议之。"丞相议之⑦，亚夫曰："高皇帝约'非刘氏不得王，非有功不得侯，不如约，天下共击之'。今信虽皇后兄，无功；侯之，非约也。"景帝默然而止。

其后匈奴王唯徐卢等五人降，景帝欲侯之以劝后⑧。丞相亚夫曰："彼背其主降陛下，陛下侯之，则何以责人臣不守节者乎？"景帝曰："丞相议不可用。"乃悉封唯徐卢等为列侯⑨，亚夫因谢病。景帝中三年，以病免相⑩。

顷之，景帝居禁中⑪，召条侯，赐食。独置大胾（zì），无切肉，又不置箸⑫。条侯心不平，顾谓尚席取箸⑬。景帝视而笑曰："此不足君所乎？"条侯免冠谢。上起，条侯因趋出⑭。景帝以目送之，曰："此怏怏者非少主臣也⑮！"

居无何，条侯子为父买工官尚方甲楯（dùn）五百被（pī）可以葬者，取庸苦之⑯，不予钱。庸知其盗买县官器，怒而上变告子⑰，事连污条侯。书既闻上，上下吏。吏簿责条侯⑱，条侯不对。景帝骂之曰："吾不用也。"召诣（yì）廷尉⑲。廷尉责曰："君侯欲反邪？"亚夫曰："臣所买器，乃葬器也，何谓反邪？"吏曰："君侯纵不反地上，即欲反地下耳！"吏侵之益急。初，吏捕条侯，条侯欲自杀，夫人止之，以故不得死，遂入廷尉。因不食五日，呕血而死，国除⑳。

①复置太尉官：汉初之太尉官，时置时废。景帝即位时无太尉

官，吴楚造反，周亚夫率军往讨，临时授以此职，至归，乃又正式设置此官。②栗太子：名荣，以其母姓栗，故史称"栗太子"。栗姬性妒，在嫔妃中处境孤立，景帝姊长公主刘嫖与景帝妃王夫人共同倾陷之。景帝七年（前150年），栗太子被废，栗姬也愤郁而死。③窦太后：孝景帝与梁孝王的生母。王信：汉景帝王夫人之兄。王夫人挤倒栗姬后，遂被景帝立为皇后，所生子即日后之武帝刘彻。④南皮、章武侯：南皮侯为窦彭祖，窦太后兄窦长君之子，因其父早死，故封其子为侯；章武侯为窦广国，窦太后之弟。刘邦最初曾规定"非有军功者不得封侯"，自吕后大封诸吕为侯、为王始，后之诸帝遂依例封外戚为侯。⑤吾甚恨之：恨，遗憾，后悔。⑥趣：通"促"，迅即。⑦丞相议之：按：四字应是衍文，《汉书》削此四字。⑧唯徐卢：原匈奴王，于景帝中元三年（前147年）冬，率其众降汉。劝：鼓励。⑨悉封唯徐卢等为列侯：唯徐卢被封为容城侯，仆阳为易侯，范代为范阳侯，邯郸为翕侯，卢他之为亚谷侯，于军为安陵侯，其赐为桓侯，共七人。⑩景帝中三年：即中元三年，前147年。以病免相：实际以屡忤上意而遭免职。⑪禁中：即宫中，以其门阁有禁，非侍御之臣不得入内，故云。⑫大胾：大块的肉。箸：筷子。⑬尚席：官名，主管为皇帝安排酒席。尚，主管。⑭趋出：趋，小步疾走，这是臣下在君父面前行走的一种特殊步态。⑮怏怏：犹言"悻悻"，内心不平、不满的样子。⑯工官尚方：犹言"尚方工官"，主管为皇家制造器物的部门，其长官曰上方令。甲楯：楯，同"盾"。五百被：犹言"五百套"。被，套，计数单位。庸：通"佣"，雇工。⑰县官：指天子，亦用为"国家"之义。上变：变，也叫"变事"，告发谋反事件的文书。⑱薄责：尚未逮治，派吏持薄至其家验问，是一种宽大优容的表现。⑲召诣廷尉：诣，到。廷尉，官名，主管全国刑狱。⑳国除：意即撤销了条侯的建制与封邑。

周亚夫回朝后，朝廷又恢复了前已废除的太尉官。周亚夫任太尉五年转迁为丞相，汉景帝很重用他。汉景帝要废除栗太子，周亚夫极力劝阻却未能成功，而汉景帝则从此对他逐渐疏远。梁孝王每次来长安朝见太后时也常在太后面前说他的坏话。

有一次窦太后对汉景帝说："皇后的哥哥王信应该封侯。"汉景帝拒绝说："南皮侯、章武侯都没有在先帝时期封侯，是到我即位后才封的；王信是我辈亲戚，在我手上不能封他。"太后说："做主子的理应根据各自的情况办事，我大哥窦长君在世时未能封侯，他的儿子窦彭祖后来虽然封了侯，但我对这事一直感到遗憾。你还是赶快封王信为侯吧。"汉景帝说："让我跟丞相商量一下。"当汉景帝与丞相商量这件事时，周亚夫说："当年高皇帝曾有规定，'不是刘家子弟不能封王，没有功劳的人不能封侯。谁不遵守这个规定，全国一起讨伐他'。现在王信虽然是皇后的哥哥，但他没有功劳，封他为侯是违背高皇帝的规定的。"汉景帝听了没再说话，这事也就作罢了。

后来匈奴王唯徐卢等五人归降了汉朝，汉景帝准备封他们为侯，想以此来吸引别的匈奴人也来投降。周亚夫说："他们这些人都是背叛了自己的主子来归降您的，您封他们为侯，以后我们还怎么要求我们自己的那些对主子不忠的人呢！"汉景帝说："丞相的意见不能采用。"于是自作主张把唯徐卢等五人全都封为列侯。周亚夫对此不满，借故称病请假。汉景帝中元三年，周亚夫遂因"病"被罢免了丞相职务。

过后不久，汉景帝召周亚夫入宫，设宴招待他，但桌上只摆着一大块肉，既没有切成小块，又没有放筷子。周亚夫心里不高兴，他回头叫主管筵席的官员去拿筷子。这时汉景帝看着周亚夫冷笑说："你还对此不满意吗？"周亚夫一听只好脱帽请罪。这时汉景帝已经生气地站起来了，周亚夫见此情景，遂躬身快步出门而去。汉景帝盯着他的背影说："这个心怀不满的家伙，不是将来少年皇帝能够支使的人！"

不久，周亚夫的儿子为周亚夫向专为宫廷服务的制造厂买了五百套作殉葬用的铠甲和兵器。由于虐待雇工，不给人家工钱，而雇工们知道这是偷着买了皇家使用的陪葬物品，于是上书告发了周亚夫的儿子，事情牵连到了周亚夫。汉景帝看过控告信后，把这个案件交给有关的法吏去办理。法吏拿着簿书到周亚夫家验问，周亚夫不理他。汉景帝听说后生气地骂道："我也用不着叫你对簿了。"于是下令叫周亚夫到廷尉那里去受审。廷尉责问周亚夫说："君侯你想造反吗？"周亚夫说："我买的那些东西都是殉葬品，怎么能说是造反呢？"旁边的小吏们说："即使您不是想在人间造反，也是想到地下去造反！"接着他们就越来越厉害地迫害周亚夫。本来当狱吏去逮捕周亚夫时，周亚夫就想自杀，由于他的夫人劝阻他，所以才没有死，才到了廷尉这里。在狱中周亚夫五日拒不进食，最后吐血而死，封国就随之被废除。

评

  《绛侯周勃世家》是刘邦的开国功臣周勃与其子周亚夫的合传。周勃是平民出身,跟着刘邦起义反秦,又跟着刘邦打败项羽,因军功被封为绛侯,在刘邦建国初期平定北方的叛乱,与刘邦死后在诛诸吕以维护刘氏正统上都有巨大功勋。但是由于功劳太大、威望太高,而使汉景帝不舒服,以致被下狱、罢官,终至抑郁而死。

  周亚夫在文帝时就已经表现了突出的军事才能,在景帝时期因平定吴楚七国之乱的功勋而晋位丞相,位极人臣。但也是由于功劳太大、威望太高而遭到汉景帝的猜忌,再加以周亚夫为人耿直、刚烈不阿,在阻封皇帝妻兄与匈奴叛归者为侯上与汉景帝顶牛,于是被汉景帝强加罪名,下狱而死。周氏父子都对刘家的功勋巨大,而遭祸的原因又都是出于莫须有,这是使司马迁以及后代的读者所深为感慨的。我们这里只选了有关周亚夫的几个故事,《周亚夫军细柳》可以说是最生动、最精彩,在古往今来描写大将军营的气派上是少有其比的;但由于司马迁的兴之所至,过为渲染夸张,遂使其中所写的某些场面几乎不能令人相信。在《周亚夫平吴楚之乱》中,周亚夫故意消耗梁国,坐收渔人之利,最后既能灭掉吴楚,又同时使梁国大为削弱,这是周亚夫出兵前与汉景帝谋划好的。但得益者是汉景帝,受梁孝王与窦太后的攻击、嫉恨而最后倒霉的却是周亚夫。《周亚夫之死》一节,可以见到汉景帝的阴险残忍,显示了封建社会高层官场的许多带有规律性的东西,可以使人举一反三。

伯夷列传
首阳采薇

  伯夷、叔齐,孤竹君之二子也①。父欲立叔齐。及父卒,叔齐让伯夷。伯夷曰:"父命也。"遂逃去。叔齐亦不肯立而逃之。国人立其中子。于是伯夷、叔齐闻西伯昌善养老②,盍往归焉③。及至,西伯卒,武王载木主④,号为文王,东伐纣。伯夷、叔齐叩马而谏曰:

"父死不葬，爰及干戈，可谓孝乎？以臣弑君，可谓仁乎？"左右欲兵之。太公曰⑤："此义人也。"扶而去之。武王已平殷乱，天下宗周，而伯夷、叔齐耻之，义不食周粟，隐于首阳山⑥，采薇而食之⑦。及饿且死，作歌。其辞曰："登彼西山兮，采其薇矣。以暴易暴兮，不知其非矣。神农、虞、夏⑧，忽焉没兮，我安适归矣？于嗟徂（cú）兮，命之衰矣！"遂饿死于首阳山。

或曰："天道无亲，常与善人。"若伯夷、叔齐，可谓善人者非邪？积仁洁行如此而饿死！且七十子之徒⑨，仲尼独荐颜渊为好学⑩。然回也屡空，糟糠不厌，而卒早夭。天之报施善人，其何如哉？盗跖（zhí）日杀不辜⑪，肝人之肉⑫，暴戾恣睢（suī），聚党数千人横行天下，竟以寿终。是遵何德哉？此其尤大彰明较著者也⑬。若至近世，操行不轨，专犯忌讳，而终身逸乐，富厚累世不绝。或择地而蹈之，时然后出言，行不由径，非公正不发愤，而遇祸灾者，不可胜数也。余甚惑焉，倘所谓天道，是邪非邪？

①孤竹：古国名，在今河北省卢龙一带，是商汤所封的诸侯国之一。②西伯昌：即周文王姬昌。商朝末年，姬昌为西方诸侯之长，故称"西伯"。③盍：同"盖"，乃，于是。④木主：死者灵牌。当时文王已死，武王载其父之灵牌伐纣，以表示自己是谨奉父命，行之志。⑤太公：姜太公。名尚，因封于齐，以吕为氏，又称"吕尚"。事迹参见《齐太公世家》。⑥首阳山：有说即今山西省永济附近之雷首山，有说即今河南省偃师西北之首阳山，还有说其山在今甘肃省陇西县。其人尚属子虚乌有，其山则更为影附。⑦薇：也叫蕨，一种野菜名。⑧神农：中国远古传说中的帝王，被称为"三皇"之一。神农、虞舜、夏禹，代指古代的圣帝名王。⑨七十子：指孔门弟子。《仲尼弟子列传》称"受业身通者七十有七人"，此处说"七十"，是举其成数。⑩颜渊：名回，孔子最欣赏的弟子。⑪盗跖：古代传说中的大盗，名跖。⑫肝人之肉：疑此句当作"脍人之肉"。脍，切肉成细丝。⑬彰明较著：分明，明显。较，分明。

伯夷、叔齐，是孤竹国君的两个儿子。父亲在世时想让小儿子叔齐继位，等到父亲死后，叔齐让给大哥伯夷。伯夷说："父亲的遗命是让你做啊。"于是逃走了。而叔齐也不肯即位，也逃走了。国人只得拥立了老二为君。当时伯夷、叔齐听说西伯姬昌善于收养贤士，于是就动身去投奔他了。等他们到达时，西伯姬昌已经死了，武王姬发正载着姬昌的灵牌，号称是遵循着父亲的遗命，东出讨伐殷纣。伯夷、叔齐就拦住武王的马头劝阻说："你父亲刚死还没有安葬，就发动战争，这能说是孝吗？做臣子的要去讨伐自己的君主，这能说是仁吗？"武王左右的人要杀他们。太公姜尚说："这可是两位义士啊。"于是让人把他们搀扶开了。等到武王灭掉殷纣后，天下人都接受周的统治，而伯夷、叔齐却对做周朝的臣民感到耻辱，他们决心不吃周朝的粮食，隐居在首阳山，采摘蕨菜充饥。等他们饿得将死的时候，作了一首歌，歌词说："登上西山啊，采蕨充饥。以暴力取代暴力啊，竟不知这是错的！神农舜禹之世一去不复返啊，我们的归宿又在哪里？唉呀呀，只有一死，人生的命运真是可悲！"于是，双双饿死于首阳山。

有人说："老天爷没有偏心眼儿，总是帮助善良的人。"那么，像伯夷、叔齐能不能算是"善人"呢？他们道德深厚、品行高洁到这种程度结果落一个饿死！在圣门的七十多位高徒中，孔子最赞扬颜渊的好学，然而颜渊住在贫穷的小巷，经常处于贫困状态，甚至连糟糠都吃不饱，结果还短命早死。老天爷保佑好人难道就是这样的吗？盗跖每天都要残杀无辜，把人肉做成肉干，残暴凶狠，胡作非为，聚集党徒几千人横行天下，最后竟然寿终正寝。老天爷在这里又是遵行了什么样的道德标准呢？这都是最明显的例子。如果说到近代，那些操行不轨，专门触犯刑律禁忌的坏蛋，反而终生安乐，子子孙孙、世世代代当富翁；而那些谨慎小心，每走一步都要瞻前顾后，非到合宜的时机不说话，走路不走小道，非遇到该主持正义的事情从不发怒生气，行为如此而遭灾祸的多得数不清啊。对于这些我深感迷惑不解，倘若这就是"天道"，那么这"天道"到底是对呢还是不对呢？

评

伯夷在先秦古书中原是一个面目不清的人，说到伯夷最多的是《庄子》，但即使在《庄子》中也说法不一，有地方说伯夷、叔齐是孤竹君之二子，有地方又说是孤竹国之"二士"。司马迁之所以一定要写这两个人物，而且把他们放在"列传"之首，最重要的一点是歌颂他们的"让"，这和《五帝本纪》之写尧、舜，《吴太伯世家》

之写吴太伯的意思相同，都是表现司马迁的一种政治观点。其次是借着伯夷、叔齐的饿死首阳山以抒发其对"天道"不公的怨恨，怨恨天上、人间都没有正义可言。在这里既表现了司马迁怀疑"天道"的唯物精神，又表现了他对现实社会、对黑暗官场的严厉斥责。作品以抒情为主，人物则转而成为次要的了，这点与《游侠列传》略同。我们这里主要选取了《首阳采薇》一段故事，舍去了司马迁的大段议论。

管晏列传
管仲佐桓公称霸

管仲夷吾者，颍上人也①。少时常与鲍叔牙游②，鲍叔知其贤。管仲贫困，常欺鲍叔，鲍叔终善遇之，不以为言。已而鲍叔事齐公子小白③，管仲事公子纠④。及小白立为桓公，公子纠死，管仲囚焉⑤，鲍叔遂进管仲。管仲既用，任政于齐，齐桓公以霸，九合诸侯，一匡天下，管仲之谋也。

管仲曰："吾始困时，尝与鲍叔贾，分财利多自与，鲍叔不以我为贪，知我贫也；吾尝为鲍叔谋事而更穷困，鲍叔不以我为愚，知时有利不利也；吾尝三仕三见逐于君，鲍叔不以我为不肖，知我不遭时也；吾尝三战三走，鲍叔不以我为怯，知我有老母也；公子纠败，召（shào）忽死之⑥，吾幽囚受辱，鲍叔不以我为无耻，知我不羞小节而耻功名不显于天下也。生我者父母，知我者鲍子也。"

鲍叔既进管仲，以身下之。子孙世禄于齐，有封邑者十余世，常为名大夫。天下不多管仲之贤而多鲍叔能知人也。

管仲既任政相齐，以区区之齐在海滨，通货积财，富国强兵，与俗同好恶。故其称曰："仓廪实而知礼节，衣食足而知荣辱，上服度则六亲固，四维不张⑦，国乃灭亡。下令如流水之原，令顺民心。"故论卑而易行。俗之所欲，因而予之；俗之所否，因而去之。

其为政也，善因祸而为福，转败而为功。贵轻重，慎权衡⑧。桓公实怒少姬，南袭蔡，管仲因而伐楚，责包茅不入贡于周室⑨；桓公实北征山戎，而管仲因而令燕修召公之政⑩；于柯之会，桓公欲背曹沫之约⑪，管仲因而信之，诸侯由是归齐。故曰："知与之为取，政之宝也⑫。"

管仲富拟于公室，有三归、反坫（diàn）⑬，齐人不以为侈。管仲卒，齐国遵其政，常强于诸侯。

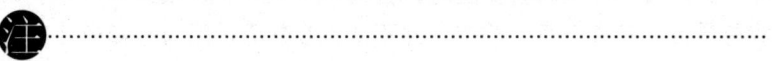

①管仲夷吾：姓管，名夷吾，字仲。颍上：古邑名，在今安徽颍上县南。②鲍叔牙：即鲍叔，春秋时齐国大夫。③齐公子小白：齐公之子，齐襄公之弟，名小白。④公子纠：小白的异母兄弟。⑤公子纠死，管仲囚焉：齐襄公在位时暴虐无道，齐国内乱，小白奔莒，公子纠奔鲁。襄公死后，小白得鲍叔牙之助，由莒先回国即位。鲁国也拥兵送公子纠回国，被小白击败，遂命鲁国杀公子纠、缚送管仲回齐。参见《齐太公世家》。⑥召忽：公子纠之臣，公子纠被杀后，召忽亦自杀。⑦六亲：指父、母、兄、弟、妻、子。四维：指维护统治秩序的礼、义、廉、耻四种道德规范。⑧轻重：指物价高低。权衡：代指度量衡。权，秤锤。⑨桓公实怒少姬四句：齐桓公因怒其妾蔡姬，而斥之回蔡；又因蔡改嫁蔡女而兴兵伐蔡。进而又南下伐楚，此实无理挑衅。管仲为维护桓公而为之寻找了一个楚国不给周天子贡献包茅的理由。事见《齐太公世家·桓公霸业》。包茅：一种可用来滤酒的青茅草，古人祭祀时用此物。⑩北伐山戎：山戎为春秋时生活在今河北省东北一带的少数民族。山戎曾起兵攻燕，齐桓公北伐山戎以救燕。召公：名奭（shì），燕国的初封之君，都蓟（今北京市）。⑪柯：齐地名，在今山东省东阿县西南。曹沫：鲁将，在齐鲁柯之会上，曹沫用匕首挟持齐桓公，迫使齐桓公答应归还齐侵占鲁国的土地。事见《齐太公世家·桓公霸业》。⑫知与之为取，政之宝也：《老子》："将欲取之，必固与之。"⑬三归：一说娶三个姓氏的女子，一说指三处供游赏的华丽高台，一说指齐国税收。反坫：指堂屋两柱间可放置礼器与酒杯的台子。按礼规定，三归、反坫都是诸侯享有的东西，管仲是大夫，不应享有。

管仲名夷吾，颍上人。年轻时曾与鲍叔牙交往，鲍叔牙知道他能干。管仲家里穷，常占鲍叔牙的便宜，但鲍叔牙还是待他很好，从不介意。不久，鲍叔牙跟随了齐公子小白，管仲跟随了齐公子纠。等到小白即位为齐桓公，公子纠被杀死，管仲被囚禁起来，鲍叔牙便向齐桓公推荐了管仲。管仲被任用后，在齐国掌管朝政，辅佐齐桓公成了一代霸主。齐桓公曾多次召集诸侯会盟，又一度稳定了周天子朝内的混乱局面，这都是靠的管仲的谋略。

管仲说："从前我贫困时，曾经和鲍叔牙一起做买卖，挣了钱我总是自己多拿一点，鲍叔牙并不认为我贪心，因为他知道我家里穷；我曾为鲍叔牙出主意办事，结果使他的事情更糟糕，但鲍叔牙并不以为我愚蠢，他知道这是因为时运不济；我一连几次出去做官，一连几次被国君罢免，鲍叔牙并不以此认为我无能，他知道我这时正运气不好；我曾几次出战，几次中途逃回，鲍叔牙并不认为这是我胆怯，他知道我家有老母，需要有人去奉养；公子纠失败时，召忽死了，我却自甘囚禁受辱，鲍叔牙不以此认为我无耻，他知道我不拘小节，我所感到羞耻的是不能建功扬名于天下。生我的是父母，理解我的是鲍叔啊！"

鲍叔牙向齐桓公推荐了管仲，自己甘心做管仲下属。鲍叔牙的子孙在齐国世代享受俸禄，十几代人拥有封地，有许多曾是齐国著名的大夫。在管鲍二人的故事上，人们更多的不是称道管仲的才能，而是称赞鲍叔牙的知人善荐。

管仲在齐国当宰相后，凭借齐国这块偏僻的地处东海之滨的国土，他发展商业，积累钱财，最后达到了国富兵强，在制定政策时他特别注意顺遂百姓们的愿望。他在著作中曾明确地说："仓库里的东西多了人们才有可能讲求礼节，吃饱穿暖了人们才能想到什么叫光荣和耻辱。国君们的生活日用符合法度，他的亲族们才能靠紧他。礼、义、廉、耻四种道德准绳如果不能很好地提倡，国家就要灭亡。政府的各种法令都应该像是有源之水，符合人民的心愿。"正是因为管仲理论的调门不高所以容易推行。当时的百姓喜欢什么，他就提倡什么；当时的百姓讨厌什么，他就废除什么。

管仲主持政事，善于因势利导地把坏事变为好事，把失败转为成功。他注意掂量利害的轻重，谨慎地权衡国家的得失。齐桓公本来是生少姬的气，因而发兵南袭蔡国的，但管仲却引导齐桓公趁势去讨伐楚国，谴责楚国为什么不按时地向周天子进贡祭祀用的茅草；齐桓公北伐山戎本来是为了扩大地盘，但管仲却引导他趁势督促燕国重新实行召公时的政治；在柯地会盟，齐桓公本来曾想背弃被曹沫所逼时的诺言，但管仲却引导他趁机立信于天下，使得诸侯因此都归顺了齐国。这就是通常所说的："能懂得'给与'就是'获取'，这是为政的法宝。"

管仲的财富可同齐国的公室相比，他娶了三种姓氏的女子，还使用诸侯宴会使用的"反坫"礼,但齐国人并不因此觉得他过分排场。管仲死后,齐国继续遵循着他的政治方针,因而齐国在相当长的一段时间里在诸侯中称强。

管晏列传
晏婴荐贤

晏平仲婴者①,莱之夷维人也②。事齐灵公、庄公、景公③,以节俭力行重于齐。既相齐,食不重肉,妾不衣帛。其在朝,君语及之,即危言;语不及之,即危行。国有道,即顺命;无道,即衡命。以此三世显名于诸侯。

越石父贤,在缧绁(léi xiè)中④。晏子出,遭之涂,解左骖赎之,载归。弗谢,入闺。久之,越石父请绝。晏子戄(jué)然,摄衣冠谢曰:"婴虽不仁,免子于厄,何子求绝之速也?"石父曰:"不然。吾闻君子诎于不知己而信于知己者⑤。方吾在缧绁中,彼不知我也。夫子既已感寤而赎我⑥,是知己;知己而无礼,固不如在缧绁之中。"晏子于是延入为上客。

晏子为齐相,出,其御之妻从门间而窥其夫。其夫为相御,拥大盖,策驷马,意气扬扬,甚自得也。既而归,其妻请去。夫问其故。妻曰:"晏子长不满六尺,身相齐国,名显诸侯。今者妾观其出,志念深矣,常有以自下者。今子长八尺,乃为人仆御,然子之意自以为足,妾是以求去也。"其后夫自抑损。晏子怪而问之,御以实对。晏子荐以为大夫⑦。

①晏平仲婴:姓晏名婴,字平仲。或云字仲,谥平。以善直谏、多智谋闻名于世。②莱:古国名,今山东省龙口市东南有莱子城,即古莱国。夷维:地名,在今山东省高密县。③齐灵公:春秋时齐国国君,顷公子,名环,前581年至前554年在位。庄公:灵公子,名光。前553年至前548年在位。景公:庄公异母弟,名杵臼。大夫崔杼杀庄公后,立杵臼为君,前547年至前490年在位。④缧绁:捆绑犯人的绳索,这里作拘系讲。⑤诎:通"屈"。信,通"伸"。⑥寤:通"悟"。⑦大夫:中层职官。

晏平仲，名婴，东莱夷维人。曾在齐灵公、齐庄公、齐景公三朝驾下为臣，他以生活俭朴、身体力行受到齐国人的尊重。即使在他当了齐国宰相的时候，也常常是饭桌上没有第二盘肉菜，不允许姬妾们穿丝绸做的衣服。上朝时，如果国君赞许了他，他就谨慎地注意自己的说话；如果国君没有赞许他，他就更加注意端正自己的行为。国家的政治清明时，他就顺着最高统治者的命令去办；国家的政治昏暗时，他就对统治者的命令加以权衡，有选择地执行。因此，在灵公、庄公、景公三代，晏子的名声显扬于诸侯。

越石父是个有才干的人，因为犯罪，被人逮捕了。晏子外出，正好在路上碰见他们，于是便解下自己车子前面左边的一匹马，赎了他，并用车子把他带了回来。（到了相府门口）晏子没有跟他打招呼，就自己进屋去了。时间久了，越石父就告诉看门人请求回去。晏子一听很吃惊，急忙穿衣整帽赶出来道歉说："我这人虽然品格不高，但毕竟还是把你从灾难中救出来了，你为什么这么快就要回去呢？"越石父说："你这话不对。我听说君子在不了解自己的人面前受委屈，那是可以的，而在了解自己的人面前就应该受尊重了。当我被人拘禁的时候，那是因为他们不了解我。您既然能够认识我的长处，并把我赎了出来，那说明您是了解我的。了解我而又不尊重我，那还不如关在监牢里好。"晏子一听赶紧把他请到屋里，尊为上宾。

晏子做宰相的时候，有一天坐着车子在街上路过，他车夫的妻子正好从门缝里看见了她的丈夫。她的丈夫自以为给宰相赶车高人一等，背后立着华盖，赶着四马飞奔，威风凛凛，得意非常。事罢回家后，他的妻子要求跟他离婚。问她为什么，她说："晏子身高不够六尺，可是人家当了齐国的宰相，名震天下。尽管如此，今天我看他的样子，人家思虑很深，还仿佛总觉得许多地方不如人。你身高八尺，却替人赶车，而你心里还总觉得挺了不起！因此我不想跟你过了。"从此以后，车夫变得谦虚了。晏子觉得奇怪而询问他，车夫把事情原委向他讲了一遍，于是晏子便推荐他当了齐国的大夫。

管仲、晏婴是春秋时代齐国的两位大政治家，管仲曾辅佐齐桓公成为霸主,晏婴则协助齐景公这样一位中庸之君将春秋后期的齐国维持得相对稳定,都是很不容易的。关于管仲与晏婴的具体事迹,《左传》中有不少记载;此外还有《管子》与《晏子春秋》这种专门著作,详细介绍了管仲的思想与晏婴的故事,但司马迁不愿意重复这些事情。司马迁对管仲突出地介绍了他与鲍叔牙的朋友交情和管仲不惜忍辱以成大事的生死观,对晏婴则突出地介绍了他两次破格举荐贤才,这些都表现了司马迁的社会理想,并明显地带有其个人的生活感受。《管晏列传》的篇幅很短,我们所选的《管仲佐桓公称霸》与《晏婴荐贤》基本上已录入了该传的全文。

司马穰苴列传
穰苴治兵

　　司马穰苴(ráng jū)者①,田完之苗裔也②。齐景公时③,晋伐阿(ē)、甄(juàn)④,而燕侵河上⑤,齐师败绩,景公患之。晏婴乃荐田穰苴曰⑥:"穰苴虽田氏庶孽,然其人文能附众,武能威敌,愿君试之。"景公召穰苴,与语兵事,大说(yuè)之,以为将军,将兵捍燕、晋之师。穰苴曰:"臣素卑贱,君擢(zhuó)之闾伍之中⑦,加之大夫之上,士卒未附,百姓不信,人微权轻,愿得君之宠臣,国之所尊以监军,乃可。"于是景公许之,使庄贾往。穰苴既辞,与庄贾约曰:"旦日日中会于军门。"穰苴先驰至军,立表下漏待贾⑧。贾素骄贵,以为将已之军而己为监⑨,不甚急;亲戚左右送之,留饮。日中而贾不至。穰苴则仆表决漏,入,行军勒兵,申明约束。约束既定,夕时,庄贾乃至。穰苴曰:"何后期为?"贾谢曰:"不佞大夫亲戚送之⑩,故留。"穰苴曰:"将受命之日则忘其家,临军约束则忘其亲,援枹(fú)鼓之急则忘其身。今敌国深侵,邦内骚动,士卒暴露于境,君寝不安席,食不甘味,百姓之命皆悬于君,何谓相送乎!"召军正问曰⑪:"军法期而后至者云何⑫?"对曰:"当斩。"庄贾惧,使人驰报景公,请救。既往,未及反,于是遂斩庄贾以徇三军。三军之士皆振栗(lì)。久之,景公遣使者持节赦贾,驰入军中。穰苴曰:"将在军,君令有所不受。"问军正曰:"驰三军法何?"正曰:"当斩。"使者大惧。穰苴曰:"君之使不可杀之。"

乃斩其仆、车之左驸、马之左骖⑬，以徇三军。遣使者还报，然后行。士卒次舍⑭，井灶饮食，问疾医药，身自拊（fǔ）循之⑮。悉取将军之资粮享士卒⑯，身与士卒平分粮食，最比其羸（léi）弱者⑰。三日而后勒兵，病者皆求行，争奋出为之赴战。晋帅闻之，为罢去。燕帅闻之，度水而解。于是追击之，遂取所亡封内故境而引兵归⑱。未至国，释兵旅，解约束，誓盟而后入邑。景公与诸大夫郊迎，劳师成礼，然后反归寝。既见穰苴，尊为大司马⑲。田氏日以益尊于齐。

齐威王使大夫追论古者《司马兵法》而附穰苴于其中，因号曰《司马穰苴兵法》⑳。

①司马穰苴：名穰苴，本姓田，齐景公封他为大司马后，遂以官职为姓。②田完：春秋前期的陈厉公之子，后逃入齐国，改姓田，为战国时田姓齐国的祖先，事见《田敬仲完世家》。穰苴是其后世子孙。③齐景公：齐庄公的异母弟，名杵臼。大夫崔杼杀死齐庄公后，立杵臼为君，前547—前490年在位。④阿：地名，在今山东省阳谷县东北。甄：通"鄄"，在今山东省鄄城县北。⑤河上：燕、齐交界处的黄河南岸地带，约当今河北沧州、山东德州一带。⑥晏婴：齐景公相，见《管晏列传》。⑦间伍：古代居民的基层单位。间，里门，亦代指里，古代的里大小不一样，为二十五家，或五十家，或一百家。伍，伍家。这里的"间伍"是指民间下层。⑧表：即日表，古代用以测日影来计时的标竿。漏：古代用滴水计时的工具。⑨将已之军：原文作"将己之军"，"己"乃因下文误"己"而误，今改。⑩不佞：谦词，犹言不才。大夫：即上文的"左右"，指庄贾的僚属。⑪军正：军中执法之官。⑫军法：古人治军之法，包括军队的编制、官吏设置以及爵赏诛罚等规定。⑬仆：驾车的人，即驭手，驭手在车上居左。驸：通"辅"，辅是附于车辐的立木，用以加固。骖：驾车时位于两旁的马。⑭次舍：驻扎。⑮拊循：拊，同"抚"；循，同"揗"，摩。拊循本指抚摩，此处是安抚的意思。⑯资粮：资，同"粢"，与粮同义。⑰羸弱：瘦弱。古代廪食制度即口粮配给制度是按年龄、性别、体力定等次，体弱者口粮分配标准最低。⑱封内：疆界之内。封，封疆。⑲大司马：春秋时期最高的军事长官。⑳《司马穰苴兵法》：是由齐大夫整理古《司马兵法》和穰苴的兵法合并而成。《汉书·艺文志》著录《军礼司马法》一百五十篇。

司马穰苴是田完的后裔。齐景公时，晋国进犯了齐国的阿邑、甄邑，燕国进占了齐国北部黄河南岸的领土，齐军连连败退，齐景公很忧虑。晏婴向齐景公推荐了田穰苴，他说："穰苴在田氏宗族中虽然是一个远房子弟，但这个人文德能团结人，武略能克敌制胜，您可以试用一下。"于是齐景公召见了田穰苴，与田穰苴讨论了一些军事问题后，心里很高兴，于是任命田穰苴为将军，让他领兵去抗击燕、晋入侵的军队。田穰苴说："我一向卑贱，您现在突然把我从平民百姓中提拔起来，把我的职位提到那些大夫们的职位之上，这样士兵们不会听我的号令，老百姓也不会信任我。因为我一向是太微贱、太不关轻重了。如果您能派一个您的宠臣，又是全国所尊敬的人来给我当监军，这事就好办了。"齐景公答应了他，随即派了庄贾去当监军。穰苴辞别了齐景公，与庄贾约定说："明天正午，我们在军门相会。"到了第二天，田穰苴先乘车来到了军营，在军门设置了观测日影的木表和计时用的漏壶，等候庄贾的到来。庄贾素来是个骄横高傲的人，而且他觉得穰苴是统率部队的主将，他已经到军队中去了；而自己只是一个监军，去晚点儿没有关系，不用着急。因此当亲戚属僚给他置酒送别时，他就留下宴饮。直到了正午庄贾仍然没来，于是穰苴下令把木表放倒，把漏壶中的水倒掉，自己进去升帐点兵，操练部队，宣布纪律。等到这一切都已布置完毕，天已经快黑了，这时庄贾才来到军营。穰苴问："为什么来得这么晚？"庄贾说："鄙人的一些大夫和亲戚为我送行，所以逗留了一会儿。"穰苴说："作为一个将军，他接受国君命令的那一天起，就要把家中的一切事情通通忘掉；当他面向军队申明号令时，他就必须连自己的双亲也都忘掉；等到擂响战鼓，向敌人冲锋的时候，他就必须把自己的安危通通忘掉。如今敌人已经深入我们的国土，国内人心惶惶，前线的士兵风餐露宿，国君焦急得睡不着觉，吃不下饭，全国百姓们的性命都决定于你，你还讲究什么请客送行呢？"于是把执法的军官叫过来问道："订好时间而到时迟到的人，按军法该怎么处置？"回答说："应该斩首。"庄贾吓坏了，赶紧叫人飞马前去向齐景公求救。可是还没等到派去的人回来，田穰苴早已把庄贾斩首，并在三军面前示众了。三军将士都异常震恐敬畏。过了一会儿，齐景公的使者手持符节驰车闯进了军营，要穰苴赦免庄贾。田穰苴对使者说："大将在军中，可以不接受国君的命令。"又回头问执法的军官说:"在军营中乘车驰骋,按军法该如何处置?"执法军官说:"应该斩首。"使者也吓坏了。田穰苴说:"国君的使者不能杀。"于是下令把使者的车夫斩了,同时砍掉了马车左边的一根立木,又杀了车子左前方的一匹边马,并在三军面前示众。然后,让使者回去向齐景公报告,自己则带兵向前线出发了。在行军途中,田穰苴对士兵们的住宿、饮食,以及疾病医药等事,都亲自关心、安置。他把自己的资财粮食都拿出来给士兵们享用,自己和大家吃一样的口粮,而且是和那些口粮最低的人同一标准。这样到第三天,整饬部队准备出战时,连生病的人都积极要求出发参加战斗。晋军听到了穰苴这一系列做法后,自己主动引兵撤退了。燕军得知这些情况后,也撤过黄河,向北退去。于是穰苴挥兵追击,直到全部收复了齐国的失地,才凯旋。当他们快到国都的时候,先解除了部队的备战状态,取消了战时的种种法规,宣誓立盟之后才进入京城。这时齐景公与大夫们到城外迎接,一直到慰劳三军的仪式全部完成后,才回去休息。齐景公接见了田穰苴,尊封他为齐国的大司马。从此,田氏家族在齐国也就越来越显贵了。

齐威王叫他的大夫们整理研究古代的《司马兵法》时,让他们把田穰苴的治兵方法也收了进去,整个地称这部书为《司马穰苴兵法》。

司马穰苴是春秋后期齐景公时代的军事家,社会上有其兵法流传,《晏子春秋》中也记有穰苴的几个故事,有的还相当精彩有趣。但司马迁笔下的《司马穰苴列传》却只写了其杀庄贾立威一事,与《孙子吴起列传》中的孙武练女兵杀吴王的两个美人以立威相同,光靠这种手段来表现军事家,实在不足为训。但《司马穰苴列传》描写穰苴的处置庄贾与处置景公派来的讲情人员很曲折、很生动,与《左传》之描写魏绛处置扬干的情况略同。《司马穰苴列传》是《史记》中最短的篇章,我们的选文已近乎全部录入。

孙子吴起列传
孙武练女兵

孙子武者，齐人也。以兵法见于吴王阖庐①。阖庐曰："子之十三篇，吾尽观之矣，可以小试勒兵乎？"对曰："可。"阖庐曰："可试以妇人乎？"曰："可。"于是许之，出宫中美女，得百八十人。孙子分为二队，以王之宠姬二人各为队长，皆令持戟。令之曰："汝知而心与左右手背乎？"妇人曰："知之。"孙子曰："前，则视心；左，视左手；右，视右手；后，即视背。"妇人曰："诺。"约束既布，乃设铁钺（yuè）②，即三令五申之。于是鼓之右，妇人大笑。孙子曰："约束不明，申令不熟，将之罪也。"复三令五申，而鼓之左，妇人复大笑。孙子曰："约束不明，申令不熟，将之罪也；既已明而不如法者，吏士之罪也。"乃欲斩左右队长。吴王从台上观，见且斩爱姬，大骇。趣使使下令曰③："寡人已知将军能用兵矣。寡人非此二姬，食不甘味，愿勿斩也。"孙子曰："臣既已受命为将，将在军，君命有所不受。"遂斩队长二人以徇。用其次为队长，于是复鼓之，妇人左右前后跪起皆中规矩绳墨④，无敢出声。于是孙子使使报王曰："兵既整齐，王可试下观之，唯王所欲用之，虽赴水火犹可也。"吴王曰："将军罢休就舍，寡人不愿下观。"孙子曰："王徒好其言，不能用其实。"于是阖庐知孙子能用兵，卒以为将。西破强楚，入郢⑤，北威齐晋，显名诸侯，孙子与有力焉。

①阖庐：名光，春秋末期的吴国国君，前514—前496年在位，为春秋"五霸"之一。②铁钺：即"斧钺"，古时军中用以惩治犯令者的刑具。铁，同"斧"。钺，大斧。③趣：通"促"，急也。④规矩绳墨：皆匠人所用的仪器，规以取圆，矩以取方，绳墨以取直。这里用以代指章程规定。⑤西破强楚，入郢：事在鲁定公四年，吴王阖庐九年，前506年。详见《伍子胥列传》。郢是楚国国都，在今湖北省荆州市江陵区西北。

孙子名武,是齐国人,因精通兵法而往见吴王阖庐。阖庐说:"你写的《孙子兵法》十三篇,我都看了,写得好。但是你能为我表演一下实际用兵吗?"孙武说:"可以。"阖庐说:"能用妇女来试一试吗?"孙武说:"可以。"于是阖庐在宫中选了一百八十名美女,孙武把她们分为两队,让吴王的两个宠姬当队长,叫宫女们都手执长戟。孙武问她们:"你们都知道自己的心口、左右手、后背在什么地方吗?"宫女们说:"知道。"孙武说:"等会我发令'向前',你们就朝着你们心口所对的方向前进;我说'向左',你们就向着左手的方向转;我说'向右',你们就朝右手的方向转;我说'向后',你们就转身过来。能做到吗?"宫女们都说:"能。"孙武布置完毕,就把军中的刑具斧、钺等摆了出来,同时又反复讲了几遍。说罢,孙武击鼓使之向右,宫女们都大笑起来。孙武说:"这一次没做好,是我还没讲清楚,这是我的责任。"于是,他把刚才宣布过的又讲了几遍,而后击鼓使之向左,宫女们仍是嬉笑不动。孙武严肃地说:"要领讲得不明白,军法讲得不清楚,这是将军的责任;如果这些都已经讲清楚了,而动作不合规定,这就是士兵的责任了。"于是准备处决两个队长。正在台上观看的吴王一见孙武要斩他的爱姬,大惊失色,赶紧派人下来对孙武说:"我已经知道您善于用兵了。至于这两个女子,你就给我留下吧,没有她们,我连饭都吃不下去。"孙武说:"我已经接受命令当了您的将军,将军在行伍之中,可以不接受君王的命令。"说罢硬是把两个宠姬杀了,还把她们的人头叫大家看了一遍。接着,又重新选派了两个队长,继续操练。这次大家都随着孙武的鼓点,该前该后该左该右该跪该起,一切都谨遵规矩,没有人敢做声。于是孙武派人报告吴王说:"队伍已经操练整齐,大王可以下来看看,现在您怎么命令她们都可以,就是叫她们去赴汤蹈火,也毫无问题了。"吴王不高兴地说:"将军回去休息吧,我不想下去看了。"孙武说:"大王就是喜好书面上的文章,而不能把它付之于实践。"但是通过这一次,阖庐还是知道孙武善于用兵了,终于请孙武做了吴国的大将,让他带兵西破强楚,攻入了楚国的郢都;又挥师北上,威震齐、晋。吴王阖庐所以能够显名于诸侯,成为一代霸主,孙武是出了力的。

孙子吴起列传

孙膑破杀庞涓

孙武既死，后百余岁有孙膑①。膑生阿（ē）鄄（juàn）之间②。膑亦孙武之后世子孙也。孙膑尝与庞涓俱学兵法。庞涓既事魏，得为惠王将军③，而自以为能不及孙膑，乃阴使召孙膑。膑至，庞涓恐其贤于己，疾之，则以法刑断其两足而黥（qíng）之，欲隐勿见。

齐使者如梁④，孙膑以刑徒阴见，说齐使。齐使以为奇，窃载与之齐。齐将田忌善而客待之。忌数与齐诸公子驰逐重射。孙子见其马足不甚相远，马有上、中、下辈。于是孙子谓田忌曰："君弟重射，臣能令君胜。"田忌信然之，与王及诸公子逐射千金。及临质，孙子曰："今以君之下驷与彼上驷⑤，取君上驷与彼中驷，取君中驷与彼下驷。"既驰三辈毕，而田忌一不胜而再胜，卒得王千金。于是忌进孙子于威王⑥。威王问兵法，遂以为师。

其后魏伐赵，赵急，请救于齐。齐威王欲将孙膑，膑辞谢曰："刑余之人不可。"于是乃以田忌为将，而孙子为师，居辎车中，坐为计谋。田忌欲引兵之赵，孙子曰："夫解杂乱纷纠者不控卷⑦，救斗者不搏撠，批亢捣虚⑧，形格势禁，则自为解耳。今梁赵相攻，轻兵锐卒必竭于外，老弱罢于内。君不若引兵疾走大梁⑨，据其街路，冲其方虚，彼必释赵而自救。是我一举解赵之围而收弊于魏也。"田忌从之，魏果去邯郸，与齐战于桂陵⑩，大破梁军。

后十三岁，魏与赵攻韩，韩告急于齐，齐使田忌将而往，直走大梁。魏将庞涓闻之，去韩而归，齐军既已过而西矣。孙子谓田忌曰："彼三晋之兵素悍勇而轻齐⑪，齐号为怯，善战者因其势而利导之。兵法，百里而趣利者蹶上将⑫，五十里而趣利者军半至。使齐军入魏地为十万灶，明日为五万灶，又明日为三万灶。"庞涓行三日，大喜，曰："我固知齐军怯，入吾地三日，士卒亡者过半矣。"乃弃其步军，与其轻锐倍日并行逐之。孙子度其行，暮当至马陵⑬。马陵道陕⑭，而旁多阻隘，可伏兵。乃斫大树白而书之曰："庞涓死于此树之下。"于是令齐军善射者万弩，夹道而伏，期曰："暮见火举而俱发。"庞涓果夜至斫木下，见白书，乃钻火烛之。读其书未毕，齐军万弩俱发，魏军大乱相失。庞涓自知智穷兵败，乃自刭（jǐng），曰："遂成竖子之名！"齐因乘胜尽破其军，虏魏太子申以归⑮。孙

177

膑以此名显天下，世传其兵法⑯。

①孙膑：古代称挖去膝盖骨的刑罚叫膑，孙子因受此刑，故以"膑"字名之。②阿：也称东阿，在今山东省阳谷县东北。鄄：即鄄城，在今山东省鄄城县北。③惠王：名䓨，战国中期魏国国君，前369—前319年在位。④梁：即指魏，因当时魏国的都城已迁到大梁（今河南省开封市），故人们也称魏国、魏王为"梁国""梁王"。⑤下驷：下等马。驷，原指一车四马，后来也用以即指马。⑥威王：名田因齐，战国中期的齐国国君，前356—前320年在位。⑦卷：同"拳"。⑧亢：同"吭"，咽喉。一说，亢，强也，盛也。⑨大梁：即今河南开封市，后来魏国迁都于此。⑩桂陵：古地名，在今河南省长垣西南，当时属魏。齐魏桂陵之役在齐威王四年，魏惠王十七年，公元前353年。⑪三晋之兵：指魏军。因魏与韩、赵皆分晋而建国，故时人多称魏为"三晋"或"晋"。⑫趣：同"趋"，奔赴。⑬马陵：古地名，在今山东省范县西南，当时属齐。⑭陕：同"狭"。⑮虏魏太子申以归：按：齐魏马陵之战在齐威王十六年，魏惠王二十九年，公元前341年。⑯世传其兵法：按：《孙膑兵法》于六朝以来不见于世，人多疑史公此结有误。1972年于山东临沂银雀山汉墓中发现此书，1975年此书公开出版。

孙武死后一百多年，又出了一个孙膑。孙膑生于阿邑、鄄邑之间，是孙武的后代。孙膑曾与庞涓一道学习兵法。后来庞涓在魏国做了魏惠王的将军，他知道自己的才能比不上孙膑，就派人悄悄地把孙膑召到魏国来。孙膑来到大梁后，庞涓忌恨他，怕他超过自己，于是就编造罪名，诬蔑孙膑犯法，处以膑刑（去掉两腿的膝盖骨），同时在他的脸上刺了字，想以此让他永无出头之日。

后来，齐国的使者来到了魏国，孙膑以一个罪犯的身分，悄悄求见了齐国使者，同齐国使者进行了交谈。使者觉得孙膑是位奇才，就把他藏在马车里，偷偷带到了齐国。齐国的大将田忌很喜欢孙膑，待他很好。田忌经常与宗室的公子们赛马赌钱。孙膑看着田忌家的马与对方的马实力差不多，都可以分为上、中、下三等。于是孙膑对田忌说："下回赛马，你可以尽管下大赌注，我包你能赢。"田忌相信孙膑，于是便约齐王和诸公子们赛马，并下了千金的赌注。临到比赛时，孙膑对田忌说："您用您的下等马跟他们的上等马比赛，用您的上等马对付他们的中等马，用您的中等马对付他们的下等马。"就这样，三场比赛过后，田忌一负二胜，赢了齐王千金。于是，田忌把孙膑推荐给了齐威王。齐威王和他谈论了一回兵法，很佩服，随即尊孙膑为军师。

后来，魏国出兵攻打赵国，赵国形势危急，派人到齐国求援。齐威王想派孙膑率军援赵，孙膑推辞说："我是受过刑的人，不宜充当主将。"于是齐王就派田忌为主将，而请孙膑给他当军师，让他坐在一辆有篷盖的车里，为田忌出谋献策。田忌打算引兵直奔被围的赵国，孙膑说："一团乱丝只能慢慢地解，不能乱扯乱揪；给人拉架，只能从旁劝解，不能挥拳抡臂地加到里头去掺和。如果给它来个避实就虚，那么形势就会立刻发生变化，问题也就迎刃而解了。现在魏国出兵攻打赵国，他们的精锐部队都到外面去了，国内留下的都是一些老弱病残。您不如领兵奔袭魏国的国都大梁，占据他们的交通要地，攻击他们守备空虚的地方，这样魏军就必然要撤兵回来自救。这一来，我们便一举两得，既为赵国解了围，又叫魏军疲于奔命。"田忌采纳了这个方略，魏军果然放弃了赵都邯郸，回师自救，而田忌在桂陵截击魏军，把魏军打得落花流水。

十三年以后，魏又与赵联合攻韩，韩国向齐国告急。齐王又让田忌为将带兵救韩，田忌率兵直扑大梁。魏将庞涓闻讯后，急急从韩国撤兵，赶回魏国东境阻击齐军，可是这时齐军已经越过边境突向魏国腹地了。孙膑对田忌说："魏国人以剽悍勇猛著称，他们素来瞧不起齐国人，认为齐兵胆子小。善于作战的人就是要将计就计，因势利导。兵法上不是说过：每日行军百里赶去和敌人争利的，就要折损自己的上将；每日行军五十里赶去和敌人争利的，也会减员一半。我军进入魏境的头一天，在营地上安排给十万人做饭的炉灶，到第二天安排给五万人做饭的炉灶，第三天只安排给三万人做饭的炉灶。"田忌同意，就这么办了。庞涓追了三天，他高兴地说："我早就知道齐国人是胆小鬼，进入我国境内才三天，开小差的就超过一半了。"于是，他下令甩掉步兵，只带着一支轻装的骑兵昼夜兼程地追赶齐军。到了这一天，孙膑估算着到天黑时，魏军可以赶到马陵。马陵这个地方的道路狭窄，两旁地势险要，可以埋下伏兵。于是孙膑叫人把路边的一棵大树削去树皮，在露出白木头的地方写了"庞涓死于此树下"几个大字。然后调集了万余名善射的齐兵埋伏在山路两旁，告诉他们："天黑以后，只要看见有人点火把，你们就一起放箭。"当天夜里，庞涓果然带兵进入了马陵道，来到那棵大树下，他见树上仿佛写着什么，于是叫人点起火把来照看，结果树上的字还没看完，两旁伏兵就万箭齐发，魏军一下子乱成一团。庞涓知道大势已去，自己没有任何办法，只好拔剑自杀了。临死前他又恨义气地说："这一下可成就了孙膑这小子的名声！"齐军乘胜追击，彻底打败了魏军，并俘虏了魏国太子申而归。从此孙膑名扬天下，他写的兵法也在世上广为流传。

孙子吴起列传
吴起变法

吴起者，卫人也①，好用兵。尝学于曾子②，事鲁君。齐人攻鲁，鲁欲将吴起，吴起取齐女为妻，而鲁疑之。吴起于是欲就名，遂杀其妻，以明不与齐也。鲁卒以为将。将而攻齐，大破之。

鲁人或恶吴起曰："起之为人，猜忍人也。其少时，家累千金，游仕不遂，遂破其家。乡党笑之③，吴起杀其谤己者三十余人，而东出卫郭门，与其母诀，啮臂而盟曰：'起不为卿相，不复入卫。'遂事曾子。居顷之，其母死，起终不归。曾子薄之，而与起绝。起乃之鲁，学兵法以事鲁君。鲁君疑之，起杀妻以求将。夫鲁小国，而有战胜之名，则诸侯图鲁矣。且鲁卫兄弟之国也④，而君用起，则是弃卫。"鲁君疑之，谢吴起。

吴起于是闻魏文侯贤⑤，欲事之。文侯问李克曰⑥："吴起何如人哉？"李克曰："起贪而好色，然用兵司马穰苴（ráng jū）不能过也⑦。"于是魏文侯以为将，击秦，拔五城。

起之为将，与士卒最下者同衣食。卧不设席，行不骑乘，亲裹赢粮，与士卒分劳苦。卒有病疽（jū）者，起为吮（shǔn）之。卒母闻而哭之。人曰："子卒也，而将军自吮其疽，何哭为？"母曰："非然也。往年吴公吮其父，其父战不旋踵，遂死于敌。吴公今又吮其子，妾不知其死所矣。是以哭之。"

文侯以吴起善用兵，廉平，尽能得士心，乃以为西河守⑧，以拒秦、韩。

魏文侯既卒，起事其子武侯⑨。武侯浮西河而下⑩，中流，顾而谓吴起曰："美哉乎山河之固，此魏国之宝也！"起对曰："在德不在险。昔三苗氏左洞庭⑪，右彭蠡⑫，德义不修，禹灭之。夏桀之居⑬，左河济⑭，右泰华⑮，伊阙在其南⑯，羊肠在其北⑰，修政不仁，汤放之。殷纣之国⑱，左孟门⑲，右太行⑳，常山在其北㉑，大河经其南，修政不德，武王杀之。由此观之，在德不在险。若君不修德，舟中之人尽为敌国也。"武侯曰："善。"

吴起为西河守，甚有声名。魏置相，相田文㉒。

田文既死，公叔为相㉓，尚魏公主，而害吴起。公叔之仆曰："起易去也。"公叔曰："奈何？"其仆曰："吴起为人节廉而自喜名也。君因先与武侯言曰：'夫吴起贤人也，而侯之国小，又与强秦壤界，臣窃恐起之无留心也。'武侯即曰：'奈何？'君因谓武侯曰：'试延以公主，起有留心则必受之，无留心则必辞矣。以此卜之。'君因召吴起而与归，即令公主怒而轻君。吴起见公主之贱君也，则必辞。"于是吴起见公主之贱魏相，果辞魏武侯，武侯疑之而弗信也。吴起惧得罪，遂去，即之楚。

楚悼王素闻起贤㉔，至则相楚。明法审令，捐不急之官，废公族疏远者，以抚养战斗之士。要在强兵，破驰说之言从横者。于是南平百越㉕，北并陈蔡，却三晋，西伐秦。诸侯患楚之强，故楚之贵戚尽欲害吴起。及悼王死㉖，宗室大臣作乱而攻吴起，吴起走之王尸而伏之。击起之徒因射刺吴起，并中悼王。悼王既葬，太子立㉗，乃使令尹尽诛射吴起而并中王尸者，坐射起而夷宗死者七十余家。

①卫：西周初年建立的诸侯国名，始封之君为武王之弟康叔，国都朝歌（今河南省淇县）。春秋时曾先后迁都到楚丘（河南滑县）和帝丘（今河南濮阳市）。战国时期为魏国附庸。②曾子：名参，春秋末期鲁国人。孔子的学生。③乡党：古时基层的居民单位，五百家为一党。两万五千家为一乡。故乡党时常用为乡邻、乡亲之义。④鲁卫兄弟之国：鲁国国君是周公姬旦的后代，卫国国君是康叔姬封的后代，姬旦与姬封是亲兄弟，所以称鲁卫是兄弟之国。⑤魏文侯：名斯，战国初期魏国的国君，前445—前396年在位，是当时最有作为的诸侯。⑥李克：即李悝，魏国名臣，曾协助魏文侯实行了许多新的经济政策，使魏国得以富强。⑦司马穰苴：春秋后期齐国名将，景公时人。事迹见《司马穰苴列传》。⑧西河守：西河郡的郡守。西河郡约当今陕西东部黄河西岸地区，当时属魏。⑨武侯：名击，文侯之子，前395—前370年在位。⑩西河：时人用以称今山西与陕西交界的那段黄河。⑪三苗氏：古代传说中的南方部族。洞庭：

指洞庭湖,在今湖南省北部。⑫彭蠡:指彭蠡泽,即今江西省北部的鄱阳湖。古人通常称西边为右,东边为左,此以人之南向而言。今三苗北向而抗舜、禹,自北方而称三苗,故谓其左(西)洞庭而右(东)彭蠡。⑬夏桀:夏朝末代帝王,被商汤打败,流放而死。⑭河济:古地名,在今河南省温县东,其地为黄河与济水的分流处,故名。⑮泰华:即华山,在今陕西省华阴市南。⑯伊阙:山名,又名龙门山,在今河南省洛阳市南。因两山相对如门,伊水流其间,故名。⑰羊肠:指羊肠坂,太行山上的通道,以其萦曲如羊肠,故名,在今山西省晋城市南。⑱殷纣:商朝末代帝王,都于朝歌(今河南省淇县)。后被武王打败,自焚而死。⑲孟门:古隘道名,在今河南省辉县市西。⑳太行:山名,盘踞于今山西省东南部与河南、河北交界处。㉑常山:即恒山,在今河北省曲阳西北与山西接壤处。㉒田文:魏国贵族,《吕氏春秋》作"商文",与齐国孟尝君田文不是一人。㉓公叔:韩国贵族,时为魏相。亦有曰,即魏国将领公叔痤。㉔楚悼王:名疑,前401—前381年在位。㉕百越:也作"百粤",统称当时居住在今福建、广东、广西一带的少数民族,因其种族繁多,故称百越。㉖悼王死:事在前381年。㉗太子:名臧,即后日的楚肃王,前380—前370年在位。

　　吴起是卫国人,自幼喜欢兵法,曾跟着曾子学习,后来在鲁国做事。有一次,齐国起兵攻鲁,鲁君想让吴起为将,但由于吴起的妻子是齐国人,所以鲁君对他有疑心。吴起为追求功名,就回家把妻子杀了,以此来表明自己与齐国毫不相干。鲁君终于让他当了大将,派他率兵迎敌,最后打败了齐军。

　　可是鲁国有人讨厌吴起,就说:"吴起为人残忍。少年时他家中本来很富裕,就是因为到处活动找官做,才把家产折腾光了。乡里人笑话他,他竟把这些乡亲杀死了三十多人。当他离开卫国在国都东门与母亲告别时,他咬破手臂发誓说:'要是当不上大官就再不回来。'于是就求学于曾子。不久,他母亲死了,吴起因自己没有做官就不回家办丧事,为此曾子很鄙视他,和他断绝了关系。这以后他才来到鲁国,学了些兵法在鲁国做事。为了换取鲁君的信任,竟杀妻以谋取大将的官职。咱们鲁国是小国,小国落个打败大国的虚名,就会引起别国的不安,也就会招来麻烦。何况鲁、卫又是兄弟之国,我们国家重用他,肯定就要得罪卫国。"鲁君听了这些议论也产生了疑虑，于是就把吴起辞退了。

吴起听说魏文侯是个贤明的国君，就来到魏国，请求为魏国做事。魏文侯问李克说："吴起这人怎么样？"李克说："吴起贪名好女色，但要说用兵打仗，就是司马穰苴也比不过他。"于是魏文侯就任用吴起为将，吴起带兵攻秦，一连夺取了秦国的五座城池。

吴起当将军时，和最下等的士兵吃一样的饭，穿一样的衣裳。睡觉不铺褥子，行军时不骑马坐车，还亲自背粮食，与士兵同甘共苦。有一个士兵长了痈疮，吴起亲自用嘴把他疮里的脓吸了出来。这个士兵的母亲听说后，不由得哭起来了。旁人问她："你的儿子是个小兵，人家将军亲自为他吸脓，你哭什么呢？"这位母亲说："你不知道，以前吴将军也这样替孩子他爹吸过疮，因此孩子他爹就感动得勇往直前，连头都不回地战死在沙场上。如今吴将军又替我的孩子吸疮了，我不知道这孩子将来又会战死在什么地方，所以我才哭了。"

魏文侯因为吴起善用兵，而且又不爱钱财，待人公平，能够得到士兵们的真心拥戴，于是就任命他为西河郡长官，以防备秦、韩两国的入侵。

魏文侯死后，吴起又接着为魏武侯做事。一次，魏武侯与吴起等人一同乘船，沿着黄河漂流而下。中途，魏武侯环顾四周对吴起说："多么壮丽险要的山川形势啊！这可是我们魏国的宝物。"吴起对武侯说："国家的强固在于实行德政，而不在于地势的险要。昔日三苗氏立国，西倚洞庭湖，东靠鄱阳湖，够险要了吧；可是由于他们不讲德义，结果让大禹把它灭了。夏桀的都城，东有黄河、济水，西有华山，南有伊阙山，北有太行山的羊肠坂，但是由于他为政不仁，结果还是被商汤打败，自己也被流放了。商纣王的国都，东有孟门山，西有太行山，北有恒山，南有黄河，可是由于他不实行德政，最后还是被周武王给杀了。由此看来，国家的巩固，是在于德政而不在天险。如果您要是不实行德政，这船上坐的都将变成您的敌人。"魏武侯听了，敬佩地说："好！"

吴起在担任西河长官时，声望很高，而魏国设立丞相，却选用了贵族田文。

田文死后，公叔接任为相，公叔娶的是魏国的公主，他一向忌恨吴起。公叔的仆从对公叔说："要想撵走吴起是很容易的。"公叔问："你有什么办法呢？"仆从说："吴起是个有气性、爱名声的人。您可以先去对武侯说：'吴起是一个能人，而您的国家是比较小的，又紧挨着强大的秦国，我担心吴起不会长久地留在魏国。'这时武侯如果问您：'那怎么办呢？'您就对武侯说：'可以用给公主招亲的办法来试试他，他要是想长期留在魏国，他就会接受这门亲事；要是他不打算长期留下去，他就一定会推辞，这样您就可以试探出他的想法了。'然后立刻请吴起到您家里做客，让您家的公主当着吴起的面对您发脾气，藐视您。吴起见公主这样轻视您，必然会拒绝武侯的提亲了。"果然，吴起一见公叔之妻对公叔的蔑视，就委婉地谢绝了魏武侯的招亲。而魏武侯从此对吴起有了疑心，不再信任他了。吴起害怕这样下去迟早要倒霉，于是就离开魏国到楚国去了。

楚悼王早就知道吴起的才干，所以吴起一到，就让他当了楚国的丞相。吴起执政后，制定了明确的法令，而且切实地付诸实行，他裁减了无关紧要的官员，废除了那些与王室疏远的家族的特权，提高士兵的生活待遇。他的主要宗旨是在于加强军事实力，而坚决排斥那些到处奔走游说、大讲合纵连横的人。于是楚国的实力大增，向南平定了百越，向北兼并了陈、蔡，打退了韩、魏等国的侵扰，还几次出兵伐秦。各国都对楚国的强大感到不安，而楚国的旧贵族们更是很早就想杀吴起。等到楚悼王一死，这些人便趁机发动叛乱，他们追杀吴起，吴起逃到了楚悼王停尸的地方，趴在楚悼王的尸体旁。这帮追杀吴起的人在射刺吴起时，楚悼王的尸体上也中了不少箭。等到安葬完楚悼王，太子立为新君后，命令令尹把追杀吴起时连带伤害了悼王尸体的叛乱分子一齐斩首，前后被灭族的约有七十多家。

《孙子吴起列传》是孙武、孙膑、吴起三个兵家人物的合传。孙武是春秋后期人，相传是《孙子兵法》十三篇的作者。司马迁在本文中写了他求见吴王阖闾，在吴王阖闾面前训练女兵的故事。说法离奇，可信的程度较差。此外在《吴太伯世家》《伍子胥列传》中，也提到了孙武与伍子胥佐阖闾伐楚入郢的事情，但《左传》中叙吴楚之战无孙武其人，则《史记》之叙孙武如此，确实存在可疑之点。

孙膑是战国中期齐国人，与庞涓同师学兵法。庞涓先在魏国为将，受到重用，他担心日后孙膑出山超过他，故而骗孙膑到齐，断了他的双腿。孙膑逃到齐国，成为齐国军师，在桂陵之战中初破魏军，使齐国地位大大提高；其后十三年又破魏军于马陵，杀庞涓，虏魏太子申，从此魏国的霸权衰落，而齐国上升到了霸主地位，孙膑的功劳是很大的。作品赞扬了孙膑"避实就虚""进兵减灶"的谋略，与其忍辱发愤、报仇立功的事迹；而其马陵道一节，又设身处地，绘形绘声，极尽夸张虚构之能事，具有很高的文学性与动人的戏剧效果。

吴起是战国初期的军事家与政治改革家，其在鲁、在魏都有突出的军事业绩。但吴起是一个很倒霉的人，他有的是才干，到哪里都能立功；但立功后跟着就是受诽谤、受排挤。吴起最后到了楚国，帮着楚悼王实行变法，卓有成效，使楚国一度大为富强。但也正是因此而遭到了国内外一切反对势力的共同仇恨，于是当楚悼王一死，反对派立刻发动政变而将吴起杀害了。吴起的变法大约要比商鞅变法早六十多年，如果吴起在楚国的变法得以胜利，那战国时代的历史就应该是另一种写法了。吴起是一个悲剧人物，理应受到人们的同情，但司马迁出于自身的痛苦经历，而在描写吴起、商鞅、晁错等一系列法家人物的时候不由得流露了一种厌恶情绪，这是不太公平的。

伍子胥列传
破楚复仇

伍子胥者，楚人也①，名员。员父曰伍奢，员兄曰伍尚。其先曰伍举，以直谏事楚庄王②，有显，故其后世有名于楚。

楚平王有太子名曰建，使伍奢为太傅，费无忌为少傅③。无忌不忠于太子建。平王使无忌为太子取妇于秦，秦女好，无忌驰归报平王曰："秦女绝美，王可自取，而更为太子取妇。"平王遂自取秦女而绝爱幸之，生子轸（zhěn）。更为太子取妇。

无忌既以秦女自媚于平王，因去太子而事平王。恐一旦平王卒而太子立，杀己，乃因谗太子建。建母，蔡女也④，无宠于平王。平王稍益疏建，使建守城父⑤，备边兵。

顷之，无忌又日夜言太子短于王曰："太子以秦女之故，不能无怨望，愿王少自备也。自太子居城父，将兵，外交诸侯，且欲入为乱矣。"平王乃召其太傅伍奢考问之。伍奢知无忌谗太子于平王，

185

因曰:"王独奈何以谗贼小臣疏骨肉之亲乎?"无忌曰:"王今不制,其事成矣,王且见禽。"于是平王怒,囚伍奢,而使城父司马奋扬往杀太子⑥。行未至,奋扬使人先告太子:"太子急去,不然将诛。"太子建亡奔宋⑦。

无忌言于平王曰:"伍奢有二子,皆贤,不诛且为楚忧。可以其父质而召之,不然且为楚患。"王使使谓伍奢曰:"能致汝二子则生,不能则死。"伍奢曰:"尚为人仁,呼必来;员为人刚戾忍诟(gòu),能成大事,彼见来之并禽,其势必不来。"王不听,使人召二子曰:"来,吾生汝父;不来,今杀奢也。"伍尚欲往,员曰:"楚之召我兄弟,非欲以生我父也,恐有脱者后生患,故以父为质,诈召二子。二子到,则父子俱死,何益父之死?往而令仇不得报耳。不如奔他国,借力以雪父之耻。俱灭,无为也。"伍尚曰:"我知往终不能全父命,然恨父召我以求生而不往⑧,后不能雪耻,终为天下笑耳。"谓员:"可去矣!汝能报杀父之仇,我将归死。"尚既就执,使者捕伍胥。伍胥贯弓执矢向使者,使者不敢进,伍胥遂亡。奢闻子胥之亡也,曰:"楚国君臣且苦兵矣。"伍尚至楚,楚并杀奢与尚也。

伍胥奔吴。到昭关⑨,昭关欲执之。伍胥独身步走,几不得脱。追者在后。至江,江上有一渔父乘船。知伍胥之急,乃渡伍胥。伍胥既渡,解其剑曰:"此剑直百金,以与父。"父曰:"楚国之法,得伍胥者赐粟五万石,爵执珪⑩,岂徒百金剑邪!"不受。伍胥未至吴而疾,止中道,乞食。至于吴,吴王僚方用事,公子光为将⑪,伍胥乃因公子光以求见吴王。

伍子胥说吴王僚曰:"楚可破也。愿复遣公子光。"公子光谓吴王曰:"彼伍胥父兄为戮于楚,而劝王伐楚者,欲以自报其仇耳。伐楚未可破也。"伍胥知公子光有内志,欲杀王而自立,未可说以外事,乃进专诸于公子光⑫,退而耕于野。

楚平王卒⑬。初,平王所夺太子建秦女生子轸,及平王卒,轸竟立为后,是为昭王。吴王僚因楚丧,使二公子将兵往袭楚⑭。楚发兵绝吴兵之后,不得归。吴国内空,而公子光乃令专诸袭刺吴王僚而自立,是为吴王阖庐。阖庐既立,得志,乃召伍员以为行人⑮,而与谋国事。

九年,吴王阖庐谓子胥、孙武曰⑯:"始子言郢未可入,今果何如?"二子对曰:"楚将囊瓦贪,而唐、蔡皆怨之⑰。王必欲大伐之,必先得唐、蔡乃可。"阖庐听之,悉兴师与唐、蔡伐楚,与楚夹汉水而陈⑱。吴王之弟夫概将兵请从,王不听,遂以其属五千人击楚将子常。子常败走,奔郑⑲。于是吴乘胜而前,五战,遂至郢。己卯⑳,楚昭王出奔。庚辰㉑,吴王入郢。

始伍员与申包胥为交,员之亡也,谓包胥曰:"我必覆楚。"包胥曰:"我必存之。"及吴兵入郢,伍子胥求昭王。既不得,乃掘楚平王墓,出其尸,鞭之三百,然后已。申包胥亡于山中,使人谓子胥曰:"子之报仇,其以甚乎!吾闻之,人众者胜天,天定亦能破人。今子故平王之臣,亲北面而事之,今至于僇死人,此岂其无天道之极乎!"伍子胥曰:"为我谢申包胥曰,吾日莫途远,吾故倒行而逆施之。"于是申包胥走秦告急㉒,求救于秦。秦不许。包胥立于秦廷,昼夜哭,七日七夜不绝其声。秦哀公怜之㉓,曰:"楚虽无道,有臣若是,可无存乎!"乃遣车五百乘(shèng)救楚击吴。六月,败吴兵于稷㉔。

#

①楚:西周以来的诸侯国名,楚文王时建都于郢,在今湖北荆州市之江陵区西北。②楚庄王:春秋中期的楚国国君,"五霸"之一,前613—前591年在位。③楚平王:名居,春秋后期的楚国国君。前528—前516年在位。太傅、少傅:都是太子的辅导官。④蔡女:蔡国国君之女。蔡国是春秋时的一个小诸侯国,那时的国都在今河南新蔡县。⑤城父:古邑名,在今河南省宝丰县东。⑥司马:在军中主管纠察、司法的官。⑦宋:诸侯国名,国都在今河南商丘南。⑧恨:憾,遗憾。⑨昭关:旧址在今安徽含山县北小岘山上,当时是楚国东部的边境,为吴、楚两国交通要冲。⑩执珪:楚爵位名,低于列侯,可以入见楚王的小封君。⑪吴:诸侯国名,国都即今苏州市。吴王僚:吴王馀昧之子,前526—前515年在位,伍子胥至吴在吴王僚五年(前522年)。公子光:即后来的吴王阖闾(又作"阖庐"),吴王诸樊之子,吴王僚的堂兄。⑫专诸:当时有名的刺客,事迹见《刺客列传》。⑬楚平王卒:楚平王死于吴王僚十一年(前516年)。⑭二公子:指吴王僚的两个弟弟盖馀和烛庸。⑮行人:官名,掌宾客之礼。⑯九年:吴王阖闾九年(前506年)。孙武:吴国军事家,详见《孙子吴起列传》。⑰囊瓦:楚将名,亦称子常,时为楚相。唐:周初分封的诸侯国名,姬姓,都城在今湖北随州市西北的唐城镇。蔡:诸侯国名,此时都城已迁至州来(今安徽凤台县)。唐蔡两国的诸侯朝楚时,都因囊瓦向他们勒索财物不遂被囊瓦拘留过,故而恨之。⑱夹汉水而陈:谓吴与唐、蔡列阵于汉水东,楚军

列阵于汉水西。此与事实有出入，据《左传》记载，此役发生在柏举（今湖北麻城东北），至汉水尚有五六百里。陈，通"阵"。⑲郑：诸侯国名，国都即今河南新郑县。⑳己卯：应作"十一月己卯"，即夏历十一月二十八。㉑庚辰：十一月二十九。㉒秦：诸侯国名，这时的秦国都雍，即今陕西凤翔县南。㉓蔡昭公：蔡国诸侯，前536—前501年在位。㉔稷：稷丘，地名，在郢都郊外。

伍子胥是楚国人，名员。他的父亲叫伍奢，哥哥叫伍尚。他的先人有个叫伍举的，曾经以直谏闻名，在楚庄王驾前做过事，功业显达，所以他们的后代在楚国便成了一个有名望的家族。

楚平王的太子名建，楚平王让伍奢做太子的太傅，让费无忌做少傅，一起在太子身边服务。但费无忌对太子建不忠。楚平王让费无忌到秦国去给太子迎亲，费无忌看到这位秦国女子长得好，于是赶紧跑回来向楚平王报告说："秦君女子长得太好了，您可以自己留下，而给太子另找一个。"于是楚平王果然就自己要了这个秦国女子，对她特别宠爱，和她生了一个儿子，名轸。而给太子另娶了一个媳妇。

费无忌通过娶秦女这件事讨好了楚平王，于是也就离开了太子，到楚平王身边去做事了。但是他担心一旦平王去世，太子立为楚王，自己会被杀头，于是他就在平王面前说太子的坏话。太子建的母亲是一个蔡国的女子，平王不喜欢她。待至又听了费无忌的坏话，于是也就对太子建越来越疏远了，平王让他带兵去镇守北部的城父要塞，保卫楚国的边防。

过不多久，费无忌又不分昼夜地在平王面前给太子编造坏话说："太子没有娶到秦国女子，他的心里不能没有怨恨，希望您要有所防备。太子自打镇守城父以来，领兵在外，广交诸侯，他就要带兵杀回来造反了。"平王一听，就派人把太子的太傅伍奢叫了回来，向他盘问。伍奢知道这是费无忌在平王面前说了太子坏话的缘故，就气愤地回答说："大王为什么要相信小人的挑拨，而疏远自己的亲骨肉呢？"费无忌则怂恿平王说："大王现在再不先发制人，他们的叛乱就可能要成功。到那时您就要被他们所擒拿。"于是平王大怒，立即囚起了伍奢，而让城父守军的司马奋扬去捕杀太子。奋扬知道太子冤枉，就提前派人通知太子说："太子快逃跑，不然就要被砍头了。"太子建得讯，出逃到了宋国。

这时费无忌又跟楚平王说:"伍奢有两个儿子,都很能干,不杀了他们,将来都是楚国的祸害。我们可以用他们的父亲做人质,把他们也骗来一起杀掉,不然后患无穷。"于是楚平王就派人去对伍奢说:"能把你的两个儿子叫来就饶了你,叫不来就把你杀掉。"伍奢说:"伍尚秉性仁慈,我叫他,他一定来;伍员则暴烈倔强,能成大事,他知道来了会一起被杀,他是肯定不会来的。"平王不信,派人去对伍氏兄弟说:"如果你们来了,我就放了你们的父亲;如果你们不来,我就立刻把你们的父亲杀掉。"伍尚一听马上想回去。伍员说:"楚王之所以叫我们回去,并不是想给我们父亲留下活命,而是怕我们跑了,以后给他们闹乱子,所以才用父亲做人质,来骗我们。我们一旦回去,就只有父子三人一起被杀。这对于父亲的死又有什么好处呢?白白地落一个没有人给父亲报仇。还不如我们一起逃奔别的国家,向别的国家借兵来给父亲报仇。回去和父亲一块死,有什么意义呢?"伍尚说:"我也知道回去救不了父亲,但我怕的是,今天父亲叫我回去我没有回去,日后我若没有给父亲报仇,最终落一个被天下人耻笑。"他对伍员说:"你可以逃走!因为你日后肯定能报这场杀父之仇,我是无能的,我准备回去和父亲一道死。"说罢伍尚则束手被擒了。来人又想逮捕伍子胥。伍子胥弯弓搭箭,对准来人,来人不敢靠近,伍子胥乘势逃走了。他听说太子建这时正逃亡在宋国,于是他也就去了宋国。伍奢听说伍子胥逃跑了,感叹地说:"楚国的君臣们将来要吃兵火之苦了。"伍尚被押到郢都后,楚王把伍奢和伍尚都杀掉了。

伍子胥逃往吴国途经楚、吴交界的昭关时,昭关的守吏想逮捕他们,伍子胥只好丢弃了车马从人,单身步行,差点被人家逮住,追兵一直在后边跟着,伍子胥逃到江边,见江上有一个渔夫摇船。渔夫知道伍子胥正急着避难,于是就把他渡了过去。伍子胥过江后,解下了身上的佩剑,对渔夫说:"这把宝剑价值百金,我把它送给你吧。"渔夫说:"楚国早有悬赏,谁能抓到伍子胥,赏给他粮食五万石,赐爵为'执珪',那些难道只值百金吗?"渔夫没有接受伍子胥的酬谢。伍子胥还没到达吴国首都就病倒了,半道上只好停下来,以乞讨为生。伍子胥终于到达了吴国首都,吴国当时正是王僚执政,公子光为将军。于是,伍子胥就通过公子光见到了吴王。

伍子胥对吴王僚说:"楚国是可以被打败的,大王可以派公子光再次出兵。"公子光说:"伍子胥的父亲、哥哥都是被楚王杀的,他劝大王伐楚,是为了给他的家庭报仇。楚国现在是难以打败的。"伍子胥一听明白了公子光的个人企图,他是想杀掉吴王而自立。在这种情况下，不可能劝他对外用兵，于是伍子胥就找来了一个勇士专诸，把他推荐给公子光，而后自己就去隐居农耕，徐以待变了。

五年后，楚平王死了。当初楚平王所夺的那个应该属于太子建的秦女，生了个儿子名轸，平王死后，其子轸就继承了王位，这就是楚昭王。这时吴王看到楚国正忙了小理丧事，就趁机派他的两个弟弟率兵伐楚。不想这支吴军被楚军截断了退路，回不来了。吴国内部空虚，这时公子光就趁机会派专诸刺杀了吴王僚，而自立为王，这就是吴王阖庐。阖庐当了吴王，心满意足了，就召来伍子胥，任命他为行人，让他参与国家大事的决策。

阖庐九年，吴王阖庐对伍子胥与孙武说："过去你们总说不能进攻楚国的郢都，现在怎么样啦？"两个人回答说："楚国的大将囊瓦生性贪婪，唐国、蔡国都恨他。您如果一定想要伐楚，应该先取得唐国和蔡国的配合。"阖庐同意，于是就发动了全国的军队，和唐国、蔡国一起进攻楚国，双方隔着汉水对阵。这时阖庐的弟弟夫概请求率军出击，阖庐不允许，于是夫概便偷偷地带着自己部下的五千人突然出动，猛攻楚将子常，子常大败，逃到郑国去了。吴王见夫概获胜，于是全军乘胜进击，沿途又经过五场大战，到达了郢都城下。己卯这一天，楚昭王离城出逃。第二天，吴王遂进入了郢都。

起初伍子胥和申包胥两人是朋友，当伍子胥被害逃离楚国时，对申包胥说："我将来一定要灭掉这个楚国。"申包胥说："那我一定要保住这个国家。"后来吴军攻入郢都，伍子胥就到处搜捕楚昭王，但没有找到，于是他就掘开了楚平王的墓，把楚平王的尸体拉出来抽了三百鞭子，才算完事。这时申包胥正逃到了荒山之中，他派人去对伍子胥说："你的这种报仇也太过分啦！人们常说，人有时可以胜天，但是天终究还是要胜人。你原先也是楚平王的臣子，曾在他驾前做过事，可是今天你竟至于鞭打他的尸体，这不是违背天道达到极点了吗！"伍子胥对来人说："你回去替我告诉申包胥，我是一个日暮途远的人，因此我也只能倒行逆施了。"于是申包胥就跑到了秦国告急，请求秦国出兵拯救楚国。秦国开始不答应。申包胥就站在秦宫殿前的院子里，日夜嚎哭，七天七夜没住声。秦哀公听着觉得可怜，说："楚王虽然残暴无道，但是能有这样忠心的臣子，这样的国家难道不该得到拯救吗？"于是派出了战车五百辆攻吴救楚。六月，大破吴军于稷丘。

伍子胥列传
忠谏夫差

后五年，伐越①。越王勾践迎击，败吴于姑苏②，伤阖庐指，军却。阖庐病创将死，谓太子夫差曰："尔忘勾践杀尔父乎？"夫差对曰："不敢忘。"是夕，阖庐死。夫差既立为王，以伯嚭（pǐ）为太宰③，习战射。二年后伐越，败越于夫湫④。越王勾践乃以余兵五千人栖于会稽之上，使大夫种厚币遗（wèi）吴太宰嚭以请和⑤，求委国为臣妾。吴王将许之。伍子胥谏曰："越王为人能辛苦。今王不灭，后必悔之。"吴王不听，用太宰嚭计，与越平。

其后五年⑥，而吴王闻齐景公死而大臣争宠，新君弱⑦，乃兴师北伐齐。伍子胥谏曰："勾践食不重味，吊死问疾，且欲有所用之也。此人不死，必为吴患。今吴之有越，犹人之有腹心疾也。而王不先越而乃务齐，不亦谬乎！"吴王不听，伐齐，大败齐师于艾陵，遂威邹鲁之君以归⑧。益疏子胥之谋。

其后四年，吴王将北伐齐，越王勾践用子贡之谋⑨，乃率其众以助吴，而重宝以献遗太宰嚭。太宰嚭既数受越赂，其爱信越殊甚，日夜为言于吴王，吴王信用嚭之计。伍子胥谏曰："夫越，腹心之病，今信其浮辞诈伪而贪齐。破齐，譬犹石田，无所用之。且《盘庚之诰》曰⑩：'有颠越不恭，劓殄（yì tiǎn）灭之，俾无遗育，无使易种于兹邑。'此商之所以兴。愿王释齐而先越；若不然，后将悔之无及。"而吴王不听，使子胥于齐。子胥临行，谓其子曰："吾数谏王，王不用，吾今见吴之亡矣。汝与吴俱亡，无益也。"乃属（zhǔ）其子于齐鲍牧⑪，而还报吴。

吴太宰嚭既与子胥有隙，因谗曰："子胥为人刚暴，少恩，猜贼，其怨望恐为深祸也。前日王欲伐齐，子胥以为不可，王卒伐之而有大功。子胥耻其计谋不用，乃反怨望。而今王又复伐齐，子胥专愎（bì）强谏，沮（zǔ）毁用事，徒幸吴之败以自胜其计谋耳。今王自行，悉国中武力以伐齐，而子胥谏不用，因辍（chuò）谢，详病不行⑫。王不可不备，此起祸不难。且嚭使人微伺之，其使于齐也，乃属其子于齐之鲍氏。夫为人臣，内不得意，外倚诸侯，自以为先王之谋臣，今不见用，常鞅鞅怨望。愿王早图之。"吴王曰："微子之言，吾亦疑之。"乃使使赐伍子胥属镂之剑⑬，曰："子以此死。"伍子胥仰天叹曰:"嗟乎! 谗臣嚭为乱矣,王乃反诛我。我令若父霸⑭。自若未立时,诸公子争立,我以死争之于先王,几不得立。若既得立,欲分吴国予我,我顾不敢望也。然今若听谀臣言以杀长者。"乃告其舍人曰:"必树吾墓上以梓(zǐ)⑮,令可以为器; 而抉吾眼悬吴东门之上,以观越寇之入灭吴也。"乃自刭死。吴王闻之大怒,乃取子胥尸盛以鸱夷革⑯,浮之江中。吴人怜之,为立祠于江上,因命曰胥山⑰。

①后五年:应为"后四年",即吴王阖庐十九年,越王勾践元年,前496年。越: 诸侯国名,国都即今浙江绍兴市。②姑苏: 依《左传》与《越王勾践世家》应作"槜李"(古地名,在今浙江嘉兴市西南)。③太宰: 官名,即后世的丞相。④夫湫: 亦作"夫椒",山名,在太湖中。⑤大夫种: 即文种,越国的重要谋臣。⑥其后五年: 吴王夫差六年,前490年。齐景公: 名杵臼,前547—前490年在位。⑦大臣争宠,新君弱: 齐景公死后,其少子晏孺子立,高昭子、国惠子为相。权臣田乞与高昭子逐惠子。不久,田乞又杀晏孺子而另立公子阳生(齐悼公),齐国政权从此落入田氏手中。⑧艾陵: 春秋齐地,在今山东莱芜市东北。按: 艾陵之役不在此年,史公叙事有误。邹鲁: 诸侯国名,此时邹都在今山东邹城市东南,鲁都即今山东曲阜市。⑨子贡之谋: 子贡是孔子的学生,有辩才。吴王夫差十一年(前485年),齐侵鲁。为解鲁国之难,子贡往说吴王救鲁伐齐; 吴怕越袭其后,于是子贡又往说越王,使越出兵以助吴。⑩《盘庚之诰》: 指《尚书》中的《盘庚》篇,是商代帝王盘庚告谕臣下的训词。⑪鲍牧: 齐国贵族,鲍叔牙的后人。按: 此时鲍牧已死,当依《左传》作"鲍氏"。⑫详: 通"佯",假装。⑬属镂: 剑名。⑭若父: 你的父亲。若,你,你的。⑮梓: 一种乔木,木质极好,古人多用来制棺材。⑯鸱夷革: 皮口袋。⑰胥山: 在太湖边,离长江不远。

过了五年,吴国起兵伐越。越王勾践出兵迎击,在姑苏大破吴军,阖庐的脚趾受伤,吴军退却。阖庐的伤势发作,临死前对太子夫差说:"你会忘掉勾践杀了你父亲吗?"夫差说:"我至死也不会忘记。"当天夜里阖庐就死去了。夫差即位为王后，任命伯嚭为太宰，并开始加紧训练军队。两年后起兵伐越，大破越军于夫湫。越王勾践带着他的残兵五千人逃到了会稽山上，他派大夫文种送厚礼给吴国的太宰伯嚭，通过他向吴王夫差求和，说勾践愿把国家交给吴王管辖，连自己和妻子也情愿给吴王做奴做婢。吴王心软想答应。伍子胥劝阻说："勾践能忍受辛苦图强发愤。现在不消灭他，日后一定要后悔的。"但吴王不听伍子胥的劝阻，最后还是采纳了伯嚭的主张和越国讲和了。

又过了五年，吴王听说齐景公死了，齐国的大臣正争权夺势，新即位的国君软弱，无法驾驭他们，于是趁势兴兵北伐。伍子胥又劝阻说："勾践现在饭桌上不摆两个菜，经常去吊问死者，抚恤伤病，可以看出他是为了取得国人的信任，日后要使用他们。这个人只要不死，日后肯定要成为吴国的大患。越国对于吴国来说，是心腹之中的大病。您不首先解决越国而去对付齐国，这不是很错误的吗！"吴王不听，出兵伐齐，大败齐军于艾陵，同时使邹、鲁两国受到极大的威胁。这一来吴王对伍子胥的话就更不听了。

又过了四年，吴王又要北伐齐国，这时越王勾践听从子贡的计谋，自动地率领军队帮助吴国，同时还献给了伯嚭许多宝物。而伯嚭已经多次地接受越国的贿赂了，他对于越国分外信任，于是就日夜不停地在吴王面前说越国的好话。吴王对这些全都信以为真。伍子胥对吴王说："越国是我们真正的心腹之患，可是我们却相信他们的花言巧语而醉心于北伐齐国。即使我们占有了齐国，那也只如得到一片石头地，什么东西也不会长的。《尚书·盘庚》里曾说：'凡是横行无法不服管教的，就要彻底消灭它，不要让它留下根子，不能让他们再滋长起来。'商朝所以兴旺，就因为他们有果断的措施。希望大王能够放弃齐国先消灭越国，否则我们将后悔不及。"吴王还是不听，并且打发伍子胥去齐国出使。伍子胥临走时，对他的儿子说："我几次劝说吴王，吴王都不听，我看吴国很快就要灭亡了。你留在这里跟着吴国一起灭亡，是没有意义的。"于是，就把他的儿子带到了齐国，把他托付给了齐国的鲍牧，而后单独一人回来了。

太宰伯嚭与伍子胥的矛盾已经是越来越深了，于是就在吴王面前说："伍子胥生性刚暴，狠毒残忍，他长期以来怨恨大王，我们必须提防他造反作乱。前次大王伐齐，他就说不行，结果大王获得了全胜。但伍子胥并不因此认错，而是相反地更恨大王不听他的话了。如今大王又要伐齐，伍子胥又硬是拦阻，诋毁破坏，希望吴国打败仗以证实他有先见之明。现在大王统率着全国的兵力亲自出征齐国,伍子胥因为您没听他的话,就故意装病推辞不去。大王不能不防备他,看来恐怕他很快就要造反了。另外我还派人暗中盯过他的梢,他在出使齐国的时候,已经把他的儿子托付给了齐国的鲍氏。作为一个臣子,在国内稍微有点不痛快,就去勾结国外的诸侯,自己仗恃着是先王的老臣,因为今天一时的不被信用,就心怀不满。对于这样的人希望大王早作处置。"吴王夫差说:"即使你不说这些话,我自己也早就怀疑他了。"于是就派人给伍子胥送去一把名叫"属镂"的宝剑,说:"你就用这把剑给我自杀。"伍子胥接过剑仰天长叹说:"唉!本来是奸臣伯嚭误国作乱,可是大王却反而杀我。我曾经辅助你的父亲在诸侯中称霸,在你还没有继位的时候,许多弟兄都争夺过这个王位,是我在先王面前誓死保你,才让你勉强继承王位。你当了吴王之后,想把吴国分一半给我,我都没有要。没想到今天你听信小人的坏话,反而来杀我。"于是回头告诉他手下的人们说:"你们要在我的墓前种几棵梓树,让它长大了可以做棺材;还要把我的眼珠挖下来挂在吴国国都的东门,我要看着有朝一日越国人从此进来灭掉吴国。"说完就自刎而死了。吴王听到了伍子胥临死前的这段话非常生气,他叫人把伍子胥的尸体装进了一条皮口袋,扔进了江里。吴国人见到这种情景感到很可怜,便在江边给伍子胥建了一座庙,并把附近的一座小山称为胥山。

伍子胥是春秋后期楚国人,父亲、兄长无辜被楚平王所杀,只身逃到吴国,发誓要为父亲、兄长报仇。伍子胥在吴国首先帮助阖闾刺杀王僚夺得了政权,而后佐助阖闾大破强楚,取得了霸主地位,伍子胥的功勋无疑是巨大的。司马迁通过《破楚复仇》这个故事既表彰了伍子胥忍辱发愤的精神,体现了司马迁的生死观,同时又表现了一种敢于向暴君讨还血债的强烈的民主思想,这两条都是值得注意的。

阖闾最后死于伐越之役,夫差即位后亦发愤图强,很快地打败了越国,使勾践成了吴国的阶下囚。这夫差的出场亮相十分漂亮,这里面自然也有伍子胥的功劳。但吴国在破越之后,方针路线出现了分歧:伍子胥主张一鼓作气将越国彻底消灭;吴王夫差则听信越王勾践的花言巧语,答应了越国的求和,而一心出兵北上,与中原地区的齐、晋争霸。这时被越国收买的吴国内奸伯嚭乘机活动,推波助澜，他一方面怂恿夫差杀掉了伍子胥，同时又极力鼓动吴国出兵北上，给越国提供了休养生息并进而乘虚袭击吴国的机会。伍子胥《忠谏夫差》的故事中，忠心耿耿的伍子胥被杀了，他临死前那种慷慨悲愤的词语，二千五百年来一直像暮鼓晨钟一样警诫着一切关心国家命运的人们；而吴王夫差的可悲结局又像是一面镜子，永远向后人昭示着一种深刻的历史教训。

商君列传
商君变法强秦

　　商君者，卫之诸庶孽公子也①，名鞅，姓公孙氏，其祖本姬姓也。
　　鞅少好刑名之学②，事魏相公叔座为中庶子③。公孙座知其贤，未及进。会座病，魏惠王亲往问病④，曰："公叔病有如不可讳，将奈社稷何？"公叔曰："座之中庶子公孙鞅，年虽少，有奇才，愿王举国而听之。"王嘿然⑤。王且去，座屏人言曰："王即不听用鞅⑥，必杀之，无令出境。"王许诺而去。公叔座召鞅谢曰："今者王问可以为相者，我言若⑦，王色不许我。我方先君后臣，因谓王即弗用鞅，当杀之。王许我。汝可疾去矣，且见禽。"鞅曰："彼王不能用君之言任臣，又安能用君之言杀臣乎？"卒不去。惠王既去，而谓左右曰："公叔病甚，悲乎，欲令寡人以国听公孙鞅也，岂不悖哉！"
　　公叔既死，公孙鞅闻秦孝公下令国中求贤者，将修穆公之业，东复侵地，乃遂西入秦，因孝公宠臣景监以求见孝公⑧。
　　孝公既见卫鞅，语事良久，孝公时时睡，弗听。罢而孝公怒景监曰："子之客妄人耳，安足用邪！"景监以让卫鞅，卫鞅曰："吾说公以帝道⑨，其志不开悟矣。后五日，复求见鞅。"鞅复见孝公，益愈，然而未中旨。罢而孝公复让景监，景监亦让鞅。鞅曰："吾说公以王道而未入也⑩。请复见鞅。"鞅复见孝公，孝公善之而未用也。罢而去。孝公谓景监曰："汝客善，可与语矣。"鞅曰："吾说公以霸道⑪，其意欲用之矣，诚复见我，我知之矣。"卫鞅复见孝公。公与语，不自知膝之前于席也。语数日不厌。景监曰："子何以中吾君？吾君之欢甚也。"鞅曰："吾说君以帝王之道比三代⑫，而君曰：'久远，吾不能待。且贤君者，各及其身显名天下，安能邑邑待数十百年以成帝王乎⑬？'故吾以强国之术说君，君大悦之耳。然亦难以比德于殷、周矣。"

孝公既用卫鞅，鞅欲变法⑭，恐天下议己。卫鞅曰："疑行无名，疑事无功。且夫有高人之行者，固见非于世；有独知之虑者，必见敖于民⑮。愚者暗于成事，知者见于未萌。民不可与虑始而可与乐成⑯。论至德者不和于俗，成大功者不谋于众。是以圣人苟可以强国，不法其故；苟可以利民，不循其礼。"孝公曰："善。"甘龙曰："不然。圣人不易民而教，知者不变法而治。因民而教，不劳而成功；缘法而治者，吏习而民安之。"卫鞅曰："龙之所言，世俗之言也。常人安于故俗，学者溺于所闻。以此两者居官守法可也，非所与论于法之外也。三代不同礼而王，五伯不同法而霸。智者作法，愚者制焉；贤者更礼，不肖者拘焉。"杜挚曰："利不百，不变法；功不十，不易器。法古无过，循礼无邪。"卫鞅曰："治世不一道，便国不法古。故汤、武不循古而王，夏、殷不易礼而亡⑰。反古者不可非，而循礼者不足多。"孝公曰："善。"以卫鞅为左庶长⑱，卒定变法之令。

令民为什五，而相牧司连坐。不告奸者腰斩，告奸者与斩敌首同赏，匿奸者与降敌同罚。民有二男以上不分异者，倍其赋。有军功者，各以率受上爵；为私斗者，各以轻重被刑大小。僇力本业，耕织致粟帛多者复其身⑲。事末利及怠而贫者，举以为收孥⑳。宗室非有军功论，不得为属籍㉑。明尊卑爵秩等级，各以差次名田宅，臣妾衣服以家次。有功者显荣，无功者虽富无所芬华。

令既具，未布，恐民之不信，已乃立三丈之木于国都市南门，募民有能徙置北门者予十金㉒。民怪之，莫敢徙。复曰"能徙者予五十金"。有一人徙之，辄予五十金，以明不欺。卒下令。

令行于民期年㉓，秦民之国都言初令之不便者以千数。于是太子犯法。卫鞅曰："法之不行，自上犯之。"将法太子。太子，君嗣也，不可施刑，刑其傅公子虔，黥其师公孙贾㉔。明日，秦人皆趋令㉕。行之十年，秦民大悦，道不拾遗，山无盗贼，家给人足。民勇于公战，怯于私斗，乡邑大治。

①商君：商鞅的号，因其封地在商（今陕西省商州市东南）、於（yú）（今河南省内乡县东），故以此为称。卫：西周初期建立的诸

侯国,首封之君为武王之弟康叔。春秋以来逐渐衰落,至战国时期已成为魏国的附庸,"都城"在今河南省濮阳市西南。庶孽公子:国君的一般妃嫔所生的孩子,与嫡子之称"正根"者相对而言。也单称"庶子"或"孽子"。②刑名之学:即所谓"名"家的学问。该派学说主张"循名责实",故称"名家"。又因该学派的主张与法家相通,故古人亦称法家为"刑名"。③公叔痤:姓公叔,名痤,魏王的宗室,故以"公叔"为姓。中庶子:官名,为大夫掌管家事。④魏惠王:名䓨,前369—前319年在位。因其将魏国都城由安邑(今山西夏县西北)迁到了大梁,故历史上也称之为"梁惠王"。⑤嘿然:同"默然"。嘿,通"默"。⑥屏人:屏,通"摒",支开。即不听用鞅:即,若,假如。⑦我言若:若,你。⑧秦孝公:名渠梁,前361—前338年在位。秦国原都雍(今陕西凤翔南),献公时东迁于栎阳(今陕西高陵县东北),孝公时遂迁至咸阳(今咸阳市东北)。穆公:春秋时期的秦国诸侯,名任好,前659—前621年在位。为春秋时代秦国诸侯之最有作为者。景监:姓景的太监。⑨帝道:五帝的治国之道。司马迁称"五帝"为黄帝、颛顼、帝喾、尧、舜,是儒家心目中最理想的帝王。⑩王道:三王的治国之道。"三王"指禹、商汤、周文王与周武王,儒家称之为以仁政治国的帝王。⑪霸道:春秋五霸的治国之道,即以武力征服。"五霸"指齐桓公、晋文公、楚庄王、吴王阖庐、越王勾践。⑫三代:指夏、商、周三朝。⑬邑邑:通"悒悒",闷闷不乐的样子。⑭鞅欲变法:"鞅"字衍文,应削。欲变法者乃孝公,商鞅何得挑头儿?⑮见敫于民:敫,通"譤",议论,诋毁。⑯民不可与虑始而可与乐成:此意亦见于《滑稽列传》中西门豹语。⑰夏、殷:指夏朝、商朝的末代国君夏桀与殷纣。⑱左庶长:秦国的爵位名,为自下而上的第十等。秦爵共二十级,由下而上的顺序是:一,公士;二,上造;三,簪袅;四,不更;五,大夫;六,官大夫;七,公大夫;八,公乘;九,五大夫;十,左庶长;十一,右庶长;十二,左更;十三,中更;十四,右更;十五,少上造;十六,大上造;十七,驷马庶长;十八,大庶长;十九,关内侯;二十,彻侯。⑲僇力:努力,合力。僇,通"戮"。本业:农业,当时统治者带有偏见地称工商业为"末业"。复其身:复,免除赋税徭役。⑳收孥:将其本人与其家小一律没为官奴。㉑论:铨评,谓评功晋爵。属籍:诸侯宗室的谱牒,即享受特权的名册。㉒市南门:市场的南门。十金:十镒金,古时称一镒为"一金"。镒是重量单位,一镒为二十两,也有曰二十四两。㉓期年:周年。㉔刑其傅公子虔:傅,与下文"师"皆太子的辅导官,即后世所谓"太子太师""太子太傅"之类。据记载,当时商鞅是割了公子虔的鼻子(劓),在公孙贾的脸上刺了字(黥)。㉕趋:趋附,服从。

　　商君是卫国国君的旁支后代,名鞅,姓公孙,他的祖先和魏的国君一样,都姓姬。

　　公孙鞅年轻时喜好刑名之学,在魏国丞相公叔座手下当侍从官中庶子。公叔座知道他有才干,但还没有来得及向国王推荐,就病倒了。有一天魏惠王亲自来公叔座家探问病情,问公叔座说:"您的病万一有个三长两短,咱们国家事情该怎么办?"公叔座说:"我的侍从公孙鞅虽然年轻,但有奇才,大王可以把国家大事托付给他。"魏惠王听了没有说话。等到魏惠王要走了,公叔座支开周围的人对魏惠王单独说:"大王如果不愿听我的推荐任用公孙鞅,那就把他杀掉,不能让他到别的国家去。"魏惠王答应了。魏惠王走后,公叔座立刻派人把公孙鞅找来,告诉他说:"今天大王向我问起以后谁能做魏国的丞相,我推举了你。但我看大王的意思是不想听我的话。我的原则是先忠于国君,后忠于朋友,所以我当时又对大王说,如果您不用公孙鞅,那就把他杀掉。大王已经答应了我,你马上离开魏国,不然就要被他杀掉了。"公孙鞅说:"既然大王不能听您的话重用我,又怎能听您的话杀我呢?"于是他哪里也没去。再说魏惠王,他一离开公叔座家,就对左右的人说:"公叔座真是病得糊涂了,叫人伤心!他竟然想让我把国家大事都托付给公孙鞅,这不是荒唐吗!"

　　公叔座死后,公孙鞅听说秦孝公在秦国下令招贤,以求重新光大秦缪公的事业,向东收复被三晋夺去的领土,于是他西下入秦,通过秦国的宠臣景监见到了秦孝公。

　　公孙鞅对秦孝公谈了好久,谈得秦孝公直打瞌睡,根本听不进去。待公孙鞅走后,秦孝公斥责景监说:"你介绍来的公孙鞅简直是一个愚妄之人,这种人怎么能用呢!"景监出来就用秦孝公的话责备公孙鞅。公孙鞅说:"我当时是拿了五帝治国的办法来开导他的,看来他对这个不能领悟。希望你在五天之后,再向孝公引见我。"公孙鞅第二次见到孝公后,情况比上次略好一点,但还是不能让人满意。事后秦孝公又斥责景监,景监又去责备公孙鞅。公孙鞅说:"这次我是拿了三王治国的办法来开导他,他还是听不进去,请你再引见我。"于是公孙鞅第三次见到了秦孝公,这次交谈之后,秦孝公对他的言论已经有所肯定，有所称赞了，只是还没有充分听取。这次过后，秦孝公对景监说："你这位客人不错，我可以跟他再谈谈了。"公孙鞅说："这回我是拿了五霸治理国家的办法来开导他的，看他的意思是想采用了。如果他能够再接见我，我知道该进一步和他说什么了。"于是公孙鞅第四次见到了秦孝公。这一次秦孝公和公孙鞅谈话，不知不觉地他的膝盖总是向着公孙鞅的座位凑拢，一连听他说了几天都没有听够。事后景监问公孙鞅："你是拿什么打动了我们的国君？我们的国君和你谈话后高兴极了。"公孙鞅说："我先是拿五帝三王治国的办法开导他，希望他能把秦国治理得可以和夏、商、周三代相比，可是你们的国君说：'用这种办法太慢了，作为一个贤君，应该在他的当代就能扬名天下，我怎么能慢慢腾腾地到几十年以至上百年后再成帝成王呢？'所以我后来只能用富国强兵的办法来劝说他，结果这些使他非常喜欢。但是这样做，秦国也就不可能再达到殷朝、周朝那样的道德水平了。"

　　秦孝公任用公孙鞅后，想在秦国实行变法，但害怕天下人议论自己。公孙鞅说："修养操行如果犹豫不定就不能成名，办事情如果犹豫不定就不能成功。一个人的操行如果出类拔萃，就肯定要遭到一般人的攻击；一个人的见解如果特别独到，就必然要受到一般人的诋毁。愚昧的人当别人把事情都办成了，他还在那里迷惑不解；而聪明人则不用等问题发生，就早已经预见到了。对于老百姓，不能在办事前和他们商量，只能在办成后和他们共享成果。讲究最高道德的和一般世俗的人是不能合群的，要干大事的人不能去征求芸芸众生的意见。圣人只要是能使国家富强，就不必去效法古代的典章；只要是能使百姓得利，就不必遵循旧时的礼教。"秦孝公说："讲得好。"甘龙说："不对。圣人在教育人的时候从不改变人们旧有的风俗习惯，聪明人在治理国家的时候从不改变国家原有的法度。按照人们旧有的习俗来进行教育，就能不费劲地获得成功；遵照原有的制度来治理国家，就不仅能让官吏们顺手，而且百姓们也能够相安无事。"公孙鞅说："甘龙所说的这一套，都是些最世俗的话。庸人们总是安于一套旧的习俗，书呆子们总是迷信书本的条文。按照甘龙所说的那两条奉公守法地维持旧秩序是可以的，但不可能和他讨论法制以外的事情。夏、商、周三代都称王，但他们奉行的礼教不同；五伯都是霸主，但执行的法度也不完全一样。法度是聪明人制定的，而愚蠢的人只知道遵行；礼教是有才干的人改立的，而一些无能的人则只能接受约束。"杜挚说："见不到百倍的好处，不能变法；看不准十倍的功效，不能更换旧的器物。按古代的章程做，就绝不会错；按旧的礼法走，就绝不会邪。"公孙鞅说："治理天下的办法是不一样的，我们要的是方便有利，而不是为了仿效古人。商汤和周武王都没有遵循古法而成就了王业，夏桀和殷纣倒是没有改变旧礼而结果亡了国。可见改变古法的人不能否定，而遵循旧礼的人不值得赞扬。"秦孝公说："讲得好。"于是任命公孙鞅为左庶长，并确定了变法的条令。

新法把秦民五家编为一"伍"，十家编为一"什"；让他们互相监督，一家出事，其他各家都要受牵连。知道坏人而不告发的要被腰斩，出首告发坏人的与杀掉一个敌人的奖赏相同，藏匿坏人的与投降敌人的人受同样的惩罚。一家有两个以上的成年男人而不分开过的，要加倍地交纳赋税。立有军功的人，可以根据规定加官晋爵；为私仇而打架斗殴的，要根据情节轻重给以惩罚。鼓励农民发展农业，对于那些在耕田织布方面作出了成绩的，可以免除他们的劳役。对于从事经商或由于懒惰而变穷的，把他们降为奴隶。国君的宗族凡是没有军功可以论叙的，把他们从贵族谱牒上开除出去。严格按照爵位的尊卑划分等级，让人们按照等级的高低来占有不同的田宅。私家的奴婢穿什么样的衣服都要随着主人的地位而定。有军功的人才能显贵荣华，没有军功的人即使有钱，也没有社会地位。

新法已经订好，还没有公布，公孙鞅担心百姓们怀疑政府说话是否算数，于是就在国都市场的南门立了一根三丈长的杆子，告诉百姓们谁能把它扛到市场的北门，就赏给他十镒金子。百姓们开始觉得奇怪，没人敢动。于是公孙鞅又对人们说："谁能把它扛到北门，赏给他五十镒金子。"这时出来一个人把它扛到了北门，公孙鞅立即赏给了他五十镒金子，以表明政府说话算数。接着就颁布了新法。

在推行新法的第一年里，秦国有上千人跑到首都来反映新法不好。甚至连秦孝公的太子也犯了法。公孙鞅说："法令之所以行不通，关键就在于上头有人破坏。"于是他准备依法处置太子。但太子是国家未来的继承人，不能对他施刑，于是就处罚了太子的太傅公子虔，给太子的太师公孙贾脸上刺了字。结果第二天，秦国人就都按着新法办了。到新法实行后的第十年，秦国的百姓们就变得十分喜欢新法了，这时道上掉了东西没人捡，山里头没有盗贼，家家户户都过得很富裕。人们都勇于为国从军，而不敢为私仇殴斗，乡村城镇到处一片太平。

评

　　商鞅是战国时代的杰出改革家,其思想见解之敏锐,其辩说之准确有力,其主张之具体可行,皆见于《商君书》。司马迁写《商君列传》增加了商鞅在魏国不被用时的先知先觉,为日后商鞅在秦国的大有作为做了铺垫。商鞅驳倒顽固派,为进一步申明信义所采用悬赏移木,在《战国策》中是吴起之所为,史公借用在了商鞅身上。秦孝公坚定不移、始终如一地支持商鞅,为商鞅做坚强后盾,是商鞅变法成功的决定性因素之一,后代许多变法之所以失败关键就在于缺少这一条。商鞅变法的成效异常显著,司马迁为之作了非常鲜明的提示。秦孝公死后,由于反对派的作乱,商鞅被杀害了。但因为商鞅所推行的法令已经实行了二十年,已经深入人心,不可能再改,于是"商鞅变法"取得了彻底胜利。商鞅可以说是我国古代第一个"舍身求法"的悲剧英雄。商鞅活着被反对派所憎恨,商鞅死后被反对派所诋毁,生活在西汉时代的司马迁能第一个把商鞅从千口一词的辱骂中提出来为之立传,这是司马迁进步历史观与其求实精神的伟大胜利。我们这里选取了《商君列传》的前半段,即《商君变法强秦》一节。

苏秦列传
苏秦佩六国相印

　　苏秦者,东周雒阳人也①。东事师于齐,而习之于鬼谷先生②。
　　出游数岁,大困而归。兄弟嫂妹妻妾窃皆笑之,曰:"周人之俗,治产业,力工商,逐什二以为务③。今子释本而事口舌,困,不亦宜乎!"
　　苏秦闻之而惭,自伤,乃闭室不出,出其书遍观之,曰:"夫士业已屈首受书④,而不能以取尊荣,虽多亦奚以为!"于是得周书《阴符》⑤,伏而读之。期年,以出揣摩,曰:"此可以说当世之君矣。"
　　于是六国从合而并力焉,苏秦为从约长⑥,并相六国。

北报赵王，乃行过雒阳，车骑辎重，诸侯各发使送之甚众，疑于王者⑦。周显王闻之恐惧，除道，使人郊劳⑧。苏秦之昆弟妻嫂侧目不敢仰视，俯伏侍取食。苏秦笑谓其嫂曰："何前倨而后恭也⑨？"嫂委蛇蒲服⑩，以面掩地而谢曰："见季子位高金多也。"苏秦喟然叹曰："此一人之身，富贵则亲戚畏惧之，贫贱则轻易之，况众人乎！且使我有洛阳负郭田二顷⑪，吾岂能佩六国相印乎！"于是散千金以赐宗族朋友。

初，苏秦之燕，贷人百钱为资，及得富贵，以百金偿之。遍报诸所尝见德者。其从者有一人独未得报，乃前自言。苏秦曰："我非忘子。子之与我至燕，再三欲去我易水之上。方是时，我困，故望子深⑫。是以后子。子今亦得矣。"

①东周雒阳："东周君"所管辖的雒阳。这时的周国虽然有周显王，但实为傀儡，其仅有的一片国土已由东周君（都巩）与西周君（都王城）分而治之。雒阳属于东周君管辖。②鬼谷先生：不见先秦记载，大抵为后人影附，史公误取。鬼谷，后人影附的地名。③逐什二：取得十分之二的利润，指经商。④屈首受书：低头受教。⑤《阴符》：又叫《阴符经》，旧说为黄帝所著。⑥从约长：即六国联盟的首领。⑦疑：通"拟"，类似。⑧周显王：前368—前321年在位。郊劳：迎到郊外犒劳慰问，极言其待客之虔敬。⑨倨：傲慢。⑩委蛇：同"逶迤"，形容身躯扭动的样子。蒲服：同"匍匐"，贴地爬行。⑪负郭田：靠近城边的田。⑫望：怨恨。

苏秦是东周洛阳人，早年曾到齐国求学，拜鬼谷子为师学习。

苏秦在外闯荡了几年，处处碰壁，失败而回。兄弟嫂妹妻妾都暗中讥笑他，说："洛阳人的习惯，向来是注重治理田产，务工经商，以求获取十分之二的利润。只有你丢掉正经职业而去卖弄口舌，碰壁不是活该吗！"

苏秦听了既惭愧又伤心，于是闭门不出，把家里的书找出来一本挨一本地读。他说："一个人既然选定了读书这条路，如果不能用学问换来尊贵和荣耀，那么读书再多又有何用？"于是找出一本名叫《阴符》的周代古书，专心研读。过了一年，已经从中找到了揣摩君主心理的诀窍,心想:"凭这个就可以游说当今的国君了。"

于是在苏秦的游说下,东方六国联合起来共同对付秦国,苏秦做了合纵联盟的理事长,兼任六国的丞相。

苏秦北上向赵王复命时,途经洛阳,随行的车马满载财物,各国诸侯都派人随侍苏秦,苏秦的派头儿简直就像一个大国之王。周显王听说苏秦要来,很为当年自己小瞧了苏秦而恐慌,赶忙清扫道路,并派人到郊外犒劳慰问。苏秦的兄弟妻嫂都斜着眼睛不敢正视,跪在地上给苏秦呈献食物。苏秦笑着对嫂子说:"你从前为啥对我那样傲慢,现在又这样恭敬呢?"嫂子扭动着身躯爬过来,把脸贴在地上对苏秦说:"是因为叔叔你官又大钱又多。"苏秦一听感叹道:"同是我这个人,富贵了连亲人都敬畏,贫贱了连亲人都瞧不起,更何况别的人呢!再说,如果当初我在洛阳郊外有两顷良田,现在还能佩挂六国的相印吗!"于是就拿出了千金的钱财,散发给朋友族人。

当初苏秦到燕国去,曾向人借了一百钱做盘缠,等到富贵以后,还给了那人一百镒黄金。凡是过去对他有恩的,他都予以报答。只有一个随从没有得到报偿,那人就去向苏秦说了。苏秦说:"我没有忘了你。问题在于那次你跟我去燕国走到易水岸边你一再想要离开我。当时我正倒霉,对你的表现特别怨恨,所以要把对你的赏赐往后放。不过你马上也就要得到赏赐了。"

苏秦列传
苏秦之死

人有毁苏秦者曰:"左右卖国反复之臣也,将作乱。"苏秦恐得罪归而燕王不复官也①。苏秦见燕王曰:"臣,东周之鄙人也,无有分寸之功,而王亲拜之于庙而礼之于廷。今臣为王却齐之兵而得十城,宜以益亲。今来而王不官臣者,人必有以不信伤臣于王者。臣之不信,王之福也。臣闻忠信者,所以自为也;进取者,所以为人也。且臣之说齐王②,曾非欺之也?臣弃老母于东周,固去自为而行进取也。今有孝如曾参③,廉如伯夷④,信如尾生⑤。得此三人者以事大王,何若?"王曰:"足矣。"苏秦曰:"孝如曾参,义不离其亲一宿于外,王又安能使之步行千里而事弱燕之危王哉?廉如伯夷,义不为孤竹君之嗣,不肯为武王臣,不受封侯而饿死首阳山下。有廉如此，王又安能使之步行千里而行进取于齐哉？信如尾生，与女子期于梁下，女子不来，水至不去，抱柱而死。有信如此，王又安能使之步行千里却齐之强兵哉？臣所谓以忠信得罪于上者也。"燕王曰："若不忠信耳，岂有以忠信而得罪者乎？"苏秦曰："不然。臣闻客有远为吏而其妻私于人者，其夫将来，其私者忧之，妻曰：'勿忧，吾已作药酒待之矣。'居三日，其夫果至，妻使妾举药酒进之。妾欲言酒之有药，则恐其逐主母也；欲勿言乎，则恐其杀主父也。于是乎详僵而弃酒⑥。主父大怒，笞之五十。故妾一僵而覆酒，上存主父，下存主母，然而不免于笞，恶在乎忠信之无罪也？夫臣之过，不幸而类是乎！"燕王曰："先生复就故官。"益厚遇之。

易王母，文侯夫人也⑦，与苏秦私通。燕王知之，而事之加厚。苏秦恐诛，乃说燕王曰："臣居燕不能使燕重，而在齐则燕必重。"燕王曰："唯先生之所为。"于是苏秦详为得罪于燕而亡走齐，齐宣王以为客卿⑧。

齐宣王卒，湣王即位，说湣王厚葬以明孝，高宫室大苑囿以明得意，欲破敝齐而为燕。燕易王卒，燕哙立为王。其后齐大夫多与苏秦争宠者，而使人刺苏秦，不死，殊而走⑨。齐王使人求贼，不得。苏秦且死，乃谓齐王曰："臣即死，车裂臣以徇于市，曰'苏秦为燕作乱于齐'，如此则臣之贼必得矣。"于是如其言，而杀苏秦者果自出，齐王因而诛之。燕闻之，曰："甚矣，齐之为苏生报仇也！"

①燕王：据文意是指燕易王，燕文公之子，前332—前321年在位。然苏秦实际是燕昭王（前311—前279年在位）时人，此史公误记。②齐王：指齐湣王，宣王之子，前300—前284年在位。③曾参：字子舆，孔子弟子。以孝闻名，相传为《孝经》的作者。④伯夷：相传为孤竹国君的儿子，弃君位不做，又不食周粮而饿死在首阳山，被后世传为"廉"的典型。事见《伯夷列传》。⑤尾生：春秋时人，相传与一女约见于桥下，水至不去，遂被淹死，被后世传为"信"的典型。⑥僵：仰面跌倒。⑦文侯：即燕文公，易王之父，前361—前333年在位。按：此处叙事有误，苏秦非易王时人。⑧齐宣王：名辟疆，威王之子，前319—前301年在位。⑨殊而走：苏秦负了重伤而刺客却逃走了。殊，将死而尚未断气。

有人在燕王面前诽谤苏秦说:"苏秦是个反复无常的出卖国家利益的家伙,而且准备作乱。"苏秦怕在齐国得罪,日后燕王不再给他官做,于是回燕国见燕王说:"我本来是洛阳的一个贱人,无半点功劳,大王竟能在宗庙里封拜我,在朝廷上尊宠我。如今我为大王说退了齐军,得到了十座城池,本该更加信任才是。可是这次回来,大王却不给我官做,我想一定是有人在您面前中伤我,说我不讲信义。其实我不讲信义,倒正是您的福分。凡是讲'信义'的人都是为自己打算,而积极进取的人才是为别人卖力的。我去游说齐王,不正是为您去欺骗他吗?我把老母亲丢在洛阳,本身就说明我是抛弃自己的利益去为别人卖力。现在如果有人像曾参那样孝顺,像伯夷那样廉洁,像尾生那样守信用,让这三种人来为您服务,您以为如何?"燕王说:"好极了。"苏秦说:"如果像曾参那样孝顺,他就决不离开父母在外头过一夜,您又怎么能让他步行千里到弱小的燕国来辅佐危难中的您呢?如果像伯夷那样廉洁,他不做孤竹国的继承人,不做周朝的臣子,不受武王的封爵而宁愿饿死于首阳山。照这样廉洁,您又怎能指望他步行千里到齐国去为您办事呢?如果像尾生那样守信,他和姑娘约会桥下,大水来了也不跑开,最后活活淹死。如此守信的人,您又怎能指望他步行千里去为您退却齐兵呢?我正是因为有一腔忠诚所以才开罪于您。"燕王说:"你本来就不忠诚,哪有因为忠诚而开罪于人的事?"苏秦说:"大王错了。我听说有个人在远方做官,他老婆与别人私通,丈夫快要回来了,私通的男人很担心,这人的老婆说:'别担心,我已经做好毒酒等着他了。'过了三天,丈夫果真回来了,他老婆让侍妾把毒酒端给丈夫。侍妾想告诉男主人酒中有毒,则怕女主子被休弃;不说吧,又怕毒死男主人。于是她假装跌倒,把酒泼在了地上。男主人很恼火,打了她五十杖。侍妾跌倒泼了酒,既保全了男主人,又保护了女主人,自己却挨了一顿棍子,哪里像您所说的只要忠诚就不会开罪于人呢?很不幸我的过错正和这个侍女非常相似。"燕王说:"请先生官复原职。"从此以后燕王更加厚待他。

　　燕易王的母亲是燕文公的夫人,和苏秦私通。易王知道后反而待他更加优厚。苏秦怕被杀头,就对燕易王说:"我在燕国不能使燕国强大,如果到齐国去,一定能对燕国有好处。"燕王说:"就由先生自己决定。"于是苏秦假装得罪了燕王而逃到齐国,齐宣王让他

205

做客卿。

齐宣王死后，湣王继位。苏秦怂恿齐湣王举行隆重的葬礼以明孝心，高筑宫室扩大园林以显示自己的得意，想以此帮助燕国削弱齐国。燕易王死后，燕哙继承了王位。这时齐国有不少大夫与苏秦争宠，而派人刺杀了苏秦。苏秦负伤还没有咽气，凶手逃走了。齐湣王派人捉拿凶手，没能抓到。苏秦快死的时候，对齐王说："我死后，把我在街市上车裂示众，说'苏秦帮助燕国在齐国作乱'，这样，杀我的凶手就可以抓到了。"齐湣王就照着苏秦的话做，凶手果然自己走了出来，于是齐湣王趁机将其正法。燕国听到这个消息，说："齐国这样为苏秦报仇，实在太过分了！"

《苏秦列传》是《史记》中一篇问题较多的作品。司马迁根据《战国策》中一些后人依托的作品，将苏秦与张仪写为师兄弟，并说苏秦的活动在张仪之前；又说苏秦先西行说秦以"连横"，秦人不听，始改在东方讲合纵；又写苏秦逐个以大段说辞说服东方六国，于是得佩六国相印等，这些恐怕都不是事实。实际上是张仪要比苏秦早二十多年，张仪死后多年苏秦才开始活动。苏秦主要是给燕昭王当间谍，到齐国对齐湣王施行反间，他破坏齐湣王与秦、赵、韩、魏的联盟，给乐毅率五国之兵破齐创造了条件。苏秦正是由于他的这些阴谋活动最后暴露才被齐国处死的。苏秦大概曾在一个很短的时间里当过燕国、赵国、齐国的宰相，组织过一时的"反秦"，所以后人添油加醋越说越热闹。

《战国策·秦策》写苏秦第一次游说失败，回来后受到家人鄙视；又写苏秦发愤苦读，引锥刺股，以及佩六国相印后的衣锦荣归、妻嫂畏惧等非常生动。司马迁敬佩这种奋斗精神，故而照章移录。我们应该注意的是，在《战国策》中苏秦慨叹道："人生世上，势位富贵盖可忽乎哉"；而到了《苏秦列传》里苏秦所慨叹的竟是"使我有洛阳负郭田二顷，吾岂能佩六国相印乎"，司马迁只更换了几个字，遂将一种醉心功名利禄的主题换成了困辱使人奋进、使人博取成功的豪迈思想。这样的主题是《史记》中多次展现的。

樗里子甘茂列传
甘茂取宜阳

甘茂者，下蔡人也①。事下蔡史举先生②，学百家之术。因张仪、樗（chū）里子而求见秦惠王③。王见而说之，使将，而佐魏章略定汉中地④。

惠王卒，武王立。张仪、魏章去⑤，东之魏。蜀侯煇、相壮反⑥，秦使甘茂定蜀。还，而以甘茂为左丞相，以樗里子为右丞相。

秦武王三年，谓甘茂曰："寡人欲容车通三川⑦，以窥周室，而寡人死不朽矣。"甘茂曰："请之魏，约以伐韩，而令向寿辅行⑧。"甘茂至，谓向寿曰："子归，言之于王曰'魏听臣矣，然愿王勿伐'。事成，尽以为子功。"向寿归，以告王，王迎甘茂于息壤⑨。甘茂至，王问其故。对曰："宜阳，大县也，上党、南阳积之久矣⑩。名曰县，其实郡也。今王倍数险⑪，行千里攻之，难。昔曾参之处费⑫，鲁人有与曾参同姓名者杀人，人告其母曰'曾参杀人'，其母织自若也。顷之，一人又告之曰'曾参杀人'，其母尚织自若也。顷又一人告之曰'曾参杀人'，其母投杼下机，逾墙而走。夫以曾参之贤与其母信之也，三人疑之，其母惧焉。今臣之贤不若曾参，王之信臣又不如曾参之母信曾参也，疑臣者非特三人，臣恐大王之投杼也。始张仪西并巴蜀之地，北开西河之外，南取上庸⑬，天下不以多张子而以贤先王。魏文侯令乐羊将而攻中山⑭，三年而拔之。乐羊返而论功，文侯示之谤书一箧（qiè）。乐羊再拜稽首曰：'此非臣之功也，主君之力也。'今臣，羁旅之臣也。樗里子、公孙奭（shì）二人者挟韩而议之⑮，王必听之，是王欺魏王而臣受公仲侈之怨也⑯。"王曰："寡人不听也，请与子盟。"卒使丞相甘茂将兵伐宜阳。五月而不拔，樗里子、公孙奭果争之。武王召甘茂，欲罢兵。甘茂曰："息壤在彼。"王曰："有之。"因大悉起兵，使甘茂击之。斩首六万，遂拔宜阳。

①下蔡：古邑名，故址即今安徽省凤台县。②史举先生：战国中期学者，据说曾隐居上蔡（今河南上蔡西南）为监门。③樗里子：姓嬴名疾，秦惠王的异母兄弟，滑稽多智，号称"智囊"。④汉中：原为楚地，后被秦惠王攻取，置汉中郡，郡治即今陕西汉中市。魏章：秦将，身世不详。⑤张仪：战国时著名纵横家，以连横学说事秦，对秦国的发展起过重要作用，惠王时为相，武王元年，以谗毁去秦奔魏，死于魏。⑥蜀侯煇、相壮反：秦惠王后元九年（前316年）秦灭蜀，以原蜀王通为侯，使秦人陈壮相蜀。"煇"当为"通"之误。⑦三川：指今洛阳一带，因其地有洛水、伊水、黄河三条河流而名。容车：只能过去一辆车的小道。也有人说是丧葬时运载死者衣冠及画像之车。⑧向寿：秦国大臣，秦昭王母族亲戚。⑨息壤：秦邑名，具体位置不详，当在咸阳之东。⑩宜阳：在今河南省宜阳县西，时属韩国。上党：地名，约当今山西长治、高平一带，时为韩地。南阳：地名，约当今河南孟县、济源一带，或曰即今河南省南阳地区。⑪倍：通"背"，跨越。⑫曾参：春秋时人，孔子的学生。费：地名，在今山东费县西南。⑬并巴蜀：巴，今四川东部与重庆一带地区；蜀，今四川中西部。秦取巴、蜀在惠王后元九年（前316年）。西河之外：指今陕西绥德、榆林、米脂一带。上庸：古县名，治在今湖北竹山县西南。⑭魏文侯：名斯，战国初魏国国君，前445—前396年在位。乐羊：魏国将军。中山：战国前期鲜虞族建立的国名，都城即今河北定州市，后为魏所灭。⑮公孙奭：秦国贵族，也作"公孙赫"。⑯公仲侈：韩国宰相，《战国策》作"公仲朋"。

甘茂是下蔡人，曾经跟着下蔡的史举先生学习诸子百家的著作。后来在张仪和樗里子的引荐下，见到了秦惠王。秦惠王很喜欢他，让他做了将军，协助魏章一起平定了汉中地区。

惠王死后，武王即位，张仪、魏章都相继离开秦国，到东方的魏国去了。这时正遇上蜀侯煇和蜀相壮发动叛乱，于是秦王就派甘茂前去稳定局势。事成回来后，甘茂被任为左丞相，右丞相由樗里子担任。

秦武王三年，秦王对甘茂说："我什么时候能打通一条小道乘车到三川一带去看看周国的形势，那时我死也瞑目了。"甘茂说："请让我去魏国，约它们一起伐韩。请您叫向寿陪我一道去。"甘茂刚到魏国，对向寿说："您现在就回去对秦王说：'魏国已经听从甘茂的话了，但是甘茂希望大王不要发兵攻打韩国。'您就这样去说，将来事情办成后，功劳全归您。"向寿回到秦国，把甘茂的话禀告了秦王，秦王一听立即亲自来到息壤让甘茂前来相见。甘茂来到后，秦王问他为什么变卦，甘茂说："宜阳是韩国的大城，上党和南阳的物资长期以来都贮藏在那里，它名义上是个县城，实际上相当于一个郡。现在您想跨过许多险要的地段，千里跋涉去攻打它，那是很难的。当初曾参家在费县，鲁国有个和曾参同名的人杀了人，有人跑来对曾参的母亲说：'你儿子曾参杀人了'。他母亲听了继续织布不止。过了一会儿，又有一个人来对她说：'你儿子曾参杀人了。'她还是照常织布，不理他。过了一会儿，又有一个人来对她说：'你儿子曾参杀人了。'曾参的母亲一听扔下了梭子，跳墙就跑。像曾参那样的品质，有母亲对儿子的信任，结果三个人的谣言还是把他的母亲吓成了那样。现在我的品质比不上曾参，大王相信我的程度也比不上曾参母亲对她儿子的信任，而怀疑我给我造谣言的人又绝不止三个，我是害怕有朝一日您也会像曾参母亲那样吓得扔掉织梭跳墙就跑。当初张仪向西吞并了巴蜀，向北开拓了西河以外，向南夺取了上庸，秦国人不是称赞张仪的才干而是歌颂先王的英明。魏文侯派乐羊带兵攻打中山国，三年后把中山灭掉。当乐羊胜利回朝论功行赏的时候，魏文侯给他拿出了一箱子毁谤他的书信。乐羊一看深有感慨地对文侯说：'灭掉中山不是我的功劳，完全是靠大王的威力。'我现在只不过是一个来自异乡的客人，如果樗里子和公孙奭这两个人站在韩国的立场上一发议论，您肯定就会听信他们而改变主意，这样一来您就欺骗了魏王，而我也将要受到韩相公仲侈的怨恨。"秦王说："我决不会听他们的话，我可以和你立下誓约！"就这样，秦王派甘茂领兵去攻打韩国的宜阳了。待至连续攻了五个月还没有攻下时，樗里子和公孙奭果然出来拦阻了。秦武王召见甘茂，想叫他撤兵。甘茂说："当初我们在息壤立下的誓词不是还在那里吗？"秦王说："是的。"于是就增派大兵，让甘茂领着去攻打宜阳。结果杀死韩军六万人，占领了宜阳。

樗里子甘茂列传
甘罗为上卿

甘罗者，甘茂孙也。茂既死后，甘罗年十二，事秦相文信侯吕不韦①。

秦始皇帝使刚成君蔡泽于燕，三年而燕王喜使太子丹入质于秦②。秦使张唐往相燕，欲与燕共伐赵以广河间之地③。张唐谓文信侯曰："臣尝为秦昭王伐赵，赵怨臣，曰：'得唐者与百里之地。'今之燕必经赵，臣不可以行。"文信侯不快，未有以强也。甘罗曰："君侯何不快之甚也？"文信侯曰："吾令刚成君蔡泽事燕三年，燕太子丹已入质矣，吾自请张卿相燕而不肯行。"甘罗曰："臣请行之。"文信侯叱曰："去！我身自请之而不肯，汝焉能行之？"甘罗曰："大项橐（tuó）生七岁为孔子师④。今臣生十二岁于兹矣，君其试臣，何遽叱乎？"于是甘罗见张卿曰："卿之功孰与武安君⑤？"卿曰："武安君南挫强楚，北威燕赵，战胜攻取，破城堕邑，不知其数，臣之功不如也。"甘罗曰："应侯之用于秦也⑥，孰与文信侯专？"张卿曰："应侯不如文信侯专。"甘罗曰："卿明知其不如文信侯专与？"曰："知之。"甘罗曰："应侯欲攻赵，武安君难之，去咸阳七里而立死于杜邮⑦。今文信侯自请卿相燕而不肯行，臣不知卿所死处矣。"张唐曰："请因孺子行。"令装治行。

行有日，甘罗谓文信侯曰："借臣车五乘，请为张唐先报赵。"文信侯乃入言之于始皇曰："昔甘茂之孙甘罗，年少耳，然名家之子孙，诸侯皆闻之。今者张唐欲称疾不肯行，甘罗说而行之。今愿先报赵，请许遣之。"始皇召见，使甘罗于赵。赵襄王郊迎甘罗⑧。甘罗说赵王曰："王闻燕太子丹入质秦欤？"曰："闻之。"曰："闻张唐相燕欤？"曰："闻之。""燕太子丹入秦者，燕不欺秦也。张唐相燕者，秦不欺燕也。燕、秦不相欺者，伐赵，危矣。燕、秦不相欺无异故，欲攻赵而广河间。王不如赍（jī）臣五城以广河间，请归燕太子，与强赵攻弱燕。"赵王立自割五城以广河间。秦归燕太子。赵攻燕，得上谷三十城⑨，令秦有十一。

甘罗还报秦，乃封甘罗以为上卿，复以始甘茂田宅赐之。

①吕不韦：原为韩国商人，因佐助庄襄王入立，得为秦相，封文信侯。②蔡泽：原燕人，后入秦继范雎为相，号刚成君。燕王喜：燕孝王之子，前254—前222年在位。太子丹：燕王喜之子，名丹，先在赵国当人质，后又入秦为质。③张唐：秦国将领。河间：当时赵国巨鹿郡的郡治所在地，在今河北献县东南。④项橐：据说孔子曾向他学过什么，身世不详。大项橐：是对项橐的一种尊称。⑤武安君：即白起，秦国名将，以功封武安君。事见《白起王翦列传》。⑥应侯：范雎，原魏人，后入秦为相，被封为应侯，事见《范雎蔡泽列传》。⑦死于杜邮：秦王命白起为将攻赵邯郸，白起不听，被免为士伍，迁之阴密，出咸阳西门十里，至杜邮（亭驿名），秦王赐剑令其自裁。⑧赵襄王：名偃，孝成王之子，前244—前236年在位。⑨上谷：燕郡名，约当今之河北宣化、怀来等地区。

甘罗是甘茂的孙子，甘茂死的时候，甘罗才十二岁，在秦国丞相文信侯吕不韦门下做事。

三年前，秦始皇派刚成君蔡泽去燕国当宰相，三年后，燕王喜终于把燕太子丹派到秦国来做人质了。这时秦国又打算派张唐到燕国去做宰相，以便和燕国共同伐赵以扩大秦国在河间一带的地盘。张唐对吕不韦说："我在昭王时代曾率兵打过赵国，所以赵国特别恨我，他们说：'谁要是能抓到张唐，就赏给他百里见方的领地。'从秦国去燕国必须经过赵国，所以我不能去。"吕不韦为此很不高兴，但又不好硬逼迫他。这时甘罗见了问道："侯爷为什么这样不高兴呢？"吕不韦说："我们让蔡泽到燕国去做宰相已经三年了，燕太子丹也已经来到了我们这里当人质，现在我想换张唐到燕国去做宰相，他不肯去。"甘罗说："让我来打发他去。"吕不韦呵叱他说："去！我自己请他都不行，你怎么能让他去？"甘罗说："过去项橐七岁就能做孔子的老师，我现在都已经十二岁了，您可以让我去试试，干吗一听就呵叱我呢？"于是甘罗就去找张唐说："您的功劳和武安君白起比谁大？"张唐说："武安君向南打败了强楚，向北威震燕赵，他战必胜，攻必取，一生不知屠灭了多少城邑，我的功劳当然不如他。"甘罗又问："过去的应侯范雎和今天的文信侯吕不韦比,在秦国谁更专权?"张唐说:"应侯赶不上文信侯。"甘罗说:"您真的知道应侯不如文信侯更有权力吗?"张唐说:"知道。"甘罗说:"应侯想要攻打赵国,武安君表示不愿去,结果刚离开咸阳七里路就在杜邮被赐死了。今天文信侯亲自请您去做燕国的宰相而您居然不愿去,我不知道您将死在什么地方。"张唐一听吓得立刻说:"冲着你这话,我一定去。"于是叫人赶紧收拾行装准备出发。

待至张唐出发的日期一定,甘罗对吕不韦说:"请让我带着五辆车,先去替张唐对赵国说一下。"于是吕不韦就进宫对秦王说:"甘茂有个孙子叫甘罗,年纪虽然不大,但却不愧是个名家子弟,各国诸侯都知道他。前几天张唐想借口生病不肯到燕国去,结果被甘罗一说他就去了。现在甘罗想先去向赵国说一声,请您答应他。"秦始皇立即召见了甘罗,并派他出使赵国。赵襄王一听秦国的使者来了,赶紧到郊外迎接。甘罗对赵王说:"您听说燕太子丹到秦国做人质这件事了吗?"赵王说:"已经听说了。"甘罗说:"您也听说张唐要去燕国做宰相这个消息了吗?"赵王说:"也听到了。"甘罗说:"燕太子丹到秦国做人质,这表明了燕国不欺骗秦国。张唐去燕国做宰相,这又表明秦国不欺骗燕国。燕国和秦国这么互相信任,如果一旦联合起来攻打赵国,那赵国不就危险了吗?燕国和秦国为什么要达到这种'互不相欺'呢?目的就是为了打赵国以扩大河间一带的地盘。您不如主动答应给秦国五座城,让秦国在河间的地盘有所扩大,而我回去请秦王把燕太子丹放回去,而后让秦国和赵国联合起来一起去攻打弱小的燕国。"赵王一听立刻割给了秦国五座城,而秦国也随即放回了燕太子。接着赵国攻打燕国,夺得了上谷一带的三十多座城池,给了秦国十一座。

甘罗回来向秦王报告了这件事,秦王就封甘罗为上卿,并把原先甘茂的那些土地宅舍也都赐给了甘罗。

《樗里子甘茂列传》是秦国谋士樗里疾与秦国名将甘茂二人的合传。樗里疾是秦惠王之异母弟,人称"智囊";甘茂原是蔡国人,后入秦为将。二人皆历仕惠王、武王、昭王,尤其于武王世分别任左、右丞相,对秦国的发展有重要贡献。我们这里选了《甘茂取宜阳》与《甘罗为上卿》两段故事。

《甘茂取宜阳》阐明了一个任将必须相信、必须专一,而后才可能责其成功的道理。甘茂深知帝王的身边人多嘴杂,帝王很容易出尔反尔、朝令夕改，从而使外面的大将不但办不成事，还得落一身是非。因此他在与韩国开战前，预先就和秦武王订下了一份中途不得改变主意的盟书。当战事一开，五花八门的说法纷至沓来，秦武王跟着要变的时候，甘茂说："盟约在您身边放着！"于是不顾一切地猛烈进攻，宜阳遂被占领，秦武王通三川的愿望得以实现。而与此相反的事件历史上屡屡发生，从而使进展本来顺利的事情败于垂成，如林则徐禁烟就是一个很好的例子。

《樗里子甘茂列传》的最后附带说到了甘茂的孙子甘罗在秦始皇时十二岁任秦上卿的故事。很生动，但可信程度较差。因为很有名，我们还是选了。

白起王翦列传
白起坑赵卒

白起者，郿人也，善用兵，事秦昭王①。

昭王十三年，而白起为左庶长，将而击韩之新城②。其明年，白起为左更，攻韩、魏于伊阙，斩首二十四万，又虏其将公孙喜，拔五城③。起迁为国尉，涉河取韩安邑以东，到乾河④。明年，白起为大良造⑤。攻魏，拔之，取城小大六十一。明年，起与客卿错攻垣城，拔之⑥。后五年，白起攻赵，拔光狼城⑦。后七年，白起攻楚，拔鄢、邓五城⑧。其明年，攻楚，拔郢，烧夷陵，遂东至竟陵⑨。楚王亡去郢，东走徙陈⑩。秦以郢为南郡。白起迁为武安君。武安君因取楚，定巫、黔中郡⑪。昭王三十四年，白起攻魏，拔华阳，走芒卯，而虏三晋将，斩首十三万⑫。与赵将贾偃战，沉其卒二万人于河中。昭王四十三年，白起攻韩陉城⑬，拔五城，斩首五万。四十四年，白起攻南阳太行道，绝之⑭。

四十五年，伐韩之野王。野王降秦⑮，上党道绝。其守冯亭与民谋曰："郑道已绝⑯，韩必不可得为民。秦兵日进，韩不能应，不如以上党归赵。赵若受我，秦怒，必攻赵。赵被兵，必亲韩。韩赵为一，则可以当秦。"因使人报赵。赵孝成王与平阳君、平原君计之⑰。平阳君曰："不如勿受。受之，祸大于所得。"平原君曰："无故得一郡，受之便。"赵受之，因封冯亭为华阳君⑱。

四十七年，秦使左庶长王龁（hé）攻韩⑲，取上党。上党民走赵。赵军长平㉒，以按据上党民。四月，龁因攻赵。赵使廉颇将㉑。赵军士卒犯秦斥兵，秦斥兵斩赵裨将茄。六月，陷赵军，取二鄣四尉。七月，赵军筑垒壁而守之。秦又攻其垒，取二尉，败其阵，夺西垒壁。廉颇坚壁以待秦，秦数挑战，赵兵不出。赵王数以为让。而秦相应侯又使人行千金于赵为反间㉒，曰："秦之所恶，独畏马服子赵括将耳㉓，廉颇易与，且降矣。"赵王既怒廉颇军多失亡，军数败，又反坚壁不敢战，而又闻秦反间之言，因使赵括代廉颇将以击秦。秦闻马服子将，乃阴使武安君白起为上将军，而王龁为尉裨将，令军中有敢泄武安君将者斩。赵括至，则出兵击秦军。秦军详败而走，张二奇兵以劫之。赵军逐胜，追造秦壁。壁坚拒不得入，而秦奇兵二万五千人绝赵军后，又一军五千骑绝赵壁间，赵军分而为二，粮道绝。而秦出轻兵击之。赵战不利，因筑壁坚守，以待救至。秦王闻赵食道绝，王自之河内㉔，赐民爵各一级，发年十五以上悉诣长平，遮绝赵救及粮食。

　　至九月，赵卒不得食四十六日，皆内阴相杀食。来攻秦垒，欲出。为四队，四五复之，不能出。其将军赵括出锐卒自搏战，秦军射杀赵括。括军败，卒四十万人降武安君。武安君计曰："前秦已拔上党，上党民不乐为秦而归赵。赵卒反复，非尽杀之，恐为乱。"乃挟诈而尽坑杀之，遗其小者二百四十人归赵。前后斩首虏四十五万人。赵人大震。

　　①郿：秦县名，县治在今陕西眉县东北。秦昭王：名则，惠文王之子，武王之弟，前306—前251年在位。②左庶长：秦爵位名，为第十级。新城：战国韩地名，在今河南伊川县西南。③左更：秦爵二十级的第十二级。伊阙：山谷名，也称龙门，在今洛阳市南，因伊水自两山之间流过而得名。公孙喜：本魏将，此战为魏韩两国合兵，而公孙喜为主将。④国尉：即后来的"太尉"，国家最高军事长官。安邑：原为魏国都城，在今山西夏县西北。乾河：也称教水，在今山西垣曲县东，自北向南注入黄河。⑤大良造：秦爵的第十六级。⑥客卿错：即司马错，秦国名将，司马迁的祖先，后取巴蜀有功。垣城：魏邑，在今山西垣曲东南。⑦光狼城：赵邑，在今山西高平市西。⑧鄢：楚邑名，在今湖北宜城东南。邓：楚邑名，在今湖北襄阳市北。按：《秦本纪》《六国年表》载，白起拔鄢、邓二

城在秦昭王二十八年（前279年），与本传记事不同，疑本传有误。⑨郢：楚国都城，在今湖北荆州市江陵城北。夷陵：战国楚邑，是楚国先王陵墓所在地，在今湖北宜昌市东南。竟陵：楚邑名，在今湖北潜江市西北。按：秦拔郢当在秦昭王二十九年（前279年）。⑩陈：楚邑名，后期楚都，在今河南淮阳县。⑪巫：楚郡名，郡治在今重庆市巫山县北。黔中郡：楚郡名，郡治临沅，即今湖南常德市。按：秦取巫、黔中在昭王三十年（前277年）。⑫华阳：韩邑名，在今河南密县东北。芒卯：魏将。按：此战为韩魏两国合兵。⑬陉城：韩地名，故城在今山西曲沃西北。⑭南阳太行道：南阳，韩国地区名，相当于今河南北部太行山以南、黄河以北的部分地区。太行道，即太行山上的羊肠坂，指今山西晋城市南翻越太行山与河南郑州一带相通的山道。⑮野王：韩邑名，即今河南省沁阳市。⑯郑道：联络新郑的通道，当时韩的国都是新郑。⑰赵孝成王：赵惠文王之子，名丹，前265—前245年在位。平阳君：赵豹，惠文王之弟，孝成王之叔。封地平阳，在今河北省临漳县西南。平原君：赵胜，惠文王同父异母弟，孝成王之叔。⑱华阳君：华阳，赵地名，即常山，在今石家庄东北。⑲王龁：秦著名将领。⑳长平：古城名，故址在今山西省高平市西北。㉑廉颇：赵国名将。㉒应侯：即范雎，时为秦相。㉓马服子赵括：马服的儿子赵括。马服是赵奢的封号，称马服君。赵奢为赵名将，曾大破秦兵于阏与。赵括则以熟悉兵法而知名，但为纸上谈兵。㉔河内：即野王一带，后秦置河内郡。

白起是陕西郿县人，很会用兵，在秦昭王驾下供职。

昭王十三年，白起为左庶长，曾带兵攻打韩国的新城。第二年，白起升为左更，率兵在伊阙与韩魏联军作战，杀死了敌兵二十四万，活捉了魏将公孙喜，占领了五座城池。白起因功又被升为国尉。接着他又指挥秦军渡过黄河，夺取了安邑以东直到乾河一带的韩国大片土地。转过年来，白起做了大良造，领兵进攻魏国，攻克了大小城邑六十一个。第二年，白起又和客卿司马错一起打下了垣城。五年后，白起又攻打赵国，夺取了赵国的光狼城。又过了七年，白起攻打楚国，攻下了鄢、邓等五座城池。第二年，再次攻楚，占领了楚国的郢都，烧毁了楚国祖先的陵墓，并长驱东下，一直打到了竟陵。楚王被迫离开郢都，向东逃难，把国都迁到陈邑。而秦国就把郢都变成了它的南郡，白起因此被封为武安君。接着白起又连续作战,占领了楚国西部的巫山和黔中两个郡。昭王三十四年,白起伐魏,攻克了华阳,赶走了芒卯,俘虏了赵、魏两国的一些将领,杀死敌兵十三万。接着又打败了赵将贾偃,把赵国的两万多降兵扔进了黄河。昭王四十三年,白起首先进攻韩国的陉城,接着连夺取了韩国的五座城镇,杀死敌兵五万人。四十四年,白起攻占了韩国南阳的太行山路,截断了太行山的交通。

四十五年,白起攻打韩国的野王郡,野王投降了秦国,从而使韩国的上党地区与其都城新郑断绝了联系。这时上党郡的郡守冯亭和当地的人们商量说:"现在我们与国都新郑的交通已被掐断,韩国已经不能再管我们了。秦兵现在一天天逼进,韩国无法接应我们,我们上党地区不如投奔赵国。赵国假如接纳了我们,秦国一定会发怒伐赵。赵国受到攻击,一定会和韩国联合。到那时韩国和赵国团结一致,就可以抵抗秦国了。"议罢就赶紧派人向赵国报告了这个意向。赵孝成王与平阳君、平原君一起商讨。平阳君说:"还是不要接受的好,如果接受了,恐怕大祸临头得不偿失。"平原君说:"白白地得到一个郡,还是接受为好!"于是赵王决定接受了,封冯亭为华阳君。

四十七年,秦王派左庶长王龁进攻韩国,占领了上党。上党的军民都向赵国逃跑。这时赵国的军队驻扎在长平,成为上党军民的依靠。四月,王龁向赵国展开进攻,当时赵国是派廉颇在指挥长平的军队。赵军和秦国的侦察部队一交锋,就被秦国的侦察部队杀掉了一个副将。六月,秦军攻破了赵国的防线,夺去了两个城堡,抓去了四个校尉。七月,赵军在加筑工事坚守防线的过程中,又遭到了秦军的攻击,被捉去了两个校尉,阵线又被攻破,西部的一部分堡垒被秦兵占领。于是廉颇命令赵军坚守阵地,不再出战,以等待时机。秦军多次挑战,赵军一概不应。赵王多次派人指责廉颇。而秦国宰相应侯范雎也趁机派人带着千金到赵国行使反间计,他们说:"秦国人最怕的就是赵奢的儿子赵括一个,至于廉颇,那是容易对付的,他马上就要投降了。"赵王本来就对廉颇损兵折将、屡次失败,以及他坚壁固守不敢出战的情形不满意,现在又听到秦国散布的流言,便立刻派赵括去代替廉颇。秦国一听赵括做了赵军的主帅,就暗中换了武安君白起做上将军,而让王龁改任副将,并命令全军谁敢泄漏白起为主将的消息,谁就要被杀头。赵括一到长平,就立即出兵与秦军作战。秦国的军队假装失败逃跑,暗中却派了两支奇兵准备截断赵军的后路。这时赵军乘胜猛追,一直追到了秦军的工事前面。秦军的工事非常坚固,赵军攻不进去,这时秦国预先埋伏的两万五千人已经截断了赵军的退路,另一支五千人的骑兵又插入了赵军的营垒,把赵军截为两段,赵国的粮道也不通了。接着秦军就派小部队对赵军不断出击,赵军连连失利,最后只好坚守工事,等待救兵。秦王一听赵军的运输线已经断绝,于是就亲临河内,下令给百姓们每人提高一级,征调国内十五岁以上男子全去长平,以断绝赵国对长平的一切援救和粮草供应。

到九月时,赵国的军营里已经绝粮四十六天了,士兵们以至于到了暗中互相残杀吃人肉的地步。他们实在无法再等了,只好又改为对秦军出击,想要突围。赵括把赵卒分为四队,轮番向外突了四五回,结果都被打了回去。最后赵括带着一部分精锐部队亲自出战,结果被秦军射死了,于是赵军大败,四十多万人都投降了白起。白起考虑道:"前者秦军夺取上党时,上党的军民们就不愿意归顺秦国而归了赵国,赵国人也是反复无常的,要不全部杀了他们,恐怕日后还要闹乱子。"于是就设计把他们全都活埋了,只留下了其中的二百四十个小孩子让他们回去向赵国报讯。这一仗前后共杀死赵人四十五万,使赵国举国为之震惊。

白起王翦列传
王翦灭楚

王翦者,频阳东乡人也。少而好兵,事秦始皇①。始皇十一年,翦将攻赵阏与,破之,拔九城②。十八年,翦将攻赵。岁余,遂拔赵,赵王降,尽定赵地为郡。明年,燕使荆轲为贼于秦③,秦王使王翦攻燕。燕王喜走辽东,翦遂定燕蓟而还④。秦使翦子王贲击荆⑤,荆兵败。还击魏,魏王降,遂定魏地。

秦始皇既灭三晋,走燕王,而数破荆师。秦将李信者,年少壮勇,尝以兵数千逐燕太子丹至于衍水中⑥,卒破得丹,始皇以为贤勇。于是始皇问李信:"吾欲攻取荆,于将军度用几何人而足?"李信曰:"不过用二十万人。"始皇问王翦,王翦曰:"非六十万人不可。"始皇曰:"王将军老矣,何怯也!李将军果势壮勇,其言是也。"遂使李信及蒙恬将二十万南伐荆⑦。王翦言不用,因谢病,归老于频阳。李信攻平与,蒙恬攻寝,大破荆军⑧。于是引兵而西,与蒙恬会城父⑨。荆人因随之,三日三夜不顿舍,大破李信军,入两壁,杀七都尉,秦军走。

始皇闻之，大怒，自驰如频阳，见谢王翦曰："寡人以不用将军计，李信果辱秦军。今闻荆兵日进而西，将军虽病，独忍弃寡人乎！"王翦谢曰："老臣罢病悖乱，唯大王更择贤将。"始皇谢曰："已矣，将军勿复言！"王翦曰："大王必不得已用臣，非六十万人不可。"始皇曰："为听将军计耳。"于是王翦将兵六十万人，始皇自送至灞上⑩。王翦行，请美田宅园池甚众。始皇曰："将军行矣，何忧贫乎？"王翦曰："为大王将，有功终不得封侯，故及大王之向臣，臣亦及时以请园池为子孙业耳。"始皇大笑。王翦既至关⑪，使使还请善田者五辈。或曰："将军之乞贷，亦已甚矣。"王翦曰："不然。夫秦王怚而不信人⑫。今空秦国甲士而专委于我，我不多请田宅为子孙业以自坚，顾令秦王坐而疑我邪？"

王翦果代李信击荆。荆闻王翦益军而来，乃悉国中兵以拒秦。王翦至，坚壁而守之，不肯战。荆兵数出挑战，终不出。王翦日休士洗沐而善饮食抚循之，亲与士卒同食。久之，王翦使人问："军中戏乎？"对曰："方投石超距。"于是王翦曰："士卒可用矣。"荆数挑战而秦不出，乃引而东。翦因举兵追之，令壮士击，大破荆军。至蕲南，杀其将军项燕，荆兵遂败走⑬。秦因乘胜略定荆地城邑。岁馀，虏荆王负刍⑭，竟平荆地为郡县。因南征百越之君⑮。

注

①频阳：秦县名，县治在今陕西富平县东北。秦始皇：名政，庄襄王之子。②阏与：古邑名，战国韩地，后属赵。在今山西和顺县。③荆轲：卫人，游燕，受燕太子丹之遣，入秦刺杀秦始皇，未成。事在秦王政二十年（前227年）。④燕王喜：燕国末代君主，太子丹之父，前254—前222年在位。辽东：燕郡名，郡治在今辽阳市。燕蓟：燕国首都蓟城，即今北京市。⑤荆：即楚国，以楚国最早建国于荆山，故称。⑥李信：汉将李广的先人，秦国名将。衍水：即今流经本溪、辽阳的太子河。太子丹乃燕王喜受秦逼迫派使者所杀，非李信所生俘。⑦蒙恬：秦将蒙骜之孙，蒙武之子。⑧平与：即"平舆"，楚邑名，在今河南省平舆县西北。寝：也叫寝丘，古邑名，在今河南沈丘东南。⑨城父：楚邑名，在今河南襄城西南。⑩灞上：在今西安市东灞水西侧，后刘邦进关驻兵于此。⑪既至关：关，指函谷关。⑫怚：同"粗"。⑬蕲南：蕲邑南。蕲，楚邑名，秦置县，在今安徽宿州市南。项燕：楚国最后一员名将，项羽的祖父。⑭荆王负刍：负刍，楚国最后一位国君。负刍被俘在秦王政二十四年

(前223年)。⑮百越：指浙江、福建、广东、广西、越南北部、湖南南部的众多少数民族。

  王翦是频阳东乡人，从小就喜欢兵法，是秦始皇手下的大将。始皇十一年，王翦领兵攻克了赵国的阏与，接着又一连夺得了九座城池。十八年，王翦又率兵伐赵，经过一年多，攻下了赵国的首都邯郸，赵王投降，赵地被全部平定，成了秦国的郡县。第二年，燕国派荆轲入秦行刺，秦王大怒，派王翦立刻起兵攻燕。燕王喜逃到了辽东，燕国的首都蓟城一带被王翦全部平定。这时秦王又派了王翦的儿子王贲率兵攻楚，打败了楚兵后，又回兵攻魏，魏王宣告投降，魏国被全部平定。

  秦始皇消灭了韩、赵、魏三国，赶走了燕王喜，又一连气地打败了楚国的军队。这时秦国的将领中有一个叫李信的，此人年轻勇敢，曾带领着几千人到辽东的衍水捉来燕太子丹，秦始皇很喜欢他的勇敢能干。于是始皇问李信说："我想消灭楚国，你看得用多少人？"李信说："顶多二十万。"始皇又问王翦，王翦说："没有六十万人是不行的。"始皇说："王将军大概是因为老了，不然为什么这么胆小呢？李将军确实勇敢，看来他的话是对的。"于是遂派李信和蒙恬领着二十万人前往伐楚。王翦则因为自己的意见不被采纳，于是就以有病为借口，回老家频阳休养去了。李信率军攻平与，蒙恬率军攻寝丘，都打败了楚军。接着李信又攻破了鄢郢，而后引兵西下，准备去城父与蒙恬会师。这时楚军尾随在后，一口气不休息地追了三天三夜，最后大破李信军，攻入了李信的两座大营，杀死了他的七个都尉，打得秦军大败而回。

  秦始皇一听李信失败的消息，非常生气，立刻自己乘车赶到了频阳，向王翦道歉说："我后悔当初没有采用您的意见，结果叫李信毁了我们的军队。现在楚兵正一天天地向西逼进，您尽管身体不好，但是能够忍心撇开我们不管吗？"王翦说："我现在是又病又糊涂，大王还是另请高明吧！"秦始皇诚恳地说："好了，将军不能再推辞了。"王翦说："如果大王一定非要我去，那就还是非得六十万人不可！"秦始皇说："一切都听您的。"于是王翦领着六十万人出发了，秦始皇亲自送他到灞上。王翦出发前一连向秦始皇要了许多好房子好地好园林。秦始皇说："我看可以啦，难道您还担心今后受穷吗？"王翦说："做大王的将领，即使立了功也不能封侯，所以还是及早趁着大王信任的时候，多为子孙后代要一点东西。"说得秦始皇哈哈大笑。从出咸阳到函谷关这期间王翦又一连五次派人回去向秦始皇要好地。于是就有人劝道："您这种无止无休地讨要，也太过分了！"王翦说："不是这个意思。咱们这人王又粗暴又好怀疑人，现在他把全国的军队都交给了我，我要是不说为子孙向他要房子要地，那岂不让他担心、怀疑我吗？"

于是王翦就去代替李信和楚国作战了。楚国听说王翦又带着更多的秦军来了，于是就发动了国家的全部力量来进行抵抗。王翦与楚军相遇后，只顾坚守工事，不与楚兵交战。楚军一连几次地向秦军挑战，王翦始终不应。而秦军内部则每天都让大家休息、洗澡、好吃好喝，王翦本人也和士兵们一同进餐，就这样过了好久。有一天王翦派人到下面去看看士兵们在做什么游戏，去的人回来说："正在扔石头，跳远。"王翦说："这些士兵可以投入战斗了。"楚国人见经过多次挑战而秦军死活不应，于是就领着军队向东方转移了。王翦一看立即发兵追赶，同时选派了军中的一部分勇士首先冲入了敌阵，结果楚军大败。接着王翦又乘胜追到了蕲邑城南，杀死了楚国的名将项燕，打得楚军望风而逃。王翦则趁着胜利形势继续平定楚国的地盘，一年后，活捉了楚王负刍，把整个楚国都变成了秦国的郡县。接着又挥兵南下讨伐南方的少数民族。

白起、王翦都是秦国的名将，在秦国吞并东方六国的战争中立下了丰功伟绩。白起是秦昭王前期人，与秦昭王的舅舅穰侯是一对黄金搭档。白起曾为秦破韩、破魏、破楚，使楚国离开郢都，东北迁到陈邑，国势大削；而对赵国的长平一役，消灭赵军四十五万，赵国从此一蹶不振，也从而使东方诸国失去赵国屏蔽，更加难以支撑。但由于白起此时已没有了穰侯作为靠山，故而长平决胜后很快地就被范雎谗杀了，这是战国时期最杰出的将领所遭到的最不公正的待遇，也是秦昭王执政五十多年中的最大的败笔。我们这里选了《白起坑赵卒》一节，通过这个事件我们可以大致窥见秦灭六国的战争是何等惨烈。

王翦是秦王政所赖以最后消灭六国、一统天下的最杰出的将领，其始终坚请以六十万众灭楚一事，雍容磊落，气度超凡；而秦王的见错立改，登门谢过，也表现得极为感人。

孟尝君列传
鸡鸣狗盗

孟尝君在薛①,招致诸侯宾客及亡人有罪者,皆归孟尝君。孟尝君舍业厚遇之,以故倾天下之士。食客数千人,无贵贱一与文等。孟尝君待客坐语,而屏风后常有侍史②,主记君所与客语,问亲戚居处。客去,孟尝君已使使存问③,献遗其亲戚。孟尝君曾待客夜食,有一人蔽火光。客怒,以饭不等,辍食辞去。孟尝君起,自持其饭比之。客惭,自刭。士以此多归孟尝君。孟尝君客无所择,皆善遇之。人人各自以为孟尝君亲己。

秦昭王闻其贤,乃先使泾阳君为质于齐④,以求见孟尝君。孟尝君将入秦,宾客莫欲其行,谏,不听。苏代谓曰⑤:"今旦代从外来,见木禺人与土禺人相与语⑥。木禺人曰:'天雨,子将败矣。'土禺人曰:'我生于土,败则归土。今天雨,流子而行,未知所止息也。'今秦,虎狼之国也,而君欲往,如有不得还,君得无为土禺人所笑乎?"孟尝君乃止。

齐湣王二十五年⑦,复卒使孟尝君入秦,昭王即以孟尝君为秦相。人或说秦昭王曰:"孟尝君贤,而又齐族也,今相秦,必先齐而后秦,秦其危矣。"于是秦昭王乃止。囚孟尝君,谋欲杀之。孟尝君使人抵昭王幸姬求解。幸姬曰:"妾愿得君狐白裘。"此时孟尝君有一狐白裘,直千金,天下无双,入秦献之昭王,更无他裘。孟尝君患之,遍问客,莫能对。最下坐有能为狗盗者,曰:"臣能得狐白裘。"乃夜为狗,以入秦宫臧(zàng)中⑧,取所献狐白裘至,以献秦王幸姬。幸姬为言昭王,昭王释孟尝君。孟尝君得出,即驰去,更封传(zhuàn)⑨,变名姓以出关。夜半至函谷关⑩。秦昭王后悔出孟尝君,求之,已去,即使人驰传逐之⑪。孟尝君至关,关法鸡鸣而出客。孟尝君恐追至,客之居下坐者有能为鸡鸣,而鸡齐鸣,遂发传出⑫。出如食顷,秦追果至关,已后孟尝君出,乃还。始孟尝君列此二人于宾客,宾客尽羞之,及孟尝君有秦难,卒此二人拔之。自是之后,客皆服。

①孟尝君：姓田名文，齐国国王的宗族，以养士闻名，"孟尝君"是其封号。薛：齐邑名，在今山东滕州市南，孟尝君的封地。②侍史：书记官。③存问：慰问。存，安慰。④秦昭王：名则，前306—前251年在位。泾阳君：名巿（fú），秦昭王的同母弟，泾阳君是其封号。⑤苏代：当时著名的纵横家，司马迁认为是苏秦之弟，可能不对。⑥木禺：同"木偶"。禺，通"偶"。土禺：同"土偶"。⑦齐湣王二十五年：按：司马迁谱列齐国诸侯纪年多有错误，此处应作齐湣王二年，前299。⑧宫臧：同"宫藏"，宫廷中的仓库。⑨封传：犹如今之所谓"护照"、"通行证"。⑩函谷关：秦国东部边界的关塞，在今河南灵宝市东北。⑪驰传逐之：此处的"传"指驿车。国家在官道设驿站，驿站备有车马，供来往的官吏们因公使用。⑫发传：交验通行证。发，出示。

孟尝君在薛邑的时候，招揽了许多来自各国的宾客以及各种犯罪逃亡的人。因为他能够拿出自己的家产来好好招待这些人，所以使得天下各地的人都跑来归附他。在他家里吃饭的人经常有好几千，孟尝君对待他们不分贵贱，大家一律平等。孟尝君在接待客人谈话的时候，屏风后面经常有个人在那里记录，负责记下他们的谈话内容，以及这些客人家有何人，住在何处。因而每当客人刚刚离开，孟尝君就已经派人到他们家里去慰问，给他们的亲属送去东西了。有一次，孟尝君在夜间招待客人吃饭，其中有一个人背着火光躲在黑影里吃，于是另一个客人就生气了，他怀疑大家吃的东西不一样，便推碗而去。孟尝君立刻站起来，端着自己手里的饭碗去和他比，这位客人看了之后觉得惭愧，立刻自杀了。从此士人来投孟尝君的就更多了。而孟尝君则不分好歹，对他们一律好好接待。这些被接待的人们，谁都认为孟尝君对他特别好。

秦昭王听说孟尝君有才干，就派了泾阳君来到齐国做人质，他是想用这个办法骗得孟尝君也到秦国去。孟尝君果然动心要去了。他手下的那些宾客们都不愿让他去，大家纷纷劝阻，孟尝君执意不听。这时苏代过来对他说："今天早上我从外面回来，看到了一个木偶和一个泥胎在那里谈话。木偶对泥胎说：'天快下雨了，天一下雨你就得瘫掉。'泥胎对木偶说："我是泥做的，瘫掉之后仍是回到泥里。可是你呢？天一下雨，雨水就要把你冲走，那你就不知道要被冲到哪里去了。'如今的秦国，像虎狼一样凶狠，可是您还非要到他们那里去，万一您回不来，那还不落个被泥胎所讥笑吗？"孟尝君一听，这才决定不去了。

到齐湣王二十五年，齐国还是派孟尝君去了秦国，秦昭王一见，立即任命他做了秦国的宰相。这时有人对秦昭王说："孟尝君有才干，又是齐王的本家，今天您让他当秦国的宰相，肯定他是先为齐国打算然后才为秦国打算的，这样一来秦国就有危险了。"秦昭王一听，就改变了主意，把孟尝君关了起来，准备杀死他。孟尝君只好派人到秦昭王的一个宠姬那里去求救。这个宠姬说："我希望得到您那件白狐狸皮做的大衣。"当时孟尝君的确有一件白狐狸皮做的大衣，价值千金，普天下找不出第二件，可是他一到秦国就已经把它送给了秦昭王，现在手上再没有什么可送了。孟尝君很为此事伤脑筋，他问遍了身边的宾客，没有一个能想得出什么办法。这时一个坐在最下位的专会偷鸡摸狗的宾客出来说："我有办法弄到白狐狸皮大衣。"于是他在夜间像狗一样地钻进了秦国宫中的仓库，偷回了孟尝君送给秦昭王的那件皮大衣，让孟尝君把它送给了秦昭王的宠姬。这样，宠姬在秦昭王面前替孟尝君一说好话，秦昭王就把孟尝君释放了。孟尝君一被释放，就赶紧逃走，他们自己伪造了通行证，改名换姓，准备混出关去。他们在半夜时来到了函谷关。这时秦昭王已经后悔放孟尝君走了，当他再派人去找，发现孟尝君已经走了，于是秦昭王马上派人坐着驿车去追。孟尝君来到函谷关下，按照守关的规定，是要等鸡叫才能开门放行的。孟尝君正在害怕追兵来到而没有办法，这时他的下等客人中有一个会学鸡叫的，他就学着鸡一叫，顿时周围的鸡也都叫了起来，城门大开，孟尝君等交验了护照，就被放出关去了。等到他们过关后大约一顿饭的工夫，秦昭王派的人果然追到了关下。但是他们已经太晚，只好空手回去。当初孟尝君收留这两个鸡鸣狗盗的客人时，其他宾客们都觉得和他们在一起是一种耻辱，等到孟尝君这次在秦国遇到危险，全靠着这两个人救了他，这以后，宾客们才都对他们服气了。

孟尝君列传
冯骧客孟尝君

初，冯骧闻孟尝君好客，蹑跻(juē)而见之①。孟尝君曰："先生远辱，何以教文也？"冯骧曰："闻君好士，以贫身归于君。"孟尝君置传舍十日②，孟尝君问传舍长曰："客何所为？"答曰："冯先生甚贫，犹有一剑耳，又蒯缑③。弹其剑而歌曰：'长铗归来乎，食无鱼！'"孟尝君迁之幸舍④，食有鱼矣。五日，又问传舍长。答曰："客复弹剑而歌曰：'长铗归来乎，出无舆！'"孟尝君迁之代舍⑤，出入乘舆车矣。五日，孟尝君复问传舍长。舍长答曰："先生又尝弹剑而歌曰：'长铗归来乎，无以为家！'"孟尝君不悦。

居期年⑥，冯骧无所言。孟尝君时相齐，封万户于薛。其食客三千人，邑人不足以奉客。使人出钱于薛，岁余不入，贷钱者多不能与其息，客奉将不给。孟尝君忧之，问左右："何人可使收债于薛者？"传舍长曰："代舍客冯公形容状貌甚辩⑦，长者，无他伎能，宜可令收债。"孟尝君乃进冯骧而请之曰："宾客不知文不肖，幸临文者三千余人，邑人不足以奉宾客，故出息钱于薛⑧。薛岁不入⑨，民颇不与其息。今客食恐不给，愿先生责之⑩。"冯骧曰："诺。"辞行，至薛，召取孟尝君钱者皆会，得息钱十万。乃多酿酒，买肥牛，召诸取钱者，能与息者皆来，不能与息者亦来，皆持取钱之券书合之⑪。齐为会，日杀牛置酒。酒酣，乃持券如前合之，能与息者，与为期⑫；贫不能与息者，取其券而烧之。曰："孟尝君所以贷钱者，为民之无者以为本业也；所以求息者，为无以奉客也。今富给者以要期，贫穷者燔券书以捐之。诸君强饮食。有君如此，岂可负哉！"坐者皆起，再拜。

孟尝君闻冯骧烧券书，怒而使使召骧。骧至，孟尝君曰："文食客三千人，故贷钱于薛。文奉邑少，而民尚多不以时与其息，客食恐不足，故请先生收责之。闻先生得钱，即以多具牛酒而烧券书，何？"冯骧曰："然。不多具牛酒即不能毕会，无以知其有余不足。有余者，为要期。不足者，虽守而责之十年，息愈多，急，即以逃亡自捐之，若急⑬，终无以偿。上则为君好利不爱士民，下则有离上抵负之名，非所以厉士民彰君声也⑭。焚无用虚债之券，捐不可得之虚计，令薛民亲君而彰君之善声也，君有何疑焉！"孟尝君乃拊手而

224

谢之⑮。

　　齐王惑于秦、楚之毁⑯，以为孟尝君名高其主而擅齐国之权，遂废孟尝君。诸客见孟尝君废，皆去。冯骥曰："借臣车一乘⑰，可以入秦者，必令君重于国而奉邑益广，可乎？"孟尝君乃约车币而遣之⑱。冯骥乃西说秦王曰："天下之游士冯轼结靷西入秦者⑲，无不欲强秦而弱齐；冯轼结靷东入齐者，无不欲强齐而弱秦。此雄雌之国也，势不两立为雄，雄者得天下矣。"秦王跽而问之曰⑳："何以使秦无为雌而可？"冯骥曰："王亦知齐之废孟尝君乎？"秦王曰："闻之。"冯骥曰："使齐重于天下者，孟尝君也。今齐王以毁废之，其心怨，必背齐；背齐入秦，则齐国之情，人事之诚，尽委之秦，齐地可得也，岂直为雄也㉑！君急使使载币阴迎孟尝君，不可失时也。如有齐觉悟，复用孟尝君，则雌雄之所在未可知也。"秦王大悦，乃遣车十乘黄金百镒以迎孟尝君㉒。冯骥辞以先行，至齐，说齐王曰："天下之游士冯轼结靷东入齐者，无不欲强齐而弱秦者；冯轼结靷西入秦者，无不欲强秦而弱齐者。夫秦齐雄雌之国，秦强则齐弱矣，此势不两雄。今臣窃闻秦遣使车十乘载黄金百镒以迎孟尝君。孟尝君不西则已，西入相秦则天下归之，秦为雄而齐为雌，雌则临淄、即墨危矣㉓。王何不先秦使之未到，复孟尝君，而益与之邑以谢之？孟尝君必喜而受之。秦虽强国，岂可以请人相而迎之哉！折秦之谋，而绝其霸强之略。"齐王曰："善。"乃使人至境候秦使㉔。秦使车适入齐境。使还驰告之，王召孟尝君而复其相位，而与其故邑之地，又益以千户。秦之使者闻孟尝君复相齐，还车而去矣。

　　自齐王毁废孟尝君，诸客皆去，后召而复之，冯骥迎之。未到㉕，孟尝君太息叹曰："文常好客，遇客无所敢失，食客三千有余人，先生所知也。客见文一日废，皆背文而去，莫顾文者。今赖先生得复其位，客亦有何面目复见文乎？如复见文者，必唾其面而大辱之。"冯骥结辔下拜㉖。孟尝君下车接之，曰："先生为客谢乎㉗？"冯骥曰："非为客谢也，为君之言失。夫物有必至，事有固然，君知之乎？"孟尝君曰："愚不知所谓也。"曰："生者必有死，物之必至也；富贵多士，贫贱寡友，事之固然也。君独不见夫趣市朝者乎㉘？明旦，侧肩争门而入；日暮之后，过市朝者掉臂而不顾。非好朝而恶暮，所期物忘其中㉙。今君失位，宾客皆去，不足以怨士而徒绝宾客之路。愿君遇客如故。"孟尝君再拜曰："敬从命矣。闻先生之言，敢不奉教焉。"

①蹻：通"屩"，草鞋。②传舍：驿馆，客馆。这里指普通客馆。③蒯缑：用草绳缠绕剑柄。缑，缠绕剑柄的丝绳。④幸舍：此处指中等客馆。⑤代舍：此处指上等客馆。⑥期年：周年，对头一年。⑦状貌甚辩：辩，分明，伟丽出众的样子。⑧出息钱：即放债，为取利息者也。⑨岁不入：农业收成不好。岁，年景，收成。⑩责：催讨。⑪券书：契约，即今所谓"合同"。⑫为期：约定一个时间。⑬自捐之：自己豁免了债务。若急：此二字衍文，应削。⑭离上抵负：意即背叛主子，违法犯罪。负，罪。厉：磨炼，提高。⑮拊手：拍手，醒悟赞赏的样子。⑯秦、楚之毁：秦、楚诸国对孟尝君的诽谤、离间。⑰一乘：犹言一辆，古称一车四马曰乘。⑱约车币：整备车马礼物。币，礼品，通常指璧、帛等。⑲冯轼结靷：意即乘车而行。冯，读píng，通"凭"。凭借，依靠。轼，车箱前面的横木，乘车者累时可以冯轼稍息。靷，车套，牲口拉车的引绳。⑳跽：挺身跪起。古人跪坐席上，遇有警觉或为表示敬意时则挺身跪起。㉑岂直：岂只。直，只，特。㉒百镒：镒，重量单位。一镒等于二十两，也有说二十四两。㉓临淄：齐国的都城，在今山东淄博市之临淄区。即墨：战国齐邑，在今山东平度市东南。㉔候：窥视。㉕未到：指未到齐国都城。㉖结辔：盘起缰绳。辔，缰绳。㉗为客谢：谢，赔礼，说情。㉘趣市朝：赶集。趣，通"趋"，往。㉙忘：通"亡"，无。

当初，冯谖听说孟尝君好客，于是就穿着一双草鞋去见他了。孟尝君说："先生大老远地来到这里，准备给我什么指教呢？"冯谖说："就是因为听说您好客，所以就来了。"于是孟尝君就把他安置在了一个普通的客馆里。过了十天，孟尝君问客馆的总管说："冯谖在做些什么？"总管说："冯谖非常穷，只有一把剑，剑柄缠着一些草绳子。他每天在弹着剑唱歌，说：'长剑哪，我们还是走吧，这里连鱼都没的吃'！"孟尝君听罢就让总管把冯谖升到了中等的客馆里，让他每顿饭都有鱼吃。又过了五天，孟尝君又向总管问冯谖的情况，总管说："冯谖还在那里弹着剑唱歌，说：'长剑哪，我们还是走吧，这里出门连个车也没有'！"孟尝君听罢就让总管把他安置到了上等的客馆里,让他进进出出都有了车子坐。又过了五天,孟尝君又问总管,总管说:"冯谖还在那里弹着剑唱歌,说:'长剑哪,我们还是走吧,住在这里连个养家的钱也没有'!"孟尝君听了心里不大高兴。

过了一年,在这一年里冯谖什么动静也没有。这时孟尝君正是齐国的宰相,齐王把一个有着万户人家的薛邑给了他做封地。孟尝君当时有门客三千人,光靠这块封地的税收是养活不了这些人的。于是他就让人给他在薛县放了许多债,可是一年过去了,什么也没有得到,借钱的都不肯交利息,养客的费用眼看就要接不上了。孟尝君很着急,他问身边的人们说:"谁可以帮我到薛县去收债呢?"客馆总管说:"上等客馆里的那个冯先生相貌出众,而且像个厚道人,这个人没有什么别的本事,让他去收债我看还是可以的。"于是孟尝君就把冯谖找了来,对他说:"诸位客人不嫌我没出息,到我这里来的有三千多人,我封地上的那点收入不够奉养这些宾客,所以我在薛县放了一些钱。可是近年来薛县的收成不好,百姓们不少人都不交利息。现在宾客们的吃用眼看要接不上了,所以我想请你帮着去那里催讨一下。"冯谖说:"好的。"于是他辞别了孟尝君,很快地来到了薛邑。冯谖召集凡是借了孟尝君家钱的人都来开会,一共得到了十万钱的利息。随后冯谖又买来了许多美酒、肥牛,然后告诉那些借钱的人们,能还利息的人们要来,不能还利息的也要来,大家都要带着借券来当场核对一下。等到大家到齐后,就杀牛摆酒,请大家开怀畅饮。在大家正喝得起劲时,冯谖拿出了借券和大家一一地进行核对,能够交利息的,和他约定一个交钱的日期;贫穷无力交息的,就干脆把他们的借券烧掉了。冯谖说:"孟尝君之所以要放这些钱,是为了给无法生活的人提供一点谋生的本钱;他之所以要大家交一点利息,那是因为他缺少奉养宾客的用度。现在凡是家庭富裕的都约定了还钱的日期;家里贫穷无力偿还的,我都已经烧了他们的借据。请大家多保重。有这么好的主子,难道我们还忍心背叛他吗?"于是席上的人们都站了起来,一再地叩头致谢。

孟尝君听了冯谖烧借据的消息,立刻生气地派人去把冯谖叫了回来。冯谖一到,孟尝君就说:"因为我家里有三千客人要吃饭,所以我才在薛邑放债。我封地的收入不多,借钱的人又不按时交利息,我连养客的伙食都怕开不出来了,所以才请你去讨要。可是我听说你收债后,买了许多牛、酒,还把一些债券都烧了,你这么干是为什么呢?"冯谖说:"不错。不多准备一些牛酒,他们就不会都来，也就没有办法知道他们谁是富裕的谁是穷困的。对于那些富裕的，可以和他们定一个交利息的日期；对于那些穷困的，即使你拿着债券向他讨要十年也仍是要不到。利息越滚越多，逼急了，他们来个一逃了事，反正叫您什么也得不到。这样从上头说您要落个只知贪图私利而不知爱护百姓的名声，从下头说也让百姓们落个背叛主子逃避债务的罪名，这恐怕不是教育提高子民、给自己扬名的好办法。现在我们烧掉那些有名无实的债券，送掉那些无法收上来的徒有虚名的钱财，使薛邑的百姓们忠于您，给您扬名，这有什么不好呢？"孟尝君一听，拍手称绝，立即向冯骥表示感谢。

后来齐王听信了秦国和楚国的挑拨，认为孟尝君的名声比自己还大，而且又独揽着齐国的大权，于是就罢掉了孟尝君的职务，没收了孟尝君的封地。孟尝君门下那些宾客们一见孟尝君被废，都纷纷离他而去。这时冯骥对孟尝君说："您给我一辆车子，让我到秦国去，我一定想法让您重新受到齐国的重视并且还能让您的封地更有增加，您看好不好？"孟尝君一听，立即给他套好车子，让他带上礼物出发了。冯骥到了秦国对秦王说："所有说客凡是急急忙忙坐着车子赶到秦国来的，没有一个不是想叫秦国强大而使齐国削弱；凡是急急忙忙坐着车子跑到齐国去的，没有一个不是想让齐国强大而使秦国削弱。秦国和齐国是两个不分雌雄、不能并立的国家，谁要是称了雄，谁就可以拥有天下。"秦王一听，立即长跪问道："您有什么办法使秦国能够成为雄而不成为雌呢？"冯骥说："大王听说齐国罢免孟尝君的事了吗？"秦王说："已经听说了。"冯骥说："能使齐国受到各国尊重的，关键是有孟尝君。可是现在齐王听信挑拨，把孟尝君罢免了，孟尝君心里不高兴，一定想离开齐国；如果他能离开齐国到秦国来，那么齐国的国家形势、人际思想也就跟着一齐带到秦国来了，到那时连齐国的土地都可以夺过来，岂只是称雄呢？您应该赶快派人拉着聘礼去悄悄地接他，不要错过这个大好时机。否则齐王一觉悟，一恢复孟尝君的原职，那么今后谁雌谁雄就又没办法预料了。"秦王一听很高兴，立刻派出了十辆车子带着黄金百镒去迎接孟尝君。冯骥向秦王请求自己先走一步。他赶紧回到了齐国，对齐王说："所有说客坐着车子跑到齐国来的，没有一个不是想叫齐国强大而叫秦国削弱；所有说客坐着车子到秦国去的，没有一个不是想叫秦国强大而叫齐国削弱。秦国和齐国是两个难分雌雄的国家，如果秦国一强大，那齐国就肯定要衰弱，这是不可能并立称雄的。现在我听说秦国已经派了十辆车子载着黄金百镒来迎孟尝君了。孟尝君不去秦国则已，如果他一去秦国，就肯定会当秦国的宰相，天下各国也就都会去归附秦国，到那时，秦国就称了雄，而我们也就降成了雌，一旦我们成了雌，那临淄、即墨就危险了。您为什么不趁着秦国的使者未到，赶紧把孟尝君官复原职，再多封给他一些领地，向他表示歉意呢？您如果这么一做，孟尝君肯定就会高兴地接受了。秦国即使强大，难道他还能把人家的宰相请了去吗？只有这样才能挫败秦国的阴谋，打掉它称霸天下的计划。"齐王说："好。"于是就派人到西部边境上去探听是不是真有秦国的使者到来，结果正碰上秦国的使者刚刚入境，齐国使者赶紧跑回临淄向齐王报告，齐王赶紧请回了孟尝君，给他恢复了宰相的职务，而且在除了还给他旧有的封地以外，还又多给他增加了一千户。秦国的使者听说孟尝君又官复原职，只好掉转车头回去了。

　　自从齐王听信挑拨废掉了孟尝君，孟尝君原有的门客就全都一哄而走了。等到齐王又下令请孟尝君回来，这时只有冯驩一个人去接他。当他们快要回到齐国京城的时候，孟尝君深有感慨地说："我平生一贯好客，我对待客人从来不敢有什么失礼，我门下的食客最多的时候达到三千多人，这是你所知道的。可是他们一旦看到我被废，就立刻全都离我而去，没有一个顾恋我。现在我完全是靠着你才得以官复原职，他们那些人还有什么脸面来见我呢？如果他们谁要再来找我，我一定向他的脸上吐唾沫，好好地羞辱他一下。"冯驩一听立即盘好缰绳，下车来给孟尝君磕了一个头。孟尝君赶紧下车拦住，说："你是为那些家伙们求情吗？"冯驩说："不是的，是因为你刚才的话说错了。世界上的万事万物为什么会成为这样，都有它一定的道理，您明白吗？"孟尝君说："我不知道你说的是什么意思。"冯驩说："凡是有生命的东西最后都得死掉，这是必然的。一个人，富贵的时候朋友多，贫贱的时候朋友少，这也是一定的。您没有见过那些赶集的人吗？早晨天刚亮时，大家都侧着膀子往市门里挤；等到日落天黑，在市场门口路过的人们甩着膀子走过连头都不回，这并不是因为他们喜欢早晨的集市而讨厌傍晚的集市，而是因为他们想买的东西那里已经没有了。由此可见，在您失掉了宰相职位的时候，宾客们都一哄而去，那是很自然的，没有必要怨恨他们，否则会白白地得罪一些人。希望您还像过去一样地对待他们。"孟尝君听罢向冯驩致谢说："愿意遵命。有您这番话，我怎敢不照办呢！"

孟尝君姓田名文,是战国后期齐国诸侯的宗室,宣王、湣王时执掌过齐政。与平原君、信陵君之执掌国政、忠于自己国家不同,孟尝君具有当时游士的性质,他不仅先后曾去魏国、秦国当过宰相,甚至他为了私利竟不惜伙同其他国家将齐国颠覆。孟尝君以养客闻名,他养客的目的也完全是用于谋取私利。《孟尝君列传》整篇就是记载了孟尝君的几个宾客在关键时刻如何为孟尝君效力,帮助孟尝君化险为夷、获得功利的过程。我们这里选取了《鸡鸣狗盗》与《冯驩客孟尝君》两个故事。"鸡鸣""狗盗"是两个一向不被人看得起的小人物,但却在关键时刻帮孟尝君解了燃眉之急,表现了司马迁重视下层、歌颂下层人的民主思想,与《游侠列传》及《平原君列传》里的毛遂的故事有相通之处。冯驩的思想境界虽然不算很高,但他忠于其主、感恩图报,与那些趋炎附势、翻脸不认人的势利之徒恰成对照,司马迁对此是赞赏的。这与《赵世家》中的程婴、公孙杵臼以及《刺客列传》里的豫让等精神相通。冯驩在为孟尝君"焚券"以收买人心上表现了超凡的见识;在利用外部势力以帮助孟尝君官复原职上表现了其活动能力的高超。冯驩在战国游士中可以称得上是佼佼者。

平原君虞卿列传
毛遂自荐

秦之围邯郸,赵使平原君求救,合从(zòng)于楚①,约与食客门下有勇力文武备具者二十人偕。平原君曰:"使文能取胜,则善矣。文不能取胜,则歃(shà)血于华屋之下②,必得定从而还。士不外索,取于食客门下足矣。"得十九人,余无可取者,无以满二十人。门下有毛遂者,前,自赞于平原君曰③:"遂闻君将合从于楚,约与食客门下二十人偕,不外索。今少一人,愿君即以遂备员而行矣。"平原君曰:"先生处胜之门下几年于此矣?"毛遂曰:"三年于此矣。"平原君曰:"夫贤士之处世也,譬若锥之处囊中,其末立见。今先生处胜之门下三年于此矣，左右未有所称诵，胜未有所闻，是先生无所有也。先生不能，先生留。"毛遂曰："臣乃今日请处囊中耳。使遂早得处囊中，乃颖脱而出④，非特其末见而已。"平原君竟与毛遂偕。十九人相与目笑之而未发也。

毛遂比至楚，与十九人论议，十九人皆服。平原君与楚合从，言其利害，日出而言之，日中不决。十九人谓毛遂曰："先生上。"毛遂按剑历阶而上，谓平原君曰："从之利害，两言而决耳。今日出而言从，日中不决，何也？"楚王谓平原君曰："客何为者也？"平原君曰："是胜之舍人也⑤。"楚王叱曰："胡不下！吾乃与而君言⑥，汝何为者也！"毛遂按剑而前曰："王之所以叱遂者，以楚国之众也。今十步之内，王不得恃楚国之众也，王之命悬于遂手。吾君在前，叱者何也？且遂闻汤以七十里之地王天下，文王以百里之壤而臣诸侯⑦，岂其士卒众多哉！诚能据其势而奋其威。今楚地方五千里，持戟百万，此霸王之资也。以楚之强，天下弗能当。白起，小竖子耳，率数万之众，兴师以与楚战，一战而举鄢、郢，再战而烧夷陵，三战而辱王之先人⑧。此百世之怨，而赵之所羞，而王弗知恶焉。合从者为楚，非为赵也。吾君在前，叱者何也？"楚王曰："唯唯，诚若先生之言，谨奉社稷而以从。"毛遂曰："从定乎？"楚王曰："定矣。"毛遂谓楚王之左右曰："取鸡狗马之血来。"毛遂奉铜盘而跪进之楚王曰："王当歃血而定从，次者吾君，次者遂。"遂定从于殿上。毛遂左手持盘血而右手招十九人曰："公相与歃此血于堂下。公等录录，所谓因人成事者也。"

平原君已定从而归，归至于赵，曰："胜不敢复相士。胜相士多者千人，寡者百数，自以为不失天下之士，今乃于毛先生而失之也。毛先生一至楚，而使赵重于九鼎大吕⑨。毛先生以三寸之舌，强于百万之师。胜不敢复相士。"遂以为上客。

①秦之围邯郸：事在秦昭王四十八至五十年，赵孝成王七至九年，前259—257年。秦将白起大破赵军于长平后，次年进围邯郸，过程参见《白起王翦列传》《廉颇蔺相如列传》《魏公子列传》。邯郸，赵国都城，即今河北省邯郸市。平原君：赵惠文王之弟，赵孝成王之叔，此时为赵相。参见《平原君虞卿列传》。合从：订立军事联盟。楚：诸侯国名，此时的楚国已由郢迁都于今河南之淮阳县。
②歃血：将某种动物的血抹在自己嘴上，这是古人发誓时好做的一

种姿态。③赞:告,说明。④颖:原指禾穗的芒尖,这里指锥子头。⑤舍人:寄居于官僚贵族门下,为之充任某种役使的人,即食客、清客之类。⑥而君:而,你,你的。⑦汤:商朝的开国帝王,灭掉夏桀而建立商朝,参见《殷本纪》。文王:姬昌,武王之父。武王灭纣后建立周朝,但因武王伐纣是以文王的名义进行的,故后人也往往将灭纣称王之事加于文王。参见《周本纪》。⑧白起:秦国名将,曾为秦昭王大破楚、魏、韩、赵等国,参见《白起王翦列传》。鄢、郢:鄢是楚国都邑名,在今湖北省宜城东南。郢是楚国的旧都,在今湖北省荆州市江陵区西北。夷陵:楚邑名,在今湖北省宜昌市东南,楚王祖先的坟墓埋在这里。⑨九鼎:相传为夏禹所铸,后来被历代王朝视为传国之宝,参见《楚世家》之《庄王问鼎》。

　　秦军包围了赵国首都邯郸,赵王派平原君去楚国求救,与楚国建立抗秦联盟。平原君想从自己的门客中挑选二十个文武兼备的人作为随员。他说:"如果能用和平的方式完成任务,当然是最好不过了;万一不能用和平的方式解决问题,那也一定要用武力强迫楚王在朝廷上与我们签订盟约,总之是一定要完成任务才能回来。这些随员用不着到别处去找,我门下的宾客就足够用了。"结果只挑到了十九个,没法凑满二十个。这时,有个叫毛遂的自己出来对平原君说:"我听说您要去和楚国订立盟约,想从您的门下宾客中挑选二十个随员,不再向外面去找,而现在还缺一个,我希望您把我添在里头,人数一够咱可以就马上出发了。"平原君说:"您到我家几年了?"毛遂说:"三年了。"平原君说:"一个有本事的人活在世界上,就好像一把锥子装在口装里,锥子尖总是会露出来。您在我这里都已经三年了,大家居然没有对您说过一句赞美的话,我也没有听说过您有什么才干,说明您的确没有什么本领。您不能去,您还是留在家里吧!"毛遂说:"我是今天才请求您把我装进口袋的!您要是早就把我装进口袋,那我必然整个锥子头都会出来,岂只是露出一个锥子尖呢?"平原君无法,只好带上他一起出发了。其余的十九个人都用一种鄙夷的眼光互相看着笑,只是没有笑出声罢了。

　　等到毛遂等到达了楚国,十九个人经过一路上与毛遂的不断谈论,他们对毛遂已经心服了。轮到平原君与楚王谈判结盟的时候,平原君反复向楚王申说楚赵联盟的好处,从太阳刚出一直说到正午楚王仍未接受。这时十九个人就对毛遂说:"毛先生您去!"于是毛遂就手按剑柄一步一级地迅速走上了大殿，向平原君说："合纵抗秦的必要性两句话就可以说清，今天从早上说起，现在已经中午还定不了，这是为什么？"楚王转脸问平原君："这个人是干什么的？"平原君说："他是我的一个门客。"楚王勃然大怒，说："还不给我滚下去！我是在和你的主人讲话，你来干什么？"毛遂手按剑柄跨前一步说："大王所以敢于这样呵斥我，是仗恃着楚国的人多。可是现在十步之内，您是倚靠不上楚国的人多的。您的命就攥在我的手里。我的主人就在跟前，您怎么能这样呵斥我呢？再说，当初商汤凭着七十里的地盘，就灭夏桀统一了天下；周文王凭着百里的地盘，就灭掉了殷纣使天下诸侯臣服，他们是靠的人多吗？他们都是能够把握住当时的形势而趁机发挥他们的威力。现在楚国有五千里见方的地盘，有上百万的军队，这是成为霸主的资本。按楚国目前这种强大，它应该天下无敌，可是就凭白起这么个小子，领着几万人来和楚国作战，一下子攻克了鄢陵、郢都，又一下子烧毁了夷陵，再一下子连楚国的先王都受到了侮辱。这是一百辈子也报不完的仇，连我们赵国都为你们感到羞耻，可是您自己居然不知道痛恨。联盟抗秦主要的是为了你们楚国，而不是为了我们赵国。我的主人就在跟前，您对我呵斥什么？"楚王赶紧说："好，好，确实像你所说，我愿意拿我们整个国家和你们建立联盟。"毛遂说："您决定了吗？"楚王说："决定了。"毛遂立即招呼楚王身边的人说："赶紧拿鸡、狗、马的血来。"毛遂手捧盛着鸡、狗、马血的铜盘先是跪送到楚王面前，说："请大王第一个歃血，其次是我的主人，再次是我。"就这样在大殿上完成了订盟仪式。而后毛遂左手端着铜盘，右手招呼下面的那十九个人说："你们也都在下面歃血，算是参加订盟。你们真是些平庸透顶，专门靠别人吃现成饭的家伙！"

平原君与楚国订盟后回到赵国，对人们说："我再也不敢说我能够识别人了。我识别过的人多则上千，少说也有几百，我总以为不会漏掉有本事的人了，谁想这回却漏掉了毛先生。毛先生一到楚国，使我们赵国的地位比九鼎、大吕都还要尊贵。毛先生的舌头比百万军队还要厉害。我再也不敢说我能识别人了。"从此毛遂就成了平原君门下的贵客。

平原君虞卿列传
李同战死

平原君既返赵,楚使春申君将兵赴救赵,魏信陵君亦矫夺晋鄙军往救赵①,皆未至。秦急围邯郸,邯郸急,且降,平原君甚患之。邯郸传(zhuàn)舍吏子李同说平原君曰②:"君不忧赵亡邪?"平原君曰:"赵亡则胜为虏,何为不忧乎?"李同曰:"邯郸之民,炊骨易子而食③,可谓急矣,而君之后宫以百数,婢妾被绮縠(hú),余粱肉,而民褐衣不完,糟糠不厌④。民困兵尽,或剡(yǎn)木为矛矢,而君器物钟磬自若⑤。使秦破赵,君安得有此?使赵得全,君何患无有?今君诚能令夫人以下编于士卒之间,分功而作,家之所有尽散以飨(xiǎng)士,士方其危苦之时,易德耳。"于是平原君从之,得敢死之士三千人。李同遂与三千人赴秦军,秦军为之却三十里。亦会楚、魏救至,秦兵遂罢,邯郸复存。李同战死,封其父为李侯⑥。

①春申君:姓黄名歇,以养士闻名的楚国贵族,此时为楚相。信陵君:名无忌,以养士闻名的魏国贵族,魏安釐王之弟。矫夺晋鄙军:晋鄙,魏将。信陵君用侯嬴之谋窃兵符诈夺晋鄙军,率以救赵事,见《魏公子列传》。②传舍:驿馆,宾馆。李同:应作"李谈",司马迁避其父讳改称"李同"。③炊骨易子而食:语出《左传》宣公十五年,时楚长期围宋,宋人称城内"易子而食,析骨以爨"。④绮縠:绮,细绫;縠,绉纱,皆精细珍贵的丝织品。褐衣:粗布短衣。厌:通"餍",饱,足。⑤钟磬:皆乐器名,古代贵族鸣钟奏乐而食。⑥李侯:侯爵,封地在李,今河南省温县西南故李城。

平原君回到赵国后,楚国就派春申君带领军队来援救赵国,魏国的信陵君也假传王命夺取了晋鄙所统率的军队赶来救助赵国,但是他们都还没有到达。这时秦国的军队对邯郸加紧攻击,邯郸很快就要失守，平原君很着急。这时邯郸驿馆小吏的儿子李同对平原君说："您不担心赵国灭亡吗？"平原君说："赵国灭亡我就会成为俘虏，我怎么不担心呢？"李同说："现在邯郸的老百姓已经艰难到了拿人骨头当柴烧和互相交换着吃小孩的地步，已经穷困到极点了，可是您的家里光是妇女姬妾就有上百人，您家里的丫头仆人都穿着绫罗绸缎，都有吃不完的好菜好饭，而百姓们却连件完整的粗布短衣都没有，连糟糠都吃不上。士兵们连武器都没有，只好拿着刀削的棍子作战，可是您家中各种宝物各种乐器却仍和从前一样，件件不缺。如果让秦国灭了赵国，您还能够占有这些东西吗？反之，如果赵国得到了保全，您还用担心缺少这些东西吗？现在您要是能把您夫人以下的全家人都编入军队，让他们与别人一样地分担各种劳务，把您家里的全部财产都拿出来犒赏军队，处在危难关头的人们，是最容易取得他们感戴的。"于是平原君立刻按李同的意见办了，他们组成了一支三千人的敢死队。李同就带着这三千人猛烈地攻击秦军，秦军被迫后退了三十里，正好这时楚国和魏国的救兵到了，秦军遂只好撤走，邯郸得到了保全。李同在战斗中牺牲了，他的父亲被赵国封为李侯。

　　《平原君虞卿列传》是平原君赵胜与赵国名臣虞卿二人的合传，二人的眼光智慧虽有不同，但都忠心耿耿于赵国。我们这里选取了与平原君有关的两个故事，《毛遂自荐》与《李同战死》。

　　赵国被秦军大破于长平，损兵折将共四十五万，不久，秦兵又进而包围了赵国的都城邯郸。赵国危在旦夕，派平原君率代表团到楚国求救。平原君选随员差一人，毛遂自荐，开始时平原君不想要，众人也瞧不起，但结果却是多亏毛遂在关键时刻起了作用，得以签订盟约而还。故事显然有许多夸张，我们取其大意可也。楚国已答应救赵，但援军尚未到达，秦兵加紧攻击，邯郸即将陷落。这时又一个小人物李同挺身而出，他劝说平原君献出全部家资以犒军，编全家男女于士伍与赵国军民同生死，而后李同率领一支敢死队猛烈冲击秦军，给秦军的锋芒以重挫，赢得了时间，等待了楚、魏两国援军的到来。司马迁通过这两个故事突出地表现了下层人物的优秀品质与卓越才干，与《孟尝君传》之歌颂"鸡鸣狗盗"用意相同；同时作品也表现了平原君在国家利益面前不计个人私利与其从谏如流的精神。

魏公子列传
谦请侯嬴

魏公子无忌者，魏昭王少子而魏安釐（xī）王异母弟也①。昭王薨（hōng），安釐王即位，封公子为信陵君②。是时范雎亡魏相秦③，以怨魏齐故，秦兵围大梁，破魏华阳下军，走芒卯④。魏王及公子患之。

公子为人仁而下士，士无贤不肖皆谦而礼交之，不敢以其富贵骄士。士以此方数千里争往归之，致食客三千人。当是时，诸侯以公子贤，多客，不敢加兵谋魏十余年。

公子与魏王博⑤，而北境传举烽，言"赵寇至，且入界"。魏王释博，欲召大臣谋。公子止王曰："赵王田猎耳⑥，非为寇也。"复博如故。王恐，心不在博。居顷，复从北方来传言曰："赵王猎耳，非为寇也。"魏王大惊，曰："公子何以知之？"公子曰："臣之客有能探得赵王阴事者，赵王所为，客辄以报臣，臣以此知之。"是后魏王畏公子之贤能，不敢任公子以国政。

魏有隐士曰侯嬴，年七十，家贫，为大梁夷门监者⑦。公子闻之，往请，欲厚遗之。不肯受，曰："臣修身洁行数十年，终不以监门困故而受公子财。"公子于是乃置酒大会宾客。坐定，公子从车骑，虚左，自迎夷门侯生。侯生摄敝衣冠⑧，直上载公子上坐，不让，欲以观公子。公子执辔（pèi）愈恭。侯生又谓公子曰："臣有客在市屠中，愿枉车骑过之。"公子引车入市，侯生下见其客朱亥，俾倪（pì nì）⑨，故久立与其客语，微察公子。公子颜色愈和。当是时，魏将相宗室宾客满堂，待公子举酒。市人皆观公子执辔，从骑皆窃骂侯生。侯生视公子色终不变，乃谢客就车。至家，公子引侯生坐上坐，遍赞宾客⑩，宾客皆惊。酒酣，公子起，为寿侯生前。侯生因谓公子曰："今日嬴之为公子亦足矣。嬴乃夷门抱关者也，而公子亲枉车骑，自迎嬴于众人广坐之中，不宜有所过，今公子故过之。然嬴欲就公子之名，故久立公子车骑市中，过客以观公子，公子愈恭。市人皆以嬴为小人，而以公子为长者能下士也。"于是罢酒，侯生遂为上客。

侯生谓公子曰："臣所过屠者朱亥，此子贤者，世莫能知，故隐屠间耳。"公子往数请之，朱亥故不复谢，公子怪之。

①魏昭王：名遫，前295—前277年在位。魏安釐王：名圉（yǔ），前276—前243年在位。②信陵：古邑名，在今河南宁陵西。③范雎：字叔，魏人，因遭须贾诬陷，逃至秦国，改名张禄，为秦昭王相。参见《范雎蔡泽列传》。④大梁：魏国都城，即今河南开封市。华阳：地名，在今河南密县。芒卯：魏国将领。⑤博：古代的一种棋戏。⑥赵王：赵孝成王，名丹，惠文王之子，前265—前245年在位。⑦夷门：大梁城之东门。⑧摄：整顿、整理。⑨俾倪：同"睥睨"，偷眼斜视。⑩赞：介绍。

魏公子无忌是魏昭王的小儿子，魏安釐王的同父异母兄弟。魏昭王去世后，魏安釐王继位，封魏公子为信陵君。当时魏国的逃臣范雎正在秦国当丞相，因为他怨恨魏国的丞相魏齐，因而曾派兵一度包围了魏国的大梁，接着又击败了驻守在华阳的魏国军队，打跑了魏将芒卯。魏王和魏公子对这种形势很感忧虑。

魏公子为人厚道而又谦虚，无论是有才干的还是没才干的，只要到他门下他都以礼相待，从不因自己的地位高贵而待人傲慢。因此纵横几千里内的游士们都争先恐后地投奔他，归到他门下的食客有三千多人。当时，因为魏公子贤明，而且门下又有很多能干的食客，所以各国诸侯十几年都不敢出兵来碰魏国。

有一次，魏公子正和魏王下棋，这时从北部边境突然传来报警烽火，说是："赵国向我们进攻了，敌军很快就要进入我们的国境。"魏王赶紧推开棋盘，要召集大臣们开会商议。魏公子劝止魏王说："那是赵王出来打猎，不是侵犯我国。"说完仍接着下棋。但魏王害怕，心思不在棋上。过不多时，又有消息从北边传来说："是赵王打猎，不是侵犯我国。"魏王很惊讶，问魏公子："你怎么事先就知道呢？"魏公子说："我的宾客中有人能掌握赵王的秘密，赵王有什么活动，我的宾客都能及时向我报告，因此我对赵王的活动很清楚。"从这件事情以后，魏王开始害怕魏公子的才能，不敢把国家大事交给他。

魏国有个隐士叫侯嬴，已经七十岁了，家境贫穷，在大梁的夷门看城门。魏公子听说这个人后，亲自去拜访他，想要送给他一些东西。但侯嬴不要，他说："我保持清高廉洁已经几十年了，绝不能因为看城门受穷而接受您的东西。"魏公子一看不行，于是就举办了一个盛大的宴会。等客人们就坐以后，魏公子就带着车马随从，空着车子左边的上座，亲自到夷门去接侯嬴。侯嬴整理了一下自己的破衣冠，径直地上去就坐了车子左边的尊位，一点儿也不谦让，他想看看魏公子的态度如何。只见魏公子抓着缰绳，非常谦虚。侯嬴上车后又对魏公子说："我有一个朋友在市场上的肉店里，麻烦你的车子绕个弯带我过去看看他。"魏公子二话没说，赶着车子来到市场。侯嬴从车上下来找到了他的朋友朱亥，两人故意说个不休，同时侯嬴斜着眼睛观察魏公子。只见魏公子的神态比刚才显得还要平静温和。当时，在魏公子的家里，满堂将相宗室一流的贵宾，都在等着公子回来宴会开始。而市场上的人们却正在惊奇地看着魏公子在给一个什么人牵着缰绳，这时魏公子的那些随从们早已经在偷偷地大骂侯嬴了。侯嬴见魏公子的态度始终没有变化，这才辞别了朱亥，重新上车，来到魏公子府中。魏公子请侯嬴坐到上座，把宾客们一一地向侯嬴作了介绍，宾客们见状都很吃惊。当大家饮酒饮到了最痛快的时候，魏公子又站起身来，恭恭敬敬地到侯嬴面前敬酒。侯嬴这时对魏公子说："今天我也够难为公子了。我不过是夷门的一个守门人，而公子竟能屈尊地赶着车子，把我接到了这大庭广众里来，有些地方不是公子该去的，可是公子居然也去了。我当时是为了成就公子的好名声，所以才故意让公子带着车马在市场上罚站。当时来来往往的人都看公子，而公子显得越来越谦逊。这样就可以让整个市场的人们都骂我是小人，而称赞公子为人厚道，礼贤下士。"于是大家尽欢而散，侯嬴从此成了魏公子家里的上宾。

　　侯嬴对魏公子说："前天我所拜访的那个屠户朱亥，是个贤人，因为没有人了解他，所以他才隐居在屠户里。"魏公子听说后一连几次地去拜访他，而朱亥却故意地一次也不回拜，魏公子很奇怪。

魏公子列传
窃符救赵

　　魏安釐王二十年，秦昭王已破赵长平军，又进兵围邯郸①。公子姊为赵惠文王弟平原君夫人②，数遗（wèi）魏王及公子书，请救于魏。魏王使将军晋鄙将十万众救赵。秦王使使者告魏王曰："吾攻赵旦暮且下，而诸侯敢救者，已拔赵，必移兵先击之。"魏王恐，使人止晋鄙，留军壁邺③，名为救赵，实持两端以观望。平原君使者冠盖相属于魏，让魏公子曰④："胜所以自附为婚姻者，以公子之高义，为能急人之困。今邯郸旦暮降秦而魏救不至，安在公子能急人之困也！且公子纵轻胜，弃之降秦，独不怜公子姊邪？"公子患之，数请魏王，及宾客辩士说王万端。魏王畏秦，终不听公子。公子自度终不能得之于王，计不独生而令赵亡，乃请宾客，约车骑百馀乘，欲以客往赴秦军，与赵俱死。

行过夷门，见侯生，具告所以欲死秦军状。辞决而行，侯生曰："公子勉之矣，老臣不能从。"公子行数里，心不快，曰："吾所以待侯生者备矣，天下莫不闻。今吾且死而侯生曾无一言半辞送我，我岂有所失哉？"复引车还，问侯生。侯生笑曰："臣固知公子之还也。"曰："公子喜士，名闻天下。今有难，无他端而欲赴秦军，譬若以肉投馁（něi）虎，何功之有哉？尚安事客？然公子遇臣厚，公子往而臣不送，以是知公子恨之复返也。"公子再拜，因问。侯生乃屏人间语，曰："嬴闻晋鄙之兵符常在王卧内⑤，而如姬最幸，出入王卧内，力能窃之。嬴闻如姬父为人所杀，如姬资之三年，自王以下欲求报其父仇，莫能得。如姬为公子泣，公子使客斩其仇头，敬进如姬。如姬之欲为公子死无所辞，顾未有路耳。公子诚一开口请如姬，如姬必许诺，则得虎符夺晋鄙军，北救赵而西却秦，此五霸之伐也⑥。"公子从其计，请如姬。如姬果盗晋鄙兵符与公子。

公子行，侯生曰："将在外，主令有所不受⑦，以便国家。公子即合符，而晋鄙不授公子兵而复请之，事必危矣。臣客屠者朱亥可与俱，此人力士。晋鄙听，大善；不听，可使击之。"于是公子泣。侯生曰："公子畏死耶？何泣也？"公子曰："晋鄙嚄唶（huò zé）宿将⑧，往恐不听，必当杀之，是以泣耳，岂畏死哉？"于是公子请朱亥。朱亥笑曰："臣乃市井鼓刀屠者，而公子亲数存之⑨，所以不报谢者，以为小礼无所用。今公子有急，此乃臣效命之秋也。"遂与公子俱。公子过谢侯生，侯生曰："臣宜从，老不能。请数公子行日，以至晋鄙军之日，北乡自刭⑩，以送公子。"公子遂行。

至邺，矫魏王令代晋鄙。晋鄙合符，疑之，举手视公子曰⑪："今吾拥十万之众，屯于境上，国之重任，今单车来代之⑫，何如哉？"欲无听。朱亥袖四十斤铁椎（chuí），椎杀晋鄙，公子遂将晋鄙军。勒兵下令军中曰："父子俱在军中，父归；兄弟俱在军中，兄归；独子无兄弟，归养。"得选兵八万人，进兵击秦军。秦军解去，遂救邯郸，存赵。赵王及平原君自迎公子于界，平原君负韊（lán）矢为公子先引⑬。赵王再拜曰："自古贤人未有及公子者也。"当此之时，平原君不敢自比于人。公子与侯生决，至军，侯生果北乡自刭。

①魏安釐王二十年：相当于赵孝成王九年，秦昭王五十年，前257年。秦昭王：名则，前306—前251年在位。破赵长平军：事在秦昭王四十七年、赵孝成王六年，前260年。是年秦将白起大破赵军于长平，坑杀赵卒四十五万。见《白起王翦列传》。长平：古城名，在今山西省高平市西北。②赵惠文王：孝成王之父，前298—前266年在位。③邺：魏县名，在今河北省临漳县西南。④让：指责，责备。⑤兵符：调兵的信物，以竹木或金属制成，分作两半，帝王与将军各执其一，帝王有新的命令下达时,令宣令使者持之以为证验。⑥五霸之伐：正义而又无敌的讨伐。五霸，指齐桓公、晋文公、楚庄王、吴王阖庐、越王勾践。或曰，伐，功业。五霸之伐，即春秋五霸一样的功业。⑦将在外，主令有所不受：语见《孙子·九变》，《司马穰苴列传》《绛侯周勃世家》亦曾引用此语。⑧嚄唶：犹言"叱咤"。宿将：老将。⑨存：慰问，关照。⑩北乡自刭：以此坚定魏公子杀晋鄙夺兵权的信念，与《刺客列传》田光之以死"激"荆轲性质正同。⑪举手：表示紧急的情态。《孔子世家》有"举袂"，与此略同；《后汉书·班超传》用"举手"以表现紧急，分明学此处。⑫单车：并非指一辆车，乃谓只有代之为将者而无宣读帝王命令之使者。《陈丞相世家》写刘邦派周勃往代樊哙为将，而让陈平前往宣令事，可与此参照。⑬负韊矢为公子先引：取过客人所佩的箭袋自己背着，在前面为客人引路，是迎接贵客的一种表现，类似情景又见于《刺客列传》太子丹迎荆轲、《高祖本纪》太公迎刘邦。

魏安釐王二十年，秦昭王在长平大破赵军后，又进兵包围了赵国的首都邯郸。魏公子的姐姐是赵惠文王的弟弟平原君的夫人，平原君一连几次地给魏王和魏公子写信，向魏国求救。开始时魏王也曾派出了将军晋鄙率兵十万前往援救赵国。但后来秦王派使者来威胁魏王说："邯郸很快就要被我们攻下来了，哪个国家如果胆敢援救赵国，等我们攻下邯郸后，就首先移兵打它。"魏王害怕，于是派人让晋鄙把军队停在了邺县，名义上是要救赵，实际上是观望动静，脚踩两只船。这时平原君告急的使者，一批批络绎不绝地来到魏国，平原君责备魏公子说："我当初之所以和你结为亲戚，不就是看你为人高尚，关键时刻能给人帮忙吗？如今邯郸很快就得投降秦国了，而魏国的救兵却迟迟不到，你的能给人帮忙表现在哪儿呢？再说，你即使不把我看在眼里，可以让我去给秦国当奴隶，难道你就不可怜你的姐姐吗？"魏公子很焦急，多次去向魏王请求，他周围的宾客辩士们也千方百计地劝说魏王。但魏王害怕秦国，无论如何也不答应。魏公子估计怎么也不能说服魏王了，而自己又不能眼看着赵国灭亡而自己活着，于是他就邀集了他的宾客家丁等，凑了一百多辆车，准备率领他们去跟秦军拼命，和赵国共存亡。

他临走时特意到夷门来见侯嬴，把自己如何准备去跟秦军拼命的想法向侯嬴说了一遍，说罢就要走，侯嬴说："公子好自为之吧，我不能随您去啦。"魏公子走出了几里地后，心里很不痛快，心想："我对待侯嬴应该说是不错了，天下没人不知道，可是今天我去拼命，侯嬴竟然连一句好话都没有对我说，莫不是我有什么事做得不对吗？"于是又率领车马回来，当魏公子再问侯嬴的时候，侯嬴笑着说："我就知道您会回来的。"他说："您喜欢招贤纳士，天下无人不知。可是今天有难了，您不想别的办法而只顾自己去和秦军拼命，这样做如同拿肥肉朝饿虎扔，有什么好处呢？照这样，那还养客做什么？您待我是天高地厚，您刚才说走我不送您，我知道您心里会起疑问而再回来的。"魏公子向侯嬴拜了两拜，接着向他请教。侯嬴支开了众人，和魏公子悄悄地说："我听说晋鄙的兵符就放在魏王的卧室内，在魏王的周围只有如姬最受宠幸，她可以自由地在魏王的卧室出出进进，她可以把这块兵符偷出来。我听说如姬的父亲是被人杀害的，当初如姬积恨三年，到处找人替父报仇而找不到。最后如姬向您哭诉，是您派人取来了她仇人的头，交给了如姬。如姬想报答您的恩情，是死也不怕的，只是没有机会罢了。现在您只要一开口，如姬肯定会答应，这样我们就可以拿到兵符，夺得晋鄙的兵权，而后率兵北救赵，西破秦，这不俨然是春秋五霸一样的讨伐吗？"魏公子接受了侯嬴的意见，请求如姬帮他盗取兵符，如姬果然把兵符给他偷了出来。

魏公子拿到兵符后又要出发，侯嬴说："大将带兵在外，君主的命令有时可以不接受，总的是以对国家有利为原则。您到晋鄙那里，即使兵符合上了，但如果晋鄙不把兵权交给您，他要是来个再请示,那事态就危险了。我的朋友屠户朱亥可以跟您一起去,他是个大力士。到时候晋鄙听话便罢;如果不听话,就让朱亥当场把他杀掉。"魏公子一听,不由得落下了眼泪。侯嬴说:"公子是怕死吗?为什么哭啦?"魏公子说:"晋鄙是一员叱咤风云的老将,我怕到时候他不答应,我们就得杀掉他,所以我落了泪,哪是怕死呢?"于是魏公子就去邀请朱亥。朱亥一听,欣然答应说:"我是集市上一个卖肉的,而公子竟能够多次地来看望我,以前我之所以不回拜,那是认为讲这些小礼节没有用处。如今公子有了紧急需要,这正是我献身报效的时机。"于是跟着魏公子一同去了。魏公子最后来向侯嬴辞行,侯嬴说:"我本该跟您一道去,但年纪太大,去不了啦。我计算着您的行程,当您到达晋鄙军队的那一天,我就向着北方自刎,以此来报答公子。"魏公子于是出发了。

魏公子到达邺县后,假传魏王的命令,要接管晋鄙的兵权。晋鄙与魏公子对证了兵符后,心有疑问,他惶惑地举手问魏公子说:"我领十万大兵驻扎在边界线上,这是国家重任。现在你就这么简单地来接替我,是怎么回事呢?"想拒绝魏公子的命令。这时朱亥袖子里正藏着一只重四十斤的大铁锤,他冷不防一下就结果了晋鄙的性命。于是魏公子夺取了晋鄙的兵权。接着魏公子集合部队下命令说:"父子俩都在军中的,父亲回去;兄弟俩都在军中的,兄长回去;独生子没有兄弟的,回去奉养父母。"这样整编后还剩下精兵八万人,于是进击秦军。秦军被迫撤退,邯郸终于得救,赵国得到了保全。赵王和平原君亲自到国境上来迎接魏公子,平原君亲自替魏公子背着箭袋,在前头引路。赵王对公子拜了两拜说:"自古以来的贤人没有一个能比得上公子您。"到这时,平原君再也不敢和魏公子相比了。侯嬴等魏公子走后,估计魏公子已经到达晋鄙军队的时候,果然向着北方自杀了。

魏公子名无忌,魏安釐王之弟,被封为信陵君。《魏公子列传》以魏公子窃符救赵一事为中心,表现了魏公子礼贤下士、尽力为国、一切以国家利益为重的高尚品质。然而也就是这样一个人物最后竟在遭毁谤与受怀疑下结束了悲惨的一生,司马迁对此是极为感慨的。我们这里选取了《谦请侯嬴》与《窃符救赵》两节,表现了魏公子为国养士,并在诸位宾客的帮助下完成了窃符救赵,打退秦军,挽救了赵国的危亡,同时也使魏国自身获得安定的过程。在战国时代所有以养士闻名的人物里，魏公子的人品最高；在司马迁所歌颂的士为知己者死的游士中，以侯嬴的人品为最高。他们都摆脱了个人的一般利益、一般恩怨，而是谆谆善道，以义相扶，共同以保卫国家、以维护正义为终极归宿。

范睢蔡泽列传
范睢入秦为相

范睢者，魏人也，字叔。游说诸侯，欲事魏王，家贫无以自资，乃先事魏中大夫须贾①。

须贾为魏昭王使于齐②，范睢从。留数月，未得报。齐襄王闻睢辩口③，乃使人赐睢金十斤及牛酒，睢辞谢不敢受。须贾知之，大怒，以为睢持魏国阴事告齐，故得此馈，令睢受其牛酒，还其金。既归。心怒睢，以告魏相。魏相，魏之诸公子，曰魏齐。魏齐大怒，使舍人笞击睢，折胁摺齿④。睢详死，即卷以箦⑤，置厕中。宾客饮者醉，更溺睢，故僇辱以惩后，令无妄言者。睢从箦中谓守者曰："公能出我，我必厚谢公。"守者乃请出弃箦中死人。魏齐醉，曰："可矣。"范睢得出。后魏齐悔，复召求之。魏人郑安平闻之，乃遂操范睢亡，伏匿，更名姓曰张禄。

当此时，秦昭王使谒者王稽於魏。郑安平诈为卒，侍王稽。王稽问："魏有贤人可与俱西游者乎？"郑安平曰："臣里中有张禄先生，欲见君，言天下事。其人有仇，不敢昼见。"王稽曰："夜与俱来。"郑安平夜与张禄见王稽。语未究，王稽知范睢贤，谓曰："先生待我於三亭之南⑥。"与私约而去。

王稽辞魏去，过载范睢入秦。至湖⑦，望见车骑从西来。范睢曰："彼来者为谁？"王稽曰："秦相穰侯东行县邑⑧。"范睢曰："吾闻穰侯专秦权，恶内诸侯客，此恐辱我，我宁且匿车中。"有顷，穰侯果至，劳王稽，因立车而语曰："关东有何变？"曰："无有。"又谓王稽曰："谒君得无与诸侯客子俱来乎？无益，徒乱人国耳。"王稽曰："不敢。"即别去。范睢曰："吾闻穰侯智士也，其见事迟，乡者疑车中有人，忘索之。"於是范睢下车走，曰："此必悔之。"行十馀里，果使骑还索车中，无客，乃已。王稽遂与范睢入咸阳。

已报使，因言曰："魏有张禄先生，天下辩士也。曰'秦王之国危於累卵，得臣则安。然不可以书传也'。臣故载来。"秦王弗信，使舍食草具。待命岁馀。

当是时，昭王已立三十六年。南拔楚之鄢郢，楚怀王幽死於秦⑨。秦东破齐。湣王尝称帝，后去之⑩。数困三晋⑪。厌天下辩士，无所信。范雎乃上书。秦昭王大说，乃谢王稽，使以传车召范雎。

秦王屏左右，宫中虚无人。秦王跽而请曰："先生何以幸教寡人？"

范雎曰："大王之国，四塞以为固，北有甘泉、谷口，南带泾、渭，右陇、蜀，左关、阪⑫，奋击百万，战车千乘，利则出攻，不利则入守，此王者之地也。民怯於私斗而勇於公战，此王者之民也。王并此二者而有之。夫以秦卒之勇，车骑之众，以治诸侯，譬若施韩卢而搏蹇兔也⑬，霸王之业可致也，而群臣莫当其位，至今闭关十五年，不敢窥兵於山东者，是穰侯为秦谋不忠，而大王之计有所失也。"秦王跽曰："寡人愿闻失计。"范雎因进曰："夫穰侯越韩、魏而攻齐纲寿非计也⑭。少出师则不足以伤齐，多出师则害於秦。王不如远交而近攻，得寸则王之寸也，得尺亦王之尺也。今释此而远攻，不亦缪乎！且昔者中山之国地方五百里⑮，赵独吞之，功成名立而利附焉，天下莫之能害也。今夫韩、魏，中国之处而天下之枢也，王其欲霸，必亲中国以为天下枢，以威楚、赵。楚强则附赵，赵强则附楚，楚、赵皆附，齐必惧矣。齐惧，必卑辞重币以事秦。齐附而韩、魏因可虏也。"王曰："寡人敬闻命矣。"乃拜范雎为客卿⑯，谋兵事。

范雎日益亲，复说用数年矣，因请间说曰："臣居山东时，闻齐之有田文⑰，不闻其有王也；闻秦之有太后、穰侯、华阳、高陵、泾阳⑱，不闻其有王也。夫擅国之谓王，能利害之谓王，制杀生之威之谓王。今太后擅行不顾，穰侯出使不报，华阳、泾阳等击断无讳，高陵进退不请。四贵备而国不危者，未之有也。为此四贵者下，乃所谓无王也。然则权安得不倾，令安得从王出乎？诗曰⑲：'木实繁者披其枝，披其枝者伤其心；大其都者危其国，尊其臣者卑其主。'崔杼、淖齿管齐，射王股，擢王筋，县之於庙梁，宿昔而死⑳；李兑管赵，囚主父於沙丘，百日而饿死㉑。今臣闻秦太后、穰侯用事，高陵、华阳、泾阳佐之，卒无秦王，此亦淖齿、李兑之类也。今自有秩以上至诸大吏㉒，下及王左右，无非相国之人者。见王独立於朝，臣窃为王恐，万世之后，有秦国者非王子孙也。"昭王闻之大惧，曰:"善。"於是废太后,逐穰侯、高陵、华阳、泾阳君於关外。秦王乃拜范雎为相。

①中大夫:帝王身边的侍从官员,掌议论。②魏昭王:名遨,襄王之子,前295—前277年在位。当时魏国的都城大梁,即今河南开封市。③齐襄王:名法章,湣王之子,前283—前265年在位。当时齐国的都城临菑,在今山东淄博市。④折胁摺齿:打断了肋骨,打掉了牙齿。摺,击毁。⑤箦:竹篾或芦苇编的席子。⑥三亭:魏邑名,在今河南省尉氏县西南。⑦湖:秦邑,在今河南灵宝市西北。⑧秦相穰侯:魏冉,秦昭王之舅,时为秦相,封穰侯。⑨南拔楚之鄢郢:秦昭王二十八年(前279年)秦将白起取楚之鄢、邓,次年攻破郢都。鄢,楚邑名,在今湖北宜城东南。郢,当时为楚国都城,在今荆州市西北。楚怀王幽死于秦:秦昭王八年(前299年),楚怀王(名槐,前328—前299年在位)入秦,被扣留。十一年,客死于秦。⑩湣王尝称帝:事在前288年。时齐湣王与秦昭王相约共同称帝,齐为东帝,秦为西帝。后来由于种种原因又各自取消帝号。⑪三晋:指韩、赵、魏三国。⑫甘泉:山名,在今陕西省淳化县西北。谷口:即寒门,在今陕西礼泉县东北。陇:陇山,六盘山南段的别称,在今陕西陇县至甘肃平凉一带。关、阪:关,指函谷关;阪,即崤山,在今河南洛宁县境内,有东西二崤,地势险要。⑬韩卢:韩国的名犬。蹇兔:跛足的兔子。⑭纲寿:齐国二邑名。纲,在今山东定陶北。寿,在今山东东平西南。⑮中山:国名,前期的国都在今河北定州市,被魏文侯所灭;后期国都在今河北省灵寿县,为赵武灵王所灭。⑯客卿:别国人在本国为高级参议,享受卿的待遇称作客卿。⑰田文:即孟尝君,齐国贵族,为齐相。田文曾指使田甲谋杀齐湣王。⑱华阳:即华阳君芈戎,宣太后的同父异母弟,封于华阳(今陕西商州市境内)。高陵:即高陵君嬴悝,封于高陵(今陕西高陵县西南)。泾阳:即泾阳君嬴巿,封于泾阳(今陕西泾阳县西北),与嬴悝同为昭王之弟。⑲诗曰:所引之诗出处不详。《逸周书·周祝》有与此相似之语,古《书》可称《诗》。⑳崔杼:春秋时齐国的权臣,曾射杀齐庄公。淖齿:战国时楚人,为齐湣王相,而弑齐湣王。㉑李兑:战国时赵国大臣。主父:即赵武灵王。百日而饿死:赵武灵王晚年传位于少子何,自号"主父"。其长子章作乱,失败后逃到主父所居之沙丘宫,李兑率兵包围沙丘宫,主父被牵连

饿死。㉒秩：官吏的品级。

  范雎是魏国人，字叔。开始从事游说时，想在魏王手下做事，但由于家里很穷，连生活都无法维持，只好先到魏国的中大夫须贾那里当差。

  须贾受魏昭王委派出使齐国，范雎做随从。他们在齐国一直等了几个月，也没有得到对方的答复。齐襄王听说范雎能言善辩，就派人送给他十斤黄金和一些酒食。范雎推辞不敢接受。须贾知道后，很恼火，认为范雎是把魏国的机密泄露给了齐国，所以才得到这些馈赠，他让范雎收下那些食品，而把黄金退回。回国后，须贾忌恨范雎，便把在齐国发生的事告诉了魏国的丞相。当时魏国的丞相是公子魏齐。魏齐听后十分恼火，派门人杖打范雎，把他的肋骨打断了，牙齿也打掉了。情急之中范雎装死，门人认为真死了，就用席子把他卷起来扔到厕所里。魏齐家那些喝醉了酒的门客们便轮番往他身上撒尿，想通过这种侮辱以警告后人，叫他日后出去再也不敢泄密。范雎从席子里对一名看守说："你能放我出去，日后我一定重重地报答你。"那个看守就请示魏齐，把席子里的死人扔掉。魏齐那会儿正喝得醉醺醺的，说："行。"范雎就这样逃了出去。酒醒之后，魏齐又后悔了，他赶忙派人出去寻找。这时魏国的郑安平已经带着范雎逃到别处躲藏起来，改名叫张禄。

  恰在这时，秦昭王派来的谒者王稽到了魏国。郑安平便化装成一个小卒去服侍王稽。王稽问他："魏国有能人愿意跟我到秦国去吗？"郑安平说："我有个老乡叫张禄，想见见您，和您谈谈天下大事。但他有仇人，不敢白天来见。"王稽说："那就晚上同他一起来吧。"夜里，郑安平同张禄一道往见王稽。话还没有说完，王稽就已经看出范雎有才华，当即对他说："请您在三亭的南面等我。"二人约好后，范雎辞去。

  王稽告辞魏王离开魏国。途经约定的地点，让范雎坐上车子进秦国。走到湖县，远远望见一队人马从西而来。范雎问："那边过来的是谁？"王稽说："是秦相国穰侯到东边的县里视察。"范雎说："我听说穰侯独揽大权，不愿让东方各国的人到秦国来，我不想受他的侮辱，我还是躲在车厢里为好。"不一会儿，果然是穰侯来到跟前，他问候王稽后，停下车子说："东方有什么变化吗？"王稽说："没有。"穰侯又说："谒君不会带着东方的什么人一起来吧！这些人毫无用处，只会给国家添乱。"王稽说："在下不敢。"说罢，告辞上路。范雎说："我听说穰侯很有心计，但遇事反应迟钝，刚才他已经怀疑车里有人，但忘了搜查。"于是范雎下车走开了，说："过一会儿，他一定要后悔地再回来。"走了十几里，穰侯果然派骑士回来搜查车厢，见没有人，才又离去。于是王稽就带范雎到了咸阳。

王稽向昭王汇报了出使魏国的情况后，接着说："魏国有个张禄先生，能言善辩。他说：'秦国的局势就像垒起来的鸡蛋一样危险，如能用我，就可以安然无事。可是详情难以用文字表达清楚，想见秦王面谈。'于是我就把他带来了。"秦王不以为然，只是让范雎住了下来，供应他粗茶淡饭。范雎就这样在秦国等了一年多。

这时，昭王为秦王已经三十六年。在此期间，他向南攻下了楚国的鄢城和郢都，楚怀王被扣留死在秦国。又向东打败了齐国。齐湣王曾一度称为"东帝"，后来又自动取消。秦国在此期间又多次打败了韩、赵、魏三国。秦昭王不喜欢那些口辩之士，更不信任他们。范雎无法，只好上书陈情。秦昭王读了范雎的上书很高兴，于是向王稽致歉，派人用驿车把范雎接来。

秦昭王让身边的人退下，宫里没有别人。昭王跪直身子向范雎请教说："先生有什么话教导我？"

范雎说："大王的国家，四周地势险要，是天然的屏障。北面有甘泉山和谷口，南面被泾水、渭水环绕，西面有陇山和蜀郡的峻岭，东面有函谷关、崤山。秦国有勇士百万，战车千辆，形势有利可以出击，形势不利能够退守，这是统一天下称王者的地理条件；秦国的百姓怯于私斗而勇于为国杀敌，这是统一天下的王者的子民，大王兼二者而有之。凭着秦国士兵的英勇和秦国战车的众多，去征服诸侯，那就应该如同赶着韩国的名犬去捕捉瘸腿的兔子，霸主的大业应该很快地就能建立。可是由于您的大臣不称职，以致使秦国闭关十五年不敢向山东出兵了，这说明穰侯不是真心地为秦国谋利益。而且大王的决策也有不当的地方。"秦王顿时又跪起来说："我很想听听失策的地方在哪里。"范雎说："穰侯越过韩、魏两国去攻打齐国的纲、寿这不是上策。如果派兵太少，不能挫败敌人；派得多了，又要损害秦国自身的利益。您不如结交远方的国家而攻打近处的国家，这样就攻一寸得一寸，攻一尺得一尺。您不这样做，反而去攻打远方的国家，这不是失误吗？当初中山国方圆五百里，赵国把它吞并了，不仅功成名就，而且得到了实际利益，天下也没有人能对赵国怎么样。如今的韩国、魏国，地处中原，是天下的中心，大王如果要称霸天下，必须先就近控制这个枢纽地带，以此威慑楚

247

国、赵国。如果楚国强大，就设法先让赵国归附您；如果赵国强大，就设法先让楚国归附您。一旦楚、赵都归附了，齐国就一定害怕；齐国一害怕，就必定会低三下四地来恳求归附。只要齐国归附您，那收拾韩、魏就不在话下了。"昭王说："我听你的吩咐。"于是拜范雎为客卿，负责谋划军事。

范雎越来越受昭王的宠信，就这样又过了好几年，才找准机会个别向昭王进言说："我在魏国时，只听说齐国有田文，没有听说有齐王；只听说秦国有太后、穰侯、华阳君、高陵君、泾阳君，没有听说有秦王。按照常理，总揽国家政权的叫王，能关系国家利害的叫国王，能控制生杀大权的叫国王。如今太后独断专行，不把您放在眼里，穰侯出使他国不向您报告，华阳君、泾阳君随意惩罚人而无所顾忌，高陵君任免官员从不请示您。四大权贵一齐擅权而国家还能太平的事从来未曾有过。现在您处在这四大权贵的控制下，其实早就没有秦王了。这样下去，大权怎能不旁落，政令还能由您发布吗？古书上说：'果实太多就会压断树枝，树枝折断了就要伤害树干；诸侯的都邑过分扩大，就要危及国家的安全，过分抬高臣子的地位，就会降低君王的尊严！'崔杼、淖齿一旦控制了齐国政权，崔杼就射伤齐庄公的腿，淖齿就抽了齐湣王的筋，把湣王吊在庙梁上，一夜之间死掉。李兑曾控制赵国，他把主父囚禁在沙丘宫，一百天内活活饿死。现在我听说秦国是太后、穰侯掌权，高陵君、华阳君、泾阳君为之做帮手，根本没有秦王，这同当年淖齿、李兑的情况如出一辙。如今从最小的官吏到高级官员，以及您身边的侍从，没有一个不是相国的人。看着大王在朝中的孤立无援，我暗自为您担心，百年以后统治秦国的恐怕就不是您的子孙了。"昭王听后大为震恐，说："讲得好。"于是立即废除了太后的特权，把穰侯、高阳君、华阳君、泾阳君赶出了关外，任命范雎做了秦国的丞相。

范雎蔡泽列传
范雎得意报仇

范雎既相秦，秦号曰张禄，而魏不知，以为范雎已死久矣。魏闻秦且东伐韩、魏[①]，魏使须贾於秦。范雎闻之，为微行，敝衣间步之邸，见须贾。须贾见之而惊曰："范叔固无恙乎！"范雎曰："然。"须贾笑曰："范叔有说於秦邪？"曰："不也。雎前日得过於魏相，故亡逃至此，安敢说乎！"须贾曰："今叔何事？"范睢曰："臣为人庸赁。"须贾意哀之，留与坐饮食，曰："范叔一寒如此哉！"乃取其一绨袍以赐之②。须贾因问曰："秦相张君，公知之乎？吾闻幸於王，天下之事皆决於相君。今吾事之去留在张君。孺子岂有客习於相君者哉？"范睢曰："主人翁习知之，唯睢亦得谒，睢请为见君於张君。"须贾曰："吾马病，车轴折，非大车驷马，吾固不出。"范睢曰："愿为君借大车驷马於主人翁。"

范睢归取大车驷马，为须贾御之，入秦相府。府中望见，有识者皆避匿。须贾怪之。至相舍门，谓须贾曰："待我，我为君先入通於相君。"须贾待门下，持车良久，问门下曰："范叔不出，何也？"门下曰："无范叔。"须贾曰："乡者与我载而入者③。"门下曰："乃吾相张君也。"须贾大惊，自知见卖，乃肉袒膝行，因门下人谢罪。於是范睢盛帷帐，侍者甚众，见之。须贾顿首言死罪，曰："贾不意君能自致於青云之上，贾不敢复读天下之书，不敢复与天下之事。贾有汤镬之罪④，请自屏於胡貉之地⑤，唯君死生之！"范睢曰："汝罪有几？"曰："擢贾之发以续贾之罪，尚未足。"范睢曰："汝罪有三耳。昔者楚昭王时而申包胥为楚却吴军⑥，楚王封之以荆五千户，包胥辞不受，为丘墓之寄於荆也。今睢之先人丘墓亦在魏，公前以睢为有外心於齐而恶睢於魏齐，公之罪一也；当魏齐辱我於厕中，公不止，罪二也；更醉而溺我，公其何忍乎？罪三矣。然公之所以得无死者，以绨袍恋恋，有故人之意，故释公。"乃谢罪。入言之昭王，罢归须贾。

须贾辞於范睢，范睢大供具⑦，尽请诸侯使，与坐堂上，食饮甚设。而坐须贾於堂下，置莝豆其前⑧，令两黥徒夹而马食之⑨。数曰："为我告魏王，急持魏齐头来！不然者，我且屠大梁。"须贾归，以告魏齐。魏齐恐，亡走赵。匿平原君所⑩。范睢於是散家财物，尽以报所尝困厄者。一饭之德必偿，睚眦之怨必报⑪。

秦昭王闻魏齐在平原君所，欲为范睢必报其仇，乃详为好书遗平原君曰："寡人闻君之高义，愿与君为布衣之友，君幸过寡人，寡人愿与君为十日之饮。"平原君畏秦，且以为然，而入秦见昭王。昭王与平原君饮数日，昭王谓平原君曰："昔周文王得吕尚以为太公⑫，齐桓公得管夷吾以为仲父⑬，今范君亦寡人之叔父也。范君之仇在君之家，愿使人归取其头来；不然，吾不出君於关。"平原君曰："贵而为交者，为贱也；富而为交者，为贫也。夫魏齐者，胜之友也，在，固不出也，今又不在臣所。"昭王乃遗赵王书曰⑭："王之弟在秦，范君之仇魏齐在平原君之家。王使人疾持其头来；不然，吾举兵而伐赵，又不出王之弟於关。"赵孝成王乃发卒围平原君家，急，魏齐夜亡出，见赵相虞卿。虞卿度赵王终不可说，乃解其相印，与魏齐亡，间行，念诸侯莫可以急抵者乃复走大梁，欲因信陵君以走楚。信陵君闻之，畏秦，犹豫未肯见，魏齐怒而自刭。赵王闻之，卒取其头予秦。秦昭王乃出平原君归赵。

①韩：当时的诸侯国名，国都即今河南新郑市。②绨袍：质地粗厚的丝袍。③乡者：刚才。乡，通"向"。④汤镬：古代酷刑之一，将罪犯烹煮而死。汤，开水。镬，大锅。⑤胡貉：泛指北部和西北部的少数民族。⑥楚昭王：春秋时楚国国君。前515—前489年在位。申包胥：楚国大夫。伍子胥引吴兵破楚之郢都，包胥至秦求救，败吴军。事见《伍子胥列传》。⑦大供具：大摆筵席。供，摆设。具，酒器食具，这里指代酒食。⑧莝豆：碎草和豆料。莝，切碎的草。⑨黥徒：刑徒。黥，古代的一种肉刑，在罪犯脸上刺字或记号，并涂墨染黑。⑩平原君：赵胜，赵惠文王之弟。⑪瞋眲：瞪眼睛，怒目而视。⑫吕尚：即姜子牙，被尊称为姜太公。⑬管夷吾：即管仲，春秋时齐桓公之相。仲父：对大臣的尊称，意谓相待之礼仅次于父。⑭赵王：赵孝成王，惠文王之子，前265年—前245年在位。故下文"弟"应为"叔"之误。

范雎当了秦国丞相后，秦国人都称他为张禄，但魏国人不知道，认为范雎早就死了。魏王听说秦军要攻打韩国和魏国，就派须贾到秦国交涉。范雎听说须贾到了秦国，就穿了一套破衣服悄悄地到须贾下榻的宾馆去见他。须贾一见范雎，吃了一惊，说："范叔原来没有死？"范雎说："是的。"须贾笑了笑说："范叔是不是游说过秦王啦？"范雎说："没有。从前得罪了魏相国，才逃到这里来避难，哪敢再游说呢？"须贾说："现在你在干什么？"范雎说："我给别人当雇工。"须贾有点可怜他，就留他下来和自己一起吃饭。须贾说："范叔竟贫寒到这种地步！"于是拿出自己的一件粗丝棉袍送给他，接着问道："你认识秦国的丞相张先生吗？听说他很受秦王器重，秦国的事大都由他决定。这次我要办的事成败就全在他身上。你有没有朋友和他熟识呢？"范雎说："我家主人和他熟，我也可以去求见他，就让我把你引见给张君。"须贾说："我的马有病，车也坏了。没有高车大马，我不能出门。"范雎说："我可以向我家主人借来高车大马。"

范雎回去取来高车大马，亲自给须贾赶着，驶进丞相官邸。相府的人凡认识的都赶忙回避，须贾觉得很奇怪。到了丞相的住处，范雎对须贾说："请等一下，我先替您进去通报一声。"须贾站在门口牵车等了很久，还不见范雎出来，就问看门的："范叔为啥还不出来？"看门的说："这里没有范叔。"须贾说："就是刚才和我一块来的那个人。"看门人说："那是我们丞相张先生。"须贾顿时大吃一惊，深知自己受了骗，于是就袒露胳膊、双膝跪地，让看门人带路，爬着去向范雎请罪。这时范雎端坐在华丽的帷帐里，身边站着许多侍从，召见了须贾。须贾不停地磕头，称自己死罪，说："我没想到您凭自己的奋斗能达到了九天之上，我从此再也不敢读什么天下书，谈什么天下事啦。我犯了下油锅的罪。我请求流放到偏远的蛮荒地区去。"范雎问："你的罪有几条？"须贾说："拔着头发一根根地数，也还不够。"范雎说："你的罪主要有三条。当年楚昭王在位时，申包胥因为帮助楚国打败了吴国，楚王要拿楚国的五千户分封给他，申包胥坚决不受，因为他家的祖坟在楚国。如今我的祖坟在魏国，你那回却怀疑我有外心，而在魏齐跟前陷害我，这是其一；当魏齐把我扔到厕所里侮辱我时，你不劝阻，这是其二；你们喝醉酒轮番往我身上撒尿，你怎么就忍心做得出来呢？这是其三。我现在之所以不杀你，是因为你在送给我丝袍时还表现了一些恋恋故人的心思，所以我放了你。"说罢遂将须贾放回客馆。范雎则进朝禀过秦昭王，让须贾离秦回国。

须贾来向范雎辞行，范雎大摆宴席，把各国使臣都请来，和他们都坐在大堂上。饮食非常华贵。让须贾坐在堂下，把一些喂牲口的草料放在他面前，让两个刑徒在他两边，像喂马一样强迫他吃。范雎斥责说："回去替我告诉魏王，快送魏齐的人头来，不然我就血洗大梁城！"须贾回国后，把这些话告诉了魏齐，魏齐很害怕，就逃到了赵国，躲在平原君家里。这时范雎拿出家里的财物，以报答过去受穷时帮助过他的每个人。即使施舍一顿饭的恩情也一定要补偿，而瞪他一眼的仇恨也一定要报复。

秦昭王听说魏齐藏在平原君家里，想替范雎报这个仇，就用友好的口气给平原君写信说："我久仰您的高风亮节，很想和您结为至交，您如果肯光临秦国，我愿意与您畅饮十天。"平原君本来就怕秦国，并对昭王的话信以为真，于是就来到秦国与昭王会面。秦昭王与平原君一连喝了几天酒，对平原君说："从前周文王得到姜尚后尊称之为太公，齐桓公得到管仲后尊称之为仲父，如今范叔先生就是我的叔父。听说范先生的仇人躲在您府上，请您派人回去取他的人头来。不然，我就不让您出关。"平原君说："人贵时交朋友，是提防日后有个贱的时候；人富时交朋友，是提防日后有个穷的时候。魏齐是我的朋友，即使在我家里，我也不会把他交出来，何况他根本不在我家。"于是秦昭王又给赵孝成王写信说："大王的弟弟在我这里。范叔的仇人魏齐在平原君家，大王快送魏齐的人头来，不然，我就要起兵伐赵，又绝不放您的弟弟出秦。"赵王只好派兵包围了平原君家。魏齐见情况危急，就连夜逃出，找赵相虞卿帮忙。虞卿估计说服不了赵王，就解下相印，和魏齐一起从小道逃走了。魏齐考虑到在当前危急的情况下没有哪个国家可以投靠，就又回了大梁，打算通过信陵君帮助逃到楚国去。信陵君听说后，由于害怕秦国，内心犹豫，不肯见他。魏齐一怒之下自刎而死。赵王听说后，派人取下魏齐的头送给了秦国，秦昭王遂放平原君出关回赵。

范雎、蔡泽是出生于东方的两个游士，他们都是在秦昭王大力向东方扩张的时代相继入秦，在秦国取得宰相的高位，为秦的统一六国做了某种贡献的；但与前后在秦国进行过活动的张仪、甘茂、犀首、陈轸等比起来，范雎、蔡泽似乎更具有阴谋家、骗子的某些特征。范雎对秦国的贡献是明确地提出了"远交近攻"的战略方针；而其排穰侯、谗白起，使秦国的两位大功臣惨遭不幸，则明显地表现了范雎的阴险与自私。至于蔡泽，完全是看准了范雎的地位动摇，朝不保夕，于是一顿恐吓，取其位而代之。我们这里选取了范雎的《入秦为相》与《得意报仇》两个故事。

秦昭王是秦惠文王之子，秦武王之弟。武王因举鼎断腿而死，秦昭王靠着其母宣太后与其舅穰侯之力发动政变夺得秦国政权。穰侯于昭王在位的前四十年里曾四次为宰相，与其黄金搭档白起合力同心，对秦国的发展功劳巨大，其专权跋扈谅亦难免。范雎正是看准了这个间隙，入秦进言，经过长期的隐忍浸润，终于扳倒了穰侯。《范雎入秦为相》主要就写了这个过程。范雎出身下层，在魏国遭人陷害几死，前半生是极其悲惨的。经多方周折，博得秦相之位，于是小人得意，志在报仇，作品对此进行了详细的描述，精彩异常。司马迁关心报仇情节，喜欢借题发挥，可以理解，但境界不高。

乐毅列传
乐毅破齐

乐毅者，其先祖曰乐羊。乐羊为魏文侯将，伐取中山，魏文侯封乐羊以灵寿①。乐羊死，葬于灵寿，其后子孙因家焉。中山复国，至赵武灵王时，复灭中山②，而乐氏后有乐毅。

乐毅贤，好兵，赵人举之。及武灵王有沙丘之乱，乃去赵适魏③。闻燕以子之之乱而齐大败燕，燕昭王怨齐④，未尝一日而忘报齐也。燕国小，辟远，力不能制，于是屈身下士，先礼郭隗⑤，以招贤者。乐毅于是为魏昭王使于燕⑥，燕王以客礼待之。乐毅辞让，遂委质为臣，燕昭王以为亚卿。久之。

当是时，齐湣王强，南败楚相唐眛于重丘，西摧三晋于观津⑦，遂与三晋击秦，助赵灭中山，破宋⑧，广地千余里。与秦昭王争重为帝，已而复归之⑨。诸侯皆欲背秦而服于齐。湣王自矜，百姓弗堪。于是燕昭王问伐齐之事。乐毅对曰："齐，霸国之余业也，地大人众，未易独攻也。王必欲伐之，莫如与赵及楚、魏。"于是使乐毅约赵惠文王，别使连楚、魏，令赵啖说秦以伐齐之利。诸侯害齐湣王之骄暴，皆争合从与燕伐齐。乐毅还报，燕昭王悉起兵，使乐毅为上将军。赵惠文王以相国印授乐毅。乐毅于是并护赵、楚、韩、魏、燕之兵以伐齐，破之济西⑩。诸侯兵罢归，而燕军乐毅独追，至于临菑⑪。齐湣王之败济西，亡走保于莒⑫。乐毅独留徇齐⑬，齐皆城守。乐毅攻入临菑，尽取齐宝财物祭器输之燕。燕昭王大说，亲至济上劳军，行赏飨士，封乐毅于昌国⑭，号为昌国君。于是燕昭王收齐卤获以归，而使乐毅复以兵平齐城之不下者。

乐毅留徇齐五岁，下齐七十余城，皆为郡县以属燕，唯独莒、即墨未服⑮。会燕昭王死，子立为燕惠王⑯。惠王自为太子时，尝不快于乐毅。及即位，齐之田单闻之⑰，乃纵反间于燕，曰："齐城不下者两城耳。然所以不早拔者，闻乐毅与燕新王有隙，欲连兵且留齐⑱，南面而王齐。齐之所患，唯恐他将之来。"于是燕惠王固已疑乐毅，得齐反间，乃使骑劫代将，而召乐毅。乐毅知燕惠王之不善代之。畏诛，遂西降赵。赵封乐毅于观津，号曰望诸君⑲。尊宠乐毅以警动于燕、齐。

①魏文侯：战国初时的魏国国君，前445—前396年在位，国都安邑（今山西夏县西北）。中山：战国初期兴起的鲜虞族建立的小国名，国都顾（即今河北省定州市），前406年被魏文侯所灭。灵寿：原为中山国的邑名，在今河北省灵寿县西北。②中山复国：鲜虞人重新建立中山国，具体时间与过程不详，复国后的都城即灵寿。赵武灵王：战国中期的赵国国君，前325—前299年在位。赵国灭中山的时间《史记》中说法不一，此文曰"赵武灵王时"，《赵世家》则曰"惠文王三年（前296年）"，《六国表》与《田完世家》更曰"惠文王四年"。杨宽《战国史表》取惠文王三年说。③沙丘之乱：事在惠文王四年（前295年）。赵武灵王二十七年传国于少子何，即惠文王。惠文王四年，其兄赵章作乱，与惠文王争位，兵败后逃至武灵王所居之沙丘宫（即今河北省广宗县西北之大平台）。赵相李兑率兵围沙丘，杀赵章，武灵王亦活活饿死。去赵适魏：此时之魏已迁都至大梁（今河南开封市）。④子之之乱：子之是燕王哙（前320—前312年在位）的相，子之玩弄阴谋，说要和燕王哙串演一场"禅让"与"推辞禅让"的戏，以提高君臣彼此的名声。结果燕王哙中计，子之篡权，国中大乱。齐宣王趁机伐燕，几乎将燕国灭掉。后来赵国出兵干涉，送公子职归国即位，即燕昭王。燕国始重新稳定。燕昭王：名职，前311—前279年在位。⑤郭隗：当时的游说之士。燕昭王欲招贤，郭隗以买千里马骨的故事劝其先从厚待自己开始，燕昭王从之，修黄金台，礼郭隗，于是乐毅、苏秦等皆云集燕国。⑥魏昭王：名遫，前295—前277年在位。⑦齐湣王：名地，宣王之子，前300—前284年在位。重丘：楚县名，在今河南泌阳县西北。齐破唐昧于重丘在齐宣王十九年，是时齐湣王已经即位，尚未改元。三晋：这里即指魏国。观津：应作"观泽"，在今河南省清丰县南。按：齐破魏于观泽在宣王三年（前317），非湣王时事，史公误记。⑧与三晋击秦：事在湣王三年（前298年），此"三晋"指韩、魏，无赵国。时齐与韩、魏击秦于函谷关。助赵灭中山：事在齐湣王五年，赵惠文王三年（前296年）。破宋：事在齐湣王十五年（前286年）。宋，西周初年建立的诸侯国，始封之君为纣王之兄微子启，长期都于今河南之商丘市，战国以来被韩、魏所逼，东迁于彭城（今徐州市），前后历七百余年，至此被齐湣王所灭。⑨与秦昭王争重为帝：事在齐湣王十三年、秦昭王十九年，前288年。时秦、齐约定，

秦昭王称西帝，齐湣王称东帝。后来感到危机，遂各自取消。⑩并护赵、楚、韩、魏、燕之兵：按：此次随燕伐齐者有秦，无楚，楚乃助齐者也。史公误记。破之济西：事在燕昭王二十八年、齐湣王十七年，前284年。济西，古济水之西，即今山东之聊城、东阿、菏泽一带，当时属齐。⑪临菑：齐国都城，在今淄博市之临淄区。⑫莒：齐国南部的大城，即今山东省莒县。⑬徇：带兵巡行占地。⑭昌国：齐邑名，在今淄博市东南，当时被燕军占领。⑮即墨：齐国东部的大城，在今平度市东南。⑯燕昭王死：事在燕昭王三十三年，前279年。燕惠王：前278—前272年在位。⑰田单：齐国名将，其以火牛阵破燕、重建齐国事，见《田单列传》。⑱连兵：原指交兵，这里指保持战争状态。⑲观津：赵邑名，在今河北省武邑县东南。望诸君：封号名，取盼望其来临之意，犹周人之称吕尚为太公望也。

乐毅，他的先辈中有一位名叫乐羊。乐羊在魏文侯驾前当将军，为魏国伐取了中山国。因为有功，魏文侯把灵寿邑封给了他。乐羊死后，葬在了灵寿，他的子孙后代也就在那里住了下来。后来中山国又重新建立了国家，待至赵武灵王即位后，才又把中山灭掉了。在乐家的后代里出了一个乐毅。

乐毅很能干，喜好兵法，赵国人提拔他做了官。等到赵国发生了沙丘宫事变，武灵王被活活饿死后，乐毅遂离开了赵国到了魏国。乐毅在魏国听说了燕国因为子之的篡乱，而被齐国打得大败。燕昭王即位后，痛恨齐国，没有一天忘记过要向齐国报仇。但是由于燕国太小，而又地势偏僻，没有办法，于是燕昭王谦恭地礼贤下士，他首先特殊地优待了郭隗，不久乐毅就以魏昭王使者的身分到燕国来了，燕昭王用接待贵客的礼节接待了他。乐毅一方面表示不敢当，但也就留下来为燕国效力了。燕昭王封他为亚卿，一直过了好久。

这时在齐国正是齐湣王当权，国家很强大，他曾经向南在重丘打败了楚国的宰相唐眛，向西在观泽摧毁了赵、魏两国的联军，接着又联合韩、魏两国进攻秦国，又帮着赵国灭掉了中山，又灭掉了宋国，以至使齐国的地盘扩大了一千多里，接着齐湣王又和秦昭王比高低，各自改王称帝，后来由于某种原因只好又退下来仍是称王。这时东方各国都准备脱离秦国而归附于齐国。但是齐湣王骄傲自大，齐国的百姓都无法忍受他的统治。这时候燕昭王就问乐毅，能不能趁势攻打齐国。乐毅说："今天的齐国是昔日做过霸主的大国的后代，它土地广阔，人口众多，靠我们一个燕国单独地去攻打它，那是不可能的。您如果一定想要伐齐，最好是和赵国、魏国、楚国联合起来。"于是燕昭王就派乐毅去联合赵惠文王，同时又派了别的使臣分别到楚国和魏国去，接着又让赵国用联合伐齐的好处去劝说秦国也参加联盟。由于当时各国都正无法忍受齐湣王的骄横暴虐，所以都迅速地和燕国联合起来。乐毅回国报告情况后，燕昭王立即动员了全国的军队，任命乐毅为上将军。这时赵惠文王把赵国的相印也授予了乐毅。于是乐毅一并统领着赵、楚、韩、魏、燕五国的军队讨伐齐国，结果在济水以西打败了齐军的主力。在此以后其他几国的军队都相继撤回去了，而乐毅带领的燕军则渡过济水继续向东追杀。他们一直打到了齐国的首都临菑。齐湣王在济水西失败后，率众逃到了莒城固守。乐毅这时仍在齐国指挥燕军继续攻占那些还没有被占领的地盘，齐国的守军都逃进城去，坚守城池。乐毅攻下临菑后，把齐国的珍宝财物以及齐王祭祀用的礼器等都大车小车地往燕国拉。燕昭王十分高兴，他亲自到济水边上慰劳部队，犒赏士兵，并把昌国封给乐毅做领地，称乐毅为昌国君。而后燕昭王就带着那些从齐国掳掠缴获的东西回燕国去了，让乐毅留下来继续攻取齐国那些没被攻下的城邑。

乐毅留在齐国继续作战五年，攻下的城池共有七十多座，在这些攻下来的地方都设立了郡县，直接归燕国统辖，这时没有降服的就剩下莒和即墨两个城邑了。这时燕昭王死了，他的儿子燕惠王继位。燕惠王在他还是太子的时候，就对乐毅不满。等到他即位后，齐国的田单知道了他们之间的这种关系，就派人到燕国施行反间计，他们挑拨说："齐国没有被攻下来的就剩下两座城了，为什么这两座城不能及早地攻下来呢？听说是由于乐毅和燕国的新国王有矛盾，乐毅是故意留着这两个城，以保持两军仍在作战的局面，从而使他有理由继续留在齐国，好等待机会做齐国的国王。齐国现在所担心的就是怕燕国改派别的将领来。"燕惠王本来就已经怀疑乐毅了，再听到了齐国的这种挑拨，于是立即派了骑劫前去替换乐毅，而召乐毅回国。乐毅知道这是由于自己与燕惠王的关系不好而被撤换的，他怕回国被杀，于是就西行投奔了赵国。赵国把观津封给了乐毅，称他为望诸君。赵国所以如此尊敬宠爱乐毅，是为了借着乐毅的威名以威慑燕国和齐国。

战国时代的燕国既弱又偏僻,它既没有像魏国、齐国、秦国那样先后在中原称霸的光辉,也没有韩国、魏国、赵国那样在地理形势上的重要,所以在二百多年中一向不太受人重视,唯有燕昭王一鸣惊人;而燕昭王之所以能够一鸣惊人,就在于乐毅的率五国联军破齐。

　　燕昭王的父亲燕王哙统治燕国的时候,听信其宰相阴谋家子之的花言巧语,要和子之串演一出"禅让"与"辞让"的戏剧,以提高他们为"君"为"臣"的廉洁大公之名。不料想阴谋家假戏真做,当燕王哙一向子之"禅让"时,子之便接受了燕国的政权。结果引起燕国大乱,齐国乘机出兵伐燕,燕王哙及阴谋家子之皆死于战乱,整个燕国也差点被齐国灭掉。这时秦国、赵国出兵干预,立公子职为燕王,燕人反击齐军,齐军被迫撤去。

　　公子职(即燕昭王)即位后,招贤纳士,发奋图强,暗中立志一定要向齐国报仇。这时闻风来到燕国的人才很多,最重要的是苏秦和乐毅。燕昭王给苏秦的任务是到齐国去做奸细,在齐湣王身边长期潜伏,怂恿齐湣王四处伸手,以激化齐国与周边国家的矛盾;而乐毅的任务则是出使诸国,建立反齐诸国的统一战线。经过二十八年的奋斗,时机终于成熟,于是乐毅率领燕、赵、韩、魏、秦五国联军一举破齐兵于济西;接着乐毅又挥师东进,攻克临淄,齐湣王逃到莒县被杀,燕军占领了莒和即墨以外的齐国所有土地。燕国的这种胜利是自其建国以来七百多年所未曾有过的。遗憾的是燕昭王在这种时刻死去了,接着上台的是燕昭王的儿子燕惠王,这个人自其未上台时就与乐毅有矛盾。这时齐国的即墨守将田单见有机会可乘,便大肆挑拨燕惠王与乐毅的关系,于是乐毅被罢职,改用了骑劫。乐毅被罢职后,不敢回燕,逃到了赵国。于是田单用火牛阵大破燕军,趁势收复了全部失地,重建了齐国。

　　乐毅逃居赵国后,燕惠王害怕乐毅被赵国所用,危及燕国,于是倒打一耙地责备乐毅,乐毅为此悲愤地写了《报燕惠王书》以明心迹。这封信在文学史上很有名,而且对后来诸葛亮的《出师表》也很有影响。我们这里就选了乐毅为燕破齐至罢职后逃到赵国的一段故事,即《乐毅破齐》。

廉颇蔺相如列传
廉蔺将相和

廉颇者，赵之良将也。赵惠文王十六年①，廉颇为赵将伐齐，大破之，取阳晋②，拜为上卿，以勇气闻于诸侯。蔺相如者，赵人也。为赵宦者令缪（miào）贤舍人。

赵惠文王时，得楚和氏璧③。秦昭王闻之④，使人遗赵王书，愿以十五城请易璧。赵王与大将军廉颇诸大臣谋：欲予秦，秦城恐不可得，徒见欺；欲勿予，即患秦兵之来。计未定，求人可使报秦者，未得。宦者令缪贤曰："臣舍人蔺相如可使。"王问："何以知之？"对曰："臣尝有罪，窃计欲亡走燕，臣舍人相如止臣，曰：'君何以知燕王？'臣语曰：'臣尝从大王与燕王会境上，燕王私握臣手，曰"愿结友"。以此知之，故欲往。'相如谓臣曰：'夫赵强而燕弱，而君幸于赵王，故燕王欲结于君。今君乃亡赵走燕，燕畏赵，其势必不敢留君，而束君归赵矣。君不如肉袒伏斧质请罪，则幸得脱矣。'臣从其计，大王亦幸赦臣。臣窃以为其人勇士，有智谋，宜可使。"于是王召见，问蔺相如曰："秦王以十五城请易寡人之璧，可予不？"相如曰："秦强而赵弱，不可不许。"王曰："取吾璧，不予我城，奈何？"相如曰："秦以城求璧而赵不许，曲在赵。赵予璧而秦不予赵城，曲在秦。均之二策，宁许以负秦曲。"王曰："谁可使者？"相如曰："王必无人，臣愿奉璧往使。城入赵而璧留秦；城不入，臣请完璧归赵。"赵王于是遂遣相如奉璧西入秦。

秦王坐章台见相如⑤，相如奉璧奏秦王。秦王大喜，传以示美人及左右，左右皆呼万岁。相如视秦王无意偿赵城，乃前曰："璧有瑕，请指示王！"王授璧，相如因持璧却立，倚柱，怒发上冲冠，谓秦王曰："大王欲得璧，使人发书至赵王，赵王悉召群臣议，皆曰'秦贪，负其强，以空言求璧，偿城恐不可得'，议不欲予秦璧。臣以为布衣之交尚不相欺，况大国乎！且以一璧之故逆强秦之欢，不可。于是赵王乃斋戒五日，使臣奉璧，拜送书于庭。何者？严大国之威以修敬也。今臣至，大王见臣列观，礼节甚倨；得璧，传之美人，以戏弄臣。臣观大王无意偿赵王城邑，故臣复取璧。大王必欲急臣，臣头今与璧俱碎于柱矣！"相如持其璧睨柱，欲以击柱。秦王恐其破璧，乃辞谢固请，召有司案图，指从此以往十五都予赵。相如度秦王特以诈详为予赵城，实不可得，乃谓秦王曰："和氏璧，天下所共传宝也,赵王恐,不敢不献。赵王送璧时,斋戒五日,今大王亦宜斋戒五日,设九宾于廷⑥,臣乃敢上璧。"秦王度之,终不可强夺,遂许斋五日,舍相如广成传。相如度秦王虽斋,决负约不偿城,乃使其从者衣褐,怀其璧,从径道亡,归璧于赵。

秦王斋五日后,乃设九宾礼于廷,引赵使者蔺相如。相如至,谓秦王曰:"秦自缪公以来二十余君,未尝有坚明约束者也。臣诚恐见欺于王而负赵,故令人持璧归,间至赵矣。且秦强而赵弱,大王遣一介之使至赵,赵立奉璧来。今以秦之强而先割十五都与赵,赵岂敢留璧而得罪于大王乎?臣知欺大王之罪当诛,臣请就汤镬(huò),惟大王与群臣孰计议之。"秦王与群臣相视而嘻。左右或欲引相如去,秦王因曰:"今杀相如,终不能得璧也,而绝秦赵之欢,不如因而厚遇之,使归赵,赵王岂以一璧之故欺秦邪!"卒廷见相如,毕礼而归之。

相如既归,赵王以为贤大夫,使不辱于诸侯,拜相如为上大夫⑦。秦亦不以城予赵,赵亦终不予秦璧。

秦王使使者告赵王,欲与王为好会于西河外渑(miǎn)池⑧。赵王畏秦,欲毋行。廉颇、蔺相如计曰:"王不行,示赵弱且怯也。"赵王遂行,相如从。廉颇送至境,与王诀曰:"王行,度道里会遇之礼毕,还,不过三十日。三十日不还,则请立太子为王,以绝秦望。"王许之,遂与秦王会渑池。秦王饮酒酣,曰:"寡人窃闻赵王好音,请奏瑟⑨。"赵王鼓瑟。秦御史前书曰⑩:"某年月日,秦王与赵王会饮,令赵王鼓瑟。"蔺相如前曰:"赵王窃闻秦王善为秦声,请奉盆缶秦王,以相娱乐。"秦王怒,不许。于是相如前进缶,因跪请秦王。秦王不肯击缶。相如曰:"五步之内,相如请得以颈血溅大王矣!"左右欲刃相如,相如张目叱之,左右皆靡。于是秦王不怿,为一击缶。相如顾召赵御史书曰:"某年月日,秦王为赵王击缶。"秦之群臣曰:"请以赵十五城为秦王寿。"蔺相如亦曰:"请以秦之咸阳为赵王寿。"秦王竟酒,终不能加胜于赵。赵亦盛设兵以待秦,秦不敢动。

既罢归国,以相如功大,拜为上卿,位在廉颇之右⑪。廉颇曰:"我为赵将,有攻城野战之大功;而蔺相如徒以口舌为劳,而位居我上。且相如素贱人,吾羞,不忍为之下。"宣言曰:"我见相如,必辱之。"相如闻,不肯与会。相如每朝时,常称病,不欲与廉颇争列。已而相如出,望见廉颇,相如引车避匿。于是舍人相与谏曰:"臣所以去亲戚而事君者,徒慕君之高义也。今君与廉颇同列,廉君宣恶言而君畏匿之,恐惧殊甚,且庸人尚羞之,况于将相乎!臣等

259

不肖,请辞去。"蔺相如固止之,曰:"公之视廉将军孰与秦王?"曰:"不若也。"相如曰:"夫以秦王之威,而相如廷叱之,辱其群臣,相如虽驽,独畏廉将军哉?顾吾念之,强秦之所以不敢加兵于赵者,徒以吾两人在也。今两虎共斗,其势不俱生。吾所以为此者,以先国家之急而后私仇也。"廉颇闻之,肉袒负荆,因宾客至蔺相如门谢罪。曰:"鄙贱之人,不知将军宽之至此也!"卒相与欢,为刎颈之交。

①赵惠文王:名何,武灵王之子,前298—前266年在位。②阳晋:古邑名,在今山东省菏泽西北。③和氏璧:由楚人和氏所得的玉璞中理出的玉璧。④秦昭王:名则,秦始皇曾祖,前308—前251年在位。⑤章台:秦离宫中的台观名,旧址在今陕西省西安市西北的长安县故城。不在朝廷,而在离宫中接见别国来使,有对该国轻视的意思。⑥设九宾于廷:具体礼数不详,通常所说的在朝廷上设立九个傧相,依次地传呼使者上殿,恐非。⑦贤大夫:此"大夫"二字乃涉下文而衍,应削。上大夫:爵位名,是大夫中的最高一级,次于卿。⑧西河外渑池:渑池,地名,在今河南省渑池县西。当时赵、卫等国的人习惯地称这一带为西河外。秦赵渑池会在赵惠文王二十年(前279年)。⑨请奏瑟:请允许我进呈给您一张瑟。奏,进献。⑩御史:战国时职掌图书文籍者,位同后世的史官。与秦朝以后职掌纠弹的御史不同。⑪右:这里指上位。

廉颇是赵国的优秀将领。赵惠文王十六年,廉颇作为赵国的统帅领兵攻打齐国,大败齐军,占领了齐国的阳晋,回国后被封为上卿,凭着勇敢闻名天下。蔺相如也是赵国人,是赵国太监总管缪贤家里的门客。

赵惠文王在位的时候,得到了一块楚国的和氏璧。秦昭王知道后,就派人送信给赵王,表示愿意用十五座城来换取赵国的这块璧。赵王和廉颇等人一道商量:给秦国吧,又怕得不到秦国的城,自己白白受骗;不给秦国吧,又怕秦国派兵来打,主意定不下来。想找一个合适的人去回复秦国,一时又找不到。这时太监总管缪贤说:"可以让我那个门客蔺相如去。"赵王问道:"你怎么知道他能胜任此事?"缪贤说:"有一次我犯了罪,当时我想逃往燕国,这时我的门客蔺相如劝我说:'您怎么知道燕王会收留您呢?'我说:'有一次我跟随大王和燕王在边境上会晤,燕王曾私下握着我的手说"非常希望和你交个朋友"。由此我知道燕王会收留我,所以我打算去投他。'相如对我说:'当时赵国强大燕国弱小,而您正又是赵王的红人,所以燕王才想和您交朋友。现在您从赵国逃到燕国,燕国害怕赵国,在这种情况下他肯定不敢收留您,而是会把您捆起来送回赵国。您不如光着背,背着斧子板子去向大王请罪,那还说不定可以得到赦免。'我听从了他的劝告,而大王您也果真赦免了我。所以我认为蔺相如是个勇士,而且足智多谋,估计他应能胜任此事。"于是赵王召见了蔺相如,问他道:"秦王想用十五座城来换我的和氏璧,你看可不可以给他?"蔺相如说:"秦国强大,赵国弱小,不给不行。"赵王说:"如果秦王要了我的和氏璧,却不给我城,那怎么办呢?"蔺相如说:"秦王用城来换我们的璧,如果我们不答应,那理亏的是我们;如果我们给了他璧而他们不给我们城,那时理亏的就是他们了。比较这两种局面,我们宁可答应他落个被骗,也要叫他们把理亏的包袱背起来。"赵王说:"好的,那么谁可以当这个使者?"蔺相如说:"大王如果实在找不到合适的人,我可以带着璧前去。到那时他给我们城,我就给他们璧;他们不给我们城,我保证把和氏璧完好无损地带回来。"赵王一听,就决定派蔺相如带着和氏璧到秦国去了。

秦王在章台接见蔺相如,蔺相如双手捧着和氏璧献给了秦王。秦王非常高兴,他自己看完之后,又传给他的侍女以及身边的臣子们观看,大家都高呼万岁,向他祝贺。蔺相如等了半天,看着秦王没有给赵国城的意思,于是就走上前去对秦王说:"大王没注意,璧上还有一个斑点,让我指给您看。"秦王把璧递给了蔺相如,蔺相如接过璧来,后退了几步,靠在一根柱子上。他怒发冲冠地对秦王说:"您写信给我们的赵王,想要我们的和氏璧,赵王召集大臣们商量给还是不给。大家都说秦国贪婪得很,它是恃着自己强大,想用空话来骗我们,它所说的十五座城恐怕是绝对得不到的。大家决议都说不给。但是我认为就连平民百姓之间的交往都互不欺骗,更何况是一个大国呢?再说因为一块小小的和氏璧闹得让一个大国不高兴,这是不好的。于是赵王先亲自沐浴斋戒了五天,然后派我捧璧前来,临行时走下殿来,亲自把我送到院子里并向我行礼。为什么这样呢?不就是尊重你们是个大国,向你们表示敬意嘛。可是我到了秦国之后,您只在一个偏殿上接见我,表现得很傲慢;等您接到和氏璧后,又传给一群女人看,故意地耍弄我。我看您的意思是根本不打算给赵国城,所以我就想法把璧又骗了回来。您要是逼迫我,我就连头带璧一块撞碎在这根柱子上!"说着,他就举起璧来眼睛斜视着柱子,像是就要往柱子上撞的样子。秦王生怕他真的把璧撞碎,就一叠连声地向他表示歉意请他千万不要那样做,并让负责人拿出地图来察看,秦王指着地图说,从这里到这里这十五座城划给赵国吧。但蔺相如心里明白,秦王这只不过是在做做样子,实际上这城赵国是得不到的。于是他对秦王说:"和氏璧是天下公认的宝贝,由于赵王害怕秦国,所以才不敢不送来。赵王决定把和氏璧送来的时候,曾经斋戒了五天,现在我请求大王也斋戒五天,然后设九宾于朝廷,那时我才可以把璧正式交给您。"秦王心里明白,在这个时候要想硬夺是不大可能的,于是就答应了也斋戒五天,他安排蔺相如在广成宾馆住了下来。蔺相如心想秦王尽管答应了斋戒,但最后仍然是要背约,不会给赵国城的,于是就派他的随从穿着粗布衣服,揣着和氏璧,抄小路把璧送回了赵国。

秦王斋戒了五天以后,举行隆重的接待仪式,在大殿上设立了九个傧相,而后使人带领着蔺相如进入了大殿。蔺相如进殿后,对秦王说:"秦国自缪公以来的二十多个国君,都没有坚定明确地遵守过盟约。我实在是怕被您所骗而辜负了赵国,所以我已经派人带着和氏璧先走了,估计现在已经回到了赵国。话又说回来,秦国强大,赵国弱小,大王只要派一个小小的使臣到赵国,赵国立刻就会把璧送回来。凭着你们这样的强大,如果你们能够先把十五座城割让给赵国,赵国它敢不给您璧而故意得罪您吗?我知道我欺骗大王是罪该万死的,我现在甘愿下汤锅,请您和您的大臣们仔细考虑。"秦王和大臣们一听都惊得叫了起来,武士们过来就想把蔺相如拉去行刑,倒是秦王明智地说道:"现在即使杀了蔺相如,也是得不到璧了,反倒弄坏了秦国和赵国的关系,不如还是好好地对待他,让他回去,难道赵王还会因为一块和氏璧而欺骗我们秦国吗?"于是就在大殿上按照礼节接见了蔺相如,典礼结束后就让蔺相如回国了。

蔺相如回国后,赵王认为他表现出色,在出使秦国的过程中维护了国家的尊严,因而封蔺相如为上大夫。结果事后,秦国没有给赵国城,赵国也没有给秦国璧,就这么不了了之。

接着秦王派人告诉赵王,想和赵王在西河外的渑池举行和平会谈。赵王害怕秦国,不想前去。廉颇和蔺相如商量说:"大王如果不去,这就越发表现了我们的弱小怯懦。"赵王无奈只好去了,蔺相如跟着一道同行。廉颇送他们到国境线上,和赵王分别的时候说:

"大王此去，我估计连开会和路上的耽搁加起来，总共不会超过三十天。如果您三十天还回不来，那我就请求拥立太子为赵王，以断绝秦国扣留您当人质的幻想。"赵王同意了，于是西行和秦王在渑池进行了会晤。这天，宴会上，秦王在喝酒喝得起劲时对赵王说："我听说阁下擅长音乐，请允许我进给您一张瑟。"赵王无奈只好弹了一曲。这时秦国的史官就走出来侮辱性地一面念着一面在竹简上写道："某年某月某日，秦王和赵王一道饮酒时，秦王命令赵王鼓瑟。"蔺相如一听也立刻走出来说："我们赵王也听说秦王精通秦国的音乐，请允许我们给您献上一只缶，大家来乐一乐。"秦王生气了，不肯答应。这时蔺相如就从旁边的乐队里拿过一只缶，双手捧到了秦王面前，跪着请秦王敲。秦王还是不敲。蔺相如说道："咱俩现在离着不出五步，您要是再不敲，我这一腔热血立刻就要喷您一身。"这时秦王左右的卫士们想对蔺相如下手，只见蔺相如圆瞪着双眼，大喝了一声，吓得秦王的卫士们都不敢动了。秦王无法，只好勉强地敲了一下。这时蔺相如立刻起来招呼着赵国的史官要他写下："某年某月某日，秦王为赵王击缶。"这时秦国的大臣们一齐喊道："请赵王用十五座城来为秦王作进贺之礼吧！"蔺相如也说："请秦王把你们的首都咸阳也拿来给赵王进贺。"结果一来一往，直到宴会结束，秦王始终没能压倒赵王。而这时赵国也因为后面有廉颇的大兵严阵以待，所以秦国始终没敢再动。

　　从渑池回来后，蔺相如因为功劳大，被封为上卿，地位在廉颇之上。廉颇在背后说："我是赵国的大将，有攻城野战的大功，而蔺相如只不过是靠着耍嘴皮，现在居然地位在我之上；而且蔺相如又是个出身低贱的人，我实在感到羞耻，没法待下去了。"于是扬言说："什么时候见了蔺相如，我一定要好好地羞辱他一番。"蔺相如听到廉颇这么说，就故意地躲着他，不愿和他见面。每到该去上朝的时候，蔺相如总是推说有病，不去和廉颇争位次的高低。后来蔺相如出门，远远地望见了廉颇，就立即赶着车子躲开了。这样一来，蔺相如的门客们都很不高兴，他们对蔺相如说："我们之所以抛家舍业地来跟随您，就是因为仰慕您的高尚人品。您和廉颇的职位是同一个等级，廉颇背后扬言要侮辱您，而您居然就躲了起来，怕得要命，这种事是连个普通人也都感到羞耻的，更何况是位居将相的人呢！我们没有出息，不得不请求离开您了。"蔺相如一听就拦住他们说："你们认为廉将军比秦王更厉害吗？"门客们说："当然比不上秦王厉害。"蔺相如说："可是尽管秦王有那样的威严，我还敢在大庭广众之中喝斥他，并羞辱他的那班大臣。我蔺相如尽管没出息，难道竟然偏偏地害怕一个廉将军吗？我所考虑的是，强秦之所以不敢进攻我们赵国，关键就因为有我们两个人在。现在如果我们两个人争执起来，那就如同二虎相争，肯定不能两全。我之所以对廉颇一再忍让，就是因为我要把国家利益放在前头，而把个人恩怨放在其次。"廉颇听到了这话，立刻袒露出胳膊，背着荆条，让一个门客带领着，到蔺相如的家来当面认错。廉颇说："我是个狭隘浅陋的人，实在不了解您的胸怀竟然宽广到了这样的地步！"从此两人相处得非常好，甚至成为生死之交。

廉颇蔺相如列传
赵奢破秦阏与

赵奢者，赵之田部吏也。收租税，而平原君家不肯出租，奢以法治之，杀平原君用事者九人。平原君怒，将杀奢。奢因说曰："君于赵为贵公子，今纵君家而不奉公则法削，法削则国弱，国弱则诸侯加兵，诸侯加兵是无赵也，君安得有此富乎？以君之贵，奉公如法则上下平，上下平则国强，国强则赵固，而君为贵戚，岂轻于天下邪？"平原君以为贤，言之于王。王用之治国赋，国赋大平，民富而府库实。

秦伐韩军于阏与[1]。王召廉颇而问曰："可救不？"对曰："道远险狭，难救。"又召乐乘而问焉[2]，乐乘对如廉颇言。又召问赵奢，奢对曰："其道远险狭，譬之犹两鼠斗于穴中，将勇者胜。"王乃令赵奢将，救之。

兵去邯郸三十里，而令军中曰："有以军事谏者死。"秦军军武安西[3]，秦军鼓噪勒兵，武安屋瓦尽振。军中候有一人言急救武安，赵奢立斩之。坚壁，留二十八日不行，复益增垒。秦间来入，赵奢善食而遣之。间以报秦将，秦将大喜曰："夫去国三十里而军不行，乃增垒，阏与非赵地也。"赵奢既已遣秦间，乃卷甲而趋之，二日一夜至，令善射者去阏与五十里而军。军垒成，秦人闻之，悉甲而至。军士许历请以军事谏，赵奢曰："内之。"许历曰："秦人不意赵师至此，其来气盛，将军必厚集其阵以待之。不然，必败。"赵奢曰："请受令。"许历曰："请受铁质之诛。"赵奢曰："胥后令邯郸。"许历复请谏，曰："先据北山上者胜，后至者败。"赵奢许诺，即发万人趋之。秦兵后至，争山不得上，赵奢纵兵击之，大破秦军。秦军解而走,遂解阏与之围而归。

赵惠文王赐奢号为马服君④,以许历为国尉⑤。赵奢于是与廉颇、蔺相如同位。

①秦伐韩军于阏与:"韩"字应作"赵"。阏与,赵邑名,在今山西省和顺县。②乐乘:乐毅的族人,先为燕将,伐赵,被廉颇所擒,后遂为赵将。③武安:赵邑,在今河北省武安市西南。④马服君:马服,山名,在邯郸西北。以马服山为赵奢的封号。⑤国尉:相当于后世的都尉、校尉,低于将军的军官。

赵奢原是赵国一个管征收田赋的官吏。有一次他去征收租税,而平原君家不肯交,于是赵奢就按照国家法律一连杀掉了平原家的九个管家。平原君大怒,想要杀赵奢。赵奢对平原君说:"您是赵国的贵公子,现在我要是对你们家的人放任不管,不按照国家的法令办事,那国家的法令就要失效,国家的实力就要被削弱。而国力弱,诸侯各国就要来攻打我们,赵国要是完蛋了,你们家的富贵还保得住吗?反过来说,像您这样地位高贵的人,能带头奉公守法,那么全国上下也就都会奉公守法,大家都奉公守法,那么国家就会变得强大,国家强大,赵王的地位也就安稳了,那时您作为赵王的亲属,难道还怕被人轻视吗?"平原君一听,觉得赵奢很能干,就把他推荐给了赵王。赵王任命他主管全国的赋税,结果整个国家的赋税工作都搞得很好,百姓们都很富足,国家的仓库也充实了起来。

后来,秦国进攻驻扎在阏与的赵国军队。赵王找来廉颇问道:"我们能不能救阏与的赵军?"廉颇说:"路又远,道又狭,难得援救。"赵王又问乐乘,乐乘的回答和廉颇一样。赵王又问赵奢,赵奢说:"路远道狭,在这种地方作战就如同两只老鼠在洞里打斗,哪方的主将勇敢哪方就能胜利。"于是赵王立即任命赵奢为统帅,率兵救援阏与。

赵军离开邯郸走了三十里就停了下来,赵奢对全军宣布说:"谁敢给将军乱出主意,谁就将被处死。"这时秦国的军队就在武安的城西,秦军列好阵势,齐声呐喊声音之大,以至于连武安城里屋顶上的瓦都随之震动。赵奢部下有一个主管刺探敌情的军官劝赵奢赶紧移兵救援武安，赵奢马上把这个人杀掉了。接着赵奢增修工事，一直在那里驻扎了二十八天，没有前进一步，而且还在继续加固工事。有一个秦国的奸细混进赵奢的军营里来了，赵奢就故意地好好招待他并放他回去。这个奸细回去向秦将报告了情况后，秦将大喜，说："赵奢的军队刚离开邯郸三十里就不敢往前走了，只顾在那里加强工事，可以断定，阏与这块地方不会再属于赵国了。"再说赵奢，他在打发走了秦国的奸细后，就立刻命令全军把铠甲脱下来背着，急行军直奔阏与，结果只用了两天一夜就赶到了，赵奢抽调了一支善于射箭的队伍前进到离阏与五十里的地方扎下营寨，营盘刚刚扎好，秦军就知道了，他们立即全军猛扑过来。这时赵奢手下有一个名叫许历的出来请求发表一点有关作战的意见，赵奢说："让他进来。"许历说："秦军本来没有料到赵军会这么快地到达这里，现在它全军扑来，气势凶猛，您应该集中力量坚守阵地，不然就会失败。"赵奢说："愿意接受你的意见。"许历说："那下面就该按军令杀了我啦！"赵奢说："此事日后回到邯郸再议。"接着许历又提出建议说："谁能够先占领北山谁就能获得胜利，谁迟到谁就要失败。"赵奢同意，马上派出了一万人去抢占北山。不一会儿，秦国的军队也来了，但因山头已被赵军占领，秦军冲不上去，赵奢便下令对秦军猛烈出击，秦军抵抗不住，只好撤走了。于是赵奢解除了阏与之围，胜利班师回朝。

赵惠文王封赵奢为马服君，命许历为国尉。赵奢在国内的地位和廉颇、蔺相如在同一个等级。

廉颇蔺相如列传
李牧破匈奴

李牧者，赵之北边良将也。常居代、雁门[①]，备匈奴。以便宜置吏，市租皆输入莫府[②]，为士卒费。日击数牛飨（xiǎng）士，习射骑，谨烽火，多间谍，厚遇战士。为约曰："匈奴即入盗，急入收保，有敢捕虏者斩。"匈奴每入，烽火谨，辄入收保，不敢战。如是数岁，亦不亡失。然匈奴以李牧为怯，虽赵边兵亦以为吾将怯。赵王让李牧，李牧如故。赵王怒。召之，使他人代将。

岁余，匈奴每来，出战。出战，数不利，失亡多，边不得田畜。复请李牧。牧杜门不出，固称疾。赵王乃复强起使将兵，牧曰：

"王必用臣，臣如前，乃敢奉令。"王许之。

李牧至，如故约。匈奴数岁无所得，终以为怯。边士日得赏赐而不用，皆愿一战。于是乃具选车得千三百乘，选骑得万三千匹，百金之士五万人，彀（gòu）者十万人，悉勒习战。大纵畜牧、人民满野。匈奴小人，详北不胜③，以数千人委之。单于闻之，大率众来入，李牧多为奇陈，张左右翼击之，大破杀匈奴十余万骑。灭襜褴（chān lán）④，破东胡⑤，降林胡⑥，单于奔走。其后十余岁，匈奴不敢近赵边城。

赵悼襄王元年⑦，廉颇既亡入魏，赵使李牧攻燕，拔武遂、方城。居二年，庞煖（xuān）破燕军⑧，杀剧辛⑨。后七年，秦破杀赵将扈辄于武遂⑩，斩首十万。赵乃以李牧为大将军，击秦军于宜安⑪，大破秦军，走秦将桓齮（yǐ）。封李牧为武安君。居三年，秦攻番（pó）吾⑫，李牧击破秦军，南距韩、魏。

赵王迁七年⑬，秦使王翦攻赵⑭，赵使李牧、司马尚御之。秦多与赵王宠臣郭开金，为反间，言李牧、司马尚欲反。赵王乃使赵葱及齐将颜聚代李牧⑮。李牧不受命，赵使人微捕得李牧，斩之。废司马尚。后三月，王翦因急击赵，大破杀赵葱，虏赵王迁及其将颜聚，遂灭赵。

①代、雁门：赵国北部的两个郡名。代郡约当今大同以东的山西省东北部和河北省西北部地区。雁门郡约当今大同以西的山西北部地区。②莫府：同"幕府"，将军办公的篷帐，后用以代指将军的办事机构。③详：同"佯"。④襜褴：当时活动在代郡以北的少数民族。⑤东胡：当时活动在今辽宁西部、内蒙古东部一带的少数民族，大约与后来的乌桓、鲜卑同一种姓。⑥林胡：当时活动在内蒙古东胜一带的少数民族。⑦赵悼襄王：名偃，前244—前236年在位。⑧庞煖：赵将。⑨剧辛：赵人，后为燕将。⑩武遂：应作"武城"，在今河北省磁县西南。⑪宜安：赵邑，在今河北省石家庄市藁城区西南。⑫番吾：赵邑，在今河北省磁县境内。⑬赵王迁：悼襄王偃之子，前235—前228年在位，最后被秦将王翦所虏。⑭王翦：秦国名将，协助秦始皇统一全国有大功，事见《白起王翦列传》。⑮齐将颜聚：原为齐将，后归赵国。

李牧，是赵国防守北部边疆的名将，曾长期地领兵驻守在代县、雁门一带，防备匈奴人的进攻。他在军队里常常是根据实际需要来任命自己手下的官员，从市场上收来的税金全归军部所有，作为士兵们的生活费用。他几乎每天都要杀几头牛来犒劳士兵，他训练士兵们骑马射箭，注意烽火的通信联络，选派了许多侦察人员去探听敌情，对士兵们非常爱护。李牧对全军宣布说："如果一旦有匈奴人来侵犯，我们就赶快退入城堡工事，谁要是敢出去捉敌人，就砍谁的头。"结果匈奴人每次来进犯时，由于有烽火台及时报警，部队能迅速地撤入城堡固守，决不出去迎战。所以在好几年内，赵军没有受到任何损失。但匈奴人还是认为李牧是胆小鬼，而且连赵国的边防部队也认为自己的将军是胆小鬼。于是赵王就派人去责备李牧，但李牧不管，还是像过去一样。赵王很生气，他派了别人去代替李牧，而让李牧回来了。

　　在这之后的一年里，匈奴人每次入侵，赵军总是要出去和它作战。而在作战的过程中，又总是失败的次数多，伤亡很大，以至于弄得在边疆地区都不能耕田放牧了。赵王无法，只好再请李牧出山，李牧关起大门不出来，推说自己有病。但赵王还是再三强请。李牧说："您如果非要任用我，就必须允许我还使用以前的老办法，只有这样我才能接受任命。"赵王答应了。

　　李牧到达边疆后，又把各种制度都恢复了过去的老样子，使得匈奴人一连好几年没有得到什么好处，但他们还是认为李牧是胆小鬼。李牧手下的士兵每天都能得到赏赐，但却无所事事，大家都希望打一仗。于是李牧精心挑选了一千三百辆战车，挑选了一万三千名骑兵，还有获过百金之赏的勇士五万人，能拉硬弓的射手十万人，他把他们组织起来经过训练之后，就故意地让人们出去放牧，弄得漫山遍野都是人。这时有小股的匈奴人来了，李牧就故意假装失败，扔给了他们几千人，单于一见如此，就率领着大队人马前来进犯了。这时李牧布置了许多灵活多变的阵式以迷惑敌人，而后派了两支部队从左右两翼包抄了过去，结果大破匈奴，杀死了匈奴人十多万。接着又灭掉了襜褴，打败了东胡，降服了林胡，匈奴单于也远远地逃走了。从此以后的十多年里，匈奴人再也不敢靠近赵国的边城。

　　赵悼襄王元年，廉颇被迫逃向了魏国后，赵国派李牧率军伐燕，夺取了燕国的武遂、方城二地。又过了两年，赵将庞煖又打败了燕国的军队，杀死了燕将剧辛。又过了七年，秦国在武遂大破赵军，杀死了赵将扈辄，杀死了赵国士兵十多万。赵王一看赶紧任命李牧为大将军率军进攻宜安，结果大破秦军，赶跑了秦将桓齮。李牧因此被封为武安君。三年后，秦军进攻赵国的番吾，被李牧击退，同时韩、魏两国从南面来的威胁，也被李牧解除了。

赵王迁七年，秦国派王翦进攻赵国，赵国派了李牧和司马尚前去迎敌。这时秦国派人给赵王的宠臣郭开送去了大批黄金，让他散布谣言，说李牧和司马尚想要造反。赵王信以为真，就派了赵葱和齐国来的颜聚去代替李牧。李牧不接受，于是赵王迁就派人去偷偷地抓住了李牧，把李牧杀掉了。同时罢免了司马尚。三个月后，王翦遂出兵猛攻赵国，大破赵军，杀死了赵葱，活捉了赵王迁及其将领颜聚，赵国便被消灭了。

《廉颇蔺相如列传》是战国时赵国名臣廉颇、蔺相如、赵奢、李牧四人的合传，也是赵国中晚期一段令人感慨的兴亡史。赵王能任用他们，赵国就能兴旺强盛；赵王不用他们，赵国就遭到惨败；迨至赵王迁自己杀掉了良将李牧，赵国也就随之灭亡了。这篇文章是饱含着司马迁的强烈感情的。我们这里选取了《廉蔺将相和》与《赵奢破秦阏与》《李牧破匈奴》三个故事。《廉蔺将相和》是两千多年以来在我国社会上流传最广、也是最感人的故事之一。在这个故事中作者歌颂了蔺相如为维护国家尊严对强秦所做的坚决斗争，对蔺相如在关键时刻能置个人生死于不顾的非凡勇敢与其有理、有力、有节的斗争策略，以及在处理与廉颇之间的同僚矛盾时所表现的顾全大局，和廉颇在蔺相如感召下的幡然悔悟、公开赔礼，都表现了由衷的敬佩。蔺相如与廉颇是《史记》中最光辉、最富有教育意义的人物形象。赵奢先是一位执法不避权贵的正直官吏，后为赵统兵破秦于阏与，使秦国遭受到惨重的失败，影响深远。李牧是赵国最后的一位良将，在西抗强秦、北御匈奴中功勋卓著。但赵王迁却在内部佞臣与外部反间的挑动下，自毁长城地将李牧杀掉了。这既使人对李牧的遭遇深抱不平，也对赵王迁的行为以及由此导致的赵国结局无限感慨，但宋高宗杀岳飞、明思宗杀袁崇焕，类似事件自古以来又何可计数呢！

田单列传
火牛阵破燕

田单者，齐诸田疏属也。湣王时①，单为临菑市掾（yuàn）②，不见知。及燕使乐毅伐破齐③，齐湣王出奔，已而保莒城④。燕师长驱平齐，而田单走安平⑤，令其宗人尽断其车轴末而傅铁笼。已而燕军攻安平，城坏，齐人走，争涂⑥，以轊（wèi）折车败，为燕所虏。唯田单宗人以铁笼故得脱，东保即墨⑦。燕既尽降齐城，唯独莒、即墨不下。

燕军闻齐王在莒，并兵攻之。淖齿既杀湣王于莒⑧，因坚守距燕军，数年不下。燕引兵东围即墨。即墨大夫出与战，败死。城中相与推田单，曰："安平之战，田单宗人以铁笼得全，习兵。"立以为将军，以即墨距燕。

顷之，燕昭王卒⑨，惠王立⑩，与乐毅有隙。田单闻之，乃纵反间于燕，宣言曰："齐王已死，城之不拔者二耳。乐毅畏诛而不敢归，以伐齐为名，实欲连兵南面而王齐。齐人未附，故且缓攻即墨以待其事。齐人所惧，唯恐他将之来，即墨残矣。"燕王以为然，使骑劫代乐毅。

乐毅因归赵。燕人士卒忿。而田单乃令城中人食必祭其先祖于庭，飞鸟悉翔舞城中下食。燕人怪之。田单因宣言曰："神来下教我。"乃令城中人曰："当有神人为我师。"有一卒曰："臣可以为师乎？"因反走。田单乃起，引还，东乡坐⑪，师事之。卒曰："臣欺君，诚无能也。"田单曰："子勿言也！"因师之。每出约束，必称神师。乃宣言曰："吾唯惧燕军之劓（yì）所得齐卒置之前行与我战，即墨败矣。"燕人闻之，如其言。城中人见齐诸降者尽劓，皆怒，坚守，唯恐见得。单又纵反间曰："吾惧燕人掘吾城外冢墓，僇（lù）⑫先人，可为寒心。"燕军尽掘垄墓，烧死人。即墨人从城上望见，皆涕泣，俱欲出战，怒自十倍。

田单知士卒之可用，乃身操版插⑬，与士卒分功⑭，妻妾编于行伍之间，尽散饮食飨士。令甲卒皆伏，使老弱女子乘城，遣使约降于燕，燕军皆呼万岁。田单又收民金得千溢⑮，令即墨富豪遗燕将，曰："即墨即降，愿无虏掠吾族家妻妾，令安堵⑯。"燕将大喜，许之。燕军由此益懈。

田单乃收城中得千余牛，为绛缯衣，画以五彩龙文，束兵刃于其角，而灌脂束苇于尾，烧其端。凿城数十穴，夜纵牛，壮士五千人随其后。牛尾热，怒而奔燕军，燕军夜大惊。牛尾炬火光明炫耀，燕军视之，皆龙文，所触尽死伤。五千人因衔枚击之，而城中鼓噪从之，老弱皆击铜器为声，声动天地。燕军大骇，败走。齐人遂夷杀其将骑劫。燕军扰乱奔走，齐人追亡逐北，所过城邑，皆畔燕而归。

田单兵日益多，乘胜，燕日败亡，卒至河上⑰，而齐七十余城皆复为齐。乃迎襄王于莒⑱，入临菑而听政。襄王封田单，号曰安平君。

①湣王：名地，宣王之子，前300—前284年在位。②临菑：齐国都城，在今山东省淄博市的临淄区。③乐毅伐破齐：事在齐湣王十七年（前284年），可参看《乐毅列传》。④莒城：齐之大邑，即今山东省莒县。⑤安平：齐邑，在今山东省淄博市临淄区东北。⑥涂：通"途"，道路。⑦即墨：齐邑，在今山东省平度市东南。⑧淖齿：楚国将领，因率军救齐而为齐相，后欲据齐自立，遂杀齐湣王。⑨燕昭王：战国时期燕国最有作为的国君，前311—前279年在位。⑩惠王：昭王之子，前278—前272年在位。⑪乡：通"向"。⑫僇：同"戮"，辱也。⑬版插：建筑用具。筑墙时，用版夹土，以杵捣之。插，通"锸"，用以挖土。⑭功：通"工"，工程，工作。⑮溢：通"镒"，一镒为二十四两，或说二十两。⑯安堵：也作"按堵"，即安居，各居各位。⑰河上：黄河边上，约当今之德州、沧州一带，当时为齐国的西北边界。⑱襄王：名法章，湣王之子，前283—前265年在位。

田单是齐国田姓王室的远房亲族。齐湣王时，田单在临菑当市场管理员，没有人重视他。等到燕昭王派乐毅攻破了齐国，齐湣王逃出临菑，随后退到莒城据守。燕国军队长驱直入，扫平了齐国的许多城池，而田单家族逃到了安平。这时田单让他们的族人都把车轴过长的部分截掉并在两头套上铁箍。不久燕军进攻安平，城被攻破，百姓们出城逃难时，许多人由于车轴过长，在拥挤抢道互相冲撞中闹得轴断车毁，被燕军俘虏。只有田单家族的人因为车轴截短了且又套着铁箍,于是得以幸免,逃到了东边的即墨。后来燕军打下了齐国所有的城池,只剩下了莒和即墨两座孤城仍未陷落。

开始燕军听说齐湣王在莒城,就集中兵力进行攻打。这时楚国派来援救齐国的将军淖齿杀了齐湣王,率领莒城军民坚守抗燕,一直坚持了好几年。燕军见攻莒城不下,便移兵东围即墨。即墨的长官出城应战,兵败身死。这时城中军民一致推举田单领导大家守城。有人说:"安平撤退时,田单家的人因为给车轴头包了铁箍而安全脱险,说明田单懂得军事。"于是大家便拥立田单做了将军,据守即墨,抵抗燕人。

过了不久,燕昭王逝世,燕惠王即位。燕惠王与乐毅早就有矛盾。田单听说这种情况后,就派人到燕国施行反间计,他们散布谣言说:"齐湣王已经被杀死了,齐国城池没被攻下的只还有两座。现在乐毅是害怕回国被燕王杀掉,所以是以伐齐为名,故意留在齐国,他实际上是想集结军事力量在齐国称王。因为现在齐国人还不顺从他,所以他才放慢进攻以等待时机成熟。现在我们齐国人最怕的是燕王改派别的将领,如果一改派别的人来,即墨就完了。"燕王听着有道理,于是就派骑劫去代替了乐毅。

乐毅被免职后逃到了赵国,燕国军民都为乐毅被撤感到非常气愤。这时田单又命令城中居民在吃饭前必须先在庭院中摆设饭菜祭祀祖先,于是引来许多飞鸟在即墨上空盘旋,城外的燕国士兵看着觉得奇怪。这时田单又扬言说:"很快将有神下来帮助我们。"他对城中军民说:"很快将有神人下界来给我当老师。"这时有个小卒跟田单开玩笑说:"我可以当您的老师吗?"说完转身就走。田单跑过去,把那个小卒拉回来,按着他面向东坐下,给他行礼称他为老师。小卒说:"我是哄您玩的,我什么都不会!"田单说:"您不必多说!"于是便公开拜那个小卒为神师。从此田单每发布什么命令,总要说这是神师的旨意。接着田单又派人出去散布说:"我们最怕燕军削掉我们齐国俘虏的鼻子把他们放在队伍的前面来攻城,那样即墨就非垮不可!"燕人信以为真,削掉了齐国俘虏的鼻子。即墨城中的军民一见齐国投降的人都被割去了鼻子,于是非常愤怒,个个决心坚守,生怕当了俘虏也被削鼻子。田单接着又散布说:"我们最怕燕国人挖掘我们的坟墓,侮辱我们祖先的尸骨,如果那样,我们就吓坏了。"燕人信以为真,随即把即墨人的祖坟统统掘开,把死人的骨头挖出来用火烧。即墨军民从城上望见这种情景都痛哭流涕,一个个怒火万丈,都要出城同燕军决一死战。

田单知道士兵们能够听从指挥了,于是又亲自手持锹镐与士兵们一道修筑防御工事,还把自己的妻妾也都编入军队里服役,把家里所有可吃的东西都拿出来犒劳士兵。又命令精锐部队都藏起来,专门让那些老弱和妇女们站到城上以麻痹敌人,并派人到燕军里去请求投降,燕军见此情景,都高兴得欢呼万岁!田单又从百姓们手中搜集起黄金千镒,让城中的一个富豪带着出去送给燕国将领,并假意说:"即墨投降以后,请求你们不要抢夺我们家族的妻女,让她们过安定日子。"燕国将领很高兴,答应了他们的请求。于是燕国军队的戒备越来越松懈。

这时田单在城里搜集了一千多头牛,用红绸子把它们披挂起来,绸子上面画着五彩龙纹,牛角上绑着锐利的尖刀,把灌透油脂的芦苇扎在牛尾上,然后突然点火。田单命令士兵把城墙凿了几十道口子,乘黑夜把牛放了出去,并派了五千精兵跟在后面。芦苇着火烧了牛尾,牛便狂奔怒吼地冲向城外的燕军。燕军在睡梦中被惊醒,只见一个个庞然大物尾巴上燃着火,身上画着龙纹,碰着谁不是死便是伤。跟在牛后面的五千士兵口中衔枚一声不响地砍杀燕军,城里的百姓们用力敲击一切可以发出声音的东西并齐声呐喊,声音震天动地。燕军惊惶失措,溃败逃走。齐人顺势杀掉了燕将骑劫。燕军的一切都乱了套,只顾狼狈逃命。齐国人在后面穷追猛打,一路上所过的城池都纷纷背叛燕国归顺了田单。

田单的军队则日渐增多,乘胜追击,燕军则一天天溃退,最后田单向西北追到了黄河岸边,齐国的七十多座城池都被收复了。随后田单便到莒城把齐襄王迎回了临菑,主持了国政。齐襄王也封赏田单,称田单为安平君。

战国时期的田氏齐国以齐威王、齐宣王时最为强大,堪称霸主。齐宣王时期,燕国发生内乱,齐宣王乘机伐燕,差点将燕国灭掉。燕昭王即位后立志报仇,招贤纳士、艰苦奋斗了二十八年,终于派大将乐毅联合韩、赵、魏、秦共同伐齐,大破齐军于济西。这时在齐国当政的是齐湣王。齐湣王前期的齐国本来也是很强的,但由于燕昭王派了奸细苏秦来到齐国卧底,怂恿齐湣王对周边国家挑起战争,因而使许多国家都加入了燕国的反齐联盟。乐毅统领的五国联军破齐于济西后,其他国家都觉得"教训"齐国的目的已经达到,于是纷纷撤军;而燕军则渡过济水长驱东下,攻克齐国的都城临菑,并纵横扫荡,占领了齐国除莒县与即墨以外的全部国土,齐湣王也于动乱中被人所杀。在这千钧一发的关头,齐国的即墨守将田单抓紧时机一方面施行反间计,挑动着燕国新上台的燕惠王罢免了燕军的统帅乐毅,另一方面利用一切手段凝聚、鼓舞即墨军民的斗志,而麻痹、瓦解燕军的战斗力,最后突然用火牛阵冲击燕军,使燕军大败。齐军追穷逐北,遂全部收复失地,重建齐国。

即墨之战是中国古代最动人的出奇制胜的范例。田单的奇才奇智在这里得到了痛快淋漓的发挥,读后真让人心旷神怡。但我们也必须明白,田单之所以能如此出奇制胜,是因为他所进行的这场战争是正义的,是得到齐国广大人民的衷心拥护和全力支持的,这是我国古代最光辉、最彻底的人民战争。

鲁仲连邹阳列传
鲁仲连义不帝秦

鲁仲连者,齐人也。好奇伟俶傥之画策,而不肯仕宦任职,好持高节。游于赵。

赵孝成王时,而秦王使白起破赵长平之军前后四十馀万①,秦兵遂东围邯郸。赵王恐,诸侯之救兵莫敢击秦军。魏安釐王使将军晋鄙救赵,畏秦,止于荡阴不进②。魏王使客将军新垣衍间入邯郸,因平原君谓赵王曰③:"秦所为急围赵者,前与齐湣(mǐn)王争强为帝,已而复归帝④;今齐已益弱,方今唯秦雄天下,此非必贪邯郸,其意欲复求为帝。赵诚发使尊秦昭王为帝,秦必喜,罢兵去。"平原君犹豫未有所决。

此时鲁仲连适游赵,会秦围赵,闻魏将欲令赵尊秦为帝,乃见平原君曰:"事将奈何?"平原君曰:"胜也何敢言事!前亡四十万之众于外,今又内围邯郸而不能去。魏王使客将军新垣衍令赵帝秦,今其人在是。胜也何敢言事⑤!"鲁仲连曰:"吾始以君为天下之贤公子也,吾乃今然后知君非天下之贤公子也。梁客新垣衍安在⑥?吾请为君责而归之。"平原君曰:"胜请为绍介而见之于先生。"平原君遂见新垣衍曰:"东国有鲁仲连先生者,今其人在此,胜请为绍介,交之于将军。"新垣衍曰:"吾闻鲁仲连先生,齐国之高士也。衍,人臣也,使事有职,吾不愿见鲁仲连先生。"平原君曰:"胜既已泄之矣。"新垣衍许诺。

鲁连见新垣衍而无言。新垣衍曰："吾视居此围城之中者，皆有求于平原君者也；今吾观先生之玉貌，非有求于平原君者也，曷为久居此围城之中而不去？"鲁仲连曰："世以鲍焦为无从颂而死者⑦，皆非也。众人不知，则为一身。彼秦者，弃礼义而上首功之国也，权使其士，虏使其民。彼即肆然而为帝，过而为政于天下，则连有蹈东海而死耳，吾不忍为之民也。所为见将军者，欲以助赵也。"

新垣衍曰："先生助之将奈何？"鲁连曰："吾将使梁及燕助之，齐、楚则固助之矣⑧。"新垣衍曰："燕则吾请以从矣；若乃梁者，则吾乃梁人也，先生恶（wū）能使梁助之？"鲁连曰："梁未睹秦称帝之害故耳。使梁睹秦称帝之害，则必助赵矣。"

新垣衍曰："秦称帝之害何如？"鲁连曰："昔者齐威王尝为仁义矣，率天下诸侯而朝周⑨。周贫且微，诸侯莫朝，而齐独朝之。居岁余，周烈王崩⑩，齐后往，周怒，赴于齐曰⑪：'天崩地坼，天子下席。东藩之臣因齐后至，则斫。'齐威王勃然怒曰：'叱嗟，而母婢也！'卒为天下笑。故生则朝周，死则叱之，诚不忍其求也。彼天子固然，其无足怪。"

新垣衍曰："先生独不见夫仆乎？十人而从一人者，宁力不胜而智不若邪？畏之也。"鲁仲连曰："呜呼！梁之比于秦若仆邪？"新垣衍曰："然。"鲁仲连曰："吾将使秦王烹醢（hǎi）梁王。"新垣衍怏然不悦，曰："噫嘻，亦太甚矣先生之言也！先生又恶能使秦王烹醢梁王？"鲁仲连曰："固也，吾将言之。昔者九侯、鄂侯、文王，纣之三公也⑫。九侯有子而好，献之于纣⑬，纣以为恶，醢九侯。鄂侯争之强，辩之疾，故脯鄂侯。文王闻之，喟然而叹，故拘之牖（yǒu）里之库百日⑭，欲令之死。曷为与人俱称王，卒就脯醢之地？齐湣王之鲁，夷维子为执策而从⑮，谓鲁人曰：'子将何以待吾君？'鲁人曰：'吾将以十太牢待子之君⑯。'夷维子曰：'子安取礼而待吾君？彼吾君者，天子也。天子巡狩，诸侯辟舍，纳筦籥（guǎn yuè）⑰，摄衽抱机，视膳于堂下，天子已食，乃退而听朝也。'鲁人投其籥，不果纳。不得入于鲁，将之薛，假途于邹⑱。当是时，邹君死，湣王欲入吊，夷维子谓邹之孤曰：'天子吊，主人必将倍殡棺⑲，设北面于南方，然后天子南面吊也。'邹之群臣曰：'必若此，吾将伏剑而死。'固不敢入于邹。邹、鲁之臣，生则不得事养，死则不得赙禭（fù suì）⑳，然且欲行天子之礼于邹、鲁，邹、鲁之臣不果纳。今秦万乘之国也，梁亦万乘之国也。俱据万乘之国，各有称王之名，睹其一战而胜，欲从而帝之，是使三晋之大臣不如邹、鲁之仆妾也。且秦无已而帝，则且变易诸侯之大臣。彼将夺其所不肖而与其所贤，夺其所憎而与其所爱。彼又将使其子女谗妾为诸侯妃姬，处梁之宫。梁王安得晏然而已乎？而将军又何以得故宠乎？"

于是新垣衍起，再拜谢曰："始以先生为庸人，吾乃今日知先生为天下之士也。吾请出，不敢复言帝秦。"秦将闻之，为却军五十里。适会魏公子无忌夺晋鄙军以救赵，击秦军，秦军遂引而去。

于是平原君欲封鲁连，鲁连辞让者三，终不肯受。平原君乃置酒，酒酣起前，以千金为鲁连寿。鲁连笑曰："所贵于天下之士者，为人排患释难解纷乱而无取也。即有取者，是商贾之事也，而连不忍为也。"遂辞平原君而去，终身不复见。

注

①赵孝成王：惠文王之子，名丹，前265—前245年在位。秦王：秦昭王，前306—前251年在位。白起：秦国名将，曾多次破楚，又大破赵军于长平（今山西省高平市西北），坑赵卒四十余万。②魏安釐王：魏昭王之子，名圉，前276—前243年在位。晋鄙：魏国将军。荡阴：即今河南省汤阴县。③平原君：名胜，惠文王之弟，孝成王之叔，时为赵相，平原君是其封号。④与齐湣王争强为帝：齐湣王，宣王之子，前300—前284年在位。战国中后期，秦、齐两国势力最强，遂不满足于和其他诸侯一例称王。前288年，秦昭王与齐湣王相约改"王"称"帝"。秦为西帝，齐为东帝。后齐湣王听从苏秦的建议自去帝号，合纵抗秦，秦国孤立，被迫取消帝号。⑤胜也何敢言事：赵孝成王四年（前262年），秦国截断了韩国上党地区与其国都新郑之间的联系，韩不能守，弃之令降秦。但上党守将冯亭不愿降秦，而率其军民东降赵国。平原君以为不费力而得地，劝赵王许之。于是导致秦国攻赵，赵军大败于长平，又进而邯郸被围，故平原君有负疚感，自谓"不敢言事"。⑥梁客："梁"即指魏，因这时的魏国建都大梁（今河南开封），故魏国亦称梁国。⑦鲍焦：据说是春秋时的一位隐者，因不满当时政治而抱木饿死。从颂：同"从容"。⑧燕：燕国，国都蓟（今北京市），此时的燕王当为燕孝王。楚：楚国，此时的国都已迁至陈(今河南淮阳)。⑨齐威王：名因齐，前356—前320年在位。周：此时的周已很衰弱，是徒有其名的傀儡。齐威王时代的天子是周显王，前368—前321年在位，都于洛阳。

⑩周烈王崩：按：此处叙事有误。周烈王名喜，前375—前369年在位，与齐威王不同时。或者应作"周显王"，周显王卒于前321年，当齐威王三十六年。⑪赴于齐：赴，同"讣"。⑫九侯：亦作"鬼侯"，商代一个少数民族部落首领，大约活动于今山西北部。鄂侯：鄂国（在今河南省沁阳市西北）的君主。文王：商末周族领袖，迁都于丰（今西安市西南），武王之父。三公：司徒、司马、司空，朝廷的最高官员。⑬纣：商纣王，商朝的末代君主，以残暴著称。⑭牖里：也写作"羑里"，古邑名，在今河南省汤阴县北。⑮齐湣王之鲁：事在齐湣王十七年（前284年），当时乐毅率燕军攻克临淄，齐湣王出逃，曾一度到鲁。鲁，西周初建立的诸侯国名，都曲阜，此时已濒临灭亡。夷维子：齐湣王的近臣，史失其名。⑯十太牢：当时献享诸侯应有的礼数。太牢，指牛、羊、豕各一头。⑰笾籥：钥匙。⑱薛：齐邑名，在山东滕州市南，当时为孟尝君封地。邹：春秋时的小国名，也写作"邾"，后迁都于绎（在今山东邹城市东南），此时已成为齐国的附庸。从曲阜往薛邑，中途须经过邹邑。⑲倍：同"背"，倒过来。⑳赗襚：送给丧家的礼物。㉑魏公子无忌夺晋鄙军以救赵：魏公子无忌，即信陵君，魏安釐王之弟。信陵君用侯嬴之计窃符矫夺晋鄙兵救赵事，在魏安釐王二十年（前257年），参见《魏公子列传》。

鲁仲连是齐国人。能帮人谋划奇妙的计策，但不愿做官任职，喜欢保持一种清高的姿态。他周游到了赵国。

赵孝成王在位时，秦昭王派大将白起在长平一举消灭了赵军四十多万人，不久秦兵又包围了赵国的都城邯郸。赵王固然害怕，连其他国家派来救赵的军队也不敢对秦军作战。魏安釐王已经派将军晋鄙率军救赵，但由于害怕秦国，中途又让晋鄙停在了荡阴县，不再前进。同时还派客座将军新垣衍潜入赵都邯郸，让他通过平原君的介绍对赵王说："秦国之所以攻邯郸这么紧急，就是因为前一次与齐湣王争强称帝，称了几天又退回去了。如今齐国已经越来越弱，只有秦国天下无敌，秦国这次攻赵未必是想得到邯郸，其真正目的是还想称帝。赵国如能主动派使者去尊秦昭王为帝，秦昭王必然高兴，就会撤兵而去。"平原君心中犹豫，拿不定主意。

这时鲁仲连正周游到了赵国，正赶上秦兵包围邯郸，也听说魏将新垣衍来劝说赵王，让赵国尊秦为帝，于是去见平原君说："事情你打算怎么办?"平原君说:"我现在还怎么敢说话?前不久赵国已经在外头损失了四十多万人,如今秦兵又围困邯郸,而无法令其退去。魏王派新垣衍来劝说赵国尊秦为帝,现在他就在这里。我现在还敢说什么呢?"鲁仲连说:"本来我以为你是当今天下的一位贤公子,通过今天这件事才认识到你不是当今天下的贤公子。梁国的客人新垣衍在哪里?让我帮你谴责他,打发他滚回去。"平原君说:"那我就介绍他和您见面。"于是平原君去对新垣衍说:"东方齐国有位鲁仲连先生,他如今正在邯郸,我想介绍他和您认识。"新垣衍说:"我听说鲁仲连先生是齐国的高士,而我新垣衍是魏国的臣子,负有使命到此,我不想见鲁先生。"平原君说:"我已经向他说过您。"新垣衍只好答应了。

鲁仲连见到新垣衍后好长时间没说话。新垣衍说:"如今还留在这座围城之中的人,我看都是有求于平原君的;可是我看先生您的尊容,不像是有求于平原君的,您为什么还留在这座孤城里而不走呢?"鲁仲连说:"许多人认为鲍焦不是从容而死,这些人的看法都是错误的。他们不理解鲍焦,便认为鲍焦是为了个人。那秦国,是个不讲礼义而专门重视杀敌立功的国家,它们靠着权诈来驾驭各级官僚士人,像使唤奴隶一样地使唤它的黎民百姓。这种国家的君主一旦悍然称帝,并进一步统治天下,那我鲁仲连宁可跳东海而死,我也决不甘心做他的子民。我之所以要见你,是告诉你我想帮助赵国。"

新垣衍说:"你有什么办法帮助赵国?"鲁仲连说:"我想让梁国、燕国帮助赵国,至于齐国、楚国本来就已经帮助赵国了。"新垣衍说:"您说您能让燕国帮助赵国,这我姑且相信;至于梁国,我就是梁国人,您怎么能让梁国帮助赵国呢?"鲁仲连说:"梁国是没有看到秦国称帝的厉害,所以它按兵不动;如果它看到了秦国称帝的厉害,就一定会帮助赵国了。"

新垣衍说:"秦国称帝是怎么一种厉害?"鲁仲连说:"当年齐威王曾倡导仁义,想率领各国诸侯往朝周天子。周国那时已经是既贫且弱,谁也不愿去朝拜它,而齐国自己去了。一年之后,周烈王死了,齐国没有及时地去参加葬礼,这时周国便气急败坏地给齐国发去讣告说:'现在山崩地裂,天子命丧,东部藩国的小臣田因齐如敢不按时到达参加丧礼,就把你剁成碎块。'齐威王一听勃然大怒,骂道:'去你妈的!你这个奴婢生的!'结果招得天下讥笑。为什么人活着的时候去朝拜他,死了之后就骂他呢?实在是受不了他们的那种苛求。但天子的派头嘛,这你就没法怪人家啦。"

新垣衍说:"您没有见过仆人吗?十个仆人侍候一个主子,难道是力气、智慧不如吗?不是,是因为怕他。"鲁仲连说:"噢!梁国和秦国的关系竟像仆人与主子吗?"新垣衍说:"是的。"鲁仲连说:"如果这样我将让秦王把你们梁王煮成肉酱。"新垣衍皱了一下眉头说:"您这话也太过分了,您说您有什么办法让秦王把我们梁王煮成肉酱?"鲁仲连说:"当然啦,我来给你说。当初九侯、鄂侯、文王,是殷纣王的'三公',九侯有个女儿长得好,他把她献给了殷纣王。殷纣王认为不好,一发怒把九侯剁成了肉酱。鄂侯极力劝阻,极力为九侯分辩,纣王一怒又把鄂侯做成了肉干儿。文王听说后,只是伤心地叹息了一声,遂被纣王扣押在牖里的仓库里,扣押了一百天,想要把他弄死。本来和殷纣一样都是'王',为什么让人家给剁成肉酱、做成肉干儿呢?齐湣王被人打败逃到鲁国,夷维子手执马鞭跟在身后,对鲁国人说:'你们将以何等礼节招待我们的国君?'鲁国人说:'我们将以十太牢的礼数敬待你们国君。'夷维子说:'你们这是从哪里学来的礼节?我们的国君是天子。天子巡游到哪个诸侯国,那个国家的诸侯就得让出自己住的房子,交出城门、宫门的钥匙,亲自掖起衣襟、端着托盘,站在下头侍候天子吃饭,直到天子用餐完毕,诸侯才能退下去处理自己国家的事务。'鲁国人一听,干脆关门上锁,没有让他们进来。齐湣王没能进入鲁国,便想改道去薛,中途向邹国借道。当时正赶上邹君新死,齐湣王想进城吊唁。夷维子对邹君的太子说:'天子给人吊唁,丧家必须把死者的棺木掉过方向,使之头朝北,以便接受天子坐北朝南的吊唁。'邹国的群臣一听,说:'如果非得这样,我们宁可伏剑自杀。'于是齐湣王也没能进入邹国。邹、鲁两个小国的臣民,其国君活着穷得得不到吃喝,死后也没人给送点陪葬,但要是有人想对他们摆天子的谱儿,他们尚且能坚决顶回去。现在秦是一个万乘之国,梁同样也是一个万乘之国。都是万乘之国,都有称王的名义,就因为看着它打了一两个胜仗,于是就想尊它为帝,这岂不说明梁国的大臣还不如邹、鲁小国的那些婢仆吗?况且秦国也决不会因为你尊它为帝就算完,它必将改换各诸侯国的执政大臣。必将撤掉他们认为不好的而换上他们所认为好的,罢免他们所讨厌的而任用他们所喜欢的。他们还将把大量秦国的女人派给各国诸侯做妃嫔,住在你们梁国的宫廷。这样,你们的梁王还能生活得那么悠闲自在吗?将军您又怎么保持您旧有的恩宠呢?"

新垣衍一听,起身再拜说:"开始我把您当成了平凡人,通过今天的谈话,我才知道先生是天下少有的奇才。我请求回去,我再也不敢提尊秦为帝的事了。"秦将闻知这一消息，自动为之退兵五十里。刚好这时魏公子窃符夺得了晋鄙的兵权，率之救赵，进击秦军，秦军遂撤退而去。

事过之后，平原君欲封鲁仲连官爵，鲁仲连再三推辞，不肯接受。平原君以宴招待鲁仲连，喝到高兴时，平原君起身到鲁仲连跟前，以千金之礼为鲁仲连祝福致谢。鲁仲连笑着说："天下名士所以可贵，就在于他能为人排解危难而分文不取。如果办了事而有所取，那就成了商人做买卖，这是我鲁仲连所不能干的。"说罢遂辞平原君而去，从此再也没有露过面。

《鲁仲连邹阳列传》记述了战国时鲁仲连与汉初邹阳两个人物的事迹，我们这里只选取了《鲁仲连义不帝秦》的故事。本故事原见于《战国策·齐策》，司马迁就是在《战国策》原有文字的基础上稍加修改而成为《鲁仲连列传》。

赵国在公元前260年长平之战中痛失四十五万人之后，次年又被秦兵包围了邯郸。在赵国如此危急的情况下，魏王不仅不出兵救赵，反而派了新垣衍来给赵国施加压力，怂恿赵国尊秦为帝，实际上也就是劝赵国向秦国投降。在这紧急关头，齐国高士鲁仲连周游至此，他挺身而出，痛斥了新垣衍的投降主义论调，分析了尊秦为帝的危害，以深刻的道理和自己耿介的人格鼓舞了赵国和一切被秦国攻击的东方各国军民，为东方抗秦统一战线的形成奠定了基础。接着信陵君窃符夺得兵权，率魏军而至；春申君率楚军而至，其他诸国也声援赵国，而秦兵则连连失利，最后只好撤走，被困两年多的邯郸遂得解围。鲁仲连于此是有大功的，但他不居功、不受赏，事成之后又飘然而去。这种精神给后人的影响是巨大的，九百年后的大诗人李白满怀敬意地为此写道："齐有倜傥生，鲁连特高妙。明月出海底，一朝开光耀。却秦振英声，后世仰末照。意轻千金赠，顾向平原笑。吾亦澹荡人，拂衣可同调。"

屈原贾生列传
屈子沉江

屈原者,名平,楚之同姓也①。为楚怀王左徒②。博闻强志,明于治乱,娴(xián)于辞令。入则与王图议国事,以出号令;出则接遇宾客,应对诸侯。王甚任之。

上官大夫与之同列③,争宠而心害其能。怀王使屈原造为宪令,屈平属(zhǔ)草稿未定。上官大夫见而欲夺之,屈平不与。因谗之曰:"王使屈平为令,众莫不知,每一令出,平伐其功,曰以为'非我莫能为'也。"王怒而疏屈平。

屈平疾王听之不聪也,谗谄之蔽明也,邪曲之害公也,方正之不容也,故忧愁幽思而作《离骚》。离骚者,犹离忧也。夫天者,人之始也;父母者,人之本也。人穷则反本,故劳苦倦极,未尝不呼天也;疾痛惨怛(dá),未尝不呼父母也。屈平正道直行,竭忠尽智以事其君,谗人间(jiàn)之,可谓穷矣。信而见疑,忠而被谤,能无怨乎?屈平之作《离骚》,盖自怨生也。《国风》好色而不淫,《小雅》怨诽而不乱,若《离骚》者,可谓兼之矣。上称帝喾(kù)④,下道齐桓⑤,中述汤武⑥,以刺世事。明道德之广崇,治乱之条贯,靡不毕见。其文约,其辞微,其志洁,其行廉,其称文小而其指极大,举类迩而见义远。其志洁,故其称物芳。其行廉,故死而不容自疏。濯淖(zhuó nào)污泥之中,蝉蜕(tuì)于浊秽,以浮游尘埃之外,不获世之滋垢,皭(jiào)然泥而不滓者也⑦。推此志也,虽与日月争光可也。

屈平既绌⑧,其后秦欲伐齐,齐与楚从亲⑨,惠王患之⑩,乃令张仪详去秦⑪,厚币委质事楚⑫,曰:"秦甚憎齐,齐与楚从亲,楚诚能绝齐,秦愿献商、於(wū)之地六百里⑬。"楚怀王贪而信张仪,遂绝齐,使使如秦受地。张仪诈之曰:"仪与王约六里,不闻六百里。"楚使怒去,归告怀王。怀王怒,大兴师伐秦。秦发兵击之,大破楚师于丹、淅(xī)⑭,斩首八万,虏楚将屈匄(gài)⑮,遂取楚之汉中地⑯。怀王乃悉发国中兵以深入击秦,战于蓝田⑰。魏闻之,袭楚至邓⑱。楚兵惧,自秦归。而齐竟怒不救楚,楚大困。

明年,秦割汉中地与楚以和。楚王曰:"不愿得地,愿得张仪而甘心焉。"张仪闻,乃曰:"以一仪而当汉中地,臣请往如楚。"如楚,又因厚币用事者臣靳尚⑲,而设诡辩于怀王之宠姬郑袖。怀王竟听郑袖，复释去张仪㉒。是时屈平既疏，不复在位，使于齐，顾反，谏怀王曰："何不杀张仪？"怀王悔，追张仪，不及。

时秦昭王与楚婚㉑，欲与怀王会。怀王欲行，屈平曰："秦，虎狼之国，不可信，不如无行。"怀王稚子子兰劝王行："奈何绝秦欢！"怀王卒行。入武关㉒，秦伏兵绝其后，因留怀王，以求割地。怀王怒，不听。亡走赵，赵不内。复之秦，竟死于秦而归葬㉓。

长子顷襄王立㉔，以其弟子兰为令尹㉕。楚人既咎子兰以劝怀王入秦而不反也㉖。

屈平既嫉之，虽放流，睠顾楚国㉗，系心怀王，不忘欲反，冀幸君之一悟，俗之一改也。其存君兴国而欲反复之，一篇之中三致志焉。然终无可奈何，故不可以反，卒以此见怀王之终不悟也。人君无愚智贤不肖，莫不欲求忠以自为，举贤以自佐，然亡国破家相随属（zhǔ），而圣君治国累世而不见者，其所谓忠者不忠，而所谓贤者不贤也。怀王以不知忠臣之分，故内惑于郑袖，外欺于张仪，疏屈平而信上官大夫、令尹子兰。兵挫地削，亡其六郡，身客死于秦，为天下笑。此不知人之祸也。《易》曰："井渫（xiè）不食，为我心恻，可以汲。王明，并受其福㉘。"王之不明，岂足福哉！

令尹子兰闻之大怒，卒使上官大夫短屈原于顷襄王，顷襄王怒而迁之。

屈原至于江滨，被发行吟泽畔㉙。颜色憔悴，形容枯槁。渔父见而问之曰："子非三闾大夫欤㉚？何故而至此？"屈原曰："举世混浊而我独清，众人皆醉而我独醒，是以见放。"渔父曰："夫圣人者，不凝滞于物而能与世推移。举世混浊，何不随其流而扬其波？众人皆醉，何不铺（bǔ）其糟而啜其醨（lí）㉛？何故怀瑾握瑜而自令见放为？"屈原曰："吾闻之，新沐者必弹冠，新浴者必振衣，人又谁能以身之察察，受物之汶汶者乎！宁赴常流而葬乎江鱼腹中耳，又安能以皓皓之白而蒙世俗之温蠖（huò）乎！"

于是怀石遂自沉汨（mì）罗以死㉜。

①楚之同姓：楚国王族姓芈（mǐ）。屈原亦楚国先王之苗裔，其祖先屈瑕受封于屈（今湖北秭归县东），因以"屈"为姓。屈姓与昭姓、景姓同为楚国王系之大族。②楚怀王：名槐，前328—前299年在位。左徒：官职名，相当于上大夫，地位仅次于令尹。楚国多以贵族近臣担任此职。③上官大夫：姓上官，史失其名。后文有"上

官大夫、靳尚",有人认为是一个人,恐非。④帝喾:相传为黄帝后人,"五帝"之一,号高辛氏。见《五帝本纪》。⑤齐桓:齐桓公,春秋时第一个有名的霸主,前685—前643年在位。⑥汤武:"汤"指商代开国之君商汤;"武"指西周的开国之君武王,名发,周文王之子。⑦皭:洁白。⑧绌:通"黜"(chù),罢免,斥退。⑨从亲:合纵亲善。从,通"纵"。⑩惠王:指秦惠文王,名驷,前337—前311年在位。⑪张仪:战国时著名纵横家,以连横学说事秦,对秦国成就霸业起了重要作用。事见《张仪列传》。详:同"佯",假意。⑫质:同"贽",犹今之所谓"见面礼"。或谓"信物"。⑬商、於:古地区名,约今陕西商州市至河南内乡一带,当时属秦。⑭丹、淅:二水名,丹水源于商州市西北,东流入河南,在淅川县南与淅水汇合。淅水源于河南卢氏县界,南流,在淅川南合于丹水。⑮虏楚将屈匄:秦国俘获楚国大将屈匄,事在楚怀王十七年(前312年)。⑯汉中:地区名,约当今陕西省汉中市周围一带。⑰蓝田:秦县名,县治在今陕西省蓝田西。蓝田之战亦发生在怀王十七年(前312年)。⑱邓:古邑名,在今河南偃城县东南,当时属楚。⑲靳尚:楚人,与张仪有私交,后同张仪一起离楚,被魏臣张旄所杀。⑳复释去张仪:张仪至楚后,通过靳尚,使宠妃郑袖向楚王进说,楚王又将张仪释放。㉑秦昭王:名则,前306—前251年在位。㉒入武关:事在怀王三十年(前299年)。武关,在今陕西省丹凤县东南,当时属秦。㉓内:通"纳"。竟死于秦:事在顷襄王三年(前296年)。㉔顷襄王:楚怀王长子,名横,前298—前263年在位。㉕令尹:楚官名,职同宰相。㉖反:通"返"。㉗眷顾:怀恋。睠,同"眷"。㉘"井渫不食"五句:见于《易经·井卦》爻辞。㉙被:通"披"。㉚三闾大夫:官名,略同汉代之宗正。掌管楚王室昭、屈、景三姓事务。㉛餔:通"哺",吃。糟:酒滓。歠:吸,饮。醨:淡酒。㉜汨罗:水名,源于湖南省平江东,西流入洞庭湖。

屈原名平,是楚王的同姓。在楚怀王殿前任左徒。他学识渊博,记忆力强,精通国家治乱兴衰的道理,并善于外交辞令。他入朝就和楚王一道商议国家大事,拟定和发布各种政令,出朝则接待贤士与各国的使节。楚王非常看重他。

上官大夫与屈原的爵位相同,他忌妒屈原的才能,和屈原争宠。怀王让屈原起草一项法令,屈原已经写出了草稿尚未最后确定。上官大夫见到了想夺归己有，屈原不给他。于是上官大夫便在怀王面前中伤屈原说："大王叫屈原起草法令，这是大家都知道的，但法令颁布后，屈原总是夸耀自己，说这个法令除了他谁也起草不成。"于是楚王便生气地疏远了屈原。

屈原痛恨怀王偏听偏信，不分是非，痛恨谗佞小人蒙蔽楚王的视听，痛恨奸邪之徒的陷害公正，而端方正直的人不为世所容，于是他便忧愁苦闷地创作了《离骚》。所谓"离骚"，就是指陷入苦闷。天是创造人的原始，父母是人出生的根本。人在遇到窘困危急时就会追本溯源，因此当人们劳苦困倦到极点时，总是喊"天"；在疾病惨痛不能忍受时，总是要呼叫"父母"。屈原秉公执正，竭尽自己的忠诚和智慧去侍奉他的国君，结果遭到谗佞小人的离间，这可以说是困苦之极了。守信义的人被猜疑，忠直的人受诽谤，怎不使人怨愤呢？屈原创作《离骚》，就是为了发泄内心的怨愤。《国风》虽写了男女之爱但不过分，《小雅》虽有怨愤之情但没有作乱之心，像《离骚》这部作品，可以说是兼有《国风》和《小雅》的优长。《离骚》向上追溯到帝喾，向下讲到齐桓公，中间说到了商汤、周武王的事情，他是想用来讽刺现实。其中有阐明古代帝王道德崇高的，也有讲述国家政治兴衰条理的，一切应有尽有。文章简练，涵义深远，志趣高洁，行为廉正，文章的辞语简约但含义极其广大，文章所举的事例虽近在眼前，但它寄托的思想却非常深远。由于屈原志趣高洁，因此他就喜欢说鲜花香草；由于他行为廉正，所以他到死也不容许自己离开楚国。身处污泥浊水之中，却能像蝉脱掉外壳一样，超升于尘埃之外，不沾染世俗的污垢，能皎洁地出淤泥而不染。屈原的这种思想气节，说它能与日月争光是不过分的。

屈原被贬退之后，秦国想攻打齐国，当时齐国和楚国有联盟，秦惠王担心楚国干预，于是便让张仪假意辞去了秦国的职位，带着丰厚的礼物去投靠楚国。张仪对楚王说："秦国非常憎恨齐国，但齐国和你们有联盟，如果你们能和齐国绝交，秦国愿意割给你商、於一带的六百里地盘。"楚怀王贪心，相信了张仪的话，就和齐国绝交了，而后派使者到秦国去接受割让的土地。这时张仪狡赖说："我当初和楚王说的是'六里'，没说过'六百里'。"楚国的使臣很生气，回去报告了怀王。怀王怒不可遏，大举兴师讨伐秦国。秦国发兵迎战，大败楚军于丹水和淅水之间，楚国牺牲了八万人，楚国的大将屈匄被秦兵俘获，整个汉中地区都被秦人占去。怀王不甘心，又调集全国的兵力深入秦地，与秦兵会战于蓝田。魏国见楚国内部空虚，便趁机出兵袭击楚国，一直打到邓县。楚怀王害怕了，只好从秦国撤回。这时齐国因为恼怒楚怀王撕毁条约所以不出兵救楚，使得楚国处于非常狼狈的境地。

第二年，秦国表示愿意归还汉中地区同楚国讲和。楚王说："我不想要汉中地，只想得到张仪杀了他解恨。"张仪听说后，便对秦王说："用我一个张仪就能换得汉中大片土地，我请求到楚国去。"张仪到了楚国，先用厚礼贿赂了当权的靳尚，随后又编造了一套诡诈的辞令挑动楚王的宠姬郑袖去向楚王进说。楚王听信郑袖，结果又把张仪放走了。这时屈平已经被疏远，不在朝廷中任职，而是奉命出使到齐国去了。屈平回来后，问楚王说："为什么不杀张仪？"这时怀王也后悔了，再派人去追张仪，已经追不上了。

后来新即位的秦昭王同楚国结成了姻亲，他请楚王去秦国会谈。怀王想去，屈原劝阻说："秦国像虎狼一样凶暴，不可轻信，不如不去好。"这时怀王的小儿子子兰怂恿怀王前去，他说："怎么能拒绝秦国的友好邀请呢！"于是怀王便出发了。楚怀王一进入武关，秦国的伏兵立即截断了楚王的后路，把他扣了起来。秦国向楚怀王要求割地，怀王生气不答应。后来怀王曾一度借机逃到了赵国，赵国不敢接纳。于是只好又回到了秦国，最后便死在了那里，死后尸体才被运了回来。

怀王的大儿子顷襄王即位后，任用他的弟弟子兰为令尹。但楚国人却对子兰不满，因为当初是他劝怀王到秦国去，以致使楚怀王没能活着回来。

屈原痛恨子兰等人，他虽然被放逐在外，但仍念念不忘楚国的前途，记挂着怀王的安危。他始终期望着能返回朝廷为国尽忠，希望君王有一天能够觉悟，国家的风俗能得到改变。他这种辅佐君王振兴楚国，想挽狂澜于既倒的心愿，在作品中一再表露。然而到头来都无可奈何，以至于怀王死在秦国，这一切都表明楚怀王根本不觉悟。作为一个君主，无论愚蠢的还是聪明的，总是希望做臣子的忠心效力，想起用一些有才干的人来辅佐自己，然而亡国破家的事实却一件接着一件，而真正的圣明君主与康乐太平的社会却多少世代也见不到一个。其原因就在于他们所谓的"忠臣"实际上并不忠，他们所谓的"贤人"实际上并不贤。楚怀王就是因为不知道什么是忠臣，所以内受郑袖的迷惑，外受张仪的欺骗，疏远屈平而宠信上官大夫与令尹子兰，到头来军事上受挫败，领土被侵割，丢掉了六个郡，自己也被扣留而死于秦国，被天下人所耻笑。这不都是由于分不出忠贞与奸佞而招致的灾祸吗？《易经》说："我已经把井淘干净了，但仍无人饮用，真叫人伤心。这井水是可以汲用的。一个国家的君王如果圣明，那么大家都可以共享幸福。"如果这个君王不贤明，还有什么幸福可言呢！

令尹子兰听说屈原对他不满，很恼怒，便又唆使上官大夫在顷襄王面前说屈原的坏话，顷襄王一怒把屈原放到了更远的地方。

屈原流落到了湘江边上，披头散发地在江边边走边吟。他脸色憔悴，形体瘦削。一位渔翁见到他这种情景就问道："您不是三闾大夫吗？为什么弄到这种地步？"屈原说："整个国家都污浊而我独自清白，大家都醉醺醺而我独自清醒，于是我就被放逐了。"渔翁说："一个聪明人，就不应该活得太拘泥而应该能随时代的变化而变化。整个国家都污浊，你何不随波逐流，推波助澜呢？大家都醉醺醺，你何不也既喝酒又吃糟呢？您何必死死地坚守那份'节操'而被放逐呢？"屈原说："我听说，刚洗过头的人一定要掸掸帽子上的灰尘，刚洗了澡的人一定要抖抖衣服上的尘土。谁愿意让自己干净的身子，去沾染外界的污浊呢！我宁肯投入滚滚的江流，葬身鱼腹，怎么能让自己晶莹洁白的品格蒙受世俗的污垢呢！"

于是，他抱着石头投入汨罗江中自杀了。

《屈原贾生列传》是战国时楚国屈原与汉代贾谊二人的合传，司马迁之所以要把两个不同时代的人物合写在一篇，是由于司马迁认为他们都忠心为国，才能卓越，但又都不受重用，遭到排挤，结局悲惨；同时又由于屈原写过《离骚》、贾谊写过《吊屈原》，二人又都喜欢写作辞赋。屈原的确是受排挤，最后沉江，是悲剧人物；但贾谊少年得志，进言多得采纳，为长沙王太傅也不是贬官，司马迁为贾谊鸣不平未必得当，班固、苏轼早都发表过评论。我们这里只选了《屈子沉江》一节。

屈原既有政治眼光，又有文学才干，是历代少有的两者兼具的人物。但他一生屡被小人所谮，被昏君所放，这是令人深感悲哀的。又由于屈原身为楚王宗室，爱家爱国，不能像其他游士脱身远举，引他方势力以反噬自己之家邦，于是只有一死殉国。类似屈原这种思想、气节的人物，整个战国时代实属少有，司马迁对屈原非常敬慕，对其悲惨遭遇是极其同情的。作品夹叙夹议，感慨唏嘘，是《史记》中抒情性最强的篇章之一。

刺客列传
豫让刺赵襄子

豫让者，晋人也，故尝事范氏及中行氏①，而无所知名。去而事智伯②，智伯甚尊宠之。及智伯伐赵襄子③，赵襄子与韩、魏合谋灭智伯④，灭智伯之后而三分其地。赵襄子最怨智伯⑤，漆其头以为饮器⑥。豫让遁逃山中，曰："嗟乎！士为知己者死，女为悦己者容。今智伯知我，我必为报仇而死，以报智伯，则吾魂魄不愧矣！"乃变名姓为刑人⑦，入宫涂厕，中挟匕首，欲以刺襄子。襄子如厕，心动，执问涂厕之刑人，则豫让。内持刀兵，曰："欲为智伯报仇。"左右欲诛之。襄子曰："彼义人也，吾谨避之耳。且智伯亡无后，而其臣欲为报仇，此天下之贤人也。"卒释去之。

居顷之，豫让又漆身为厉⑧，吞炭为哑，使形状不可知，行乞于市，其妻不识也。行见其友，其友识之，曰："汝非豫让邪？"曰："我是也。"其友为泣曰："以子之才，委质而臣事襄子，襄子必近幸子。近幸子，乃为所欲，顾不易邪？何乃残身苦形，欲以求报襄子，不亦难乎？"豫让曰："既已委质臣事人，而求杀之，是怀二心以事其君也。且吾所为者极难耳！然所以为此者，将以愧天下后世之为人臣怀二心以事其君者也。"

既去，顷之，襄子当出，豫让伏于所当过之桥下。襄子至桥，马惊。襄子曰："此必是豫让也。"使人问之，果豫让也。于是襄子乃数豫让曰："子不尝事范、中行氏乎？智伯尽灭之，而子不为报仇，而反委质臣于智伯。智伯亦已死矣，而子独何以为之报仇之深也？"豫让曰："臣事范、中行氏，范、中行氏皆众人遇我，我故众人报之；至于智伯，国士遇我⑨，我故国士报之。"襄子喟（kuì）然叹息而泣曰："嗟乎，豫子！子之为智伯，名既成矣，而寡人赦子亦已足矣。子其自为计，寡人不复释子。"使兵围之。

豫让曰："臣闻明主不掩人之美，而忠臣有死名之义。前君已宽赦臣，天下莫不称君之贤。今日之事，臣固伏诛，然愿请君之衣而击之，焉以致报仇之意，则虽死不恨。非所敢望也，敢布腹心。"于是襄子大义之，乃使使持衣与豫让。豫让拔剑三跃而击之，曰："吾可以下报智伯矣！"遂伏剑自杀。死之日，赵国志士闻之，皆为涕泣。

①晋：西周以来的诸侯国名，始封之君为成王之弟叔虞。春秋前期国都在绛（今山西翼城东南），后迁新田（今山西侯马市西）。范氏：春秋后期晋国大贵族，是春秋中期名臣士会的后代。中行氏：春秋后期晋国大贵族，是春秋中期名臣荀林父的后代。②智伯：指荀瑶，春秋中期晋国名臣荀首的后代。③赵襄子：名毋恤，晋国名臣赵衰（cuī）、赵盾的后代，赵国政权的创建和开拓者，前475—前425年在位。④赵襄子与韩、魏合谋灭智伯：春秋中期以来，晋国政权落入范氏、中行氏、智氏、赵氏、魏氏、韩氏六家大臣（即所谓"六卿"）之手。晋出公十七年（前458年），智伯联合赵、魏、韩三家共灭范氏、中行氏。出公二十二年（前453年），智伯又挟持韩、魏二族共同伐赵氏，赵襄子串通韩、魏二族反戈，遂将智氏灭掉。⑤赵襄子最怨智伯：赵襄子是赵简子之子。智伯曾以酒灌赵襄子，又曾劝赵简子废襄子的世子之位，后又围襄子于晋阳，故襄子深恨之。⑥饮器：酒壶、酒杯之类。一说饮器即溲器，尿壶。二说皆可。⑦刑人：被判刑服役的人。⑧漆身为厉：厉，通"癞"，恶疮。⑨国士：一国之中的杰出之士。

豫让是晋国人。从前曾经为范氏和中行氏两家效力，但没有得到这两家的理解和重用。后来豫让便离开他们去投奔了智伯，智伯对他特别尊敬宠爱。后来智伯讨伐晋国的另一个大贵族赵襄子，不料赵襄子和韩康子、魏桓子三家联合起来消灭了智伯，瓜分了智伯的领地。因为赵襄子对智伯特别痛恨，于是就把他的头砍下来用漆漆好做了酒壶。这时豫让逃到了山中，发誓说："士要为知己而献身，女子要为爱人而打扮。智伯曾经理解我信任我，今天我一定要为智伯报仇。如果我能为智伯报仇而死，那么即使到了九泉，我的魂魄也就不会觉得惭愧了！"于是他改名换姓，装作一个被判刑服役的罪人，到赵襄子的宫中去抹厕所，他身上暗藏着匕首，想寻找机会刺杀赵襄子。赵襄子来上厕所了，他突然觉得心有所动，于是就派人把抹厕所的罪人抓起来审问，结果发现是豫让。他身上藏着匕首，并扬言要为智伯报仇。赵襄子的左右想杀他。赵襄子说："这是个义士，我们今后注意防备就是了。再说智伯被灭以后连个后人也没有，他的臣民里有人要为他报仇，这是天下难得的好人。"于是便释放了他。

过了一段时间，豫让便浑身抹漆，把自己弄成了一个长癞疮的样子，又故意吞食炭火搞坏了自己的声带，让自己的模样变得谁也认不出来，他在街市上讨饭，居然连他的妻子也认不出来了。豫让在路上遇见了他的一位知心朋友，他的朋友认得他，对他说："你不是豫让吗？"豫让说："是的。"他的朋友见他如此便落了泪，他说："凭着你的才能，你如果假装去为赵襄子效力，赵襄子肯定会亲近你。等到他一旦亲近你，那时你想干什么还不就很容易了吗？何必像现在这样毁坏自己的身体？你想通过这种方法来向赵襄子报仇，这不是很难的事情吗？"豫让说："如果一旦立保证给人效力了，再回过头来杀人家，这就是怀着二心去侍奉人。我知道我现在这个做法是很难的，我之所以要这么做，就是为了让那些怀着二心伺候人的人感到羞愧。"

豫让和朋友分别而去，不久，豫让听说赵襄子又要出门了，于是他就藏在了赵襄子所要经过的桥下。待至赵襄子来到桥头，忽然马惊了。赵襄子立即心有所悟地说："这下面必定是豫让。"他派人下去查问，果然是豫让。于是赵襄子就斥责豫让说："你起先不是为范氏和中行氏效过力吗？智伯把他们灭掉，你那时不说为他们报仇，反而投靠了智伯。现在智伯死了，你为什么就这么卖力地为智伯报仇呢？"豫让说："我为范氏、中行氏效力时，他们都像对待一般人那样对待我，所以我也像对待一般人那样对待他们；至于智伯，他是把我当作杰出人物来对待的，所以我也要像杰出人物待人那样去对待他。"赵襄子一听，深有所感地流下了眼泪说："豫让先生！你为了给智伯报仇所做的这些努力，已经可以名扬后世；而我已经宽赦过你一次，这事情也就算已经到头了。现在请你自己看着办吧，我不能再放你了。"于是派兵把豫让包围了起来。

豫让说："古人说贤明的君主不应该埋没别人的好处，忠直的臣子应该为道义献身。上次您宽赦了我，天下没有人不称赞您的贤明。今天的事，我也理所当然地该死，但最后我请求在您的衣服上砍几刀，这样也就算是让我报了仇，这样我就是死也毫无遗憾了。我不敢提这个要求，我只是大胆地向您说说我的想法。"赵襄子听了大受感动，就脱下一件衣服，让人递给了他。豫让拔出剑来，跳着脚一连向衣服砍了好几下，说："这样我就可以到地下去见智伯了！"说罢自刎而死。豫让死的那天，赵国有正义感的人们听了，都为他流出了眼泪。

刺客列传
荆轲刺秦王

荆轲者，卫人也。其先乃齐人，徙于卫，卫人谓之庆卿；而之燕，燕人谓之荆卿。

荆卿好读书击剑，以术说卫元君①，卫元君不用。其后秦伐魏，置东郡，徙卫元君之支属于野王②。荆轲尝游过榆次③，与盖聂论剑。盖聂怒而目之，荆轲出。人或言复召荆卿，盖聂曰："曩（nǎng）者吾与论剑，有不称（chèn）者，吾目之。试往，是宜去，不敢留。"使使往之主人，荆卿则已驾而去榆次矣。使者还报，盖聂曰："固去也，吾曩者目摄之。"

荆轲游于邯郸④，鲁勾践与荆轲博，争道，鲁勾践怒而叱之，荆轲嘿而逃去⑤，遂不复会。

荆轲既至燕，爱燕之狗屠及善击筑者高渐离⑥。荆轲嗜酒，日与狗屠及高渐离饮于燕市。酒酣以往，高渐离击筑，荆轲和而歌于市中，相乐也。已而相泣，旁若无人者。荆轲虽游于酒人乎，然其为人沉深好书，其所游诸侯，尽与其贤豪长者相结。其之燕，燕之处士田光先生亦善待之，知其非庸人也。

居顷之，会燕太子丹质秦亡归燕⑦。燕太子丹者，故尝质于赵，而秦王政生于赵⑧，其少时与丹欢。及政立为秦王，而丹质于秦。秦王之遇燕太子丹不善，故丹怨而亡归。归而求为报秦王者，国小，力不能。其后秦日出兵山东⑨，以伐齐、楚、三晋，稍蚕食诸侯，且至于燕。燕君臣皆恐祸之至。太子丹患之，问其傅鞠武。武对曰："秦地遍天下，威胁韩、魏、赵氏。北有甘泉、谷口之固，南有泾、渭之沃，擅巴、汉之饶⑩，右陇、蜀之山，左关、崤（xiáo）之险⑪，民众而士厉，兵革有余。意有所出，则长城之南，易水以北⑫，未有所定也。奈何以见陵之怨，欲批其逆鳞哉⑬！"丹曰："然则何由？"对曰："请入图之。"

居有间，秦将樊於期（wū jī）得罪于秦王，亡之燕。太子受而舍之。鞠武谏曰："不可。夫以秦王之暴，而积怒于燕，足为寒心；又况闻樊将军之所在乎？是谓'委肉当饿虎之蹊'也，祸必不振矣！虽有管、晏⑭，不能为之谋也。愿太子疾遣樊将军入匈奴以灭口。请西约三晋，南连齐、楚，北购于单于（chán yú）⑮，其后乃可图也。"太子曰："太傅之计，旷日弥久，心惛然，恐不能须臾。且非独于此也，夫樊将军穷困于天下，归身于丹，丹终不以迫于强秦而弃所哀怜之交，置之匈奴。是固丹命卒之时也，愿太傅更虑之。"

鞠武曰："夫行危欲求安，造祸而求福，计浅而怨深，连结一人之后交，不顾国家之大害，此所谓资怨而助祸矣。夫以鸿毛燎于炉炭之上，必无事矣。且以雕鸷之秦，行怨暴之怒，岂足道哉！燕有田光先生，其为人智深而勇沉，可与谋。"太子曰："愿因太傅而得交于田先生，可乎？"鞠武曰："敬诺。"

出见田先生，道："太子愿图国事于先生也。"田光曰："敬奉教。"乃造焉。太子逢迎，却行为导，跪而蔽（fú）席⑯。田光坐定，左右无人，太子避席而请曰："燕、秦不两立，愿先生留意也。"田光曰："臣闻骐骥盛壮之时，一日而驰千里；至其衰老，驽马先之。今太子闻光盛壮之时，不知臣精已消亡矣。虽然，光不敢以图国事，所善荆卿可使也。"太子曰："愿因先生得结交于荆卿，可乎？"田光曰："敬诺。"即起趋出。太子送至门，戒曰："丹所报、先生所言者，国之大事也，愿先生勿泄也！"田光俯而笑曰："诺。"

偻（lóu）行见荆卿曰："光与子相善，燕国莫不知。今太子闻光壮盛之时，不知吾形已不逮也。幸而教之曰：'燕、秦不两立，愿先生留意也。'光窃不自外，言足下于太子也。愿足下过太子于宫。"荆轲曰："谨奉教。"田光曰："吾闻之：'长者为行，不使人疑之。'今太子告光曰：'所言者，国之大事也，愿先生勿泄。'是太子疑光也。夫为行而使人疑之，非节侠也。"欲自杀以激荆卿，曰："愿足下急过太子，言光已死，明不言也。"因遂自刎而死。

荆轲遂见太子，言田光已死，致光之言。太子再拜而跪，膝行流涕，有顷而后言曰："丹所以诫田先生毋言者，欲以成大事之谋也。今田先生以死明不言，岂丹之心哉！"荆轲坐定，太子避席顿首曰："田先生不知丹之不肖，使得至前，敢有所道，此天之所以哀燕而不弃其孤也。今秦有贪利之心，而欲不可足也。非尽天下之地，臣海内之王者，其意不厌。今秦已虏韩王⑰，尽纳其地；又举兵南伐楚，北临赵。王翦将数十万之众距漳、邺⑱，而李信出太原、云中⑲。赵不能支秦，必入臣；入臣，则祸至燕。燕小弱，数困于兵，今计举国不足以当秦。诸侯服秦，莫敢合从。丹之私计，愚以为诚得天下之勇士使于秦，窥以重利，秦王贪，其势必得所愿矣。诚得劫秦王，使悉反诸侯侵地，若曹沫之与齐桓公，则大善矣；则不可，因而刺杀之。彼秦大将擅兵于外，而内有乱，则君臣相疑，以其间，诸侯得合从，其破秦必矣。此丹之上愿，而不知所委命，唯荆卿留意焉!"

久之,荆轲曰:"此国之大事也,臣驽下,恐不足任使。"太子前,顿首,固请毋让,然后许诺。于是尊荆卿为上卿,舍上舍。太子日造门下,供太牢具㉑,异物间进,车骑美女恣荆轲所欲,以顺适其意。

久之,荆轲未有行意。秦将王翦破赵,虏赵王㉒,尽收入其地。进兵北略地,至燕南界。太子丹恐惧,乃请荆轲曰:"秦兵旦暮渡易水,则虽欲长侍足下,岂可得哉!"荆轲曰:"微太子言,臣愿谒之。今行而毋信,则秦未可亲也。夫樊将军,秦王购之金千斤,邑万家,诚得樊将军首与燕督亢之地图㉒,奉献秦王,秦王必说见臣,臣乃得有以报。"太子曰:"樊将军穷困来归丹,丹不忍以己之私而伤长者之意,愿足下更虑之。"

荆轲知太子不忍,乃遂私见樊於期,曰:"秦之遇将军可谓深矣,父母宗族皆为戮没。今闻购将军首金千斤,邑万家,将奈何?"於期仰天太息流涕,曰:"於期每念之,常痛于骨髓,顾计不知所出耳!"荆轲曰:"今有一言可以解燕国之患,报将军之仇者,何如?"於期乃前曰:"为之奈何?"荆轲曰:"愿得将军之首,以献秦王,秦王必喜而见臣,臣左手把其袖,右手揕(zhèn)其匈,然则将军之仇报,而燕见陵之愧除矣。将军岂有意乎?"樊於期偏袒扼腕而进曰:"此臣之日夜切齿腐心也㉓,乃今得闻教!"遂自刭。

太子闻之,驰往,伏尸而哭,极哀。既已不可奈何,乃遂盛樊於期首函封之。于是太子豫求天下之利匕首,得赵人徐夫人匕首,取之百金。使工以药焠(cuì)之,以试人,血濡缕,人无不立死者。乃装为遣荆卿。燕国有勇士秦舞阳,年十三杀人,人不敢忤视。乃令秦舞阳为副。

荆轲有所待,欲与俱。其人居远,未来,而为治行。顷之,未发,太子迟之,疑其改悔,乃复请曰:"日已尽矣,荆卿岂有意哉?丹请得先遣秦舞阳。"荆轲怒,叱太子曰:"何太子之遣!往而不返者,竖子也。且提一匕首入不测之强秦,仆所以留者,待吾客与俱。今太子迟之,请辞决矣!"遂发。

太子及宾客知其事者,皆白衣冠以送之。至易水之上,既祖㉔,取道,高渐离击筑,荆轲和而歌,为变徵(zhǐ)之声㉕,士皆垂泪涕泣。又前而为歌曰:"风萧萧兮易水寒,壮士一去兮不复还!"复为羽声慷慨㉖,士皆瞋目,发尽上指冠。于是荆轲就车而去,终已不顾。

遂至秦，持千金之资币物，厚遗秦王宠臣中庶子蒙嘉㉒。嘉为先言于秦王，曰："燕王诚振怖大王之威，不敢举兵以逆军吏，愿举国为内臣，比诸侯之列，给贡职如郡县，而得奉守先王之宗庙。恐惧不敢自陈，谨斩樊於期之头，及献燕督亢之地图，函封，燕王拜送于庭，使使以闻大王。唯大王命之。"

秦王闻之，大喜。乃朝服，设九宾，见燕使者咸阳宫㉓。荆轲奉樊於期头函，而秦舞阳奉地图匣，以次进。至陛，秦舞阳色变振恐。群臣怪之。荆轲顾笑舞阳，前谢曰："北蕃蛮夷之鄙人，未尝见天子，故振慴。愿大王少假借之，使得毕使于前。"秦王谓轲曰："取舞阳所持地图。"轲既取图奏之。秦王发图，图穷而匕首见。因左手把秦王之袖，而右手持匕首揕之。未至身，秦王惊，自引而起，袖绝。拔剑，剑长，操其室。时惶急，剑坚，故不可立拔。荆轲逐秦王，秦王环柱而走。群臣皆愕，卒起不意，尽失其度。而秦法，群臣侍殿上者，不得持尺寸之兵；诸郎中执兵㉔，皆陈殿下，非有诏召，不得上。方急时，不及召下兵，以故荆轲乃逐秦王。而卒惶急，无以击轲，而以手共搏之。是时，侍医夏无且以其所奉药囊提荆轲也。

秦王方环柱走，卒惶急，不知所为，左右乃曰："王负剑！"负剑，遂拔，以击荆轲，断其左股，荆轲废。乃引其匕首以擿秦王，不中，中铜柱。秦王复击轲，轲被八创。轲自知事不就，倚柱而笑，箕倨以骂曰："事所以不成者，以欲生劫之，必得约契以报太子也。"于是左右既前杀轲。秦王不怡者良久。已而论功赏群臣及当坐者各有差，而赐夏无且黄金二百镒，曰："无且爱我，乃以药囊提荆轲也。"

于是秦王大怒，益发兵诣（yì）赵，诏王翦军以伐燕，十月而拔蓟城㉕。燕王喜、太子丹等尽率其精兵，东保于辽东㉖。秦将李信追击燕王急，代王嘉乃遗燕王喜书曰㉗："秦所以尤追燕急者，以太子丹故也。今王诚杀丹献之秦王，秦王必解，而社稷幸得血食㉘。"其后李信追丹，丹匿衍水中㉙，燕王乃使使斩太子丹，欲献之秦。秦复进兵攻之。后五年㉚，秦卒灭燕，虏燕王喜。

其明年，秦并天下，立号为皇帝。

①卫元君：卫国国君，前251—前230年在位。此时卫国已为魏国附庸，卫元君为魏王之婿，故魏仍使其居濮阳而称"君"。②东

郡：秦郡名，郡治濮阳（今河南濮阳县西南）。前242年，秦伐魏后所置。野王：邑名，原属韩，后为秦所取，即今河南沁阳市。③榆次：战国时赵邑，即今山西省榆次市。④邯郸：战国时赵国的都城，即今河北省邯郸市。⑤博：古代的一种棋戏。嘿而逃去：嘿，通"默"。⑥筑：一种乐器，似琴有弦，以竹击之。⑦燕太子丹质秦亡归燕：事在秦王政十五年（前232年）。太子丹，燕王喜（前254—前222年在位）之子，名丹。⑧秦王政生于赵：秦王政即为后来的秦始皇，其父公孙异人，为质于赵，娶赵女生秦王政。⑨山东：崤山（今河南灵宝市东南）以东，泛指今河南、河北、山东等所有秦国以东的地区。⑩甘泉：山名，在今陕西淳化县西北。谷口：泾水出山的山口，在今陕西礼泉县东北。泾、渭：二水名，泾水自宁夏流来，在西安东北汇入渭水。渭水自甘肃流来，经关中东入黄河。巴：秦郡名，约当今之重庆至宜宾一带。汉：指秦汉中郡，约当今陕西南部的汉中市一带地区。⑪关、崤：函谷关（在今河南灵宝市东北）。崤山（在灵宝市东南）。⑫易水：发源于今河北省易县，东流入大清河，当时是燕国的南境。长城：这里指燕国的长城，西起今张家口，经赤峰、铁岭后南折，经抚顺、丹东，进入朝鲜境内，当时是燕国的北境。⑬批其逆鳞：意即惹其发怒。相传龙的颈下有"逆鳞"，一被触动就要吃人。⑭管、晏：管仲、晏婴，都是春秋时齐国的谋臣。⑮匈奴：战国后期强大起来的北方民族名。单于：匈奴君长的称号。⑯蔽席：蔽，此处通"拂"，拂拭。蔽席，撑拭座席，礼节性的动作。⑰秦已虏韩王：事在秦王政十七年(前230年)，是年秦灭韩，虏韩王安，在韩地设颍川郡。⑱王翦：秦国名将，在灭赵、灭楚中建有大功。漳、邺：漳水、邺城。漳水流经今河北省与河南省交界处；邺城旧址在今河北省临漳县西南。⑲李信：秦国将领，汉李广的祖先。太原：秦郡名，原属赵，秦王政二年（前245年）被秦占领。云中：郡名，郡治在今内蒙古托克托县东北，原属赵，秦王政十三年（前234年）被秦所占。⑳太牢具：牛、羊、豕三牲皆备的筵席，古代待客的最高礼数。㉑虏赵王：事在秦王政十九年（前228年）。赵王，指悼襄王之子赵迁，前235—前228年在位。㉒督亢之地：约当今河北之涿州、定兴、固安等一带，为当时燕国的富饶区。㉓偏袒扼腕：古人发誓时做出的一种姿态。切齿腐心：腐，应作"拊"，捶。㉔既祖：祖，祭祀路神。㉕变徵之声：古代乐律分宫、商、角、变徵、徵、羽、变宫七调。变徵相当于现在的F调，此调韵味苍凉悲婉。㉖羽声：相当于今之A调，此调韵味激昂慷慨。㉗中庶子：太子的属官，主管宫中及诸吏嫡子、庶子的支系谱牒。㉘设九宾：一种接见贵宾的大礼。咸阳宫：秦国当时的主要宫殿，极其雄伟壮丽。㉙郎中：皇帝的侍从人员。㉚十月：秦王政二十一年（前226年）之十月。蓟城：当时燕国都城，即今北京市。㉛辽东：燕郡名，约当今之辽宁省大凌河以东地区。㉜代王嘉：即赵公子嘉，悼襄王的嫡长子。赵灭，公子嘉逃至代地，被赵国残余势力立为代王。在位六年（前227—前222年），被秦所灭。㉝血食：指享受祭祀，因祭祀要用牛、羊、豕三牲。㉞衍水：在辽东，具体方位不详。㉟后五年：秦王政二十五年（前222年）。

荆轲是卫国人。他的先辈本是齐国人，后来荆轲搬到了卫国，卫国人叫他庆卿；后来荆轲到了燕国，燕国人又叫他荆卿。

荆卿喜欢读书、击剑，曾以治国之术劝说过卫元君，卫元君没有采用。后来秦国东攻魏国，在新占领的地区设立了东郡，把魏国的附庸君主卫元君和他的支属迁到了野王。荆轲离乡飘游到了赵国的榆次，和盖聂谈论剑术。盖聂瞪了荆轲一眼，荆轲没说话出门走了。有人问盖聂是不是去把荆轲找回来，盖聂说："刚才我和他谈论剑术，有些地方他说得不对，我瞪了他一眼。你去看看吧，我估计他可能离开榆次了，他不会留在这里。"结果派人去到荆轲居住的房东那里一问，荆轲果然已经赶着车子离开了榆次。派去的人回来向盖聂一说，盖聂说："本来我就估计他已经走了，因为我刚才瞪了他一眼。"

接着荆轲又到了邯郸，和鲁勾践一起下棋，因为两个人争执该当谁走，鲁勾践对荆轲生气地呵斥了一声，荆轲又是二话没说悄悄地走了，两个人从此再没有见面。

荆轲来到燕国后，和燕国一个杀狗的屠户及一位擅长击筑的高渐离感情很好。荆轲喜欢饮酒，天天和那个屠户及高渐离在燕国的市场上痛饮。等到喝得劲头上来，高渐离就击筑为声，荆轲就和着筑声引吭高唱，三个人以此为乐。待至唱了一会儿，忽然又转为相对落泪，简直就像周围没有别人一样。荆轲虽然是好跟那班酒徒混在一起，但他的为人却深沉稳重，而且喜欢念书；他不论到哪个国家，总是跟那些有威望有才干的人物交朋友。他到了燕国后，燕国的在野名人田光也对他很好，知道他不是平庸之辈。

没过多久，在秦国当人质的太子丹从秦国逃回来了。太子丹原来曾在赵国当人质，当时秦王政出生在赵国，小时候和太子丹很要好。等到他回国当了秦王之后,太子丹又到秦国来当人质,这时秦王政对待太子丹很不好,于是太子丹恨恨地逃了回来。回国后太子丹就想寻找机会向秦王报仇,但由于燕国弱小,自己没有力量。后来秦国又接连不断出兵东下,攻打齐国、楚国和韩、赵、魏三国,逐渐地向东蚕食各国的领土,眼看着就要吃到燕国的头上来了,燕国的君臣们都很害怕这种灾难的降临。太子丹很担心,向他的老师鞠武请教。鞠武说:"秦国的土地遍天下,威胁着韩国、魏国和赵国。秦国北有甘泉、谷口的坚固要塞,南有泾水、渭水灌溉的肥沃土壤,并拥有巴郡、汉中的富饶资源,西有陇山、岷山,东有函谷关、崤山,他们人多兵强,武器充裕。只要他们的心眼对我们一动,那么这长城以南、易水以北的燕国就无法安生了。您何必为受了一点欺侮去触怒他呢!"太子丹说:"那我们有什么办法吗?"鞠武说:"让我再好好地考虑考虑。"

又过了一段时间,秦国的将领樊於期因为得罪秦王逃到了燕国,太子丹收留他,让他住了下来。鞠武劝阻说:"不能留他。凭着秦王的残暴和他素日对我们燕国的怒气,就已经够让人胆战心寒的了,何况再让他知道樊将军又到了我们这里呢?这就叫作'把肉往饿虎经过的道上扔',灾难必然是没救了!到那时即使有管仲、晏婴那样的谋臣也不可能再替您拿出主意。所以希望您赶紧打发樊将军去匈奴,以消除秦国进攻我们的借口。然后我们向西联合韩、赵、魏三国,向南联合齐国、楚国,再向北联合匈奴王,只有这样,我们才可能考虑如何与秦国作战。"太子丹说:"照您的计划,将不知拖到何年何月,现在我的心里昏昏然,恐怕等不了多久了。再说樊将军是在走投无路的情况下来投奔我的,我无论如何不能因为惧怕秦国而抛弃一位可怜的朋友,把他扔到匈奴去。也许现在已经到了我该死的时候了,希望您替我想想别的办法。"

鞠武说:"一边在故意冒险一边又求太平,一边在制造祸端一边又求福分,不作深谋远虑却又不断地激怒敌人,为了一个新来的朋友,竟然不顾国家的大害,这就是俗话所说的自己在加快灾难的降临。这就如同把一根鸿毛放在炉火上烧,肯定是一下子就完了。让雕鸷一样凶猛的秦国来向我们发泄他那积蓄已久的怒气,那还用得着说什么吗?我们国家有位田光先生,这个人有深智大勇,您可以找他商量商量。"太子丹说:"我希望通过你的引见认识田先生,你看行吗?"鞠武说:"可以。"

于是鞠武出去找到田光说:"太子希望见你和你商量国家大事。"田光说:"遵命。"于是他就到太子那里去了。太子丹迎到了门外，而后在前面倒退着为田光引路，进屋后又跪下去用袖子为田光掸了掸坐席。待至田光坐定，左右的人们退出后，太子丹又离开坐席，尊敬地向田光请教说："燕国和秦国是势不两立的，请先生关心我们当前的形势。"田光说："一匹骏马在它健壮的时候，一天能跑一千里，可是到它老了的时候，连一匹劣马也能跑到它的前头。太子您听说我能干，那是我年轻时候的事，却不知我现在的精力已经不行了。但尽管我现在已经不能再和您一道筹划大事，而我的朋友荆卿却可以给您派用场。"太子丹说："我想通过您的介绍认识荆卿，您看行吗？"田光说："遵命。"说完起身出门。太子丹送到了门口，嘱咐田光说："刚才我对您说的话，以及您所说的事情，可都是国家大事，希望您不要泄露。"田光低头笑道："当然。"

田光立刻弯着腰去找到了荆卿，说："咱们两个人的关系好，燕国无人不知。可是太子光知道我年轻时的本事，而不知道我现在的身体已经不顶用了。他对我说：'燕国和秦国是势不两立的，希望您关心我们现在的局势。'当时我不见外，就把你推荐给太子了。希望你迅速进宫见他。"荆轲说："愿意遵命。"田光又说："俗话说：'一个有德性的人办事，不应该让别人怀疑。'刚才太子曾嘱咐我说：'我们所说的话可都是国家大事，希望您不要泄露。'这说明太子对我不放心。一个人办事如果让别人不放心，那就不能算是好汉。"其实他是想用自己的死来激励荆轲下决心，于是就对荆轲说："请你赶紧到太子那里去，就说我已经死了，我是为了让他知道我不会泄露国家机密。"说罢遂自刎而死。

于是荆轲立即去拜见太子，对太子说田光已经死了，并且把田光临死前说的话对太子丹说了一遍。太子丹拜了两拜，跪在地上流着眼泪，过了好一会儿才说出话来。他说："我当时之所以嘱咐田先生，是为了保证大事的成功。如今田先生竟然为了表明不泄露机密而自杀了，这哪里是我的本意呢！"荆轲坐定以后，太子丹又离开坐席，对荆轲叩头说："田先生不认为我没出息，让我能到您面前，向您表达我的心事，这真是老天爷可怜我们燕国而不想抛弃燕国的后代啊。如今秦国贪婪得很，他们的欲望是永远不能满足的。他们不把所有的国家全部消灭，不把各国的国王都变成他的奴仆，是不会死心的。现在他们已经俘虏了韩王，吞并了韩国的土地；又发兵向南征伐楚国，向北逼近赵国。王翦率领着几十万人已经到达了赵国南境的漳水、邺城；而李信又从云中、太原出兵向赵国进击，赵国抵抗不住，必然要向秦国投降。赵国一投降，接着灾祸就会要降临到我们燕国了。我们燕国弱小，又多次遭受战争的破坏，现在估计一下,即使动员起整个国家的力量也抵挡不了秦国。现在各国都怕秦国,谁也不敢再与我们联合。按我个人的想法,如果能找到一位勇士,派他到秦国去,我们可以拿重利去引诱秦王,秦王贪心大,必然能让我们找到接近他的机会。这样我们一旦劫持了他,逼他交还侵占诸侯们的土地,就像当年曹沫劫持齐桓公那样,这是最理想的结果;假如劫持不成,那就乘机把他杀掉。秦国的大将都领兵在外,国内一旦出现动乱,他们君臣间必然会相互猜疑,乘这个机会我们东方各国联合起来,就肯定可以打败秦国了。这是我最高的愿望,只是不知道该把这个任务托付给谁,请您多留意!"

过了好一会儿,荆轲说:"这可是国家的大事,我本事不高,恐怕承担不起。"太子丹上前叩头,坚请他不要推辞,荆轲答应了。于是太子丹尊荆轲为上卿,让他住进最高级的客馆。太子丹每天都到那里向他问候,给他送去牛、羊、猪三者俱备的最高级的食品,此外还不时地给他送去各种奇珍异宝,至于其他车马、美女等,更是敞着口地让荆轲尽情享用,总之一切都顺着他的心。

过了一段时间,荆轲还没有动身的意思,这时秦将王翦已经灭掉了赵国,俘虏了赵王,吞并了赵国的全部土地。接着大兵北进,来到了燕国的南部边界。太子丹害怕了,他过去对荆轲说:"秦兵很快就要渡过易水了,即使我愿意老是这样地伺候您,但又怎么办得到呢!"荆轲说:"即使您不说,我也早想去向您请示了。现在就是我到了秦国,因为没有让他们信任的东西,那还是无法接近秦王的。秦国逃来的樊将军,现在秦王正用千金万户的重赏来捉拿他。如果我们能带着樊将军的人头和我国督亢地区的地图,去献给秦王,秦王必然会高兴地接见我,到那时我才能有为您效力的机会。"太子丹说:"樊将军因为走投无路来投奔我,我不忍用自己的事情去伤人家的心,请您还是另想别的办法。"

荆轲知道太子不忍心,于是就背着太子自己去找樊於期。他对樊於期说:"秦国对待您可以说是残酷到极点了,您的父母宗族都被秦王杀尽了,现在他们还用千金和万户的重赏来收买您的人头,您准备怎么办呢?"樊於期仰天长叹,两泪交流地说:"我每逢想到这件事,都是伤心得连骨髓也发疼,只是想不出什么办法!"荆轲说:"如今有一个法子既可以解除燕国的祸患,又可以为您报得大仇,您想听吗?"樊於期凑近一步说:"有什么办法?"荆轲说:"我希望得到您的人头,我拿着它去见秦王,秦王一听必然高兴地接见我,到那时,我左手抓住他的袖子,右手持匕首直刺他的胸膛,这样既可以为您报了大仇,又可以为燕国洗去受欺凌的耻辱,您有这种意思吗?"樊於期一听立即解衣露出了一只膀子,一只手掐着另一只手的腕子,凑近荆轲说:"这正是我日夜咬牙捶胸所希望的事情,今天才从你这里听到!"说罢立刻刎颈自杀了。

太子丹一听这个消息,赶紧飞车前往,趴在樊於期的身上放声大哭,哭得非常悲痛。但无论如何人是死了,于是就把樊於期的人头装在匣子里用封条封上。太子丹事先已经在各地物色锋利的匕首,后来从赵国徐夫人那里得到了一把,太子丹花了百金把它买过来,又让工匠把它用毒药蘸过,用这把匕首试着刺人,只要擦破一点皮,流出仅能渗湿一根布丝的那么一点血,人就无不立死。太子丹把这些东西都为荆轲收拾停当。燕国有个勇士叫秦舞阳,早在十三岁时就敢杀人,周围的人们谁都不敢对视他的眼睛。太子丹就把他找来,安排他给荆轲当助手。

这时荆轲好像是还在等什么人,说是非要那个人来了才一块走。而这个人又离这里很远,还没来,荆轲倒是已经为他收拾好了行装。又过了一阵,荆轲还不动身,太子丹不耐烦了,他怕荆轲变卦,于是就去催促说:"已经没有时间了,您还有去的意思吗?不然我们就先让秦舞阳一个人去。"荆轲一听,生气地对太子丹喝斥道:"用得着您这么催我吗?如果一去回不来,那就是个窝囊废。再说就拿着这么一把匕首去那个变化莫测的秦国行刺,不好好准备怎么能行呢?我之所以还不走,是在等我的一个朋友一块去。您现在嫌我拖延,那我就马上告辞!"于是动身出发了。

这时太子丹以及宾客们知道这件事的,都穿着白衣服,戴着白帽子,来给荆轲送行。他们来到了易水河边,祭过了路神,把车子摆在了西去的路上,这时高渐离击筑,荆轲和着筑声引吭高歌,歌声先是用苍凉悲婉的变徵音调,送行的人们听着一个个都流下了眼泪。接着荆轲又上前唱道:"风萧萧兮易水寒,壮士一去兮不复还!"随后乐队又把曲调变成了激昂慷慨的羽调,这时在场的人们听了都一个个激动得瞪起了眼睛,竖起了头发。荆轲唱罢回身上车扬鞭西驰而去,再也没有回头。

荆轲来到秦国,先用价值千金的礼物买通了秦王的宠臣中庶子蒙嘉。蒙嘉受礼后把他们向秦王介绍说:"燕王出于惧怕大王的雄威,已经不敢再兴兵抵抗我国的军队,他们愿意带着整个国家投降我们,给我们做臣仆,等同于我们秦国内部的一个小封君,和我们国内的郡县一样给中央进贡,只求让他们保存着他们先王的宗庙不致被毁。由于燕王害怕大王,不敢自己来说,所以先派人带着樊於期的人头和燕国督亢地区的地图来见您。当他们把人头、地图装进匣子，使臣动身来秦的时候，燕王还亲自走到院子里对着使臣叩头跪拜，嘱咐他的使者来对您好好地讲一讲，现在就等您的指示了。"

秦王一听非常高兴，于是换上礼服立即升殿，殿前排列着九个傧相，用了极其隆重的礼节在咸阳宫接见燕国的使者。荆轲捧着樊於期的人头盒子走在前面，秦舞阳捧着地图匣子跟在后面，两人依次进了宫门。刚走到台阶下，秦舞阳就已经吓得面无人色。秦王的群臣看此光景，觉得很奇怪。这时荆轲回过头来笑看着秦舞阳，替他向秦王打圆场说："生活在北部蛮夷的小人，从来没有见过天子的威仪，所以一见就害怕了。希望大王能宽恕他，让他能够完成这次出使的任务。"秦王对荆轲说："把他手里的地图拿过来。"于是荆轲就从秦舞阳手里拿过地图送到了秦王面前。秦王接过地图，慢慢地把图卷展开，待至地图展到最后，卷藏在里边的匕首就露出来了。这时荆轲左手抓住了秦王的袖子，右手抄起匕首向着秦王刺去。匕首还没有刺到身上，秦王吓得站起来往后一扯，袖子被挣断了。接着秦王伸手拔剑，但是佩剑太长，仓促间拔不出来，只是着急地手里抓着剑鞘。由于太紧张、太着急，所以佩剑也就更像是焊住了一样，怎么拔也拔不出来。秦王无法，只好围着柱子乱转，荆轲在后面急急追赶。由于事情来得太突然，所以殿上的群臣先是吓得一愣，而后就全都急得乱了套。当时秦国的法律规定，凡是在殿上站着的群臣不允许携带任何兵器，而所有手持兵器的卫士们只能列队站在台阶下，没有秦王的命令，谁也不能上来。而秦王由于当时正急着对付荆轲，所以来不及招呼下面的卫士，这就给了荆轲追赶秦王的时间。由于事情来得仓促，殿上的群臣没有任何办法拦阻荆轲，只好空手和荆轲搏斗。这时有个侍候秦王的医生叫夏无且，他用手里的药包向着荆轲打了一下。

这时秦王还在围着柱子乱跑，正不知道该怎么办，只听左右有人对他喊道："大王可以把佩剑推到背后去拔！"秦王一听醒悟了，他把佩剑向后一推，从背后拔了出来。秦王先是砍断了荆轲的左腿，荆轲瘫倒在地，这时荆轲把他手中的匕首狠狠地向着秦王投去，结果又没有投中，而是投在了一根铜柱上。秦王转身猛地又砍荆轲，这时荆轲已经是八处受伤了。荆轲知道事情已经不能成功，于是就靠着柱子放声大笑，他伸着两腿，高傲地望着秦王骂道："今天的事情之所以没有成功，是因为开始我想捉活的，想逼着你和我们签订条约，以此来回报燕太子。"接着秦王左右的人们过去把荆轲杀掉了。而秦王则为了这事一直过了好久还在闷闷不乐。等到事情过去以后，秦王根据当时的功劳，对有功的进行了不同的奖赏，对有罪的也给予了不同的惩罚。秦王特别赏赐给夏无且黄金二百镒,说:"夏无且是爱我的,当时他用药包打过荆轲。"

荆轲行刺这件事更激起了秦王的愤怒,他立即增派部队到赵国去,命令王翦率军北进伐燕。当年十月,攻下了燕国的国都蓟城。燕王喜和太子丹率领着燕国的有生力量,退到了燕国东北部的辽东地区。秦国的将领李信对燕王喜追赶得很急,这时赵国的残余势力代王嘉给燕王喜写信说:"秦军之所以追你追得特别急,是因为你儿子太子丹的缘故。你如果能自己杀死太子丹,把他交给秦王,秦王必然会解除对你的追击,这样你的国家或许就能得到保存。"后来李信追赶太子丹,太子丹逃到了衍水上,燕王喜派人把太子丹杀了,他想把他献给秦王,结果秦国不听,仍是照样进兵。又过了五年,秦国终于灭掉了燕国,俘虏了燕王喜。

灭燕后的第二年,秦国统一了天下,秦王政改号称为皇帝。

《刺客列传》共写了曹沫、专诸、豫让、聂政、荆轲五个人的故事,曹沫的事情经不住考据,前人多不相信是事实。其他四个,人们没有异议。从今天的观点看来,曹沫与荆轲的故事社会意义较大,不论其本人的动机如何,其行为客观上都是和一个"国家"的利益联系在一起的,而且涉及了作为一个小国,如何维护自己的尊严、如何抵御外侮、救亡图存的问题。荆轲的做法是在燕国已经注定要灭亡的情势下所采取的一种不得已的最后选择,是一种死里求生。如果我们能够看准他们所处的那种特定的历史条件,我想人们也就不会再去苛刻地评论他们的行动该与不该了。专诸、豫让、聂政三个人都表现了一种"士为知己者死"的精神,这点和《赵世家》所写的程婴与公孙杵臼是一样的,都是司马迁所表彰的。三个人中司马迁特别钟情于豫让,而豫让的信条是"义不为二心",这就和苏秦奉燕国主子之命去骗取齐国主子的信任,最后帮着燕国颠覆齐国的做法相反了。这里表现了司马迁对理想道德的痴迷,也反映了他对现实黑暗官场的憎恶。

李斯列传
佐秦一统

李斯者，楚上蔡人也①。年少时，为郡小吏，见吏舍厕中鼠食不洁，近人犬，数惊恐之。斯入仓，观仓中鼠，食积粟，居大庑（wǔ）之下②，不见人犬之忧。于是李斯乃叹曰："人之贤不肖譬如鼠矣，在所自处耳！"

乃从荀卿学帝王之术③。学已成，度楚王不足事，而六国皆弱，无可为建功者，欲西入秦。辞于荀卿曰："斯闻得时无怠，今万乘方争时，游者主事。今秦王欲吞天下，称帝而治，此布衣驰骛之时而游说者之秋也。处卑贱之位而计不为者，此禽鹿视肉，人面而能强行者耳。故诟莫大于卑贱，而悲莫甚于穷困。久处卑贱之位，困苦之地，非世而恶（wù）利，自托于无为，此非士之情也。故斯将西说秦王矣。"

至秦，会庄襄王卒④，李斯乃求为秦相文信侯吕不韦舍人⑤。不韦贤之，任以为郎。李斯因以得说，说秦王曰："胥人者，去其几也。成大功者，在因瑕衅而遂忍之。昔者秦穆公之霸⑥，终不东并六国者，何也？诸侯尚众，周德未衰，故五伯迭兴⑦，更尊周室。自秦孝公以来，周室卑微，诸侯相兼，关东为六国，秦之乘胜役诸侯，盖六世矣⑧。今诸侯服秦，譬若郡县。夫以秦之强，大王之贤，由灶上骚（sǎo）除⑨，足以灭诸侯，成帝业，为天下一统，此万世之一时也。今怠而不急就，诸侯复强，相聚约从，虽有黄帝之贤⑩，不能并也。"秦王乃拜斯为长史⑪，听其计，阴遣谋士赍持金玉以游说诸侯。诸侯名士可下以财者，厚遗（wèi）结之；不肯者，利剑刺之。离其君臣之计，秦王乃使其良将随其后。秦王拜斯为客卿⑫。

会韩人郑国来间秦，以作注溉渠⑬，已而觉。秦宗室大臣皆言秦王曰："诸侯人来事秦者，大抵为其主游间于秦耳，请一切逐客。"李斯议亦在逐中。斯乃上书⑭。

秦王乃除逐客之令，复李斯官，卒用其计谋。官至廷尉⑮。二十余年，竟并天下，尊主为皇帝，以斯为丞相。夷郡县城，销其兵刃，示不复用。使秦无尺土之封，不立子弟为王、功臣为诸侯者，使后无战攻之患。

①上蔡：战国时楚县名，在今河南省上蔡县西南。②大庑：即大屋。庑，大屋。③荀卿：名况，即通常所说的荀子（约前313—前238年），战国后期儒家学派的代表人物。④庄襄王：名子楚，秦始皇之父，前249—前247年在位。⑤文信侯吕不韦：吕不韦原是大商人。子楚之所以能成为秦王多亏了吕不韦的协助，故庄襄王即位后任吕不韦为丞相，封文信侯。舍人：寄身于贵族、权要门下的一种半仆半宾的人员，与"食客"相似。⑥秦穆公：名任好，春秋前期秦国国君，是春秋五霸之一，前659—前621年在位。⑦五伯：即五霸，指齐桓公、晋文公、楚庄王、吴王阖庐、越王勾践。⑧秦孝公：名渠梁，前361—前338年在位，曾任用商鞅变法，使秦国迅速强大。关东为六国：指函谷关以东的燕、齐、楚、赵、韩、魏。六世：指秦孝公、惠文王、武王、昭王、孝文王、庄襄王。⑨由灶上骚除：由，通"犹"。骚除，扫除。⑩约从：联盟合纵。从，通"纵"。黄帝：传说中的上古帝王，因黄帝曾打败过炎帝、蚩尤，故又被说成兵家的祖师。⑪长史：官名，设于丞相、大将军府中，为诸史之长，权位崇重。⑫客卿：他国人为此国君主充当高级幕僚而享受卿的待遇者的称呼。⑬韩人郑国：韩国的水利工程师名叫"郑国"。韩国为阻止秦国东侵，派郑国赴秦，倡修水利工程，以消耗秦国人力物力。注溉渠：即后世所说的"郑国渠"，它沟通关中的泾、洛二水，是我国著名的水利工程之一。⑭斯乃上书：即上《谏逐客书》，内容是向秦王指出其下令逐客的错误。⑮廷尉：官名，九卿之一，主管司法的最高长官。

李斯是楚国上蔡人。年轻时，在上蔡郡里当小吏，看见吏舍厕所中的老鼠，吃的是肮脏的粪便，又接近人和狗，经常受惊吓。后来他到了粮仓，看见粮仓里的老鼠，吃的是好粮食，住的是大屋子，又不受人和狗的惊扰。于是李斯就感慨地说："一个人有没有出息，就像这老鼠一样，在于能不能给自己找到一个好的地方！"

于是他便去跟随荀况学习五帝三王治理天下的学问。学业完成以后，他看着楚王不值得为之效力，而其他几个东方国家又都很弱小，没有一个可以让他去建功立业的，于是便决心要到西边的秦国去。他向荀况告辞说:"我听说一个人如果遇到时机,那就一定不要放过。如今正是各国诸侯互相争雄的时候,善于游说的人掌握着各国的权柄。现在秦王想要吞并天下,称帝以统治诸侯,这正是出身不高而才华出众的人大展身手的好时机。一个人生活在卑贱的处境中而不能够趁机进取,那就像禽兽一样视肉而食,外表一副人样,却只能苟且活着而已。人生没有比处境卑贱更可耻的,没有比穷困更令人悲哀的了。一个人长期处于卑贱困苦的境地,还要反对世俗,厌恶名利,把自己打扮成与世无争的样子,那不是人的真实思想。现在我要西去游说秦王。"

李斯到了秦国,正碰上庄襄王去世,于是他便去拜见了秦国丞相文信侯吕不韦,请求给他做门客。吕不韦看李斯有才,就推荐他在秦王跟前当了郎官。这就使得李斯有了游说秦王的机会。他对秦王说:"一个人总是等待,那就要失去有利时机;能成大功的人,关键就在于抓住机会狠下决心。当年秦穆公一度称霸,但最终没能吞并东方各国,什么原因呢?就因为当时诸侯国还比较多,周王朝的威望也还未衰落,所以当时的几个霸主先后兴起,都打着尊奉周天子的旗号。自秦孝公以来,周天子的权势已经衰落,各诸侯国互相兼并,最后函谷关以东只剩下六个国家,而秦国乘势奴役东方,到如今已经六代了。现在东方诸国对秦国屈服,就像秦国的一个郡县。以秦国今天的强大和大王的贤明,要想消灭各国,统一天下,成就帝业,那就像打扫锅台上的尘土轻而易举,这是万世难得的良机。现在如果错过机会,让各国再强大起来,联盟合纵,到那时即便有黄帝的贤明,也不能吞并它们了。"于是,秦王拜李斯为长史,听从他的计策,暗中派出许多谋士携带着大批黄金珠宝去游说东方各国。对于东方各国那些有声望的人物,能够用财宝收买的,就不惜重金,加以收买;对那些不肯接受财物的,就把他们杀掉。先设法挑拨离间各国君臣之间的关系,随后秦王便派出良将精兵加以征讨。就这样,李斯很快地被秦王任命为客卿。

正在这期间韩国派了一个名叫郑国的水利工程人员,来秦国做奸细。郑国为秦国修造一条工程浩大的水渠,目的是消耗秦国的人力物力。不久,郑国的阴谋被发觉了。于是,秦国的王族大臣对秦王说:"东方各国到秦国来的人员,差不多都是替他们的主子来当奸细,请大王把他们一律轰走。"李斯这时也列在了被驱逐的名单之内。于是李斯给秦王上书,指出了这种一概逐客的错误。

秦王一看,立即收回了逐客的命令,恢复了李斯的官职,采用了他的计谋。后来李斯升到了廷尉。又过了二十多年,秦国终于统一了天下,秦王成了皇帝,李斯也当了丞相。接着他们拆除了东方各郡县的城堡,销毁了旧六国的一切兵器,表示今后永远不再打仗了。秦朝统一后,再也不搞任何分封,再也不立秦王的子弟和功臣为王为侯,为的是日后不再出现战争。

李斯列传
卖身投靠

始皇三十七年十月,行出游会稽(kuài jī),并海上,北抵琅邪①。丞相斯、中车府令赵高兼行符玺令事②,皆从。始皇有二十余子,长子扶苏以数直谏上,上使监兵上郡,蒙恬为将③。少子胡亥爱,请从,上许之。余子莫从。

其年七月,始皇帝至沙丘④,病甚,令赵高为书赐公子扶苏曰:"以兵属蒙恬,与丧会咸阳而葬。"书已封,未授使者,始皇崩。书及玺皆在赵高所,独子胡亥、丞相李斯、赵高及幸宦者五六人知始皇崩,余群臣皆莫知也。李斯以为上在外崩,无真太子,故秘之。置始皇居辒辌(wēn liáng)车中⑤,百官奏事上食如故,宦者辄从辒辌车中可诸奏事。

赵高因留所赐扶苏玺书,谓丞相斯曰:"上崩,赐长子书,与丧会咸阳而立为嗣。书未行,今上崩,未有知者也。所赐长子书及符玺皆在胡亥所,定太子在君侯与高之口耳。事将何如?"斯曰:"安得亡国之言!此非人臣所当议也!"高曰:"君侯自料能孰与蒙恬?功高孰与蒙恬?谋远不失孰与蒙恬?无怨于天下孰与蒙恬?长子旧而信之孰与蒙恬?"斯曰:"此五者皆不及蒙恬,而君责之何深也?"高曰:"皇帝二十余子,皆君之所知。长子刚毅而武勇,信人而奋士,即位必用蒙恬为丞相,君侯终不怀通侯之印归于乡里,明矣。高受诏教习胡亥,使学以法事数年矣,未尝见过失。慈仁笃厚,轻财重士,辩于心而诎于口,尽礼敬士,秦之诸子未有及此者,可以为嗣。君计而定之。"斯曰:"吾闻晋易太子,三世不安⑥;齐桓兄弟争位,身死为戮⑦;纣杀亲戚,不听谏者,国为丘墟,遂危社稷⑧。三者逆天,宗庙不血食。斯其犹人哉,安足为谋!"高曰:"上下合同,可以长久;中外若一,事无表里。君听臣之计,即长有封侯,世世称孤,必有乔松之寿,孔、墨之智⑨。今释此而不从,祸及子孙,足以为寒心。善者因祸为福,君何处焉?"斯乃仰天而叹,垂泪太息曰："嗟呼！独遭乱世，既以不能死，安托命哉！"于是斯乃听高。高乃报胡亥曰："臣请奉太子之明命以报丞相，丞相斯敢不奉令！"

于是乃相与谋，诈为受始皇诏丞相，立子胡亥为太子。更为书赐长子扶苏曰："朕巡天下，祷祠名山诸神以延寿命。今扶苏与将军蒙恬将师数十万以屯边，十有余年矣，不能进而前，士卒多耗，无尺寸之功，乃反数上书直言诽谤我所为，以不得罢归为太子，日夜怨望。扶苏为人子不孝，其赐剑以自裁！将军恬与扶苏居外，不匡正，宜知其谋。为人臣不忠，其赐死，以兵属裨将王离⑩。"封其书以皇帝玺，遣胡亥客奉书赐扶苏于上郡。

使者至，发书，扶苏泣，入内舍，欲自杀。蒙恬止扶苏曰："陛下居外，未立太子，使臣将三十万众守边，公子为监，此天下重任也。今一使者来，即自杀，安知其非诈？请复请，复请而后死，未暮也。"使者数趣（cù）之⑪。扶苏为人仁，谓蒙恬曰："父而赐子死，尚安复请！"即自杀。蒙恬不肯死，使者即以属吏，系于阳周⑫。

使者还报，胡亥、斯、高大喜。至咸阳，发丧，太子立为二世皇帝。以赵高为郎中令⑬，常侍中用事。

①始皇三十七年：前210年。会稽：山名，在今浙江绍兴市南。琅邪：秦郡名，郡治在今山东省胶南市东南，临海处有琅邪台。②中车府令赵高兼行符玺令事：中车府令，官名，为皇帝掌管车驾。行，兼任。符玺令，为帝王掌管印信的官员。③上郡：秦郡名，郡治肤施（今陕西榆林市东南）。蒙恬：秦朝的著名将领，蒙骜之孙，蒙武之子。④沙丘：古地名，在今河北省广宗县西北，其地有战国时赵国的离宫，即沙丘宫，赵武灵王曾饿死于此。⑤辒辌车：可供人卧睡的车子，有窗户，闭之则温，开之则凉。⑥晋易太子，三世不安：晋献公（前676—前651年在位）因宠骊姬而废太子申生，另立骊姬子奚齐，嘱大夫荀息辅之。献公死，奚齐立，大夫里克不服，乃杀之。荀息又立骊姬娣之子悼子，里克又杀之，而迎逃居秦国的公子夷吾为君，是为惠公。惠公立十四年死，其子圉立，为怀公。秦人又送公子重耳回国，重耳杀怀公而自立，是为文公。此后晋国始安。⑦齐桓兄弟争位，身死为戮：齐襄公（前697—前686年在位）淫昏，被其堂弟公孙无知所杀，齐人又杀公孙无知。时襄公异母弟

公子纠在鲁，公子小白在莒。公子纠派人截杀公子小白，未成。小白抢先回国即位，是为桓公。随后又发兵败鲁，杀了公子纠。按：此事也可解作齐桓公晚年，几个儿子争位，将齐桓公围困起来，活活饿死。⑧纣杀亲戚，不听谏者：商纣王昏乱，其叔父比干谏之，被剖心；其弟箕子谏之，被囚禁。殷商最终为周武王所灭。⑨乔松：王子乔、赤松子，古代传说中的神仙。孔、墨：指孔丘和墨翟，春秋时的著名学者。⑩裨将：副将。王离：秦国名将王翦之子，后来被项羽杀于钜鹿。⑪趣：通"促"。⑫阳周：秦县名，在今陕西省子长县西北。⑬郎中令：官名，九卿之一，掌管皇宫禁卫及有关宫中事务。

秦始皇三十七年十月，始皇帝出巡到会稽，然后沿着海边北上，抵达琅邪。这时丞相李斯、中车府令兼符玺令赵高都跟随在左右。始皇帝有二十多个儿子，长子扶苏因为多次给始皇帝提过意见，被始皇帝派到驻扎在上郡的蒙恬的军队中去做监军。始皇帝的小儿子胡亥一向受到始皇帝的宠爱，只有他被允许跟在始皇帝身边，其他的儿子们都没能跟从。

也就在这一年的七月，始皇帝行至沙丘时病倒了，病得很厉害。他让赵高写信给公子扶苏，让他把军队交给蒙恬，赶紧回咸阳，准备迎接这里的灵车，而后安葬。书信封好了，还没交给使者送走，始皇帝就去世了。书信和皇帝的印玺都在赵高手里。当时只有公子胡亥、李斯、赵高和五六个亲信的宦官知道始皇帝去世，其余百官都还不知道。李斯觉得皇帝死在外边，又没有正式确立的太子，所以就把消息封锁起来。他们把始皇帝的尸体安放在一辆既保暖又通风的车子里，百官凡有事情须请示，以及厨子上供饮食，都照常进行，他派了一个宦官坐在里面答应外边的问话。

这时赵高扣留了始皇帝给扶苏的书信，对李斯说："皇上去世前曾写给长子扶苏一封信，让他到咸阳去迎接灵车，治办丧事，而后立他为接班人。信还没发走，如今皇上死了，还没有人知道。给扶苏的信和皇帝的符玺都在胡亥手里，究竟立谁为太子，全在你我一句话。你看怎么办？"李斯说："你怎么能说出这种祸国殃民的话！这种事不是我们当臣子的所该议论的！"赵高说："你自己想想，你的才能比得过蒙恬吗？你的功劳比得过蒙恬吗？你的谋略比得过蒙恬吗？你的得人心比得过蒙恬吗？你与扶苏的交情和扶苏对你的信任,比得过蒙恬吗?"李斯说:"这五方面我都比不了蒙恬,但是你为什么这么严厉地提出这些呢?"赵高说:"始皇帝有二十多个儿子,对他们你都是了解的。长子刚毅而勇敢,能接纳人并能发挥人的才能,如果他当了皇帝,必然任蒙恬为丞相,到那时你是不可能保全性命,以列侯的身份回老家的,这一条再清楚不过了。我曾经受命教导胡亥读书,帮他学习法律好几年了,我从未见过他有什么过失。胡亥仁慈厚道,轻财物而重人才,内心聪慧而不善于言辞,礼贤下士,始皇帝的其他公子没有一个能比得过他,可以立他来接班,希望你能考虑考虑,确定下来!"李斯说:"昔日晋国由于改换太子,三世不得安宁;齐桓公的几个儿子争位,闹得齐桓公活活饿死;商纣王杀害亲属,不听劝告,京城变为废墟,闹得国破家亡。这三伙都是违背了天道,以至于闹得灭绝无后。我还是个人哪,怎能打那种坏主意?"赵高说:"只要上下同心,就可以长治久安,只要内外如一,那就什么事情都能办成。你只要听我的话,我就能保证你世世代代地封侯称孤,能像王子乔、赤松子那么长寿,并能像孔子、墨子那样以智慧闻名;如果放弃机会不跟我干,那么灾祸立即就会殃及你和你的儿孙,其后果是叫人心寒的。作为一个聪明人要能够转祸为福,现在就看你打算怎么办了。"李斯听后仰天长叹,流着泪叹气说:"唉!独独碰上这么个混乱的当口,我既然不能效忠而死,那还能去依靠谁呢?"于是李斯遂对赵高俯首听命了。赵高立刻回报胡亥说:"我把您的意思通知了丞相,丞相哪敢不唯您之命是听!"

于是他们几个人就商量好,诈称丞相李斯接受了始皇帝的诏书,立公子胡亥为太子。又另伪造了一封信给长子扶苏说:"我巡行天下,祭祀名山与天地诸神以求延长寿命。我让你和蒙恬率兵几十万驻守边关,十多年了,竟然没有任何进取,白白损失许多士卒,而没有得来尺寸之地;你还多次上书,诽谤我的所作所为,埋怨我不能及早调你回京当太子。扶苏作为儿子这是不孝,现赐剑令其自杀!将军蒙恬与扶苏一道在外,不能及时纠正他的过失,知道他的阴谋而不报告,作为一个大臣这是不忠,也同时赐死,把你的兵权交给副将王离。"他们装好书信,盖上始皇帝的印玺,派了胡亥的门客把它送往上郡。

使者到了上郡,扶苏打开诏书一看,立刻泪如泉涌,他走进内屋,就要自杀。蒙恬拦阻他说:"陛下巡游在外,事先并没有立谁为太子。他派我率兵三十万镇守边疆,让您来此监军,这都是国家的重任。现在突然派一个使者前来传话,您就自杀,谁能断定其中没有诡诈？请您再请示一下，问明白了再死也不算晚。"但"使者"却再三催促扶苏照办。扶苏为人忠厚，对蒙恬说："父亲赐儿子死，还用得着再请示吗？"于是就自杀了。蒙恬不肯死，使者便把他交给专人看管，把他囚禁在阳周县。

使者回来一报告，胡亥、李斯、赵高大喜。他们立即回到咸阳，办理了丧事。立胡亥做了二世皇帝。而赵高被任为郎中令，经常侍奉在皇帝左右，一切事情由他说了算。

李斯列传
临死悲鸣

初，赵高为郎中令，所杀及报私怨众多，恐大臣入朝奏事毁恶（wù）之，乃说二世曰："天子所以贵者，但以闻声，群臣莫得见其面，故号曰'朕'。且陛下富于春秋①，未必尽通诸事，今坐朝廷，谴举有不当者，则见短于大臣，非所以示神明于天下也。且陛下深拱禁中，与臣及侍中习法者待事，事来有以揆（kuí）之。如此则大臣不敢奏疑事，天下称圣主矣。"二世用其计，乃不坐朝廷见大臣，居禁中。赵高常侍中用事，事皆决于赵高。

高闻李斯以为言，乃见丞相曰："关东群盗多，今上急益发繇治阿房（páng）宫②，聚狗马无用之物。臣欲谏，为位贱。此真君侯之事，君何不谏？"李斯曰："固也，吾欲言之久矣。今时上不坐朝廷，上居深宫，吾有所言者，不可传也，欲见无间。"赵高谓曰："君诚能谏，请为君候上间语君③。"于是赵高待二世方燕乐④，妇女居前，使人告丞相："上方间，可奏事。"丞相至宫门上谒⑤，如此者三。二世怒曰："吾常多闲日，丞相不来。吾方燕私，丞相辄来请事。丞相岂少我哉？且固我哉⑥？"赵高因曰："如此殆矣！夫沙丘之谋，丞相与焉。今陛下已立为帝，而丞相贵不益，此其意亦望裂地而王矣。且陛下不问臣，臣不敢言。丞相长男李由为三川守，楚盗陈胜等皆丞相傍县之子⑦，以故楚盗公行，过三川，城守不肯击。高闻其文书相往来，未得其审，故未敢以闻。且丞相居外，权重于陛下。"二世以为然。欲案丞相，恐其不审，乃使人验三川守与盗通状。李斯闻之。

是时，二世在甘泉，方作觳抵优俳之观⑧，李斯不得见，因上书言赵高之短⑨。二世已前信赵高，恐李斯杀之，乃私告赵高。高曰：

"丞相所患者独高，高已死，丞相即欲为田常所为⑩。"于是二世曰："其以李斯属郎中令！"

二世乃使高案丞相狱，治罪，责斯与子由谋反状，皆收捕宗族宾客。赵高治斯，榜掠千余，不胜痛，自诬服。斯所以不死者，自负其辩，有功，实无反心，幸得上书自陈，幸二世之寤而赦之。李斯乃从狱中上书⑪。书上，赵高使吏弃去不奏，曰："囚安得上书！"

赵高使其客十余辈诈为御史、谒者、侍中⑫，更往复讯斯。斯更以其实对，辄使人复榜之。后二世使人验斯，斯以为如前，终不敢更言，辞服。奏当上，二世喜曰："微赵君，几为丞相所卖。"及二世所使案三川之守至，则项梁已击杀之⑬。使者来，会丞相下吏，赵高皆妄为反辞。

二世二年七月，具斯五刑⑭，论腰斩咸阳市。斯出狱，与其中子俱执，顾谓其中子曰："吾欲与若复牵黄犬俱出上蔡东门逐狡兔，岂可得乎！"遂父子相哭，而夷三族。

①富于春秋：指年轻。②阿房宫：秦始皇在世时开始兴建的一座巨大宫殿，二世即位，又继续建造，后来被项羽烧毁。③候上间：候，窥伺。间，空闲。④燕乐：安闲的享乐。⑤上谒：递上求见名帖。谒，有如今之名片。⑥少我：藐视我。固我：鄙视我。固，陋，以之为鄙陋。⑦三川：秦郡名，郡治在今河南洛阳市东北。傍县：相邻之县。李斯为上蔡人，陈涉为阳城（今河南省方城东）人，阳城在上蔡之西，二县相邻。⑧甘泉：离宫名，在今陕西淳化县西北。觳抵：同"角抵"，古代的摔跤表演。⑨上书言赵高之短：在信中李斯指斥赵高之奸，说他有子罕、田常一样的危险。⑩田常：春秋末齐国的权臣，弑齐简公，为其子孙篡夺齐国奠定了基础。⑪上书：此书中罗列他一生为秦国所做的七大贡献。⑫御史：官名，属御史大夫统管，掌监察弹劾。谒者：官名，属郎中令统管，掌候相、赞礼及收发传达。侍中：皇帝的侍从官员。⑬项梁已击杀之：项梁击杀李由在秦二世二年八月。⑭二世二年：前208年。具斯五刑：这里即指判李斯以死刑。古代的"五刑"指墨（刺字）、劓（割鼻）、剕（断腿）、宫（去势）、大辟（断头）。

赵高当郎中令以来，杀人报私仇太多，怕大臣们在秦二世面前揭发他，便对秦二世说："天子所以尊贵，就在于他只能让人听见他的声音，而见不到他的面孔，所以天子才自称'朕'。再加上您的岁数不大，许多事情未必都懂，如果你坐在朝廷上，处置问题一不当，就会被大臣们看不起，这就不能向天下显示您的英明伟大了。因此您还是深居宫中，常与我和几个通晓法令的人在一起，等候大臣把文件报上来，我们一道商量着处理。这样，大臣就不敢报不真实的情况，这样天下人也就会称颂您的英明伟大了。"秦二世一听很同意，于是就不再上朝面见群臣，整天在宫中不出来，而赵高也经常在宫中办公，国家一切大事都取决于赵高。

赵高听说李斯想劝劝秦二世，便故意地去见李斯说："函谷关以东已经盗贼四起，而皇上还在急着越来越多地征发劳役修建阿房宫，搜刮一些狗马等无用的玩物。我早想劝劝皇上，但我的地位太低贱了，这是您的职责范围里的事，为什么不去劝劝呢？"李斯说："是啊，我早就想说了，但如今皇上不上朝，天天坐在宫里，我有些想说的事情也不能让别人转达，而我自己又没有机会见到皇上。"赵高说："您要真想劝谏，我可以帮您留心，一旦见到皇上有空隙，我就立刻告诉您。"于是赵高就专门找了一个秦二世与女人狎乐的工夫，派人去通知李斯说："皇上现在正有空，您可以前去奏事。"于是李斯立刻就到宫门求见，这样一连好几次。秦二世生气地说："我平时空闲的时候，丞相不来，偏偏在我私人狎乐的时候，丞相总三番五次地来打扰我，莫非是丞相藐视我，还是想故意捉弄我？"赵高乘机对秦二世说："这可太危险啦！当初我们在沙丘的密谋，丞相是参加了的。如今陛下做了皇帝，而丞相的地位却没有提高，看来他的意思是想割地为王。有些事您不问我，我也不敢说。丞相的长子李由是三川郡守，楚地的盗贼陈胜等都是丞相老家邻县的人，所以楚地的盗贼可以到处公行，当他们路过三川的时候，郡守李由只是守城，不肯出击。我听说他和盗贼还有书信来往，由于没有确实的证据，所以没敢告诉您。现在丞相在宫外掌理国政，权势实际比您大。"秦二世听着有道理，想逮捕李斯，又怕问题不确实，于是就派人去调查三川郡守李由与盗贼相通的情况。李斯很快地知道了这个消息。

当时，秦二世住在甘泉离宫，正在观赏杂技表演，李斯不能面见，便上书向秦二世告发赵高的短处。秦二世向来信任赵高，他怕李斯把他杀掉，于是就暗中将这件事告诉了他。赵高说："现在他所怕的就是我，如果我一死，他马上就会干田常他们所干的那种事情。"于是秦二世下令说："把李斯交给郎中令查办！"

秦二世让赵高审李斯，给李斯定罪。赵高逼迫李斯承认与他的儿子李由共同谋反，把李斯的宗族、宾客都下了狱。赵高审问李斯，将李斯拷打了一千多板子，李斯受不住了，只好含冤招认。李斯之所以忍辱不自杀，就因为他认为自己有才干、有功劳，又确实没有谋反之心，希望能通过上书自陈，使秦二世醒悟过来而赦免他。于是李斯就在狱中上书。书信到了赵高手里，赵高立刻派人把它扔掉了，不送给秦二世。他说："囚犯有什么资格上书！"

赵高随即又派了十来伙自己的门客，让他们假装成秦二世派来的御史、谒者、侍中等官员，陆续不断地来审讯李斯。如果李斯按实情回答，他们就让人狠狠地拷打。后来秦二世真的派人来查问了，李斯误以为又是那伙人，反倒不敢说别的，只有屈服认罪了。赵高把对李斯的判决上报秦二世，秦二世感谢地说："要不是有赵先生，我差点受了丞相的骗。"当秦二世派去调查李由的使者到达三川郡时，李由已被项梁所杀。使者回到京城时，李斯已经下狱，于是赵高就编造了一整套李由造反的材料。

秦二世二年七月，赵高先让李斯受过了各种酷刑，最后推到咸阳的街市腰斩。当李斯和他的中子一起被押解出狱的时候，李斯对他的儿子说："这时候我要是想和你牵着黄狗一起上蔡东门去猎狡兔，还办得到吗？"于是父子二人相对痛哭，最后李斯和他的三族都被赵高杀光了。

《李斯列传》记述了秦始皇的丞相李斯由战国末期楚国的一个布衣，入秦后协助秦始皇消灭六国，统一天下，官居宰相，富贵之极，到秦始皇死后，李斯在赵高的胁迫下，卖身投靠，杀扶苏、立胡亥，倒行逆施，使得民变蜂起，秦国政权覆亡，到最后李斯亦被赵高杀害的全过程。塑造了一个极端自私的灵魂，为了改变自己穷困的地位而亟起奋斗，获得成功；又为了保官保命而出卖灵魂、为虎作伥，以致害了国家同时也害了自己身家性命的可悲可鄙的艺术形象。这给世人提供了触目惊心的历史教训，告诉人们，一个掌权者他的私心有多大，那他在关键时刻给国家民族造成的祸害就会有多大。孔子说过:"鄙夫可与事君也哉?其未得之也,患得之;既得之,患失之。苟患失之,无所不至矣。"(《论语·阳货》)这话简直就像是指李斯而言。李斯有的是聪明与才干,后来也有的是权力,他完全可以粉碎赵高、胡亥的阴谋集团;他是害怕扶苏上台对他不利,所以才上了赵高的贼船,与赵高沆瀣一气,以至于毁掉一切的。秦国政权的覆灭与李斯自己的惨死,不是覆灭、惨死于敌方的强大,而是覆灭惨死于李斯私心的极端膨胀。赵高是我国古代历史上第一个被精心描写的阴谋家,赵高与李斯这两个性格极端对立而又极具典型意义的形象,永远像镜子一样千秋万代地提醒人们要时刻警惕这些祸国殃民的野心家。我们这里选取了《佐秦一统》《卖身投靠》《临死悲鸣》三段,基本还是《李斯列传》原有的框架,只是删去了其中的大段说辞与李斯的文章。至于李斯死后的赵高被诛与秦朝的灭亡,读者可以参看《秦始皇本纪》中的《始皇之死》,此处亦从略。

张耳陈馀列传
贯高谋刺刘邦

汉五年①,张耳薨,谥为景王。子敖嗣立为赵王。高祖长女鲁元公主为赵王敖后。

汉七年,高祖从平城过赵,赵王朝夕袒韝(gōu)蔽②,自上食,礼甚卑,有子婿礼。高祖箕踞詈(lì)③,甚慢易之。赵相贯高、赵午等年六十馀,故张耳客也。生平为气,乃怒曰:"吾王孱(chán)王也!"说王曰:"夫天下豪桀并起,能者先立。今王事高祖甚恭,而高祖无礼,请为王杀之!"张敖啮其指出血,曰:"君何言之误!且先人亡国④,赖高祖得复国,德流子孙,秋豪皆高祖力也。愿君无复出口。"贯高、赵午等十馀人皆相谓曰:"乃吾等非也。吾王长者,不倍德⑤。且吾等义不辱,今怨高祖辱我王,故欲杀之,何乃污王为乎?令事成归王,事败独身坐耳。"

汉八年,上从东垣还⑥,过赵,贯高等乃壁人柏人,要之置厕⑦。上过欲宿,心动,问曰:"县名为何?"曰:"柏人。""柏人者,迫于人也!"不宿而去。

汉九年,贯高怨家知其谋,乃上变告之⑧。于是上皆并逮捕赵王、贯高等。十馀人皆争自刭,贯高独怒骂曰:"谁令公为之?今王实无谋,而并捕王;公等皆死,谁白王不反者!"乃轞车胶致,与王诣(yì)长安。治张敖之罪。上乃诏赵群臣宾客有敢从王皆族。贯高与客孟舒等十馀人,皆自髡(kūn)钳,为王家奴,从来。贯高至,对狱,曰:"独吾属为之,王实不知。"吏治榜笞(chī)数千,刺剟(duō),身无可击者,终不复言。吕后数言张王以鲁元公主故,不宜有此。上怒曰:"使张敖据天下,岂少而女乎!"不听。廷尉以贯高事辞闻⑨,上曰:"壮士!谁知者,以私问之。"中大夫泄公曰⑩:"臣之邑子,素知之。此固赵国立名义不侵为然诺者也⑪。"上使泄公持节问之箯(biān)舆前⑫。仰视曰:"泄公邪?"泄公劳苦如生平欢,与语,问张王果有计谋不。高曰:"人情宁不各爱其父母妻子乎?今吾三族皆以论死,岂以王易吾亲哉⑬!顾为王实不反,独吾等为之。"具道本指所以为者王不知状。于是泄公入,具以报,上乃赦赵王。

上贤贯高为人能立然诺,使泄公具告之,曰:"张王已出。"因赦贯高。贯高喜曰:"吾王审出乎?"泄公曰:"然。"泄公曰:"上多足下⑭,故赦足下。"贯高曰:"所以不死,一身无馀者,白张王不反也。今王已出,吾责已塞,死不恨矣。且人臣有篡杀之名,何面目复事上哉!纵上不杀我,我不愧于心乎?"乃仰绝肮⑮,遂死。当此之时,名闻天下。

①汉五年:前202年。②汉七年:前200年。平城:汉县名,在今山西大同市东北。刘邦讨韩王信时曾被匈奴围困于此,后经谈判定约始被放出。袒鞲蔽:袒,指脱去官服。鞲,皮套袖。③箕踞:伸腿叉脚而坐,是一种极不礼貌的姿势。詈:骂。④先人亡国:指张耳受项羽封常山王,被陈馀打走事。⑤倍:通"背"。⑥汉八年:前199年。东垣:秦县名,汉改真定,在今河北正定县东南,石家庄市东北。刘邦的东垣之行乃为击韩王信叛乱之余寇。⑦柏人:汉县名,在今河北隆尧县西,从东垣至邯郸必经此县。置厕:驿站的夹墙。置,也称"邮",驿站。厕,旁墙,即夹壁。⑧汉九年:前198年。变:也称"变事",举报谋反的上书。⑨廷尉:国家的最高审判官。⑩中大夫:皇帝身边的侍从官员,掌参谋议论。⑪不侵:不变节。然诺:说话一定兑现。⑫节:此指旄节,皇帝使者手持的信物。箯舆:竹床,此处用作担架。⑬三族:父族、母族、妻族。其他说

法不录。⑭多：赞美。足下：犹言"阁下"，皆敬称对方之词。⑮绝
肮：犹刎颈。肮，同"吭"，喉咙。

　　汉高祖五年，张耳去世，被谥为景王。他的儿子张敖继位为赵
王。刘邦的长女鲁元公主是赵王张敖的王后。

　　汉高祖七年，刘邦从平城回京，中途绕路过赵，赵王从早到晚
挽着袖子，系着围裙，亲自给刘邦端饭上菜，十分谦恭，很有做女
婿的礼节。而高祖却坐在那里，叉着双腿，骂骂咧咧的，表现得极
其傲慢。赵国的丞相贯高、赵午等人都六十多岁了，都是老王爷张
耳的宾客，平生任侠使气，见到刘邦这种样子，气愤地说："我们
的大王也真是个软骨头！"他们对赵王说："天下豪杰一块儿起兵反
秦，谁有本事谁就先称王。如今您对皇帝那么恭敬，而皇帝对您却
如此无礼，请让我们替您杀了他！"张敖急得咬破了手指发誓说：
"您这是什么话！当初我们先王丢了国，全仗着皇上才得以恢复，以
至于我才有今天，我们这里的一丝一毫都是皇上给的。希望您不要
再说这样的话。"贯高、赵午等十几个人私下议论说："是我们的不
对。我们的大王是君子长者，他不干忘恩负义的事，只是我们不愿
意受辱，因为皇上侮辱了我们的大王，所以我们要杀死他，我们怎
么能玷污我们的大王呢？我们自己干，事情成了，归功于大王；如
果失败了，我们自己承担罪责。"

　　汉高祖八年，刘邦从东垣回京，又路过赵地，于是贯高等便在
柏人县驿馆的夹墙内埋伏了刺客，准备乘机行刺。结果皇上刚要在
这里留宿时，心里忽然有所动，便问："这里的县名叫什么？"从者
说："叫柏人。"皇上说："柏人，就是被人所困迫！"于是没住就
走了。

　　汉高祖九年，贯高的仇人知道了这个阴谋，就上书告发了他。
于是刘邦就派人来逮捕赵王、贯高等。这时，与贯高一起谋事的
十几个人都想赶紧自杀，只有贯高骂道："当初的事是谁让你们干
的？赵王根本不知道那次事件，现在也一起被捕了，你们都死了，
谁来替赵王辩白不反的真情！"于是坐着封闭的囚车跟着赵王一起到
了长安。当时朝廷逮捕张敖，刘邦曾下令不允许赵国的群臣、宾客
跟随张敖进京，违令者族灭。于是贯高和赵王的宾客孟舒等十多个
人，都剃了头发，用铁圈套着脖子，扮作赵王的家奴，跟着赵王一
起来到长安。贯高到了庭上，回答审问说："这事完全是我们几个

人干的，赵王确实不知情。"狱吏打了他几千棍，又用锥子刺他，整治得体无完肤，贯高始终不改口。吕后几次对刘邦说张敖是鲁元公主的丈夫，不会有这种罪行。刘邦生气地说："假使张敖得了天下，还缺少像你女儿这样的女子吗！"不听她的话。待至廷尉把贯高的情况报告给刘邦，刘邦说："真是个男士！谁跟他是旧相识，让他以私人身份去问一下。"中大夫泄公说："贯高是我的小老乡，我早就对他有所了解，这是赵国的一个重名节、有持操、守信义的好汉。"刘邦就派泄公手执符节到贯高躺着的竹床跟前探看，贯高艰难地朝上看了一眼，问道："是泄公吗？"泄公就像好友平日说话那样安慰他，并问起张敖是否参与了阴谋。贯高说："人哪有不爱自己的父母妻子儿女的？如今我的亲戚、家族都将因我的供词而被处死，我怎么舍得用自己那么多的亲人去换赵王的一条命！问题是赵王确实没有反心，事情完全是我们几个人干的。"接着就把他们为什么谋反，又如何商量瞒着赵王的过程全说了一遍。泄公如实地一一向刘邦报告后，刘邦这才放了赵王。

　　刘邦很欣赏贯高这种有气节、守信义的为人，就派泄公告诉他："赵王敖已经释放了。"同时也宣布赦免贯高。贯高一听高兴地问："我们大王果真出狱了吗？"泄公说："是真的。"并说："皇上很称赞您的为人，因此连您也一同释放了。"贯高说："我之所以不自杀，以至于后来被打得体无完肤，就是为了辩明赵王不反。现在赵王已经出狱，我的责任已经尽到了，那么我死也就没什么遗憾的了。况且一个做臣子的已经有了弑君篡乱的罪名，还有什么脸面再去侍奉人家呢！即便皇上不杀我，我自己难道能够于心无愧吗？"于是仰面扭断气管而死。这时候，贯高的名字传遍了天下。

　　张耳、陈馀是一对年岁相差较大但都具有雄心壮志的朋友，两人在秦朝末年一起隐居待时。陈涉吴广举义后，张耳、陈馀受陈胜之命随武臣开拓河北。到河北后武臣自立为赵王，不久武臣被叛乱分子所杀，于是张耳、陈馀遂立当年赵国的旧贵族赵歇为赵王。秦军攻赵，围赵王于巨鹿。项羽救赵破秦后，张耳与陈馀因误解而造成分裂，张耳随项羽入关，被项羽封为常山王，居赵国旧地；赵歇、陈馀因不随项羽入关，赵歇被移封代国，陈馀不被封王。于是赵歇、陈馀大怒，打走了前来上任的张耳，并与齐地的田氏联合首倡反项。张耳失败后，投奔了早在起义前就与之相识、此时已经重新收复了三秦的刘邦，刘邦大喜，立即与张耳结成了儿女亲家。汉三年，张耳随韩信灭赵，杀赵歇、陈馀；韩信继而东出攻齐，刘邦遂封张耳为赵王，都邯郸。《张耳陈馀列传》的主要内容就是如此。

张耳为赵王二年死，其子张敖，也就是刘邦的女婿继位为赵王。又过了两年，刘邦到今山西省北部讨伐勾结匈奴作乱的韩王信，回来时绕路邯郸见赵王。赵王以子婿见岳父的礼节，叩拜迎送，礼貌甚恭；而刘邦则极其傲慢放肆，张口骂人。赵王身边的贯高、赵午等替赵王不平，遂背着赵王欲谋杀刘邦。事情败露后，牵连赵王被逮，贯高等为了洗白赵王，自担罪名，不惜付出一切，表现了高度的侠义精神，遂使赵王终于获释。我们这里就选了《贯高谋刺刘邦》一节。

淮阴侯列传
韩信拜将

　　淮阴侯韩信者，淮阴人也①。始为布衣时，贫无行，不得推择为吏，又不能治生商贾，常从人寄食饮，人多厌之者。常数从其下乡南昌亭长寄食②，数月，亭长妻患之，乃晨炊蓐食。食时信往，不为具食。信亦知其意，怒，竟绝去。

　　信钓于城下，诸母漂，有一母见信饥，饭信，竟漂数十日。信喜，谓漂母曰："吾必有以重报母。"母怒曰："大丈夫不能自食(sì)，吾哀王孙而进食，岂望报乎③！"

　　淮阴屠中少年有侮信者，曰："若虽长大，好带刀剑，中情怯耳。"众辱之曰："信能死，刺我；不能死，出我袴下。"于是信孰视之，俯出袴下，蒲伏。一市人皆笑信，以为怯。

　　及项梁渡淮，信杖剑从之，居戏(huī)下④，无所知名。项梁败，又属项羽，羽以为郎中⑤。数以策干项羽，羽不用。汉王之入蜀，信亡楚归汉，未得知名。为连敖⑥，坐法当斩，其辈十三人皆已斩，次至信，信乃仰视，适见滕公⑦，曰："上不欲就天下乎？何为斩壮士！"滕公奇其言，壮其貌，释而不斩。与语，大说之。言于上，上拜以为治粟都尉⑧，上未之奇也。

　　信数与萧何语，何奇之。至南郑⑨，诸将行道亡者数十人。信度何等已数言上,上不我用,即亡。何闻信亡,不及以闻,自追之。人有言上曰:"丞相何亡。"上大怒,如失左右手。居一二日,何来谒上,上且怒且喜,骂何曰:"若亡,何也?"何曰:"臣不敢亡也,臣追亡者。"上曰:"若所追者谁何?"曰:"韩信也。"上复骂曰:"诸将亡者以十数,公无所追;追信,诈也。"何曰:"诸将易得耳,至如信者,国士无双。王必欲长王汉中,无所事信;必欲争天下,非信无所与计事者。顾王策安所决耳。"王曰:"吾亦欲东耳,安能郁郁久居此乎?"何曰:"王计必欲东,能用信,信即留;不能用,信终亡耳。"王曰:"吾为公以为将。"何曰:"虽为将,信必不留。"王曰:"以为大将。"何曰:"幸甚。"于是王欲召信拜之。何曰:"王素慢无礼,今拜大将如呼小儿耳,此乃信所以去也。王必欲拜之,择良日,斋戒,设坛场,具礼,乃可耳。"王许之。诸将皆喜,人人各自以为得大将。至拜大将,乃韩信也,一军皆惊。

信拜礼毕,上坐。王曰:"丞相数言将军,将军何以教寡人计策?"信谢,因问王曰:"今东乡争权天下,岂非项王邪?"汉王曰:"然。"曰:"大王自料勇悍仁强孰与项王?"汉王默然良久,曰:"不如也。"信再拜贺曰:"惟信亦为大王不如也。然臣尝事之,请言项王之为人也。项王喑噁叱咤(yìn wù chì zhà),千人皆废,然不能任属贤将,此特匹夫之勇耳。项王见人恭敬慈爱,言语呕呕,人有疾病,涕泣分食饮;至使人有功当封爵者,印刓(wán)敝,忍不能予,此所谓妇人之仁也。项王虽霸天下而臣诸侯,不居关中而都彭城⑩。有背义帝之约⑪,而以亲爱王,诸侯不平。诸侯之见项王迁逐义帝置江南,亦皆归逐其主而自王善地⑫。项王所过无不残灭者,天下多怨,百姓不亲附,特劫于威强耳。名虽为霸,实失天下心,故曰其强易弱。今大王诚能反其道,任天下武勇,何所不诛!以天下城邑封功臣,何所不服!以义兵从思东归之士,何所不散!且三秦王为秦将⑬,将秦子弟数岁矣,所杀亡不可胜计;又欺其众降诸侯,至新安,项王诈坑秦降卒二十余万,唯独邯、欣、翳得脱,秦父兄怨此三人,痛入骨髓。今楚强以威王此三人,秦民莫爱也。大王之入武关⑭,秋毫无所害,除秦苛法,与秦民约,法三章耳⑮,秦民无不欲得大王王秦者。于诸侯之约,大王当王关中,关中民咸知之。大王失职入汉中,秦民无不恨者。今大王举而东,三秦可传檄而定也。"于是汉王大喜,自以为得信晚。遂听信计,部署诸将所击。

①淮阴：秦县名，在今江苏淮阴市北。②下乡南昌亭长：下乡，乡名，属淮阴县。南昌亭长，南昌亭是下乡的一个亭名，秦时十里一亭，设亭长一人，负责维持所属村落秩序，并接待过往官员。③王孙：犹言公子、少爷，是对年轻人的称呼。④项梁渡淮：事在秦二世二年（前208年），项梁、项羽叔侄于秦二世元年九月起兵于吴（今江苏苏州），次年二月率兵渡江、淮西进。戏下：即麾下，部下。戏，同"麾"。⑤郎中：侍从人员。⑥连敖：管仓库粮饷的小官。⑦滕公：即夏侯婴，原为沛县小吏，后随刘邦起事，曾因功被封为滕公。滕，秦县名，在今山东滕州市西南。⑧治粟都尉：管理军中粮饷的中级军官。⑨南郑：秦汉邑名，时为刘邦都城，在今陕西汉中市。⑩关中：今陕西中部地区，因其地处函谷关以西，故称关中。彭城：即今江苏徐州市，当时为项羽都城。⑪背义帝之约：义帝，楚怀王熊心，为项梁所立。义帝在分遣项羽北上救赵和刘邦西进时曾约定："先入关者王之。"后来刘邦先入关，项羽分封时，只封刘邦为汉王，据巴、蜀、汉中之地，故称背义帝之约。⑫迁逐义帝置江南：项羽分封诸侯后，自称西楚霸王，尊楚怀王为"义帝"，使之迁居郴（今湖南郴州市），中途又令黥布等将他杀害。皆归逐其主而自王善地：项羽所封诸侯如临菑王田都、济北王田安、燕王臧荼、殷王司马卬等，纷纷赴所封之地，而斥逐故王于他处。⑬三秦王为秦将：项羽将关中地一分为三，分封给秦朝三位降将：章邯为雍王，都废丘；董翳为翟王，都高奴；司马欣为塞王，都栎阳。⑭武关：在今陕西丹凤县东南，是河南西部通往陕西东南部的交通要道。⑮法三章：即杀人者死，伤人及盗抵罪。

淮阴侯韩信是淮阴人。当初还是平民的时候，生活贫穷，名声不好，既不能被推选当官吏，又不能靠做买卖维持生活，经常到别人家去混点吃的，很多人都厌烦他。他曾到下乡的南昌亭亭长家里找饭吃，一连去了几个月，亭长的妻子为此很心烦，于是改在每天早晨大家还在床上就把饭吃完了。等到正常的吃饭时间韩信来了，就不再给他做饭吃。韩信也明白是什么意思，很生气，以后就不再去了。

韩信在城外钓鱼，河边上有许多妇女在漂丝绵，一位老妇见韩信饥饿，就给韩信一些吃的，一连几十天，天天如此。韩信很高兴，对老妇说："日后我一定要重重地报答你。"老妇生气地说："男子汉连自己都养活不了，我是可怜先生你才给你饭吃，难道指望你报答吗！"

淮阴县市场上有个卖肉的年轻人侮辱韩信说："别看你高高大大，佩带刀剑，其实你是个胆小鬼。"于是当众侮辱韩信说："你要是不怕死，就拿刀捅了我；你要是怕死，就从我裤裆底下钻过去。"韩信盯着他看了半天，最终还是从他胯下爬了过去。满街看热闹的人都笑话韩信，认为他怯懦。

等到项梁的兵马来到淮北时，韩信仗剑投在了项梁的部下，但默默无闻。后来项梁兵败身死，韩信又跟了项羽，项羽只让他当了个郎中。他曾多次给项羽献计，项羽不用。后来刘邦被封为汉王率领部下入蜀时，韩信遂离开项羽投奔了刘邦，但也仍是无所知名，只当了个管理粮草的连敖。后来因事犯法被判死刑，和他同案的十三个人都已被杀，往下就要轮到韩信了，韩信一抬头，正好看见滕公夏侯婴，韩信说："汉王不是想要打天下吗？为什么要杀壮士？"夏侯婴听着很惊奇，又见他长相非凡，于是就把他放了。夏侯婴与韩信一交谈，心里很高兴，于是就把他介绍给了刘邦，刘邦任命他为治粟都尉，但仍未发现他有什么特别出众的地方。

韩信曾多次与萧何谈话，萧何对他很赏识。刘邦在向南郑进发的路上，有几十个将领逃亡了。到达南郑后，韩信心想萧何等人已经多次推荐自己，而刘邦总是不肯重用，于是他也跑了。萧何听说韩信跑了，来不及报告刘邦，立刻亲自追去。这时有人禀报刘邦说："丞相萧何跑了。"刘邦一听勃然大怒，立刻觉得如同失去了左右手。过了一两天，萧何回来拜见刘邦，刘邦又气又喜，骂萧何说："你为什么跑？"萧何说："我没有跑，我是去追逃跑的人。"刘邦说："你追的是谁？"萧何说："韩信。"刘邦又骂道："逃跑的将军有几十个，你都没追，现在说去追韩信，骗人！"萧何说："别的将军都容易得到。至于韩信，这才是独一无二的。您要是一辈子安心在这里当汉王，那您就用不着韩信；您要是想出去夺天下，除了韩信没人能跟您共谋大事。关键看您怎么打算了。"刘邦说："我当然想夺取东方，怎么能一辈子窝在这儿呢？"萧何说："您既然要夺取东方，那么您能重用韩信，韩信就会留下来；您不能重用，他早晚还是要跑的。"刘邦说："看在你的面子上，我就让他做将军。"萧何说："即便让人家做将军，人家也还是要走。"刘邦说："我让他做大将。"萧何说:"那太好了。"于是刘邦立即就想让人去把韩信找来任命他为大将。萧何说:"您一向待人傲慢无礼,现在任命大将就像招呼个小孩子似的,这正是韩信要离开您的原因。您要是真想任命他,就选个好日子,沐浴斋戒,修筑坛台,举行隆重的仪式,那样才行。"刘邦同意。将领们都暗自高兴,个个都认为这回任命的大将一定是自己。等到正式任命时,被请上台的原来是韩信,全军都大吃一惊。

　　封拜韩信的仪式结束后,韩信被请到上座。刘邦说:"萧丞相多次提起您,根据当前局势,您认为我该怎么办?"韩信客气了一番,向刘邦说:"大王向东出兵争夺天下的对手不是项羽吗?"刘邦说:"是的。"韩信说:"大王估计您的勇猛、仁德以及您军队的强盛,能比得过项羽吗?"刘邦沉默了半天,说:"比不上他。"韩信起身向刘邦拜了两拜,说:"我也觉得您比不上他。可是我曾经做过他的部下,我可以来说说项羽的为人。项羽发怒时大吼一声,可以把成千上万的人吓得瘫在地上,可是他不能任用有才干的人,这样他就不过是一种匹夫之勇。项羽待人恭敬有礼,仁爱慈祥,说起话来和和气气,谁有了病,他能含着眼泪给人送吃送喝;可是等到人家立了功,该封官颁奖了,他却吝啬得把个印拿在手里团来弄去,直到把印的棱角都磨圆了也舍不得发出去。这样,他那所谓的'仁爱'也就成了一种妇人的仁慈。项羽虽然成了霸主,诸侯都对他称臣,可是他不建都在关中,而建都在彭城。他还违背了当初义帝宣布的谁先入关谁当关中王的规定,把他的亲信都封了王,因此各路诸侯都对他不满。诸侯们一看项羽把义帝赶到江南去了,于是也都纷纷赶走了自己过去的国君而占据着好地独自称王了。还有,项羽军队所到之处,杀人放火,留不下一个完整的地方,天下人为此怨声载道,老百姓谁也不亲近他,现在只不过是屈服于他的暂时强大罢了。所以说项羽现在虽然名义上是个霸主,实际上他已经丧尽人心,他的强盛很容易变弱。现在您如果能反其道而行之:只要是勇敢善战的人,您就大胆任用,那还有什么敌人不能被打败!打下城邑,您就把它封给有功之臣,那还有什么人会不亲近您!您再调集义兵跟着您那些誓死打回老家去的军队一起东进,那还有什么样的敌人不能被打垮!现在被项羽封立在关中的三个诸侯王章邯、司马欣和董翳,当初都是秦朝的将领,他们统率关中的子弟好几年了,为他们战死的和下落不明的不计其数,后来又欺骗这些士兵投降了项羽,结果走到新安时,项羽竟把这二十多万降兵全都活埋了,就留下了章邯、司马欣、董翳这三个人。现在秦地的父老们对这三个

321

人恨之入骨。项羽靠着他的武力,硬把这三人封在关中,其实关中百姓没有一个人喜欢他们。而大王您当初进入武关后,秋毫无犯,废除了秦朝的酷法,给关中百姓们定的法律只有三条,关中百姓没有一个不乐意让您在关中称王的。按照诸侯们的事先约定,您也应该在关中称王,这一点关中的百姓们也都知道。后来您被项羽剥夺权力,挤到汉中,关中百姓没有一个不对此愤慨不平。现在如果您举兵东下,三秦地区只要发一个通告就可以回到您手中。"刘邦听了大喜,感到自己今天认识韩信实在是太晚了。于是就按照韩信的谋划,给各位将领们部署了各自进攻的目标。

淮阴侯列传
破魏破代灭赵平齐

八月,汉王举兵东出陈仓①,定三秦。汉二年,出关,收魏、河南,韩、殷王皆降②。合齐、赵共击楚③。四月,至彭城,汉兵败散而还④。信复收兵与汉王会荥阳,复击破楚京、索之间⑤,以故楚兵卒不能西。

汉之败却彭城,塞王欣、翟王翳亡汉降楚,齐、赵亦反汉与楚和。六月,魏王豹谒归视亲疾,至国,即绝河关反汉⑥,与楚约和。汉王使郦生说豹⑦,不下。其八月,以信为左丞相,击魏。魏王盛兵蒲坂,塞临晋⑧。信乃益为疑兵,陈船欲度临晋,而伏兵从夏阳以木罂缶渡军⑨,袭安邑⑩。魏王豹惊,引兵迎信,信遂虏豹,定魏为河东郡。汉王遣张耳与信俱,引兵东北击赵、代⑪。后九月,破代兵,禽夏说阏与(yù yǔ)⑫。信之下魏破代,汉辄使人收其精兵,诣荥阳以距楚。

信与张耳以兵数万,欲东下井陉(xíng)击赵⑬。赵王、成安君陈馀闻汉且袭之也⑭,聚兵井陉口,号称二十万。广武君李左车说成安君曰:"闻汉将韩信涉西河,虏魏王,禽夏说,新喋(dié)血阏与;今乃辅以张耳,议欲下赵,此乘胜而去国远斗,其锋不可当。臣闻千里馈(kuì)粮,士有饥色;樵苏后爨(cuàn),师不宿饱。今井陉之道,车不得方轨,骑不得成列,行数百里,其势粮食必在其后。愿足下假臣奇兵三万人,从间道绝其辎重;足下深沟高垒,坚营勿与战。彼前不得斗,退不得还,吾奇兵绝其后,使野无所掠,不至十日,而两将之头可致于戏下。愿君留意臣之计;否,必为二子所禽矣。"成安君，儒者也，常称义兵不用诈谋奇计，曰："吾闻兵法：'十则围之，倍则战。'今韩信兵号数万，其实不过数千，能千里而袭我，亦已罢（pí）极。今如此避而不击，后有大者，何以加之！则诸侯谓吾怯，而轻来伐我。"不听广武君策，广武君策不用。

韩信使人间视，知其不用，还报，则大喜，乃敢引兵遂下。未至井陉口三十里，止舍。夜半传发，选轻骑二千人，人持一赤帜，从间道萆（bì）山而望赵军⑮。诫曰："赵见我走，必空壁逐我，若疾入赵壁，拔赵帜，立汉赤帜。"令其裨（pí）将传飧（sūn）⑯，曰："今日破赵会食！"诸将皆莫信，详应曰⑰："诺。"谓军吏曰："赵已先据便地为壁，且彼未见吾大将旗鼓，未肯击前行，恐吾至阻险而还。"信乃使万人先行，出，背水陈。赵军望见而大笑。平旦，信建大将之旗鼓，鼓行出井陉口，赵开壁击之，大战良久。于是信、张耳详弃鼓旗，走水上军。水上军开入之，复疾战。赵果空壁争汉鼓旗，逐韩信、张耳。韩信、张耳已入水上军，军皆殊死战，不可败。信所出奇兵二千骑，共候赵空壁逐利，则驰入赵壁，皆拔赵旗，立汉赤帜二千。赵军已不胜，不能得信等，欲还归壁，壁皆汉赤帜，而大惊，以为汉皆已得赵王将矣。兵遂乱，遁走，赵将虽斩之，不能禁也。于是汉兵夹击，大破虏赵军，斩成安君泜（zhī）水上⑱，禽赵王歇。

信引兵东，未渡平原⑲，闻汉王使郦食其（yì jī）已说下齐，韩信欲止。范阳辩士蒯通说信曰⑳："将军受诏击齐，而汉独发间使下齐，宁有诏止将军乎？何以得毋行也！且郦生一士，伏轼掉三寸之舌，下齐七十余城；将军将数万众，岁余乃下赵五十余城，为将数岁，反不如一竖儒之功乎？"于是信然之，从其计，遂渡河。齐已听郦生，即留纵酒，罢备汉守御。信因袭齐历下军㉑，遂至临菑㉒。齐王田广以郦生卖己，乃亨之，而走高密㉓，使使之楚请救。韩信已定临菑，遂东追广至高密西。楚亦使龙且将㉔，号称二十万，救齐。

齐王广、龙且并军与信战，未合。人或说龙且曰："汉兵远斗穷战，其锋不可当；齐、楚自居其地战，兵易败散。不如深壁，令齐王使其信臣招所亡城，亡城闻其王在，楚来救，必反汉。汉兵二千里客居，齐城皆反之，其势无所得食，可无战而降也。"龙且曰："吾平生知韩信为人，易与耳。且夫救齐不战而降之，吾何功？今战而胜之，齐之半可得，何为止！"遂战，与信夹潍水陈㉕。韩信乃夜令人为万余囊，满盛沙，壅水上流，引军半渡，击龙且。详不胜，还走。龙且果喜曰："固知信怯也。"遂追信渡水。信使人决壅囊，水大至，龙且军大半不得渡。即急击，杀龙且。龙且水东军散走，齐王广亡去。信遂追北至城阳㉖，皆虏楚卒。

汉四年，遂皆降平齐。使人言汉王曰："齐伪诈多变，反覆之国也，南边楚，不为假王以镇之，其势不定，愿为假王便。"当是时，楚方急围汉王于荥阳，韩信使者至，发书，汉王大怒，骂曰："吾困于此，旦暮望若来佐我，乃欲自立为王！"张良、陈平蹑汉王足，因附耳语曰："汉方不利，宁能禁信之王乎？不如因而立，善遇之，使自为守。不然，变生。"汉王亦悟，因复骂曰："大丈夫定诸侯，即为真王耳，何以假为！"乃遣张良往立信为齐王，征其兵击楚。

①陈仓：秦县名，县治在今陕西宝鸡市东。②魏、河南：魏王豹，都安邑。河南王申阳，都洛阳。韩、殷王：韩王郑昌，都阳翟。殷王司马卬，都朝歌。以上四王，皆项羽所封。③齐、赵：齐王田荣，都临菑。赵王歇，都襄国。以上两国皆自立为王。④汉兵败散而还：汉二年四月，刘邦趁项羽东击田荣之机，率各路诸侯共五十六万人攻入项羽国都彭城。项羽率三万骑星夜驰还，大败刘邦于彭城西。⑤荥阳：秦县名，在今河南荥阳市东北。京、索：谓京县、索亭。京县在今河南荥阳市东南，索亭在今荥阳市区内。⑥河关：即蒲津关，也叫临晋关，在今陕西大荔东的黄河西岸。⑦郦生：郦食其（yì jī），刘邦的谋士，有辩才。⑧蒲坂：渡口名，在山西永济市城西的黄河东岸，与临晋关隔河相对。⑨夏阳：秦县名，县治在今陕西韩城市西南。⑩安邑：当时魏王豹的都城，在今山西夏县西北。⑪张耳：刘邦起事前的旧交，反秦初，张耳与陈馀在河北立赵王歇为王。钜鹿之战后，两人产生矛盾，陈馀留在河北，张耳随项羽入关，被封为常山王。张耳到河北上任被陈馀赶走，遂投奔了刘邦。赵、代：赵王歇与代王陈馀，时陈馀尚在赵国，为赵王歇之相。陈馀派夏说为代相，守代地，代都在今河北蔚县东北。⑫阏与：古邑名，在今山西和顺县西北。⑬井陉：即井陉口，太行山的险隘之一，在今河北井陉县西北，是山西与河北之间的交通要道。⑭成安君：陈馀的封号。⑮萆山：萆，同"蔽"，依山自覆蔽。⑯裨将：副将。传飧：传令用一些简单的饭食。飧，小食。⑰详：通"佯"。⑱泜水：即今槐河。源出河北赞皇县西南，东流经元氏县南至宁晋县南，折而南入滏阳河。⑲平原：秦县名，也是当时的黄河渡口名，在今山东平原县西南。⑳蒯通：本名"彻"，避汉武帝刘彻讳，汉人改为

"通"。范阳(今河北定兴县)人,善辩,为纵横家一流人物,为韩信谋士。㉑历下:古邑名,即今山东省济南市西。时历下守军将领为华无伤、田解。㉒临菑:当时齐王田广的国都,即今山东临淄。韩信攻临菑在汉四年(前203年)四月。㉓高密:秦县名,在今山东高密市西南。㉔楚亦使龙且将:按此次救齐楚军主将为项它,龙且应是裨将。㉕潍水:源于山东五莲县西南,北流经诸城市、高密市入莱州湾。㉖城阳:汉郡名,郡治即今山东莒县。

　　汉高祖元年八月,刘邦从陈仓小路东出,很快地收复了三秦。汉高祖二年,刘邦又东出函谷关,收服了魏国与河南国,韩王郑昌、殷王司马卬都投降了刘邦。刘邦又联合了齐、赵两国一同攻击项羽。四月,刘邦打进了项羽的首都彭城,后来又被项羽打败,溃散而归。这时韩信收集了一部分军队与刘邦会师于荥阳,在京县和索亭之间给了楚军一个迎头痛击,遏止了楚军继续西进的势头。

　　刘邦在彭城失败后,关中的塞王司马欣和翟王董翳又背叛刘邦投降了项羽,齐、赵两国也反水与项羽联合。六月,魏王豹请假回河东探亲,一到魏国,立即封锁了黄河渡口蒲津关,宣布反汉,与项羽联合。刘邦派谋士郦食其前去说服,魏豹不听。八月,刘邦派韩信以左丞相的虚衔率军讨伐魏豹。魏豹把重兵集结在蒲坂,堵住了临晋关。韩信就在临晋一带布置疑兵,摆开船只,做出准备从临晋强渡的样子,而暗中派兵北上夏阳,让士兵们抱着木板木桶之类的东西渡过了黄河,南下猛袭魏豹的重镇安邑。魏豹闻讯大惊,仓促回兵迎敌,结果被韩信俘获,韩信接着平定了魏国,在魏地设立了河东郡。这时刘邦又派了张耳来协同韩信向东北进军攻打赵国和代国。闰九月,韩信军打败了代国的军队,并在阏与活捉了代国丞相夏说。而每当韩信攻下魏国、打败代国的时候,刘邦总是立刻派人来调走韩信的精兵,把他们带到荥阳去抵抗项羽。

　　接着韩信与张耳又率领着几万人,准备东出井陉口进攻赵国。赵王赵歇和成安君陈馀听说韩信要来打他,于是就把赵国的军队集结在井陉口,号称二十万。这时赵国的谋士广武君李左车对陈馀说:"听说韩信前已偷渡西河,俘虏了魏豹,活捉了代相夏说,在阏与血战大捷,现又在张耳的协助下,准备攻我赵国,这是一种远离本土乘胜前进的势头,其锋芒锐不可当。但俗话说,靠远道送粮食,士兵就会挨饿；该做饭了才去打柴，就永远也吃不饱。这井陉小道，窄得两辆车不能并行，人马都不能排成行列，韩信的军队走上几百里，他的粮饷一定在后面。请您拨给我三万人，我抄小路去截断他们的粮道；您在正面只管加固工事，坚守营地不要与他们开战。叫他们往前求战不得，往后又退不回去，因为有我的奇兵把他们挡住了，他们军中无粮，在旷野上找不到任何吃的，不出十天，韩信和张耳的人头就可以送到您的面前。希望您能认真考虑我的建议。不然，我们就要被他们两个所擒了。"陈馀是个书生，总说仁义之师不用诈骗手段，他听了李左车的话，说："兵法上讲，如果兵力超过敌人十倍，就可以包围他们，如果超过敌人一倍，就可以同他们决战。现在韩信的军队号称几万，其实不过几千人，而且又是千里跋涉前来打我，他们已经是疲惫不堪了。面对这样的敌人如果还避而不打，以后再来了更强的敌人，我们还能打吗！再说这回如果我们不打，那各地的诸侯们都会说我们怯懦无能，就会谁都来欺负我们了。"于是他不考虑李左车的作战方案。

  这时韩信派人到陈馀身边刺探，当他们了解到李左车的计策没被采用，回来向韩信一报告，韩信大喜，这才敢率军长驱而下。当他们走到离井陉口还有三十里时，传令停下来休息。到了半夜时分，命令全军准备出发。他挑选了两千名轻骑兵，让他们每人手持一面红旗，从小道上山，隐蔽起来监视赵军。韩信叮嘱他们说："赵军见到我军败退，一定会倾巢而出地追我们，你们就趁机奔入赵营，拔掉赵军的旗帜，插上汉军的红旗。"随后又让他的副将传令全军吃点简单的饭食，并告诉全军："等今天打败赵军后再吃早饭！"将领们都不相信，敷衍着说："好吧。"韩信对身边的军吏说："赵军已抢占有利地势修筑了营垒，他们在没有见到我们大将的仪仗旗号之前，是不会攻击我们的先头部队的，怕我们先头部队一受阻，后续部队就会撤回去。"于是韩信派一万人先出了井陉口，而且过河后列了个背水阵。赵军一看哈哈大笑。到太阳露头时，韩信的大将旗号也在鼓声中出了井陉口。赵军于是打开营门，两军会战开始。双方先是打了一段时间，后来韩信、张耳就假装失败扔下了许多战鼓、军旗，退向河边的军队。河边的军队闪开路让岸上的士兵退进来，又继续与赵军激战。这时赵军一见汉军败了，果然倾巢而出争抢汉军的旗鼓，想要捉拿韩信、张耳。韩信、张耳的军队退到了河边后，回师与赵军死战，赵军再也无法前进一步了。这时韩信事先派出的那两千轻骑兵早已在山上等候，他们看到赵军倾巢而出抢夺战利品时，就立即奔入赵军营垒，拔掉了赵军的旗帜，插上了汉军的两千面红旗。等赵军打了半天不能取胜，想要回营时，一看自己营垒上都是汉军的红旗，大惊失色，以为汉军已经抓获了赵王以及他们所有的将领了，顿时大乱，兵士们四散奔逃，即使有赵将督战，想要杀人拦阻，也无济于事了。于是汉军内外夹击，大破赵军，陈馀败逃，被杀死在泜水上，赵王歇被活捉。

　　韩信领兵东进，还没有到达平原县的黄河渡口，听说刘邦已经派郦食其劝降了齐国，韩信准备停止前进。这时范阳辩士蒯通劝韩信说："您是奉汉王的命令来攻打齐国的，尽管汉王后来又派了说客去齐国劝降，但他下命令让您停止进兵了吗？您怎么能停止前进呢！再说让郦食其一个小说客，坐着车子摇着三寸不烂之舌，轻而易举地就获取了齐国七十多个城池，而将军您率领着几万人马，苦战了一年多才不过拿下赵国的五十几个城池，难道当了几年的大将，功劳反倒不如一个卑贱的小书生吗？"韩信听着有理，就听从他的建议，挥师渡过了黄河。当时齐国已经接受了郦食其的劝降，正留着郦食其大摆宴席，完全解除了对汉军的防卫。结果被韩信突然袭击了驻扎在历下的军队，接着韩信长驱直入，打到了齐国的国都临菑。齐王田广以为是受了郦食其的骗，于是就把郦食其煮了，而后东逃高密，同时派人去向项羽求救。韩信占领了临菑，随即又率军东追田广，追到高密城西。这时项羽已经派龙且率领军队，号称二十万人，前来救齐。

　　齐王田广和楚国龙且的军队会合，准备与韩信开战，战斗尚未开始。有人对龙且说："汉军是远离本土来和我们作战的，我们不宜和他们正面硬碰。我们齐国楚国的军队，是在本土作战，士兵容易开小差。不如深沟高垒，坚壁不战，让齐王田广派他的亲信到被汉兵占领的地方去广为招纳，那些沦陷的城池听说齐王还活着，而且楚军又来援助了，一定会起来反击汉军。汉军远离本土两千里，身在异乡，齐国的各地都反他们，他们势必连吃的东西都找不到，这样不用打仗就可以收拾他们了。"龙且说："我早就知道韩信怯懦，容易对付。而且我是奉命来救齐国的，连一仗都没打，就让敌人投降了，我还有什么功劳呢？现在我要是打败了韩信，就可以得到半个齐国，我怎么能不打呢！"于是出战，与韩信夹潍水布好了阵势。韩信令人连夜做了一万多条大口袋，装满沙土，堵住潍水的上游，然后率军渡潍水，刚过去一半，前军就和龙且打了起来，两军对战了一会儿，韩信军假装失败，纷纷后退。龙且一见大喜，说："我早就知道韩信是软骨头。"于是挥师过河击韩信。这时韩信派人在上游扒开了堵水的沙袋，河水汹涌而下。龙且的大部分军队尚未渡过潍水,韩信立刻回兵反击,过了河的楚军全部被歼,龙且也被杀死,而截在潍水东岸的楚军也一哄而散。齐王田广逃跑了。韩信追击败军直到城阳,把剩下的楚军全部俘获。

汉高祖四年,齐国所有的地方都已经被韩信占领。韩信派人向刘邦请示说:"齐国是诡诈多变、反复无常的国家,而且南面又紧挨着楚国,如果不立一个临时的齐王来镇守它,局势就难以稳定。希望能让我暂时代理齐王。"这个时候,项羽正把刘邦围困在荥阳,韩信的使者来到荥阳后,刘邦一看韩信的来信,勃然大怒,骂道:"我被困在这儿,日夜盼着你来帮我,想不到你倒要自己称王!"张良、陈平暗中踩刘邦的脚,又凑到他耳边悄声说:"我们现在正处于不利的境地,怎么能禁止韩信称王呢?不如趁势立他为王,好好对待他,让他守好齐国。不然就要出乱子。"刘邦这时也醒悟过来,于是又接茬儿骂道:"大丈夫打下了一个国家,该称王就正式称王,还要临时代理干什么!"于是派张良前往齐国立韩信为齐王,同时又把韩信的全部人马调去击楚。

淮阴侯列传
吕后杀韩信

信至国①,召所从食漂母,赐千金。及下乡南昌亭长,赐百钱,曰:"公,小人也,为德不卒。"召辱己之少年令出胯下者以为楚中尉②。告诸将相曰:"此壮士也。方辱我时,我宁不能杀之邪?杀之无名,故忍而就于此。"

项王亡将钟离眜(mò)家在伊庐③,素与信善。项王死后,亡归信。汉王怨眜,闻其在楚,诏楚捕眜。信初之国,行县邑,陈兵出入。汉六年,人有上书告楚王信反。高帝以陈平计④,天子巡狩会诸侯。南方有云梦,发使告诸侯会陈⑤:"吾将游云梦。"实欲袭信,信弗知。高祖且至楚,信欲发兵反,自度无罪;欲谒上,恐见禽。人或说信曰:"斩眜谒上,上必喜,无患。"信见眜计事,眜曰:"汉所以不击取楚,以眜在公所。若欲捕我以自媚于汉,吾今日死,公亦随手亡矣。"乃骂信曰:"公非长者!"卒自刭。信持其首,谒高祖于陈。上令武士缚信,载后车。信曰:"果若人言,'狡兔死,良狗亨;高鸟尽,良弓藏;敌国破,谋臣亡⑥'。天下已定,我固当亨!"上曰:"人告公反。"遂械系信。至雒阳⑦,赦信罪,以为淮阴侯。

信知汉王畏恶其能，常称病不朝从。信由此日夜怨望，居常鞅鞅，羞与绛、灌等列⑧。信尝过樊将军哙（kuài）⑨，哙跪拜送迎，言称臣，曰："大王乃肯临臣！"信出门，笑曰："生乃与哙等为伍！"上常从容与信言诸将能不，各有差。上问曰："如我能将几何？"信曰："陛下不过能将十万。"上曰："于君何如？"曰："臣多多而益善耳。"上笑曰："多多益善，何为为我禽⑩？"信曰："陛下不能将兵，而善将将，此乃信之所以为陛下禽也。且陛下所谓天授，非人力也。"

陈豨（xī）拜为巨鹿守⑪，辞于淮阴侯。淮阴侯挈（qiè）其手，辟左右，与之步于庭，仰天叹曰："子可与言乎？欲与子有言也。"豨曰："唯将军令之。"淮阴侯曰："公之所居，天下精兵处也；而公，陛下之信幸臣也。人言公之畔，陛下必不信；再至，陛下乃疑矣；三至，必怒而自将。吾为公从中起，天下可图也。"陈豨素知其能也，信之，曰："谨奉教！"汉十年，陈豨果反。上自将而往，信病不从。阴使人至豨所，曰："弟举兵⑫，吾从此助公。"信乃谋与家臣夜诈诏赦诸官徒奴⑬，欲发以袭吕后、太子。部署已定，待豨报。其舍人得罪于信，信囚，欲杀之。舍人弟上变⑭，告信欲反状于吕后。吕后欲召，恐其党不就。乃与萧相国谋，诈令人从上所来，言豨已得死，列侯群臣皆贺。相国绐（dài）信曰："虽疾，强入贺。"信入，吕后使武士缚信，斩之长乐钟室⑮。信方斩，曰："吾悔不用蒯通之计，乃为儿女子所诈，岂非天哉！"遂夷信三族⑯。

高祖已从豨军来，至，见信死，且喜且怜之，问："信死亦何言？"吕后曰："信言恨不用蒯通计。"高祖曰："是齐辩士也。"乃诏齐捕蒯通。蒯通至，上曰："若教淮阴侯反乎⑰？"对曰："然，臣固教之。竖子不用臣之策，故令自夷于此。如彼竖子用臣之计，陛下安得而夷之乎！"上怒曰："亨之。"通曰："嗟乎，冤哉亨也！"上曰："若教韩信反，何冤？"对曰："秦之纲绝而维弛⑱，山东大扰，异姓并起，英俊乌集。秦失其鹿⑲，天下共逐之，于是高材疾足者先得焉。跖之狗吠尧⑳，尧非不仁，狗因吠非其主。当是时，臣唯独知韩信，非知陛下也。且天下锐精持锋欲为陛下所为者甚众，顾力不能耳，又可尽亨之邪？"高帝曰："置之。"乃释通之罪。

①信至国：韩信以齐王的身份佐刘邦灭项羽后，被刘邦夺去兵权，改封为楚王，国都下邳，在今江苏睢宁县西北。②中尉：汉初诸侯国掌管治安的官员。③钟离眜：项羽手下悍将，曾多次追迫刘邦，楚灭后为刘邦所通缉。④汉六年：公元前201年，韩信为楚王的第二年。陈平：刘邦的谋士，下文刘邦假托游云梦而擒韩信的计策即陈平所献。⑤云梦：即云梦泽，指古时湖北西南部、湖南西北部长江两岸的一大片湖泽地区。陈：秦郡名，郡治在今河南淮阳县，当时是韩信楚国西部边境。⑥狡兔死，良狗亨；高鸟尽，良弓藏；故国破，谋臣亡：盖当时俗语，又见于《越王勾践世家》。亨，通"烹"。⑦雒阳：在今河南洛阳市东北，刘邦当时的国都在此。⑧绛、灌：绛，绛侯周勃；灌，颍阴侯灌婴。两人都曾是刘邦派在韩信手下的将领。⑨樊将军哙：樊哙，刘邦手下猛将，狗屠出身，是吕后的妹夫。⑩禽：通"擒"，捉拿。⑪陈豨：刘邦部将，于汉七年受命以代相监赵、代边兵。钜鹿：郡名，在今河北平乡县西南。按：陈豨未尝任钜鹿守，此处说法有误。⑫弟举兵：弟，但，尽管。⑬诸官徒奴：首都长安诸官府所关押的罪犯。⑭上变：也称"变事"，告发谋反的上书。⑮长乐钟室：长乐宫中的悬钟之室。⑯三族：指父族、母族、妻族。⑰若：你。⑱纲绝而维弛：法度紊乱，政权崩溃。纲，网上大绳。维，系车盖的绳。引申为维持国家体统的法度。⑲秦失其鹿：鹿，"禄"的谐音，喻指国家政权。⑳跖之狗吠尧：跖，据说是春秋时的大盗，后世用以喻恶人。尧，传说中的上古贤明帝王。

韩信到楚国后，派人把当年曾给他饭吃的洗衣老妇找来，给了她千金重赏。也把下乡的南昌亭长找来，赏给了他一百钱，对他说："你是个小人，做好事不能做到底。"又把当年曾经侮辱他的那个青年找来，让他做了维持国都治安的中尉。韩信对左右的将领们说："这人是个好汉。当初他侮辱我的时候，我难道不能杀了他吗？问题是杀了他也不能为自己带来好名声，我之所以忍着，就是为了成就今天的事业。"

项羽部将钟离眜老家在伊庐，一贯与韩信交情不错。项羽死后，钟离眛逃到了韩信这里。刘邦恨钟离眛,听说他在韩信处,就命令韩信逮捕他。韩信刚到楚国不久,到属县视察时,总要带着军队警卫。汉高祖六年,有人上书告韩信要造反。刘邦听取了陈平的计策,以到南方视察云梦泽为名,让各国的诸侯都到陈郡会合。他嘴里说:"我去视察云梦。"实际上是要借机袭捕韩信,韩信不知道。等到刘邦快要来到楚国的边界了,韩信才怀疑,想发兵抵抗,但想到自己没有任何罪过;想去见刘邦,但又怕被刘邦抓起来。这时有人劝韩信说:"可以杀了钟离眛,去见皇上,皇上必然高兴,您也就没事了。"韩信找钟离眛谈此事。钟离眛说:"刘邦之所以不敢打楚国,就是因为我在你这儿。如果你抓了我去讨好刘邦,那么我今天死,你明天也就该跟着死。"于是骂韩信说:"你真不是个有德性的人!"说罢自刎而死。韩信带着钟离眛的人头,到陈郡进见刘邦。刘邦立即命令武士逮捕了韩信,把他装在了自己后面的车上。韩信说:"果真像人们所说的:'兔子一死,猎狗就要被煮了;飞鸟打完,良弓就该收起来了;敌人一被消灭,功臣就该被杀了。'现在天下已经太平,我也就到了该死的时候了!"刘邦说:"有人告你要造反。"于是给韩信戴上刑具。等回到洛阳后,刘邦又把韩信放了,把他降为淮阴侯。

韩信知道刘邦对自己的才能既怕又恨,因此常常借口生病不去朝见,也不随同他出行,心中充满怨恨,常常闷闷不乐。他觉得让自己与周勃、灌婴等同在一个级别,是一种羞耻。韩信曾经去过一次樊哙家,樊哙对韩信非常尊重,接送时行跪拜礼,说话时自己称臣,一见便说:"大王您竟然光临臣舍。"韩信从他家出来后,仰天笑道:"想不到我这辈子竟与樊哙这种人落到了一块!"有一次刘邦与韩信闲聊开国将领们各自能统率多少人马,刘邦问:"像我,能统率多少人马呢?"韩信说:"您最多能统率十万。"刘邦问:"那么你呢?"韩信说:"我是越多越好。"刘邦笑着说:"既然你是越多越好,为什么还被我活捉呢?"韩信说:"陛下不善于带兵,却善于驾驭将领,这就是我被您活捉的原因。而且您的胜利,是老天爷安排的,不是人力所能改变的。"

陈豨被任命为钜鹿郡守,来向韩信辞行。韩信屏退左右的随从,拉着他的手,在院子里散步,仰天长叹道:"你能让我放心吗?我有些话想和你谈。"陈豨说:"我绝对听您的吩咐。"韩信说:"你将要去驻守的地方聚集着国家最精锐的部队;而你,又是皇帝的亲信。要是有人告你造反,第一次皇帝是决不会相信的;但如果再告第二次,皇帝就会起疑心了;再告第三次,皇帝肯定会发怒,并会亲自率兵去打你。到那时，我在京城起兵，做你的内应，那时天下就可以成为我们的了。"陈豨一向知道韩信的才能，相信他的话，于是说："一定照你的话办！"汉高祖十年，陈豨真的造反了。刘邦亲自率兵前去讨伐，韩信借口生病没有跟着去，而暗中派人给陈豨送信说："尽管放心干，我从里边帮你。"于是韩信与家臣们谋划要在夜里假传圣旨，释放在各个官邸里的奴隶、罪犯，准备把他们武装起来，率领他们袭击吕后和皇太子。一切都部署好了，单等陈豨的消息。这时韩信家的一个门客因为犯罪被关了起来，韩信想杀他。门客的弟弟写密信向吕后告发了韩信造反的计划。吕后想召韩信进宫，又怕他的党羽劝阻，不让他来，就和萧何商量，派人假装是从刘邦那儿来，诈称陈豨已被俘获斩首了，让列侯百官们都入朝祝贺。萧何亲自来骗韩信说："即便有病，也要硬撑着进宫一趟。"韩信一进长乐宫，吕后立刻命令武士把他捆了起来，在一间悬挂钟磬的屋子里把他给杀了。韩信临死前说："真后悔当初没有听蒯通的劝告，今天竟被个臭婆娘所骗，这不是天意吗！"接着吕后又把韩信父亲的亲戚、母亲的亲戚、妻子的亲戚三大族通通抓起来杀光了。

　　不久，刘邦从讨伐陈豨的前线回来，见韩信死了，又高兴又有点儿可惜，他问吕后说："韩信临死前说过什么话没有？"吕后说："他说只恨当初没听蒯通的劝告。"刘邦说："这人是齐国有名的说客。"于是下令齐国逮捕蒯通。蒯通被押到京城，刘邦问他："是你教韩信造反吗？"蒯通说："是的，我是教过他。可是那小子不听我的话，结果自取灭亡了。如果他听了我的话，你们还能把他满门抄斩吗！"刘邦大怒说："把他给我煮了。"蒯通说："嘿！我被煮才冤枉哩！"刘邦说："你挑唆韩信造反，冤枉什么？"蒯通说："秦朝残暴无道，政权解体，整个中原都乱了，不管姓甚名谁，凡是有本事的，大家一起都干起来了，这皇帝的位子就好比一只鹿，鹿从秦朝那里跑走了，大家一齐追，谁有本事，谁的腿快追上了，这只鹿就属于谁。盗跖的狗冲着尧叫，并不是因为尧为人不好，是因为狗只忠于它的主人。那时我只知道有韩信，还不知道有陛下您。况且当时手持兵器像您一样想当皇帝的人有的是，只不过没有成功罢了，你能把他们都煮了吗？"刘邦说："放了他。"于是蒯通被赦免了。

评

《淮阴侯列传》记述了我国古代杰出军事家韩信早年的困辱经历，与其投归刘邦后被拜为大将，得展奇才，为刘邦破魏、破代、破赵、收燕、平齐,最后大破项羽于垓下等所建立的累累功勋;以及刘邦对韩信疑忌的逐步加深,自连续夺军、夺齐王、夺楚王,直至袭捕、灭族的全过程。司马迁同情韩信,这篇作品的倾向与《黥布列传》《魏豹彭越列传》大体相同,表现了司马迁对刘邦、吕后残杀功臣的不满情绪。我们这里选了《韩信拜将》《破魏破代灭赵平齐》《吕后杀韩信》三段,前两段突出表现了韩信作为军事家的卓越才干。明代茅坤曾称说:"予览观古兵家者流,当以韩信为最,破魏以木罂,破赵以立汉赤帜,破齐以囊沙,彼皆从天而下,而未尝与敌人血战者。予故曰:古今来,太史公,文仙也;李白,诗仙也;屈原,辞赋仙也;刘、阮,酒仙也;而韩信,兵仙也,然哉。"(《史记抄》)说得很精彩。而《吕后杀韩信》一段主要写了刘邦、吕后的阴险残忍,这当然不错,但司马迁由于同情韩信,故而作品中明显地对韩信有所回护。韩信也许从主观上不想反刘邦,但韩信裂土称王的思想是一贯的,破齐后他的称齐王是"先斩后奏";固陵之役由于韩信等不听招呼,致使刘邦又遭失败,使项羽之灭推迟了两个月,刘邦之杀韩信是必不可免的。

郦生陆贾列传
陆贾说赵他归汉

陆贾者,楚人也。以客从高祖定天下,名为有口辩士,居左右,常使诸侯。

及高祖时,中国初定,尉他平南越①,因王之,高祖使陆贾赐尉他印为南越王。陆生至,尉他魋(zhuī)结箕倨见陆生②。陆生因进说他曰:"足下中国人,亲戚昆弟坟墓在真定③。今足下反天性,弃冠带,欲以区区之越与天子抗衡为敌国,祸且及身矣。且夫秦失其政,诸侯豪杰并起,唯汉王先入关,据咸阳④。项羽倍约,自立为西楚霸王⑤,诸侯皆属,可谓至强。然汉王起巴蜀,鞭笞(chī)天下,劫略诸侯,遂诛项羽灭之。五年之间,海内平定,此非人力,天之所建也。天子闻君王王南越,不助天下诛暴逆,将相欲移兵而诛王,天子怜百姓新劳苦,故且休之,遣臣授君王印,剖符通使⑥。君王宜郊迎,北面称臣,乃欲以新造未集之越,屈(jué)强于此⑦。汉诚闻之，掘烧王先人冢，夷灭宗族，使一偏将将十万众临越，则越杀王降汉，如反覆手耳。"

于是尉他乃蹶然起坐，谢陆生曰："居蛮夷中久，殊失礼义。"因问陆生曰："我孰与萧何、曹参、韩信贤⑧？"陆生曰："王似贤。"复曰："我孰与皇帝贤？"陆生曰："皇帝起丰沛⑨，讨暴秦，诛强楚，为天下兴利除害，继五帝三王之业⑩，统理中国。中国之人以亿计，地方万里，居天下之膏腴，人众车舆⑪，万物殷富，政由一家，自天地剖泮未始有也⑫。今王众不过数十万，皆蛮夷，崎岖山海间，譬若汉一郡，王何乃比于汉！"尉他大笑曰："吾不起中国，故王此。使我居中国，何渠不若汉？"乃大说陆生，留与饮数月。曰："越中无足与语，至生来，令我日闻所不闻。"赐陆生橐（tuó）中装直千金，他送亦千金。陆生卒拜尉他为南越王，令称臣奉汉约。归报，高祖大悦，拜贾为太中大夫⑬。

①高祖时：刘邦为帝时（前202—前195年）。尉他：又作"尉佗"。本姓赵，尉是官名。赵他在秦时为南海郡（治番禺，今广州市）的龙川（今广东龙川县西南）县令。秦二世时，中原战乱，赵他遂起兵据有岭南诸郡，自称南越王，事见《南越列传》。②魋结：挽发于顶，状如锥。魋，通"锥"。箕踞：伸直两腿而坐，状如箕。这在古代是一种很不礼貌的坐姿，这里是写赵他被当地风俗所同化。③真定：汉县名，治所在今河北正定县南。④汉王先入关：事在汉元年（前206年）十月，刘邦奉楚怀王命率兵自河南武关攻入咸阳。十二月，项羽从河北经函谷关至咸阳，比刘邦晚了两个月。⑤项羽倍约：楚怀王在分派项羽救赵和刘邦西进时曾约定：先入关者为关中王。项羽分封时，却将巴蜀、汉中之地封给刘邦，让刘邦当汉王，而将关中之地封给了秦朝的三个降将，所以说项羽"背约"。倍，通"背"。⑥剖符：古代封官拜爵，将符节一剖两开，封者和被封者各持一半。这里就是封官拜爵的意思。⑦屈强：顽固不听从。屈，通"倔"。⑧萧何：沛县人，秦时为县吏，与刘邦交厚，后随刘邦起事，辅佐刘邦平定天下，官至相国。事见《萧相国世家》。曹参：刘邦故友，随刘邦起事，攻城野战，功勋卓著，后继萧何为相国。韩信：淮阴人，先投项梁、项羽，后归汉，为刘邦大将，曾因功封齐王、楚王，后被刘邦削去王爵，贬为淮阴侯，最后被杀。事见《淮阴侯列传》。⑨丰沛：沛是秦县名，即今江苏省沛县。丰是沛县的一个乡

邑名，汉代将其提升为县，即今江苏丰县。刘邦是沛县丰邑人。⑩五帝三王：五帝，传说中的远古帝王，即黄帝、颛顼、帝喾、唐尧、虞舜。三王，夏禹、商汤、周代文王、武王。⑪人众车舆：舆，众多。⑫剖泮：泮，通"判"，分开。⑬太中大夫：官名，帝王的侍从人员，掌议论。

陆贾是楚国人，曾以宾客的身分跟随刘邦平定天下，以善于论辩闻名，他跟在刘邦身边，常出使其他诸侯。

刘邦开始做皇帝时，国内刚刚稳定，尉他当时征服了南越，在那里称王。于是刘邦派陆贾去南越赐给尉他大印，封他为南越王。陆贾到了南越，尉他梳着锥形发髻，叉着两腿坐着接见陆贾。陆贾上前对尉他说："您本是中国人，父母兄弟以及祖先的坟墓都在真定。现在您违反自己的本性，抛弃了戴帽系带的文明装束，还想凭借着小小的越地与大汉天子相对抗，我看您的灾祸就要临头了。秦朝政治无道，许多诸侯豪杰都起来反它，而只有汉王能首先进入关中，占据咸阳。后来项羽违背盟约，自立为西楚霸王，让诸侯们都归属他，可以说是强大到了顶点。可是汉王从巴蜀起兵，控制天下，降服诸侯，讨伐并消灭项羽，只用了五年时间，就平定了全国，这不是人的力量，而是上天的安排。皇上听说您在南越称了王，知道您不想协助汉室安定天下，于是汉朝的宰相将军们都想出兵讨伐您，但是皇上体谅到百姓刚刚经历过战乱，想让百姓们能够休养生息，所以才派我授予您南越王的大印，与你剖符为证，永世通好。您本该出城迎接汉使，面向北方称臣才是，可是您却想仗着你这么个还未稳固的南越称霸一方。这事儿如果真的让汉朝知道，那就先挖掘焚毁了您祖先的坟墓，再灭绝您整个的赵氏家族，而后派一员偏将率领十万军队来到你们国家，到那时，你部下的人杀了您投降汉朝，那还不是易如反掌吗！"

尉他听到这里猛地跪直了身子，向陆贾致歉说："我在蛮夷之地住得时间太长了，实在多有失礼。"说罢又问陆贾："我与萧何、曹参、韩信他们相比，谁的能耐大？"陆贾说："您好像比他们强。"尉他又问："我和你们皇帝比，谁的能耐大？"陆贾说："皇帝从沛县丰邑起兵，讨伐了残暴的秦朝，又灭了强大的项羽，为天下的百姓兴利除害，而后继承着五帝三王的事业统治了全国。大汉王朝的人口数以亿计，领土方圆万里，土地肥沃，人多车众，物产丰富，政令统一，这是自开天辟地以来从未有过的。而您的人口不过几十万，又都是些野蛮人，占据着山海间一小块崎岖不平的地方，就像是汉朝的一个郡，您怎么能和汉家皇帝相比呢！"尉他大笑道："我没在中国起兵，所以才在这里当了王。假如我当初在中国起事，怎见得我就不如你们皇帝？"于是尉他非常喜欢陆贾，留他住了几个月，每日与他饮酒畅谈。尉他说："南越国中没什么可以谈得来的人，直到先生您来了，才让我每天都能听到新鲜事。"于是他给陆贾的口袋里装了价值千金的珠宝，其他礼物的价值也大体与此类似。而陆贾则封尉他为南越王，让他对汉朝称臣，遵守汉朝的法规。陆贾回朝汇报后，刘邦非常高兴，任命陆贾为太中大夫。

郦生陆贾列传
陆贾说刘邦重《诗》《书》

陆生时时前说称《诗》《书》①。高帝骂之曰："乃公居马上而得之，安事《诗》《书》！"陆生曰："居马上得之，宁可以马上治之乎？且汤、武逆取而以顺守之②，文武并用，长久之术也。昔者吴王夫差、智伯③，极武而亡；秦任刑法不变，卒灭赵氏④。乡使秦已并天下，行仁义，法先圣，陛下安得而有之？"高帝不怿（yì）而有惭色，乃谓陆生曰："试为我著秦所以失天下，吾所以得之者何，及古成败之国。"陆生乃粗述存亡之征，凡著十二篇。每奏一篇，高帝未尝不称善，左右呼万岁，号其书曰《新语》⑤。

①《诗》《书》：均为儒家的经典。《诗》即《诗经》，中国最早的诗歌总集。《书》即《尚书》，是后人收集整理乃至加工编写的尧、舜、夏、商、周时代的一些文献资料汇编。②汤、武：商汤、周武王。商汤是商代开国君主，以武力灭夏桀而建商朝。周武王是周朝的开国君王，以武力灭商纣而建周朝。③夫差：春秋末期的吴国国王，曾为父报仇，打败越王勾践。后依仗吴国的强大屡次北伐中原，被越王勾践所灭。智伯：春秋末期的晋国六卿之一，先灭掉了范氏、中行氏两家，又恃强伐赵氏，被赵、韩、魏三家联合所灭。参见《赵世家》。④秦任刑法不变：秦自孝公用商鞅变法，一直到灭

亡都崇尚法治。赵氏：指秦王朝，秦的祖先造父曾封于赵城，为赵民，故史公行文有此说法，亦见于《秦本纪》，其实并不合理。⑤《新语》：陆贾撰，原作已失传。现存的《新语》为后人所伪作。

陆贾向刘邦进言时，常常引用《诗》《书》中的话。刘邦骂他道："你老子是在马上夺得的天下，要《诗》《书》干什么？"陆贾说："您马上得天下，难道您能在马上治理天下吗？商汤、周武王虽是用武力夺得天下，但治理天下却是依靠顺应民心的仁义之道，只有文武并用，才是使国家长治久安的良策。当初吴王夫差、智伯就是因为过度用兵而导致了灭亡；秦朝也是由于只重严刑苛法而不知变革，终于绝了后代。假如当初秦朝统一天下后，施行仁政，效法先圣之道，陛下您还能取得天下吗？"刘邦心里不高兴，脸上流露出惭愧之色，他对陆贾说："你给我写本书，谈谈秦朝为什么会失天下，我为什么能得天下，以及历代各国成败的经验与教训。"于是陆贾就概括地论述了历代国家存亡的原因，共写了十二篇。每写完一篇就进呈给刘邦看，刘邦每看过一篇没有不叫好的，左右群臣也跟着山呼万岁，陆贾的这部书被称为《新语》。

《郦生陆贾列传》是刘邦的开国谋士与外事活动家郦食其（yì jī）、陆贾二人的合传。这里只选取了陆贾的《陆贾说赵他归汉》与《陆贾说刘邦重〈诗〉〈书〉》两个故事。赵他的祖籍在今河北省石家庄附近，秦朝时在广东做县令。秦末中原大乱时，赵他趁机征服了岭南诸郡，自立为"南越王"，建都番禺（今广州市），真也称得上是一位大英雄。刘邦统一中原后，派陆贾出使南越，劝赵他归服汉朝。陆贾到南越后，对赵他有拉，有哄，有利诱，有威吓，经过一套有理、有力、有节的劝说，终于使赵他满心喜悦地归服了汉朝，这也真可以称得上是一项极为光辉的壮举。作品对赵他性格的描写极其生动细致，读者可以将此文与《南越列传》参照阅读。

刘邦出身下层，打败项羽统一全国后，治国的方针大计究竟应该如何定，他心中是没数的。而陆贾是知识分子，熟读儒家的经典，懂得历史，知道秦朝是怎么灭亡的。于是他便在刘邦面前时时地称说《诗》《书》，以儒家的理论慢慢影响刘邦。不是说有儒家理论就一定能搞好国家，但可以说，完全不要儒家理论是一定搞不好国家的。日后汉武帝之所以要"罢黜百家，独尊儒术"，也正是看中了儒家思想有其取悦民心、巩固封建秩序的重要作用。而陆贾在这方面，甚至连萧何、张良也有所不及。

刘敬叔孙通列传
叔孙通定朝仪

叔孙通者，薛人也①。秦时以文学征，待诏博士。数岁，陈胜起山东，使者以闻，二世召博士诸儒生问曰："楚戍卒攻蕲（qí）入陈②，于公如何？"博士诸生三十余人前曰："人臣无将，将即反，罪死无赦。愿陛下急发兵击之。"二世怒，作色。叔孙通前曰："诸生言皆非也。夫天下合为一家，毁郡县城，铄其兵，示天下不复用。且明主在其上，法令具于下，使人人奉职，四方辐辏（còu），安敢有反者？此特群盗鼠窃狗盗耳，何足置之齿牙间！郡守尉今捕论，何足忧！"二世喜曰："善"。尽问诸生，诸生或言反，或言盗。于是二世令御史案诸生言反者下吏，非所宜言。诸言盗者皆罢之。乃赐叔孙通帛二十匹，衣一袭，拜为博士。叔孙通已出宫，反舍③，诸生曰："先生何言之谀也？"通曰："公不知也，我几不脱于虎口！"乃亡去，之薛，薛已降楚矣。及项梁之薛，叔孙通从之。败于定陶④，从怀王。怀王为义帝，徙长沙⑤，叔孙通留事项王。汉二年，汉王从五诸侯入彭城⑥，叔孙通降汉王。汉王败而西，因竟从汉。

叔孙通儒服，汉王憎之。乃变其服，服短衣，楚制，汉王喜。

叔孙通之降汉，从儒生弟子百余人，然通无所言进，专言诸故群盗壮士进之。弟子皆窃骂曰："事先生数岁，幸得从降汉，今不能进臣等，专言大猾，何也？"叔孙通闻之，乃谓曰："汉王方蒙矢石争天下，诸生宁能斗乎？故先言斩将搴（qiān）旗之士。诸生且待我，我不忘矣。"汉王拜叔孙通为博士，号稷嗣君。

汉五年，已并天下，诸侯共尊汉王为皇帝于定陶⑦，叔孙通就其仪号。高帝悉去秦苛仪法，为简易。群臣饮酒争功，醉或妄呼，拔剑击柱，高帝患之。叔孙通知上益厌之也，说上曰："夫儒者难与进取，可与守成。臣愿征鲁诸生，与臣弟子共起朝仪。"高帝曰：

"得无难乎?"叔孙通曰:"五帝异乐,三王不同礼⑧。礼者,因时世人情为之节文者也。故夏、殷、周之礼所因损益可知者,谓不相复也。臣愿颇采古礼与秦仪杂就之。"上曰:"可试为之,令易知,度吾所能行为之。"

于是叔孙通使征鲁诸生三十馀人。鲁有两生不肯行,曰:"公所事者且十主,皆面谀以得亲贵。今天下初定,死者未葬,伤者未起,又欲起礼乐。礼乐所由起,积德百年而后可兴也。吾不忍为公所为。公所为不合古,吾不行。公往矣,无污我!"叔孙通笑曰:"若真鄙儒也,不知时变。"

遂与所征三十人西,及上左右为学者与其弟子百馀人为绵蕝(zuì)野外⑨。习之月馀,叔孙通曰:"上可试观。"上既观,使行礼,曰:"吾能为此。"乃令群臣习肄,会十月。

汉七年,长乐宫成,诸侯群臣皆朝十月⑩。仪:先平明,谒者治礼⑪,引以次入殿门,廷中陈车骑步卒卫宫,设兵张旗志。传言"趋"⑫。殿下郎中侠陛⑬,陛数百人。功臣列侯诸将军军吏以次陈西方,东乡⑭;文官丞相以下陈东方,西乡。大行设九宾,胪传⑮。于是皇帝辇出房,百官执职传警,引诸侯王以下至吏六百石以次奉贺。自诸侯王以下莫不振恐肃敬。至礼毕,复置法酒⑯。诸侍坐殿上皆伏抑首,以尊卑次起上寿。觞九行,谒者言"罢酒"。御史执法举不如仪者辄引去。竟朝置酒,无敢讙哗失礼者。于是高帝曰:"吾乃今日知为皇帝之贵也。"乃拜叔孙通为太常⑰,赐金五百斤。

叔孙通因进曰:"诸弟子儒生随臣久矣,与臣共为仪,愿陛下官之。"高帝悉以为郎。叔孙通出,皆以五百斤金赐诸生。诸生乃皆喜曰:"叔孙生诚圣人也,知当世之要务。"

①薛:秦县名,县治在今山东滕州市南。②蕲:秦县名,在今安徽宿州市南。陈:秦郡名,郡治陈县(今河南淮阳县)。③反:通"返"。④败于定陶:指项梁在定陶被秦将章邯破杀,事在秦二世二年(前208年)九月。定陶,秦县名,在今山东定陶县西。⑤徙长沙:汉元年(前206年),项羽尊怀王为义帝,将其迁于长沙以南的郴县,又令黥布伙同长沙王吴芮将其杀死于途中。⑥汉二年:前205年。彭城:即今江苏徐州市,当时为项羽的都城。⑦汉五年:前202年。尊汉王为皇帝:事在汉五年二月。⑧五帝:传说中的远古帝王,即黄帝、颛顼、帝喾、唐尧、虞舜。三王:夏禹、商汤、周代文王、

武王。⑨绵蕞：引绳为"绵"，束茅以表位为"蕞"，这里用以形容叔孙通等人制定、演习朝会礼仪时的情景。⑩朝十月：汉初沿用秦历，以十月为岁首。"朝十月"即令各封国的王侯于岁首进京朝拜皇帝。⑪谒者：官名，为帝王主管收发传达，举行典礼时任司仪。⑫传言"趋"：当传呼某人上殿时，某人就小步趋进。趋，小步疾行，这是臣子在君父跟前走路的一种特定礼节姿势。按：三字在此处割裂上下文，疑当在下文"大行设九宾，胪传"句下。⑬郎中：帝王的侍卫人员。侠：通"夹"。⑭乡：通"向"。⑮大行：官名，大行人，掌管宾客朝觐之事，又叫鸿胪。九宾：同"九傧"。胪传：吆唱传话。⑯法酒：有严格礼仪的酒宴。⑰太常：九卿之一，掌祭祀礼仪。

　　叔孙通是薛县人。秦朝时因熟悉文献而被召进朝廷，做了候补博士以备顾问。几年后，陈胜在东方造反，有使者从东方来向朝廷报告消息，秦二世召集身边的博士和儒生们问："楚地派去守边的士兵半路造反攻下蕲县，又攻入了陈郡，你们说该怎么办？"三十多个博士儒生们都一齐说："做臣子的绝不能兴兵聚众，兴兵聚众那就是造反，对于造反的人绝不能宽恕，请陛下火速发兵前往剿灭。"秦二世急了，脸色通红。这时叔孙通走过去说："他们刚才说的都是谬论。如今天下归为一统，各郡各县的城池都已铲平，民间所有的兵器都已销掉，这就早已向天下人宣布用不着这些东西了。当今又上有英明的皇帝，下有完备的法令，派出去的官吏都忠于职守，四面八方都像辐条向着轴心一样地向着朝廷，在这种情况下，哪里还有什么人敢'造反'呢！那些人不过是一群偷鸡摸狗的盗贼，哪里值得一提呢！各地的郡守郡尉们很快地就可以把他们逮捕问罪了，有什么可担心的！"秦二世转怒为喜，说："好。"然后又挨个问那些儒生，有的人说是"造反"，有的人说是"盗贼"。于是秦二世让御史把那些认为是"造反"的人都抓起来，投进了监狱，认为这种话不是他们所该讲的。而那些说是"盗贼"的人则一律无事，都被放回。与此同时赐给了叔孙通二十匹丝绸、一套新衣服，并把他提升为博士。叔孙通出了宫门，回到住所后，那些儒生都问他："你怎么那么能拍马屁啊？"叔孙通说："你们不了解，我差一点儿就掉进虎口出不来了。"说罢就逃走了。等他回到薛县，薛县已投降了楚地的起义军。后来项梁来到了薛县，叔孙通就跟上了项梁。

等项梁在定陶失败身死后，叔孙通就又投奔了楚怀王。等到楚怀王被尊为"义帝"迁往长沙后，叔孙通就又留下来侍候了项羽。待至汉高祖二年，刘邦率领着各路诸侯攻入彭城后，叔孙通摇身一变就又投靠了刘邦。待至刘邦被项羽打败西逃时，叔孙通也跟着刘邦一道西去了。

　　叔孙通本来是穿着一套儒生的服装，刘邦看着很讨厌；于是叔孙通立刻就变了一种样子，改穿短衣服，一副楚人的打扮，刘邦看着很高兴。

　　当叔孙通投靠刘邦的时候，跟着他一道前来的弟子们有一百多人，但是叔孙通一个也不向刘邦推荐，而是专门给刘邦推荐了一些旧日的土匪强盗。他的弟子们都在背后骂他说："跟了他这么多年，今天跟着他又投靠了刘邦，可是他不推荐咱们，而专门去推荐那些大坏蛋，真不知道这是什么道理！"叔孙通听说后，就对他们说："汉王现在正冒着枪林箭雨打天下，你们能去打仗吗？所以我现在只有先给他推荐那些能够冲锋陷阵、斩将拔旗的勇士。你们要等一等，我是不会忘了你们的。"这时刘邦也让叔孙通当博士，赐号为稷嗣君。

　　汉高祖五年，刘邦统一天下，诸侯们在定陶尊立刘邦当了皇帝，于是刘邦责成叔孙通制定一套仪式和名号。当初刘邦刚灭秦时废除了秦朝的繁文缛节，什么事都希望简便易行。于是大臣们便酗酒争功，狂呼乱叫，甚至于拔剑击柱，刘邦对此很讨厌。叔孙通看透了刘邦的心理，就劝刘邦说："儒生们虽然不能帮着你攻城占地，但他们却可以帮着你来守天下。请你让我去找一些鲁地的儒生，让他们来和我的弟子们一道给您制定一套朝廷上使用的礼仪。"刘邦说："会不会太复杂呢？"叔孙通说："五帝用的音乐各不相同，三王用的礼仪也不一致。礼是根据着不同时代的人情世态所制定的一套规矩准绳。孔子所说的'夏朝、商朝、周朝的礼仪各有什么增损，我是知道的'，就是指各朝的礼仪不一样。我可以参照古代的礼法，吸收秦朝的一部分东西，来给您制定一套符合今天使用的制度。"刘邦说："您可以试着办，要注意简便易学，要考虑我能够做到。"

　　于是叔孙通就到曲阜一带找了三十多个儒生。其中有两个人拒绝参加，他们说："您所侍奉过的主子差不多有十个了，你都是靠着拍马屁博得你主子的宠爱。现在天下才刚刚安定，死的还没有埋葬，伤的还没有恢复，你就又闹着制定什么礼乐。礼乐制度的建立那是行善积德百年以后才能考虑的事情。我们没法去干你今天要干的那些事儿。您的行为不合于古人，我们不去，您自己去吧，别玷

341

污了我们!"叔孙通笑道:"你们可真是些榆木脑袋,根本不懂时代的变化。"

叔孙通就带着他所找的三十个人回了长安。他把他们和刘邦身旁旧有的书生以及自己的弟子们合在一起,共一百多人,在野外拉起绳子,立上草人,前后演习了一个多月。而后叔孙通又对刘邦说:"您可以去看看了。"刘邦去到那里看着他们演习了一遍,放心地说:"这个我能做到。"于是下令叫群臣排练、演习,准备在明年的岁首十月会见诸侯时正式使用。

汉高祖七年,长乐宫建成了,各地的诸侯和朝廷里的大臣都来参加十月的朝会。当时的仪式是这样的:天亮之前,首先是谒者执行礼仪,他领着诸侯与大臣们按次序进入殿门,院子里排列着保卫宫廷的骑兵和步兵,陈列着各种兵器,插着各种旗帜。当传呼某人上殿时,这个人就要小步迅速趋进。殿下的郎中们都站在台阶的两旁,每层台阶上都站着几百人。功臣、列侯、将军以及其他军官们都依次站在西边,面朝东;丞相以下的各文官都依次站在东边,面朝西。大行人设立了九个傧相,专门负责上下传呼。最后皇帝的车子从后宫出来了,他贴身的人员拿着旗子,传话叫大家注意;然后领着诸侯王以下直到六百石的官吏们依次向皇帝朝贺。从诸侯王以下,所有的人都诚惶诚恐,肃然起敬。群臣行礼过后,又按着严格的礼法摆出酒宴。那些有资格陪刘邦坐在大殿上头的人们也都叩伏在席上,他们一个个按着爵位的高低依次起身给刘邦祝酒。等到酒过九巡,谒者传出命令说:"停止。"哪一个人稍有不合礼法,负责纠察的御史立即把他们拉出去。整个朝会从始至终,没有一个人敢喧哗失礼。这时刘邦高兴地说:"今天我才真正体会到了做皇帝的尊贵。"于是立即提升叔孙通做了太常,赐给他黄金五百斤。

而叔孙通则趁机对刘邦说:"我的那些弟子已经跟我好多年了,是他们和我一块儿制定的这套礼仪,请陛下也能给他们一些官做。"刘邦一听,立即任命那些人都当了郎官。叔孙通出宫后,把刘邦赏给他的那五百斤黄金都分给了那些儒生。儒生们都高兴地说:"叔孙通可真是个圣人,他能把握住形势的需要。"

《刘敬叔孙通列传》是汉初一个撞大运的幸运儿和一个看风使舵者的合传。刘敬本名"娄敬",由于进言建都关中正合时机而使得刘邦高兴，被赐姓刘，真是"力田不如逢年"，来得早不如来得巧。叔孙通是一条变色龙，其"贡献"就是不失时机地为刘邦制定了一套上朝的礼仪，使刘邦的王朝有了章法，也真正让刘邦体会到了做皇帝的乐趣。按理说，"制礼作乐"本来也是一个王朝开始时的大事，关键在于叔孙通这个办事的人物是个小丑，故而司马迁也就把这件本来庄严的事情用一种滑稽的笔调写了出来，这就是我们这里所选的《叔孙通定朝仪》。

在刘邦打天下的过程中，他身边有两个读过孔孟之书的人，一个是陆贾，这个人虽念过儒书，但有纵横家的特点；另一个是叔孙通，这是个专门窥测形势、看风使舵的家伙，司马迁给他用的词叫"希世"。这两人一庄一谐，一个说"马上取天下，宁可马上治之乎？"一个说"儒者难与进取，可与守成"，都是劝说刘邦相机采用一些儒家的东西，将其补充到统治法术中去，这倒是不该以人废言的。陆贾的事情参见《郦生陆贾列传》。

袁盎晁错列传
晁错削藩

晁错者，颍川人也①。学申、商刑名于轵张恢先所②，与洛阳宋孟及刘礼同师。以文学为太常掌故③。

错为人峭直刻深。孝文帝时，天下无治《尚书》者，独闻济南伏生故秦博士，治《尚书》④，年九十馀，老不可征，乃诏太常使人往受之。太常遣错受《尚书》伏生所。还，因上便宜事，以《书》称说。诏以为太子舍人、门大夫、家令⑤。以其辩得幸太子，太子家号曰"智囊"。数上书孝文，时言削诸侯事，及法令可更定者。书数十上，孝文不听，然奇其材，迁为中大夫⑥。当是时，太子善错计策，袁盎诸大功臣多不好错⑦。

景帝即位，以错为内史⑧。错常数请间言事，辄听，宠幸倾九卿⑨，法令多所更定。丞相申屠嘉心弗便⑩，力未有以伤。内史府居太上庙壖（ruán）中⑪，门东出，不便，错乃穿两门南出，凿庙壖垣。丞相嘉闻，大怒，欲因此过为奏，请诛错。错闻之，即夜请间，具为上言之。丞相奏事，因言错擅凿庙垣为门，请下廷尉诛⑫。上曰："此非庙垣，乃壖中垣，不致于法。"丞相谢。罢朝，怒谓长史曰⑮："吾当先斩以闻，乃先请，为儿所卖，固误。"丞相遂发病死。错以此愈贵。

迁为御史大夫⑯，请诸侯之罪过，削其地，收其枝郡。奏上，上令公卿列侯宗室集议，莫敢难，独窦婴争之⑰，由此与错有郤。错所更令三十章，诸侯皆喧哗疾晁错。错父闻之，从颍川来，谓错曰："上初即位，公为政用事，侵削诸侯，别疏人骨肉，人口议多怨公者，何也？"晁错曰："固也，不如此，天子不尊，宗庙不安。"错父曰："刘氏安矣，而晁氏危矣，吾去公归矣！"遂饮药死，曰："吾不忍见祸及吾身。"死十馀日，吴楚七国果反⑱，以诛错为名。及窦婴、袁盎进说，上令晁错衣朝衣斩东市。

晁错已死，谒者仆射邓公为校尉⑲，击吴楚军为将。还，上书言军事，谒见上。上问曰："道军所来，闻晁错死，吴楚罢不？"邓公曰："吴王为反数十年矣，发怒削地，以诛错为名，其意非在错也。且臣恐天下之士噤口，不敢复言也！"上曰："何哉？"邓公曰："夫晁错患诸侯强大不可制，故请削地以尊京师，万世之利也。计画始行，卒受大戮，内杜忠臣之口，外为诸侯报仇，臣窃为陛下不取也。"于是景帝默然良久，曰："公言善，吾亦恨之。"乃拜邓公为城阳中尉⑳。

①颍川：汉郡名，郡治在今河南禹州市。②申、商：申，申不害；商，商鞅。都是战国时代著名法家人物。刑名：即法家学说。因法家讲究名分，提倡以刑法治国。轵：汉县名，县治在今河南济源市南。张恢先：即张恢先生。③文学：学术，这里即指申商刑名之学。太常掌故：太常属下的小官名，掌管文书事务。太常，九卿之一，掌文教礼仪。④《尚书》：中国最早的一部政治文献资料，主要收载从上古至春秋的一些帝王的文告及与臣下的议论，后为儒家经典之一。济南：郡名，郡治在今山东章丘市西。伏生：史失其名，为汉初专治《尚书》的学者。博士：秦汉官名，一般在朝廷当参谋顾问，掌管文化事务，汉代博士则多为传授经书的老师。⑤太子舍人：太子的属官，做侍卫工作。门大夫：太子家的守门官。太子家令：太子的大管家，主管钱粮收入及各种开销，秩八百石。⑥中大夫：朝官名，上属郎中令，掌议论。⑦袁盎：楚人，孝文时为中郎、陇西都尉、齐相、吴相，好直谏，与晁错极不相得。⑧内史：京都

长安的最高行政长官。⑨九卿：通常指太常、郎中令、卫尉、太仆、廷尉、典客、宗正、大司农、少府九部主管官员，秩为二千石，职同今之中央各部部长。⑩申屠嘉：姓申屠名嘉，汉景帝时官至丞相。⑪太上庙：太上皇，亦即刘邦的父亲刘太公的庙宇。壖：小墙。此指庙宇四周界定该庙区域的小墙。⑫廷尉：九卿之一，全国最高司法官。⑬长史：丞相手下的高级僚佐，为诸史之长。⑭御史大夫：国家最高监察官，当时国家三公之一，位同副宰相。⑮窦婴：汉景帝母窦太后侄子，后平吴楚七国之乱有功，位至丞相。⑯吴楚七国果反：七国是吴王刘濞、楚王刘戊、胶西王刘卬、胶东王刘雄渠、菑川王刘贤、济南王刘辟光、赵王刘遂。叛乱发生在汉景帝三年（前154年），后被太尉周亚夫统军消灭。⑰谒者仆射：中级朝官名，掌奏事。校尉：将军部下的中级军官。⑱城阳中尉：城阳，当时为刘长的儿子刘喜的封国，国都在今山东莒县。中尉，朝廷派往诸侯国的官员，主管民政。

晁错是颍川人。曾跟着轵县的张恢先生学习申不害、商鞅的刑名学说，与洛阳的宋孟和刘礼是同学。由于他通晓文献典籍而被任命为太常掌故。

晁错为人苛刻严峻。孝文帝时国家研究《尚书》的人才很少，听说济南有位伏老先生曾当过秦朝的博士，专门研究《尚书》，已经九十多岁了，不可能再调他进京，于是文帝就叫太常派个人到伏生那里去学习。太常派晁错去了。晁错学完回来后，给文帝上书谈国家当前应做的事，经常引用《尚书》的观点。于是文帝便任命他先后做了太子舍人、门大夫、太子家令。晁错又因善辩深受太子的赏识，太子家里称他作"智囊"。晁错在文帝时曾多次上书，阐述削弱诸侯势力和修改法令的问题。一连上了几十封，孝文帝都不采纳，但孝文帝看到了他的才干，提升他当了中大夫。当时，只有太子喜欢晁错的主张，而袁盎和许多大功臣都不喜欢晁错。

景帝即位后，任命晁错为内史。晁错经常请求与景帝单独谈论国事，景帝总是采纳他的意见，对他的器重远远超过了三公九卿，国家的法令许多都因此作了修改。丞相申屠嘉对晁错不以为然，但又没法挫伤他。当时，内史府是盖在太上皇庙外、界区小墙之内的空地上，大门朝东开，不方便，于是晁错就开了朝南走的两个门，挖开了太上皇庙外界区的小矮墙。申屠嘉听说后大怒，想趁此机会奏请皇上杀掉晁错。晁错听说了这个消息，连夜求见皇帝，把凿门的事对景帝讲了。等到申屠嘉上朝参奏晁错，请求法办晁错时，景帝说："他凿的不是庙墙，只是庙外的小矮墙，不到法办的份儿。"申屠嘉只得认错，退朝后愤愤地对长史说："我应该先杀了他，然后再禀报，结果我先去禀报，就被那个家伙给耍了，这是失误。"于是气得旧病复发而死。晁错却因此而更加显贵。

晁错升为御史大夫后，向景帝建议，要查处诸侯的罪过，削减他们的领地，收回他们代管的一些旁郡。奏书递上后，景帝令公卿列侯和皇族们一起讨论，没人敢提出不同意见，只有窦婴表示反对，从此窦婴与晁错就有了矛盾。晁错先后修改了法令三十项，诸侯全都哗然，恨透了晁错。晁错的父亲听说后，从颍川赶来对晁错说："皇上刚刚即位，你在朝中担任了要职，你削减诸侯的领地，离间人家家族间的关系，惹得人们议论纷纷，都怨恨你，你这是何苦呢！"晁错说："这是早已料到的。不这么办，天子就尊贵不起来，刘家的江山就不安稳。"晁错的父亲说："照你这么办，刘家的江山倒是安稳了，可我们晁家却危险了，我得远远地离开你，和你永别了！"于是服毒自杀，死前说："我不能眼瞅着大祸临头。"晁错父亲死后十几天，吴楚七国果真叛乱了，而且是以讨伐晁错为名义。等窦婴、袁盎对景帝一进谗言，晁错竟穿着上朝的礼服被景帝下令在长安东市腰斩了。

晁错死后，谒者仆射邓公被任为校尉，他是讨伐吴楚叛军的将领，作战归来汇报军情时见到了景帝。景帝问他："你从军队来，晁错的死讯传到前方，吴楚乱军退兵了吗？"邓公说："吴王刘濞蓄意叛乱已有几十年了，削减领土只是更激起他的愤怒，他们只不过是以讨晁错为名，实际目的并不在晁错。而且我担心您这么一杀晁错，从此就没有人敢给您提建议了。"景帝问："为什么？"邓公说："晁错是因为担心诸侯势力过强，使朝廷无力控制，所以才请求削减他们的领地，以维护中央政权，这是有利于国家的百年大计。可是计划刚一实行，就被您处死了，这样对内您堵住了忠臣的嘴，对外替诸侯列强们报了仇，我认为您这么做是不对的。"景帝听罢沉默了好久，说："你说得对，我也非常后悔。"于是任命邓公为城阳中尉。

袁盎、晁错都是文帝、景帝时期的大臣，司马迁之所以将其写为一传，是因为二人素有怨隙，又都想趁吴楚之乱以加害对方，都缺少大臣风度，只是袁盎乘"有利"时机得了手而已。我们这里选了《晁错削藩》一节。

晁错在文帝时就屡屡上书陈述治国大计，行迹与贾谊略同，其最有名的上书就是《论贵粟疏》。晁错和贾谊都主张削弱地方割据势力，但文帝没有实行。景帝即位后，在晁错的辅助下推行此事，引起了所有割据势力的反对。晁错的处境是非常危险的，但晁错公而忘私，为巩固刘氏政权而置个人身家于不顾，最后竟被景帝所杀。这种品质在整个中国两千多年的封建历史上也不多见，理应作为一种典型受到表彰。遗憾的是晁错也有其缺乏气度的一面，他与袁盎相互诋讦，最后被袁盎进谗所害，这是令人叹息的。袁盎借刀杀人固然可恨，而汉景帝的出尔反尔，"不似人君"尤其令人失望。汉景帝的劣行不止一端，杀周亚夫、杀临江王，皆其所为，司马迁对这样的皇帝也正有无限感慨。

张释之冯唐列传
张廷尉执法

张廷尉释之者①，堵阳人也②，字季。有兄仲同居。以訾（zī）为骑郎③，事孝文帝，十岁不得调，无所知名。释之曰："久宦减仲之产，不遂。"欲自免归。中郎将袁盎知其贤④，惜其去，乃请徙释之补谒（yè）者⑤。释之既朝毕，因前言便宜事。文帝曰："卑之，毋甚高论，令今可施行也。"于是释之言秦汉之间事，秦所以失而汉所以兴者久之。文帝称善，乃拜释之为谒者仆射（yè）⑥。

释之从行，登虎圈。上问上林尉诸禽兽簿⑦，十余问，尉左右视，尽不能对。虎圈啬（sè）夫从旁代尉对上所问禽兽簿甚悉⑧，欲以观其能，口对响应无穷者。文帝曰："吏不当若是邪？尉无赖！"乃诏释之拜啬夫为上林令。释之久之前曰："陛下以绛侯周勃何如人也？"上曰："长者也。"又复问，"东阳侯张相如何如人也⑨？"上复曰："长者。"释之曰："夫绛侯、东阳侯称为长者，此两人言事曾不能出口，岂学此啬夫谍谍利口捷给哉！且秦以任刀笔之吏⑩，吏争以亟疾苛察相高，然其敝徒文具耳，无恻隐之实。以故不闻其过。陵迟而至于二世，天下土崩。今陛下以啬夫口辩而超迁之，臣恐天下随风靡靡，争为口辩而无其实。且下之化上疾于景响⑪，举错不可不审也⑫。"文帝曰："善。"乃止不拜啬夫。

上就车，召释之参乘，徐行，问释之秦之敝，具以质言。至宫，上拜释之为公车令⑬。

顷之，太子与梁王共车入朝⑭，不下司马门⑮，于是释之追止太子、梁王无得入殿门。遂劾不下公门不敬，奏之。薄太后闻之，文帝免冠谢曰："教儿子不谨。"薄太后乃使使承诏赦太子、梁王，然后得入。文帝由是奇释之，拜为中大夫⑯。

顷之，至中郎将。从行至霸陵⑰，居北临厕⑱。是时慎夫人从⑲，上指示慎夫人新丰道⑳，曰："此走邯郸道也。"使慎夫人鼓瑟，上自倚瑟而歌，意惨凄悲怀，顾谓群臣曰："嗟乎！以北山石为椁（guǒ），用纻（zhù）絮斮（zhuó）陈，蕠（rú）漆其间，岂可动哉！"左右皆曰："善。"释之前进曰："使其中有可欲者，虽锢南山犹有隙；使其中无可欲者，虽无石椁，又何戚焉！"文帝称善。其后拜释之为廷尉。

顷之，上行出中渭桥㉑，有一人从桥下走出，乘舆马惊。于是使骑捕，属之廷尉。释之治问，曰："县人来，闻跸（bì），匿桥下。久之，以为行已过，即出，见乘舆车骑，即走耳。"廷尉奏当（dàng）：一人犯跸，当罚金。文帝怒曰："此人亲惊吾马，吾马赖柔和，令他马，固不败伤我乎？而廷尉乃当之罚金！"释之曰："法者天子所与天下公共也。今法如此而更重之，是法不信于民也。且方其时，上使立诛之则已；今既下廷尉，廷尉，天下之平也，一倾而天下用法皆为轻重，民安所措其手足？唯陛下察之。"良久，上曰："廷尉当是也。"

其后有人盗高庙坐前玉环，捕得，文帝怒，下廷尉治。释之案律盗宗庙服御物者为奏，奏当弃市。上大怒曰："人之无道，乃盗先帝庙器。吾属廷尉者，欲致之族，而君以法奏之，非吾所以共承宗庙意也㉒。"释之免冠顿首谢曰："法如是足也。且罪等，然以逆顺为差。今盗宗庙器而族之，有如万分之一，假令愚民取长陵一抔（póu）土㉓，陛下何以加其法乎？"久之，文帝与太后言之，乃许廷尉当。是时，中尉条侯周亚夫与梁相山都侯王恬开见释之持议平㉔，乃结为亲友。张廷尉由此天下称之。

后文帝崩，景帝立，释之恐，称病。欲免去，惧大诛至；欲见谢，则未知何如。用王生计，卒见谢，景帝不过也。

王生者，善为黄老言，处士也。尝召居廷中，三公九卿尽会立㉕。王生老人，曰"吾袜解"，顾谓张廷尉："为我结袜！"释之跪而结之。既已，人或谓王生曰："独奈何廷辱张廷尉，使跪结袜？"王生曰："吾老且贱，自度终无益于张廷尉。张廷尉方今天下名臣，吾故聊辱廷尉，使跪结袜，欲以重之。"诸公闻之，贤王生而重张廷尉。

张廷尉事景帝岁余，为淮南王相㉖，犹尚以前过也。久之，释之卒。其子曰张挚，字长公，官至大夫，免。以不能取容当世，故终身不仕。

①廷尉：汉时九卿之一，掌刑狱，相当于今之最高法院院长。②堵阳：汉县名，县治在今河南省方城东。③訾：同"资"，家财。骑郎：皇帝的侍卫人员，出充车骑，入掌门户，上属郎中令。④中郎将：皇帝的侍卫武官，官阶为比二千石，属郎中令。袁盎：字丝，文帝时为中郎将。景帝时，谏杀晁错，后被梁孝王客所杀。⑤谒者：皇帝的侍从人员，职掌接引宾客及收发传达，上属郎中令。⑥谒者仆射：诸谒者之长。⑦上林尉：上林令的副手。上林令是上林苑的长官，主管苑中的禽兽和住在该区域内的居民。其下属有丞、尉各一人。上林苑是秦汉时皇帝的猎场，旧址在今陕西省西安市西及周至、户县界。⑧啬夫：小吏名，职掌各项杂役。⑨东阳侯张相如：高帝时为中大夫，后为河间守，以击陈豨功封侯，文帝时为太子太傅。⑩刀笔之吏：掌管公文案牍的书吏。因这些人舞文弄墨，可以随心轻重，故多被世人所畏惧、厌恶。⑪景：通"影"。⑫错：通"措"，停置、停办。⑬公车令：也称公车司马令，属卫尉。掌管殿门、司马门，夜则巡逻宫中。天下上书及四方贡献品物，一概由公车令接收上达。⑭太子：即后日之汉景帝刘启。梁王：梁孝王刘武，汉景帝的胞弟，同为窦皇后所生。⑮司马门：皇宫的外门。按规定，凡出入殿门、司马门者皆下车马，违者罚金四两。⑯中大夫：郎中令的属官，掌议论。⑰霸陵：汉文帝的陵墓，在今陕西省西安市东北。过去的皇帝都在生前即为自己修建陵墓，文帝此行是视察自己的陵墓工地。⑱厕：同"侧"，边缘悬绝处。⑲慎夫人：汉文帝宠姬，赵地邯郸人。⑳新丰道：通向新丰的道路。新丰，汉县名，县治在今陕西省西安市东北。㉑中渭桥：长安附近的渭桥有三座，一座为西渭桥，在长安城西北方；一座为东渭桥，在长安城东北方；另一座即中渭桥，在城北。㉒共：通"恭"。㉓长陵：汉高祖刘邦的

349

陵墓。㉔中尉：主管京城治安及巡夜捕盗诸事，后改名执金吾。条侯周亚夫：绛侯周勃之子，以功封条侯。王恬开：原名王恬启，因避景帝讳而改。恬开于高祖时从击陈豨有功，吕后四年被封为山都侯。㉕二公：当时指丞相、太尉、御史大夫。九卿，当时指奉常、郎中令、太仆、卫尉、廷尉、典客、宗正、少府、治粟内史。㉖淮南王：此时淮南王名刘安，淮南厉王刘长之子。淮南国相当于今安徽中部一带地区，都寿春。

张释之是堵阳县人，字季。起初跟哥哥张仲一起生活。张仲花钱给张释之买了个骑郎的位置，侍候孝文帝，一直干了十年没被提升，个人也没有一点儿名气。张释之寻思说："这么长期地干下去，只能是白白地耗费哥哥的家产，自己什么也得不到。"打算辞官回家。中郎将袁盎知道张释之的才干，觉得让他离去很可惜，于是就让张释之补了个谒者的空缺。有一天，散朝后，张释之趁便向文帝谈一些当前应办的事情。文帝说："实际点儿，不要空发高论，要说点儿当前可行的问题。"于是张释之就谈秦汉之际的事情，谈了秦朝为什么灭亡、汉朝为什么兴起等，一直谈了好半天。文帝很高兴，于是就任命张释之当了谒者仆射。

有一天张释之跟随文帝出游，登上了上林苑里的虎圈。文帝忽然问上林苑的长官各种禽兽的数目，一连问了十几个问题，上林苑的长官都是东张西望，一个也回答不上来。这时虎圈的饲养员从旁边替上林苑的长官把各种禽兽的数目都回答清楚了，他为了显示才能，一切回答都是张口就来，毫无停顿。文帝说："作为一个部门的管事人，难道不应该像这种样子吗？上林苑的长官靠不住。"于是下诏让张释之任命这个虎圈的饲养员为上林苑的长官。张释之沉默了一会儿才上前说："您认为绛侯周勃是什么样的人？"文帝说："是个厚道人呵。"张释之又问："东阳侯张相如是什么样的人？"文帝说："也是个厚道人。"张释之说："您说周勃、张相如都是厚道人，可这两人在讨论问题的时候往往说不成一句话，哪里像这位饲养员这么连珠炮似的伶牙俐齿呢？再说，过去秦始皇就是专门重视刀笔吏，以至于使得官吏们都争着吹毛求疵，以表现自己，到头来，都是一种形式，没有一点儿实质性的内容，使得皇帝听不到一点儿自己的过错，这种情形越来越坏，发展到秦二世时，秦朝的统治就土崩瓦解了。现在您凭着这个饲养员的伶牙俐齿就想破格提拔他，我担心天下人也会闻风而动，争着去练嘴皮子而不讲求实际内容。下头的人们看着上头的风头转向，那可是比什么都快呵，所以您的一举一动可不能不慎重。"文帝说："说得对。"于是就没有再提升这个饲养员。

文帝上车后，让张释之也上来陪侍站在他的身旁，车子慢慢地走着，一路上文帝让张释之给他讲秦朝的种种弊政。张释之都实实在在地作了回答。回到宫里，文帝就任命张释之做了公车令。

不久，太子刘启和梁孝王刘武同车入朝，在经过司马门时不下车，于是张释之追上去拦住了他们，不许他们进宫。随即上书弹劾太子和梁王犯了"不恭敬"的罪过。薄太后听说了这件事，孝文帝摘下了帽子向太后认错说："都怪我对儿子们管教不严。"于是薄太后就派人传出皇上的命令，赦免了太子和梁王，太子和梁王这才进了宫。文帝由此对张释之感到惊奇，于是任命他当了中大夫。

不久，张释之又做了中郎将。有一次，他跟随文帝出游到了霸陵，他们站在霸陵的北坡。当时慎夫人跟随着文帝，文帝对她指着陵下的新丰道说："这就是通往你们老家邯郸的路。"让慎夫人鼓瑟，自己跟着瑟的旋律唱歌，心里忽然一阵伤感，他回头对着大臣们说："唉！如果用北山上的石头筑成外椁，再用剁碎的丝绵和着漆，把那些缝隙都填上，这个坟谁还能撬得开！"左右大臣们都说："这样好。"张释之上前对文帝说："如果坟里头有让人想偷的东西，那么即使您把整个南山的缝隙都灌住也不行；假如坟里头没有让人想偷的东西，那么，即使您不做石椁，也用不着担心！"文帝说他讲得精彩。后来又让他当了廷尉。

不久，文帝外出路经中渭桥时，有一个人突然从桥底下走出来，文帝的车马受惊了。文帝立刻派骑侍过去逮捕了他，把他交给了张释之。张释之一审问，那个人说："我是从长安县来的乡下人，听到了戒严令，就躲到了桥底下。等了半天，以为皇上的车驾已经过去了，就走了出来，忽然见到皇上的车驾还在这里，因此我又吓得赶紧往回跑。"张释之问罢，向文帝报告说：这人违反了戒严令，应该处以罚款。文帝生气地说："这个人惊了我的马，幸亏我的马老实，要是碰上别的马，还不得翻车摔伤我吗？你居然只判处他个罚款！"张释之说："法令应该是您和天下人共同遵守的。按照法令理应这么判决，如果您一定要特别重判，那法令就不能取信于民了。再说，如果当时您一抓住就把他杀了，那倒也没得说。现在您既然把他交给我这个廷尉，廷尉，是为整个天下持平的呀，如果我一旦有所倾斜，那整个天下的执法就会随意轻重，那时百姓们可就无所适从了。请您认真考虑。"过了好半天，文帝终于说："你的判处是对的。"

后来又有人盗窃了高祖庙内座前的玉环。这人被捉后，文帝非常气愤，把他交给张释之审理。张释之依照盗窃宗庙衣物家什的法律作了判处，这个人依法应判处死刑。文帝大怒说："这个人大逆不道，竟至于去盗窃先帝宗庙里的东西，我之所以把他交给你，是想让你判他个灭门，可是你却只按着法律条文判处，这不是我恭恭敬敬对待宗庙的意思。"张释之摘下帽子叩头，说："按法律条文，判他死罪已经到头了；再说，在同一个犯罪的等级里，还要分出个道理上的区别，现在有人偷了高祖庙里的东西就判他个灭门，假如日后万一有人再动了长陵上的坟土（指盗墓），您还有什么更重的刑法来处置他呢？"文帝想了半天，又回去跟太后讲了张释之的意思，终于同意了张释之的判决。那时，中尉条侯周亚夫和梁国的丞相山都侯王恬开见张释之执法公正，都和他结成了亲密的朋友。张释之也由此受到国人的称赞。

待至文帝驾崩，景帝即位后，张释之心里害怕，常常推说有病。他想辞官回家，又怕招来杀头之祸；他想面见景帝赔情，但又不知后果如何。后来，采纳王先生的建议，还是去向景帝赔情了，景帝没有责怪他。

王先生精通黄老学说，是个处士。他曾经被召进了朝廷，当时三公九卿都在殿中侍立，王先生岁数已经很大了，说："我的袜带开了。"然后回头对张释之说："请你给我把袜带系上！"张释之就过来跪下身子给他系好了袜带。事过之后，有人责怪王先生说："你为什么偏偏要在朝廷上侮辱张廷尉，让他来跪着给你系袜带？"王先生说："我现在是岁数又大地位又低，我自己琢磨着再也不可能给张廷尉帮什么忙了。张廷尉现在是天下的名臣，我当众侮辱他，让他给我跪着系袜带，是为了以此来提高他的声望。"人们听了，都称赞王先生，并越发地敬重张释之了。

张释之在景帝身旁做了一年多的廷尉，就被改派去做淮南王的丞相了，原因还是由于景帝做太子时张释之曾拘留弹劾过他。又过了一些年，张释之去世了。张释之的儿子张挚，字长公，做官做到大夫，不久就被免职了。因为他性情耿直，不被当时的官场所容纳，所以以后张挚到死也再没有出去做官。

张释之冯唐列传
冯唐论将

冯唐者，其大父赵人。父徙代。汉兴徙安陵①。唐以孝著，为中郎署长②，事文帝。文帝辇（niǎn）过，问唐曰："父老何自为郎？家安在？"唐具以实对。文帝曰："吾居代时，吾尚食监高祛数为我言赵将李齐之贤③，战于钜鹿下。今吾每饭，意未尝不在钜鹿也。父知之乎？"唐对曰："尚不如廉颇、李牧之为将也。"上曰："何以？"唐曰："臣大父在赵时，为官率将④，善李牧。臣父故为代相，善赵将李齐，知其为人也。"上既闻廉颇、李牧为人，良说，而搏髀（bì）曰："嗟乎！吾独不得廉颇、李牧时为吾将，吾岂忧匈奴哉！"唐曰："主臣⑤！陛下虽得廉颇、李牧，弗能用也。"上怒，起入禁中。良久，召唐让曰："公奈何众辱我，独无间处乎？"唐谢曰："鄙人不知忌讳。"

当是之时，匈奴新大入朝那（zhū nuó）⑥，杀北地都尉卬（áng）⑦。上以胡寇为意，乃卒复问唐曰："公何以知吾不能用廉颇、李牧也？"唐对曰："臣闻上古王者之遣将也，跪而推毂，曰：'阃（kǔn）以内者，寡人制之；阃以外者，将军制之。'军功爵赏皆决于外，归而奏之。此非虚言也。臣大父言，李牧为赵将居边，军市之租皆自用飨士⑧，赏赐决于外，不从中扰也。委任而责成功，故李牧乃得尽其智能，遣选车千三百乘，彀（gòu）骑万三千，百金之士十万，是以北逐单于，破东胡⑨，灭澹林⑩，西抑强秦，南支韩、魏。当是之时，赵几霸。其后会赵王迁立，其母倡也。王迁立，乃用郭开谗，卒诛李牧，令颜聚代之。是以兵破士北，为秦所禽灭。今臣窃闻魏尚为云中守⑪，其军市租尽以飨士卒，出私养钱，五日一椎牛，飨宾客军吏舍人，是以匈奴远避，不近云中之塞。虏曾一入，尚率车骑击之，所杀甚众。夫士卒尽家人子，起田中从军，安知尺籍伍符。终日力战，斩首捕虏，上功莫府，一言不相应，文吏以法绳之⑫。其赏不行而吏奉法必用。臣愚，以为陛下法太明，赏太轻，罚太重。且云中守魏尚坐上功首虏差六级，陛下下之吏，削其爵，罚作之。由此言之，陛下虽得廉颇、李牧，弗能用也。臣诚愚，触忌讳，死罪死罪！"文帝说，是日令冯唐持节赦魏尚，复以为云中守，而拜唐为车骑都尉⑬，主中尉及郡国车士⑭。

七年，景帝立，以唐为楚相，免。武帝立，求贤良，举冯唐。唐时年九十余，不能复为官，乃以唐子冯遂为郎。遂字王孙，亦奇士，与余善。

①安陵：汉县名，县治在今陕西省咸阳市东北。②中郎署长：郎中令的属官，主管中郎署事。③尚食监：为皇帝主管膳食的官吏，亦称太官，属少府。李齐：其事史书不见。④官率将：百夫长。百人为队，官率即队大夫。⑤主臣：畏惧之语。或欲称"主"，或又称"臣"，以见其惶恐嗫嚅之状。⑥朝那：汉县名，县治在今宁夏回族自治区固原东南。⑦北地都尉印：北地，汉郡名，郡治马岭（今甘肃省环县东南）。都尉，郡太守的副职，主武事。名印者姓孙。匈奴入朝那，杀北地都尉印事在文帝十四年（前166年）。⑧军市：边军内的交易市场（大约也包括该军所驻区域内的百姓交易市场）。⑨东胡：当时活动于今辽宁西部、内蒙古东部一带的少数民族，大约与后来的乌桓、鲜卑同一族姓。⑩澹林：也作"襜褴"（dān lán），当时活动在代北一带的少数民族。⑪云中：汉郡名，郡治在今内蒙古托克托东北。⑫文吏：死守条文的法吏，亦指所谓深文巧诋、舞文弄法的刀笔吏。⑬车骑都尉：军官名，与骁骑都尉官阶相近，为比二千石。⑭郡国：各郡与各诸侯国。冯唐主"中尉"及"郡国"车士，则全国的车战之士皆归其管辖。

冯唐，他的祖父是赵国人。父亲搬家到了代国，汉朝建立后又搬到了安陵。冯唐以孝顺闻名，在文帝驾前任中郎署长。有一次，文帝乘车经过郎署，问冯唐说："老先生这么大年纪了，为什么还在当郎官？你的老家在哪儿？"冯唐一一作了回答。文帝说："当初我在代国的时候，我的尚食监高祛就曾多次对我说起过赵将李齐的才干，说到他在钜鹿城下作战的情景。直到今天，每当我一吃饭，就总要想起钜鹿的事。老先生认识李齐吗？"冯唐答道："李齐还比不上廉颇、李牧的将才。"文帝问："为什么这么说呢？"冯唐说："我祖父曾在赵国当过官率将，和李牧的交情很好。我父亲曾做过代国的丞相，又和赵国的将军李齐关系不错，所以我了解他们的为人。"文帝听冯唐讲了廉颇、李牧的为人和事迹后，非常兴奋，一拍大腿说:"嘿!我偏偏不能让廉颇、李牧给我做将军,如果能,我还用得着担心匈奴吗!"冯唐说:"您……我,我认为陛下即使得到了廉颇、李牧,也不会很好地重用他们。"文帝一听,生气地站起身来进宫去了。过了半天,他又把冯唐叫进去责备道:"你怎么当着那么多的人让我难堪,难道你就不能找个没人的地方对我说吗?"冯唐也道歉说:"我是个粗人,说话也的确没个遮拦。"

当时,正是大股的匈奴人入侵朝那,又杀了北地郡都尉孙卬不久。文帝正在考虑匈奴的问题,于是他又问冯唐说:"你怎么知道我不能重用廉颇、李牧呢?"冯唐说:"我听说古代帝王们在派遣将军出征时,都要跪下来为他们推车轴,并对他们说:'城门以内的事情归我管,城门以外的事情就全归将军您管了。'凡是立了战功,应该奖赏的,一切都由将军全权做主,回来时报告一声就行了。这些都不是随便说说的空话。我的祖父曾对我说,李牧在为赵国将领驻守边关时,军中一切贸易的收入通通用来犒劳士兵,军中的一切赏赐都是由将军决定,国王从不进行干预。他把一切事情都委托给将军,只要能取得胜利就行。所以李牧才能充分地发挥他的聪明才干。他选了战车一千三百辆,弓箭骑手一万三千人,曾获过百金之赏的勇士十万人,凭着他们,李牧终于向北赶走了匈奴人,打败了东胡人,灭掉了澹林人,向西顶住了强秦的进攻,向南顶住了韩、魏的北犯。那时,赵国都几乎可以称霸于天下了。不想后来赵王迁即位当了国君,赵王迁的母亲是一个歌女。赵迁上台后,听信郭开的谗言,把李牧给杀了,派颜聚去接替他。结果闹得战场上一败涂地,自己也落了个国灭被俘。现在我听说魏尚在当云中太守的时候,军中的贸易税收也都用来犒劳士兵,此外,他还经常拿出自己的薪金来,五六天就宰一次牛,以宴享全军上下。所以吓得匈奴人都远远避开,不敢靠近云中郡。有一次敌寇进来了,魏尚立刻率领军队出击,结果杀死了很多敌人。这些士兵们本来就是一些平民子弟,刚从庄稼地里出来,他们哪里懂得那些琐琐碎碎的法令规章?他们一天到晚拼命地作战,斩杀敌人,可是轮到向上级报功的时候,发现有一点与事实相出入,刀笔吏们立刻就抠着法律条文来进行惩处。结果立了功的得不到奖赏,犯了'法'的却一定要受惩罚。我是个傻人,我觉得您对于法律条文抠得太细,对人赏得太轻,罚得太重。云中太守魏尚不过是在报功的时候多报了六个人头,而您就把他下了狱,削了他的爵,罚他服劳役。从这件事情推想,我觉得您即使有了廉颇、李牧,也不可能重用他们。我的确是个粗人,说话招人生气,实在是该死!"文帝听了很高兴,当天就让冯唐手持旌节去把魏尚放了出来，恢复了他云中太守的职位，同时也任命冯唐当了车骑都尉，让他主管中尉属下和各个郡国的车战部队。

七年以后，景帝即位，冯唐被任命为楚国的丞相，后来因事被免。武帝即位后，下诏寻求"贤良"，有人推荐了冯唐。当时冯唐已经九十多岁，不能再做官了，于是就让他的儿子冯遂当了郎官。冯遂，字王孙，也是个不寻常的人，和我是好朋友。

张释之、冯唐都是汉文帝时期的直臣，张释之为中郎将时与文帝论薄葬事，可谓至理名言，应编于不刊之典；张释之为廷尉时执法无私，坚持法律面前人人平等，几度驳回了文帝的旨意，这样的法官别说在封建社会，即使在今天也是不多见的。冯唐在文帝面前敢于无礼顶撞，畅尽忠言，既纠正了文帝的偏颇，又救助了蒙冤的有功之臣。这样的直臣是司马迁所赞扬的，故列为合传。为人耿直与执法公正都不是小问题，其前提必须要没有私心，不计个人利害。而没有私心的官僚从古到今能有几个呢？所以司马迁写《史记》对这种人大力表彰。但要想有直臣，就得有直臣能够存在的空间，这就是在位的帝王能容人、能听得进不同的意见，而在这一点上汉文帝是深受司马迁推崇的。《张释之冯唐列传》的主题就是一方面表彰张释之、冯唐的正直敢言、执法无私，同时也歌颂汉文帝对臣下宽和友好的那种"家人父子"之度。汉文帝在司马迁笔下的汉代帝王中最具有理想色彩。

扁鹊仓公列传
神医扁鹊

扁鹊者，勃海郡郑人也，姓秦氏，名越人，少时为舍长①。舍客长桑君过②，扁鹊独奇之，常谨遇之。长桑君亦知扁鹊非常人也。出入十馀年，乃呼扁鹊私坐，闲与语曰："我有禁方③，年老，欲传与公，公毋泄！"扁鹊曰："敬诺。"乃出其怀中药予扁鹊："饮是以上池之水，三十日当知物矣④。"乃悉取其禁方书尽与扁鹊。忽然不见,殆非人也。

扁鹊以其言饮药三十日,视见垣一方人。以此视病,尽见五脏症结,特以诊脉为名耳。为医,或在齐,或在赵⑤。在赵者名扁鹊。

扁鹊过虢(guó)⑥。虢太子死,扁鹊至虢宫门下,问中庶子喜方者曰:"太子何病,国中治穰(ráng)过于众事⑦?"中庶子曰:"太子病血气不时,交错而不得泄,暴发于外,则为中害。精神不能止邪气,邪气畜积而不得泄,是以阳缓而阴急,故暴蹶而死。"扁鹊曰:"其死何如时?"曰:"鸡鸣至今。"曰:"收乎?"曰:"未也,其死未能半日也。""言臣齐勃海秦越人也,家在于郑,未尝得望精光侍谒(yè)于前也。闻太子不幸而死,臣能生之。"中庶子曰:"先生得无诞之乎?何以言太子可生也!臣闻上古之时,医有俞跗(fū),治病不以汤液醴洒,镵(chán)石、挢(jiǎo)引、案扤(wù)、毒熨⑧,一拨见病之应,因五脏之输,乃割皮解肌,诀脉结筋,搦(nuò)髓脑,揲(shé)荒爪幕,湔浣(jiān huàn)肠胃,漱涤五脏,练精易形⑨。先生之方能若是,则太子可生也;不能若是而欲生之,曾不可以告咳婴之儿!"终日,扁鹊仰天叹曰:"夫子之为方也,若以管窥天,以郄(xì)视文;越人之为方也,不待切脉、望色、听声、写形⑩,言病之所在。闻病之阳,论得其阴;闻病之阴,论得其阳。病应见于大表,不出千里,决者至众,不可曲止也。子以吾言为不诚,试入诊太子,当闻其耳鸣而鼻张,循其两股以至于阴,当尚温也。"中庶子闻扁鹊言,目眩然而不瞚(shùn),舌挢然而不下,乃以扁鹊言入报虢君。

虢君闻之,大惊,出见扁鹊于中阙⑪,曰:"窃闻高义之日久矣,然未尝得拜谒于前也。先生过小国,幸而举之,偏国寡臣幸甚⑫!有先生则活,无先生则弃捐填沟壑,长终而不得反。"言未卒,因嘘唏服(bì)臆,魂精泄横,流涕长潸(shān),忽忽承睫(jié)⑬,悲不能自止,容貌变更。扁鹊曰:"若太子病,所谓'尸蹶'者也。夫以阳入阴中,动胃缠(chán)缘,中经维络,别下于三焦膀胱⑭,是以阳脉下遂,阴脉上争,会气闭而不通⑮,阴上而阳内行,下内鼓而不起,上外绝而不为使,上有绝阳之络,下有破阴之纽,破阴绝阳,色废脉乱,故形静如死状。太子未死也。夫以阳入阴支兰藏(zàng)者生⑯,以阴入阳支兰藏者死。凡此数事,皆五藏蹶中之时暴作也。良工取之,拙者疑殆。"

扁鹊乃使弟子子阳厉针砥石,以取(外)三阳五会⑰。有间(jiàn),太子苏。乃使子豹为五分之熨,以八减之齐(jì)和煮之⑱,以更熨两胁下。太子起坐。更适阴阳,但服汤二旬而复故。故天下

357

尽以扁鹊为能生死人。扁鹊曰："越人非能生死人也，此自当生者，越人能使之起耳。"

扁鹊过齐，齐桓侯客之⑲。入朝见，曰："君有疾在腠（còu）理，不治将深。"桓侯曰："寡人无疾。"扁鹊出，桓侯谓左右曰："医之好利也，欲以不疾者为功。"后五日，扁鹊复见，曰："君有疾在血脉，不治恐深。"桓侯曰："寡人无疾。"扁鹊出，桓侯不悦。后五日，扁鹊复见，曰："君有疾在肠胃间，不治将深。"桓侯不应。扁鹊出，桓侯不悦。后五日，扁鹊复见，望见桓侯而退走。桓侯使人问其故，扁鹊曰："疾之居腠理也，汤熨之所及也；在血脉，针石之所及也；其在肠胃，酒醪之所及也；其在骨髓，虽司命无奈之何⑳。今在骨髓，臣是以无请也。"后五日，桓侯体病㉑，使人召扁鹊，扁鹊已逃去。桓侯遂死。

使圣人预知微，能使良医得早从事，则疾可已，身可活也。人之所病，病疾多；而医之所病，病道少。故病有六不治：骄恣不论于理，一不治也；轻身重财，二不治也；衣食不能适，三不治也；阴阳并，藏气不定，四不治也；形羸不能服药，五不治也；信巫不信医，六不治也。有此一者，则重难治也。

扁鹊名闻天下。过邯郸，闻贵妇人，即为带下医㉒；过雒阳，闻周人爱老人，即为耳目痹医；来入咸阳，闻秦人爱小儿，即为小儿医：随俗为变。秦太医令李醯（xī）自知伎不如扁鹊也㉓，使人刺杀之。至今天下言脉者，由扁鹊也。

①扁鹊：相传是黄帝时代的神医，于是后代以"扁鹊"尊称医术高明的人。本文以"扁鹊"相称的秦越人为战国时期人。勃海郡郑人：汉代的勃海郡约当今之河北省沧州地区，沧州地区古今皆无"郑"县。《集解》《索隐》皆以为应作"鄚"，盖因形近而致误也。今沧州地区之任丘县北有"鄚州"，其地至今犹有"药王坟""药王庙"云。舍长：客馆的管理人员。②长桑君：姓"长桑"的一位先生。③禁方：秘方。④上池之水：即指雨水。上池，天上的池沼。物：古代用以称神秘的精灵。⑤齐：诸侯国名，约当今之山东省一带，国都临淄。赵：诸侯国名，约当今之河北省中部、南部一带地区，国都邯郸。⑥虢：西周时有三个虢国，一个在今河南荥阳东北，春秋初期被郑国所灭；一个在今陕西宝鸡东，春秋初期被秦所灭；一个在今河南三门峡东南，春秋中期被晋国所灭，战国时代

根本没有虢国，史公所云盖亦传说而已。⑦中庶子：太子的属官。治穰：向鬼神祈祷。穰，通"禳"。⑧醴洒：以酒调药冲洗患处。镵石：石针，用于针灸。挢引：即导引，一种体育疗法。案扤：按摩。毒熨：以药敷于患处。⑨诀脉：疏导血脉。揲荒爪幕："爪"字衍，"揲荒幕"即疏理膏肓的膈膜。练精：修炼精气。易形：改变形体。⑩写形：审察病人的情态。写，审视。⑪中阙：宫门的双阙之间。⑫偏国寡臣：谦称自己之太子。⑬服臆：同"膈臆"，气息哽咽。映：同"睫"，睫毛。⑭动胃缠缘：胃部受病，似被缠绕。中经维络：指人的大小经络受到侵害。三焦膀胱：中医所谓"六腑"中的两个部位名。中医所称的六腑为胆、胃、小肠、大肠、三焦、膀胱。⑮会气：指中医所说的脏、腑、筋、髓、血、骨、脉、气八个精气汇聚之点。⑯支兰藏："脉络"的异称。⑰三阳五会：即"百会穴"，位于头顶。⑱五分之熨：指以药外敷，使其气进入人体五分之深。八减之齐：只用普通剂量的十分之八。⑲齐桓侯：战国初期田姓齐国的诸侯，名午，齐威王之父，前374—前357年在位。⑳司命：掌管人寿命的神，《楚辞九歌》有"大司命""少司命"。㉑体病：病，痛。㉒带下医：治疗妇科疾病的医生。带脉环绕人腰，妇科疾病多在带脉以下，故云。㉓太医令：为帝王看病的医生。

扁鹊是勃海的鄚州人，姓秦，名越人。少年时为人家管理客馆。有个叫作长桑君的客人住到客馆里，只有扁鹊认为他与众不同，待他很恭谨。长桑君也知道扁鹊不是个平庸之辈。长桑君在客馆出出入入，住了十多年，后来他把扁鹊叫到他房间里，悄悄对他说："我有许多秘方，我岁数大了，想把它传给你，你可千万别说出去。"扁鹊说："我一定照办。"于是长桑君从怀里取出一包药递给扁鹊说："用未落地的雨水或露水送饮此药，连用三十天你就可以看得见鬼怪了。"接着长桑君便把他所有的秘方书都取出来交给了扁鹊。随后，忽然不见了，看来长桑君不是个凡人。

这以后扁鹊便依他的话吃了三十天药，果然能隔墙瞧见那边的人了。扁鹊凭着这种本事给人看病，能把病人五脏中的病症都看得清清楚楚，诊脉只是个名义而已。扁鹊行医，有时在齐国，有时在赵国。在赵国时被称为扁鹊。

扁鹊行医路过虢国。刚好虢国的太子死了，扁鹊来到虢国宫门前，向一个懂得医术的中庶子打听道："太子得的是什么病？怎么全国都在祈祷,把别的事都搁置起来了呢?"中庶子说:"太子的病是由于血气与时节不相适应,结果阴阳之气交错而不能通畅地运行,气血郁结不通,突然发作,就使内脏受了伤害。他体内的正气不能压住邪气,以致使邪气蓄积得不到发散,结果阴盛阳衰,暴病而死。"扁鹊说:"他死了多久了?"中庶子说:"从鸡鸣到现在。"扁鹊问:"尸体收殓入棺了吗?"中庶子说:"还没有,他死了还不到半天呢。"扁鹊说:"你进去禀报,就说我是齐国勃海地方的秦越人,家在郑州。过去我未能有幸拜见你们君主,为你们君主效力。现在听说你们太子不幸去世,我能让他死而复生。"中庶子说:"先生不是说胡话吧?你凭什么说太子可以死而复生呢?我听说在上古时代,有个医生叫俞跗,他治病不用汤剂、药酒,不用针灸石砭,不用按摩贴膏药,而是一眼就可以知道病症在哪儿,然后按照五脏的穴道,施行割皮和剖割肌肉之术,使壅塞的脉络畅通,使扭结的筋腱舒展,还要揉捏脑髓,按拿胸腹膜,清肠胃,洗五脏,培养精气,改换形体。先生您的医术如能和他的一样,那么太子就还有可能复生;如果你做不到这些,你想让太子复生,那就连三岁小孩也不会相信您的话。"两人谈了一整天,最后扁鹊仰天长叹道:"先生您所知道的医术,就像是用管子看天空,像透过缝隙看花纹。而我的医术则不然,我不必非给病人切脉、观气、听声、看形,才能知道病灶在哪儿,我可以由表知里,由里知表。一个人的内脏中有什么疾病都必然会有相应的外部症状,这方圆千里之内,诊断病症的方法很多,不能只认一个道理。如果你不信我的话,就请你进宫,试着给太子诊断一下,你会听到他还在耳鸣,会看见他的鼻孔还在发胀,他的两腿直到阴部都还是温热的。"

中庶子听了扁鹊这番话,目瞪口呆,久久说不出话来。于是他把扁鹊的话通报给了虢国国君。虢国国君听后也大吃一惊,赶紧迎到中门以外,对扁鹊说:"我早就听说过您的大名,只是没有机会去拜见。现在先生路过我们这小小的国家,如你能救活太子,那我这个小国的君臣可真是太幸运了。有了先生您他才能活,没有先生您他就只有死路一条,永不能复生了。"话还没说完,虢国国君已经抽咽起来,他精神恍惚、涕泪交流,睫毛上挂满泪珠,悲伤不能自已,连容貌都变了。扁鹊说:"太子这种病,就是通常所说的'假死'。是由于阳气下降入阴,搅扰胃部,经脉受损害,络脉被阻塞,分别下沉于三焦、膀胱,因此阳脉下坠,阴脉上升,阴阳两气交会之处堵塞,阴气继续上升而阳气只好向里走,于是阳气只能在身体的下部和内部鼓动而不能升起,阳气郁结于下内,与上外隔绝,不能引导阴气，这样，上有隔绝阳气的脉络，下有破坏阴气的筋纽，阴气破坏，阳气断绝，使人的脸色都变了，脉气全乱了套，因此身体静静地躺着，就像死了一样。其实太子并没有死。由于阳入阴而阻隔了脏气的可以活，由于阴入阳而阻隔脏气的则必死。凡此种种情况，都是五脏失调之时暴发而成的。高明的医生能把握病因进行调理，医术不高的人就只能疑惑不解了。"

于是扁鹊让弟子子阳把铁针石针一齐磨好，把它们从太子的三阳五会上扎了下去。过了一会儿，太子就苏醒过来了。于是扁鹊又让弟子子豹把剂量减半的熨药和八减方的药剂和煮在一起，交替地熨敷太子的两胁下面。过了一会儿太子能坐起来了，扁鹊又进一步调理他体内交错的阴阳之气，只服了二十天汤药，太子就全然康复了。于是天下人都以为扁鹊有起死回生之术。扁鹊说："我并非能使人起死回生，只是能使这些本来就没死的人站立起来而已。"

扁鹊经过齐国时，齐桓侯接待了他。扁鹊入朝时，对桓侯说："大王皮肤和肌肉之间有病，如果不及时治疗，病就会往身体内部发展。"桓侯说："我没病。"扁鹊出来后，桓侯对左右的人说："医生贪财好利，把没病的人说成病人，好为自己赚钱。"五天以后，扁鹊又见到了齐桓侯，说："大王的病已经进入血脉了，如不及时医治，恐怕还要往深里发展。"桓侯说："我没病。"扁鹊出来后，桓侯心里很不高兴。又过了五天，扁鹊又去见桓侯，说："大王的病已到了肠胃之间，如再不治，还会加深。"桓侯不搭理他。扁鹊出去之后，桓侯更不高兴。又过了五天，扁鹊又去见齐桓侯，这回他只远远地一看就赶紧往回跑。桓侯派人问他为什么跑。扁鹊说："皮肤里的病，用汤剂、熨药就可以治好；血脉里的病，用铁针石针就可以扎好；肠胃里的病，用酒药可以治好；可是骨髓中的病即使是掌管寿命的神仙也没有办法医治了。如今大王的病已深入骨髓，所以我没同大王讲话就退下来了。"又过了五天，桓侯发病了，派人去请扁鹊，扁鹊早已逃离了齐国。于是齐桓侯就病死了。

一个智能高的人假如能及早察觉疾病的苗头，能请良医及早治疗，那么病就可以好，性命也可以保住。病人所苦的是疾病的种类太多，医生所苦的是治病的药方太少。此外还有六种病没法治：骄傲放纵不讲道理，是第一种；轻性命重财物，是第二种；衣着饮食调节不当，是第三种；阴阳相混，五脏失去正常功能，是第四种；身体太弱不能承受药物，是第五种；信巫士不信医生，是第六种。人只要有这其中的一条，那么他的病就没法治。

扁鹊名闻天下。他经过邯郸的时候，听说那儿尊重妇女，他就注意研究妇科疾病；经过洛阳的时候，听说当地爱戴老人，他就注意研究耳聋眼花和风湿症；他到了咸阳，听说秦人爱护儿童，就注意研究小儿科，随着各地风俗变化而变化。秦国的太医令李醯知道自己的医术不如扁鹊，就派人把扁鹊刺杀了。到如今天下研究切脉学问的医生，还是以扁鹊为祖师。

评

《扁鹊仓公列传》是战国时秦越人和汉代淳于意两位医生的合传，这里只选了秦越人行医的两个故事。"扁鹊"是远古传说中的一位神医，因为秦越人医术高明，所以人们便也呼秦越人为"扁鹊"，而真名字倒不被人所注意了。秦越人为虢太子看病的故事用了许多医学名词，讲了很多医学道理，表现了司马迁对于医生这一行业的熟悉；秦越人警告齐桓侯有病一节，故事生动而道理深刻，形象地告诉了人们有病必须早治。文章最后司马迁又总结了六种耽误病情使人得不到有效治疗的严重情况，表现了司马迁卓越的唯物思想。秦越人一生治病救人，都是做的好事，但最后却被一个有势力的庸医害死了，这就是司马迁在《史记》中多次慨叹的"女无美恶，入宫见嫉；士无贤不肖，入朝见妒"。"妒嫉"使多少美好的事业毁于垂成，使多少聪明才智之士死于非命，人类自身什么时候才能消除"妒嫉"这种可恶的"剧毒"呢！

魏其武安侯列传
灌夫骂座

灌将军夫者，颍阴人也①。夫父张孟，尝为颍阴侯婴舍人，得幸，因进之至二千石②，故蒙灌氏姓为灌孟。吴楚反时，颍阴侯灌何为将军，属太尉，请灌孟为校尉③。夫以千人与父俱④。灌孟年老，颍阴侯强请之，郁郁不得意，故战常陷坚，遂死吴军中。军法，父子俱从军，有死事，得与丧归。灌夫不肯随丧归，奋曰："愿取吴王若将军头⑤，以报父之仇。"于是灌夫被甲持戟，募军中壮士所善愿从者数十人。及出壁门，莫敢前。独二人及从奴十数骑驰入吴军，至吴将麾下，所杀伤数十人。不得前，复驰还，走入汉壁，皆亡其奴，独与一骑归。夫身中大创十馀，适有万金良药，故得无死。夫创少瘳（chōu），又复请将军曰："吾益知吴壁中曲折，请复往。"将军壮义之，恐亡夫，乃言太尉，太尉乃固止之。吴已破，灌夫以此名闻天下。

灌夫为人刚直使酒，不好面谀。贵戚诸有势在己之右，不欲加礼，必陵之；诸士在己之左，愈贫贱，尤益敬，与钧。稠人广众，荐宠下辈。士亦以此多之。

夫不喜文学，好任侠，已然诺⑥。诸所与交通，无非豪杰大猾。家累数千万，食客日数十百人。陂（bēi）池田园，宗族宾客为权利，横于颍川。颍川儿乃歌之曰："颍水清，灌氏宁；颍水浊，灌氏族。"

灌夫家居虽富，然失势，卿相侍中宾客益衰⑦。及魏其侯失势，亦欲倚灌夫引绳批根生平慕之后弃之者⑧。灌夫亦倚魏其而通列侯宗室为名高。两人相为引重，其游如父子然，相得欢甚，无厌，恨相知晚也。

灌夫有服，过丞相⑨。丞相从容曰："吾欲与仲孺过魏其侯⑩，会仲孺有服。"灌夫曰："将军乃肯幸临况魏其侯，夫安敢以服为解⑪！请语魏其侯帐具⑫，将军且日早临。"武安许诺。灌夫具语魏其侯如所谓武安侯。魏其与其夫人益市牛酒，夜洒扫，早帐具至旦。平明，令门下候伺。至日中，丞相不来。魏其谓灌夫曰："丞相岂忘之哉？"灌夫不怿（yì），曰："夫以服请，宜往。"乃驾，自往迎丞相。丞相特前戏许灌夫，殊无意往。及夫至门，丞相尚卧。于是夫入见，曰："将军昨日幸许过魏其，魏其夫妻治具，自旦至今，未敢尝食。"武安鄂谢曰⑬："吾昨日醉，忽忘与仲孺言。"乃驾往。又徐行，灌夫愈益怒。及饮酒酣，夫起舞属丞相⑭，丞相不起，夫从坐上语侵之。魏其乃扶灌夫去，谢丞相。丞相卒饮至夜，极欢而去。

①颍阴：汉县名，即今河南省许昌市。②婴：即灌婴，刘邦的开国功臣，以功封颍阴侯。舍人：依附于贵族、官僚门下，为其任使者，如清客、食客是也。二千石（shí）：相当于郡国守相一级。"二千石"是官阶，非实际俸禄。③吴楚反：即吴楚七国之乱，事在景帝三年（前154年），过程详见《绛侯世家》。灌何：灌婴之子，袭其父

爵为颍阴侯。太尉：指周亚夫，平定吴楚七国之乱的军事统帅，时任太尉。校尉：将军属下的军官名。将军属下分若干部，部的长官曰校尉。④千人：犹言"千夫长"，下层军官名，统领千人。⑤吴王若将军头：若，或。⑥文学：汉代指学术，知识学问。然诺：兑现诺言。⑦卿相侍中宾客：卿相、侍中一类的贵客。卿相，这里即指丞相，古代诸国的丞相其爵为卿。侍中，皇帝的侍从官名。⑧引绳批根：意即"打击""清除"。"绳"是木工画线之所用，凡不中线者一律斧锯之。⑨有服：时灌夫正为其姊服丧。丞相：指田蚡，武帝之舅，武帝母王太后的同母异父弟，因帮助武帝上台有功官封太尉；窦太后死，王太后掌权，田蚡遂更跃居丞相。⑩仲孺：灌夫的字。魏其侯：名窦婴，武帝祖母窦老太后之侄，亦武帝之舅辈，以军功封魏其侯。曾任武帝丞相，在协助武帝首次发动尊儒时，被窦太后免职，从此政治失落。⑪临况：犹言"光临""惠顾"。况，通"贶"，恩赐。解：推脱。⑫帐具：同"张具"，亦同下文之"治具"，安排酒宴。具，原指餐具、酒具，这里即指筵席。⑬鄂：通"愕"，惊讶。⑭起舞属丞相：属，连，邀请，即古人之自己舞罢邀请别人接着舞。

灌夫是颍阴人。他的父亲叫张孟，由于张孟曾经在颍阴侯灌婴门下当过宾客，受到过灌婴的赏识，因此渐渐地被提拔到了二千石，也就由于这层关系所以张孟就用了灌家的姓改名叫灌孟了。吴楚七国造反时，灌婴的儿子灌何被任命为将军，隶属于周亚夫部下，于是灌何就请求让灌孟给他做了校尉。这时灌夫也以一个千夫长的身份跟着他的父亲一同出征。当时灌孟已经年老，是灌何竭力向周亚夫请求，周亚夫才同意的，所以灌孟总是闷闷不乐，打仗时总是故意向着敌人防守最坚固的地方冲，结果战死在吴军的阵前。依照当时的军法规定，父子两个都在军队里的，其中有一个人死了，另一个人就可以送丧回家。但是灌夫不愿意随父亲的灵柩回去，而是悲愤激昂地请求说："我一定要去取吴王或者他的一个什么将军的人头，来为我的父亲报仇。"于是他就披甲持戟叫上军中一向和他关系不错的几十个勇士准备一起去向吴军拼命。结果一出营门，许多人都不敢去了。只剩下两个士兵和他从自己家里带出来的十来个奴隶跟着他一起冲进了吴军阵内，他们一直冲到吴军大将的指挥旗下，杀死杀伤吴军几十个人。最后实在不能再往里冲了，才撤了回来。

等回到汉营一看，跟着灌夫冲进吴营的十来个奴隶都没有回来，只有一个士兵跟着他一起回来了。这时灌夫身负重伤十多处，正赶上身边带着好药，所以没死。等到灌夫的伤势稍有好转时，他又向灌何请求说："我现在更了解吴军里边的情况了，我要求还去。"灌何很欣赏他的这种勇猛孝义，但担心他由此送命，就把情况报告了周亚夫，周亚夫制止了他。等到吴军被打败后，灌夫的名字也就传遍天下了。

灌夫为人刚强正直，经常饮酒发脾气，不喜欢当面讨好人。那些皇亲贵戚权力比他大的，他偏对他们不礼貌，偏要欺侮他们；那些地位比他低下的士大夫，越是贫贱的，他反而越是敬重他们，同他们平起平坐。他在大庭广众之中，特别好推荐表扬那些地位比他低的人，因此人们都很称赞他。

灌夫不喜欢儒家学说，而好行侠尚义，凡是答应人的话一定办到。他所结交的大都是一些地面上的豪绅和帮派头目。他家里有几千万的资产，在他门下寄食的每天都有几十个以至上百人。他家有大量的肥沃土地和蓄水池塘，他的家族和他的宾客们仗着他的势力，在颍川郡里横行霸道。当时有一首儿歌唱道："颍水清清，灌氏安宁；颍水浑浊，灌氏族灭。"

灌夫的家庭虽然富有，但由于他在政治上的失势，所以过去那些和他来往密切的卿相、侍中一类的朋友就越来越少了。等到窦婴也失势后，窦婴就想依靠灌夫去惩治那些原先趋附过自己后来又扔下自己去另投高门的人；而灌夫则正好想借着窦婴的关系去结交那些列侯宗室一类的大贵族以提高自己的声望。于是两个人相互引荐提携，关系好得像父子一样，亲密和谐，永不厌倦，只恨相识得太晚了。

有一次，灌夫正为他姐姐服丧，他偶然到田蚡家里去了。田蚡随便地顺口说："本来想和你一起去看看魏其侯，不巧正赶上你有丧服在身。"灌夫说："只要您肯赏光去魏其侯家，我怎么会以丧服在身作推辞呢！请让我先去告诉魏其侯准备酒席，请您明天一早光临。"田蚡答应了。灌夫赶紧来到窦婴家把他同田蚡说的话向窦婴说了一遍。窦婴一听就赶紧同他的夫人准备了许多酒肉，连夜打扫厅堂，第二天很早就起来摆设筵席一直忙到天亮。天一亮窦婴就派人到门前去张望。可是一直等到中午，田蚡还没来。于是窦婴就对灌夫说："丞相莫非是忘了吗？"灌夫也不高兴地说："我昨天是不顾丧服在身邀请了他，他不应该不来，我去看看。"于是就赶着车子亲自去接田蚡。而田蚡昨天不过是随便说说，心里根本没打算去。等灌夫到了他家，田蚡还没有起床。灌夫进来对田蚡说："昨天承蒙您答应去拜访魏其侯，魏其侯夫妇为您准备筵席，从一大早到现在，因为您没有去，人家还一直不敢动筷子。"田蚡一听吃一惊赶紧道歉说："我昨天喝醉了，忘了同你说过的话。"说罢前往，路上又走得很慢，灌夫心里很恼火。等任窦婴家喝酒喝得高兴时，灌夫站起来跳舞，然后又邀请田蚡接着跳，不想田蚡竟坐着不动，灌夫忍不住就在自己的坐位上骂了起来。窦婴赶紧扶着灌夫离开了席面，自己过去向田蚡解释道歉。田蚡遂一直喝到夜晚，高兴地离去了。

魏其武安侯列传
田蚡杀窦婴、灌夫

　　元光四年夏，丞相取燕王女为夫人①，有太后诏，召列侯宗室皆往贺。魏其侯过灌夫，欲与俱。夫谢曰："夫数以酒失得过丞相，丞相今者又与夫有郄（xì）。"魏其曰："事已解。"强与俱。饮酒酣，武安起为寿，坐皆避席伏②。已魏其侯为寿，独故人避席耳，馀半膝席。灌夫不悦，起行酒，至武安，武安膝席曰："不能满觞。"夫怒，因嘻笑曰："将军贵人也，属之③！"时武安不肯。行酒次至临汝侯，临汝侯方与程不识耳语④，又不避席。夫无所发怒，乃骂临汝侯曰："生平毁程不识不直一钱，今日长者为寿，乃效女儿呫嗫（chè niè）耳语！"武安谓灌夫曰："程李俱东西宫卫尉，今众辱程将军⑤，仲孺独不为李将军地乎？"灌夫曰："今日斩头陷匈⑥，何知程、李乎！"坐乃起更衣，稍稍去。魏其侯去，麾灌夫出。武安遂怒曰："此吾骄灌夫罪。"乃令骑留灌夫。灌夫欲出不得。籍福起为谢⑦，案灌夫项令谢。夫愈怒，不肯谢。武安乃麾骑缚夫置传舍，召长史曰⑧："今日召宗室，有诏。"劾灌夫骂坐不敬，系居室⑨。遂按其前事，遣吏分曹逐捕诸灌氏支属，皆得弃市罪。魏其侯大愧，为资使宾客请，莫能解。武安吏皆为耳目，诸灌氏皆亡匿，夫系，遂不得告言武安阴事。

　　魏其锐身为救灌夫⑩，夫人谏魏其曰："灌将军得罪丞相，与太后家忤，宁可救邪？"魏其侯曰："侯自我得之，自我捐之，无所恨。且终不令灌仲孺独死，婴独生。"乃匿其家窃出上书⑪。立召入，具言灌夫醉饱事，不足诛。上然之，赐魏其食，曰："东朝廷辩之⑫。"

魏其之东朝，盛推灌夫之善，言其醉饱得过，乃丞相以他事诬罪之。武安又盛毁灌夫所为横恣，罪逆不道。魏其度不可奈何，因言丞相短。武安曰："天下幸而安乐无事，蚡得为肺腑⑬，所好音乐狗马田宅。蚡所爱倡优巧匠之属，不如魏其、灌夫日夜招聚天下豪桀壮士与论议，腹诽而心谤，不仰视天而俯画地，辟倪两宫间⑭，幸天下有变，而欲有大功。臣乃不知魏其等所为。"于是上问朝臣："两人孰是？"御史大夫韩安国曰⑮："魏其言灌夫父死事，身荷戟驰入不测之吴军，身被数十创，名冠三军，此天下壮士。非有大恶，争杯酒，不足引他过以诛也。魏其言是也。丞相亦言灌夫通奸猾，侵细民，家累巨万，横恣颍川，凌轹宗室，侵犯骨肉，此所谓'枝大于本，胫大于股，不折必披⑯'，丞相言亦是。唯明主裁之。"主爵都尉汲黯是魏其⑰。内史郑当时是魏其⑱，后不敢坚对。馀皆莫敢对。上怒内史曰："公平生数言魏其、武安长短，今日廷论，局趣效辕下驹，吾并斩若属矣⑲。"即罢起入，上食太后。太后亦已使人候伺，具以告太后。太后怒，不食，曰："今我在也，而人皆藉吾弟⑳，令我百岁后，皆鱼肉之矣。且帝宁能为石人邪㉑！此特帝在，即录录，设百岁后，是属宁有可信者乎？"上谢曰："俱宗室外家，故廷辩之。不然，此一狱吏所决耳。"是时郎中令石建为上分别言两人事㉒。

武安已罢朝，出止车门㉓，召韩御史大夫载，怒曰："与长孺共一老秃翁，何为首鼠两端㉔？"韩御史良久谓丞相曰："君何不自喜㉕？夫魏其毁君，君当免冠解印绶归，曰'臣以肺腑幸得待罪㉖，固非其任，魏其言皆是'。如此，上必多君有让㉗，不废君。魏其必内愧，杜门齰（zé）舌自杀㉘。今人毁君，君亦毁人，譬如贾竖女子争言㉙，何其无大体也！"武安谢罪曰："争时急，不知出此。"

于是上使御史簿责魏其所言灌夫，颇不雠，欺谩，劾系都司空㉚。孝景时，魏其常受遗诏，曰"事有不便，以便宜论上㉛"。及系，灌夫罪至族，事日急，诸公莫敢复明言于上。魏其乃使昆弟子上书言之，幸得复召见。书奏上，而案尚书大行无遗诏。诏书独藏魏其家，家丞封㉜。乃劾魏其矫先帝诏，罪当弃市㉝。

五年十月，悉论灌夫及家属㉞。魏其良久乃闻，闻即恚，病痱㉟，不食欲死。或闻上无意杀魏其，魏其复食，治病。议定不死矣，乃有蜚语为恶言闻上，故以十二月晦论弃市渭城㊱。

其春㊲，武安侯病，专呼服谢罪。使巫视鬼者视之，见魏其、灌夫共守，欲杀之。竟死。

淮南王安谋反觉，治㊳。王前朝，武安侯为太尉，时迎王至霸上[39]，谓王曰："上未有太子，大王最贤，高祖孙，即宫车晏驾[40]，非大王立，当谁哉！"淮南王大喜，厚遗金财物。上自魏其时不直武安，特为太后故耳。及闻淮南王金事，上曰："使武安侯在者，族矣。"

注

①元光四年：前131年。元光是武帝的第二个年号。燕王：指燕康王刘嘉，高祖功臣刘泽之子，袭其父爵为燕王。②为寿：为人敬酒，祝人健康长寿。避席：离开座席，以示不敢当。③属之：《汉书》作"毕之"，意即请干了它。④临汝侯：指灌贤，灌何之子，袭其父爵为侯。程不识：武帝时名将，当时任长乐宫（太后所居）卫尉。"卫尉"是护卫宫廷的军事长官，九卿之一。⑤程李：程不识、李广。东西宫卫尉：长乐宫在未央宫（皇帝所居）之东，故亦称"东宫"；未央宫在西，故亦称"西宫"。当时李广任未央宫卫尉，与程不识同级，职务亦相同。李广事见《李将军列传》。众辱：当众侮辱。⑥斩头陷匈：意即拼出一死。匈，通"胸"。⑦籍福：田蚡的幕僚，一个善于调停的人。⑧传舍：宾馆，这里似指田蚡私家的客馆。长史：诸史之长，当时为大将军与丞相设此属官，位高权重。⑨劾：弹劾，参奏。不敬：即通常所称"大不敬"，其罪应死。居室：也称"保宫"，拘押罪犯的地方，上属少府管辖。⑩锐身：奋不顾身。⑪匿其家：背着家里人。⑫东朝：东宫里的朝堂。⑬为肺腑：意即凭着肺腑之亲官居丞相。⑭不仰视天而俯画地：而，则。辟倪：同"睥睨"，斜视，偷看。⑮御史大夫：三公之一，执掌监察，位同副丞相。韩安国：一个圆滑而又比较倒霉的官僚。⑯巨万：万万，即今所谓"亿"。胫：小腿。股：大腿。⑰主爵都尉：主管列侯的封爵事务，秩二千石。汲黯：深受司马迁敬爱的正直官僚。⑱内史：国家首都的行政长官，后称"京兆尹"。⑲局趣：同"拘促"，胆小怕事的样子。若属：尔等。若，你。⑳藉：践踏。㉑石人：犹今所谓"木头人"，对事无动于衷。或说"石人"谓其能长久存在，与下文"百岁后"相对而言。㉒郎中令：九卿之一，统领皇帝侍从，主管宫廷警卫。石建：一个以"谨厚""驯顺"著称的官僚。分别言两人事：大概是说田蚡好，说窦婴坏。㉓止车门：宫禁的外门名。文武百官上朝时，到此必须下车，步行入宫。㉔共：指共同审议。秃翁：指窦婴年老头秃。首鼠：意即踌躇。首鼠两端：徘徊于两端之间。㉕自喜：等于说自爱。㉖待罪：任某职务的客气说法，这里意即

"待罪丞相"。㉗多君有让：多，肯定，赞赏。㉘杜门：闭门。齰舌：咬着舌头，无话可说的样子。㉙贾竖女子：小商人、老娘们。贾竖，小商之贱者。㉚不雠：不相当，不对茬，情况不合。都司空：宗正的属官，主管诏狱（皇帝发来的案犯）。"宗正"是主管皇族与外戚事务的官，窦婴是外戚，故有罪系都司空。㉛以便宜论上：利用方便条件向皇帝陈说，这是帝王给予某个人的特殊权力。㉜家丞封：只有自己管家的收藏印鉴，没有皇帝的印鉴。㉝矫：假造。㉞五年：武帝元光五年，前130年。悉论灌夫及家属：论，判处，这里指处决。㉟恚：恼怒。痱：中风。㊱蜚语：谣言。蜚，通"飞"。十二月晦：腊月三十，冬季的最后一天。汉代规定每年在秋冬季节处决罪犯，今拖至最后一天，说明窦婴被杀之勉强，两派斗争之反复不决。渭城：即秦代之咸阳，汉代改称渭城。㊲其春：元光五年春。当时仍用秦历，以十月为岁首，故春季在"十月"之后。㊳淮南王安谋反：事在武帝元狩元年（前122年）。淮南王安，刘安，刘长之子，刘邦之孙，被封为淮南王，都寿春（今安徽寿县）。治：审问。㊴霸上：地名，在今西安市东南，当时的长安城东南，因其地处霸水西侧的高原上而得名。㊵宫车晏驾：宫车迟迟出不来，婉指皇帝的死。晏，晚。

元光四年夏天，田蚡娶燕王刘嘉的女儿做夫人，太后下令，叫列侯宗室都前去祝贺。这时窦婴去找灌夫，要和他一道去。灌夫推辞说："我曾多次因酒后失言得罪过他，我看他近来也正对我耿耿于怀。"窦婴说："过去的事情都已经解开了。"于是硬拉着灌夫一同去了。到了宴会上人们酒兴正浓的时候，田蚡站起来给大家敬酒，于是在坐的人都赶快离开席位俯伏在地，表示不敢当。过了一会儿窦婴也起来给大家敬酒，这回只有他的老朋友们离开席位，其余半数的人都只是在席上跪起身子而没有离席。灌夫看着心里生气，于是就自己起来给大家敬酒，当他走到田蚡跟前时，田蚡跪起身子推辞说："不能太满了。"灌夫心里生气，嘴里用一种嘲弄的腔调说："您是贵人，干了这一杯！"田蚡坚持不喝。灌夫无法，接着敬酒到了临汝侯灌贤的面前，当时灌贤正在跟程不识咬着耳朵说话，没有注意，又没有离席。灌夫满腔怒火正没有地方发泄，于是就指着临汝侯骂道："平常在底下你也把程不识贬得一钱不值，今天有年纪的人来给你敬酒了，你倒反而和他像小孩子似的嘀咕个没完！"田蚡一看赶紧拦阻说:"程不识和李广分别在长乐宫和未央宫做卫尉,今天你当众侮辱程将军,难道就不为李将军留点面子吗?"灌夫说:"今天我连砍头穿胸都不怕了我还顾什么程将军李将军!"座上的宾客们一看事情要闹大于是就推说上厕所,一个个地向外溜。这时窦婴也站起来,摆手叫灌夫一起走。而田蚡这时怒吼说:"这都是我平常对灌夫太迁就,所以他今天才敢这么放肆。"说罢下令武士拦住灌夫。灌夫这时已经是想走也走不了了。籍福赶快起来帮他们调停,他按着灌夫的脖子想让他向田蚡认个错。而灌夫当时更是火上浇油,坚决不肯。于是田蚡就让武士们把灌夫捆起来看守在客馆里,他把自己的长史叫来吩咐说:"今天我请诸位宗室来,是奉了太后的命令。"于是就让长史起草奏章弹劾灌夫这样辱骂宾客是对太后命令的大不敬,并很快地把灌夫关进了监狱。接着田蚡就收集整理灌夫以往的各种不法行为,迅速地派人分头把灌夫家族的各个支派一网打尽,通通地判为死罪。窦婴这时感到太对不起灌夫了,就百般地花钱请宾客们去说情,结果一概无效。这时田蚡的下属官吏都为田蚡做耳目,灌夫那些没有被抓起来的党羽们也都逃脱躲藏了起来,灌夫自己又被下在狱里,于是他们这个方面就没法去向皇上揭发田蚡的问题了。

　　窦婴为了救灌夫简直是豁出去不顾一切了,他的夫人劝阻说:"灌将军得罪了丞相,与太后的家族对着干,这怎么能救得了呢?"窦婴说:"咱家这个侯爵是我自己挣来的,即使在我手上将它丢掉我也没啥遗憾。况且我无论如何不能让灌仲孺死了而我窦婴还一个人活着。"于是他就背着家里人出去给武帝上书。武帝立即召见了他,窦婴向武帝说明灌夫那些都是酒后闹事,够不上死罪。武帝同意他的看法,还留窦婴在宫里吃了饭,对他说:"这些事情明天到东宫殿堂上去当众讨论。"

　　窦婴到了东宫,就极力说灌夫的好话,并说他这次是酒醉失言犯了点错误,而丞相却用其他事情来诬陷他。田蚡则大肆诋毁灌夫的所作所为,说他横行不法,大逆无道。窦婴眼看着单是这样下去不会有什么结果,于是就转过来揭发田蚡的短处。而田蚡则说:"现在天下太平无事,我有幸凭着是皇上的亲戚而位居丞相,我所好的无非是音乐狗马田产房屋,我所爱的不过是唱歌跳舞的优伶以及能工巧匠之流,我不像魏其侯、灌夫他们招引着一帮子豪杰壮士整天在那里说长道短,肚子里诽谤诋毁朝廷,他们不是仰观天象,就是俯察地理,他们斜着眼睛窥测着东、西两宫,就盼着天下出什么变故,他们好趁机办大事。我真不知道魏其侯等人到底是在干什么。"

武帝问朝臣们说:"他们两人谁说得对?"御史大夫韩安国说:"魏其侯谈到灌夫的父亲战死时,灌夫持戟策马冲入无法测度之吴军,身上负伤几十处,名冠三军,这是天下难得的勇士,只要没有什么太大的罪恶,光是因为酒宴上的一点小问题,不能用别的借口杀他。从这一点上说,魏其侯说得对。丞相也说了灌夫结交坏人,侵害百姓,以至于积累了上亿的家产,在颍川郡里横行霸道,欺侮宗室,侵犯皇族的骨肉,这就是俗话所说的'树枝大于树干,小腿大于大腿,不折断它就要损害本体',从这点看来,丞相说得也对。请英明的皇上自己裁夺。"接着主爵都尉汲黯发言,赞成窦婴的说法。随后内史郑当时发言先表示同意窦婴的说法,但后来又不敢坚持了。其余的人谁都不敢发言。武帝生气地对郑当时说:"你平常总爱议论魏其侯和武安侯的长短,今天让你当众表态了,你却这么畏畏缩缩的,像一匹车辕子下头的小马驹,小心我都杀了你们!"说罢站起身来回了内室,去侍候太后吃饭了。这时太后也早已派人在前边窥听,待窥听的人向太后报告了辩论的情况后,太后很生气,不吃饭了,她望着武帝说:"今天我还活着,那些人就敢这么糟践我的弟弟;要是日后我死了,他们还不把我弟弟当作鱼肉任意宰割吗?再说,皇上你自己难道就会像一个石头人一样万古长存吗!现在你还活着,他们就这么碌碌无为,假如你日后死了,这些人能有一个可以信赖的吗?"武帝赶忙向太后赔礼说:"因为都是亲戚,所以我才让他们在朝廷上公开辩论。如果不是亲戚,这种事情还不是派一个狱吏就可以解决了嘛。"这时郎中令石建又在背后给武帝分析了窦婴和田蚡的事情。

　　田蚡退朝后,从止车门出来,招呼韩安国上了他的车子,怒气冲冲地说:"我跟你共同对付一个老秃头,你怎么就这么模棱两可,畏首畏尾?"韩安国沉默了一会儿说:"您为什么不知道自重呢?当魏其侯攻击您的时候您应当摘下帽子,把您的印绶交还皇上,您就说:'我只因为是皇上的亲戚才一时充当了丞相,我本来就不是当丞相的材料,魏其侯说的那些话都对。'这样一来,皇上一定会赞扬您的谦让,绝不会剥夺您的相位。而魏其侯也一定会深感内疚,会羞得他回去关上门咬烂舌头自杀。可是您呢,人家攻击您,您也攻击人家,就如同市场上的两个女贩子在那里争吵,怎么就这么不识大体呢!"田蚡一听说:"当时只顾了争吵,没有想到该这么做。"

　　于是武帝派御史拿着案卷去责问窦婴,说他所讲的灌夫的情况与事实不符,说他是欺骗皇上,于是窦婴受弹劾被关进了都司空的监牢里。早在孝景帝在世时,窦婴曾得到过孝景帝留给后世的一篇诏书，其中允许窦婴"当发生了什么不利的事情时，可以直接向皇上启奏"。等到魏其侯被关了起来，灌夫被判为灭族的时候，事情非常紧急，朝廷里的大臣们谁也不敢再去向皇上说明事情的真相了。这时窦婴就让他的侄子给武帝上奏，说了他家存有先帝遗诏的事情，希望得到皇上的召见。奏章交给武帝后，武帝派人到尚书处查阅案卷，没有发现景帝遗诏的存根，只有一张诏书藏在窦婴的家中，是由他们的家臣加印封存的。于是田蚡等又进而弹劾窦婴假造先帝的遗诏，罪该杀头。

元光五年十月，灌夫及其整个家族全部被处决了。窦婴在监狱里过了很久才听到这个消息，他一听说悲愤欲绝，当时就中了风，而且绝食准备自杀。后来听说皇上没有杀窦婴的意思，于是就又开始吃饭，请医生给自己治病。正当人们传说朝廷已经议定不杀窦婴的时候，突然又有一股恶毒的流言传到皇帝那里，于是在这一年的十二月三十魏其侯窦婴在渭城被弃市了。

这年春天，田蚡突然得了一种病，他一个劲地呼叫着我有罪我服罪。请来巫师一看，巫师说他看见魏其侯和灌夫两个鬼魂夹守在田蚡的两旁，是这两个鬼魂想要弄死他。结果田蚡就这样地死去了。

后来淮南王刘安的谋反被发觉，在审问刘安的过程中，才发现刘安前些年进京朝贡时，武安侯当时正做太尉，在他到霸上迎接刘安时，曾对刘安说："现在皇上还没有太子，您为人贤明，又是高祖的孙子，假如皇上有一天死了，那时不立您还立谁呢！"刘安听了很高兴，送给了田蚡许多金银财物。另外武帝本人也是早从窦婴与田蚡争辩时就不认为田蚡有理，只不过是由于太后偏袒而不能处置他罢了。等到这回一听说田蚡接受过淮南王的贿赂时，就说："假使武安侯现在还活着，肯定就要灭族了。"

评

《魏其武安侯列传》实际是魏其侯窦婴、武安侯田蚡与灌夫三人的合传。魏其侯窦婴是武帝祖母窦太后的侄子，在景帝朝势位尊贵；田蚡是武帝的舅舅，凭着近亲于武帝即位初官至宰相。田蚡得势后趾高气扬，遂对原先他曾极力巴结而如今已经失势的窦婴非常傲慢。灌夫是窦婴的朋友，武将出身，对田蚡这种小人得势的情景非常气愤，于是当众骂了他。田蚡大怒，于是寻机将窦婴、灌夫一齐杀害。作品的主要线索是写两个大贵族之间的相互倾轧，反映了"一朝天子一朝臣"的权力财产的再分配；但同时也表现了与汉武帝"罢黜百家，独尊儒术"相表里的宫廷内部的夺权与反夺权斗争之尖锐激烈。我们这里选了《灌夫骂座》与《田蚡杀窦婴、灌夫》两节。司马迁对窦婴、灌夫都有所肯定、有所同情，而对田蚡与其后台王太后则是完全否定的。

李将军列传
飞将军李广

　　李将军广者，陇西成纪人也①。其先曰李信②，秦时为将，逐得燕太子丹者也。故槐里③，徙成纪。广家世世受射。孝文帝十四年，匈奴大入萧关，而广以良家子从军击胡④，用善骑射，杀首虏多，为汉中郎⑤。广从弟李蔡亦为郎，皆为武骑常侍，秩八百石⑥。尝从行，有所冲陷折关及格猛兽，而文帝曰："惜乎，子不遇时！如令子当高帝时，万户侯岂足道哉！"

　　及孝景初立，广为陇西都尉，徙为骑郎将⑦。吴楚军时，广为骁骑都尉，从太尉亚夫击吴楚军，取旗，显功名昌邑下⑧。以梁王授广将军印⑨，还，赏不行。徙为上谷太守，匈奴日以合战，典属国公孙昆邪为上泣曰⑩："李广才气，天下无双，自负其能，数与虏敌战，恐亡之。"于是乃徙为上郡太守⑪。

　　匈奴大入上郡，天子使中贵人从广勒习兵击匈奴。中贵人将骑数十纵，见匈奴三人，与战。三人还射，伤中贵人，杀其骑且尽。中贵人走广。广曰："是必射雕者也。"广乃遂从百骑往驰三人。三人亡马步行，行数十里。广令其骑张左右翼，而广身自射彼三人者，杀其二人，生得一人，果匈奴射雕者也。已缚之上马，望匈奴有数千骑，见广，以为诱骑，皆惊，上山陈⑫。广之百骑皆大恐，欲驰还走。广曰："吾去大军数十里，今如此以百骑走，匈奴追射我立尽。今我留，匈奴必以我为大军之诱，必不敢击我。"广令诸骑曰："前！"前未到匈奴陈二里所，止，令曰："皆下马解鞍！"其骑曰："虏多且近，即有急，奈何？"广曰："彼虏以我为走，今皆解鞍以示不走，用坚其意。"于是胡骑遂不敢击。有白马将出护其兵⑬，李广上马与十馀骑奔射杀胡白马将，而复还至其骑中，解鞍，令士皆纵马卧。是时会暮，胡兵终怪之，不敢击。夜半时，胡兵亦以为汉有伏军于旁欲夜取之,胡皆引兵而去。平旦,李广乃归其大军。大军不知广所之,故弗从。

其后四岁,广以卫尉为将军,出雁门击匈奴⑭。匈奴兵多,破败广军,生得广。单于素闻广贤,令曰:"得李广必生致之。"胡骑得广,广时伤病,置广两马间,络而盛卧广。行十馀里,广详死,睨其旁有一胡儿骑善马,广暂腾而上胡儿马⑮,因推堕儿,取其弓,鞭马南驰数十里,复得其馀军,因引而入塞。匈奴捕者骑数百追之,广行取胡儿弓,射杀追骑,以故得脱。于是至汉,汉下广吏。吏当广所失亡多⑯,为虏所生得,当斩,赎为庶人。

居无何,匈奴入杀辽西太守,败韩将军,韩将军后徙右北平,于是天子乃召拜广为右北平太守⑰。

广居右北平,匈奴闻之,号曰"汉之飞将军",避之,数岁不敢入右北平。

广出猎,见草中石,以为虎而射之,中石没镞。视之,石也,因复更射之,终不能复入石矣。广所居郡闻有虎,尝自射之。及居右北平射虎,虎腾伤广,广亦竟射杀之。

广廉,得赏赐辄分其麾下,饮食与士共之。终广之身,为二千石四十馀年⑱,家无馀财,终不言家产事。广为人长,猿臂,其善射亦天性也,虽其子孙他人学者,莫能及广。广讷口少言,与人居则画地为军陈,射阔狭以饮⑲。专以射为戏,竟死。广之将兵,乏绝之处,见水,士卒不尽饮,广不近水。士卒不尽食,广不尝食。宽缓不苛,士以此爱乐为用。其射,见敌急,非在数十步之内,度不中不发,发即应弦而倒。用此,其将兵数困辱,其射猛兽亦为所伤云。

后二岁,广以郎中令将四千骑出右北平,博望侯张骞将万骑与广俱⑳,异道。行可数百里,匈奴左贤王将四万骑围广㉑,广军士皆恐,广乃使其子敢往驰之。敢独与数十骑驰,直贯胡骑,出其左右而还,告广曰:"胡虏易与耳。"军士乃安。广为圜陈外向,胡急击之,矢下如雨。汉兵死者过半,汉矢且尽。广乃令士持满毋发,而广身自以大黄射其裨将,杀数人,胡虏益解㉒。会日暮,吏士皆无人色,而广意气自如,益治军。军中自是服其勇也。

后二岁,大将军、骠骑将军大出击匈奴㉓,广数自请行。天子以为老,弗许;良久乃许之,以为前将军。是岁,元狩四年也㉔。

广既从大将军青击匈奴,既出塞,青捕虏知单于所居,乃自以精兵走之,而令广并于右将军军㉕,出东道。东道少回远,而大军行水草少,其势不屯行。广自请曰:"臣部为前将军,今大将军乃徙令臣出东道,且臣结发而与匈奴战㉖,今乃一得当单于,臣愿居前,先死单于。"大将军青亦阴受上诫，以为李广老，数奇㉗，毋令当单于，恐不得所欲。而是时公孙敖新失侯，为中将军从大将军㉘，大将军亦欲使敖与俱当单于，故徙前将军广。广时知之，固自辞于大将军。大将军不听，令长史封书与广之幕府，曰："急诣部㉙，如书。"广不谢大将军而起行，意甚愠怒而就部，引兵与右将军食其合军出东道。军亡导，或失道㉚，后大将军。大将军与单于接战，单于遁走，弗能得而还㉛。南绝幕㉜，遇前将军、右将军。广已见大将军，还入军。大将军使长史持糒醪遗广㉝，因问广、食其失道状，青欲上书报天子军曲折。广未对，大将军使长史急责广之幕府对簿。广曰："诸校尉无罪㉞，乃我自失道。吾今自上簿。"

至莫府，广谓其麾下曰："广结发与匈奴大小七十馀战，今幸从大将军出接单于兵，而大将军又徙广部行回远，而又迷失道，岂非天哉！且广年六十馀矣，终不能复对刀笔之吏。"遂引刀自刭。广军士大夫一军皆哭。百姓闻之，知与不知，无老壮，皆为垂涕。

①陇西：汉郡名，郡治狄道，即今甘肃临洮县。成纪：汉县名，在今甘肃秦安县北，当时属陇西郡。②李信：始皇时代的将军，事迹参见《白起王翦列传》。③槐里：汉县名，在今陕西兴平市东南。④孝文帝十四年：前166年。孝文帝，名恒，刘邦之子，前179—前157年在位。萧关：在今宁夏固原县南。良家子：清白人家的子弟，以区别罪犯之从军者。⑤首虏：斩敌之首与俘虏敌人。中郎：与"郎""郎中"皆为帝王的侍从，上属郎中令。⑥秩八百石：秩，官阶。八百石，略当于县令的级别。石，重量单位，一石重一百二十斤。"八百石""二千石"皆表示级别，不指俸禄的数量。⑦陇西都尉：陇西郡的军事长官。骑郎将：皇帝的侍从武官名，秩比千石。⑧吴楚军时：吴楚七国举兵叛乱时，事在景帝三年（前154年）。过程参见《袁盎晁错列传》。亚夫：绛侯周勃之子，平定吴楚七国之乱的军事领袖，时官居太尉，国家的最高军事长官，事迹详见《绛侯周勃世家》。昌邑：当时梁国的大县，在今山东巨野县南。⑨梁王：梁孝王刘武，汉景帝的胞弟，因受其母宠爱，对景帝构成威胁，兄弟之间矛盾尖锐。但梁国在此次抗击吴楚叛军西进中，作用巨大。⑩上谷：汉郡名，郡治沮阳，在今河北省怀来县东南。典属国：主管外事关系的朝官。公孙昆邪：姓公孙，名昆邪。⑪上郡：汉郡名，郡治肤施，在今陕西榆林市东南。⑫上山陈：陈，通"阵"，列阵。

⑬护其兵：护，指维持秩序、整理行列等。⑭其后四岁：指武帝元光六年（前129年）。卫尉：九卿之一，护卫宫廷的军事长官。时李广为未央宫（皇帝所居）卫尉，程不识为长乐宫（太后所居）卫尉。雁门：关塞名，在今山西代县西北。⑮详死：装死。详，通"佯"。曾腾：突然跳起。⑯复当广所失亡多：当，判处，判定。⑰居无何：没过多久，即武帝元朔元年（前128年）。辽西：汉郡名，郡治在今辽宁省义县西。韩将军：韩安国。韩将军后徙右北平，于是天子乃召拜广为右北平太守：按：一郡同时不能有两个太守，参照《韩长孺列传》知"韩将军后徙右北平"下，应增一"死"字，盖韩长孺徙右北平后呕血死，而后李广始赴右北平也。右北平，汉郡名，郡治平刚，在今内蒙古宁城县西南。⑱二千石：指郡守一级。李广还当过卫尉、郎中令，秩"真二千石"，比"二千石"级别还高。⑲射阔狭：即比赛谁射得准。阔狭，指实际着箭点与预期着箭点之间的距离大小。⑳后二岁：文有删节，此指武帝元狩二年（前121年）。郎中令：九卿之一，统领皇帝侍从，并主管宫内警卫的官员。张骞：大探险家，曾多次出使西域，功封博望侯，详见《大宛列传》。㉑左贤王：匈奴东部地区的头领，受匈奴单于调遣。㉒大黄：一种可以连发的黄色大弓。裨将：副将。胡虏益解：解，通"懈"，松劲，泄气。㉓大将军：官名，国家最高的军事长官，此指卫青。骠骑将军：仅次于"大将军"的超级军事长官，此指霍去病。卫青、霍去病的事迹详见《卫将军骠骑列传》。㉔元狩四年：前119年。㉕右将军：赵食其（yì jī）。㉖结发：指男子二十岁，古代男孩至二十岁始束发戴冠。㉗数奇：运气不好。奇，单数，不成双，不逢时。㉘公孙敖：卫青的朋友，曾救过卫青的命。新失侯：在此前不久的作战中因败军失掉侯爵。中将军：按：公孙敖此行实以"校尉"从军，此作"中将军"，盖误。㉙长史：诸史之长，当时在大将军与丞相手下设此职，地位崇重，秩二千石。广之幕府：意即李广的军部。幕府，篷帐。急诣部：诣，赴，前去。㉚亡导：没有向导。或失道：或，通"惑"，迷路。㉛大将军与单于接战：按：卫青此战虽未俘获单于，但打得非常精彩，详见《卫将军骠骑列传》。㉜南绝幕：跨过大漠南归。绝，横度，横穿。幕，通"漠"，大沙漠。㉝精醪：酒饭。精，干饭；醪，浓酒。㉞校尉：将军属下的中级军官。将军手下设若干部，部的长官称校尉。

李广将军是陇西郡成纪县人,他的祖先李信是秦国的名将,曾经活捉了燕太子丹。李广家的原籍是槐里县,后来迁到了成纪,射箭是李广家世代相传的绝技。孝文帝十四年,匈奴大规模地入侵萧关,这时李广以良家子的身份参军,抗击匈奴。由于他善于骑马射箭,杀的敌人多,因此被调到文帝身边任中郎。当时李广的堂弟李蔡也为郎,兄弟二人都跟着汉文帝当武骑常侍,官阶是八百石。有一次,李广跟随文帝外出,在冲锋陷阵和与猛兽格斗中表现出了无比的勇敢。文帝称赞李广说:"真可惜啊!你生得不是时候!如果你生在高皇帝打江山的年代,封个万户侯又何足挂齿呢!"

　　等到景帝即位后,李广先任陇西都尉,接着被召进京城做了皇帝的骑郎将。后来吴楚七国叛乱时,李广以骁骑都尉的身份跟着太尉周亚夫往讨叛军。李广夺得了敌军的战旗,在昌邑大显威名。只因为梁孝王赠给李广一颗将军印,回京后没能再受到封赏。后来李广被调任上谷太守,匈奴军队每天和他打仗。典属国公孙昆邪流着眼泪向景帝请求说:"李广本领天下无双,他自恃武艺高强,天天和敌军交战,我真怕损失了这员名将。"于是景帝就把李广调为上郡太守。

　　这时匈奴人正大举进攻上郡,而皇帝偏偏又在这时派了一名宠信的宦官到上郡来跟着李广学习军事。有一次这个宦官带领着几十名骑兵在田野上纵马奔驰,突然遇到了三个匈奴人,便打了起来。结果这个宦官被匈奴人射伤,他带的几十名骑兵几乎全被匈奴人射死了。宦官逃回到李广处,李广说:"一定是匈奴的射雕手。"他立即带了百数名骑兵去追赶这三个人。三个人把自己的马丢了,只好步行,这时已经走出了几十里。李广命令部下做出了从左右两侧包抄的架势,自己拿弓箭射他们,结果射死了两个,活捉了一个,一审问,果然是匈奴的射雕人。他们刚把俘虏绑在马上,突然望见远处来了几千名匈奴骑兵。这些骑兵发现李广,以为是汉军派出来引他们去上钩的,心里很吃惊,于是慌忙冲上山头布好阵势。李广的这百十人吓坏了,都想赶紧往回跑。李广说:"这里离我们的大部队有几十里,我们这百十人如果往回跑,匈奴人追上来一阵乱箭就都把我们射死了。如果我们留下来不走,匈奴人必然以为我们是大部队派出来引他们去上钩的,他们一定不敢打我们。"于是李广命令这百十人:"前进!"一直走到离匈奴人只有二里的地方停下来,接着又下令:"全体下马,把鞍子解下来!"有人说:"敌人这么多,离我们又这么近,我们再下马解鞍,如果敌人进攻我们,我们怎么办?"李广说:"敌人原以为我们会跑,现在我们偏要给他来个下马解鞍表明不跑,以此来强化他们的错误判断。"这样一来,匈奴人果然没敢进攻李广。后来敌人那边有个骑白马的将领出来整理阵容,这时李广突然上马带着十来个人飞奔过去将他射死了,然后又退回来解下马鞍子,并命令士兵们把马放开,都躺在地上休息。这时天色渐晚,匈奴人始终觉得这伙人可疑,没敢出击。到了半夜,匈奴人更怀疑附近可能埋伏着大批汉军,打算乘夜晚偷袭他们,于是赶紧撤走了。第二天清晨,李广才回到大营。李广的大部队因为不知道李广昨晚去了何处,只好在原地待命。

  这以后的第四年,李广以未央宫卫尉的身份为将军,率兵出雁门关讨伐匈奴。不料遇到了匈奴的大军,结果汉军被击败,李广也被俘虏了。匈奴单于早就知道李广的才干,因此下过命令:"如果遇到李广一定要抓活的。"匈奴捉到李广,李广当时正害着病,于是匈奴人就在两匹马之间拴了一个网床,让李广躺在上边。李广躺着一直装死不动,等到走出了十几里的时候,他斜着眼偷偷瞧见他身边有个匈奴少年骑着一匹好马,于是他就突然一跃而起,跳到了这个匈奴少年的马上,夺过他的弓箭,把他推下马,然后快马加鞭一口气向南跑了几十里,找到了自己的残部,领着他们返回了关内。当时有几百个匈奴骑兵在后面追赶李广,李广就用他夺来的那张弓回身射死了追上来的匈奴人,终于得以脱身。李广回来后,朝廷把他交给军法处审判,军法处判定李广损失士卒众多,又自身被俘,应当斩首,但允许李广出钱赎罪,成了普通百姓。

  没过多久,匈奴人进犯辽西,杀了辽西郡的太守,打败了韩安国的守军。朝廷将韩安国调任右北平太守,韩安国懊恼地呕血而死,于是武帝又任命李广为右北平太守。

  李广任右北平太守的时候,匈奴人都知道他的名字。他们敬畏地称李广为汉朝的"飞将军",一连几年躲避他,不敢进犯右北平。

  有一次李广外出射猎,误将草丛中的一块巨石看成了老虎,他拔箭就射,整个箭头都射到里头去了,近前一看,才知道是石头。李广自己也觉得奇怪,待要开弓再射,却再也射不进去了。李广在各郡任太守时,只要听说哪里有老虎,总是亲自去射。后来在右北平射虎时,被老虎跳起来咬伤了,但最后李广还是射死了这只老虎。

  李广为人廉洁,每次得到朝廷的赏赐总是全都分给他的部下,有好东西也都是和士兵们一起吃喝。他一辈子当了四十多年的二千石，到头来家中没攒下一点钱财，而他自己也从来不提家产的事。李广个子很高，胳膊也长，他那套射箭的绝技也确实是出于天性，别的人即使是他的子孙学射箭，都没有一个能赶上他。他言语迟钝，平常很少说话，和别人在一起时总喜欢画地为阵，比赛谁射箭射得准，输了的罚酒，一直到死都是这个习惯。他一生带兵东奔西走，每遇到缺水乏粮的时候，只要士兵还没有喝上水他就决不喝水，只要士兵们还没有吃到东西他就决不吃。他待人宽厚和气，因此大家都乐于为他效力。他射箭有个习惯，每逢遇到敌人，不等到相距只有几十步，能够百发百中的时候他决不射出；一旦开弓，敌人肯定是应弦而倒。但也正因为这个，他也不止一次地被敌人搞得很狼狈，射猛兽的时候也有时被猛兽所伤。

又过了两年，李广又以郎中令的身份率领四千骑兵从右北平出发讨伐匈奴，这时博望侯张骞也率领着一万多人同时出征，两军各走一条路。李广的部队进入了匈奴几百里后，突然被匈奴左贤王率领的四万骑兵包围了。这时，李广的部下都十分恐慌，而李广却镇定自如，他派他的儿子李敢先去冲击一下敌人。李敢带领着几十名骑兵在敌阵中从腹到背，从左到右，穿了个大十字，而后回来了，向李广报告说："这些匈奴人容易对付！"看到了这种情景，军心才稳定下来。于是李广把自己的四千人排成一个圆阵，以对付四面围上来的敌人。匈奴人对李广的军队发起猛攻，一时间箭如雨下。四千人已牺牲一多半，而自己的箭也快要射光了。于是李广命令士兵们搭上箭，拉开弓，但不要射出，他自己则用一种大黄弩，一连射死了匈奴的几个偏将，其余的人吓得纷纷后退。这时天已经黑了下来，李广的部下个个面无人色，唯独李广仍是那么意气风发，镇定自如，他把队伍又重新进行了部署。通过这一次，人们对于李广的勇敢胆略可真算是服了。

又过了两年，大将军卫青、骠骑将军霍去病率领大军大规模出击匈奴，李广请求参战，武帝认为他老了，开始时不答应。后来因为李广总是请求，武帝才答应了，派他做了前将军。这一年，是汉武帝元狩四年。

李广跟着卫青到达塞北后，他们从捕获的俘虏口中得知了匈奴单于住在什么地方，于是卫青就想自己率着精锐部队直扑匈奴单于。他命令李广带着他的部下合并到右将军赵食其的东路上去。东路本来就有些绕远，而卫青的主力部队所走的中路水草少，路上势必昼夜兼程，不能停留。于是李广请求说："我是前将军，您现在却让我并入东路。我从二十来岁起就和匈奴打仗，今天好不容易才碰上匈奴单于，我愿意打头阵，愿为捕捉单于而战死。"可是早在出发之前汉武帝就嘱咐过卫青，他说李广一来年岁大，二来这个人运气不好，不要让他和单于对阵，否则恐怕就实现不了我们的愿望了。这时也正好卫青的好友公孙敖刚刚丢掉了侯爵，他这次也跟着卫青以中将军的身份出征了，卫青正想让公孙敖和他一道直扑单于，也好给公孙敖创造个重新封侯的机会，所以他打定主意调走李广。这一切，李广心里都清楚，但他还是一再向卫青请求。卫青不听，后来他干脆派他的长史直接把命令送到了李广的军部，并催促李广说："请你马上按照命令到右将军军部报到！"李广非常气愤，他没向卫青告辞，就满腔怒气地回到了自己的军部，率领部队合到赵食其的右路军去了。结果右路军没有向导，半道上迷了路，没能按时到达前线。卫青的中路军在漠北与单于发生激战，单于独自逃跑了，卫青遂未能实现捕获单于的计划。当卫青率领大军回师向南越过沙漠之后，才遇到了李广和赵食其。李广见到卫青后，什么话也没说就回到了自己的军部。卫青派他的长史把干饭和浓酒送给李广，并向李广和赵食其询问军队迷路的情况，说是自己要向皇帝上报这次出兵不利的原委。李广没有说话。于是卫青就让他的长史急切地责问李广的部下，逼着他们回答问题。李广说："我的部下都没有过错，军队迷路是我的责任，我自己给上头写报告。"

　　李广回到自己军部，对部下说："我从二十岁到现在与匈奴打了大小七十余仗，这次好不容易跟着大将军出来碰上匈奴单于，谁想到大将军又偏偏把我调到了一条绕远的路上，而我们自己又偏偏迷了路，这不是天意吗！我已经是六十多岁的人了，无论如何我也不能再去与那些刀笔吏们过话。"于是他拔出战刀自刎而死。李广部下的官兵们都为自己的将军痛哭，百姓们听到这个消息后，不论认识的还是不认识的，不论男女老幼都为这位名将落下了眼泪。

　　《李将军列传》写了汉代名将李广在文帝、景帝、武帝三朝所遭逢的种种不遇，直至最后被迫自杀的凄惨情景，对李广这位为官清廉，爱护士卒，技艺高超，且又勇于作战的理想人物的悲惨结局表现了深深的感慨，对武帝朝的用人制度以及对卫青、霍去病等军事权贵都表现了某种愤慨与不平。我们这里选了《飞将军李广》一节，可以从中看出司马迁对这个理想人物的热爱之情，也可以使人感到司马迁对这位被传颂为"飞将军"的名将的描写的确生动传神。但我们也应该有点客观性，司马迁同情李广是可以的，但如果我们也跟着一起贬低卫青、霍去病，则未必恰当，请参看《卫将军骠骑列传》。

匈奴列传
冒顿壮大匈奴

单于有太子名冒顿（mò dú），后有所爱阏氏（yān zhī），生少子①。而单于欲废冒顿而立少子，乃使冒顿质於月氏（ròu zhī）②。冒顿既质於月氏，而头曼急击月氏。月氏欲杀冒顿，冒顿盗其善马，骑之亡归。头曼以为壮，令将万骑。冒顿乃作为鸣镝，习勒其骑射③。令曰："鸣镝所射而不悉射者，斩之。"行猎鸟兽，有不射鸣镝所射者，辄斩之。已而冒顿以鸣镝自射其善马，左右或不敢射者，冒顿立斩不射善马者。居顷之，复以鸣镝自射其爱妻，左右或颇恐，不敢射，冒顿又复斩之。居顷之，冒顿出猎，以鸣镝射单于善马，左右皆射之，於是冒顿知其左右皆可用。从其父单于头曼猎，以鸣镝射头曼，其左右亦皆随鸣镝而射杀单于头曼，遂尽诛其后母与弟及大臣不听从者。冒顿自立为单于。

冒顿既立，是时东胡强盛④，闻冒顿杀父自立，乃使使谓冒顿，欲得头曼时有千里马。冒顿问群臣，群臣皆曰："千里马，匈奴宝马也，勿与。"冒顿曰："奈何与人邻国而爱一马乎？"遂与之千里马。居顷之，东胡以为冒顿畏之，乃使使谓冒顿，欲得单于一阏氏。冒顿复问左右，左右皆怒曰："东胡无道，乃求阏氏！请击之。"冒顿曰："奈何与人邻国而爱一女子乎？"遂取所爱阏氏予东胡。东胡王愈益骄，西侵。与匈奴间，中有弃地，莫居，千馀里，各居其边为瓯脱⑤。东胡使使谓冒顿："匈奴所与我界瓯脱外弃地，匈奴非能至也，吾欲有之。"冒顿问群臣，群臣或曰："此弃地，予之亦可，勿予亦可。"於是冒顿大怒曰："地者，国之本也，奈何予之！"诸言予之者，皆斩之。冒顿上马，令国中有后者斩，遂东袭击东胡。东胡初轻冒顿，不为备。及冒顿以兵至，击，大破灭东胡王，而虏其民人及畜产。既归，西击走月氏，南并楼烦、白羊河南王⑥，悉复收秦所使蒙恬所夺匈奴地者与汉关故河南塞，至朝那、肤施，遂侵燕、代⑦。是时汉兵与项羽相距，中国罢於兵革，以故冒顿得自强，控弦之士三十馀万⑧。

后北服浑庾、屈射、丁零、鬲昆、薪犁之国⑨，於是匈奴贵人大臣皆服，以冒顿单于为贤。

①单于：汉时匈奴最高首领的称号。阏氏：汉时匈奴单于、诸王嫔妃的统称。②月氏：西北地区的少数民族，原住在今甘肃祁连山一带。③鸣镝：一种带响的箭。习勒：训练约束。④东胡：东北地区的少数民族，原游牧于今内蒙古东北部和与之邻近的吉林西部地区。⑤瓯脱：哨卡、岗棚。⑥楼烦：少数民族名，原来居住在今内蒙古之东胜、杭锦旗一带地区。白羊：少数民族名，原来居住在今内蒙古之乌拉特前旗西南、磴口以东地区。⑦朝那、肤施：均为汉县名。朝那在今宁夏固原东南，肤施在今陕西榆林东南。燕、代：燕是汉代诸侯国名，国都即今北京市。代是汉郡名，郡治在今河北省蔚县东北。⑧控弦之士：拉弓射箭的战士。控弦，拉开弓弦射箭。⑨浑庾：古国名，在黑龙江上游的石勒喀河西北。屈射：古代小国名，当时居住在今俄罗斯贝加尔湖以东。丁零：古代民族名，当时活动在今贝加尔湖以西地区。鬲昆：古代民族名，当时生活在今俄罗斯叶尼塞河、鄂毕河上游一带。薪犁：古代民族名，大约活动在鬲昆族的西侧。

头曼单于的太子叫冒顿，后来新宠爱的阏氏生了个小儿子，头曼又想废掉冒顿立小儿子为太子，于是就让冒顿到月氏国做人质。冒顿到月氏后，头曼便急攻月氏，月氏要杀冒顿，冒顿就偷了月氏一匹好马，骑着逃回匈奴。事后头曼认为冒顿很英勇，就让他统领一万名骑兵。冒顿做了一种响箭，来训练他的部下骑马射箭。他下令说："我的响箭射到哪里，你们的箭也要跟着射到哪里，否则就要杀头。"冒顿一边走一边用响箭射鸟兽，骑士们谁不跟着射，就立刻将其杀掉。接着冒顿又用响箭射自己的好马，有的骑士不敢射，冒顿又立刻将其杀掉。过了一些时候，冒顿又用响箭射他的妻子，有的骑士害怕，不敢射，冒顿又将其杀死。停了一段时间，冒顿外出打猎,用响箭射单于的好马,骑士们也都跟着他射。冒顿知道他的骑士们可以派用场了。有一天,冒顿跟父亲头曼单于一起打猎时,他用响箭射向头曼,骑士们也都跟着射,于是杀了头曼单于,并把他的继母、弟弟以及所有不听话的大臣全杀了,自立为单于。

冒顿当了单于后,东胡在当时势力很大,听说冒顿杀父自立,就派使者对冒顿说,他们想要头曼当年骑的千里马。冒顿征求大臣的意见,大臣都说:"千里马是匈奴的宝马,不能给。"冒顿说:"和人家是邻国,怎能吝惜一匹马呢?"于是就把那匹千里马给了东胡。停了不久,东胡王认为冒顿怕他,又派使者找冒顿说想得到冒顿的王后。冒顿问身边的大臣,大臣们都很气愤,说:"东胡王无理之极,竟敢垂涎我们的王后,请下令打它。"冒顿说:"和人家是邻国,怎能吝惜一个女人呢?"于是把自己宠爱的王后送给了东胡。此后,东胡王更加骄横,不断向西侵扰。东胡和匈奴中间原有一片荒地,无人居住,大约有一千多里,两国都在靠近自己的一边建哨所。东胡派使者对冒顿说:"两国之间的荒芜区,你们到达不了那里,应该归我们所有。"冒顿问各位大臣,有人说:"那本来就是一块荒地,给也行,不给也行。"冒顿发火说:"领土是国家的根本,怎能随便给人呢?"那些主张给东胡的大臣,都被杀了。于是冒顿上马,号令全国臣民出发,迟到者一律处死,突然对东胡发起攻击。东胡起初轻视冒顿,没有防备,所以冒顿突然率兵打来,遂一举消灭了东胡王,并获得了东胡的全部臣民与畜产。回国后,冒顿又向西赶跑了月氏,向南吞并了在黄河以南称王的楼烦与白羊二族。把先前秦将蒙恬夺去的领土全都收复,与汉朝在黄河以南设立的据点对峙,并向南打到朝那、肤施,向东南进击燕国、代郡。当时刘邦正与项羽相持,中原地区困于战乱,于是冒顿趁机强大起来,拥有精壮骑兵三十多万。

后来,冒顿又向北征服了浑庾、屈射、丁零、鬲昆、薪犁等国,匈奴的王公大臣都很佩服他,都称道冒顿的贤能。

《匈奴列传》是战国后期于今内蒙古、蒙古国一带发展强大起来,于西汉初期对汉帝国构成主要边患的北方匈奴民族的发展史。司马迁将远古以来历代北方的游牧民族如猃狁、戎、狄、义渠、楼烦等通通说成是匈奴族,对此人们很早就有异议,我们不拟置论;但司马迁依据战国以来的传说将匈奴始祖说成是黄帝子孙的观点与气度却是令人敬佩的,这很有利于我们今天这个多民族友好大家庭的团结与巩固。匈奴族在其长期发展过程中的最重要的人物是冒顿,在他手下,散漫无统属的许多匈奴部落第一次统一起来,形成了强大的力量,征服了周边的其他民族,并进而南下,在汉帝国建国初期的七十多年间一直成为北部诸郡的严重威胁,使刘邦、吕后、文帝、景帝等不得不屡屡向匈奴进贡,订立和亲条约。冒顿无疑是匈奴最伟大的民族英雄,而司马迁对这位北方英雄的描写也极为生动精彩,他勇敢、机智,有气魄、有谋略,同时又具有一种原始的野性与剽悍,是《史记》中极富个性的人物之一。我们这里选了《冒顿壮大匈奴》一节。

卫将军骠骑列传
卫青大破匈奴

大将军卫青者,平阳人也①。其父郑季,为吏,给事平阳侯家,与侯妾卫媪(ǎo)通②,生青。青同母兄卫长子,而姊卫子夫自平阳公主家得幸天子③,故冒姓为卫氏。字仲卿。青为侯家人,少时归其父,其父使牧羊。先母之子皆奴畜之④,不以为兄弟数。青尝从人至甘泉居室⑤,有一钳徒相青曰:"贵人也,官至封侯。"青笑曰:"人奴之生,得毋笞(chī)骂即足矣,安得封侯事乎!"

青壮,为侯家骑(jì),从平阳主。建元二年春⑥,青姊子夫得入宫幸上。皇后,堂邑大长公主女也⑦,无子,妒。大长公主闻卫子夫幸,有身,妒之,乃使人捕青。青时给事建章⑧,未知名。大长公主执囚青,欲杀之,其友骑郎公孙敖与壮士往篡取之⑨,以故得不死。子夫为夫人,青为大中大夫⑩。

元光五年,青为车骑将军,击匈奴,出上谷⑪。青至茏城,斩首虏数百⑫。

元朔元年春,卫夫人有男⑬,立为皇后。其秋,青为车骑将军,出雁门⑭,三万骑击匈奴,斩首虏数千人。明年,匈奴入杀辽西太守,虏略渔阳二千馀人,败韩将军军⑮。汉令将军李息击之,出代⑯;令车骑将军青出云中以西至高阙⑰。遂略河南地,至于陇西⑱,捕首虏数千,畜数十万,走白羊、楼烦王,遂以河南地为朔方郡⑲。以三千八百户封青为长平侯。

其明年，元朔之五年春，汉令车骑将军青将三万骑，出高阙；卫尉苏建为游击将军，左内史李沮（zǔ）为强弩将军，太仆公孙贺为骑将军，代相李蔡为轻车将军，皆领属车骑将军，俱出朔方⑳；大行李息、岸头侯张次公为将军，出右北平㉑：咸击匈奴。匈奴右贤王当卫青等兵㉒，以为汉兵不能至此，饮醉。汉兵夜至，围右贤王。右贤王惊，夜逃，独与其爱妾一人、壮骑数百驰，溃围北去。汉轻骑校尉郭成等逐数百里，不及，得右贤裨（pí）王十馀人㉓，众男女万五千馀人，畜数千百万，於是引兵而还。至塞，天子使使者持大将军印，即军中拜车骑将军青为大将军，诸将皆以兵属大将军，大将军立号而归㉔。

天子与诸将议曰："翕（xī）侯赵信为单于画计，常以为汉兵不能度幕轻留㉕，今大发士卒，其势必得所欲。"是岁元狩四年也㉖。

元狩四年春，上令大将军青、骠骑（piào jì）将军去病将各五万骑，步兵转者踵军数十万㉗，而敢力战深入之士皆属骠骑。骠骑始为出定襄，当单于（chán yú）㉘。捕虏言单于东，乃更令骠骑出代郡，令大将军出定襄。郎中令为前将军，太仆为左将军，主爵赵食其（yì jī）为右将军，平阳侯襄为后将军㉙，皆属大将军。兵即度幕㉚，人马凡五万骑，与骠骑等咸击匈奴单于。赵信为单于谋曰："汉兵既度幕，人马罢㉛，匈奴可坐收虏耳。"乃悉远北其辎重㉜，皆以精兵待幕北。而适值大将军军出塞千馀里，见单于兵陈而待㉝，於是大将军令武刚车自环为营㉞，而纵五千骑往当匈奴。匈奴亦纵可万骑。会日且入，大风起，沙砾击面，两军不相见，汉益纵左右翼绕单于。单于视汉兵多，而士马尚强，战而匈奴不利。薄莫，单于遂乘六骡，壮骑可数百，直冒汉围西北驰去㉟。时已昏，汉匈奴相纷挐（rú），杀伤大当㊱。汉军左校捕虏言单于未昏而去，汉军因发轻骑夜追之，大将军军因随其后。匈奴兵亦散走。迟明，行二百馀里，不得单于，颇捕斩首虏万馀级，遂至窴（tián）颜山赵信城㊲，得匈奴积粟食军。军留一日而还，悉烧其城馀粟以归。

是时匈奴众失单于十馀日，右谷蠡王闻之，自立为单于。单于后得其众，右王乃去单于之号。

①大将军：国家的最高军事长官，其地位与丞相略相等。平阳：汉县名，县治在今山西临汾西南。②给事：给其做事，犹今之所谓

"服务"。平阳侯：始封者为刘邦的开国功臣曹参，此时袭封为侯者是曹参的曾孙曹时（也称曹寿）。侯妾：侯家的婢妾，女奴。③卫子夫：武帝的第二位皇后。平阳公主：武帝的胞姊，原封为阳信公主，因嫁到平阳侯家，故也称之为"平阳公主"。卫子夫原为平阳公主家的歌女，因武帝来平阳公主家，卫子夫由侍候武帝更衣而得幸，后来成为皇后。④先母：指郑季之嫡妻，此时已死。⑤甘泉居室：甘泉，秦、汉时代的离宫名，在今陕西淳化西北；居室，也称"保宫"，关押犯人之所在。⑥建元二年：前139年。建元，汉武帝的第一个年号。⑦堂邑大长公主：名嫖，汉武帝之姑，嫁与陈氏，其封地在堂邑。凡皇帝之女称"公主"，皇帝之姊妹称"长公主"，皇帝之姑称"大长公主"。⑧建章：汉宫名，在当时长安城西南的皇家猎场上林苑中。⑨骑郎：皇帝的骑兵侍从。篡取：劫夺。⑩夫人：妃嫔的统称。大中大夫：皇帝的侍从官，掌议论。⑪元光五年：前130年。元光，汉武帝的第二个年号。上谷：汉郡名，郡治沮阳，在今河北怀来东南。⑫茏城：也作"龙城"，匈奴的大本营，在今蒙古国鄂尔浑河西侧的和硕柴达木湖附近。斩首虏：后文又有"斩捕首虏"，较此明晰，即斩敌之首与俘获敌人。⑬元朔元年：前128年。元朔，汉武帝的第三个年号。卫夫人有男：即后来一度当过太子的刘据。⑭车骑将军：地位仅在大将军、骠骑将军之下。雁门：汉郡名，郡治善无，在今山西右玉县西。⑮明年：元朔二年，前127年。辽西：汉郡名，郡治阳乐，在今辽宁义县西南。虏略：指劫掠人口物资。渔阳：汉郡名，郡治在今北京密云西南。韩将军：指韩安国，当时任渔阳太守。⑯代：汉郡名，郡治代县，在今河北蔚县东北。⑰云中：汉郡名，郡治在今内蒙古呼和浩特西南。高阙：古要塞名，在今内蒙古杭锦后旗东北。⑱河南地：即今内蒙古临河、东胜一带的河套地区，因其地处黄河之南，故称。陇西：汉郡名，郡治狄道，即今甘肃临洮。⑲白羊、楼烦王：都是匈奴的别支，当时占据今内蒙古临河市、杭锦旗一带。朔方郡：郡治在今内蒙古乌拉特前旗东南。⑳元朔之五年：前124年。卫尉：守卫皇宫的武官。左内史：首都长安东部地区的行政长官。太仆：给皇帝赶车并为之管理车马的官员。代相：代国之相。汉朝的代郡有时设为诸侯国，诸侯国的行政长官即相。㉑大行：即大行令，也称典客，主管少数民族事务。右北平：汉郡名，郡治平刚，在今内蒙古宁城西南。㉒右贤王：匈奴单于手下两个最大头领之一，主管匈奴西部地区的事务。当：正对着。㉓右贤裨王：右贤王手下的小王。㉔立号：建立"大将军"的威仪、名号。㉕翕侯赵信：原是匈奴人，因降汉被封为翕侯。后来在元朔六年北伐匈奴的过程中因兵败又叛归匈奴。度幕：横跨大漠。幕，同"漠"。㉖元狩四年：前119年。元狩，汉武帝的第四个年号。㉗骠骑将军去病：霍去病，卫青的外甥。骠骑将军，地位仅次于大将军。转者：运送粮草给养的人。踵军：犹今所谓后续部队。踵，接续。㉘定襄：汉郡名，郡治成乐，在今内蒙古和林格尔县西北。单于：匈奴人最高君长。㉙郎中令：指李广。太仆：指公孙贺。主爵赵食其：主爵，主爵都尉的简称，掌管列侯的封爵事宜。平阳侯襄：曹襄，曹参的后代。㉚即：同"既"，已。㉛罢：同"疲"。㉜辎重：指军队的粮草及各种生活用品。㉝陈而待：陈，通"阵"，列阵。㉞武刚车：一种既可用于进攻，也可用于防守的战车。㉟薄莫：傍晚。薄，迫，临近。莫，通"暮"。冒：冲破。㊱纷挐：相互混杂。杀伤大当：双方的损失大体相当。㊲迟明：到天亮时。迟，及，至。寘颜山：约即今蒙古国的杭爱山。

大将军卫青是河东郡平阳县人。他的父亲郑季是个小吏，曾在平阳侯家做事，与平阳侯家的婢妾卫媪私通，生了卫青。卫青的同母异父哥哥叫卫长子，姐姐叫卫子夫，卫子夫是在平阳侯家接待武帝从而进宫受宠的，他们都冒充姓卫。卫青字仲卿。卫青生在平阳侯家，少年时就让他去找生父郑季了，郑季让他放羊。郑季妻子所生的几个儿子都不把卫青当作兄弟。而卫青曾经跟人去过甘泉宫的监狱，那里的一个脖子上套着铁枷的囚徒给他相面说："你是个贵人，将来要被封侯。"卫青笑道："我是一个奴婢生的孩子，不挨打受骂就够好的了，哪里会有封侯那一说呢？"

卫青长大后，又去平阳侯家当骑士，侍候平阳公主。建元二年春天，卫青的姐姐卫子夫被选进皇宫受到了武帝的宠幸。当时的皇后是堂邑大长公主的女儿，不能给武帝生儿子，为人又很嫉妒。大长公主听说卫子夫得幸，而且怀了孕，心生嫉恨，就派人去捉卫青。当时卫青在建章宫当差，还未有名气。大长公主把他捉起来，准备杀他。其时卫青的朋友公孙敖给汉武帝当骑兵侍从，他带着几个勇士去把卫青抢了出来，使卫青得以不死。由于卫子夫当了嫔妃，于是卫青被封为大中大夫。

元光五年，卫青被任命为车骑将军，率兵从上谷郡北出讨伐匈奴。卫青打到龙城，斩获并俘虏了几百个匈奴人。

元朔元年春天，卫子夫因生了儿子被立为皇后。这年秋天，卫青作为车骑将军又从雁门郡出发，率领三万骑兵进击匈奴，又斩获并俘虏了几千人。第二年，匈奴入侵辽西，杀了辽西太守并虏去了渔阳郡的二千多人，打败了韩安国的军队。于是汉朝就命李息率军从代郡出发，向北讨伐匈奴；命车骑将军卫青从云中郡出发西行直趋高阙。卫青先攻占了黄河以南的土地，接着向西一直打到陇西，斩首并俘获了几千名匈奴人，夺得了几十万头牲畜，赶走了白羊王和楼烦王。此后，朝廷把黄河以南这一地区划作朔方郡。卫青因功被封为长平侯，食邑三千八百户。

元朔五年春，朝廷又让车骑将军卫青率领骑兵三万从高阙出发；命卫尉苏建为游击将军，左内史李沮为强弩将军，太仆公孙贺为骑将军，代相李蔡为轻骑将军，都归车骑将军卫青统一节制，从朔方出发；又命令大行令李息、岸头侯张次公为将军，从右北平出发，同时进击匈奴。结果卫青等人的这支队伍正遇上匈奴右贤王的部队，右贤王本以为汉兵打不到这里，这天喝得酩酊大醉。汉朝大军趁夜袭来，包围了右贤王。右贤王大惊，只带了他的一个爱妾和几百名精壮骑兵，冲破包围向北逃去。汉军的轻骑校尉郭成等人追了几百里，没有追上，抓获了右贤王部下的小王十几人、众男女一万五千，牲畜几乎上百万。卫青率部大胜而回，当行至边境的时候，武帝派使者拿着"大将军"的印信就在军中拜卫青为大将军，让各路将领及其所统率的部队通通归他指挥。于是卫青在建立起"大将军"的名号与威仪之后班师回京。

武帝与将领们商量说："翕侯赵信这个叛徒为单于谋划，以为汉军不可能越过沙漠去袭击他们，尤其不敢在那里停留。如果我们派大军突然前往，估计一定能将单于捕获。"这年正是元狩四年。

元狩四年春，武帝命大将军卫青、骠骑将军霍去病各率五万骑兵，又派运送军需物资的部队和后续步兵几十万人再度往击匈奴。他们将那些勇猛善战、敢冲敢打的将士都划到霍去病的属下，初时是想让霍去病从定襄出发，直攻匈奴单于。后来从捕获的俘虏口中得知单于在东部，于是改令霍去病从代郡出发，而令卫青从定襄出发。当时郎中令李广为前将军，太仆公孙贺为左将军，主爵都尉赵食其为右将军，平阳侯曹襄为后将军，都归大将军卫青指挥。部队越过沙漠后，汉军共有五万人。卫青与霍去病都在寻找匈奴单于决战。这时叛徒赵信给单于出主意说："汉军越过沙漠后必定人困马乏，匈奴军队简直可以不战而胜。"于是他们就把粮草辎重都运送到遥远的北方，而把全部精锐部队摆在沙漠以北等待汉军。结果正碰上了远离国境千余里的卫青的部队。卫青见到单于已经在那里列阵等待,于是下令把武刚车排在四周作为防御工事,而派出五千骑兵去冲击匈奴军阵。匈奴也派了将近一万骑兵冲了过来。这时太阳将落,又刮起大风。沙石打在人脸上,双方都互相看不见。于是汉军出动左右两翼向前包围单于。单于见汉军人多且战斗力强,自料打下去对己不利,于是就趁着天黑,乘着一辆六匹骡子拉的车,带着几百精壮骑兵,径直冲破汉军的包围,向西北方向逃去。这时天已黑下来,汉军和匈奴军搀杂在一起,双方的伤亡大体相当。汉军左校捕获的俘虏说,单于还没等天黑就跑了。于是卫青就派出轻骑兵去追赶单于,自己率领大军跟在后面。匈奴的部队纷纷四散逃走。到黎明时分,追出二百多里,没有追到单于,只是斩首或俘获匈奴一万多人。这时汉军已经到了寘颜山下的赵信城,在那里缴获了匈奴贮存的大批粮食,使汉军有了吃的。汉军在那里休息了一天便往回返,行前把赵信城和剩下的粮食一把火全烧了。

当时匈奴举国上下十多天都找不到单于的下落,于是右谷蠡王听说后便自立为单于。后来单于又与他的部众相会合,右谷蠡王才又去掉了单于称号。

卫将军骠骑列传
霍去病筑冢象祁连

大将军姊子霍去病年十八,幸,为天子侍中①。善骑射,再从大将军,受诏与壮士,为剽姚校尉②。与轻勇骑八百直弃大军数百里赴利,斩捕首虏过当。於是天子曰:"剽姚校尉去病斩首虏二千二十八级,及相国、当户,斩单于大父行(háng)籍若侯产,生捕季父罗姑比,再冠军,以千六百户封去病为冠军侯③。"

冠军侯去病既侯三岁,元狩二年春④,以冠军侯去病为骠骑(piào jì)将军,将万骑出陇西,有功。天子曰:"骠骑将军率戎士逾乌盭(lì),讨遬濮,涉狐奴⑤,历五王国,辎重人众慑慴(shè zhé)者弗取,冀获单于子。转战六日,过焉支山千有馀里⑥,合短兵,杀折兰王,斩卢胡王,诛全甲⑦,执浑邪王子及相国、都尉⑧,首虏八千馀级,收休屠祭天金人⑨,益封去病二千户。"

其夏,骠骑将军出北地,已遂深入,与合骑侯失道⑩,不相得。骠骑将军逾居延至祁连山⑪,捕首虏甚多。天子曰:"骠骑将军逾居延,遂过小月氏(ròu zhī),攻祁连山,得酋涂王⑫,以众降者二千五百人,斩首虏三万二百级,获五王,五王母,单于阏氏(yān zhī)、王子五十九人,相国、将军、当户、都尉六十三人⑬,师大率(shuài)减什三,益封去病五千户。"诸宿将所将士马兵亦不如骠骑⑭,骠骑所将常选,然亦敢深入,常与壮骑先其大军,军亦有天幸,未尝困绝也。然而诸宿将常坐留落不遇。由此骠骑日以亲贵,比大将军。

其秋,单于怒浑邪王居西方数为汉所破,亡数万人,以骠骑之兵也。单于怒,欲召诛浑邪王。浑邪王与休屠王等谋欲降汉,使人先要(yāo)边⑮。是时大行李息将城河上,得浑邪王使,即驰传(zhuàn)以闻⑯。天子闻之,於是恐其以诈降而袭边,乃令骠骑将军将兵往迎之。骠骑既渡河,与浑邪王众相望。浑邪王裨将见汉军而多欲不降者,颇遁去。骠骑乃驰入与浑邪王相见,斩其欲亡者八千人,遂独遣浑邪王乘传先诣行在所⑰,尽将其众渡河,降者数万,号称十万。

居顷之,乃分徙降者边五郡故塞外,而皆在河南,因其故俗,为属国⑱。

元狩四年,骠骑将军亦将五万骑,车重与大将军军等,而无裨(pí)将⑲。悉以李敢等为大校⑳,当裨将,出代、右北平千馀里,直左方兵,所斩捕功已多大将军。军既还,天子曰:"骠骑将军去病率师,躬将所获荤粥(xūn yù)之士,约轻赍,绝大幕,涉获章渠,以诛比车耆㉑,转击左大将,斩获旗鼓,历涉离侯,济弓闾,获屯头王、韩王等三人㉒,将军、相国、当户、都尉八十三人,封狼居胥山,禅於姑衍,登临翰海㉓。执卤获丑七万有四百四十三级㉔,师率减什三,取食於敌,逴(chuō)行殊远而粮不绝,以五千八百户益封骠骑将军。"

骠骑将军为人少言不泄,有气敢任。天子尝欲教之孙吴兵法㉕,对曰:"顾方略何如耳,不至学古兵法。"天子为治第,令骠骑视之,对曰:"匈奴未灭,无以家为也。"由此上益重爱之。然少而侍中,贵,不省(xǐng)士㉖。其从军,天子为遣太官赍数十乘㉗,既还,重车馀弃粱肉,而士有饥者。其在塞外,卒乏粮,或不能自振,而骠骑尚穿域蹋鞠㉘。事多此类。

骠骑将军自四年军后三年,元狩六年而卒㉙。天子悼之,发属国玄甲军,陈自长安至茂陵,为冢象祁连山㉚。

①霍去病:卫青之姊卫少儿嫁与陈掌前与霍仲孺私通所生的儿

子。侍中：官名，帝王身边的侍从人员。②剽姚校尉：官名，取劲疾武猛之义，地位在将军之下。③相国、当户：都是匈奴人的官名。大父行：祖父一辈的人。籍若侯产：籍若是侯名，其人名产。季父：匈奴单于的叔父。冠军侯：封地冠军，在今河南邓县西北。④元狩二年：前121年。元狩，武帝的第四个年号。⑤乌盩：山名，也叫熅围，在今甘肃皋兰附近。遬濮：匈奴部落名，当时活动在乌盩山北。狐奴：水名，在今兰州市西北，流经永登城西。⑥焉支山：在今甘肃山丹县东南。⑦折兰、卢胡：皆匈奴部落名。诛全甲：谓凡披挂整齐而又坚决抵抗者则必诛灭之。⑧浑邪王：匈奴西部地区的部落之王名。⑨休屠祭天金人：休屠王祭天用的金制神像。休屠，匈奴西部地区的部落名。⑩北地：汉郡名，郡治马岭，在今甘肃庆阳西北。合骑侯：公孙敖。⑪居延：沼泽名，在今内蒙古西部额济纳旗东。祁连山：在今甘肃走廊南侧与青海交界处，主峰在酒泉市东南。⑫小月氏：西方的少数民族名，当时活动在祁连山地区。首涂王：匈奴西部地区的部落头领。⑬阏氏：汉时匈奴单于、诸王之妻的统称。当户：匈奴官名，约统领千人。⑭宿将：老将，如李广等人。⑮要边：要，拦截，这里指寻找。⑯驰传：传，驿车。⑰行在：皇帝外出临时所在的地方。⑱五郡：指陇西、北地、上郡、朔方、云中。故塞：老边界。属国：外族归附的群居部落，因保持其原有编制，仍按其旧俗生活，故称"属国"。⑲元狩四年：前119年。无裨将：不设副将，以突出霍去病在军中的威权。⑳李敢：李广之子。大校：诸校尉中的位尊者。㉑荤粥：同"猃狁"，匈奴的别称。约轻赍：即今所谓"轻装"。章渠：单于之近臣。比车耆：匈奴王名。㉒离侯：匈奴中的山名。弓闾：匈奴中的水名。屯头王、韩王：皆匈奴王名。㉓封：在山头筑台祭天。狼居胥山：在今蒙古国乌兰巴托东。禅：在山下拓场祭地。姑衍：山名，在今蒙古国乌兰巴托东南，离狼居胥山不远。瀚海：大漠的别称。㉔执卤获丑：卤，同"虏"；丑，群，类。㉕孙吴兵法：孙指孙武或孙膑，吴指吴起。㉖不省士：目中无人。省，视。㉗太官：管理皇家厨房的官员。㉘穿域蹋鞠：穿域，开辟场地；蹋鞠，古代的踢球游戏，也有用作军中训练。㉙元狩六年：前117年。㉚属国玄甲军：即前所述聚居在北方沿边五郡境外的归附于汉朝的匈奴人的铁甲军。玄甲，黑甲，铁甲。茂陵：武帝为自己预造的陵墓，在今西安市西北，咸阳市西。

大将军卫青的姐姐卫少儿的儿子霍去病十八岁，在武帝身边做侍中，很受武帝的宠幸。霍去病能骑善射，曾两次跟随大将军出征，大将军按照武帝的诏命，授与这位壮士剽姚校尉之职。霍去病率领着八百名轻骑兵敢死队离开大军数百里去奔袭匈奴，杀敌和捕获的俘虏超过了自己损失的人数。于是武帝说："剽姚校尉霍去病斩杀和俘虏的敌人共二千零二十八人，其中有匈奴的相国、当户等官员，还杀死了单于的叔祖父籍若侯产，活捉了单于的叔父罗姑比，两次都勇冠全军，特封霍去病为冠军侯，食邑一千六百户。"

　　冠军侯霍去病被封以后的第三年，也就是元狩二年春天，武帝任霍去病为骠骑将军，率领着一万骑兵从陇西出发进击匈奴，立了战功。武帝说："骠骑将军率领部队越过乌鳌山，讨伐了遫濮国，跨过了狐奴河，前后经过了五个王国，对这些地方的财物辎重和被大军吓得不知所措的人，他一般没有去收缴抓捕，他一心希望能够抓获单于的儿子。先后转战了六天，越过了焉支山一千多里，与敌人短兵相接，杀了折兰王，又斩了卢胡王，诛灭了敢于坚决抵抗的人，活捉了浑邪王的儿子及其相国、都尉，斩杀和俘虏了八千余人，缴获了休屠王祭天用的金人，特此加封霍去病二千户。"

　　这年夏天，霍去病从北地郡出发深入匈奴腹地后，与合骑侯公孙敖失去了联系，只有霍去病越过了居延泽直达祁连山，俘虏了许多人。武帝说："骠骑将军越过居延泽，穿过小月氏，进攻祁连山，抓获了酋涂王，集体投降的有二千五百人，斩获三万零二百人，抓获五个小王、五个王后，还有单于的皇后和五十九个王子，抓获相国、将军、当户、都尉等官员六十三人。而自己的兵力只损失了十分之三。因此加封霍去病五千户。"当时其他各位老将所率领的部队，从兵员马匹乃至兵器都不如霍去病精锐，霍去病所率领的都是精兵，而且霍去病也的确敢于孤军深入，他本人常常带着一批壮士冲锋在前，不过说来他的确也很幸运，从来没有陷入过困境。而其他各位老将则常常不是贻误了军期，就是遇不到敌军。因此霍去病一天比一天受宠，很快地其地位就和卫青差不多了。

　　这年秋天，单于对统领西部的浑邪王多次被霍去病击破以致损失了几万人十分恼怒，单于打算将浑邪王召来杀掉。浑邪王得知后与休屠王等人密谋投降汉朝，他们先派人到边塞找汉兵联络。这时大行李息正率领部队在黄河边上筑城，见到浑邪王派来的使者后，立即派人乘驿车进京报告汉武帝。武帝听说后,担心他们是用诈降的办法来进行偷袭,于是就命令霍去病率领部队前去迎接。霍去病渡过黄河,与浑邪王率领的部队相隔不远时,浑邪王的偏将们一见汉军,有些人又变卦不想投降而逃跑了。这时霍去病立即催马驰入匈奴军中与浑邪王相见,杀了八千想逃跑的人。他让浑邪王单独乘坐驿车先去武帝出巡的地方拜见武帝,自己率领着浑邪王带来的全部人马南渡黄河而还,投降的总共有几万人,号称十万。

过了不久,就把投降的匈奴人分别安置到沿边五个郡的边境之外,都在黄河以南,让他们保留着原来的风俗习惯,作为汉朝的属国。

元狩四年,骠骑将军霍去病也率领着五万骑兵,车辆辎重和大将军的部队一样,而没有副将。霍去病就把李敢等大校当作副将使用,他们从代郡、右北平出发,深入匈奴千余里后,遇到了匈奴左翼的部队,战斗中杀死和俘虏的敌人比卫青的多。部队回来后,武帝说:"骠骑将军霍去病统领三军,并指挥着从前俘获的荤粥勇士,轻装前进,穿越大沙漠,涉水破获了单于的近臣章渠,讨伐了比车耆,转而攻击匈奴左翼的大将,缴获了战旗和军鼓,翻过离侯山,渡过了弓闾河,俘虏了屯头王、韩王等三人,俘虏匈奴将军、相国、当户、都尉等八十三人。在狼居胥山祭天,在姑衍山祭地,并登高山以眺望空旷无人的北方大沙漠。骠骑将军共计斩杀和俘虏了匈奴七万零四百四十三人,自己减员只有十分之三,他们能从敌人手里夺取军粮,因而行军到了极远的地方而能粮草不断,特加封骠骑将军五千八百户。"

霍去病不爱讲话,性情内向,但果敢而有胆气。武帝曾打算教他孙吴兵法,霍去病说:"关键在于临时制宜,没必要学古代兵法。"武帝为他修建了府第,让他去看,霍去病说:"匈奴还没有消灭,不能先经营自己的小窝。"这使得武帝对他越发喜欢了。但由于霍去病从小就在宫廷中为官,地位高贵,所以从不关心下层人。他出兵时,武帝专门派遣了宫廷管理伙食的人员为他拉着几十辆车的食品,等到回来的时候,许多没吃完的东西都已经放坏了。与此同时士兵中却有不少人挨饿。他们在塞外的时候,由于缺粮,有些人都饿得爬不起来了,而霍去病本人还依然开场子踢球。类似的事情很多。

霍去病是在元狩四年讨伐匈奴以后的第三年,也就是元狩六年去世的。武帝很伤心,他调集了浑邪王率众来降时分置的五个边郡属国的铁甲军,列队从长安一直排到茂陵,仿照着祁连山的外形给他修筑了陵墓。

评

　　卫青、霍去病是汉武帝时代的两位最杰出的将领，在解除汉帝国来自北部的威胁，并将匈奴势力根本削弱方面，立下了巨大的功勋。卫青比较仁厚，霍去病年轻有为，都是理应受到赞扬的人物。但由于司马迁对汉武帝的武力征伐持否定态度，而且卫青、霍去病又都是汉武帝的亲戚，因此司马迁也就连带着对这两位将领没有好感，这是不太公平的。

　　卫青出身于社会下层，历经磨难，后来官至大将军，位极人臣，但对于其他地位低于他的在朝文武都相当谦和；汲黯自称他是卫青的"揖客"，与之"亢礼"，而卫青"遇黯过于平生"；苏建作战失败，卫青原可以将其斩首，但他将其带回朝廷，免去一死；李广失期自杀，其子李敢怪罪卫青，曾殴伤卫青，但卫青不做计较，反而为之掩盖。淮南王对汉廷不满，志欲叛逆，而他们所视为障碍的就是汲黯与卫青两个人。

南越列传
赵佗王南越

　　南越王尉佗者，真定人也①，姓赵氏。秦时已并天下，略定杨越，置桂林、南海、象郡②，以谪徙民，与越杂处十三岁③。佗，秦时用为南海龙川令④。至二世时，南海尉任嚣病且死⑤，召龙川令赵佗语曰："闻陈胜等作乱⑥，秦为无道，天下苦之，项羽、刘季、陈胜、吴广等州郡各共兴军聚众，虎争天下，中国扰乱，未知所安，豪杰畔秦相立。南海僻远，吾恐盗兵侵地至此，吾欲兴兵绝新道⑦，自备，待诸侯变，会病甚。且番禺（pān yú）负山险，阻南海，东西数千里，颇有中国人相辅，此亦一州之主也，可以立国。郡中长吏无足与言者，故召公告之。"即被佗书，行南海尉事⑧。嚣死，佗即移檄（xí）告横浦、阳山、湟谿关曰⑨："盗兵且至，急绝道聚兵自守！"因稍以法诛秦所置长吏，以其党为假守⑩。秦已破灭，佗即击并桂林、象郡，自立为南越武王。高帝已定天下，为中国劳苦，故释佗弗诛。汉十一年，遣陆贾因立佗为南越王，与剖符通使，和集百越，毋为南边患害，与长沙接境⑪。

高后时，有司请禁南越关市铁器⑫。佗曰："高帝立我，通使物，今高后听谗臣，别异蛮夷，隔绝器物，此必长沙王计也，欲倚中国，击灭南越而并王之，自为功也。"于是佗乃自尊号为南越武帝，发兵攻长沙边邑，败数县而去焉。高后遣将军隆虑侯灶往击之⑬。会暑湿，士卒大疫，兵不能逾岭⑭。岁馀，高后崩，即罢兵。佗因此以兵威边，财物赂遗（wèi）闽越、西瓯、骆⑮，役属焉，东西万余里。乃乘黄屋左纛，称制⑯，与中国侔（móu）。

及孝文帝元年⑰，初镇抚天下，使告诸侯四夷从代来即位意，喻盛德焉。乃为佗亲冢在真定，置守邑，岁时奉祀。召其从昆弟，尊官厚赐宠之。诏丞相陈平等举可使南越者，平言好畤（zhì）陆贾⑱，先帝时习使南越。乃召贾以为太中大夫⑲，往使。因让佗自立为帝，曾无一介之使报者⑳。陆贾至南越，王甚恐，为书谢，称曰："蛮夷大长老夫臣佗，前日高后隔异南越，窃疑长沙王谗臣，又遥闻高后尽诛佗宗族，掘烧先人冢，以故自弃，犯长沙边境。且南方卑湿，蛮夷中间，其东闽越千人众号称王，其西瓯、骆裸国亦称王。老臣妄窃帝号，聊以自娱，岂敢以闻天王哉！"乃顿首谢，愿长为藩臣，奉贡职㉑。于是乃下令国中曰："吾闻两雄不俱立，两贤不并世。皇帝，贤天子也。自今以后，去帝制黄屋左纛。"陆贾还报，孝文帝大说。遂至孝景时，称臣，使人朝请㉒。然南越其居国窃如故号名，其使天子，称王朝命如诸侯。至建元四年卒㉓。

①真定：秦县名，治在今河北省正定南。②杨越：即今所谓"越地"，因在古代这里属扬州，故称"杨越"。杨，这里通"扬"。桂林：秦郡名，郡治在今广西桂平西南。南海：秦郡名，郡治番禺，即今广州市。象郡：秦郡名，郡治即今广西崇左。③十三岁：从三郡之设立（前214年）至刘邦称帝（前202年），共十三年。④龙川：南海郡的属县，在今广东龙川县西北。⑤二世：始皇之子，前209—前207年为秦二世皇帝。南海尉：南海郡的武官，略当于郡守的副职。⑥陈胜等作乱：陈胜等起事于秦二世元年（前209年）七月，详见《陈涉世家》。⑦新道：秦朝设郡后新开的南北通道。⑧被：加，发给。行：代理。⑨檄：檄文，有如今之通电、通告。横浦、阳山、湟豁：皆关塞名，横浦关在今广东韶关市东北，阳山关在今广东阳

山县西北。湟谿关在今广东英德县东南。⑩稍：逐渐。假守：临时代理。⑪汉十一年：前196年。剖符：分封王、侯的凭证物，将符一分为二，皇帝与受封者各执其一。长沙：汉代诸侯国名，始受封者为刘邦功臣吴芮。⑫高后：即吕后，前187—前180年临朝执政。关市：边境上的通商口岸，这里用如动词，意即输出、出口。⑬隆虑侯灶：周灶，刘邦的开国功臣，封隆虑侯。⑭岭：指南岭，在今江西、湖南与广东省的交界线上。⑮闽越：西汉初期东南沿海的少数民族小国名，国都即今福州市。西瓯、骆：秦汉时的南方民族名，说法不一，大约居住在今广西境内，视下文赵佗之言可知。⑯黄屋左纛：黄色车盖，左辕插有旄牛尾装饰的旗，是古代帝王的车驾。称制：意即称帝，秦汉时代皇帝的命令曰"制"。⑰孝文帝元年：前180年，时大臣诛诸吕，迎立代王刘恒为帝，详见《吕后本纪》。⑱好畤：汉县名，在今陕西乾县东。陆贾：刘邦的谋臣说客，事迹详见《郦生陆贾列传》。吕后执政时，朝廷政治风险大，陆贾曾买地在好畤隐居。⑲太中大夫：皇帝身边的侍从官员，掌参谋议论。⑳让：责备。一介：一个，极称其少。㉑贡职：意即进贡。职，贡。㉒孝景：文帝之子，名启，前156—前141年在位。朝请：进京拜见皇帝，春曰"朝"，秋曰"请"。㉓建元四年：前137年。"建元"是武帝刘彻的第一个年号。

南越王尉佗是真定人，姓赵。秦朝统一天下后，接着又平定了杨越，设置了桂林、南海和象郡三个郡，把那些犯了罪的吏民发配到那里去和当地的越人一起居住，就这样一直过了十三年。赵佗在秦始皇时被任命为南海郡的龙川县令。到秦二世的时候，南海郡的郡尉任嚣病重，他把龙川县令赵佗叫到面前说："由于秦王朝的暴虐无道，招得天下人痛恨，听说陈胜等人已经造反了，现在项羽、刘邦、陈胜、吴广等人都在各自的州郡招兵买马，争夺天下，中原地区正陷于一片混乱，不知何时才能安定下来，现在一些有本事的人都已经脱离秦朝，宣告独立了。我们南海郡离中原路程遥远，我担心有些盗匪也闹到我们这里来，所以我想派兵断绝与中原的交通，加强自我防卫，以等待中原战局的变化，不巧正赶上我病得厉害。我们番禺靠山面海，东、西长达几千里，这里头还有不少中原地区来的人可以帮助我们，因此要是闹好了我们也可以成为一方之主，可以建立一个国家。只是这个郡里的大吏们没有一个可以和他们商量的，所以我才把你叫了来。"于是他就给赵佗写了一张委任状，让他代理南海郡尉的职权。等到任嚣死后，尉佗随即向横浦、阳山、湟豁三处关口发出文告说："盗匪很快就要来到，你们要赶紧断绝交通，集中兵力加强守备！"接着他又寻找借口，侬"法"处置了一些不服指挥的旧有的秦朝官吏，委派自己的一个亲信做了南海郡的代理郡守。秦朝灭亡以后，尉佗又发兵吞并了桂林郡和象郡，而后就自立为南越武王。待至刘邦平定了中原地区，由于考虑到不给人们再增加战乱之苦，所以就没有派兵来讨伐尉佗。汉高祖十一年，刘邦派陆贾出使南越，封尉佗为南越王，并和他剖符立信，互通使者，让他继续保持南越地区各族间的友好和平，不要制造乱子，要与北邻长沙国搞好关系。

吕太后当政时，有人提出要禁止把铁器卖给南越人，尉佗一听，说："当年高帝立我做南越王，与我们互通使者，互相贸易，如今高后听信小人的挑拨，歧视我们南方人，不卖给我们东西。这一定是长沙王出的主意，他是想仗着中国的势力，吞并我们，他好一个人称王，并到汉朝人那里去请功。"于是尉佗立即又宣告独立，自己当了南越武帝，并发兵进攻长沙国的边境城镇，一连攻破了几个县才撤去。吕后闻讯派隆虑侯周灶统兵前往迎击。刚好遇上炎热潮湿，士兵中闹瘟疫，结果连南岭也没有过去。又过了一年多，吕后病故。于是对南越的讨伐也就不了了之了。而尉佗趁此一方面加强自己边境的武力，同时又用财物收买闽越、西瓯、骆越等部族，让他们归服自己，从而使南越的疆土东西长达万余里。而他个人就用起了黄色的车马仪仗，自称皇帝，和中国皇帝的排场一样了。

孝文帝元年，文帝当时刚刚即位，正在派使者到周围的各个小国去向他们说明自己从代国来到京城即位的意义，去宣传大汉王朝的盛德。因为尉佗父母的坟墓都在真定，于是文帝就给它划出了一块地盘，并专门派了人予以守护，逢年过节都按时地进行祭祀。还把尉佗在老家的兄弟们找来封以高官，赏以厚礼，以表示对尉佗的特殊尊宠。接着文帝又让丞相陈平等人推荐可以出使南越的人，于是陈平就又推荐了好畤县的陆贾，说他早在高帝时代就曾出使过南越，熟悉那里的情况。文帝一听立即任命陆贾为太中大夫，派他前往出使，让他去责备尉佗连个招呼都不打就敢擅自称帝。陆贾到达南越后，尉佗很害怕，于是他给文帝上了一封奏章表示认错，其中说："南方蛮夷的大首领尉佗向您禀告，因为当初高后歧视我们南越人，断绝和我们的往来，我怀疑这是长沙王说了我们的坏话，又听说高后已经把我们合族都杀光了，还挖了我们的祖坟，所以我才被迫起兵，进攻了长沙国的边境。至于称帝的问题，那是因为我觉得在我们这荒芜卑湿的蛮夷中间也没有什么了不起。我们东方的闽越，只有一千多人，他们的头领也称王。我们西方的瓯骆，原始得连衣服都不穿，他们的头领也称王。正是对着他们，所以我才大胆地称了帝，只不过是让自己高兴高兴罢了，哪敢正式地去向天王说呢！"于是就叩头认错，表示愿意永远做汉朝的附属国，向汉朝进贡。接着又正式地向全国下令说："俗话说两匹公马不能拴在一个槽上，两个英雄也不能同时并存。真正的皇帝，还应该是汉朝的天子。从今以后，我不再称帝，也不用皇帝的那套仪仗了。"陆贾回长安报告后，孝文帝非常高兴。此后一直到孝景帝，南越都对汉朝称臣，按时派使者进京朝见。实际上尉佗在南越国内的称呼做法仍和过去一样，只有在他派人到汉朝来的时候，才自己称王，对天子的礼数才和汉朝国内的诸侯一样。尉佗死于汉武帝建元四年。

《南越列传》写了秦朝的龙川县令赵佗乘秦末中原战乱之机，奋然崛起，讨平岭南三郡，建立南越国；汉朝建国后，刘邦与文帝两次派陆贾出使南越，劝说赵佗归附汉朝；以及几十年后汉武帝寻找借口灭掉赵佗的子孙，重在岭南建立郡县的过程。作品赞扬了赵佗乘时立功的英雄行为，对汉武帝为达到其灭越目的而对南越发动不义战争的事实进行了批判暴露。我们这里选了《赵佗王南越》一节。这段故事表现了赵佗乘中原战乱大胆决策，并起兵讨平三郡自己称王的壮举，很像是陈涉的所作所为，也很符合司马迁的生死观。关于陆贾两次出使南越，赵佗两度归附汉朝的情景，应参照《郦生陆贾列传》一起阅读，作品描写赵佗的起居做派与其音容口角都极为生动，是《史记》中着笔不多而又令人印象深刻的人物之一。

司马相如列传
鼓琴娶卓文君

司马相如者，蜀郡成都人也，字长（zhǎng）卿[①]。少时好读书，学击剑，故其亲名之曰犬子。相如既学，慕蔺相如之为人②，更名相如。以赀为郎，事孝景帝，为武骑常侍③，非其好也。会景帝不好辞赋，是时梁孝王来朝，从游说之士齐人邹阳、淮阴枚乘、吴庄忌夫子之徒，相如见而说之④，因病免，客游梁。梁孝王令与诸生同舍，相如得与诸生游士居数岁，乃著《子虚之赋》⑤。

会梁孝王卒，相如归，而家贫，无以自业⑥。素与临邛（qióng）令王吉相善⑦，吉曰："长卿久宦游不遂，而来过我。"于是相如往，舍都亭。临邛令缪为恭敬，日往朝相如⑧。相如初尚见之，后称病，使从者谢吉，吉愈益谨肃。临邛中多富人，而卓王孙家僮八百人，程郑亦数百人⑨，二人乃相谓曰："令有贵客，为具召之⑩。"并召令。令既至，卓氏客以百数。至日中，谒司马长卿，长卿谢病不能往。临邛令不敢尝食，自往迎相如。相如不得已，强往，一坐尽倾。酒酣，临邛令前奏琴曰："窃闻长卿好之，愿以自娱⑪。"相如辞谢，为鼓一再行⑫。是时卓王孙有女文君新寡，好音，故相如缪与令相重，而以琴心挑之⑬。相如之临邛，从车骑，雍容闲雅甚都；及饮卓氏，弄琴，文君窃从户窥之，心悦而好之，恐不得当也。既罢，相如乃使人重赐文君侍者通殷勤，文君夜亡奔相如。相如乃与驰归成都，家徒四壁立。卓王孙大怒曰："女至不材，我不忍杀，不分一钱也。"人或谓王孙，王孙终不听。文君久之不乐，曰："长卿第俱如临邛，从昆弟假贷犹足为生⑭，何至自苦如此！"相如与俱之临邛，尽卖其车骑，买一酒舍酤酒，而令文君当垆。相如身自著犊鼻裈（kūn），与保庸杂作，涤器于市中⑮。卓王孙闻而耻之，为杜门不出。昆弟诸公更谓王孙曰："有一男两女，所不足者非财也。今文君已失身于司马长卿，长卿故倦游，虽贫，其人材足依也；且又令客，独奈何相辱如此！"卓王孙不得已，分予文君僮百人，钱百万，及其嫁时衣被财物。文君乃与相如归成都，买田宅，为富人。

居久之，蜀人杨得意为狗监，侍上⑯。上读《子虚赋》而善之，曰："朕独不得与此人同时哉！"得意曰："臣邑人司马相如自言为此赋。"上惊，乃召问相如。相如曰："有是。然此乃诸侯之事，未足观也。请为天子游猎赋，赋成奏之。"上许，令尚书给笔札⑰。赋奏，天子以为郎。

相如为郎数岁，会唐蒙使略通夜郎西僰（bó）中，发巴蜀吏卒千人⑱，郡又多为发转漕万余人，用兴法诛其渠帅⑲，巴蜀民大惊恐。上闻之，乃使相如责唐蒙，因喻告巴蜀民以非上意⑳。

相如还报。唐蒙已略通夜郎，因通西南夷道，发巴、蜀、广汉卒㉑，作者数万人，治道二岁，道不成，士卒多物故，费以巨万计㉒。蜀民及汉用事者多言其不便。是时邛、筰（zuó）之君长闻南夷与汉通㉓，得赏赐多，多欲愿为内臣妾，请吏，比南夷。天子问相如，相如曰："邛、筰、冉、駹（máng）者近蜀㉔，道亦易通，秦时尝通为郡县，至汉兴而罢。今诚复通，为置郡县，愈于南夷。"天子以为然，乃拜相如为中郎将，建节往使㉕。副使王然于、壶充国、吕越人驰四乘之传（zhuàn），因巴蜀吏币物以赂西夷㉖。至蜀，蜀太守以下郊迎，县令负弩矢先驱，蜀人以为宠㉗。于是卓王孙、临邛诸公皆因门下献牛酒以交欢。卓王孙喟然而叹，自以得使女尚司马长卿晚㉘，而厚分与其女财，与男等同。

①蜀郡：汉郡名，郡治即今四川成都市。长卿："长"指排行老大。②蔺相如：战国时赵国的名臣，事迹见《廉颇蔺相如列传》。③以赀为郎：赀，通"资"。郎，帝王的侍从人员。当时所以规定必须有相当的财产才能为郎官，据说是为了避免这些人上任后贪污受贿。孝景帝：文帝之子，名启，前156—前141年在位。武骑常侍：皇帝的骑兵侍卫。④梁孝王：文帝之子，景帝之弟，名武，封为梁王。"孝"字是谥。梁国的国都睢阳，在今河南商丘市东南。齐人邹阳：当时的纵横之士。齐，汉初的诸侯国名，国都临淄，即今山东淄博市之临淄区。淮阴枚乘：当时的纵横之士与辞赋家，著有《七发》。淮阴，汉县名，县治即今江苏省淮阴市。吴庄忌夫子：姓庄名忌，当时的纵横之士与辞赋家，作品有《哀时命》。吴，西汉时的诸侯国名，国都广陵，即今江苏扬州市。夫子，对学者的尊称，犹今所谓"先生"。说：同"悦"。⑤《子虚之赋》：司马相如的代表作，内容是描写诸侯的打猎，实际是一篇大作品的前半部分；后面所说司马相如的续作叫作《上林赋》，是描写皇帝打猎以及其各种生活的排场，主题是夸耀皇权，歌颂大一统。⑥梁孝王卒：事在景帝中元六年，前144年。家贫，无以自业：按：司马相如原以"家资富厚"始得为郎，下文称其赴临邛亦"从车骑，雍容闲雅甚都"，今乃云其"家贫，无以自业"，下文又称"家居徒四壁立"，似贫穷之极甚者，史公行文殊欠统一。⑦临邛：汉县名，县治即今四川邛崃，上属蜀郡。⑧都亭：城里的客馆，也称"传舍"。缪：通"谬"，假装。朝：恭敬地进见。汉代以前"朝"字可用于拜见帝王，也可以用于拜见官僚、长者。⑨卓王孙：世代以冶铁为业的大富商。程郑：

也是以冶铸起家的大富商。⑩为具：意即"设筵"，备办酒食。具，原指盛放酒肴的器具，后即用以指酒食。⑪奏：进，奉上。愿以自娱："请为大家演奏一曲"的客气说法。⑫为鼓一再行：行，也称"曲""引"，都是古代乐曲的名称，如《长歌行》《江南曲》是也。⑬琴心：琴曲所表达的意思。⑭第：但，尽管。昆弟：兄弟。⑮犊鼻裈：犹今之所谓围裙，因其形如犊鼻，故名。保庸：也称"庸保"，也可以单称"庸"或"保"，指酒馆、饭店里的服务人员。⑯狗监：官名，为皇家掌管猎犬。侍上：此所谓"上"者指汉武帝，名彻，景帝之子，前140—前87年在位。⑰尚书：官名，为帝王掌管文书奏章。⑱唐蒙：原为鄱阳（今江西省波阳）令，因上书怂恿武帝经营西南夷，被任为中郎将以主管其事，结果弄得劳民伤财，民怨沸腾。略通：开拓，打通。夜郎：当时的小国名，国都在今贵州关岭。僰（bó）：当时的少数民族名，大体居住在今四川宜宾市西南的金沙江两岸。按："夜郎"与"僰"在当时被称作"南夷"。巴蜀：二郡名，巴郡的首府江州，在今重庆市北；蜀郡的首府即今成都市。⑲转漕：指运输粮草，用车曰转，用船曰漕。兴法：也叫"军兴法"，即紧急军事动员。渠帅：大首领。⑳因喻告巴蜀民以非上意：按：此即司马相如所作的《喻巴蜀檄》。㉑广汉：汉郡名，地处巴、蜀二郡之间，首府即今四川省梓潼县。㉒物故：死亡。巨万：即今所谓"亿"。㉓邛、笮：当时的两个少数民族名，邛族的首府邛都，在今四川西昌市东南；笮族的首府笮都，在今四川汉源县东北。㉔冉、駹：当时的两个少数民族名，都居住在今四川茂县、汶川及其以北地区。按："邛、笮、冉、駹"四族，在当时都被称作"西夷"。㉕中郎将：官名，皇帝的警卫长官，上属郎中令，下管诸郎。建节：意即手持旌节。旌节是一种帝王使者的信物，其形似马鞭，竿头挑以缨珞。㉖四乘之传：四匹马拉的驿车。传，驿车。币物：礼品。㉗太守：郡里的最高行政长官。负弩矢先驱：替客人背着箭袋在前面引路，这是古代迎接军事长官的一种极其崇敬的礼节。㉘尚：上配，即今所谓"高攀"。

司马相如是蜀郡成都人，字长卿。少年时喜欢读书，并学过剑术，他的父母给他起了个小名叫犬子。司马相如学成以后，因为敬慕蔺相如的为人，所以自己也改名叫相如。后来他靠着家中有比较丰厚的财产，入朝做了郎官，给孝景帝做武骑常侍，然而他并不喜欢这个官职。孝景帝不喜欢辞赋,刚好这时梁孝王进京朝见,他身边带着齐人邹阳、淮阴人枚乘、吴人庄忌等一些文学之士。司马相如一见,很喜欢这些人,于是他就推说有病辞去了官职,到梁国去做宾客了。梁孝王让他和那些文人住在一起,一直过了好几年,在这期间司马相如写了《子虚赋》。

  梁孝王死后,司马相如回到了家乡成都。这时他家里已经很穷,几乎无法维持生计。司马相如和临邛县的县令王吉素有交情,王吉派人来对司马相如说:"你这些年在外面混得不得意,欢迎你到我这里来玩玩。"于是司马相如就去了临邛,住在临邛城内的一个客馆里。王吉故意做出一种十分恭敬的样子,每天都去探望。司马相如开头几天还出来见他,后来便推说有病,打发随从告诉王吉别来了,但王吉却对司马相如越来越恭敬。临邛县里富人很多,有一位卓王孙,家里光奴仆就有八百多人。此外程郑家的奴仆也有几百个。这两人商量说:"我们的县令来了贵客,我们理应设宴招待他一回。"于是他们便同时也请了县令王吉。到了那一天,王吉首先到了卓家,见卓家请的各方面的客人有一百多位。天已经快到中午了,卓王孙派人去请司马相如,司马相如推说有病来不了。临邛县令不敢吃饭,立即亲自去接司马相如。司马相如没办法,只好勉强来了。相如一入座,满座的人都被他的风度倾倒了。喝了一阵子酒,正当大家高兴的时候,临邛县令给相如递上一张琴,说:"早就听说长卿精于此道,请演奏一曲为自己助兴。"司马相如推辞了一番,然后弹了一两个曲子。当时卓王孙的女儿卓文君刚死了丈夫,守寡在家,她喜爱音乐。于是司马相如假借答应王吉的请求,实际上是趁机用琴音打动卓文君。司马相如到临邛来的时候带着车马随从,表现得雍容华贵、气度高雅,及至来卓家赴宴,席上弹琴,卓文君从门缝里偷偷一看,立刻喜欢上他而只怕配不上他。等到宴会结束,司马相如派人以厚礼买通了卓文君的丫环,让她们替自己向文君表达心意。当夜,卓文君就跑到司马相如那里,司马相如立刻就带着她一起回了成都。回成都后,司马相如家里除四面空墙外,什么都没有。卓王孙听说女儿跟司马相如跑了,勃然大怒,说:"这丫头这么没出息,我就算不忍心杀她,也决不给她一文钱。"有人劝卓王孙不要这样做,但卓王孙不听。就这样相持了一段时间,卓文君心里闷闷不乐。她对司马相如说:"我们可以尽管回到临邛去。在那里,即使跟兄弟们借点钱也能维持生活,哪至于像在这里这么自讨苦吃呢?"于是司马相如就和卓文君一起回到了临邛。他们把车马卖掉,在市场上买下了一个小酒店,让卓文君站在柜台旁边卖酒,司马相如则系着围裙，和那些伙计们一起干活，刷盘子洗碗。卓王孙听说如此，羞得关上大门不敢出屋。他那些弟兄和临邛县有头脸的绅士们都来劝他说："你就有这么一个儿子两个女儿，你所缺少的不是钱财。现在文君反正是已经嫁给司马相如了，司马相如所以没做官，那是因为他厌烦官场，不是他无能。他眼下虽然穷，但他的人品是靠得住的，而且他又是咱们县令的朋友，你怎么能够让他们受这样的委屈呢！"卓王孙没办法了，只好分给了文君一百个奴隶，一百万钱，以及她第一次出嫁时的衣服被褥等财物。于是文君就带着这些人丁财物和司马相如又回了成都，在成都买了一些房屋土地做起财主来。

过了好久，蜀郡的杨得意在京城里给皇帝管理猎犬。有一天，他服侍汉武帝，汉武帝当时正读《子虚赋》，读完之后大为赞赏，他说："我不能和写这篇赋的人生活在同一个时代，真是遗憾！"杨得意说："我有一个老乡叫司马相如，他说这篇赋是他写的。"武帝大吃一惊，立即把司马相如找来问。司马相如说："是这样。但这一篇写的还只是诸侯的事情，还值不得您看。我还可以给您写一篇天子打猎的赋。等我写完了献给您。"武帝答应，派主管文书档案的人们给他送去了书写工具。司马相如写完后献给武帝，武帝便任命司马相如做了郎官。

司马相如做郎官一直做了几年，恰好这时唐蒙奉命去开辟通往夜郎、僰中等少数民族地区的道路，当时朝廷只想从巴郡、蜀郡抽调官吏士兵一千人，可是当地为了转运粮草又征调了一万多人，而且是用了紧急动员法，诛杀了一些不服调遣带头闹事者，这一来遂使巴、蜀两郡的百姓们惊恐万分。武帝听说后，就派司马相如前去责备唐蒙，并趁便告喻巴蜀的百姓们，说这不是皇帝的意思。

司马相如宣谕完毕，回京向皇帝作了报告。这时，唐蒙等已经打通了夜郎，接着他们又修筑通往西南夷地区的道路，他们调发了巴、蜀、广汉三郡的士兵和筑路的劳工几万人，修了两年也没有修成，而人死得很多，财力的耗费也达到了好几个亿。蜀郡的百姓和汉朝当权的人物们多数都说这件事情劳民伤财没好处。当时邛、笮一带的部落酋长们听说南方各部落与汉朝沟通后，得到了不少赏赐，所以他们也想归附汉朝，请朝廷派官吏到他们那里去，就像南夷的那些部落一样。武帝问司马相如，司马相如说："邛、笮、冉、駹等部落都离蜀郡不远，道路也容易修通，当初秦朝就在那里设过郡县，是到了汉初才将其放弃的。现在如果能够重新开发那里，在那里设立郡县，我看比南夷的情况还要好。"武帝觉得有理，就派司马相如以中郎将的身份手持天子的旌节前往出使。此外还派了王然于、壶充国、吕越人等作为副使，让他们乘着四匹马拉的驿车，就近从巴、蜀二郡选择随员，筹备礼品，去收买那些蜀郡以西的诸部落的蛮夷。司马相如到达蜀郡后，上至郡守的各级官吏都到郊外恭迎，那里的县令更是接过司马相如的弓箭，亲自替他背着在前面引路，整个蜀郡都因为出了这么个司马相如而感到光荣。这时卓王孙和临邛县的头面人物们也都通过司马相如的侍从给他进献礼品，与之交好。卓王孙这时才深为感叹，才觉得自己女儿嫁给司马相如嫁得晚了。于是他就又分给了文君一部分财物，让她和她的弟兄们所得的一样多。

司马相如是汉代最杰出的辞赋家，也是中国辞赋史上杰出的作家。他虽然也从过政，甚至神气十足地以中郎将的身份出使过西南夷，但他那个中郎将也不过是临时的一种称号而已；实际上他只做过一回为汉武帝的祖父汉文帝看守陵园的小官。因此在某种意义上说，《司马相如列传》可以视为是司马迁为专业文学家所作的传记。整个作品的篇幅很长，把司马相如的代表作品差不多都收进去了，在这里也充分表现了司马迁对于文学作品的浓厚兴趣。我们这里只选了司马相如娶卓文君的故事。这个故事对于后代才子佳人小说的发展具有重要意义，后代才子佳人小说中那种丫环代传书简，男女私订终身，顽固父亲嫌贫爱富，才子进京求官，而后衣锦荣归、喜庆团圆的路数，在这里已经大体齐备。因此，要说《司马相如列传》是中国古代才子佳人小说的开端我看是可以的。

循吏列传
公仪休不受鱼

公仪休者，鲁博士也，以高弟为鲁相①。奉法循理，无所变更，百官自正。使食禄者不得与下民争利，受大者不得取小。

客有遗（wèi）相鱼者，相不受。客曰："闻君嗜鱼，遗君鱼，何故不受也？"相曰："以嗜鱼，故不受也。今为相，能自给鱼；今受鱼而免，谁复给我鱼者？吾故不受也。"

食茹而美，拔其园葵而弃之②。见其家织布好，而疾出其家妇，燔其机，云"欲令农士工女安所雠其货乎③"？

①鲁：西周以至春秋时的诸侯国名，至战国时沦为楚国附庸，国都即今山东曲阜。博士：官名，在帝王身边以备顾问之用。高弟：高等，指顾问工作做得好。②茹：蔬菜。葵：与上文"茹"互文见义，皆指蔬菜。③出：逐，休弃。雠：此处同"售"。

公仪休，是鲁国的博士，由于学习成绩突出做了鲁国的宰相。他遵守法令，按道理办事，对旧有章程一律不随便改动，结果朝里官僚们不用说大家就全变好了。公仪休要求当官享受俸禄的人不得再去干别的事情和老百姓争夺利益，得了大利的人不能指望再去得小利。

有一次，一个客人给公仪休送来了一条鱼，公仪休不要。客人说："我是听说你喜欢吃鱼，所以才送一条鱼给你，你为什么不要呢？"公仪休说："因为我喜欢吃鱼，所以才不能要你的鱼。现在我是鲁国宰相，我自己买得起鱼；如果我因为要了人家的鱼而被免了官，那么以后谁还能够再给我鱼呢？所以我不能要。"

公仪休吃菜时觉得特别新鲜，当他知道是自己家种的时，就去把自己家园子里的菜全拔了。当他看到自己家里织的布质地良好时，他就立刻休掉了他的妻子，烧毁了她的织机，说："如果做官的都像我这样自己种菜织布，那些农民手工业者种出织出的东西还去卖给谁呢！"

循吏列传
李离过判自杀

李离者，晋文公之理也①。过听杀人，自拘当死②。文公曰："官有贵贱，罚有轻重。下吏有过，非子之罪也。"李离曰："臣居官为长，不与吏让位；受禄为多，不与下分利。今过听杀人，傅其罪下吏③，非所闻也。"辞不受令。文公曰："子则自以为有罪④，寡人亦有罪邪？"李离曰："理有法，失刑则刑，失死则死。公以臣能听微决疑，故使为理。今过听杀人，罪当死。"遂不受令，伏剑而死。

①晋文公：名重耳，春秋前期晋国的诸侯，前636—前628年在位。有名的"五霸"之一。理：法官。②自拘当死：当，判处。③傅其罪下吏：傅，加，致。④子则自以为有罪：则，若。

李离是晋文公的法官。因为错误地听信了某些话而杀了不该杀的人，后来发现后，他就把自己关起来，给自己判了死罪。晋文公说："官职有高低，刑罚有轻重。错杀人是下面的官吏们的错误，不是你的罪过。"李离说："在我被任命为他们的长官的时候，我没有向他们推让；当我得俸禄比他们多的时候，我也没有把俸禄分给他们。现在我偏听偏信错杀了人，却把罪过推给下级，这样的事没听说过。"他坚决推辞，不接受晋文公的宽免。晋文公又说："你这样认为自己有罪，照这逻辑推起来，是不是我也应该算是有罪？"李离说："法官应该依法办事，用错了刑，自己就该受刑；杀错了人，自己就该被杀。您是因为我能够仔细地侦查分析，判断疑案，才让我做法官的。现在我杀错了人，按罪理应处死。"于是就没听晋文公的拦阻，而引剑自杀了。

循吏即奉公守法之吏。本篇共写了先秦时期的五个人物，第一个是春秋时期楚国的宰相孙叔敖，第二个是春秋时期郑国的宰相子产，第三个是战国初期鲁国的宰相公仪休，第四个是春秋时期楚国的宰相石奢，第五个是春秋时期晋国的法官李离。本文只选了公仪休和李离的两个故事。

公仪休提倡为官者既然享受国家的俸禄，就不能再从事农业、手工业等活动，否则就是"与民争利"，所以他坚决不让他的妻子种菜织布。单看这一点，像是有些小题大作，但如果一个现代官僚，同时又开公司、办农场，运用权力为自己谋利，其弊病就一目了然了。公仪休爱吃鱼，也正因此他不接受送礼者所进献的鱼，他所讲述的理由尽管像是有些消极，但对于历代的贪赃枉法者，也未尝不是一条很好的座右铭。李离当法官错杀了人，公然承认错误，并毫不推诿地严办了自己，其认真负责、大公无私的精神，是一切官僚学习的榜样。

酷吏列传
郅都不避权贵

郅（zhì）都者，杨人也，以郎事孝文帝①。孝景时，都为中郎将②，敢直谏，面折大臣于朝。尝从入上林，贾姬如厕，野彘卒入厕③。上目都，都不行。上欲自持兵救贾姬，都伏上前曰："亡一姬复一姬进，天下所少宁贾姬等乎？陛下纵自轻，奈宗庙太后何！"上还，彘亦去。太后闻之，赐都金百斤，由此重郅都。

济南瞷（xián）氏宗人三百馀家，豪猾，二千石（shí）莫能制，于是景帝乃拜都为济南太守④。至则族灭瞷氏首恶，馀皆股栗。居岁馀，郡中不拾遗。旁十馀郡守畏都如大府⑤。

都为人勇，有气力，公廉，不发私书，问遗（wèi）无所受，请寄无所听⑥。常自称曰："已倍亲而仕⑦，身固当奉职死节官下，终不顾妻子矣。"

郅都迁为中尉，丞相条侯至贵倨也⑧，而都揖丞相。是时民朴，畏罪自重，而都独先严酷，致行法不避贵戚，列侯宗室见都，侧目而视，号曰"苍鹰"。

临江王征诣（yì）中尉府对簿⑨，临江王欲得刀笔为书谢上，而都禁吏不予。魏其侯使人以间与临江王。临江王既为书谢上，因自杀。窦太后闻之⑩，怒，以危法中都，都免归家。孝景帝乃使使持节拜都为雁门太守，而便道之官，得以便宜从事⑪。匈奴素闻郅都节，居边，为引兵去，竟郅都死不近雁门⑫。匈奴至为偶人象郅都，令骑驰射，莫能中，见惮（dàn）如此。匈奴患之。窦太后乃竟中都以汉法。景帝曰："都忠臣。"欲释之。窦太后曰："临江王独非忠臣邪?"于是遂斩郅都。

①杨:汉县名,县治在今山西洪洞县东北。郎:皇帝的侍从官员,秩六百石。孝文帝:名恒,刘邦之子,前179—前157年在位。②孝景:名启,文帝之子,前156—前141年在位。中郎将:皇帝的侍从武官,秩千石,其属下即"郎""中郎""骑郎"等。③上林:即上林苑,秦汉时代的皇家猎场,在当时的长安西南,有数县之大。贾姬:姬,此处是妃嫔的泛称。卒:同"猝",突然。④二千石:官阶名,汉代的郡守及诸侯国相等都属这一级。济南:汉郡名,郡治东平陵,在今山东章丘市西北。⑤大府:指丞相、太尉、御史大夫的官府。⑥问遗:送东西,指送礼。请寄:指托人说情。⑦倍:通"背",远离。⑧中尉:汉代首都的治安长官。丞相条侯:指周亚夫,刘邦功臣周勃之子,被封为条侯,时任丞相。⑨临江王:景帝子刘荣,栗姬所生,曾为太子,后因谗谤被废,贬为临江王,国都即今湖北荆州之江陵。诣中尉府对簿:刘荣被废后,继续受谗谤,遂被调回京城到中尉府受审。⑩窦太后:文帝的皇后,景帝及梁孝王之生母。⑪雁门:汉郡名,郡治在今山西右玉县东南。以便宜从事:帝王给予外派大臣的特殊权力,对某些事情的处置可以不必事先请示。⑫匈奴:战国后期以来活动于今内蒙古、蒙古国一带的游牧民族名。

郅都是河东郡杨县人,曾以郎官的身份服侍过孝文帝。孝景帝在位时,郅都做了中郎将,他敢于直言劝谏,能在朝廷上当面驳斥一些大臣的意见。有一次他随从景帝到上林苑,景帝的贾姬上厕所时,一只野猪突然也窜了进去。景帝使眼色让郅都去救贾姬,郅都不去。景帝抄起兵器想自己去救,郅都就跪在景帝面前拦阻说:"失去一个女人,可以再找一个,难道天下缺少这种人吗?您却不同。即使您不珍惜自己,如果万一出点事,那怎向整个国家、向您母亲太后交待呢?"于是景帝便停住了,而野猪后来也自己离去了。太后听说这件事,赏给了郅都一百斤铜,郅都从此受到了重视。

济南郡的瞷氏是个有三百余家的大族,强横奸猾,前几任的郡太守都对他们无法管制,于是景帝就任命郅都去做了济南太守。郅都一到任就把瞷氏的一些首恶通通灭了族,其余的人个个吓得心惊肉跳。仅仅一年多,郡中就变得路不拾遗了,附近十几个郡的太守都像敬畏上级长官一样敬畏郅都。

郅都为人勇敢,有魄力,公正廉明,谁给他私下写信他都不拆看,谁送东西他也不要,不接受任何人说情。他经常自勉说:"我既然离开父母出来做官,那就应该奉公守节以身殉职,无论如何不能再顾及妻子儿女。"

后来郅都做了掌管京城治安的中尉。那时朝廷里地位最高待人最傲慢的是丞相条侯周亚夫,可是郅都见了他仅仅是作个揖而已。当时民风朴实,人人自重,都害怕犯罪,而郅都却率先实行严刑酷法,他执法不避权贵,使得那些诸侯王公和皇家宗室都怕得斜着眼看他,给他起了个绰号叫"苍鹰"。

当景帝的儿子临江王刘荣被征到中尉府受审时,刘荣想要刀笔给皇上写信说明情况,郅都不让府吏给他。魏其侯窦婴派人暗中给了临江王。临江王送出书信后就自杀了。窦太后听说此事非常生气,找了一个别的借口说郅都犯了大法,将其罢职为民。而景帝则派了一个使者持着旌节去郅都家任他为雁门太守,让他从家中直接走便道赴任,并授予他遇事可以随机处置的特权。匈奴人早就听说过郅都的为人,郅都一到任后,匈奴便自动地把军队撤走了,直到郅都死都没有再靠近雁门。匈奴曾用木头刻了一个郅都像,叫骑兵们练习射箭,结果没有一个人能射中,郅都居然能使人怕到这种地步。匈奴把他看作心腹之患。窦太后后来又援引了法律陷害郅都。景帝说:"郅都是忠臣。"想宽释他。窦太后说:"他是忠臣,难道临江王就不是忠臣吗?"结果郅都就这样被斩了。

酷吏列传
杜周枉法徇上

杜周者,南阳杜衍人①。义纵为南阳守,以为爪牙,举为廷尉史②。事张汤,汤数言其无害,至御史③。使案边失亡,所论杀甚众。奏事中上意,任用,与减宣相编,更为中丞十馀岁④。

其治与宣相放⑤,然重迟,外宽,内深次骨。宣为左内史⑥,周为廷尉,其治大放张汤而善候伺。上所欲挤者,因而陷之;上所欲释者,久系待问而微见其冤状。客有让周曰:"君为天子决平,不

409

循三尺法⑦，专以人主意指为狱。狱者固如是乎？"周曰："三尺安出哉？前主所是著为律，后主所是疏为令。当时为是，何古之法乎！"

至周为廷尉，诏狱亦益多矣⑧。二千石系者新故相因，不减百馀人。郡吏大府举之廷尉，一岁至千馀章。章大者连逮证案数百，小者数十人；远者数千，近者数百里。会狱，吏因责如章告劾，不服，以笞（chī）掠定之。于是闻有逮皆亡匿。狱久者至更数赦十有馀岁而相告言，大抵尽诋以不道以上⑨。廷尉及中都官诏狱逮至六七万人⑩，吏所增加十万馀人。

周中废，后为执金吾⑪，逐盗，捕治桑弘羊、卫皇后昆弟子刻深，天子以为尽力无私，迁为御史大夫⑫。家两子，夹河为守⑬。其治暴酷皆甚于王温舒等矣。杜周初征为廷史，有一马，且不全；及身久任事，至三公列，子孙尊官，家訾累数巨万矣⑭。

注

①南阳杜衍：南阳郡的杜衍县，在今河南南阳市西南。②义纵：司马迁笔下武帝时的"酷吏"之一，执法不避权贵，后以军功封岸头侯。廷尉史：廷尉手下的文书小吏。廷尉，国家的最高司法官。③张汤：司马迁笔下武帝时的最大"酷吏"，以谄事汉武帝官至御史大夫，后遭谗谤被武帝所杀。无害：指说话、起草文件都让人挑不出毛病。御史：御史大夫的属下，主管监察。④减宣：司马迁笔下武帝时的酷吏。相编：意即交替充任。中丞：即御史中丞，御史大夫的副手。⑤相放：放，通"仿"。⑥左内史：后亦称"左冯翊"，首都西部地区的行政长官。⑦三尺法：指法律条文，秦代时期的法律条文通常写在三尺长的竹简上。⑧诏狱：皇帝交下来的须要审判的案件。也指关押皇帝交办的犯人的监狱。⑨不道：即"大逆不道"的省语。⑩中都官诏狱：除专门监狱外，其他首都官府所临时设立的关押钦办犯人的场所。⑪执金吾：即上文郅都曾任的"中尉"，后改称"执金吾"，维护首都治安的长官。⑫桑弘羊：武帝时的经济名臣，官至御史大夫。卫皇后：名子夫，卫青之姊。其子太子刘据因愤怒武帝派人到他的住处抄家，而杀死来使；武帝派丞相率兵逮捕，刘据遂举兵相抗，兵败自杀，卫皇后亦因而自杀，此即所谓"巫蛊之祸"。御史大夫：国家的最高监察官，位同副丞相，为"三公"之一。⑬两子：指杜延寿、杜延考。夹河为守：一个任河内（郡治怀县）太守，一个任河南（郡治雒阳）太守，两郡隔河相对。⑭家訾：

家产。訾，通"资"。巨万：即今所谓"亿"，单位指铜钱。

　　杜周是南阳郡杜衍县人。义纵做南阳太守的时候，把他当作心腹爪牙。后来被推荐做了廷尉史，在张汤手下效力，张汤多次向武帝称赞他能干，于是被提拔为御史。武帝派他去处置边境郡县在敌人进攻下损失兵力与物资财产的问题，被他判罪杀掉的人很多。回报时符合武帝的心意，因而受到信用，他和减宣交叉轮流着做了十几年御史中丞。

　　杜周办事与减宣相仿，但较为持重，表面上宽厚，内心里苛刻到了极点。减宣做左内史的时候，杜周做廷尉，办事手段学习张汤，而且善于猜测迎合武帝的心意。武帝想排挤谁，他就编造罪名陷害谁；武帝想宽释谁，他就故意关着谁等候武帝问及，并寻机略微透露一些此人被冤的情况。有人责问杜周说："你替天子断案，不以法律为根据，而专门看着皇上的脸色行事，能够这样断案吗？"杜周说："法律是怎么定出来的？前代皇帝定出来的就是法律；当今皇帝点头的就是命令，当时怎么说就怎么对，何必非得遵行古法呢！"

　　等到杜周做廷尉的时候，奉旨审理的案件就越发多了。二千石一级的大官被下狱的一茬压一茬，人数上百。各郡国与宰相衙门送交廷尉审理的案件，一年多达一千多件。大的案件要牵连逮捕几百人，小的也有几十人；远的从几千里以外押解进京，近的也有几百里。一到审判的时候，法官就逼着犯人按照被告发的罪名承认，如果不服，就通过严刑拷打直到承认为止。因此谁要是一听到被抓就立刻逃亡了。有的案子中间都经过几次大赦，前后拖了十几年还在揭发举报，大多数最后都定成大逆不道而向上呈报。廷尉和中都官两处的监狱里关押的犯人多达六七万，两处的衙役竟增加了十万多人。

　　杜周后来曾中途被罢官，后来当了执金吾，负责追捕盗贼。在逮捕审理桑弘羊与卫皇后的兄弟子侄时，由于执法严酷，被武帝认为是尽心尽职，没有私心，因而提升为御史大夫。杜周有两个儿子，分别任河南与河内两郡的太守，其办事的暴虐严酷都比王温舒还要厉害。杜周开始被调任廷尉史的时候，只有一匹马，连鞍辔都不齐全；后来由于长期为官，位至三公，子孙也做了高官，这时他的家产可以多达几万万。

酷吏意即执法严酷的官吏,并不一定就是贪官、坏官,如作品所写的郅都就是一个很好的例子。《酷吏列传》一共写了十一个人,即郅都、宁成、周阳由、赵禹、张汤、义纵、王温舒、尹齐、杨仆、减宣、杜周是也。这些人的具体情况各不相同,而相同之处即执法严酷。武帝时期之所以出现这样一批酷吏,是顺应武帝的政治需要,为打击地方豪强、削弱诸侯割据以及为保证其对外用兵、经济改革等一系列活动服务的。从维护中央集权的角度说,对于这些人原不应一概否定;但由于司马迁自己曾深受酷吏之害,所以每逢提起酷吏也就往往带有一种愤怒之意了。

执法严酷并不是缺点,只要公平就行。许多酷吏之所以令人痛恨,就是因为他们徇私枉法,再就是贪赃受贿。郅都为人刚正,甚至连匈奴人也对之敬畏,这是好的;但在对待临江王的问题上就显得过于追随汉景帝,像是助纣为虐了。杜周和提拔他的恩官张汤一样,都是枉法徇私,一切看着汉武帝的脸色办。张汤的做法是:如果这个人是皇帝想要严办的,他就派一个严厉狠毒的法官来审判;如果这个人是皇帝想要从宽发落的,他就派一个慈和厚道的法官来审判。杜周的做法是:凡是皇帝想要铲除的,他就顺着形势陷害他;凡是皇帝想要释放的,他就故意找出一些这个人的"冤情"让皇帝知道。二人如出一辙。所不同的是,张汤尽管枉法徇上,但他为官清廉,死后"有棺无椁,载以牛车";而杜周则不仅是枉法徇上,而且贪赃受贿,他几任法官做下来,就由原来的穷困不堪变成家资若干亿了。这样的社会毒瘤什么时候才能铲除呢?

大宛列传
张骞通西域

张骞(qiān),汉中人,建元中为郎①。是时天子问匈奴降者,皆言匈奴破月氏(ròu zhī)王,以其头为饮器②,月氏遁逃,而常怨仇匈奴,无与共击之。汉方欲事灭胡,闻此言,因欲通使。道必更（gēng）匈奴中，乃募能使者。骞以郎应募，使月氏，与堂邑氏胡奴甘父俱出陇西③。经匈奴，匈奴得之，传（zhuàn）诣单于（chán yú）④。单于留之，曰："月氏在吾北，汉何以得往使？吾欲使越⑤，汉肯听我乎？"留骞十馀岁，与妻，有子，然骞持汉节不失⑥。

居匈奴中，益宽，骞因与其属亡乡月氏，西走数十日，至大宛⑦。大宛闻汉之饶财，欲通不得，见骞，喜，问曰："若欲何之？"骞曰："为汉使月氏，而为匈奴所闭道。今亡，唯王使人导送我。诚得至，反汉，汉之赂遗王财物不可胜言。"大宛以为然，遣骞，为发导绎，抵康居⑧，康居传致大月氏。大月氏王已为胡所杀，立其太子为王。既臣大夏而居⑨，地肥饶，少寇，志安乐。又自以远汉，殊无报胡之心。骞从月氏至大夏，竟不能得月氏要领。

留岁馀，还，并南山，欲从羌中归⑩，复为匈奴所得。留岁馀，单于死，左谷蠡王攻其太子自立⑪，国内乱，骞与胡妻及堂邑父俱亡归汉。汉拜骞为太中大夫，堂邑父为奉使君⑫。

骞为人强力，宽大信人，蛮夷爱之。堂邑父故胡人，善射，穷急射禽兽给食。初，骞行时百馀人，去十三岁，唯二人得还。

骞身所至大宛、大月氏、大夏、康居，而传闻其旁大国五六，具为天子言之。

骞以校尉从大将军击匈奴，知水草处，军得以不乏，乃封骞为博望侯，是岁元朔六年也⑬。其明年，骞为卫尉，与李将军俱出右北平击匈奴⑭。匈奴围李将军，军失亡多；而骞后期，当斩，赎为庶人。

是后天子数问骞大夏之属。骞既失侯，因言曰："臣居匈奴中，闻乌孙王号昆莫⑮，昆莫之父，匈奴西边小国也。匈奴攻杀其父，而昆莫生弃于野。乌嗛肉蜚其上，狼往乳之。单于怪以为神⑯，而收长之。及壮，使将兵，数有功，单于复以其父之民予昆莫，令长守于西域。昆莫收养其民，攻旁小邑，控弦数万，习攻战。单于死，昆莫乃率其众远徙，中立，不肯朝会匈奴。匈奴遣奇兵击，不胜，以为神而远之，因羁属之⑰，不大攻。今单于新困于汉，而故浑邪地空无人⑱。蛮夷俗贪汉财物，今诚以此时而厚币赂乌孙，招以益东，居故浑邪之地，与汉结昆弟⑲，其势宜听，听则是断匈奴右臂也。既连乌孙，自其西大夏之属皆可招来而为外臣。"天子以为然，拜骞为中郎将，将三百人，马各二匹，牛羊以万数，赍（jī）金币帛直数千巨万⑳，多持节副使，道可使，使遗之他旁国。

骞既至乌孙，乌孙王昆莫见汉使如单于礼㉑，骞大惭，知蛮夷贪，乃曰："天子致赐，王不拜则还赐。"昆莫起拜赐，其他如故。骞谕使指曰："乌孙能东居浑邪地，则汉遣翁主为昆莫夫人㉒。"乌孙国分，王老，而远汉，未知其大小，素服属匈奴日久矣，且又近之，其大臣皆畏胡，不欲移徙，王不能专制。骞不得其要领。

骞因分遣副使使大宛、康居、大月氏、大夏、安息、身毒、于阗、扜弥及诸旁国㉓。乌孙发导译送骞还，骞与乌孙遣使数十人，马数十匹报谢，因令窥汉，知其广大。

骞还到，拜为大行，列于九卿。岁馀，卒㉔。

乌孙使既见汉人众富厚，归报其国，其国乃益重汉。其后岁馀，骞所遣使通大夏之属者皆颇与其人俱来，于是西北国始通于汉矣。然张骞凿空，其后使往者皆称博望侯，以为质于外国，外国由此信之㉕。

①汉中：汉郡名，郡治西城，在今陕西安康西北。按：张骞的故乡即今陕西城固县。建元：汉武帝的第一个年号（前140—前135年）。郎：皇帝的侍从人员。②匈奴：古族名，其主要活动地区约在今内蒙古与蒙古国境内。月氏：古族名，最初活动在今甘肃祁连山一带，后被匈奴攻击，大部西迁至今阿富汗北部的喷赤河流域。在当时的大宛西南。饮器：饮酒、饮水之具。一说尿壶。③堂邑：汉县名。甘父：人名。俱出陇西：事在建元三年（前138年）。陇西，汉郡名，郡治狄道，即今甘肃临洮。④传诣单于：传，驿车。单于，匈奴君长的称号。按：此时匈奴的单于名军臣，前161—前126年在位。⑤越：南方的国名，其地约当今之广东、广西及越南北部一带，国都番禺，即今广州市。⑥汉节：汉使者以为凭证的信物。节，此指旌节。⑦大宛：古西域国名，在今中亚费尔干纳盆地，首都贵山城，今称卡桑赛。⑧康居：古西域国名，其地约在今巴尔喀什湖和咸海之间，南及今阿姆河北。国都卑阗，或说即今塔什干。⑨大夏：古西域国名，在当时的月氏以南，约当今阿富汗北部。国都蓝氏城，今称巴里黑。⑩并南山：并，傍，沿着。南山，指今新疆塔里木盆地南侧的昆仑山，再东行即阿尔金山，再东行就是甘肃南侧的祁连山。羌中：羌人居住的地区，约当今之青海东部一带。⑪单于死：指军臣单于死，事在武帝元朔三年（前126年）。左谷蠡王：匈奴东部地区的头领，位在左贤王之下，此人是军臣单于之弟，名唤伊稚斜，前126—前114年为单于。⑫太中大夫：皇帝的侍从官员，掌议

414

论。奉使君：封号名，不掌实事。⑬大将军：国家的最高军事长官名，此指卫青。元朔六年：前123年。⑭其明年：当作"后二年"，即元狩二年（前121年）。卫尉：主管统兵护卫宫廷。李将军：即李广。右北平：汉郡名，郡治平刚，今辽宁凌源西南。⑮乌孙：古族名，约在今我国新疆西北部和与之邻近的哈萨克斯坦、吉尔吉斯斯坦一带。⑯嗛：衔在口中。蜚：通"飞"。单于怪以为神：此指冒顿单于（前209—前174年在位）时事。⑰羁属：松散性的归属。⑱今单于：指伊稚斜（前126—前114年在位）。浑邪：匈奴西部地区的部落名，元狩二年（前121年）其王率部众降汉。⑲厚币：厚礼。币，礼品。昆弟：兄弟。⑳中郎将：皇帝的卫队长，上属郎中令。巨万：即"亿"。㉑如单于礼：与匈奴单于接见汉朝使者的礼数相同。据《匈奴列传》，"匈奴法，汉使非去节而以墨黥面者不得入穹庐"。㉒翁主：诸侯家的女儿。旧说皇帝的女儿出嫁，由公爵为之主婚，故谓之"公主"；诸侯的女儿出嫁，则由父亲为之主婚，故谓之"翁主"。㉓安息：古国名，约当今之伊朗一带。身毒：古国名，约当今之印度一带。于阗：当时的西域国名，在今新疆和田一带。扜弥：当时的西域国名，在今新疆和田县东。㉔大行：即大行令，也称典客，朝官名，主管少数民族事务。岁馀，卒：张骞于元鼎二年为大行令，三年（前114年）卒。㉕凿空：凿孔，即今所谓"开辟通道"。质：信，凭证。

张骞是汉中人，在汉武帝建元年间为郎官。有一次汉武帝向匈奴投降过来的人询问事情，那些人说起匈奴曾经打败过月氏人，把月氏王的人头骨做了酒器。月氏人逃亡到了他乡，对匈奴非常怨恨，但找不到和他们一起反击匈奴的同盟者。而汉朝这时正准备消灭匈奴人，所以武帝一听此言，立刻就想派人去同月氏人联络。但是从汉朝的国土到月氏其间必须经过匈奴境内，于是武帝就公开招募能出使月氏的人。这时张骞就以郎官的身份应募，他和堂邑氏家的一个名叫甘父的匈奴奴隶一起由陇西出发了。在他们中途经过匈奴时，被匈奴人俘获押送到了单于那里。单于把他们扣留了下来，说："月氏在我们的北方，汉朝怎么能派人到那里去呢？如果我们要派人去越国，汉朝人能答应吗？"就这样把张骞一扣十多年。在这十来年里，他们让张骞娶了妻室，生了孩子，但是张骞却一直保存着汉朝的符节没有丢失。

后来在那里住的时间一长，匈奴人对他们的看管也就逐渐放松了，于是张骞就乘机带着他的部下一起向着月氏的方向逃去。他们向西走了几十天到达了大宛。大宛王早就听说汉朝物产丰富，想要通使而无法做到，这回见到了张骞，喜出望外，他们问张骞说："你们是想去什么地方呢？"张骞说："我是受汉朝派遣前往月氏，而中途被匈奴所拦阻，今天逃到了这里，希望你能派人送我去。如果我能到达月氏，再回到汉朝，那么汉朝肯定会送给你数不清的东西。"大宛人觉得有理，就给他配了向导和翻译打发张骞上路了。他们先到了康居，康居人又转送到了大月氏。当时大月氏的人们因为国王已经被匈奴所杀，就立了国王的儿子为王。后来他们又征服了大夏而在那里住了下来。那里的土地肥沃，物产富饶，也不会受到什么人的侵扰，因而在那里过得很愉快。再加上他们觉得离着汉朝又那么远，所以根本没有什么对匈奴报仇雪恨的意思。张骞又从月氏到过大夏，但最后也没有弄准月氏人的真正想法。

张骞在月氏住了一年多，准备回国了，这次他是沿着南面的大山往东走，想通过羌人住的地方回长安，不料半道上又被匈奴人捉住被拘留了一年多。后来老单于死了，左谷蠡王打跑了单于的太子而自己做了单于，匈奴发生了混乱，于是张骞就趁机带着他在匈奴娶的妻子和他去时所带的那个堂邑氏家的胡奴一同逃回汉朝。汉朝封张骞为太中大夫，封那个堂邑氏家的胡奴为奉使君。

张骞为人坚毅果敢，待人宽厚讲究信用，那些蛮夷都很喜欢他。而那个堂邑家的胡奴本来就是个匈奴人，很会射箭，路上当他们没有吃的东西时就射鸟兽充饥。张骞开始出去的时候带着一百多人，等到过了十三年，只有他和胡奴甘父两个人活着回来了。

张骞亲自到的地方有大宛、大月氏、大夏、康居，他听说那里附近还有五六个大国，他把这些一一地向汉武帝作了汇报。

后来张骞以校尉的身分跟随大将军卫青讨伐匈奴，因为他熟悉哪里有水草，所以军队的给养没发生困难，回来被封为博望侯。这一年是汉武帝元朔六年。第二年，张骞又以卫尉的身分，和李广一道出右北平讨伐匈奴。结果李广的军队被匈奴包围了，损失惨重；而张骞则因为没能按期到达该杀头，自己花钱赎成了平民。

后来汉武帝又多次向张骞询问大夏诸国的情况。这时张骞正失掉了侯爵，于是便说道："我在匈奴的时候，听说乌孙的国王名叫昆莫，而昆莫的父亲，是匈奴西边的这个小国的君主，匈奴人进攻乌孙把昆莫的父亲杀了。昆莫一出生就被扔在荒郊野地里，这时有许多乌鸦衔着肉在他的上空盘旋，有母狼去给他喂奶。匈奴单于感到很神奇，于是就把他收养了起来。等到昆莫长大后，单于派他去领兵打仗，他又多次地立了功，于是单于就把昆莫父亲的那些老部下还给了昆莫，让他带着去长期守卫匈奴的西部边陲。昆莫把乌孙的民众召集起来后，领着他们攻击附近的小部落，渐渐地有了士兵几万人，昆莫又进一步训练他们作战的本领。等到匈奴单于一死，昆莫就率领着他的军民远远地向西方转移，并在各国之间保持中立，不再向匈奴朝拜。在此期间匈奴也曾派遣奇兵袭击过他们，但未能取胜，于是匈奴也就觉得他们神奇而不再逼近他们了，只是名义上管辖着他们，而不再对他们大动干戈。到了现在，匈奴单于刚被汉朝打败，而过去浑邪王的属地又空无人烟。蛮夷们总是贪图汉朝财物的，现在如果能趁着这个时机用厚礼去拉拢乌孙，让他们向东移动住到浑邪王过去居住的地方上来，让他们与汉朝结为兄弟之好，从现在的形势看来他们是会听从我们的，如果他们和我们结成联盟那就等于斩断了匈奴的右臂。而且我们一旦联合了乌孙，那么乌孙以西的大夏等国就都可以招引来做我们的外臣。"汉武帝认为说得有道理，于是就封张骞为中郎将，让他率领着三百人，每人两匹马，还有牛羊几万只，还带着价值几千亿的金银布帛，还派了好多手持旌节的副使，准备着在半道上随时可以派遣他们去别的国家。

张骞到达乌孙后，乌孙王昆莫接见汉朝使者同接见单于的使者礼节一样，张骞觉得像是受到了莫大的耻辱。他知道蛮夷贪爱汉朝的财物，就说："天子送礼物给你，你要不叩头拜谢就请把东西退回。"于是昆莫王才起身叩头接受了礼物，但其他的礼节还是照他们的原样。这时张骞就向昆莫表达这次出使的意图说："乌孙如果能够东移迁到浑邪王的旧地上去住，那么汉朝将遣送刘家诸侯王的女儿做昆莫王的夫人。"但是由于乌孙国家分裂，国王又老，再加上他们离着汉朝又远，也不知道汉朝究竟有多大，相反地他们长期以来是服属于匈奴的，他们离着匈奴又近，所以他们的大臣们都害怕匈奴，不想东迁，昆莫王自己不能独断专行，所以张骞白说了半天也得不到一个明确的答复。

这时张骞就派他的副使们分别出使大宛、康居、大月氏、大夏、安息、身毒、于阗、扜弥以及附近的其他国家，而后乌孙就派向导和翻译送张骞回汉朝了。张骞带着乌孙所派的使者几十个人、好马几十匹一起回到了长安向朝廷报谢，乌孙派这么多使者的目的是让他们察看汉朝的虚实，看看汉帝国到底有多大。

张骞回到朝廷后，被封为大行，爵位同于九卿。又过了一年多，张骞去世了。

乌孙使者亲眼看到了汉朝的人口众多物产丰富后，回去报告了国王，从此乌孙开始重视汉朝。在这以后的一年多里，张骞派到大夏等国去的那些副使们也都带着所去国家的使臣相继回到了汉朝，从此西北方的各个国家开始与汉朝互通往来了。因为这条路是张骞首先打开的，所以往后凡是到那些国家去的使者都自称是博望侯，用他的名声来取得外国的信任，而外国人也的确因此而相信这些汉朝的使者。

《大宛列传》是《史记》中有关西域问题的唯一作品，其上半部分写了张骞通西域的活动，下半部分写了李广利的伐大宛。由于司马迁对汉武帝的"征伐四夷"持反对态度，所以他在本文中对张骞和李广利都不是赞扬的，尤其对李广利简直是口诛笔伐，是《史记》中批评武帝政治最尖锐的篇章之一。

张骞是我国古代第一个有名的大探险家，他不仅有吃苦耐劳、坚韧不拔的意志，而且有感人的民族气节。他被匈奴扣留前后十多年，"持汉节不失"，与苏武的情况相同。而两千年来苏武名震天下，小说、戏曲传颂不绝，而张骞则几乎掩抑无闻，这实在是不公平的。而这种不公平状况的出现，在很大程度上即起源于司马迁对张骞的冷漠。张骞被匈奴扣留十多年，一旦逃出，不是逃回汉朝，而是立即奔向西域诸国，去继续完成他的使命，这样的使臣自古以来有几个？由于张骞的两次出使，正式建立了汉王朝与西域诸国的外交联系，张骞的副手们曾远达伊朗、伊拉克，并间接与当时的罗马帝国互通声闻。从此，东西方的陆路交通更加畅通，更加为世人所注意，这就是今天人们通常所说的"丝绸之路"。从今天的观点看来，如果说苏武的崇高主要是在民族气节，其影响主要还是在国内的话，那么张骞的伟大，就不仅是在气节上，而其贡献之卓越、影响之深远，也就远远不能局限在一个国家的范围之内了。

游侠列传
郭解无辜被族

郭解，轵（zhǐ）人也①，字翁伯，善相人者许负外孙也②。解父以任侠，孝文时诛死。解为人短小精悍，不饮酒。少时阴贼，慨不快意，身所杀甚众。以躯借交报仇，藏命作奸剽攻不休，及铸钱掘冢，固不可胜数。适有天幸，窘急常得脱，若遇赦。及解年长，更折节为俭，以德报怨，厚施而薄望。然其自喜为侠益甚。既已振人之命，不矜其功，其阴贼著于心，卒发于睚眦（yá zì）如故云。而少年慕其行，亦辄为报仇，不使知也。解姊子负解之势，与人饮，使之嚼③。非其任，强必灌之。人怒，拔刀刺杀解姊子，亡去。解姊怒曰："以翁伯之义，人杀吾子，贼不得。"弃其尸于道，弗葬，欲以辱解。解使人微知贼处。贼窘自归，具以实告解。解曰："公杀之固当，吾儿不直。"遂去其贼，罪其姊子，乃收而葬之。诸公闻之，皆多解之义，益附焉。

解出入，人皆避之。有一人独箕倨视之，解遣人问其名姓。客欲杀之，解曰："居邑屋至不见敬，是吾德不修也，彼何罪！"乃阴属尉史曰④："是人，吾所急也，至践更时脱之。"每至践更，数过，吏弗求。怪之，问其故，乃解使脱之。箕踞者乃肉袒谢罪。少年闻之，愈益慕解之行。

雒阳人有相仇者，邑中贤豪居间者以十数，终不听。客乃见郭解。解夜见仇家，仇家曲听解。解乃谓仇家曰："吾闻雒阳诸公在此间，多不听者。今子幸而听解，解奈何乃从他县夺人邑中贤大夫权乎！"乃夜去，不使人知，曰："且无用，待我去，令雒阳豪居其间，乃听之。"

解执恭敬，不敢乘车入其县廷。之旁郡国，为人请求事，事可出，出之；不可者，各厌其意⑤，然后乃敢尝酒食。诸公以故严重之，争为用。邑中少年及旁近县贤豪，夜半过门常十余车，请得解客舍养之。

及徙豪富茂陵也⑥，解家贫，不中訾⑦，吏恐，不敢不徙。卫将军⑧为言"郭解家贫不中徙"。上曰："布衣权至使将军为言，此其家不贫。"解家遂徙。诸公送者出千余万。轵人杨季主子为县掾（yuàn）⑨，举徙解。解兄子断杨掾头。由此杨氏与郭氏为仇。

解入关，关中贤豪知与不知，闻其声，争交欢解。解为人短小，不饮酒，出未尝有骑。已又杀杨季主。杨季主家上书，人又杀之阙下⑩。上闻，乃下吏捕解。解亡，置其母家室夏阳⑪，身至临晋⑫。临晋籍少公素不知解，解冒，因求出关。籍少公已出解，解转入太原⑬，所过辄告主人家。吏逐之，迹至籍少公，少公自杀，口绝。久之，乃得解。穷治所犯，为解所杀，皆在赦前。轵有儒生侍使者坐，客誉郭解，生曰："郭解专以奸犯公法，何谓贤！"解客闻，杀此生，断其舌。吏以此责解，解实不知杀者。杀者亦竟绝，莫知为谁。吏奏解无罪。御史大夫公孙弘议曰⑭："解布衣为任侠行权，以睚眦杀人，解虽弗知，此罪甚于解杀之。当大逆无道。"遂族郭解翁伯。

①轵：汉县名，县治在今河南省济源市南。②许负：善相人者。其相人事见于《绛侯周勃世家》《外戚世家》。③嚼：同"釂"，犹今之所谓"干杯"。④属：同"嘱"，嘱托。尉史：县尉手下的小吏，主管征发徭役等事。⑤厌：同"餍"，饱，满足。⑥茂陵：汉武帝的陵墓，在今陕西省兴平市东北。当时地属槐里县（后改为茂陵县）。建元二年（前139年），因建茂陵，曾迁各地富豪入居之。元朔二年（前127年），又迁郡国富豪于茂陵，郭解之迁即在此时。⑦不中訾：家财够不上搬迁的规定数目。按：当时规定家资三百万以上者迁茂陵。訾，通"资"。⑧卫将军：即卫青，以伐匈奴功封大将军，事迹见《卫将军骠骑列传》。⑨县掾：县令手下的曹吏。掾，各种曹吏的统称。⑩阙下：指宫门前。古代的王宫正门外，建有双阙，故云。⑪夏阳：汉县名，县治在今陕西省韩城市西南。⑫临晋：汉县名，县治在今陕西省大荔东。⑬太原：汉郡名，郡治晋阳，在今山西省太原市西南。⑭御史大夫：主管监察弹劾的最高长官，秦、汉时为三公之一。公孙弘：是个以读《公羊春秋》出名，在汉武帝尊儒中位居丞相的人物，事迹详见《平津侯主父列传》。

郭解是轵县人，字翁伯，是当时著名相士许负的外孙。郭解的父亲因为任侠，在孝文帝时被处死。郭解为人身材短小，精明勇健，不喝酒。他少年时残忍狠毒，稍不如意就动手杀人，被他杀掉的人很多。他不惜豁出命去为朋友报仇，窝藏亡命之徒，犯法抢劫，以及私造钱币，挖掘坟墓等，难以指说。但他运气好，每次碰到危难，总是能够逃脱,不然就是遇上朝廷大赦。到郭解长大成人时,一下子变成了一个谨慎守法的人。他用恩德回报别人的仇怨,给别人的多而希望取得的少,但他行侠尚义的本性却更加突出了,他救完了人家的命,从不夸耀自己的功劳。他把残忍深藏在心底,说不定什么时候会因一点小事而突然爆发起来。许多年轻人仰慕他的行为,也常常为他报仇,而又不让郭解本人知道。郭解姐姐的儿子倚仗郭解的势力,与人饮酒,劝人干杯。人家喝不了,他非灌人家不可,逼得人急了,动手将其杀死,而后逃走了。郭解的姐姐生气地对郭解说:"凭你这么大的名气,有人杀了我的儿子,凶手竟然抓不到?"于是把儿子的尸体扔在道上,不埋葬,想让郭解难堪。郭解暗中派人探听到了凶手的去向。凶手没有办法了,只好来向郭解自首,他如实地说明了真相。郭解说:"你杀得对,是我们的孩子没有道理。"于是放走了凶手,而归罪于自己的外甥,把他的尸体收起来埋葬了。大家听说这件事后,都称赞郭解的义气,而归附他的人就更多了。

郭解每次出门,人们都给他让路,唯有一个人傲慢地叉着腿坐在那里看着郭解。郭解叫人去问那人的姓名,门下的人想要杀他,郭解说:"同住在一个县城而不受人敬重,是我的德行没有修好,他有什么罪!"于是暗中告诉县尉手下的小吏说:"那个人是我所关心的,等轮到该他出徭役时请免掉他。"因此那个人好几次该去服徭役了,县吏都不找他。他很奇怪,去问是什么缘故,这才知道是郭解说情免了他的徭役。于是这个人就光着背来向郭解请罪。当地的青年们听说这件事,对郭解的行为就更加仰慕了。

雒阳有两个人彼此结了仇,当地的贤豪十几个人都来给他们调和过,但始终没能解决。于是有人就去请郭解。郭解夜间去找这两家仇人,两个仇家看郭解的面子勉强接受了调停。郭解对这两个仇家说:"我听说雒阳的许多贤豪都给你们调解过,你们都没有听;现在你们听从我的调停和解了,我怎么能侵夺人家本县贤豪的调停权利呢?"于是连夜离开了雒阳,不愿意让别人知道此事,临走时还说:"你们暂时先别听我的话,等我走后,当雒阳的贤豪们再来调解时,那时你们再照办。"

郭解为人谦敬,从来不敢坐着车子进县衙。到其他郡国为人办事时,事情可以解决的,就尽量解决好;不能解决的,也都设法让人们得到一定程度的满意,然后他才吃得下饭。大家因此更加尊重他,争着为他效力。本城的少年以及其他邻县的贤豪,一夜之间往往就有十来拨人赶着车子到郭解家去接一些被掩护的人回去供养。

等到汉武帝下令强迫各地的富翁往茂陵搬迁时，郭解家里贫穷，财产的数目够不上搬迁的标准，可是因为下面办事的官吏害怕上面怪罪，不敢不让他搬迁。这时大将军卫青替郭解求情说："郭解家里贫苦，不够搬迁条件。"皇帝说，"一个平民居然能使将军替他说情，说明这个人家绝不穷。"于是郭解就被勒令搬迁了。郭解上路时有成千上万的人来送他。轵县人杨季主的儿子在县里为吏，是他提出让郭解搬迁的。于是郭解哥哥的儿子就砍了这个县吏的头，从此杨家与郭家结了仇。

郭解搬迁入关后，关中的贤豪无论认识的还是不认识的，都凭着郭解的名声争先恐后地来和郭解交朋友，郭解为人矮小，不喝酒，出门也没有随从的车马。后来又有人杀了杨季主，杨季主家里的人上书告郭解。又有人把上告郭解的人杀死在皇宫大门外。皇帝知道后，下令逮捕郭解，郭解逃跑了。他把他的母亲和其他家属安置在了夏阳，自己逃到了临晋。把守临晋的籍少公平时不认识郭解，今天贸然来投，请求出关，籍少公就仗义地放走了他。郭解辗转到了太原，所过之处，他都把自己的去向告诉给招待过他的人家。官吏一路上追查郭解，待至追查到籍少公这里，籍少公自杀了，线索从此断绝。很久以后，官府才抓到了郭解。他们四处调查郭解的罪行，结果发现郭解杀人的事都发生在大赦以前。这时轵县有一个儒生，陪着前来访查郭解罪行的使者谈话，座中有人称赞郭解是好人，这个儒生说："郭解专门作奸犯科，怎么能说是好人！"郭解的门客听说此事后，很快地又杀了这个儒生，而且割去了他的舌头。法吏们向郭解追问此事，但郭解实在不知道杀人者是谁。而杀人者也从此销声匿迹，根本查不出是谁了。法官们只好宣布郭解无罪。这时御史大夫公孙弘说："郭解作为一个平民百姓，居然敢充好汉使威权，因为一点小事杀人。这一次他虽然不知道，但其罪过比他自己杀人还要重，应该判他个大逆不道。"郭解于是被满门抄斩了。

《游侠列传》是司马迁为汉初以来社会上存在过的"布衣之侠"所立的类传，其中所写的人物有朱家、王仲、王公、剧孟、郭解等。与"布衣之侠"相对的是"贵族之侠"，司马迁用以指孟尝君、平原君、信陵君等人。二者相比，司马迁认为"平民之侠"的行为品质尤为可贵。司马迁之所以歌颂游侠，表现了他对汉代法制的痛恨与绝望，本文与《伯夷列传》都是对现实社会批判最尖锐、抒发愤世之情最强烈的篇章。我们这里选了《郭解无辜被族》一段。

郭解是司马迁最敬佩、也是《游侠列传》中结局最悲惨的人物。他少年时以侠义自命，犯法杀人在所不惜；后来洗手不干，已经过去多年，但由于上至朝廷下至地方小吏都对之极端敌视，故先强制搬迁，后又强加罪名无辜地将其灭了族，这是极其冤枉的。郭解的被族灭是汉武帝与丞相公孙弘共同定的案，而司马迁则硬是敢冒天下之大不韪地为郭解鸣不平，为之歌功颂德、树碑立传。这种公然与当朝皇帝对着干的勇气既前无古人，也后无来者，《游侠列传》无疑是《史记》中批判性、战斗性最强的篇章。

滑稽列传
淳于髡巧谏齐威王

　　淳于髡者，齐之赘婿也①。长不满七尺，滑稽多辩，数使诸侯，未尝屈辱。齐威王之时②，喜隐，好为淫乐长夜之饮，沉湎不治，委政卿大夫，百官荒乱，诸侯并侵，国且危亡，在于旦暮，左右莫敢谏。淳于髡说之以隐曰："国中有大鸟，止王之庭，三年不蜚又不鸣③，王知此鸟何也？"王曰："此鸟不飞则已，一飞冲天；不鸣则已，一鸣惊人。"于是乃朝诸县令长七十二人，赏一人，诛一人，奋兵而出。诸侯振惊④，皆还齐侵地。威行三十六年。语在《田完世家》中。

　　威王八年⑤，楚大发兵加齐。齐王使淳于髡之赵请救兵，赍金百斤，车马十驷。淳于髡仰天大笑，冠缨索绝。王曰："先生少之乎？"髡曰："何敢！"王曰："笑，岂有说乎？"髡曰："今者臣从东方来，见道傍有禳（rǎng）田者，操一豚（tún）蹄，酒一盂，祝曰：'瓯窭（lóu）满篝，污邪满车，五谷蕃熟，穰穰满家。'臣见其所持者狭而所欲者奢，故笑之。"于是齐威王乃益赍黄金千镒⑥，白璧十双，车马百驷（sì）。髡辞而行，至赵，赵王与之精兵十万，革车千乘。楚闻之，夜引兵而去。

　　威王大说，置酒后宫，召髡赐之酒，问曰："先生能饮几何而醉？"对曰："臣饮一斗亦醉，一石亦醉。"威王曰："先生饮一斗而醉，恶能饮一石哉！其说可得闻乎？"髡曰："赐酒大王之前，执法在傍，御史在后⑦，髡恐惧俯伏而饮，不过一斗径醉矣。若亲有严客，髡帣（juǎn）韝（gōu）鞠䠱（jì）⑧，侍酒于前，时赐馀沥，奉觞上寿，数起，饮不过二斗径醉矣。若朋友交游，久不相见，卒然相睹⑨，欢然道故，私情相语，饮可五六斗径醉矣。若乃州闾之会，男女杂坐，行酒稽留，六博投壶，相引为曹，握手无罚，目眙（shì）不禁，前有堕珥（ěr），后有遗簪，髡窃乐此，饮可八斗而醉二参⑩。日暮酒阑，合尊促坐，男女同席，履舄（xì）交错，杯盘狼藉，堂上烛灭，主人留髡而送客，罗襦（rú）襟解，微闻芗泽⑪，当此之时，髡心最欢，能饮一石。故曰酒极则乱，乐极则悲，万事尽然。言不可极，极之而衰。"以讽谏焉。齐王曰："善。"乃罢长夜之饮，以髡为诸侯主客。宗室置酒，髡尝在侧⑫。

①赘婿：因家贫或其他原因将男孩子送到女家为婿。②齐威王：姓田，名因齐，前356—前320年在位，是战国时期最有作为的国君之一。③蜚：通"飞"。④振：通"震"。⑤威王八年：前349年。⑥镒：重量单位，二十四两（或说二十两）为一镒。⑦执法、御史：这里均指监酒行令的人员，非朝廷官员。⑧䠱：同"跽"，挺身直跪。⑨卒：通"猝"，突然。⑩参：同"三"。⑪芗泽：香泽。芗，通"香"。⑫尝：通"常"。

淳于髡是齐国的一个倒插门的女婿，身高不到七尺，滑稽幽默，很有口才，多次出使诸侯国，从没有给国家丢过脸。齐威王喜欢听隐语，爱好整夜饮酒淫乐，把国家政事都交给卿大夫去管，结果百官胡作非为，各诸侯国都趁机来打它，国家的危亡就在眼前了，可是齐王左右的人都不敢解劝。这时淳于髡就用隐语对齐威王说："有一只大鸟，落在国王的院子里，已经三年了，不飞也不叫，大王知道这只鸟是怎么回事吗？"齐威王说："这只鸟不飞便罢，一飞冲天；不鸣便罢，一鸣惊人。"说完之后，立刻召集齐国境内各县的县令、县长七十二人都来开会，会上奖励了一个人，杀掉了一个人，接着发兵出战，各个国家都很震惊，赶快把侵占去的土地还给了齐国。从此齐威王称霸三十六年，详情记在《田完世家》中。

齐威王八年，楚国派大军攻打齐国。齐王派淳于髡去赵国请求援兵，让他带着黄金百斤、马车十辆做礼物。淳于髡一看，哈哈大笑，以至于笑得把帽带都挣断了。齐王说："先生是嫌礼物少吗？"淳于髡说："怎敢嫌少！"齐王说："那你为什么笑呢？"淳于髡说："刚才我从东面来时，看见路边有个农民在那里祭田神。他左手拿着一只猪蹄，右手举着一杯酒，祝祷说：'请保佑我高坡的收成满筐量，坑洼的收成用车装；五谷丰登，粮食满仓。'我看他拿出来的祭品虽然不多，但想要的东西却蛮不少的哩！所以我笑他。"齐威王于是给他增添为黄金千镒、白璧十对、车马百辆。淳于髡辞别威王，到了赵国。赵王为淳于髡派出了精兵十万，战车千辆。楚军听到这个消息，当夜就撤兵回去了。

　　齐威王很高兴，在后宫摆了酒宴，请淳于髡喝酒。齐王问他："先生能喝多少酒才醉？"淳于髡回答说："我喝一斗也醉，喝一石也醉。"齐王说："先生喝一斗就醉了，怎么能喝一石呢？其中的道理能说出来听听吗？"淳于髡说："比如让我在大王面前喝酒，执法的官吏在旁边盯着，负责纠察的御史在背后看着，我一个人战战兢兢地跪在地上喝，这样不用一斗就醉了。再比如家里的长辈来了客人，让我卷着袖子，打拱作揖地在筵前侍候，我不时地给客人敬酒，客人也不时地赏给我点酒吃，这样，用不到二斗我也就醉了。如果老朋友许久不见，突然相遇，高兴地讲讲过去的事情，好好地说说心里话，这样大概就能喝到五六斗。如果是乡里间聚会，男男女女坐在一起，又完全没有时间限制，酒席上又有六博、投壶等各种游戏，大家可以自己找对手，拉拉扯扯没关系，眉目传情也可以，以至于身前有女人掉下的耳环，背后有男人遗落的簪子，我喜欢这种场面。在这种情况下，我喝上八斗也顶多不过有二三分醉。如果再碰上天色已晚，酒席将散，大家把剩余的酒菜合并在一张桌子上，男男女女挤坐在四周。鞋子混杂，杯盘散乱。再如果堂上的蜡烛已经烧完，主人又出去送客了，而单单留下我，这时女人的上衣已经解开，我能够隐约地闻到她们肌肤的香气，这个时候，我的心中最乐，能够喝一石。所以说，酒喝多了就会出乱子，欢乐到极点就会转为悲哀。一切都是如此。什么事情都不能过分，过分了就会垮台。"淳于髡是想借着说酒来劝谏齐威王。齐威王说："讲得好！"于是立刻改掉了彻夜纵酒的习惯，让淳于髡负责接待各国来往的使节。从此以后齐国不论哪家贵族摆宴，淳于髡都在一旁加以节制监督。

滑稽列传
西门豹治邺

魏文侯时①,西门豹为邺令②。豹往到邺,会长老③,问之民所疾苦。长老曰:"苦为河伯娶妇④,以故贫。"豹问其故,对曰:"邺三老、廷掾(yuàn)常岁赋敛百姓⑤,收取其钱得数百万,用其二三十万为河伯娶妇,与祝巫共分其馀钱持归⑥。当其时,巫行视小家女好者,云'是当为河伯妇',即娉取⑦。洗沐之;为治新缯(zēng)绮(qǐ)縠(hú)衣,闲居斋戒;为治斋宫河上,张缇(tí)绛帷,女居其中。为具牛酒饭食,十馀日。共粉饰之,如嫁女床席,令女居其上,浮之河中。始浮,行数十里乃没。其人家有好女者,恐大巫祝为河伯取之⑧,以故多持女远逃亡。以故城中益空无人,又困贫,所从来久远矣。民人俗语曰'即不为河伯娶妇,水来漂没,溺其人民'云。"西门豹曰:"至为河伯娶妇时,愿三老、巫祝、父老送女河上,幸来告语之,吾亦往送女。"皆曰:"诺。"

至其时,西门豹往会之河上。三老、官属、豪长者、里父老皆会⑨,以人民往观之者三二千人。其巫,老女子也,已年七十。从弟子女十人所⑩,皆衣缯单衣,立大巫后。西门豹曰:"呼河伯妇来,视其好丑。"即将女出帷中,来至前。豹视之,顾谓三老、巫祝、父老曰:"是女子不好,烦大巫妪为入报河伯,得更求好女,后日送之。"即使吏卒共抱大巫妪投之河中。有顷,曰:"巫妪何久也?弟子趣之⑪!"复以弟子一人投河中。有顷,曰:"弟子何久也?复使一人趣之!"复投一弟子河中。凡投三弟子。西门豹曰:"巫妪弟子是女子也,不能白事,烦三老为入白之。"复投三老河中。西门豹簪(zān)笔磬(qìng)折⑫,向河立待良久。长老、吏傍观者皆惊恐。西门豹顾曰:"巫妪、三老不来还,奈之何?"欲复使廷掾与豪长者一人入趣之。皆叩头,叩头且破,额血流地,色如死灰。西门豹曰:"诺,且留待之须臾。"须臾,豹曰:"廷掾起矣,状河伯留客之久,若皆罢去归矣。"邺吏民大惊恐,从是以后,不敢复言为河伯娶妇。

西门豹即发民凿十二渠,引河水灌民田,田皆溉。当其时,民治渠少烦苦⑬,不欲也。豹曰:"民可以乐成,不可与虑始⑭。今父老子弟虽患苦我,然百岁后期令父老子孙思我言。"至今皆得水利,民人以给足富。十二渠经绝驰道⑮,到汉之立,而长吏以为十二渠桥绝驰道⑯，相比近，不可。欲合渠水，且至驰道合三渠为一桥。邺民人父老不肯听长吏，以为西门君所为也，贤君之法式不可更也。长吏终听置之。故西门豹为邺令，名闻天下，泽流后世，无绝已时，几可谓非贤大夫哉！

①魏文侯：名斯，战国初期魏国的国君，前445—前396年在位。②邺：魏国的县名，在今河北省临漳县西南。③长老：地方上年高、有势力、有影响的人。④河伯：河神。⑤三老：掌管教化的乡官。廷掾：县令的属吏。⑥祝巫：专门以召鬼降神为职业的人。⑦娉：通"聘"，定婚。取：通"娶"。⑧大巫祝：众巫的头目，即下文的"老女子"。⑨豪长者：即后世的所谓"豪绅"，当地有势力的人物。里父老：乡里有名望的老人。⑩弟子女：即女弟子。⑪趣：通"促"，催促。⑫簪笔磬折：簪笔，古代行礼的一种冠饰，把一支形状似笔的簪子插在冠前。磬折，意即弯腰。磬，一种玉或石制的打击乐器，其形弯曲。⑬少：通"稍"，略微。⑭民可以乐成，不可与虑始：语出《商君书·更法》。以，意通"与"。⑮驰道：天子车驾所走的大道。⑯长吏：地位较高的吏员。《汉书·景帝纪》："吏六百石以上皆长吏也。"

魏文侯在位的时候，西门豹出任邺县的县令。西门豹一到任，就召集长老询问百姓有哪些疾苦。长老说："百姓苦于为河神娶媳妇，被折腾得很穷。"西门豹问具体情况如何，长老回答说："邺县的三老、廷掾每年不断向百姓征收赋税，收上来的钱财有几百万，他们用其中的二三十万给河神娶媳妇，剩下的就同女巫私分了。每到该给河神娶妻的时候，女巫出去寻找一个穷人家长得好的女孩子，就说：'这个应给河神做媳妇。'于是留下聘金，将人强行带走。她们为女孩子洗身沐浴，置办新衣服，让她单独居住斋戒。这时，事先已在河边修建一个斋戒的房屋，挂着红色的帷帐，让那女孩住在里面。还要为她准备可供十几天用的酒食饭菜。送亲那天，她们给女孩梳妆打扮，做一个像是结婚用的床席，让女孩坐在上面，放入水中，让她顺水漂去。开始还浮在水面，过一会儿就沉下去不见了。打有这事以来，那些有漂亮女儿的人家害怕被女巫选中，都纷纷带着女儿逃到远方。所以邺县城里人烟越来越少，剩下的人也越来越穷，这种事情流传至今已经很久了。民间传说：'如果不给河神娶媳妇，河神就要发水把这里的田园百姓一齐淹没。'"西门豹听后说："到了给河神娶媳妇那天，希望三老、女巫和父老乡亲都到河边送新娘，到时请告诉我，我也要去给新娘送行。"大家都答应说："好。"

到了送亲那天，西门豹来到河边。三老、廷掾、豪绅以及乡里的老人都到齐了，普通百姓前去观看的更有两三千人。主持送亲的女巫是个老妇人，年纪已经七十多了。有十来个女徒弟跟着她，都穿着绸制单衣，站在女巫身后。西门豹说："请河神的媳妇过来，让我看看长得行不行。"于是有人扶着新娘走出帷帐，来到西门豹跟前。西门豹打量了一下，回头对三老、女巫和廷掾说："这个女孩不好看，麻烦巫师去告诉河神，让我们另挑个好看的后天给他送去。"说罢就让两个官兵把老巫婆抬起来扔到了河里。等了一会儿，西门豹说："老巫师为啥去了这么长时间还不回来？派个徒弟去催催！"于是又把一个女徒弟扔到了河里。又等了一会儿，西门豹说："这个徒弟怎么也老不回来？再派一个去催催！"又把一个女徒弟扔到河里。前后共有三个女徒弟被扔进河里。西门豹说："看来巫婆和徒弟都是女人，不会禀报事情，麻烦三老帮我们去说说。"于是又把三老扔到河里。西门豹把一支笔样的簪子插在帽上弯腰鞠躬地对着河水站了很久。这时那些站在西门豹旁边的长老、廷掾都吓坏了。西门豹转过身来对大家说："巫师、三老们都不回来，这怎么办？"又打算让廷掾和一个豪绅去催促，两个人都吓得面如死灰，跪在地上磕头，以至于磕破了脑袋血流到地上。西门豹说："好吧，那就再待一会儿。"又过一段时间，才对他们说："都起来吧，看样子河神是要留客人多待一会儿，你们都回去吧！"这可把邺县的官吏和百姓都吓坏了，从此谁也不敢再提为河神娶媳妇的事情。

随后，西门豹便征调民工开凿了十二条渠，引漳河水灌溉农田，当地的田地都得到了灌溉。在动工修渠的时候，曾有些人怕烦怕苦不愿干。西门豹说："百姓们只能事后跟他们一道享福，没法事先和他们商量怎么办。现在乡亲们虽然埋怨我给他们添苦添乱，但百年之后，他们的子孙会记着我今天说过的话。"直到今天，当地还享受着灌溉的好处，百姓们因此而家家富足。西门豹修的这十二条渠正好横穿后来所修的驰道。汉朝建国后，有些官员认为这十二条渠的桥梁割截驰道，而且挨得太近，不太合适，就想把渠道归并，快到驰道时，合三渠共修一桥。邺县的父老们不同意，他们认为这些渠都是西门豹当年修建的，贤人的模式不能改变。官员们只好听从他们的意见,放弃了改建的计划。西门豹虽然只是一个小小的县令,但他的名声传遍天下,他的恩泽流传后代,无止无休,这难道不是一位好长官吗?

《滑稽列传》是司马迁为帝王身边的俳优所立的类传。俳优是古代侍候在帝王身边,闲暇时插科打诨,专门给帝王开心解闷的人,有些是侏儒,有些是赘婿,都是为人所不齿的奴才之辈。但司马迁却认为这些人尽管身分低贱,但其中有些人却很有正义感,甚至直言敢谏,而这些又往往是那些名公巨卿们所不敢做,或做不来的。因此这篇作品突出地表现了司马迁强烈的民主思想,反映了他尊重小人物、为下层人树碑立传的进步历史观。本篇所写的人物有战国时齐国的淳于髡、春秋时楚国的优孟与秦朝的优旃。我们这里只选了《淳于髡谏齐威王》这篇最负盛名的故事。

《滑稽列传》的篇后附有褚少孙的一段续写文字,又补叙了几个以"滑稽"见称的人物,他们是汉武帝时期的郭舍人、东方朔、东郭先生等,最后写的是战国初期魏文侯时代的杰出地方官西门豹,内容即家喻户晓的"河伯娶妇"的故事。褚少孙所补写的其他几个人的确有"滑稽"成分,但大多思想庸俗,不值一讲;而西门豹事迹应与吴起并称,或者入《循吏列传》。褚少孙只根据西门豹打击邪恶势力所采取的手段有些"滑稽"遂将其列入《滑稽列传》,实在大不相合。但由于历代相沿如此,所以我们只好仍在这里选出。

货殖列传
司马迁言利

《周书》曰①:"农不出则乏其食,工不出则乏其事,商不出则三宝绝②,虞不出则财匮少。"财匮少而山泽不辟矣。此四者,民所衣食之原也。原大则饶,原小则鲜(xiǎn)。上则富国,下则富家。贫富之道,莫之夺予,而巧者有馀,拙者不足。故太公望封于营丘③，地潟（xì）卤，人民寡，于是太公劝其女功，极技巧，通鱼盐，则人物归之，襁（qiǎng）至而辐凑。故齐冠带衣履天下，海岱之间敛袂而往朝焉。其后齐中衰，管子修之④，设轻重九府，则桓公以霸，九合诸侯，一匡天下；而管氏亦有三归⑤，位在陪臣⑥，富于列国之君。是以齐富强至于威、宣也⑦。

故曰："仓廪实而知礼节，衣食足而知荣辱。"礼生于有而废于无。故君子富，好行其德；小人富，以适其力。渊深而鱼生之，山深而兽往之，人富而仁义附焉。富者得势益彰，失势则客无所之，以而不乐，夷狄益甚。谚曰："千金之子，不死于市。"此非空言也。故曰："天下熙熙，皆为利来；天下壤壤，皆为利往。"夫千乘（shèng）之王，万家之侯，百室之君，尚犹患贫，而况匹夫编户之民乎！

① 《周书》：指《逸周书》，共七十篇，记周朝上起文王、武王，下至灵王、景王时事。大抵成于春秋后期，战国人又有附益。② 三宝：即指农所出之"食"，工所成之"事"，虞所出之"财"（材料、货物），这三者都要靠商贾来使之流通交换。③ 太公望：即姜太公吕望，周武王的开国元勋，被封于齐，事见《齐太公世家》。营丘：后改称临淄，齐国的国都，在今山东省淄博市的临淄区。④ 管子：即管仲，齐桓公（前685—前643年在位）的相，事见《管晏列传》。⑤ 三归：众说不一，一说指娶三房家室，一说指三处供游赏的华丽高台，一说指齐国税收的三分之一。此处当指最后一义。⑥ 陪臣：指诸侯国的大夫，以其对周天子自称"陪臣"，故云。⑦ 威：齐威王，姓田，名因齐，前356—前320年在位，是战国时期有作为的国君之一。宣：指齐宣王，名辟强，威王之子，前319—前301年在位。

《周书》说："农夫不干活人们就没有吃的，工匠不干活人们就没有用的，商人不活动东西就无法流通，山林湖海不开发社会上的物资就要短少。"物资短少而许多事情就无法进行了。从事这四种行业的人，都是人们生活必需品的制造者。这些行业发展得好社会就富裕，发展得不好社会就贫困。它上可以富国，下可以富家。人间的贫富，并不是谁想怎么就怎么的，而是聪明善于经营的就富，笨拙不善于经营的就穷。姜太公当年被封在营丘，那里土地贫瘠，多盐碱，居民又少，姜太公到来之后就鼓励妇女们纺织刺绣，提高工艺，发展捕鱼制盐，因而吸引得各方的人都携儿带女地前去投奔他。齐国制造的鞋帽远销于大中华全国各地，东海泰山之间的许多小国都毕恭毕敬地去朝拜它。后来齐国一度衰落了，待至管仲执政，又重新修明国政，发展各种金融事业，辅佐齐桓公成了春秋时的霸主。齐国在当时曾多次召集诸侯会盟，又一度平定了周国的内乱；而管仲个人的家庭也获得了重大的经济利益，以至于他虽然是个大夫，但实际上比其他国家的一个诸侯还要阔气。齐国也才一直强大到战国时代的齐威王、齐宣王。

所以有人说："仓库里东西多，人们才懂得礼节；吃饱穿暖后，人们才会知道什么叫耻辱。"礼节须人富了才能讲究，穷困了就什么都无从谈起。好人富了就会做好事，坏人富了就会逞凶。水越深的地方鱼越多，山越深的地方兽越多，人要富了就会有仁义之名。富有的人有了势力，名声就会越来越大；失去了权势的人，门前来客也就不多了。中原地区如此，夷狄更是这个样子。俗话说："家有千金的人，绝不会被处死在街头上。"这是有根据的。所以说："天下人纷纷扰扰，一切活动都是为了利。"具有千辆战车的国王，具有万户领地的诸侯，具有百家领地的封君，还都害怕受穷，更何况是一般的平头百姓呢。

货殖列传
白圭经商

白圭，周人也①。当魏文侯时②，李克务尽地力③，而白圭乐观时变，故人弃我取，人取我与。夫岁孰取谷，予之丝漆；茧出取帛絮，与之食。太阴在卯④，穰；明岁衰恶。至午，旱；明岁美。至酉，穰；明岁衰恶。至子，大旱；明岁美，有水。至卯，积著率岁倍。欲长钱，取下谷；长石斗，取上种。能薄饮食，忍嗜欲，节衣服，与用事僮仆同苦乐，趋时若猛兽挚鸟之发⑤。故曰："吾治生产，犹伊尹、吕尚之谋⑥，孙吴用兵⑦，商鞅行法是也⑧。是故其智不足与权变，勇不足以决断，仁不能以取予，强不能有所守，虽欲学吾术，终不告之矣。"盖天下言治生祖白圭。白圭其有所试矣，能试有所长，非苟而已也。

①周：指周天子的王畿所在。战国时周都洛邑，在今河南省洛阳市。②魏文侯：名斯，战国初期的魏国国君，前445—前396年在位。③李克：应作"李悝（kuī）"，文侯时魏国的经济名臣。④太阴：这里指岁星（木星）。岁星十二年绕行一周天，回到原来位置，于是我国古代天文学就把这十二年一周的岁星轨道分成了十二段，分别用子、丑、寅、卯等十二地支表示出来。太阴在卯，即卯年（兔年）。⑤挚：通"鸷"，猛禽。⑥伊尹：名挚，商朝开国功臣，事见《殷本纪》。吕尚：即姜尚，周朝的开国功臣，事见《齐太公世家》。⑦孙吴：孙武、吴起，皆我国古代著名军事家，事见《孙子吴起列传》。⑧商鞅：战国时秦国的变法人物，使秦国逐渐强大，事见《商君列传》。

　　白圭是周国人。魏文侯时代，李克提倡发展农业充分利用土地条件，而白圭则是注意观测时机，人家不要的东西他大量购入，人家抢着买的东西他大量抛出。丰收的年头他买进谷物，卖出丝、漆；而蚕丝上市的季节他就大量收购蚕丝，而抛出粮食。岁星运行到卯时，五谷丰登，第二年必定有灾荒；岁星运行到午时，天气干旱，第二年一定丰收；岁星运行到酉时，年景丰收，第二年一定有灾；岁星运行到子时，天下大旱，第二年一定风调雨顺，雨水多。岁星运行到卯时，如果囤积货物一年之间利润必能翻一番。要是想赚钱，囤积谷物他就囤积下等的；要是想提高产量，他买种子就要买上等的。他能节衣缩食，隐忍嗜欲，与自己家的奴仆同甘苦。当他发现赚钱的时机一到，就会像苍鹰猛虎一样地立即扑上去。所以，他说："我做买卖，就像伊尹、姜太公一样有计谋，就如孙武、吴起用兵一样善于决断，还能像商鞅执法一样说到做到。因此有些人其智慧不能随机应变，其勇敢不能当机立断，其仁爱不能合适地决定取舍，其刚强不能坚持原则，这种人即使想跟着我学，我也不会教给他。"天下人凡是做买卖的都以白圭为祖师爷。白圭是经过实践检验的，是在实践中表现了他的才干，绝不是一般地说说而已。

《货殖列传》是司马迁专门给历代工商业者所立的类传，写了先秦的范蠡、子赣、白圭、乌氏倮、寡妇清，和汉代的卓氏、程郑、孔氏、邴氏、刀闲等，表现了司马迁重视工商业在国计民生中的重要地位，和这些工商业者在发展国家经济、便利人民生活方面所起的重要作用。汉代是打击私人工商业，是将工商业者列为二等罪犯的，而司马迁却反潮流地为他们树碑立传，大力表彰他们的才干与功勋，其思想见解之卓越前无古人。

　　司马迁在本文中探讨了工商业发展的历史，分析了工商业与农业的关系，指出了这些行业的缺一不可，批评了秦汉时代统治者限制、打击私人工商业的种种错误政策，是《史记》中最具有理论色彩的少数篇章之一，也是古代历史家将经济问题专门写入历史著作的开始。我们这里选了《司马迁言利》与《白圭经商》两段，前者表现了司马迁对经济利益驱动人的活动、推动社会发展所起作用的认识，也有揭露、斥责统治阶级假清高的意义；后者表现了白圭经商的具体情形，说明真要做一个能发大财、能对社会有影响的工商业者是不容易的，这是对几千年来鄙视工商业者的传统观念的否定。

太史公自序
司马迁小传

　　迁生龙门①，耕牧河山之阳②。年十岁则诵古文③。二十而南游江、淮，上会稽，探禹穴④，窥九疑⑤，浮于沅、湘⑥。北涉汶、泗⑦，讲业齐、鲁之都，观孔子之遗风，乡射邹、峄⑧，厄困鄱、薛、彭城⑨，过梁、楚以归⑩。于是迁仕为郎中⑪，奉使西征巴、蜀以南⑫，南略邛（qióng）、笮（zuò）、昆明⑬，还报命。

　　是岁天子始建汉家之封，而太史公留滞周南⑭，不得与从事，故发愤且卒。而子迁适使反，见父于河洛之间。太史公执迁手而泣曰："余先周室之太史也。自上世尝显功名于虞夏，典天官事。后世中衰，绝于予乎？汝复为太史，则续吾祖矣。今天子接千岁之统，封泰山，而余不得从行，是命也夫！命也夫！余死，汝必为太史；为太史，无忘吾所欲论著矣。且夫孝始于事亲，中于事君，终于立身。扬名于后世，以显父母，此孝之大者。夫人卜称诵周公，言其能论歌文、武之德，宣周、邵之风⑮，达太王、王季之思虑⑯，爰及公刘⑰，以尊后稷也⑱。幽、厉之后⑲，王道缺，礼乐衰，孔子修旧起废，论《诗》《书》，作《春秋》，则学者至今则之。自获麟以来四百有余岁⑳，而诸侯相兼，史记放绝。今汉兴，海内一统，明主贤君忠臣死义之士，余为太史而弗论载，废天下之史文，余甚惧焉，汝其念哉！"迁俯首流涕曰："小子不敏，请悉论先人所次旧闻，弗敢阙。"

卒三岁而迁为太史令㉑，䌷（chōu）史记石室金匮之书㉒。五年而当太初元年㉓，十一月甲子朔旦冬至，天历始改，建于明堂，诸神受纪。

太史公曰："先人有言：'自周公卒五百岁而有孔子。孔子卒后至于今五百岁，有能绍明世，正《易传》，继《春秋》，本《诗》《书》《礼》《乐》之际'？意在斯乎！意在斯乎！小子何敢让焉。"

于是论次其文。七年而太史公遭李陵之祸㉔，幽于缧绁（léi xiè）乃喟然而叹曰："是余之罪也夫！是余之罪也夫！身毁不用矣。"退而深惟曰："夫《诗》《书》隐约者，欲遂其志之思也。昔西伯拘羑里㉕，演《周易》；孔子厄陈蔡㉖，作《春秋》；屈原放逐，著《离骚》；左丘失明，厥有《国语》㉗；孙子膑脚㉘，而论兵法；不韦迁蜀，世传《吕览》㉙；韩非囚秦，《说难》《孤愤》㉚；《诗》三百篇，大抵贤圣发愤之所为作也。此人皆意有所郁结，不得通其道也，故述往事，思来者。"于是卒述陶唐以来㉛，至于麟止，自黄帝始。

①龙门：山名，在今陕西省韩城市东北，相传即禹治水时所凿之龙门。②河山之阳：此处指龙门山的南面，黄河拐弯处的北面。③古文：指用战国时期通行于东方六国的文字所写的古书。④禹穴：在今浙江省绍兴市南的会稽山上，相传禹曾巡守至此，会诸侯计功，故称此山曰"会稽"。山上有孔，称曰"禹穴"。⑤九疑：山名，在今湖南省宁远县南。据说其山九峰皆相似，故曰"九疑"。⑥沅、湘：二水名，在湖南省境内，流入洞庭湖。⑦汶、泗：二水名，古

汶水在山东境内，流经今莱芜北、泰安南，至梁山南入济水；古泗水流经今山东省泗水、曲阜，南入江苏，经徐州，东南入淮水。⑧乡射：古代的一种礼仪活动，有练武和选贤两种目的。邹：汉县名，县治在今山东省邹城市东南。峄：峄山，在今邹城市东南。邹峄是孟子的故乡。⑨鄡：同"蕃"，汉县名，县治即今山东省滕州市。春秋时邾国的都城。薛：汉县名，县治在今山东滕州市南。战国时是齐国孟尝君的封地。彭城：今江苏省徐州市。楚汉战争时项羽的国都。⑩梁：汉代诸侯国名，国都睢阳（今河南商丘南）。⑪郎中：皇帝的侍从人员，属郎中令。⑫西征巴、蜀以南：事在武帝元鼎六年（前111年）。此年武帝平定西南夷、新设五个郡，故司马迁有此行。巴，汉郡名，郡治江州（今重庆市江北）。蜀，汉郡名，郡治成都（今四川成都市）。⑬邛：邛都，在今四川省西昌东南。笮：笮都，在今四川省汉源东北。昆明：古地区名，在今云南省昆明市西，当时属于归汉的滇王，后设为益州郡，郡治在今云南省晋宁东北。⑭周南：周成王时，周公、召公分陕而治，陕以东称周南。此实指洛阳。⑮周：周公。邵：同"召"，指召公姬奭。⑯太王：即古公亶父，周文王的爷爷，后被追尊为太王。王季：名季历，周文王的父亲，后被追尊为王季。⑰公刘：周族的远世祖先，由于他倡导发展农业，周族自此兴盛。⑱后稷：周朝传说中的始祖，据说他是最早进行农业种植的人。⑲幽：周幽王，名宫涅，前781—前771年在位。厉：周厉王，名胡，前878—前842年在位。厉王、幽王都是西周因荒淫暴虐而导致国亡身死的帝王。⑳获麟：指鲁哀公十四年（前481年）西狩获麟事，孔子写《春秋》就止于这一年。㉑迁为太史令：是年为武帝元封三年，前108年。㉒纲：同"抽"，读书而思其事绪。㉓太初元年：前104年。"太初"是武帝的年号。㉔七年：指武帝天汉三年（前98年）。遭李陵之祸：指天汉二年（前99年）李陵征匈奴兵败被俘，司马迁因议论李陵事而于天汉三年受宫刑事。㉕西伯：即周文王，商朝末年为西方霸主。羑里：古邑名，在今河南省汤阴县北。西伯曾被殷纣王囚禁于此。㉖陈蔡：春秋时两个国家名，陈的国都在今河南淮阳，蔡的国都在今河南上蔡西南。哀公四年，孔子受楚国聘请，欲由蔡赴楚。陈蔡的大夫害怕孔子向楚讲述陈蔡虚实，于是发兵把孔子包围在陈蔡之间，孔子差点被饿死，后被楚国救走。㉗左丘失明：即左丘明，通常认为他是一个盲人，《国语》的作者。㉘孙子：即孙膑，事见《孙子吴起列传》。㉙不韦：吕不韦，曾任秦国丞相，后被流逐于蜀，自杀。《吕览》：即《吕氏春秋》，是吕不韦为相时召集其门客集体编写的一部书。㉚韩非：战国末期韩国的公子，曾受学于荀子，是法家的集大成者。后入秦，被李斯害死。《说难》《孤愤》：都是《韩非子》中的篇目名。㉛陶唐：指尧。

译

　　司马迁出生在龙门，曾在龙门山南过了一段耕田和放牧的生活。十岁时开始学习古文。二十岁开始南下游历，先后曾到过江淮一带，还上过会稽山，探访过禹穴；又到九疑山，瞻仰过舜的坟墓，而后乘船到过沅水和湘水；接着又北上到了汶水、泗水，在齐鲁的旧都临淄、曲阜游过学，领略了孔子的遗风，还到邹县、峄山参加过乡射活动；后来路经鄱县、薛县、彭城时，遇到了一些麻烦，吃过一些苦头，最后经过梁国、楚国回到了家乡。回来后不久就出仕做了郎中，后来又奉命出使去了巴、蜀以南，到过邛都、笮都，以及昆明国，然后才返回来。

　　就在这一年，汉武帝第一次去泰山举行祭祀天地的封禅大典，而父亲司马谈因为有病走到洛阳时只好留下来，不能跟着去参加了，因此他很遗憾生气。正好这时儿子司马迁从云南出使回来，父子俩在洛阳见了面。司马谈拉着儿子的手流着眼泪说："我们的祖先曾经是周朝的太史。再早的先人在虞舜夏禹的时代就曾有过显赫的功名，主管过天文。后来半道上衰落了，难道在我们这里就让它断了吗？如果今后你能够再当上太史令，那就继承了我们祖先的事业了。当今皇帝上接千年来已经断绝的大典，到泰山去祭天，可我却偏偏不能跟着去，这不是命吗，这不是命吗！我死后，你一定会做太史令；你要是做了太史令，千万不要忘记我想写的那部著作。孝道的最浅层次是侍奉父母，中间层次是侍奉国君，最高层次是建立功名。使自己名扬后世，连父母也跟着光荣，这才是最大的孝道。人们为什么赞扬周公呢？就因为他能够歌颂文王、武王的功德，使自己和召公的风教普行于天下，他发挥了太王、王季的思想，并向上一直追溯到公刘，推尊到他们的始祖后稷。自从幽王、厉王以来，王道不昌，礼崩乐坏，多亏后来孔子整理了旧时的文献，振兴了已被时人废弃的礼乐，他讲述了《诗》《书》，撰写了《春秋》，直到今天，学者们还把它视为行为的准则。从鲁哀公获麟孔子搁笔以来，到今天又有四百多年了，由于各国的兼并战乱，当时的历史书都已散失断绝。当今汉朝建立，国家统一，明主贤君、忠臣义士的事迹很多，我们身为史官，不能把他们都写下来，以至于造成历史文献的荒废，那是很可怕的，你一定要好好注意这件事。"司马迁低着头，流着眼泪说："我虽然不聪明，但我一定要把您已经收集整理的资料写成著作，决不能让它有半点缺失。"

司马谈去世三年后，司马迁果然做了太史令，于是他就开始阅读国家图书馆里所收藏的那些图书档案。又过了五年，也就是太初元年，这一年的十一月初一即甲子日凌晨冬至，国家颁布了新历法，在明堂里举行了典礼，各地的诸侯们都一体遵照实行。

司马迁说："我父亲曾说过：'周公死后五百年，出了孔子，孔子死后到现在又有五百年了，有谁能继承并发扬古代圣人的事业，能正确地理解《易传》，能接续着孔子的《春秋》，依据着《诗》《书》《礼》《乐》的本质意义，来写一部新的著作呢？'说不定这个人就在眼前吧！就在眼前吧！我怎么能推让呢？"

于是司马迁就开始编排史料，进行评论，写成文章。写到第七年，由于李陵问题，司马迁遭了罪，被下在了牢狱里。于是他伤心地说："这是我的罪过吗？这是我的罪过吗？我的身体已经遭到了毁伤，恐怕再也干不成什么事情了！"可是转而一想，又说："《诗》《书》之所以写得含蓄，不就是为了得以表达作者的思想吗？当初周文王被囚禁在羑里时，趁机推演了《周易》；孔子在陈国、蔡国倒霉了，开始发愤写《春秋》；屈原由于被流放，写了《离骚》；左丘氏由于失明，写了《国语》；孙膑断了双腿，写了《兵法》；吕不韦流放巴蜀，世上传诵《吕览》；韩非在秦国下狱，写出《说难》《孤愤》；《诗经》三百篇，大部分也都是圣贤们发愤写出来的。这些人都是因为有抱负，而又得不到施展，所以才通过写书来叙述往事，寄希望于后来的知音。"于是就叙述了上起唐尧，下至汉武帝获麟为止的漫长历史，而第一篇则是从黄帝开始的。

评

《太史公自序》是《史记》的最后一篇，内容分两部分：前一部分是司马迁的自传，司马迁追述了他遥远的家族历史与这个家族中几个做过杰出贡献并对自己有影响的人物；接着司马迁叙述了自己的生平经历，叙述了自己为什么要写《史记》，以及受宫刑后的内心痛苦、忍辱发愤等，表明了自己的生死观与价值观。后一部分是介绍《史记》全书的规模、体例，以及《史记》每一篇的写作宗旨。我们这里选取了其前一部分里的自传文字，标名为《司马迁小传》。

图书在版编目（CIP）数据

史记精讲 / 韩兆琦著. —北京：中国青年出版社，2007
（2023.8重印）
ISBN 978-7-5006-7554-9

Ⅰ.史… Ⅱ.韩… Ⅲ.史记—研究 Ⅳ.K204.2

中国版本图书馆CIP数据核字（2007）第090726号

本版责任编辑：叶施水
原版责任编辑：温　航

出版发行：中国青年出版社
社　　址：北京市东城区东四十二条21号
网　　址：www.cyp.com.cn
电子邮箱：jdzz@cypg.cn
编辑中心：010-57350406
营销中心：010-57350370
经　　销：新华书店
印　　刷：北京盛通印刷股份有限公司
规　　格：700mm×1000mm　1/16
印　　张：28.25
字　　数：480千字
版　　次：2008年3月北京第1版
印　　次：2023年8月北京第32次印刷
印　　数：252071—262070册
定　　价：48.00元

如有印装质量问题，请凭购书发票与质检部联系调换
联系电话：010-57350337